中华人民共和国印花税法

释义与典型案例分析

翟继光 项国 倪卫杰 ◎ 著

立信会计出版社

LIXIN ACCOUNTING PUBLISHING HOUSE

图书在版编目（CIP）数据

《中华人民共和国印花税法》释义与典型案例分析 /
翟继光，项国，倪卫杰著 . —上海：立信会计出版社，
2021.11

ISBN 978-7-5429-6958-3

Ⅰ.①中… Ⅱ.①翟… ②项… ③倪… Ⅲ.①印花税
法－法律解释－中国 ②印花税法--案例－中国 Ⅳ.
① D922.22

中国版本图书馆 CIP 数据核字（2021）第 211152 号

责任编辑　余　榕
策划编辑　蔡伟莉

《中华人民共和国印花税法》释义与典型案例分析

出版发行	立信会计出版社	
地　　址	上海市中山西路 2230 号	邮政编码　200235
电　　话	（021）64411389	传　真　（021）64411325
网　　址	www.lixinaph.com	电子邮箱　lixinaph2019@126.com
网上书店	http://lixin.jd.com	http://lxkjcbs.tmall.com
经　　销	各地新华书店	

印　　刷	北京鑫海金澳胶印有限公司
开　　本	787 毫米 ×1092 毫米　1/16
印　　张	25
字　　数	618 千字
版　　次	2021 年 11 月第 1 版
印　　次	2021 年 11 月第 1 次
书　　号	ISBN 978-7-5429-6958-3/D
定　　价	88.00 元

如有印订差错，请与本社联系调换

前　言

2013 年 11 月 12 日中国共产党第十八届中央委员会第三次全体会议通过的《中共中央关于全面深化改革若干重大问题的决定》明确提出"落实税收法定原则"的历史性任务。2021 年 6 月 10 日第十三届全国人民代表大会常务委员会第二十九次会议通过《中华人民共和国印花税法》（以下简称《印花税法》），这是我国在落实税收法定原则后通过的第十二部税法。为帮助社会各界学习《印花税法》的基本制度，我们编写了《〈中华人民共和国印花税法〉释义与典型案例分析》一书。

本书分为七章：第一章介绍印花税的纳税人和征税对象，分为两节，分别介绍印花税的纳税人和印花税的征税对象；第二章介绍印花税的税目税率和计税依据，分为两节，分别介绍印花税的税目和税率以及印花税的计税依据；第三章介绍印花税应纳税额的计算，分为两节，分别介绍应纳税额的计算公式和税率选择以及双方凭证和营业账簿应纳税额的计算；第四章介绍印花税的税收优惠，分为两节，分别介绍法定免税项目和临时性减、免税项目；第五章介绍印花税的征收管理，分为四节，分别介绍主管税务机关与扣缴义务人、纳税义务发生时间和缴纳期限、缴纳方式和委托代征以及纳税担保和其他征管制度；第六章介绍印花税法律责任和生效日期，分为三节，分别介绍印花税法律责任和权利救济、印花税行政复议以及《印花税法》的生效及相关废止；第七章为印花税典型案例分析，分为三节，分别介绍税务机关胜诉案、税务机关败诉案以及印花税民事纠纷案。

　　本书收录近几年发生的涉及印花税的典型案例二十五个，其中有十个税务机关胜诉案例，七个税务机关败诉案例，还有八个民事纠纷案例。这些案例无论是对纳税人还是对税务机关都有很高的参考价值。本书除了收录涉及《印花税法》的法律法规，还通过"印花税案例分析""印花税疑难问题解答"等形式对印花税制度进行解读。本书适宜作为学习、宣传《印花税法》的科普教材，也适宜作为研究《印花税法》的参考资料。本书参考的法律法规截至 2021 年 7 月 31 日。

作者

2021 年 8 月 1 日

目 录

第一章　印花税的纳税人和征税对象

【本章导读】　本章讲解印花税的纳税人和征税对象，分为两节：第一节为印花税的纳税人，包括纳税人的概念及其权利义务、境内书立与交易的单位和个人、境外书立境内使用的单位和个人、纳税主体的相关法律制度；第二节为印花税的征税对象，包括征税对象的概念、应税凭证、合同法律制度、证券交易。

第一节　印花税的纳税人

一、纳税人的概念及其权利义务

（一）纳税人的概念

纳税人是指税法规定的负有纳税义务的单位和个人。一些税收制度除了纳税人，还设置了扣缴义务人。扣缴义务人是指税法规定的负有代扣代缴税款或者代收代缴税款义务的单位和个人。它包括代扣代缴义务人和代收代缴义务人。

（二）纳税人的基本权利

纳税人在履行纳税义务过程中，依法享有下列权利。

1. 知情权

纳税人有权向税务机关了解国家税收法律、行政法规的规定以及与纳税程序有关的情况，包括：现行税收法律、行政法规和税收政策规定；办理税收事项的时间、方式、步骤以及需要提交的资料；应纳税额核定及其他税务行政处理决定的法律依据、事实依据和计算方法；与税务机关在纳税、处罚和采取强制执行措施时发生争议或者纠纷时，纳税人可以采取的法律救济途径及需要满足的条件。

2. 保密权

纳税人有权要求税务机关为纳税人的情况保密。税务机关将依法为纳税人的商业秘密和个人隐私保密，主要包括纳税人的技术信息、经营信息，以及纳税人、主要投资人和经营者不愿公开的个人事项。如无法律、行政法规明确规定或者纳税人的许可，税务机关将不会对外部门、社会公众和其他个人提供上述事项。但根据法律规定，税收违法行为信息不属于保密范围。

3. 税收监督权

纳税人对税务机关违反税收法律、行政法规的行为，如税务人员索贿受贿、徇私舞弊、玩忽职守，不征或者少征应征税款，滥用职权多征税款或者故意刁难等，可以进行检举和控告；同时，纳税人对其他纳税人的税收违法行为也有权进行检举。

4. 纳税申报方式选择权

纳税人可以直接到办税服务厅办理纳税申报或者报送代扣代缴、代收代缴税款报告表，也可以按照规定采取邮寄、数据电文或者其他方式办理上述申报、报送事项。但采取邮寄或者数据电文方式办理上述申报、报送事项的，需经纳税人的主管税务机关批准。

纳税人如采取邮寄方式办理纳税申报，应当使用统一的纳税申报专用信封，并以邮政部门收据作为申报凭据。邮寄申报以寄出的邮戳日期为实际申报日期。

数据电文方式是指税务机关确定的电话语音、电子数据交换和网络传输等电子方式。纳税人如采用电子方式办理纳税申报，应当按照税务机关规定的期限和要求保存有关资料，并定期书面报送给税务机关。

5. 申请延期申报权

纳税人如不能按期办理纳税申报或者报送代扣代缴、代收代缴税款报告表，应当在规定的期限内向税务机关提出书面延期申请，经核准，可在核准的期限内办理。经核准延期办理申报、报送事项的，应当在税法规定的纳税期内按照上期实际缴纳的税额或者税务机关核定的税额预缴税款，并在核准的延期内办理税款结算。

6. 申请延期缴纳税款权

如纳税人因有特殊困难，不能按期缴纳税款的，经省、自治区、直辖市税务局批准，可以延期缴纳税款，但是最长不得超过 3 个月。计划单列市税务局可以参照省级税务机关的批准权限，审批纳税人的延期缴纳税款申请。

纳税人满足以下任何一个条件，均可以申请延期缴纳税款：一是因不可抗力，导致纳税人发生较大损失，正常生产经营活动受到较大影响的；二是当期货币资金在扣除应付职工工资、社会保险费后，不足以缴纳税款的。

7. 申请退还多缴税款权

对纳税人超过应纳税额缴纳的税款，税务机关发现后，将自发现之日起 10 日内办理退还手续；如纳税人自结算缴纳税款之日起 3 年内发现的，可以向税务机关要求退还多缴的税款并加算银行同期存款利息。税务机关将自接到纳税人退还申请之日起 30 日内查实并办理退还手续，涉及从国库中退库的，依照法律、行政法规有关国库管理的规定退还。

8. 依法享受税收优惠权

纳税人可以依照法律、行政法规的规定书面申请减税、免税。减税、免税的申请须经法律、行政法规规定的减税、免税审查批准机关审批；减税、免税期满，应当自期满次日起恢复纳税；减税、免税条件发生变化的，应当自发生变化之日起 15 日内向税务机关报告；不再符合减税、免税条件的，应当依法履行纳税义务。如纳税人享受的税收优惠需要备案的，应当按照税收法律、行政法规和有关政策规定，及时办理事前或者事后备案。

9. 委托税务代理权

纳税人有权就以下事项委托税务代理人代为办理：办理、变更或者注销税务登记、增值税专用发票以外的发票领购手续、纳税申报或者扣缴税款报告、税款缴纳和申请退税、制作涉税文书、审查纳税情况、建账建制、办理财务、税务咨询、申请税务行政复议、提起税务行政诉讼以及国家税务总局规定的其他业务。

10. 陈述与申辩权

纳税人对税务机关作出的决定，享有陈述权、申辩权。如果纳税人有充分的证据证明自己的行为合法，税务机关就不得对纳税人实施行政处罚；即使纳税人的陈述或者申辩不充分合理，税务机关也会向纳税人解释实施行政处罚的原因。税务机关不会因纳税人的申辩而加重处罚。

11. 对未出示税务检查证和税务检查通知书的拒绝检查权

税务机关派出的人员进行税务检查时，应当向纳税人出示税务检查证和税务检查通知书；对未出示税务检查证和税务检查通知书的，纳税人有权拒绝检查。

12. 税收法律救济权

纳税人对税务机关作出的决定，依法享有申请行政复议、提起行政诉讼、请求国家赔偿等权利。

纳税人、纳税担保人同税务机关在纳税上发生争议时，必须先依照税务机关的纳税决定缴纳或者解缴税款及滞纳金或者提供相应的担保，然后可以依法申请行政复议；对行政复议决定不服的，可以依法向人民法院起诉。如纳税人对税务机关的处罚决定、强制执行措施或者税收保全措施不服的，可以依法申请行政复议，也可以依法向人民法院起诉。

当税务机关的职务违法行为给纳税人和其他税务当事人的合法权益造成侵害时，纳税人和其他税务当事人可以要求税务行政赔偿。这些侵害主要包括：一是纳税人在限期内已缴纳税款，税务机关未立即解除税收保全措施，使纳税人的合法权益遭受损失的；二是税务机关滥用职权违法采取税收保全措施、强制执行措施或者采取税收保全措施、强制执行措施不当，使纳税人或者纳税担保人的合法权益遭受损失的。

13. 依法要求听证的权利

对纳税人作出规定金额以上罚款的行政处罚之前，税务机关会向纳税人送达《税务行政处罚事项告知书》，告知纳税人已经查明的违法事实、证据、行政处罚的法律依据和拟将给予的行政处罚。对此，纳税人有权要求举行听证。税务机关将应纳税人的要求组织听证。如纳税人认为税务机关指定的听证主持人与本案有直接利害关系，纳税人有权申请主持人回避。

对应当进行听证的案件，税务机关不组织听证，行政处罚决定不能成立。但纳税人放弃听证权利或者被正当取消听证权利的除外。

14. 索取有关税收凭证的权利

税务机关征收税款时，必须给纳税人开具完税凭证。扣缴义务人代扣、代收税款时，纳税人要求扣缴义务人开具代扣、代收税款凭证时，扣缴义务人应当开具。

税务机关扣押商品、货物或者其他财产时，必须开付收据；查封商品、货物或者其他财产时，必须开付清单。

（三）纳税人的基本义务

依照宪法、税收法律和行政法规的规定，纳税人在纳税过程中负有以下义务。

1. 依法进行税务登记的义务

纳税人应当自领取营业执照之日起 30 日内，持有关证件，向税务机关申报办理税务登记。税务登记主要包括领取营业执照后的设立登记、税务登记内容发生变化后的变更登记、依法申请停业、复业登记、依法终止纳税义务的注销登记等。

在各类税务登记管理中，纳税人应该根据税务机关的规定分别提交相关资料，及时办理。同时，纳税人应当按照税务机关的规定使用税务登记证件。税务登记证件不得转借、涂改、损毁、买卖或者伪造。

2. 依法设置账簿、保管账簿和有关资料以及依法开具、使用、取得和保管发票的义务

纳税人应当按照有关法律、行政法规和国务院财政、税务主管部门的规定设置账

簿，根据合法、有效凭证记账，进行核算；从事生产、经营的，必须按照国务院财政、税务主管部门规定的保管期限保管账簿、记账凭证、完税凭证及其他有关资料；账簿、记账凭证、完税凭证及其他有关资料不得伪造、变造或者擅自损毁。此外，纳税人在购销商品、提供或者接受经营服务以及从事其他经营活动中，应当依法开具、使用、取得和保管发票。

3. 财务会计制度和会计核算软件备案的义务

纳税人的财务、会计制度或者财务、会计处理办法和会计核算软件，应当报送税务机关备案。纳税人的财务、会计制度或者财务、会计处理办法与国务院或者国务院财政、税务主管部门有关税收的规定抵触的，应依照国务院或者国务院财政、税务主管部门有关税收的规定计算应纳税款、代扣代缴和代收代缴税款。

4. 按照规定安装、使用税控装置的义务

国家根据税收征收管理的需要，积极推广使用税控装置。纳税人应当按照规定安装、使用税控装置，不得损毁或者擅自改动税控装置。如纳税人未按规定安装、使用税控装置，或者损毁、擅自改动税控装置的，税务机关将责令纳税人限期改正，并可根据情节轻重处以规定数额内的罚款。

5. 按时、如实申报的义务

纳税人必须依照法律、行政法规规定或者税务机关依照法律、行政法规的规定确定的申报期限、申报内容如实办理纳税申报，报送纳税申报表、财务会计报表以及税务机关根据实际需要要求纳税人报送的其他纳税资料。

扣缴义务人必须依照法律、行政法规规定或者税务机关依照法律、行政法规的规定确定的申报期限、申报内容如实报送代扣代缴、代收代缴税款报告表以及税务机关根据实际需要要求纳税人报送的其他有关资料。

纳税人即使在纳税期内没有应纳税款，也应当按照规定办理纳税申报。享受减税、免税待遇的，在减税、免税期间应当按照规定办理纳税申报。

6. 按时缴纳税款的义务

纳税人应当按照法律、行政法规规定或者税务机关依照法律、行政法规的规定确定的期限，缴纳或者解缴税款。

未按照规定期限缴纳税款或者未按照规定期限解缴税款的，税务机关除责令限期缴纳外，从滞纳税款之日起，按日加收滞纳税款5‰的滞纳金。

7. 代扣、代收税款的义务

如纳税人按照法律、行政法规规定负有代扣代缴、代收代缴税款义务，必须依照法律、行政法规的规定履行代扣、代收税款的义务。纳税人依法履行代扣、代收税款义务时，纳税人不得拒绝。纳税人拒绝的，纳税人应当及时报告税务机关处理。

8. 接受依法检查的义务

纳税人有接受税务机关依法进行税务检查的义务，应主动配合税务机关按法定程序进行的税务检查，如实地向税务机关反映自己的生产经营情况和执行财务制度的情况，并按有关规定提供报表和资料，不得隐瞒和弄虚作假，不能阻挠、刁难税务机关的检查和监督。

9. 及时提供信息的义务

纳税人除了通过税务登记和纳税申报向税务机关提供与纳税有关的信息，还应及时提供其他信息。如纳税人有歇业、经营情况变化、遭受各种灾害等特殊情况的，应及时向税务机关说明，以便税务机关依法妥善处理。

10.报告其他涉税信息的义务

为了保障国家税收能够及时、足额征收入库，税收法律还规定了纳税人有义务向税务机关报告如下涉税信息：

（1）纳税人有义务就纳税人与关联企业之间的业务往来，向当地税务机关提供有关的价格、费用标准等资料。纳税人有欠税情形而以财产设定抵押、质押的，应当向抵押权人、质权人说明纳税人的欠税情况。

（2）企业合并、分立的报告义务。纳税人有合并、分立情形的，应当向税务机关报告，并依法缴清税款。合并时未缴清税款的，应当由合并后的纳税人继续履行未履行的纳税义务；分立时未缴清税款的，分立后的纳税人对未履行的纳税义务应当承担连带责任。

（3）报告全部账号的义务。如纳税人从事生产、经营，应当按照国家有关规定，持税务登记证件，在银行或者其他金融机构开立基本存款账户和其他存款账户，并自开立基本存款账户或者其他存款账户之日起15日内，向纳税人的主管税务机关书面报告全部账号；发生变化的，应当自变化之日起15日内，向纳税人的主管税务机关书面报告。

（4）处分大额财产报告的义务。如纳税人的欠缴税款数额在5万元以上，纳税人在处分不动产或者大额资产之前，应当向税务机关报告。

二、境内书立与交易的单位和个人

（一）《印花税法》的规定

第一条第一款　在中华人民共和国境内书立应税凭证、进行证券交易的单位和个人，为印花税的纳税人，应当依照本法规定缴纳印花税。

（二）《中华人民共和国印花税暂行条例》①的规定

第一条　在中华人民共和国境内书立、领受本条例所列举凭证的单位和个人，都是印花税的纳税义务人（以下简称"纳税人"），应当按照本条例规定缴纳印花税。

（三）《中华人民共和国印花税暂行条例施行细则》②的规定

第二条　条例第一条所说的在中华人民共和国境内书立、领受本条例所列举凭证，是指在中国境内具有法律效力，受中国法律保护的凭证。

上述凭证无论在中国境内或者境外书立，均应依照条例规定贴花。

条例第一条所说的单位和个人，是指国内各类企业、事业、机关、团体、部队以及中外合资企业、合作企业、外资企业、外国公司企业和其他经济组织及其在华机构等单位和个人。

凡是缴纳工商统一税的中外合资企业、合作企业、外资企业、外国公司企业和其他经济组织，其缴纳的印花税，可以从所缴纳的工商统一税中如数抵扣。

---

①　以下简称《印花税暂行条例》。

②　以下简称《印花税暂行条例施行细则》。

| 印花税案例分析 |

　　2022 年 7 月 1 日，美国甲公司在上海设立的代表处与日本乙公司签订了购买一台设备的合同，合同签订地点位于上海。该合同是否需要在中国缴纳印花税？

　　解答：虽然签订合同的双方为外国企业或者外国企业的代表处，因为合同签订地点位于中国境内，属于《印花税法》第一条规定的"在中华人民共和国境内书立应税凭证"，因此，应当在中国缴纳印花税。

三、境外书立境内使用的单位和个人

（一）《印花税法》的规定

　　第一条第二款　在中华人民共和国境外书立在境内使用的应税凭证的单位和个人，应当依照本法规定缴纳印花税。

（二）印花税纳税人的种类

　　根据书立、使用应税凭证的不同，印花税纳税人可分为立合同人、立账簿人、立据人和使用人等。

　　（1）立合同人，是指合同的当事人，即对凭证有直接权利义务关系的单位和个人，但不包括合同的担保人、证人、鉴定人。所谓合同，是指根据《中华人民共和国民法典》（以下简称《民法典》）的规定订立的各类合同，包括买卖、借款、融资租赁、租赁、承揽、建设工程、运输、技术、保管、仓储、财产保险共 11 类合同。当事人的代理人有代理纳税义务。

　　（2）立账簿人，是指开立并使用营业账簿的单位和个人。例如，某企业因生产需要，设立了若干营业账簿，该企业即为印花税的纳税人。

　　（3）立据人，是指书立产权转移书据的单位和个人。

　　（4）使用人，是指在国外书立、领受，但在国内使用应税凭证的单位和个人。

| 印花税案例分析 |

　　2022 年 7 月 1 日，德国甲公司与法国乙公司在巴黎签订了一份合同，其内容为将甲公司位于中国境内的一处不动产转让给乙公司。该合同是否需要在中国缴纳印花税？

　　解答：虽然该合同的签订双方均为外国企业，合同签订地点也位于境外，但由于不动产转让需要办理不动产权利转移登记，甲公司与乙公司需携带合同到中国办理相关手续，该合同需要在中国境内使用，属于《印花税法》第一条规定的"在中华人民共和国境外书立在境内使用的应税凭证"，因此，应当在中国缴纳印花税。

四、纳税主体的相关法律制度

（一）自然人

根据《民法典》的相关规定，自然人的相关制度如下。

1.民事权利能力和民事行为能力

自然人从出生时起到死亡时止，具有民事权利能力，依法享有民事权利，承担民事义务。自然人的民事权利能力一律平等。

自然人的出生时间和死亡时间，以出生证明、死亡证明记载的时间为准；没有出生证明、死亡证明的，以户籍登记或者其他有效身份登记记载的时间为准。有其他证据足以推翻以上记载时间的，以该证据证明的时间为准。涉及遗产继承、接受赠与等胎儿利益保护的，胎儿视为具有民事权利能力。但是，胎儿娩出时为死体的，其民事权利能力自始不存在。

18周岁以上的自然人为成年人。不满18周岁的自然人为未成年人。成年人为完全民事行为能力人，可以独立实施民事法律行为。16周岁以上的未成年人，以自己的劳动收入为主要生活来源的，视为完全民事行为能力人。

8周岁以上的未成年人为限制民事行为能力人，实施民事法律行为由其法定代理人代理或者经其法定代理人同意、追认；但是，可以独立实施纯获利益的民事法律行为或者与其年龄、智力相适应的民事法律行为。

不满8周岁的未成年人为无民事行为能力人，由其法定代理人代理实施民事法律行为。不能辨认自己行为的成年人为无民事行为能力人，由其法定代理人代理实施民事法律行为。8周岁以上的未成年人不能辨认自己行为的，适用上述规定。

不能完全辨认自己行为的成年人为限制民事行为能力人，实施民事法律行为由其法定代理人代理或者经其法定代理人同意、追认；但是，可以独立实施纯获利益的民事法律行为或者与其智力、精神健康状况相适应的民事法律行为。无民事行为能力人、限制民事行为能力人的监护人是其法定代理人。

不能辨认或者不能完全辨认自己行为的成年人，其利害关系人或者有关组织，可以向人民法院申请认定该成年人为无民事行为能力人或者限制民事行为能力人。被人民法院认定为无民事行为能力人或者限制民事行为能力人的，经本人、利害关系人或者有关组织申请，人民法院可以根据其智力、精神健康恢复的状况，认定该成年人恢复为限制民事行为能力人或者完全民事行为能力人。上述规定的有关组织包括居民委员会、村民委员会、学校、医疗机构、妇女联合会、残疾人联合会、依法设立的老年人组织、民政部门等。

自然人以户籍登记或者其他有效身份登记记载的居所为住所；经常居所与住所不一致的，经常居所视为住所。

2.监护

父母对未成年子女负有抚养、教育和保护的义务。成年子女对父母负有赡养、扶助和保护的义务。

父母是未成年子女的监护人。未成年人的父母已经死亡或者没有监护能力的，由下列有监护能力的人按顺序担任监护人：①祖父母、外祖父母。②兄、姐。③其他愿意担任监护人的个人或者组织，但是须经未成年人住所地的居民委员会、村民委员会或者民政部门同意。

　　无民事行为能力或者限制民事行为能力的成年人，由下列有监护能力的人按顺序担任监护人：①配偶。②父母、子女。③其他近亲属。④其他愿意担任监护人的个人或者组织，但是须经被监护人住所地的居民委员会、村民委员会或者民政部门同意。

　　被监护人的父母担任监护人的，可以通过遗嘱指定监护人。依法具有监护资格的人之间可以协议确定监护人。协议确定监护人应当尊重被监护人的真实意愿。

　　对监护人的确定有争议的，由被监护人住所地的居民委员会、村民委员会或者民政部门指定监护人，有关当事人对指定不服的，可以向人民法院申请指定监护人；有关当事人也可以直接向人民法院申请指定监护人。居民委员会、村民委员会、民政部门或者人民法院应当尊重被监护人的真实意愿，按照最有利于被监护人的原则在依法具有监护资格的人中指定监护人。依据上述规定指定监护人前，被监护人的人身权利、财产权利以及其他合法权益处于无人保护状态的，由被监护人住所地的居民委员会、村民委员会、法律规定的有关组织或者民政部门担任临时监护人。监护人被指定后，不得擅自变更；擅自变更的，不免除被指定的监护人的责任。

　　没有依法具有监护资格的人的，监护人由民政部门担任，也可以由具备履行监护职责条件的被监护人住所地的居民委员会、村民委员会担任。

　　具有完全民事行为能力的成年人，可以与其近亲属、其他愿意担任监护人的个人或者组织事先协商，以书面形式确定自己的监护人，在自己丧失或者部分丧失民事行为能力时，由该监护人履行监护职责。

　　监护人的职责是代理被监护人实施民事法律行为，保护被监护人的人身权利、财产权利以及其他合法权益等。监护人依法履行监护职责产生的权利，受法律保护。监护人不履行监护职责或者侵害被监护人合法权益的，应当承担法律责任。因发生突发事件等紧急情况，监护人暂时无法履行监护职责，被监护人的生活处于无人照料状态的，被监护人住所地的居民委员会、村民委员会或者民政部门应当为被监护人安排必要的临时生活照料措施。

　　监护人应当按照最有利于被监护人的原则履行监护职责。监护人除了为维护被监护人利益，不得处分被监护人的财产。未成年人的监护人履行监护职责，在作出与被监护人利益有关的决定时，应当根据被监护人的年龄和智力状况，尊重被监护人的真实意愿。成年人的监护人履行监护职责，应当最大限度地尊重被监护人的真实意愿，保障并协助被监护人实施与其智力、精神健康状况相适应的民事法律行为。对被监护人有能力独立处理的事务，监护人不得干涉。

　　监护人有下列情形之一的，人民法院根据有关个人或者组织的申请，撤销其监护人资格，安排必要的临时监护措施，并按照最有利于被监护人的原则依法指定监护人：①实施严重损害被监护人身心健康的行为。②怠于履行监护职责，或者无法履行监护职责且拒绝将监护职责部分或者全部委托给他人，导致被监护人处于危困状态。③实施严重侵害被监护人合法权益的其他行为。上述规定的有关个人、组织包括：其他依法具有监护资格的人、居民委员会、村民委员会、学校、医疗机构、妇女联合会、残疾人联合会、未成年人保护组织、依法设立的老年人组织、民政部门等。上述规定的个人和民政部门以外的组织未及时向人民法院申请撤销监护人资格的，民政部门应当向人民法院提出申请。

　　依法负担被监护人抚养费、赡养费、扶养费的父母、子女、配偶等，被人民法院撤销监护人资格后，应当继续履行负担的义务。

被监护人的父母或者子女被人民法院撤销监护人资格后，除了对被监护人实施故意犯罪的，确有悔改表现的，经其申请，人民法院可以在尊重被监护人真实意愿的前提下，视情况恢复其监护人资格，人民法院指定的监护人与被监护人的监护关系同时终止。

有下列情形之一的，监护关系终止：①被监护人取得或者恢复完全民事行为能力。②监护人丧失监护能力。③被监护人或者监护人死亡。④人民法院认定监护关系终止的其他情形。监护关系终止后，被监护人仍然需要监护的，应当依法另行确定监护人。

3.宣告失踪和宣告死亡

自然人下落不明满2年的，利害关系人可以向人民法院申请宣告该自然人为失踪人。

自然人下落不明的时间自其失去音讯之日起计算。战争期间下落不明的，下落不明的时间自战争结束之日或者有关机关确定的下落不明之日起计算。

失踪人的财产由其配偶、成年子女、父母或者其他愿意担任财产代管人的人代管。代管有争议，没有前款规定的人，或者前款规定的人无代管能力的，由人民法院指定的人代管。

财产代管人应当妥善管理失踪人的财产，维护其财产权益。失踪人所欠税款、债务和应付的其他费用，由财产代管人从失踪人的财产中支付。财产代管人因故意或者重大过失造成失踪人财产损失的，应当承担赔偿责任。

财产代管人不履行代管职责、侵害失踪人财产权益或者丧失代管能力的，失踪人的利害关系人可以向人民法院申请变更财产代管人。财产代管人有正当理由的，可以向人民法院申请变更财产代管人。人民法院变更财产代管人的，变更后的财产代管人有权请求原财产代管人及时移交有关财产并报告财产代管情况。

失踪人重新出现，经本人或者利害关系人申请，人民法院应当撤销失踪宣告。失踪人重新出现，有权请求财产代管人及时移交有关财产并报告财产代管情况。

自然人有下列情形之一的，利害关系人可以向人民法院申请宣告该自然人死亡：①下落不明满4年。②因意外事件，下落不明满2年。因意外事件下落不明，经有关机关证明该自然人不可能生存的，申请宣告死亡不受2年时间的限制。

对同一自然人，有的利害关系人申请宣告死亡，有的利害关系人申请宣告失踪，符合《民法典》规定的宣告死亡条件的，人民法院应当宣告死亡。

被宣告死亡的人，人民法院宣告死亡的判决作出之日视为其死亡的日期；因意外事件下落不明宣告死亡的，意外事件发生之日视为其死亡的日期。

自然人被宣告死亡但是并未死亡的，不影响该自然人在被宣告死亡期间实施的民事法律行为的效力。被宣告死亡的人重新出现，经本人或者利害关系人申请，人民法院应当撤销死亡宣告。

被宣告死亡的人的婚姻关系，自死亡宣告之日起消除。死亡宣告被撤销的，婚姻关系自撤销死亡宣告之日起自行恢复。但是，其配偶再婚或者向婚姻登记机关书面声明不愿意恢复的除外。

被宣告死亡的人在被宣告死亡期间，其子女被他人依法收养的，在死亡宣告被撤销后，不得以未经本人同意为由主张收养行为无效。

被撤销死亡宣告的人有权请求依照《民法典》第六编取得其财产的民事主体返还财产；无法返还的，应当给予适当补偿。利害关系人隐瞒真实情况，致使他人被宣告死亡而取得其财产的，除了应当返还财产，还应当对由此造成的损失承担赔偿责任。

4. 个体工商户和农村承包经营户

自然人从事工商业经营，经依法登记，为个体工商户。个体工商户可以起字号。农村集体经济组织的成员，依法取得农村土地承包经营权，从事家庭承包经营的，为农村承包经营户。

个体工商户的债务，个人经营的，以个人财产承担；家庭经营的，以家庭财产承担；无法区分的，以家庭财产承担。

农村承包经营户的债务，以从事农村土地承包经营的农户财产承担；事实上由农户部分成员经营的，以该部分成员的财产承担。

（二）法人

根据《民法典》的相关规定，法人的相关制度如下。

1. 一般规定

法人是具有民事权利能力和民事行为能力，依法独立享有民事权利和承担民事义务的组织。

法人应当依法成立。法人应当有自己的名称、组织机构、住所、财产或者经费。法人成立的具体条件和程序，依照法律、行政法规的规定。设立法人，法律、行政法规规定须经有关机关批准的，依照其规定。

法人的民事权利能力和民事行为能力，从法人成立时产生，到法人终止时消灭。法人以其全部财产独立承担民事责任。

依照法律或者法人章程的规定，代表法人从事民事活动的负责人，为法人的法定代表人。法定代表人以法人名义从事的民事活动，其法律后果由法人承受。法人章程或者法人权力机构对法定代表人代表权的限制，不得对抗善意相对人。法定代表人因执行职务造成他人损害的，由法人承担民事责任。法人承担民事责任后，依照法律或者法人章程的规定，可以向有过错的法定代表人追偿。

法人以其主要办事机构所在地为住所。依法需要办理法人登记的，应当将主要办事机构所在地登记为住所。法人存续期间登记事项发生变化的，应当依法向登记机关申请变更登记。法人的实际情况与登记的事项不一致的，不得对抗善意相对人。登记机关应当依法及时公示法人登记的有关信息。

法人合并的，其权利和义务由合并后的法人享有和承担。法人分立的，其权利和义务由分立后的法人享有连带债权，承担连带债务，但是债权人和债务人另有约定的除外。

有下列原因之一并依法完成清算、注销登记的，法人终止：①法人解散。②法人被宣告破产。③法律规定的其他原因。法人终止，法律、行政法规规定须经有关机关批准的，依照其规定。

有下列情形之一的，法人解散：①法人章程规定的存续期间届满或者法人章程规定的其他解散事由出现。②法人的权力机构决议解散。③因法人合并或者分立需要解散。④法人依法被吊销营业执照、登记证书，被责令关闭或者被撤销。⑤法律规定的其他情形。

法人解散的，除了合并或者分立的情形，清算义务人应当及时组成清算组进行清算。法人的董事、理事等执行机构或者决策机构的成员为清算义务人。法律、行政法规另有规定的，依照其规定。清算义务人未及时履行清算义务，造成损害的，应当承担民事责任；主管机关或者利害关系人可以申请人民法院指定有关人员组成清算组进行清算。

法人的清算程序和清算组职权，依照有关法律的规定；没有规定的，参照适用公司法律的有关规定。清算期间法人存续，但是不得从事与清算无关的活动。法人清算后的剩余财产，按照法人章程的规定或者法人权力机构的决议处理。法律另有规定的，依照其规定。清算结束并完成法人注销登记时，法人终止；依法不需要办理法人登记的，清算结束时，法人终止；法人被宣告破产的，依法进行破产清算并完成法人注销登记时，法人终止。

法人可以依法设立分支机构。法律、行政法规规定分支机构应当登记的，依照其规定。分支机构以自己的名义从事民事活动，产生的民事责任由法人承担；也可以先以该分支机构管理的财产承担，不足以承担的，由法人承担。

设立人为设立法人从事的民事活动，其法律后果由法人承受；法人未成立的，其法律后果由设立人承受，设立人为2人以上的，享有连带债权，承担连带债务。设立人为设立法人以自己的名义从事民事活动产生的民事责任，第三人有权选择请求法人或者设立人承担。

2. 营利法人

以取得利润并分配给股东等出资人为目的成立的法人，为营利法人。营利法人包括有限责任公司、股份有限公司和其他企业法人等。

营利法人经依法登记成立。依法设立的营利法人，由登记机关发给营利法人营业执照。营业执照签发日期为营利法人的成立日期。设立营利法人应当依法制定法人章程。

营利法人应当设权力机构。权力机构行使修改法人章程，选举或者更换执行机构、监督机构成员，以及法人章程规定的其他职权。

营利法人应当设执行机构。执行机构行使召集权力机构会议，决定法人的经营计划和投资方案，决定法人内部管理机构的设置，以及法人章程规定的其他职权。执行机构为董事会或者执行董事的，董事长、执行董事或者经理按照法人章程的规定担任法定代表人；未设董事会或者执行董事的，法人章程规定的主要负责人为其执行机构和法定代表人。

营利法人设监事会或者监事等监督机构的，监督机构依法行使检查法人财务，监督执行机构成员、高级管理人员执行法人职务的行为，以及法人章程规定的其他职权。

营利法人的出资人不得滥用出资人权利损害法人或者其他出资人的利益；滥用出资人权利造成法人或者其他出资人损失的，应当依法承担民事责任。营利法人的出资人不得滥用法人独立地位和出资人有限责任损害法人债权人的利益；滥用法人独立地位和出资人有限责任，逃避债务，严重损害法人债权人的利益的，应当对法人债务承担连带责任。

营利法人的控股出资人、实际控制人、董事、监事、高级管理人员不得利用其关联关系损害法人的利益；利用关联关系造成法人损失的，应当承担赔偿责任。

营利法人的权力机构、执行机构作出决议的会议召集程序、表决方式违反法律、行政法规、法人章程，或者决议内容违反法人章程的，营利法人的出资人可以请求人民法院撤销该决议。但是，营利法人依据该决议与善意相对人形成的民事法律关系不受影响。

营利法人从事经营活动，应当遵守商业道德，维护交易安全，接受政府和社会的监督，承担社会责任。

3. 非营利法人

为公益目的或者其他非营利目的成立，不向出资人、设立人或者会员分配所取得利润的法人，为非营利法人。非营利法人包括事业单位、社会团体、基金会、社会服务机构等。

具备法人条件，为适应经济社会发展需要，提供公益服务设立的事业单位，经依法登记成立，取得事业单位法人资格；依法不需要办理法人登记的，从成立之日起，具有事业单位法人资格。

事业单位法人设理事会的，除了法律另有规定，理事会为其决策机构。事业单位法人的法定代表人依照法律、行政法规或者法人章程的规定产生。

具备法人条件，基于会员共同意愿，为公益目的或者会员共同利益等非营利目的设立的社会团体，经依法登记成立，取得社会团体法人资格；依法不需要办理法人登记的，从成立之日起，具有社会团体法人资格。

设立社会团体法人应当依法制定法人章程。社会团体法人应当设会员大会或者会员代表大会等权力机构。社会团体法人应当设理事会等执行机构。理事长或者会长等负责人按照法人章程的规定担任法定代表人。

具备法人条件，为公益目的以捐助财产设立的基金会、社会服务机构等，经依法登记成立，取得捐助法人资格。依法设立的宗教活动场所，具备法人条件的，可以申请法人登记，取得捐助法人资格。法律、行政法规对宗教活动场所有规定的，依照其规定。

设立捐助法人应当依法制定法人章程。捐助法人应当设理事会、民主管理组织等决策机构，并设执行机构。理事长等负责人按照法人章程的规定担任法定代表人。捐助法人应当设监事会等监督机构。

捐助人有权向捐助法人查询捐助财产的使用、管理情况，并提出意见和建议，捐助法人应当及时、如实答复。捐助法人的决策机构、执行机构或者法定代表人作出决定的程序违反法律、行政法规、法人章程，或者决定内容违反法人章程的，捐助人等利害关系人或者主管机关可以请求人民法院撤销该决定。但是，捐助法人依据该决定与善意相对人形成的民事法律关系不受影响。

为公益目的成立的非营利法人终止时，不得向出资人、设立人或者会员分配剩余财产。剩余财产应当按照法人章程的规定或者权力机构的决议用于公益目的；无法按照法人章程的规定或者权力机构的决议处理的，由主管机关主持转给宗旨相同或者相近的法人，并向社会公告。

4. 特别法人

《民法典》规定的机关法人、农村集体经济组织法人、城镇农村的合作经济组织法人、基层群众性自治组织法人，为特别法人。

有独立经费的机关和承担行政职能的法定机构从成立之日起，具有机关法人资格，可以从事为履行职能所需要的民事活动。

机关法人被撤销的，法人终止，其民事权利和义务由继任的机关法人享有和承担；没有继任的机关法人的，由作出撤销决定的机关法人享有和承担。

农村集体经济组织依法取得法人资格。法律、行政法规对农村集体经济组织有规定的，依照其规定。

城镇农村的合作经济组织依法取得法人资格。法律、行政法规对城镇农村的合作经济组织有规定的，依照其规定。

居民委员会、村民委员会具有基层群众性自治组织法人资格，可以从事为履行职能所需要的民事活动。未设立村集体经济组织的，村民委员会可以依法代行村集体经济组织的职能。

（三）非法人组织

非法人组织是不具有法人资格，但是能够依法以自己的名义从事民事活动的组织。非法人组织包括个人独资企业、合伙企业、不具有法人资格的专业服务机构等。

非法人组织应当依照法律的规定登记。设立非法人组织，法律、行政法规规定须经有关机关批准的，依照其规定。

非法人组织的财产不足以清偿债务的，其出资人或者设立人承担无限责任。法律另有规定的，依照其规定。非法人组织可以确定一人或者数人代表该组织从事民事活动。

有下列情形之一的，非法人组织解散：①章程规定的存续期间届满或者章程规定的其他解散事由出现。②出资人或者设立人决定解散。③法律规定的其他情形。非法人组织解散的，应当依法进行清算。

第二节　印花税的征税对象

一、征税对象的概念

征税对象是国家征税直接针对的事物，包括所得、财产和行为等。征税对象主要回答对什么征税的问题，它是一种税区别于另一种税的主要标志，是各种税命名的主要依据。例如，车船税的征税对象是车船，房产税的征税对象是房产，个人所得税的征税对象是个人所得等。征税对象可以从质和量两个方面具体细分为税目和计税依据。

二、应税凭证

（一）《印花税法》的规定

第二条　本法所称应税凭证，是指本法所附《印花税税目税率表》列明的合同、产权转移书据和营业账簿。

（二）《印花税暂行条例》的规定

第二条　下列凭证为应纳税凭证：

（一）购销、加工承揽、建设工程承包、财产租赁、货物运输、仓储保管、借款、财产保险、技术合同或者具有合同性质的凭证；

（二）产权转移书据；

（三）营业账簿；

（四）权利、许可证照；

（五）经财政部确定征税的其他凭证。

（三）《印花税暂行条例施行细则》的规定

第二十六条　纳税人对凭证不能确定是否应当纳税的，应及时携带凭证，到当地税务机关鉴别。

纳税人同税务机关对凭证的性质发生争议的，应检附该凭证报请上一级税务机关核定。

（四）以电子形式签订的各类应税凭证

《财政部 国家税务总局关于印花税若干政策的通知》（财税〔2006〕162号）规定："对纳税人以电子形式签订的各类应税凭证按规定征收印花税。"

（五）企业集团内部使用的有关凭证征收印花税问题

《国家税务总局关于企业集团内部使用的有关凭证征收印花税问题的通知》（国税函〔2009〕9号）规定："对于企业集团内具有平等法律地位的主体之间自愿订立、明确双方购销关系、据以供货和结算、具有合同性质的凭证，应按规定征收印花税。对于企业集团内部执行计划使用的、不具有合同性质的凭证，不征收印花税。"

┃印花税案例分析┃

1. 案例简介

2020年12月，某税务人员到某建筑公司查账。通过检查各类账簿，该税务人员发现，该建筑公司"工程往来"账户长期与某一异地建筑队有经济往来。该建筑公司与异地建筑队是何关系，有无签订建筑工程承包合同，该税务人员经与该公司会计人员座谈后了解，否认有转包、分包工程建筑事项。带着这一疑点，该税务人员有针对性地外查该异地建筑队。经查实，该异地建筑队长期挂靠在该建筑公司名下，仅2020年从该建筑公司接收转包、分包工程500余万元，分包、转包合同书6份，均未申报缴纳印花税。该税务人员将稽查结果通知该建筑公司，并对该建筑公司的工程承包合同进行了详细核查，查实该建筑公司只就其总包合同申报缴纳了印花税，对外部建筑队的分包、转包合同金额均未申报缴纳税款，有意隐瞒分包、转包合同，偷漏印花税2158元。

2. 案例分析及税务处理

《印花税暂行条例》第二条及其施行细则第三条规定，建筑工程承包合同，是指建设工程勘察设计合同和建筑安装工程承包合同，包括总包合同、分包合同和转包合同，均为应纳印花税凭证。

从主观上看，该建筑公司纳税意识淡薄，不但不配合税务人员的稽查工作，反而有意隐瞒分包、转包的事实，属偷税行为；从客观上看，该建筑公司财会人员了解学习印花税有关法规不够全面，不明白印花税是一种凭证税兼行为税，虽然总承包合同已缴纳了印花税，但由于该建筑公司与其他单位又签订了新的分包、转包合同，产生了新的应税凭证，发生了新的纳税行为，所以又产生了缴纳印花税的义务，应当依照税法的规定另行贴花。

3. 账务调整

该建筑公司补缴印花税的会计记录如下：

借：管理费用 　　　　　　　　　　　　　　　　　　　　　2 158
　　贷：银行存款 　　　　　　　　　　　　　　　　　　　　　　2 158

三、合同法律制度

（一）一般规定

合同是民事主体之间设立、变更、终止民事法律关系的协议。婚姻、收养、监护等有关身份关系的协议，适用有关该身份关系的法律规定；没有规定的，可以根据其性质参照适用《民法典》规定。

依法成立的合同，受法律保护。依法成立的合同，仅对当事人具有法律约束力，但是法律另有规定的除外。当事人对合同条款的理解有争议的，应当依据《民法典》第一百四十二条第一款的规定，确定争议条款的含义。合同文本采用两种以上文字订立并约定具有同等效力的，对各文本使用的词句推定具有相同含义。各文本使用的词句不一致的，应当根据合同的相关条款、性质、目的以及诚信原则等予以解释。

（二）合同的订立

当事人订立合同，可以采用书面形式、口头形式或者其他形式。书面形式是合同书、信件、电报、电传、传真等可以有形地表现所载内容的形式。以电子数据交换、电子邮件等方式能够有形地表现所载内容，并可以随时调取查用的数据电文，视为书面形式。

合同的内容由当事人约定，一般包括下列条款：①当事人的姓名或者名称和住所。②标的。③数量。④质量。⑤价款或者报酬。⑥履行期限、地点和方式。⑦违约责任。⑧解决争议的方法。当事人可以参照各类合同的示范文本订立合同。

当事人订立合同，可以采取要约、承诺方式或者其他方式。要约是希望与他人订立合同的意思表示，该意思表示应当符合下列条件：①内容具体确定。②表明经受要约人承诺，要约人即受该意思表示约束。

要约邀请是希望他人向自己发出要约的表示。拍卖公告、招标公告、招股说明书、债券募集办法、基金招募说明书、商业广告和宣传、寄送的价目表等为要约邀请。商业广告和宣传的内容符合要约条件的，构成要约。

要约可以撤回。要约的撤回适用《民法典》第一百四十一条的规定。

要约可以撤销，但是有下列情形之一的除外：①要约人以确定承诺期限或者其他形式明示要约不可撤销。②受要约人有理由认为要约是不可撤销的，并已经为履行合同做了合理准备工作。

撤销要约的意思表示以对话方式作出的，该意思表示的内容应当在受要约人作出承诺之前为受要约人所知道；撤销要约的意思表示以非对话方式作出的，应当在受要约人作出承诺之前到达受要约人。

有下列情形之一的，要约失效：①要约被拒绝。②要约被依法撤销。③承诺期限届满，受要约人未作出承诺。④受要约人对要约的内容作出实质性变更。

承诺是受要约人同意要约的意思表示。承诺应当以通知的方式作出；但是，根据交易习惯或者要约表明可以通过行为作出承诺的除外。承诺应当在要约确定的期限内到达要约人。要约没有确定承诺期限的，承诺应当依照下列规定到达：①要约以对话方式作出的，应当即时作出承诺。②要约以非对话方式作出的，承诺应当在合理期限内到达。

要约以信件或者电报作出的，承诺期限自信件载明的日期或者电报交发之日开始计算。信件未载明日期的，自投寄该信件的邮戳日期开始计算。要约以电话、传真、电子邮件等快速通信方式作出的，承诺期限自要约到达受要约人时开始计算。

承诺生效时合同成立，但是法律另有规定或者当事人另有约定的除外。以通知方式作出的承诺，生效的时间适用《民法典》第一百三十七条的规定。承诺不需要通知的，根据交易习惯或者要约的要求作出承诺的行为时生效。

承诺可以撤回。承诺的撤回适用《民法典》第一百四十一条的规定。受要约人超过承诺期限发出承诺，或者在承诺期限内发出承诺，按照通常情形不能及时到达要约人的，为新要约；但是，要约人及时通知受要约人该承诺有效的除外。

受要约人在承诺期限内发出承诺，按照通常情形能够及时到达要约人，但是因其他原因致使承诺到达要约人时超过承诺期限的，除了要约人及时通知受要约人因承诺超过期限不接受该承诺，该承诺有效。

承诺的内容应当与要约的内容一致。受要约人对要约的内容作出实质性变更的，为新要约。有关合同标的、数量、质量、价款或者报酬、履行期限、履行地点和方式、违约责任和解决争议方法等的变更，是对要约内容的实质性变更。

承诺对要约的内容作出非实质性变更的，除了要约人及时表示反对或者要约表明承诺不得对要约的内容作出任何变更，该承诺有效，合同的内容以承诺的内容为准。

当事人采用合同书形式订立合同的，自当事人均签名、盖章或者按指印时合同成立。在签名、盖章或者按指印之前，当事人一方已经履行主要义务，对方接受时，该合同成立。法律、行政法规规定或者当事人约定合同应当采用书面形式订立，当事人未采用书面形式但是一方已经履行主要义务，对方接受时，该合同成立。

当事人采用信件、数据电文等形式订立合同要求签订确认书的，签订确认书时合同成立。当事人一方通过互联网等信息网络发布的商品或者服务信息符合要约条件的，对方选择该商品或者服务并提交订单成功时合同成立，但是当事人另有约定的除外。

承诺生效的地点为合同成立的地点。采用数据电文形式订立合同的，收件人的主营业地为合同成立的地点；没有主营业地的，其住所地为合同成立的地点。当事人另有约定的，按照其约定。

当事人采用合同书形式订立合同的，最后签名、盖章或者按指印的地点为合同成立的地点，但是当事人另有约定的除外。

国家根据抢险救灾、疫情防控或者其他需要下达国家订货任务、指令性任务的，有关民事主体之间应当依照有关法律、行政法规规定的权利和义务订立合同。依照法律、行政法规的规定负有发出要约义务的当事人，应当及时发出合理的要约。依照法律、行政法规的规定负有作出承诺义务的当事人，不得拒绝对方合理的订立合同要求。

当事人约定在将来一定期限内订立合同的认购书、订购书、预订书等，构成预约合同。当事人一方不履行预约合同约定的订立合同义务的，对方可以请求其承担预约合同的违约责任。

格式条款是当事人为了重复使用而预先拟定，并在订立合同时未与对方协商的条款。采用格式条款订立合同的，提供格式条款的一方应当遵循公平原则确定当事人之间的权利和义务，并采取合理的方式提示对方注意免除或者减轻其责任等与对方有重大利害关系的条款，按照对方的要求，对该条款予以说明。提供格式条款的一方未履行提示或者说明义务，致使对方没有注意或者理解与其有重大利害关系的条款的，对方可以主张该条款不成为合同的内容。

有下列情形之一的，该格式条款无效：①具有《民法典》第一编第六章第三节和《民法典》第五百零六条规定的无效情形。②提供格式条款一方不合理地免除或者减轻其责任、加重对方责任、限制对方主要权利。③提供格式条款一方排除对方主要权利。

对格式条款的理解发生争议的，应当按照通常理解予以解释。对格式条款有两种以上解释的，应当作出不利于提供格式条款一方的解释。格式条款和非格式条款不一致的，应当采用非格式条款。

悬赏人以公开方式声明对完成特定行为的人支付报酬的，完成该行为的人可以请求其支付。

当事人在订立合同过程中有下列情形之一，造成对方损失的，应当承担赔偿责任：①假借订立合同，恶意进行磋商。②故意隐瞒与订立合同有关的重要事实或者提供虚假情况。③有其他违背诚信原则的行为。

当事人在订立合同过程中知悉的商业秘密或者其他应当保密的信息，无论合同是否成立，不得泄露或者不正当地使用；泄露、不正当地使用该商业秘密或者信息，造成对方损失的，应当承担赔偿责任。

（三）合同的效力

依法成立的合同，自成立时生效，但是法律另有规定或者当事人另有约定的除外。依照法律、行政法规的规定，合同应当办理批准等手续的，依照其规定。未办理批准等手续影响合同生效的，不影响合同中履行报批等义务条款以及相关条款的效力。应当办理申请批准等手续的当事人未履行义务的，对方可以请求其承担违反该义务的责任。依照法律、行政法规的规定，合同的变更、转让、解除等情形应当办理批准等手续的，适用上述规定。

无权代理人以被代理人的名义订立合同，被代理人已经开始履行合同义务或者接受相对人履行的，视为对合同的追认。法人的法定代表人或者非法人组织的负责人超越权限订立的合同，除了相对人知道或者应当知道其超越权限，该代表行为有效，订立的合同对法人或者非法人组织发生效力。

当事人超越经营范围订立的合同的效力，应当依照《民法典》第一编第六章第三节和《民法典》第三编的有关规定确定，不得仅以超越经营范围确认合同无效。

合同中的下列免责条款无效：①造成对方人身损害的。②因故意或者重大过失造成对方财产损失的。合同不生效、无效、被撤销或者终止的，不影响合同中有关解决争议方法的条款的效力。

（四）合同的履行

当事人应当按照约定全面履行自己的义务。当事人应当遵循诚信原则，根据合同的性质、目的和交易习惯履行通知、协助、保密等义务。当事人在履行合同过程中，应当避免浪费资源、污染环境和破坏生态。

合同生效后，当事人就质量、价款或者报酬、履行地点等内容没有约定或者约定不明确的，可以协议补充；不能达成补充协议的，按照合同相关条款或者交易习惯确定。

当事人就有关合同内容约定不明确，依据上述规定仍不能确定的，适用下列规定：①质量要求不明确的，按照强制性国家标准履行；没有强制性国家标准的，按照推荐性国家标准履行；没有推荐性国家标准的，按照行业标准履行；没有国家标准、行业标准的，按照通常标准或者符合合同目的的特定标准履行。②价款或者报酬不明确的，按照订立合同时履行地的市场价格履行；依法应当执行政府定价或者政府指导价的，依照规定履行。③履行地点不明确，给付货币的，在接受货币一方所在地履行；交付不动产的，在不动产所在地履行；其他标的，在履行义务一方所在地履行。④履行期限不明确的，债务人可以随时履行，债权人也可以随时请求履行，但是应当给对方必要的准备时间。⑤履行方式不明确的，按照有利于实现合同目的的方式履行。⑥履行费用的负担不明确的，由履行义务一方负担；因债权人原因增加的履行费用，由债权人负担。

通过互联网等信息网络订立的电子合同的标的为交付商品并采用快递物流方式交付的，收货人的签收时间为交付时间。电子合同的标的为提供服务的，生成的电子凭证或者实物凭证中载明的时间为提供服务时间；前述凭证没有载明时间或者载明时间与实际提供服务时间不一致的，以实际提供服务的时间为准。电子合同的标的物为采用在线传输方式交付的，合同标的物进入对方当事人指定的特定系统且能够检索识别的时间为交付时间。电子合同当事人对交付商品或者提供服务的方式、时间另有约定的，按照其约定。

执行政府定价或者政府指导价的，在合同约定的交付期限内政府价格调整时，按照交付时的价格计价。逾期交付标的物的，遇价格上涨时，按照原价格执行；价格下降时，按照新价格执行。逾期提取标的物或者逾期付款的，遇价格上涨时，按照新价格执行；价格下降时，按照原价格执行。

以支付金钱为内容的债，除了法律另有规定或者当事人另有约定，债权人可以请求债务人以实际履行地的法定货币履行。

标的有多项而债务人只需履行其中一项的，债务人享有选择权；但是，法律另有规定、当事人另有约定或者另有交易习惯的除外。享有选择权的当事人在约定期限内或者履行期限届满未作选择，经催告后在合理期限内仍未选择的，选择权转移至对方。

当事人行使选择权应当及时通知对方，通知到达对方时，标的确定。标的确定后不得变更，但是经对方同意的除外。可选择的标的发生不能履行情形的，享有选择权的当事人不得选择不能履行的标的，但是该不能履行的情形是由对方造成的除外。

债权人为2人以上，标的可分，按照份额各自享有债权的，为按份债权；债务人为2人以上，标的可分，按照份额各自负担债务的，为按份债务。按份债权人或者按份债务人的份额难以确定的，视为份额相同。

债权人为2人以上，部分或者全部债权人均可以请求债务人履行债务的，为连带债权；债务人为2人以上，债权人可以请求部分或者全部债务人履行全部债务的，为连带债务。连带债权或者连带债务，由法律规定或者当事人约定。

连带债务人之间的份额难以确定的，视为份额相同。实际承担债务超过自己份额的连带债务人，有权就超出部分在其他连带债务人未履行的份额范围内向其追偿，并相应地享有债权人的权利，但是不得损害债权人的利益。其他连带债务人对债权人的抗辩，可以向该债务人主张。被追偿的连带债务人不能履行其应分担份额的，其他连带债务人应当在相应范围内按比例分担。

部分连带债务人履行、抵销债务或者提存标的物的，其他债务人对债权人的债务在相应范围内消灭；该债务人可以依据前条规定向其他债务人追偿。部分连带债务人的债务被债权人免除的，在该连带债务人应当承担的份额范围内，其他债务人对债权人的债务消灭。部分连带债务人的债务与债权人的债权同归于1人的，在扣除该债务人应当承担的份额后，债权人对其他债务人的债权继续存在。债权人对部分连带债务人的给付受领迟延的，对其他连带债务人发生效力。

连带债权人之间的份额难以确定的，视为份额相同。实际受领债权的连带债权人，应当按比例向其他连带债权人返还。连带债权参照适用连带债务的有关规定。

当事人约定由债务人向第三人履行债务，债务人未向第三人履行债务或者履行债务不符合约定的，应当向债权人承担违约责任。法律规定或者当事人约定第三人可以直接请求债务人向其履行债务，第三人未在合理期限内明确拒绝，债务人未向第三人履行债务或者履行债务不符合约定的，第三人可以请求债务人承担违约责任；债务人对债权人的抗辩，可以向第三人主张。

当事人约定由第三人向债权人履行债务，第三人不履行债务或者履行债务不符合约定的，债务人应当向债权人承担违约责任。

债务人不履行债务，第三人对履行该债务具有合法利益的，第三人有权向债权人代为履行；但是，根据债务性质、按照当事人约定或者依照法律规定只能由债务人履行的除外。债权人接受第三人履行后，其对债务人的债权转让给第三人，但是债务人和第三人另有约定的除外。

当事人互负债务，没有先后履行顺序的，应当同时履行。一方在对方履行之前，有权拒绝其履行请求。一方在对方履行债务不符合约定时，有权拒绝其相应的履行请求。

当事人互负债务，有先后履行顺序，应当先履行债务一方未履行的，后履行一方有权拒绝其履行请求。先履行一方履行债务不符合约定的，后履行一方有权拒绝其相应的履行请求。

应当先履行债务的当事人，有确切证据证明对方有下列情形之一的，可以中止履行：①经营状况严重恶化。②转移财产、抽逃资金，以逃避债务。③丧失商业信誉。④有丧失或者可能丧失履行债务能力的其他情形。当事人没有确切证据中止履行的，应当承担违约责任。当事人依据上述规定中止履行的，应当及时通知对方。对方提供适当担保的，应当恢复履行。中止履行后，对方在合理期限内未恢复履行能力且未提供适当担保的，视为以自己的行为表明不履行主要债务，中止履行的一方可以解除合同，并可以请求对方承担违约责任。

债权人分立、合并或者变更住所没有通知债务人，致使履行债务发生困难的，债务人可以中止履行或者将标的物提存。

债权人可以拒绝债务人提前履行债务，但是提前履行不损害债权人利益的除外。债务人提前履行债务给债权人增加的费用，由债务人负担。债权人可以拒绝债务人部分履行债务，但是部分履行不损害债权人利益的除外。债务人部分履行债务给债权人增加的费用，由债务人负担。

合同生效后，当事人不得因姓名、名称的变更或者法定代表人、负责人、承办人的变动而不履行合同义务。合同成立后，合同的基础条件发生了当事人在订立合同时无法预见的、不属于商业风险的重大变化，继续履行合同对于当事人一方明显不公平的，受不利影响的当事人可以与对方重新协商；在合理期限内协商不成的，当事人可以请求人民法院或者仲裁机构变更或者解除合同。人民法院或者仲裁机构应当结合案件的实际情况，根据公平原则变更或者解除合同。

对当事人利用合同实施危害国家利益、社会公共利益行为的，市场监督管理和其他有关行政主管部门依照法律、行政法规的规定负责监督处理。

（五）合同的保全

因债务人怠于行使其债权或者与该债权有关的从权利，影响债权人的到期债权实现的，债权人可以向人民法院请求以自己的名义代位行使债务人对相对人的权利，但是该权利专属于债务人自身的除外。代位权的行使范围以债权人的到期债权为限。债权人行使代位权的必要费用，由债务人负担。相对人对债务人的抗辩，可以向债权人主张。

债权人的债权到期前，债务人的债权或者与该债权有关的从权利存在诉讼时效期间即将届满或者未及时申报破产债权等情形，影响债权人的债权实现的，债权人可以代位向债务人的相对人请求其向债务人履行、向破产管理人申报或者作出其他必要的行为。

人民法院认定代位权成立的，由债务人的相对人向债权人履行义务，债权人接受履行后，债权人与债务人、债务人与相对人之间相应的权利义务终止。债务人对相对人的债权或者与该债权有关的从权利被采取保全、执行措施，或者债务人破产的，依照相关法律的规定处理。

债务人以放弃其债权、放弃债权担保、无偿转让财产等方式无偿处分财产权益，或者恶意延长其到期债权的履行期限，影响债权人的债权实现的，债权人可以请求人民法院撤销债务人的行为。

债务人以明显不合理的低价转让财产、以明显不合理的高价受让他人财产或者为他人的债务提供担保，影响债权人的债权实现，债务人的相对人知道或者应当知道该情形的，债权人可以请求人民法院撤销债务人的行为。

撤销权的行使范围以债权人的债权为限。债权人行使撤销权的必要费用，由债务人负担。撤销权自债权人知道或者应当知道撤销事由之日起 1 年内行使。自债务人的行为发生之日起 5 年内没有行使撤销权的，该撤销权消灭。债务人影响债权人的债权实现的行为被撤销的，自始没有法律约束力。

（六）合同的变更和转让

当事人协商一致，可以变更合同。当事人对合同变更的内容约定不明确的，推定为未变更。

债权人可以将债权的全部或者部分转让给第三人，但是有下列情形之一的除外：①根据债权性质不得转让。②按照当事人约定不得转让。③依照法律规定不得转让。当事人约定非金钱债权不得转让的，不得对抗善意第三人；当事人约定金钱债权不得转让的，不得对抗第三人。

债权人转让债权，未通知债务人的，该转让对债务人不发生效力。债权转让的通知不得撤销，但是经受让人同意的除外。债权人转让债权的，受让人取得与债权有关的从权利，但是该从权利专属于债权人自身的除外。受让人取得从权利不因该从权利未办理转移登记手续或者未转移占有而受到影响。

债务人接到债权转让通知后，债务人对让与人的抗辩，可以向受让人主张。有下列情形之一的，债务人可以向受让人主张抵销：①债务人接到债权转让通知时，债务人对让与人享有债权，且债务人的债权先于转让的债权到期或者同时到期。②债务人的债权与转让的债权是基于同一合同产生。因债权转让增加的履行费用，由让与人负担。

债务人将债务的全部或者部分转移给第三人的，应当经债权人同意。债务人或者第三人可以催告债权人在合理期限内予以同意，债权人未作表示的，视为不同意。

第三人与债务人约定加入债务并通知债权人，或者第三人向债权人表示愿意加入债务，债权人未在合理期限内明确拒绝的，债权人可以请求第三人在其愿意承担的债务范围内和债务人承担连带债务。

债务人转移债务的，新债务人可以主张原债务人对债权人的抗辩；原债务人对债权人享有债权的，新债务人不得向债权人主张抵销。债务人转移债务的，新债务人应当承担与主债务有关的从债务，但是该从债务专属于原债务人自身的除外。

当事人一方经对方同意，可以将自己在合同中的权利和义务一并转让给第三人。合同的权利和义务一并转让的，适用债权转让、债务转移的有关规定。

（七）合同的权利义务终止

有下列情形之一的，债权债务终止：①债务已经履行。②债务相互抵销。③债务人依法将标的物提存。④债权人免除债务。⑤债权债务同归于一人。⑥法律规定或者当事人约定终止的其他情形。合同解除的，该合同的权利义务关系终止。

债权债务终止后，当事人应当遵循诚信等原则，根据交易习惯履行通知、协助、保密、旧物回收等义务。债权债务终止时，债权的从权利同时消灭，但是法律另有规定或者当事人另有约定的除外。

债务人对同一债权人负担的数项债务种类相同，债务人的给付不足以清偿全部债务的，除了当事人另有约定，由债务人在清偿时指定其履行的债务。债务人未作指定的，应当优先履行已经到期的债务；数项债务均到期的，优先履行对债权人缺乏担保或者担保最少的债务；均无担保或者担保相等的，优先履行债务人负担较重的债务；负担相同的，按照债务到期的先后顺序履行；到期时间相同的，按照债务比例履行。

债务人在履行主债务外还应当支付利息和实现债权的有关费用，其给付不足以清偿全部债务的，除了当事人另有约定，应当按照下列顺序履行：①实现债权的有关费用。②利息。③主债务。

当事人协商一致，可以解除合同。当事人可以约定一方解除合同的事由。解除合同的事由发生时，解除权人可以解除合同。有下列情形之一的，当事人可以解除合同：①因不可抗力致使不能实现合同目的。②在履行期限届满前，当事人一方明确表示或者以自己的行为表明不履行主要债务。③当事人一方迟延履行主要债务，经催告后在合理期限内仍未履行。④当事人一方迟延履行债务或者有其他违约行为致使不能实现合同目的。⑤法律规定的其他情形。以持续履行的债务为内容的不定期合同，当事人可以随时解除合同，但是应当在合理期限之前通知对方。

法律规定或者当事人约定解除权行使期限，期限届满当事人不行使的，该权利消灭。法律没有规定或者当事人没有约定解除权行使期限，自解除权人知道或者应当知道解除事由之日起1年内不行使，或者经对方催告后在合理期限内不行使的，该权利消灭。

当事人一方依法主张解除合同的，应当通知对方。合同自通知到达对方时解除；通知载明债务人在一定期限内不履行债务则合同自动解除，债务人在该期限内未履行债务的，合同自通知载明的期限届满时解除。对方对解除合同有异议的，任何一方当事人均可以请求人民法院或者仲裁机构确认解除行为的效力。当事人一方未通知对方，直接以提起诉讼或者申请仲裁的方式依法主张解除合同，人民法院或者仲裁机构确认该主张的，合同自起诉状副本或者仲裁申请书副本送达对方时解除。

合同解除后，尚未履行的，终止履行；已经履行的，根据履行情况和合同性质，当事人可以请求恢复原状或者采取其他补救措施，并有权请求赔偿损失。合同因违约解除的，解除权人可以请求违约方承担违约责任，但是当事人另有约定的除外。主合同解除后，担保人对债务人应当承担的民事责任仍应当承担担保责任，但是担保合同另有约定的除外。合同的权利义务关系终止，不影响合同中结算和清理条款的效力。

当事人互负债务，该债务的标的物种类、品质相同的，任何一方可以将自己的债务与对方的到期债务抵销；但是，根据债务性质、按照当事人约定或者依照法律规定不得抵销的除外。当事人主张抵销的，应当通知对方。通知自到达对方时生效。抵销不得附条件或者附期限。当事人互负债务，标的物种类、品质不相同的，经协商一致，也可以抵销。

有下列情形之一，难以履行债务的，债务人可以将标的物提存：①债权人无正当理由拒绝受领。②债权人下落不明。③债权人死亡，未确定继承人、遗产管理人；或者债权人丧失民事行为能力，未确定监护人。④法律规定的其他情形。标的物不适于提存或者提存费用过高的，债务人依法可以拍卖或者变卖标的物，提存所得的价款。

债务人将标的物或者将标的物依法拍卖、变卖所得价款交付提存部门时，提存成立。提存成立的，视为债务人在其提存范围内已经交付标的物。标的物提存后，债务人应当及时通知债权人或者债权人的继承人、遗产管理人、监护人、财产代管人。标的物提存后，毁损、灭失的风险由债权人承担。提存期间，标的物的孳息归债权人所有。提存费用由债权人负担。

债权人可以随时领取提存物。但是，债权人对债务人负有到期债务的，在债权人未履行债务或者提供担保之前，提存部门根据债务人的要求应当拒绝其领取提存物。债权人领取提存物的权利，自提存之日起5年内不行使而消灭，提存物扣除提存费用后归国家所有。但是，债权人未履行对债务人的到期债务，或者债权人向提存部门书面表示放弃领取提存物权利的，债务人负担提存费用后有权取回提存物。

债权人免除债务人部分或者全部债务的，债权债务部分或者全部终止，但是债务人在合理期限内拒绝的除外。债权和债务同归于一人的，债权债务终止，但是损害第三人利益的除外。

（八）违约责任

当事人一方不履行合同义务或者履行合同义务不符合约定的，应当承担继续履行、采取补救措施或者赔偿损失等违约责任。当事人一方明确表示或者以自己的行为表明不履行合同义务的，对方可以在履行期限届满前请求其承担违约责任。当事人一方未支付价款、报酬、租金、利息，或者不履行其他金钱债务的，对方可以请求其支付。

当事人一方不履行非金钱债务或者履行非金钱债务不符合约定的，对方可以请求履行，但是有下列情形之一的除外：①法律上或者事实上不能履行。②债务的标的不适于强制履行或者履行费用过高。③债权人在合理期限内未请求履行。有上述规定的除外情形之一，致使不能实现合同目的的，人民法院或者仲裁机构可以根据当事人的请求终止合同权利义务关系，但是不影响违约责任的承担。

当事人一方不履行债务或者履行债务不符合约定，根据债务的性质不得强制履行的，对方可以请求其负担由第三人替代履行的费用。

履行不符合约定的，应当按照当事人的约定承担违约责任。对违约责任没有约定或者约定不明确，依据《民法典》第五百一十条的规定仍不能确定的，受损害方根据标的的性质以及损失的大小，可以合理选择请求对方承担修理、重作、更换、退货、减少价款或者报酬等违约责任。

当事人一方不履行合同义务或者履行合同义务不符合约定的，在履行义务或者采取补救措施后，对方还有其他损失的，应当赔偿损失。

当事人一方不履行合同义务或者履行合同义务不符合约定，造成对方损失的，损失赔偿额应当相当于因违约所造成的损失，包括合同履行后可以获得的利益；但是，不得超过违约一方订立合同时预见到或者应当预见到的因违约可能造成的损失。

当事人可以约定一方违约时应当根据违约情况向对方支付一定数额的违约金，也可以约定因违约产生的损失赔偿额的计算方法。约定的违约金低于造成的损失的，人民法院或者仲裁机构可以根据当事人的请求予以增加；约定的违约金过分高于造成的损失的，人民法院或者仲裁机构可以根据当事人的请求予以适当减少。当事人就迟延履行约定违约金的，违约方支付违约金后，还应当履行债务。

当事人可以约定一方向对方给付定金作为债权的担保。定金合同自实际交付定金时成立。定金的数额由当事人约定；但是，不得超过主合同标的额的20%，超过部分不产生定金的效力。实际交付的定金数额多于或者少于约定数额的，视为变更约定的定金数额。

债务人履行债务的，定金应当抵作价款或者收回。给付定金的一方不履行债务或者履行债务不符合约定，致使不能实现合同目的的，无权请求返还定金；收受定金的一方不履行债务或者履行债务不符合约定，致使不能实现合同目的的，应当双倍返还定金。

当事人既约定违约金，又约定定金的，一方违约时，对方可以选择适用违约金或者定金条款。定金不足以弥补一方违约造成的损失的，对方可以请求赔偿超过定金数额的损失。

债务人按照约定履行债务，债权人无正当理由拒绝受领的，债务人可以请求债权人赔偿增加的费用。在债权人受领迟延期间，债务人无须支付利息。

当事人一方因不可抗力不能履行合同的，根据不可抗力的影响，部分或者全部免除责任，但是法律另有规定的除外。因不可抗力不能履行合同的，应当及时通知对方，以减轻可能给对方造成的损失，并应当在合理期限内提供证明。当事人迟延履行后发生不可抗力的，不免除其违约责任。

当事人一方违约后，对方应当采取适当措施防止损失的扩大；没有采取适当措施致使损失扩大的，不得就扩大的损失请求赔偿。当事人因防止损失扩大而支出的合理费用，由违约方负担。

当事人都违反合同的，应当各自承担相应的责任。当事人一方违约造成对方损失，对方对损失的发生有过错的，可以减少相应的损失赔偿额。

当事人一方因第三人的原因造成违约的，应当依法向对方承担违约责任。当事人一方和第三人之间的纠纷，依照法律规定或者按照约定处理。

因国际货物买卖合同和技术进出口合同争议提起诉讼或者申请仲裁的时效期间为4年。

（九）买卖合同

买卖合同是出卖人转移标的物的所有权于买受人，买受人支付价款的合同。买卖合同的内容一般包括标的物的名称、数量、质量、价款、履行期限、履行地点和方式、包装方式、检验标准和方法、结算方式、合同使用的文字及其效力等条款。

因出卖人未取得处分权致使标的物所有权不能转移的，买受人可以解除合同并请求出卖人承担违约责任。法律、行政法规禁止或者限制转让的标的物，依照其规定。

出卖人应当履行向买受人交付标的物或者交付提取标的物的单证，并转移标的物所有权的义务。出卖人应当按照约定或者交易习惯向买受人交付提取标的物单证以外的有关单证和资料。

出卖具有知识产权的标的物的，除了法律另有规定或者当事人另有约定，该标的物的知识产权不属于买受人。出卖人应当按照约定的时间交付标的物。约定交付期限的，出卖人可以在该交付期限内的任何时间交付。

出卖人应当按照约定的地点交付标的物。当事人没有约定交付地点或者约定不明确，依据《民法典》第五百一十条的规定仍不能确定的，适用下列规定：①标的物需要运输的，出卖人应当将标的物交付给第一承运人以运交给买受人。②标的物不需要运输，出卖人和买受人订立合同时知道标的物在某一地点的，出卖人应当在该地点交付标的物；不知道标的物在某一地点的，应当在出卖人订立合同时的营业地交付标的物。

标的物毁损、灭失的风险，在标的物交付之前由出卖人承担，交付之后由买受人承担，但是法律另有规定或者当事人另有约定的除外。因买受人的原因致使标的物未按照约定的期限交付的，买受人应当自违反约定时起承担标的物毁损、灭失的风险。出卖人出卖交由承运人运输的在途标的物，除了当事人另有约定，毁损、灭失的风险自合同成立时起由买受人承担。出卖人按照约定将标的物运送至买受人指定地点并交付给承运人后，标的物毁损、灭失的风险由买受人承担。当事人没有约定交付地点或者约定不明确，依据《民法典》第六百零三条第二款第一项的规定标的物需要运输的，出卖人将标的物交付给第一承运人后，标的物毁损、灭失的风险由买受人承担。

出卖人按照约定或者依据《民法典》第六百零三条第二款第二项的规定将标的物置于交付地点，买受人违反约定没有收取的，标的物毁损、灭失的风险自违反约定时起由买受人承担。出卖人按照约定未交付有关标的物的单证和资料的，不影响标的物毁损、灭失风险的转移。

因标的物不符合质量要求，致使不能实现合同目的的，买受人可以拒绝接受标的物或者解除合同。买受人拒绝接受标的物或者解除合同的，标的物毁损、灭失的风险由出卖人承担。标的物毁损、灭失的风险由买受人承担的，不影响因出卖人履行义务不符合约定，买受人请求其承担违约责任的权利。

出卖人就交付的标的物，负有保证第三人对该标的物不享有任何权利的义务，但是法律另有规定的除外。买受人订立合同时知道或者应当知道第三人对买卖的标的物享有权利的，出卖人不承担上述规定的义务。

买受人有确切证据证明第三人对标的物享有权利的，可以中止支付相应的价款，但是出卖人提供适当担保的除外。出卖人应当按照约定的质量要求交付标的物。出卖人提供有关标的物质量说明的，交付的标的物应当符合该说明的质量要求。

当事人约定减轻或者免除出卖人对标的物瑕疵承担的责任，因出卖人故意或者重大过失不告知买受人标的物瑕疵的，出卖人无权主张减轻或者免除责任。

出卖人应当按照约定的包装方式交付标的物。对包装方式没有约定或者约定不明确，依据《民法典》第五百一十条的规定仍不能确定的，应当按照通用的方式包装；没有通用方式的，应当采取足以保护标的物且有利于节约资源、保护生态环境的包装方式。

买受人收到标的物时应当在约定的检验期限内检验；没有约定检验期限的，应当及时检验。当事人约定检验期限的，买受人应当在检验期限内将标的物的数量或者质量不符合约定的情形通知出卖人；买受人怠于通知的，视为标的物的数量或者质量符合约定。当事人没有约定检验期限的，买受人应当在发现或者应当发现标的物的数量或者质量不符合约定的合理期限内通知出卖人。买受人在合理期限内未通知或者自收到标的物之日起2年内未通知出卖人的，视为标的物的数量或者质量符合约定；但是，对标的物有质量保证期的，适用质量保证期，不适用该2年的规定。出卖人知道或者应当知道提供的标的物不符合约定的，买受人不受前述规定的通知时间的限制。

当事人约定的检验期限过短，根据标的物的性质和交易习惯，买受人在检验期限内难以完成全面检验的，该期限仅视为买受人对标的物的外观瑕疵提出异议的期限。约定的检验期限或者质量保证期短于法律、行政法规规定期限的，应当以法律、行政法规规定的期限为准。

当事人对检验期限未作约定，买受人签收的送货单、确认单等载明标的物数量、型号、规格的，推定买受人已经对数量和外观瑕疵进行检验，但是有相关证据足以推翻的除外。

出卖人依照买受人的指示向第三人交付标的物，出卖人和买受人约定的检验标准与买受人和第三人约定的检验标准不一致的，以出卖人和买受人约定的检验标准为准。

依照法律、行政法规的规定或者按照当事人的约定，标的物在有效使用年限届满后应予回收的，出卖人负有自行或者委托第三人对标的物予以回收的义务。

买受人应当按照约定的数额和支付方式支付价款。对价款的数额和支付方式没有约定或者约定不明确的，适用《民法典》第五百一十条、第五百一十一条第二项和第五项的规定。

买受人应当按照约定的地点支付价款。对支付地点没有约定或者约定不明确，依据《民法典》第五百一十条的规定仍不能确定的，买受人应当在出卖人的营业地支付；但是，约定支付价款以交付标的物或者交付提取标的物单证为条件的，在交付标的物或者交付提取标的物单证的所在地支付。

买受人应当按照约定的时间支付价款。对支付时间没有约定或者约定不明确，依据《民法典》第五百一十条的规定仍不能确定的，买受人应当在收到标的物或者提取标的物单证的同时支付。

出卖人多交标的物的，买受人可以接收或者拒绝接收多交的部分。买受人接收多交部分的，按照约定的价格支付价款；买受人拒绝接收多交部分的，应当及时通知出卖人。标的物在交付之前产生的孳息，归出卖人所有；交付之后产生的孳息，归买受人所有。但是，当事人另有约定的除外。

因标的物的主物不符合约定而解除合同的，解除合同的效力及于从物。因标的物的从物不符合约定被解除的，解除的效力不及于主物。标的物为数物，其中一物不符合约定的，买受人可以就该物解除。但是，该物与他物分离使标的物的价值显受损害的，买受人可以就数物解除合同。

出卖人分批交付标的物的，出卖人对其中一批标的物不交付或者交付不符合约定，致使该批标的物不能实现合同目的的，买受人可以就该批标的物解除。出卖人不交付其中一批标的物或者交付不符合约定，致使之后其他各批标的物的交付不能实现合同目的的，买受人可以就该批以及之后其他各批标的物解除。买受人如果就其中一批标的物解除，该批标的物与其他各批标的物相互依存的，可以就已经交付和未交付的各批标的物解除。

分期付款的买受人未支付到期价款的数额达到全部价款的1/5，经催告后在合理期限内仍未支付到期价款的，出卖人可以请求买受人支付全部价款或者解除合同。出卖人解除合同的，可以向买受人请求支付该标的物的使用费。

凭样品买卖的当事人应当封存样品，并可以对样品质量予以说明。出卖人交付的标的物应当与样品及其说明的质量相同。凭样品买卖的买受人不知道样品有隐蔽瑕疵的，即使交付的标的物与样品相同，出卖人交付的标的物的质量仍然应当符合同种物的通常标准。

试用买卖的当事人可以约定标的物的试用期限。对试用期限没有约定或者约定不明确，依据《民法典》第五百一十条的规定仍不能确定的，由出卖人确定。试用买卖的买受人在试用期内可以购买标的物，也可以拒绝购买。试用期限届满，买受人对是否购买标的物未作表示的，视为购买。试用买卖的买受人在试用期内已经支付部分价款或者对标的物实施出卖、出租、设立担保物权等行为的，视为同意购买。试用买卖的当事人对标的物使用费没有约定或者约定不明确的，出卖人无权请求买受人支付。标的物在试用期内毁损、灭失的风险由出卖人承担。

当事人可以在买卖合同中约定买受人未履行支付价款或者其他义务的，标的物的所有权属于出卖人。出卖人对标的物保留的所有权，未经登记，不得对抗善意第三人。

当事人约定出卖人保留合同标的物的所有权，在标的物所有权转移前，买受人有下列情形之一，造成出卖人损害的，除了当事人另有约定，出卖人有权取回标的物：①未按照约定支付价款，经催告后在合理期限内仍未支付。②未按照约定完成特定条件。③将标的物出卖、出质或者作出其他不当处分。出卖人可以与买受人协商取回标的物；协商不成的，可以参照适用担保物权的实现程序。

出卖人依据上述规定取回标的物后，买受人在双方约定或者出卖人指定的合理回赎期限内，消除出卖人取回标的物的事由的，可以请求回赎标的物。买受人在回赎期限内没有回赎标的物，出卖人可以以合理价格将标的物出卖给第三人，出卖所得价款扣除买受人未支付的价款以及必要费用后仍有剩余的，应当返还买受人；不足部分由买受人清偿。

招标投标买卖的当事人的权利和义务以及招标投标程序等，依照有关法律、行政法规的规定。拍卖的当事人的权利和义务以及拍卖程序等，依照有关法律、行政法规的规定。法律对其他有偿合同有规定的，依照其规定；没有规定的，参照适用买卖合同的有关规定。当事人约定易货交易，转移标的物的所有权的，参照适用买卖合同的有关规定。

（十）供用电、水、气、热力合同

供用电合同是供电人向用电人供电，用电人支付电费的合同。向社会公众供电的供电人，不得拒绝用电人合理的订立合同要求。供用电合同的内容一般包括供电的方式、质量、时间，用电容量、地址、性质，计量方式，电价、电费的结算方式，供用电设施的维护责任等条款。

供用电合同的履行地点，按照当事人约定；当事人没有约定或者约定不明确的，供电设施的产权分界处为履行地点。供电人应当按照国家规定的供电质量标准和约定安全供电。供电人未按照国家规定的供电质量标准和约定安全供电，造成用电人损失的，应当承担赔偿责任。

供电人因供电设施计划检修、临时检修、依法限电或者用电人违法用电等原因，需要中断供电时，应当按照国家有关规定事先通知用电人；未事先通知用电人中断供电，造成用电人损失的，应当承担赔偿责任。

因自然灾害等原因断电，供电人应当按照国家有关规定及时抢修；未及时抢修，造成用电人损失的，应当承担赔偿责任。

用电人应当按照国家有关规定和当事人的约定及时支付电费。用电人逾期不支付电费的，应当按照约定支付违约金。经催告用电人在合理期限内仍不支付电费和违约金的，供电人可以按照国家规定的程序中止供电。供电人依据上述规定中止供电的，应当事先通知用电人。

用电人应当按照国家有关规定和当事人的约定安全、节约和计划用电。用电人未按照国家有关规定和当事人的约定用电，造成供电人损失的，应当承担赔偿责任。

供用水、供用气、供用热力合同，参照适用供用电合同的有关规定。

（十一）赠与合同

赠与合同是赠与人将自己的财产无偿给予受赠人，受赠人表示接受赠与的合同。赠与人在赠与财产的权利转移之前可以撤销赠与。经过公证的赠与合同或者依法不得撤销的具有救灾、扶贫、助残等公益、道德义务性质的赠与合同，不适用前述规定。

赠与的财产依法需要办理登记或者其他手续的，应当办理有关手续。经过公证的赠与合同或者依法不得撤销的具有救灾、扶贫、助残等公益、道德义务性质的赠与合同，赠与人不交付赠与财产的，受赠人可以请求交付。依据上述规定应当交付的赠与财产因赠与人故意或者重大过失致使毁损、灭失的，赠与人应当承担赔偿责任。

赠与可以附义务。赠与附义务的，受赠人应当按照约定履行义务。赠与的财产有瑕疵的，赠与人不承担责任。附义务的赠与，赠与的财产有瑕疵的，赠与人在附义务的限度内承担与出卖人相同的责任。赠与人故意不告知瑕疵或者保证无瑕疵，造成受赠人损失的，应当承担赔偿责任。

受赠人有下列情形之一的，赠与人可以撤销赠与：①严重侵害赠与人或者赠与人近亲属的合法权益。②对赠与人有扶养义务而不履行。③不履行赠与合同约定的义务。赠与人的撤销权，自知道或者应当知道撤销事由之日起1年内行使。因受赠人的违法行为致使赠与人死亡或者丧失民事行为能力的，赠与人的继承人或者法定代理人可以撤销赠与。赠与人的继承人或者法定代理人的撤销权，自知道或者应当知道撤销事由之日起6个月内行使。撤销权人撤销赠与的，可以向受赠人请求返还赠与的财产。赠与人的经济状况显著恶化，严重影响其生产经营或者家庭生活的，可以不再履行赠与义务。

（十二）借款合同

借款合同是借款人向贷款人借款，到期返还借款并支付利息的合同。借款合同应当采用书面形式，但是自然人之间借款另有约定的除外。借款合同的内容一般包括借款种类、币种、用途、数额、利率、期限和还款方式等条款。

订立借款合同，借款人应当按照贷款人的要求提供与借款有关的业务活动和财务状况的真实情况。借款的利息不得预先在本金中扣除。利息预先在本金中扣除的，应当按照实际借款数额返还借款并计算利息。

贷款人未按照约定的日期、数额提供借款，造成借款人损失的，应当赔偿损失。借款人未按照约定的日期、数额收取借款的，应当按照约定的日期、数额支付利息。

贷款人按照约定可以检查、监督借款的使用情况。借款人应当按照约定向贷款人定期提供有关财务会计报告或者其他资料。

借款人未按照约定的借款用途使用借款的，贷款人可以停止发放借款、提前收回借款或者解除合同。

借款人应当按照约定的期限支付利息。对支付利息的期限没有约定或者约定不明确，依据《民法典》第五百一十条的规定仍不能确定，借款期间不满1年的，应当在返还借款时一并支付；借款期间1年以上的，应当在每届满1年时支付，剩余期间不满1年的，应当在返还借款时一并支付。

借款人应当按照约定的期限返还借款。对借款期限没有约定或者约定不明确，依据《民法典》第五百一十条的规定仍不能确定的，借款人可以随时返还；贷款人可以催告借款人在合理期限内返还。

借款人未按照约定的期限返还借款的，应当按照约定或者国家有关规定支付逾期利息。借款人提前返还借款的，除了当事人另有约定，应当按照实际借款的期间计算利息。

借款人可以在还款期限届满前向贷款人申请展期；贷款人同意的，可以展期。自然人之间的借款合同，自贷款人提供借款时成立。

禁止高利放贷，借款的利率不得违反国家有关规定。借款合同对支付利息没有约定的，视为没有利息。借款合同对支付利息约定不明确，当事人不能达成补充协议的，按照当地或者当事人的交易方式、交易习惯、市场利率等因素确定利息；自然人之间借款的，视为没有利息。

（十三）保证合同

1. 一般规定

保证合同是为保障债权的实现，保证人和债权人约定，当债务人不履行到期债务或者发生当事人约定的情形时，保证人履行债务或者承担责任的合同。保证合同的内容一般包括被保证的主债权的种类、数额，债务人履行债务的期限，保证的方式、范围和期间等条款。

保证合同是主债权债务合同的从合同。主债权债务合同无效的，保证合同无效，但是法律另有规定的除外。保证合同被确认无效后，债务人、保证人、债权人有过错的，应当根据其过错各自承担相应的民事责任。

机关法人不得为保证人，但是经国务院批准为使用外国政府或者国际经济组织贷款进行转贷的除外。以公益为目的的非营利法人、非法人组织不得为保证人。

保证合同可以是单独订立的书面合同，也可以是主债权债务合同中的保证条款。第三人单方以书面形式向债权人作出保证，债权人接收且未提出异议的，保证合同成立。

保证的方式包括一般保证和连带责任保证。当事人在保证合同中对保证方式没有约定或者约定不明确的，按照一般保证承担保证责任。

当事人在保证合同中约定，债务人不能履行债务时，由保证人承担保证责任的，为一般保证。一般保证的保证人在主合同纠纷未经审判或者仲裁，并就债务人财产依法强制执行仍不能履行债务前，有权拒绝向债权人承担保证责任，但是有下列情形之一的除外：①债务人下落不明，且无财产可供执行。②人民法院已经受理债务人破产案件。③债权人有证据证明债务人的财产不足以履行全部债务或者丧失履行债务能力。④保证人书面表示放弃本款规定的权利。

当事人在保证合同中约定保证人和债务人对债务承担连带责任的，为连带责任保证。连带责任保证的债务人不履行到期债务或者发生当事人约定的情形时，债权人可以请求债务人履行债务，也可以请求保证人在其保证范围内承担保证责任。

保证人可以要求债务人提供反担保。保证人与债权人可以协商订立最高额保证的合同，约定在最高债权额限度内就一定期间连续发生的债权提供保证。

2. 保证责任

保证的范围包括主债权及其利息、违约金、损害赔偿金和实现债权的费用。当事人另有约定的，按照其约定。

保证期间是确定保证人承担保证责任的期间，不发生中止、中断和延长。债权人与保证人可以约定保证期间，但是约定的保证期间早于主债务履行期限或者与主债务履行期限同时届满的，视为没有约定；没有约定或者约定不明确的，保证期间为主债务履行期限届满之日起 6 个月。

债权人与债务人对主债务履行期限没有约定或者约定不明确的，保证期间自债权人请求债务人履行债务的宽限期届满之日起计算。

一般保证的债权人未在保证期间对债务人提起诉讼或者申请仲裁的，保证人不再承担保证责任。连带责任保证的债权人未在保证期间请求保证人承担保证责任的，保证人不再承担保证责任。

一般保证的债权人在保证期间届满前对债务人提起诉讼或者申请仲裁的，从保证人拒绝承担保证责任的权利消灭之日起，开始计算保证债务的诉讼时效。连带责任保证的债权人在保证期间届满前请求保证人承担保证责任的，从债权人请求保证人承担保证责任之日起，开始计算保证债务的诉讼时效。

债权人和债务人未经保证人书面同意，协商变更主债权债务合同内容，减轻债务的，保证人仍对变更后的债务承担保证责任；加重债务的，保证人对加重的部分不承担保证责任。债权人和债务人变更主债权债务合同的履行期限，未经保证人书面同意的，保证期间不受影响。

债权人转让全部或者部分债权，未通知保证人的，该转让对保证人不发生效力。保证人与债权人约定禁止债权转让，债权人未经保证人书面同意转让债权的，保证人对受让人不再承担保证责任。

债权人未经保证人书面同意，允许债务人转移全部或者部分债务，保证人对未经其同意转移的债务不再承担保证责任，但是债权人和保证人另有约定的除外。第三人加入债务的，保证人的保证责任不受影响。

一般保证的保证人在主债务履行期限届满后，向债权人提供债务人可供执行财产的真实情况，债权人放弃或者怠于行使权利致使该财产不能被执行的，保证人在其提供可供执行财产的价值范围内不再承担保证责任。

同一债务有两个以上保证人的，保证人应当按照保证合同约定的保证份额，承担保证责任；没有约定保证份额的，债权人可以请求任何一个保证人在其保证范围内承担保证责任。

保证人承担保证责任后，除了当事人另有约定，有权在其承担保证责任的范围内向债务人追偿，享有债权人对债务人的权利，但是不得损害债权人的利益。

保证人可以主张债务人对债权人的抗辩。债务人放弃抗辩的，保证人仍有权向债权人主张抗辩。债务人对债权人享有抵销权或者撤销权的，保证人可以在相应范围内拒绝承担保证责任。

（十四）租赁合同

租赁合同是出租人将租赁物交付承租人使用、收益，承租人支付租金的合同。租赁合同的内容一般包括租赁物的名称、数量、用途、租赁期限、租金及其支付期限和方式、租赁物维修等条款。租赁期限不得超过20年；超过20年的，超过部分无效。租赁期限届满，当事人可以续订租赁合同；但是，约定的租赁期限自续订之日起不得超过20年。当事人未依照法律、行政法规规定办理租赁合同登记备案手续的，不影响合同的效力。

租赁期限在6个月以上的，租赁合同应当采用书面形式。当事人未采用书面形式，无法确定租赁期限的，视为不定期租赁。

出租人应当按照约定将租赁物交付承租人，并在租赁期限内保持租赁物符合约定的用途。承租人应当按照约定的方法使用租赁物；对租赁物的使用方法没有约定或者约定不明确，依据《民法典》第五百一十条的规定仍不能确定的，应当根据租赁物的性质使用。

承租人按照约定的方法或者根据租赁物的性质使用租赁物，致使租赁物受到损耗的，不承担赔偿责任。承租人未按照约定的方法或者未根据租赁物的性质使用租赁物，致使租赁物受到损失的，出租人可以解除合同并请求赔偿损失。

出租人应当履行租赁物的维修义务，但是当事人另有约定的除外。承租人在租赁物需要维修时可以请求出租人在合理期限内维修。出租人未履行维修义务的，承租人可以自行维修，维修费用由出租人负担。因维修租赁物影响承租人使用的，出租人应当相应减少租金或者延长租期。因承租人的过错致使租赁物需要维修的，出租人不承担前述规定的维修义务。

承租人应当妥善保管租赁物，因保管不善造成租赁物毁损、灭失的，应当承担赔偿责任。承租人经出租人同意，可以对租赁物进行改善或者增设他物。承租人未经出租人同意，对租赁物进行改善或者增设他物的，出租人可以请求承租人恢复原状或者赔偿损失。

承租人经出租人同意，可以将租赁物转租给第三人。承租人转租的，承租人与出租人之间的租赁合同继续有效；第三人造成租赁物损失的，承租人应当赔偿损失。承租人未经出租人同意转租的，出租人可以解除合同。

承租人经出租人同意将租赁物转租给第三人，转租期限超过承租人剩余租赁期限的，超过部分的约定对出租人不具有法律约束力，但是出租人与承租人另有约定的除外。出租人知道或者应当知道承租人转租，但是在6个月内未提出异议的，视为出租人同意转租。

承租人拖欠租金的，次承租人可以代承租人支付其欠付的租金和违约金，但是转租合同对出租人不具有法律约束力的除外。次承租人代为支付的租金和违约金，可以充抵次承租人应当向承租人支付的租金；超出其应付的租金数额的，可以向承租人追偿。

在租赁期限内因占有、使用租赁物获得的收益，归承租人所有，但是当事人另有约定的除外。承租人应当按照约定的期限支付租金。对支付租金的期限没有约定或者约定不明确，依据《民法典》第五百一十条的规定仍不能确定，租赁期限不满1年的，应当在租赁期限届满时支付；租赁期限1年以上的，应当在每届满1年时支付，剩余期限不满1年的，应当在租赁期限届满时支付。

承租人无正当理由未支付或者迟延支付租金的，出租人可以请求承租人在合理期限内支付；承租人逾期不支付的，出租人可以解除合同。因第三人主张权利，致使承租人不能对租赁物使用、收益的，承租人可以请求减少租金或者不支付租金。第三人主张权利的，承租人应当及时通知出租人。

有下列情形之一，非因承租人原因致使租赁物无法使用的，承租人可以解除合同：①租赁物被司法机关或者行政机关依法查封、扣押。②租赁物权属有争议。③租赁物具有违反法律、行政法规关于使用条件的强制性规定情形。

租赁物在承租人按照租赁合同占有期限内发生所有权变动的，不影响租赁合同的效力。出租人出卖租赁房屋的，应当在出卖之前的合理期限内通知承租人，承租人享有以同等条件优先购买的权利；但是，房屋按份共有人行使优先购买权或者出租人将房屋出卖给近亲属的除外。出租人履行通知义务后，承租人在 15 日内未明确表示购买的，视为承租人放弃优先购买权。出租人委托拍卖人拍卖租赁房屋的，应当在拍卖 5 日前通知承租人。承租人未参加拍卖的，视为放弃优先购买权。出租人未通知承租人或者有其他妨害承租人行使优先购买权情形的，承租人可以请求出租人承担赔偿责任。但是，出租人与第三人订立的房屋买卖合同的效力不受影响。

因不可归责于承租人的事由，致使租赁物部分或者全部毁损、灭失的，承租人可以请求减少租金或者不支付租金；因租赁物部分或者全部毁损、灭失，致使不能实现合同目的的，承租人可以解除合同。

当事人对租赁期限没有约定或者约定不明确，依据《民法典》第五百一十条的规定仍不能确定的，视为不定期租赁；当事人可以随时解除合同，但是应当在合理期限之前通知对方。

租赁物危及承租人的安全或者健康的，即使承租人订立合同时明知该租赁物质量不合格，承租人仍然可以随时解除合同。

承租人在房屋租赁期限内死亡的，与其生前共同居住的人或者共同经营人可以按照原租赁合同租赁该房屋。

租赁期限届满，承租人应当返还租赁物。返还的租赁物应当符合按照约定或者根据租赁物的性质使用后的状态。租赁期限届满，承租人继续使用租赁物，出租人没有提出异议的，原租赁合同继续有效，但是租赁期限为不定期。租赁期限届满，房屋承租人享有以同等条件优先承租的权利。

（十五）融资租赁合同

融资租赁合同是出租人根据承租人对出卖人、租赁物的选择，向出卖人购买租赁物，提供给承租人使用，承租人支付租金的合同。

融资租赁合同的内容一般包括租赁物的名称、数量、规格、技术性能、检验方法，租赁期限，租金构成及其支付期限和方式、币种，租赁期限届满租赁物的归属等条款。融资租赁合同应当采用书面形式。

当事人以虚构租赁物方式订立的融资租赁合同无效。依照法律、行政法规的规定，对于租赁物的经营使用应当取得行政许可的，出租人未取得行政许可不影响融资租赁合同的效力。

出租人根据承租人对出卖人、租赁物的选择订立的买卖合同，出卖人应当按照约定向承租人交付标的物，承租人享有与受领标的物有关的买受人的权利。

出卖人违反向承租人交付标的物的义务，有下列情形之一的，承租人可以拒绝受领出卖人向其交付的标的物：①标的物严重不符合约定。②未按照约定交付标的物，经承租人或者出租人催告后在合理期限内仍未交付。承租人拒绝受领标的物的，应当及时通知出租人。

出租人、出卖人、承租人可以约定，出卖人不履行买卖合同义务的，由承租人行使索赔的权利。承租人行使索赔权利的，出租人应当协助。承租人对出卖人行使索赔权利，不影响其履行支付租金的义务。但是，承租人依赖出租人的技能确定租赁物或者出租人干预选择租赁物的，承租人可以请求减免相应租金。

出租人有下列情形之一，致使承租人对出卖人行使索赔权利失败的，承租人有权请求出租人承担相应的责任：①明知租赁物有质量瑕疵而不告知承租人。②承租人行使索赔权利时，未及时提供必要协助。出租人怠于行使只能由其对出卖人行使的索赔权利，造成承租人损失的，承租人有权请求出租人承担赔偿责任。

出租人根据承租人对出卖人、租赁物的选择订立的买卖合同，未经承租人同意，出租人不得变更与承租人有关的合同内容。出租人对租赁物享有的所有权，未经登记，不得对抗善意第三人。

融资租赁合同的租金，除了当事人另有约定，应当根据购买租赁物的大部分或者全部成本以及出租人的合理利润确定。租赁物不符合约定或者不符合使用目的的，出租人不承担责任。但是，承租人依赖出租人的技能确定租赁物或者出租人干预选择租赁物的除外。

出租人应当保证承租人对租赁物的占有和使用。出租人有下列情形之一的，承租人有权请求其赔偿损失：①无正当理由收回租赁物。②无正当理由妨碍、干扰承租人对租赁物的占有和使用。③因出租人的原因致使第三人对租赁物主张权利。④不当影响承租人对租赁物占有和使用的其他情形。

承租人占有租赁物期间，租赁物造成第三人人身损害或者财产损失的，出租人不承担责任。承租人应当妥善保管、使用租赁物。承租人应当履行占有租赁物期间的维修义务。

承租人占有租赁物期间，租赁物毁损、灭失的，出租人有权请求承租人继续支付租金，但是法律另有规定或者当事人另有约定的除外。承租人应当按照约定支付租金。承租人经催告后在合理期限内仍不支付租金的，出租人可以请求支付全部租金；也可以解除合同，收回租赁物。

承租人未经出租人同意，将租赁物转让、抵押、质押、投资入股或者以其他方式处分的，出租人可以解除融资租赁合同。有下列情形之一的，出租人或者承租人可以解除融资租赁合同：①出租人与出卖人订立的买卖合同解除、被确认无效或者被撤销，且未能重新订立买卖合同。②租赁物因不可归责于当事人的原因毁损、灭失，且不能修复或者确定替代物。③因出卖人的原因致使融资租赁合同的目的不能实现。

融资租赁合同因买卖合同解除、被确认无效或者被撤销而解除，出卖人、租赁物系由承租人选择的，出租人有权请求承租人赔偿相应损失；但是，因出租人原因致使买卖合同解除、被确认无效或者被撤销的除外。出租人的损失已经在买卖合同解除、被确认无效或者被撤销时获得赔偿的，承租人不再承担相应的赔偿责任。

融资租赁合同因租赁物交付承租人后意外毁损、灭失等不可归责于当事人的原因解除的，出租人可以请求承租人按照租赁物折旧情况给予补偿。

出租人和承租人可以约定租赁期限届满租赁物的归属；对租赁物的归属没有约定或者约定不明确，依据《民法典》第五百一十条的规定仍不能确定的，租赁物的所有权归出租人。

当事人约定租赁期限届满租赁物归承租人所有，承租人已经支付大部分租金，但是无力支付剩余租金，出租人因此解除合同收回租赁物，收回的租赁物的价值超过承租人欠付的租金以及其他费用的，承租人可以请求相应返还。当事人约定租赁期限届满租赁物归出租人所有，因租赁物毁损、灭失或者附合、混合于他物致使承租人不能返还的，出租人有权请求承租人给予合理补偿。

当事人约定租赁期限届满，承租人仅需向出租人支付象征性价款的，视为约定的租金义务履行完毕后租赁物的所有权归承租人。

融资租赁合同无效，当事人就该情形下租赁物的归属有约定的，按照其约定；没有约定或者约定不明确的，租赁物应当返还出租人。但是，因承租人原因致使合同无效，出租人不请求返还或者返还后会显著降低租赁物效用的，租赁物的所有权归承租人，由承租人给予出租人合理补偿。

（十六）承揽合同

承揽合同是承揽人按照定做人的要求完成工作，交付工作成果，定做人支付报酬的合同。承揽包括加工、定作、修理、复制、测试、检验等工作。承揽合同的内容一般包括承揽的标的、数量、质量、报酬，承揽方式，材料的提供，履行期限，验收标准和方法等条款。

承揽人应当以自己的设备、技术和劳力，完成主要工作，但是当事人另有约定的除外。承揽人将其承揽的主要工作交由第三人完成的，应当就该第三人完成的工作成果向定做人负责；未经定做人同意的，定做人也可以解除合同。承揽人可以将其承揽的辅助工作交由第三人完成。承揽人将其承揽的辅助工作交由第三人完成的，应当就该第三人完成的工作成果向定做人负责。

承揽人提供材料的，应当按照约定选用材料，并接受定做人检验。定做人提供材料的，应当按照约定提供材料。承揽人对定做人提供的材料应当及时检验，发现不符合约定时，应当及时通知定做人更换、补齐或者采取其他补救措施。承揽人不得擅自更换定做人提供的材料，不得更换不需要修理的零部件。

承揽人发现定做人提供的图纸或者技术要求不合理的，应当及时通知定做人。因定做人怠于答复等原因造成承揽人损失的，应当赔偿损失。定做人中途变更承揽工作的要求，造成承揽人损失的，应当赔偿损失。

承揽工作需要定做人协助的，定做人有协助的义务。定做人不履行协助义务致使承揽工作不能完成的，承揽人可以催告定做人在合理期限内履行义务，并可以顺延履行期限；定做人逾期不履行的，承揽人可以解除合同。

承揽人在工作期间，应当接受定做人必要的监督检验。定做人不得因监督检验妨碍承揽人的正常工作。承揽人完成工作的，应当向定做人交付工作成果，并提交必要的技术资料和有关质量证明。定做人应当验收该工作成果。

承揽人交付的工作成果不符合质量要求的，定做人可以合理选择请求承揽人承担修理、重做、减少报酬、赔偿损失等违约责任。

定做人应当按照约定的期限支付报酬。对支付报酬的期限没有约定或者约定不明确，依据《民法典》第五百一十条的规定仍不能确定的，定做人应当在承揽人交付工作成果时支付；工作成果部分交付的，定做人应当相应支付。

定做人未向承揽人支付报酬或者材料费等价款的，承揽人对完成的工作成果享有留置权或者有权拒绝交付，但是当事人另有约定的除外。

承揽人应当妥善保管定做人提供的材料以及完成的工作成果，因保管不善造成毁损、灭失的，应当承担赔偿责任。承揽人应当按照定做人的要求保守秘密，未经定做人许可，不得留存复制品或者技术资料。

共同承揽人对定做人承担连带责任，但是当事人另有约定的除外。定做人在承揽人完成工作前可以随时解除合同，造成承揽人损失的，应当赔偿损失。

（十七）建设工程合同

建设工程合同是承包人进行工程建设，发包人支付价款的合同。建设工程合同包括工程勘察、设计、施工合同。建设工程合同应当采用书面形式。

建设工程的招标投标活动，应当依照有关法律的规定公开、公平、公正进行。发包人可以与总承包人订立建设工程合同，也可以分别与勘察人、设计人、施工人订立勘察、设计、施工承包合同。发包人不得将应当由一个承包人完成的建设工程肢解成若干部分发包给数个承包人。总承包人或者勘察、设计、施工承包人经发包人同意，可以将自己承包的部分工作交由第三人完成。第三人就其完成的工作成果与总承包人或者勘察、设计、施工承包人向发包人承担连带责任。承包人不得将其承包的全部建设工程转包给第三人或者将其承包的全部建设工程肢解以后以分包的名义分别转包给第三人。禁止承包人将工程分包给不具备相应资质条件的单位。禁止分包单位将其承包的工程再分包。建设工程主体结构的施工必须由承包人自行完成。

国家重大建设工程合同，应当按照国家规定的程序和国家批准的投资计划、可行性研究报告等文件订立。

建设工程施工合同无效，但是建设工程经验收合格的，可以参照合同关于工程价款的约定折价补偿承包人。建设工程施工合同无效，且建设工程经验收不合格的，按照以下情形处理：①修复后的建设工程经验收合格的，发包人可以请求承包人承担修复费用。②修复后的建设工程经验收不合格的，承包人无权请求参照合同关于工程价款的约定折价补偿。发包人对因建设工程不合格造成的损失有过错的，应当承担相应的责任。

勘察、设计合同的内容一般包括提交有关基础资料和概预算等文件的期限、质量要求、费用以及其他协作条件等条款。

施工合同的内容一般包括工程范围、建设工期、中间交工工程的开工和竣工时间、工程质量、工程造价、技术资料交付时间、材料和设备供应责任、拨款和结算、竣工验收、质量保修范围和质量保证期、相互协作等条款。

建设工程实行监理的，发包人应当与监理人采用书面形式订立委托监理合同。发包人与监理人的权利和义务以及法律责任，应当依照《民法典》委托合同以及其他有关法律、行政法规的规定。

发包人在不妨碍承包人正常作业的情况下，可以随时对作业进度、质量进行检查。

隐蔽工程在隐蔽以前，承包人应当通知发包人检查。发包人没有及时检查的，承包人可以顺延工程日期，并有权请求赔偿停工、窝工等损失。

建设工程竣工后，发包人应当根据施工图纸及说明书、国家颁发的施工验收规范和质量检验标准及时进行验收。验收合格的，发包人应当按照约定支付价款，并接收该建设工程。建设工程竣工经验收合格后，方可交付使用；未经验收或者验收不合格的，不得交付使用。

勘察、设计的质量不符合要求或者未按照期限提交勘察、设计文件拖延工期，造成发包人损失的，勘察人、设计人应当继续完善勘察、设计，减收或者免收勘察、设计费并赔偿损失。

因施工人的原因致使建设工程质量不符合约定的，发包人有权请求施工人在合理期限内无偿修理或者返工、改建。经过修理或者返工、改建后，造成逾期交付的，施工人应当承担违约责任。因承包人的原因致使建设工程在合理使用期限内造成人身损害和财产损失的，承包人应当承担赔偿责任。

发包人未按照约定的时间和要求提供原材料、设备、场地、资金、技术资料的，承包人可以顺延工程日期，并有权请求赔偿停工、窝工等损失。因发包人的原因致使工程中途停建、缓建的，发包人应当采取措施弥补或者减少损失，赔偿承包人因此造成的停工、窝工、倒运、机械设备调迁、材料和构件积压等损失和实际费用。

因发包人变更计划，提供的资料不准确，或者未按照期限提供必需的勘察、设计工作条件而造成勘察、设计的返工、停工或者修改设计，发包人应当按照勘察人、设计人实际消耗的工作量增付费用。

承包人将建设工程转包、违法分包的，发包人可以解除合同。发包人提供的主要建筑材料、建筑构配件和设备不符合强制性标准或者不履行协助义务，致使承包人无法施工，经催告后在合理期限内仍未履行相应义务的，承包人可以解除合同。合同解除后，已经完成的建设工程质量合格的，发包人应当按照约定支付相应的工程价款；已经完成的建设工程质量不合格的，参照《民法典》第七百九十三条的规定处理。

发包人未按照约定支付价款的，承包人可以催告发包人在合理期限内支付价款。发包人逾期不支付的，除了根据建设工程的性质不宜折价、拍卖，承包人可以与发包人协议将该工程折价，也可以请求人民法院将该工程依法拍卖。建设工程的价款就该工程折价或者拍卖的价款优先受偿。

（十八）运输合同

1. 一般规定

运输合同是承运人将旅客或者货物从起运地点运输到约定地点，旅客、托运人或者收货人支付票款或者运输费用的合同。从事公共运输的承运人不得拒绝旅客、托运人通常、合理的运输要求。

承运人应当在约定期限或者合理期限内将旅客、货物安全运输到约定地点。承运人应当按照约定的或者通常的运输路线将旅客、货物运输到约定地点。旅客、托运人或者收货人应当支付票款或者运输费用。承运人未按照约定路线或者通常路线运输增加票款或者运输费用的，旅客、托运人或者收货人可以拒绝支付增加部分的票款或者运输费用。

2. 客运合同

客运合同自承运人向旅客出具客票时成立，但是当事人另有约定或者另有交易习惯的除外。

旅客应当按照有效客票记载的时间、班次和座位号乘坐。旅客无票乘坐、超程乘坐、越级乘坐或者持不符合减价条件的优惠客票乘坐的，应当补交票款，承运人可以按照规定加收票款；旅客不支付票款的，承运人可以拒绝运输。实名制客运合同的旅客丢失客票的，可以请求承运人挂失补办，承运人不得再次收取票款和其他不合理费用。

旅客因自己的原因不能按照客票记载的时间乘坐的，应当在约定的期限内办理退票或者变更手续；逾期办理的，承运人可以不退票款，并不再承担运输义务。

旅客随身携带行李应当符合约定的限量和品类要求；超过限量或者违反品类要求携带行李的，应当办理托运手续。旅客不得随身携带或者在行李中夹带易燃、易爆、有毒、有腐蚀性、有放射性以及可能危及运输工具上人身和财产安全的危险物品或者违禁物品。旅客违反上述规定的，承运人可以将危险物品或者违禁物品卸下、销毁或者送交有关部门。旅客坚持携带或者夹带危险物品或者违禁物品的，承运人应当拒绝运输。

承运人应当严格履行安全运输义务，及时告知旅客安全运输应当注意的事项。旅客对承运人为安全运输所做的合理安排应当积极协助和配合。

承运人应当按照有效客票记载的时间、班次和座位号运输旅客。承运人迟延运输或者有其他不能正常运输情形的，应当及时告知和提醒旅客，采取必要的安置措施，并根据旅客的要求安排改乘其他班次或者退票；由此造成旅客损失的，承运人应当承担赔偿责任，但是不可归责于承运人的除外。承运人擅自降低服务标准的，应当根据旅客的请求退票或者减收票款；提高服务标准的，不得加收票款。

承运人在运输过程中，应当尽力救助患有急病、分娩、遇险的旅客。承运人应当对运输过程中旅客的伤亡承担赔偿责任；但是，伤亡是旅客自身健康原因造成的或者承运人证明伤亡是旅客故意、重大过失造成的除外。上述规定适用于按照规定免票、持优待票或者经承运人许可搭乘的无票旅客。在运输过程中旅客随身携带物品毁损、灭失，承运人有过错的，应当承担赔偿责任。旅客托运的行李毁损、灭失的，适用货物运输的有关规定。

3. 货运合同

托运人办理货物运输，应当向承运人准确表明收货人的姓名、名称或者凭指示的收货人，货物的名称、性质、重量、数量，收货地点等有关货物运输的必要情况。因托运人申报不实或者遗漏重要情况，造成承运人损失的，托运人应当承担赔偿责任。

货物运输需要办理审批、检验等手续的，托运人应当将办理完有关手续的文件提交承运人。托运人应当按照约定的方式包装货物。对包装方式没有约定或者约定不明确的，适用《民法典》第六百一十九条的规定。托运人违反上述规定的，承运人可以拒绝运输。

托运人托运易燃、易爆、有毒、有腐蚀性、有放射性等危险物品的，应当按照国家有关危险物品运输的规定对危险物品妥善包装，做出危险物品标志和标签，并将有关危险物品的名称、性质和防范措施的书面材料提交承运人。托运人违反上述规定的，承运人可以拒绝运输，也可以采取相应措施以避免损失的发生，因此产生的费用由托运人负担。

在承运人将货物交付收货人之前，托运人可以要求承运人中止运输、返还货物、变更到达地或者将货物交给其他收货人，但是应当赔偿承运人因此受到的损失。

货物运输到达后，承运人知道收货人的，应当及时通知收货人，收货人应当及时提货。收货人逾期提货的，应当向承运人支付保管费等费用。

收货人提货时应当按照约定的期限检验货物。对检验货物的期限没有约定或者约定不明确，依据《民法典》第五百一十条的规定仍不能确定的，应当在合理期限内检验货物。收货人在约定的期限或者合理期限内对货物的数量、毁损等未提出异议的，视为承运人已经按照运输单证的记载交付的初步证据。

承运人对运输过程中货物的毁损、灭失承担赔偿责任。但是，承运人证明货物的毁损、灭失是因不可抗力、货物本身的自然性质或者合理损耗以及托运人、收货人的过错造成的，不承担赔偿责任。

货物的毁损、灭失的赔偿额，当事人有约定的，按照其约定；没有约定或者约定不明确，依据《民法典》第五百一十条的规定仍不能确定的，按照交付或者应当交付时货物到达地的市场价格计算。法律、行政法规对赔偿额的计算方法和赔偿限额另有规定的，依照其规定。

两个以上承运人以同一运输方式联运的，与托运人订立合同的承运人应当对全程运输承担责任；损失发生在某一运输区段的，与托运人订立合同的承运人和该区段的承运人承担连带责任。

货物在运输过程中因不可抗力灭失，未收取运费的，承运人不得请求支付运费；已经收取运费的，托运人可以请求返还。法律另有规定的，依照其规定。

托运人或者收货人不支付运费、保管费或者其他费用的，承运人对相应的运输货物享有留置权，但是当事人另有约定的除外。

收货人不明或者收货人无正当理由拒绝受领货物的，承运人依法可以提存货物。

4.多式联运合同

多式联运经营人负责履行或者组织履行多式联运合同，对全程运输享有承运人的权利，承担承运人的义务。

多式联运经营人可以与参加多式联运的各区段承运人就多式联运合同的各区段运输约定相互之间的责任；但是，该约定不影响多式联运经营人对全程运输承担的义务。

多式联运经营人收到托运人交付的货物时，应当签发多式联运单据。按照托运人的要求，多式联运单据可以是可转让单据，也可以是不可转让单据。

因托运人托运货物时的过错造成多式联运经营人损失的，即使托运人已经转让多式联运单据，托运人仍然应当承担赔偿责任。

货物的毁损、灭失发生于多式联运的某一运输区段的，多式联运经营人的赔偿责任和责任限额，适用调整该区段运输方式的有关法律规定；货物毁损、灭失发生的运输区段不能确定的，依照《民法典》第十九章的规定承担赔偿责任。

（十九）技术合同

1.一般规定

技术合同是当事人就技术开发、转让、许可、咨询或者服务订立的确立相互之间权利和义务的合同。订立技术合同，应当有利于知识产权的保护和科学技术的进步，促进科学技术成果的研发、转化、应用和推广。技术合同的内容一般包括项目的名称，标的的内容、范围和要求，履行的计划、地点和方式，技术信息和资料的保密，技术成果的归属和收益的分配办法，验收标准和方法，名词和术语的解释等条款。与履行合同有关的技术背景资料、可行性论证和技术评价报告、项目任务书和计划书、技术标准、技术规范、原始设计和工艺文件，以及其他技术文档，按照当事人的约定可以作为合同的组成部分。技术合同涉及专利的，应当注明发明创造的名称、专利申请人和专利权人、申请日期、申请号、专利号以及专利权的有效期限。

技术合同价款、报酬或者使用费的支付方式由当事人约定，可以采取一次总算、一次总付或者一次总算、分期支付，也可以采取提成支付或者提成支付附加预付入门费的方式；约定提成支付的，可以按照产品价格、实施专利和使用技术秘密后新增的产值、利润或者产品销售额的一定比例提成，也可以按照约定的其他方式计算。提成支付的比例可以采取固定比例、逐年递增比例或者逐年递减比例。约定提成支付的，当事人可以约定查阅有关会计账目的办法。

职务技术成果的使用权、转让权属于法人或者非法人组织的，法人或者非法人组织可以就该项职务技术成果订立技术合同。法人或者非法人组织订立技术合同转让职务技术成果时，职务技术成果的完成人享有以同等条件优先受让的权利。职务技术成果是执行法人或者非法人组织的工作任务，或者主要是利用法人或者非法人组织的物质技术条件所完成的技术成果。非职务技术成果的使用权、转让权属于完成技术成果的个人，完成技术成果的个人可以就该项非职务技术成果订立技术合同。完成技术成果的个人享有在有关技术成果文件上写明自己是技术成果完成者的权利和取得荣誉证书、奖励的权利。

非法垄断技术或者侵害他人技术成果的技术合同无效。

2. 技术开发合同

技术开发合同是当事人之间就新技术、新产品、新工艺、新品种或者新材料及其系统的研究开发所订立的合同。技术开发合同包括委托开发合同和合作开发合同。技术开发合同应当采用书面形式。当事人之间就具有实用价值的科技成果实施转化订立的合同，参照适用技术开发合同的有关规定。

委托开发合同的委托人应当按照约定支付研究开发经费和报酬，提供技术资料，提出研究开发要求，完成协作事项，接受研究开发成果。委托开发合同的研究开发人应当按照约定制订和实施研究开发计划，合理使用研究开发经费，按期完成研究开发工作，交付研究开发成果，提供有关的技术资料和必要的技术指导，帮助委托人掌握研究开发成果。委托开发合同的当事人违反约定造成研究开发工作停滞、延误或者失败的，应当承担违约责任。

合作开发合同的当事人应当按照约定进行投资，包括以技术进行投资，分工参与研究开发工作，协作配合研究开发工作。合作开发合同的当事人违反约定造成研究开发工作停滞、延误或者失败的，应当承担违约责任。

作为技术开发合同标的的技术已经由他人公开，致使技术开发合同的履行没有意义的，当事人可以解除合同。技术开发合同履行过程中，因出现无法克服的技术困难，致使研究开发失败或者部分失败的，该风险由当事人约定；没有约定或者约定不明确，依据《民法典》第五百一十条的规定仍不能确定的，风险由当事人合理分担。当事人一方发现上述规定的可能致使研究开发失败或者部分失败的情形时，应当及时通知另一方并采取适当措施减少损失；没有及时通知并采取适当措施，致使损失扩大的，应当就扩大的损失承担责任。

委托开发完成的发明创造，除了法律另有规定或者当事人另有约定，申请专利的权利属于研究开发人。研究开发人取得专利权的，委托人可以依法实施该专利。研究开发人转让专利申请权的，委托人享有以同等条件优先受让的权利。

合作开发完成的发明创造，申请专利的权利属于合作开发的当事人共有；当事人一方转让其共有的专利申请权的，其他各方享有以同等条件优先受让的权利。但是，当事人另有约定的除外。合作开发的当事人一方声明放弃其共有的专利申请权的，除了当事人另有约定，可以由另一方单独申请或者由其他各方共同申请。申请人取得专利权的，放弃专利申请权的一方可以免费实施该专利。合作开发的当事人一方不同意申请专利的，另一方或者其他各方不得申请专利。

委托开发或者合作开发完成的技术秘密成果的使用权、转让权以及收益的分配办法，由当事人约定；没有约定或者约定不明确，依据《民法典》第五百一十条的规定仍不能确定的，在没有相同技术方案被授予专利权前，当事人均有使用和转让的权利。但是，委托开发的研究开发人不得在向委托人交付研究开发成果之前，将研究开发成果转让给第三人。

3. 技术转让合同和技术许可合同

技术转让合同是合法拥有技术的权利人，将现有特定的专利、专利申请、技术秘密的相关权利让与他人所订立的合同。技术许可合同是合法拥有技术的权利人，将现有特定的专利、技术秘密的相关权利许可他人实施、使用所订立的合同。技术转让合同和技术许可合同中关于提供实施技术的专用设备、原材料或者提供有关的技术咨询、技术服务的约定，属于合同的组成部分。

技术转让合同包括专利权转让、专利申请权转让、技术秘密转让等合同。技术许可合同包括专利实施许可、技术秘密使用许可等合同。技术转让合同和技术许可合同应当采用书面形式。

技术转让合同和技术许可合同可以约定实施专利或者使用技术秘密的范围，但是不得限制技术竞争和技术发展。专利实施许可合同仅在该专利权的存续期限内有效。专利权有效期限届满或者专利权被宣告无效的，专利权人不得就该专利与他人订立专利实施许可合同。专利实施许可合同的许可人应当按照约定许可被许可人实施专利，交付实施专利有关的技术资料，提供必要的技术指导。

专利实施许可合同的被许可人应当按照约定实施专利，不得许可约定以外的第三人实施该专利，并按照约定支付使用费。

技术秘密转让合同的让与人和技术秘密使用许可合同的许可人应当按照约定提供技术资料，进行技术指导，保证技术的实用性、可靠性，承担保密义务。上述规定的保密义务，不限制许可人申请专利，但是当事人另有约定的除外。

技术秘密转让合同的受让人和技术秘密使用许可合同的被许可人应当按照约定使用技术，支付转让费、使用费，承担保密义务。

技术转让合同的让与人和技术许可合同的许可人应当保证自己是所提供的技术的合法拥有者，并保证所提供的技术完整、无误、有效，能够达到约定的目标。

技术转让合同的受让人和技术许可合同的被许可人应当按照约定的范围和期限，对让与人、许可人提供的技术中尚未公开的秘密部分，承担保密义务。

许可人未按照约定许可技术的，应当返还部分或者全部使用费，并应当承担违约责任；实施专利或者使用技术秘密超越约定的范围的，违反约定擅自许可第三人实施该项专利或者使用该项技术秘密的，应当停止违约行为，承担违约责任；违反约定的保密义务的，应当承担违约责任。让与人承担违约责任，参照适用上述规定。

被许可人未按照约定支付使用费的，应当补交使用费并按照约定支付违约金；不补交使用费或者支付违约金的，应当停止实施专利或者使用技术秘密，交还技术资料，承担违约责任；实施专利或者使用技术秘密超越约定的范围的，未经许可人同意擅自许可第三人实施该专利或者使用该技术秘密的，应当停止违约行为，承担违约责任；违反约定的保密义务的，应当承担违约责任。受让人承担违约责任，参照适用上述规定。

受让人或者被许可人按照约定实施专利、使用技术秘密侵害他人合法权益的，由让与人或者许可人承担责任，但是当事人另有约定的除外。

当事人可以按照互利的原则，在合同中约定实施专利、使用技术秘密后续改进的技术成果的分享办法；没有约定或者约定不明确，依据《民法典》第五百一十条的规定仍不能确定的，一方后续改进的技术成果，其他各方无权分享。

集成电路布图设计专有权、植物新品种权、计算机软件著作权等其他知识产权的转让和许可，参照适用《民法典》的有关规定。法律、行政法规对技术进出口合同或者专利、专利申请合同另有规定的，依照其规定。

4.技术咨询合同和技术服务合同

技术咨询合同是当事人一方以技术知识为对方就特定技术项目提供可行性论证、技术预测、专题技术调查、分析评价报告等所订立的合同。技术服务合同是当事人一方以技术知识为对方解决特定技术问题所订立的合同，不包括承揽合同和建设工程合同。

技术咨询合同的委托人应当按照约定阐明咨询的问题，提供技术背景材料及有关技术资料，接受受托人的工作成果，支付报酬。技术咨询合同的受托人应当按照约定的期限完成咨询报告或者解答问题，提出的咨询报告应当达到约定的要求。

技术咨询合同的委托人未按照约定提供必要的资料，影响工作进度和质量，不接受或者逾期接受工作成果的，支付的报酬不得追回，未支付的报酬应当支付。技术咨询合同的受托人未按期提出咨询报告或者提出的咨询报告不符合约定的，应当承担减收或者免收报酬等违约责任。技术咨询合同的委托人按照受托人符合约定要求的咨询报告和意见作出决策所造成的损失，由委托人承担，但是当事人另有约定的除外。

技术服务合同的委托人应当按照约定提供工作条件，完成配合事项，接受工作成果并支付报酬。技术服务合同的受托人应当按照约定完成服务项目，解决技术问题，保证工作质量，并传授解决技术问题的知识。

技术服务合同的委托人不履行合同义务或者履行合同义务不符合约定，影响工作进度和质量，不接受或者逾期接受工作成果的，支付的报酬不得追回，未支付的报酬应当支付。技术服务合同的受托人未按照约定完成服务工作的，应当承担免收报酬等违约责任。

技术咨询合同、技术服务合同履行过程中，受托人利用委托人提供的技术资料和工作条件完成的新的技术成果，属于受托人。委托人利用受托人的工作成果完成的新的技术成果，属于委托人。当事人另有约定的，按照其约定。

技术咨询合同和技术服务合同对受托人正常开展工作所需费用的负担没有约定或者约定不明确的，由受托人负担。法律、行政法规对技术中介合同、技术培训合同另有规定的，依照其规定。

（二十）保管合同

保管合同是保管人保管寄存人交付的保管物，并返还该物的合同。寄存人到保管人处从事购物、就餐、住宿等活动，将物品存放在指定场所的，视为保管，但是当事人另有约定或者另有交易习惯的除外。

寄存人应当按照约定向保管人支付保管费。当事人对保管费没有约定或者约定不明确，依据《民法典》第五百一十条的规定仍不能确定的，视为无偿保管。

保管合同自保管物交付时成立，但是当事人另有约定的除外。寄存人向保管人交付保管物的，保管人应当出具保管凭证，但是另有交易习惯的除外。保管人应当妥善保管保管物。当事人可以约定保管场所或者方法。除了紧急情况或者为维护寄存人利益，保管人不得擅自改变保管场所或者方法。

寄存人交付的保管物有瑕疵或者根据保管物的性质需要采取特殊保管措施的，寄存人应当将有关情况告知保管人。寄存人未告知，致使保管物受损失的，保管人不承担赔偿责任；保管人因此受损失的，除保管人知道或者应当知道且未采取补救措施外，寄存人应当承担赔偿责任。

保管人不得将保管物转交第三人保管，但是当事人另有约定的除外。保管人违反上述规定，将保管物转交第三人保管，造成保管物损失的，应当承担赔偿责任。保管人不得使用或者许可第三人使用保管物，但是当事人另有约定的除外。

第三人对保管物主张权利的，除了依法对保管物采取保全或者执行措施，保管人应当履行向寄存人返还保管物的义务。第三人对保管人提起诉讼或者对保管物申请扣押的，保管人应当及时通知寄存人。

保管期内，因保管人保管不善造成保管物毁损、灭失的，保管人应当承担赔偿责任。但是，无偿保管人证明自己没有故意或者重大过失的，不承担赔偿责任。

寄存人寄存货币、有价证券或者其他贵重物品的，应当向保管人声明，由保管人验收或者封存；寄存人未声明的，该物品毁损、灭失后，保管人可以按照一般物品予以赔偿。

寄存人可以随时领取保管物。当事人对保管期限没有约定或者约定不明确的，保管人可以随时请求寄存人领取保管物；约定保管期限的，保管人无特别事由，不得请求寄存人提前领取保管物。保管期限届满或者寄存人提前领取保管物的，保管人应当将原物及其孳息归还寄存人。

保管人保管货币的，可以返还相同种类、数量的货币；保管其他可替代物的，可以按照约定返还相同种类、品质、数量的物品。

有偿的保管合同，寄存人应当按照约定的期限向保管人支付保管费。当事人对支付期限没有约定或者约定不明确，依据《民法典》第五百一十条的规定仍不能确定的，应当在领取保管物的同时支付。寄存人未按照约定支付保管费或者其他费用的，保管人对保管物享有留置权，但是当事人另有约定的除外。

（二十一）仓储合同

仓储合同是保管人储存存货人交付的仓储物，存货人支付仓储费的合同。仓储合同自保管人和存货人意思表示一致时成立。

储存易燃、易爆、有毒、有腐蚀性、有放射性等危险物品或者易变质物品的，存货人应当说明该物品的性质，提供有关资料。存货人违反上述规定的，保管人可以拒收仓储物，也可以采取相应措施以避免损失的发生，因此产生的费用由存货人负担。保管人储存易燃、易爆、有毒、有腐蚀性、有放射性等危险物品的，应当具备相应的保管条件。

保管人应当按照约定对入库仓储物进行验收。保管人验收时发现入库仓储物与约定不符合的，应当及时通知存货人。保管人验收后，发生仓储物的品种、数量、质量不符合约定的，保管人应当承担赔偿责任。

存货人交付仓储物的，保管人应当出具仓单、入库单等凭证。保管人应当在仓单上签名或者盖章。仓单包括下列事项：①存货人的姓名或者名称和住所。②仓储物的品种、数量、质量、包装及其件数和标记。③仓储物的损耗标准。④储存场所。⑤储存期限。⑥仓储费。⑦仓储物已经办理保险的，其保险金额、期间以及保险人的名称。⑧填发人、填发地和填发日期。

仓单是提取仓储物的凭证。存货人或者仓单持有人在仓单上背书并经保管人签名或者盖章的，可以转让提取仓储物的权利。保管人根据存货人或者仓单持有人的要求，应当同意其检查仓储物或者提取样品。保管人发现入库仓储物有变质或者其他损坏的，应当及时通知存货人或者仓单持有人。

保管人发现入库仓储物有变质或者其他损坏,危及其他仓储物的安全和正常保管的,应当催告存货人或者仓单持有人作出必要的处置。因情况紧急,保管人可以作出必要的处置;但是,事后应当将该情况及时通知存货人或者仓单持有人。

当事人对储存期限没有约定或者约定不明确的,存货人或者仓单持有人可以随时提取仓储物,保管人也可以随时请求存货人或者仓单持有人提取仓储物,但是应当给予必要的准备时间。

储存期限届满,存货人或者仓单持有人应当凭仓单、入库单等提取仓储物。存货人或者仓单持有人逾期提取的,应当加收仓储费;提前提取的,不减收仓储费。储存期限届满,存货人或者仓单持有人不提取仓储物的,保管人可以催告其在合理期限内提取;逾期不提取的,保管人可以提存仓储物。储存期内,因保管不善造成仓储物毁损、灭失的,保管人应当承担赔偿责任。因仓储物本身的自然性质、包装不符合约定或者超过有效储存期造成仓储物变质、损坏的,保管人不承担赔偿责任。

(二十二)财产保险合同

根据《中华人民共和国保险法》(以下简称《保险法》)的规定,保险合同的基本制度如下。

1.一般规定

保险合同是投保人与保险人约定保险权利义务关系的协议。投保人是指与保险人订立保险合同,并按照合同约定负有支付保险费义务的人。保险人是指与投保人订立保险合同,并按照合同约定承担赔偿或者给付保险金责任的保险公司。

订立保险合同,投保人和保险人应当协商一致,遵循公平原则确定各方的权利和义务。除了法律、行政法规规定必须保险的,保险合同自愿订立。

人身保险的投保人在保险合同订立时,对被保险人应当具有保险利益。财产保险的被保险人在保险事故发生时,对保险标的应当具有保险利益。人身保险是以人的寿命和身体为保险标的的保险。财产保险是以财产及其有关利益为保险标的的保险。被保险人是指其财产或者人身受保险合同保障,享有保险金请求权的人。投保人可以为被保险人。保险利益是指投保人或者被保险人对保险标的具有的法律上承认的利益。

投保人提出保险要求,经保险人同意承保,保险合同成立。保险人应当及时向投保人签发保险单或者其他保险凭证。保险单或者其他保险凭证应当载明当事人双方约定的合同内容。当事人也可以约定采用其他书面形式载明合同内容。依法成立的保险合同,自成立时生效。投保人和保险人可以对合同的效力约定附条件或者附期限。

保险合同成立后,投保人按照约定交付保险费,保险人按照约定的时间开始承担保险责任。

除了《保险法》另有规定或者保险合同另有约定,保险合同成立后,投保人可以解除合同,保险人不得解除合同。

订立保险合同,保险人就保险标的或者被保险人的有关情况提出询问的,投保人应当如实告知。投保人故意或者因重大过失未履行前款规定的如实告知义务,足以影响保险人决定是否同意承保或者提高保险费率的,保险人有权解除合同。上述规定的合同解除权,自保险人知道有解除事由之日起,超过30日不行使而消灭。自合同成立之日起超过2年的,保险人不得解除合同;发生保险事故的,保险人应当承担赔偿或者给付保险金的责任。投保人故意不履行如实告知义务的，保险人对于合同解除前发生的保险事故，不承担赔偿或者给付保险金的责任，并不退还保险费。投保人因重大过失未履行如实告知义务，对保险事故的发生有严重影响的，保险人对于合同解除前发生的保险事故，不承担赔偿或者给付保险金的责任，但应当退还保险费。保险人在合同订立时已经知道投保人未如实告知的情况的，保险人不得解除合同；发生保险事故的，保险人应当承担赔偿或者给付保险金的责任。保险事故是指保险合同约定的保险责任范围内的事故。

订立保险合同，采用保险人提供的格式条款的，保险人向投保人提供的投保单应当附格式条款，保险人应当向投保人说明合同的内容。对保险合同中免除保险人责任的条款，保险人在订立合同时应当在投保单、保险单或者其他保险凭证上作出足以引起投保人注意的提示，并对该条款的内容以书面或者口头形式向投保人作出明确说明；未作出提示或者明确说明的，该条款不产生效力。

保险合同应当包括下列事项：①保险人的名称和住所。②投保人、被保险人的姓名或者名称、住所，以及人身保险的受益人的姓名或者名称、住所。③保险标的。④保险责任和责任免除。⑤保险期间和保险责任开始时间。⑥保险金额。⑦保险费以及支付办法。⑧保险金赔偿或者给付办法。⑨违约责任和争议处理。⑩订立合同的年、月、日。投保人和保险人可以约定与保险有关的其他事项。受益人是指人身保险合同中由被保险人或者投保人指定的享有保险金请求权的人。投保人、被保险人可以为受益人。保险金额是指保险人承担赔偿或者给付保险金责任的最高限额。

采用保险人提供的格式条款订立的保险合同中的下列条款无效：①免除保险人依法应承担的义务或者加重投保人、被保险人责任的。②排除投保人、被保险人或者受益人依法享有的权利的。

投保人和保险人可以协商变更合同内容；变更保险合同的，应当由保险人在保险单或者其他保险凭证上批注或者附贴批单，或者由投保人和保险人订立变更的书面协议。

投保人、被保险人或者受益人知道保险事故发生后，应当及时通知保险人。故意或者因重大过失未及时通知，致使保险事故的性质、原因、损失程度等难以确定的，保险人对无法确定的部分，不承担赔偿或者给付保险金的责任，但保险人通过其他途径已经及时知道或者应当及时知道保险事故发生的除外。

保险事故发生后，按照保险合同请求保险人赔偿或者给付保险金时，投保人、被保险人或者受益人应当向保险人提供其所能提供的与确认保险事故的性质、原因、损失程度等有关的证明和资料。保险人按照合同的约定，认为有关的证明和资料不完整的，应当及时一次性通知投保人、被保险人或者受益人补充提供。

保险人收到被保险人或者受益人的赔偿或者给付保险金的请求后，应当及时作出核定；情形复杂的，应当在30日内作出核定，但合同另有约定的除外。保险人应当将核定结果通知被保险人或者受益人；对属于保险责任的，在与被保险人或者受益人达成赔偿或者给付保险金的协议后10日内，履行赔偿或者给付保险金义务。保险合同对赔偿或者给付保险金的期限有约定的，保险人应当按照约定履行赔偿或者给付保险金义务。保险人未及时履行前款规定义务的，除了支付保险金，应当赔偿被保险人或者受益人因此受到的损失。任何单位和个人不得非法干预保险人履行赔偿或者给付保险金的义务，也不得限制被保险人或者受益人取得保险金的权利。

保险人依照《保险法》第二十三条的规定作出核定后，对不属于保险责任的，应当自作出核定之日起3日内向被保险人或者受益人发出拒绝赔偿或者拒绝给付保险金通知书，并说明理由。

保险人自收到赔偿或者给付保险金的请求和有关证明、资料之日起60日内，对其赔偿或者给付保险金的数额不能确定的，应当根据已有证明和资料可以确定的数额先予支付；保险人最终确定赔偿或者给付保险金的数额后，应当支付相应的差额。

人寿保险以外的其他保险的被保险人或者受益人，向保险人请求赔偿或者给付保险金的诉讼时效期间为2年，自其知道或者应当知道保险事故发生之日起计算。人寿保险的被保险人或者受益人向保险人请求给付保险金的诉讼时效期间为5年，自其知道或者应当知道保险事故发生之日起计算。

未发生保险事故，被保险人或者受益人谎称发生了保险事故，向保险人提出赔偿或者给付保险金请求的，保险人有权解除合同，并不退还保险费。投保人、被保险人故意制造保险事故的，保险人有权解除合同，不承担赔偿或者给付保险金的责任；除了《保险法》第四十三条规定外，不退还保险费。保险事故发生后，投保人、被保险人或者受益人以伪造、变造的有关证明、资料或者其他证据，编造虚假的事故原因或者夸大损失程度的，保险人对其虚报的部分不承担赔偿或者给付保险金的责任。投保人、被保险人或者受益人有上述规定行为之一，致使保险人支付保险金或者支出费用的，应当退回或者赔偿。

保险人将其承担的保险业务，以分保形式部分转移给其他保险人的，为再保险。应再保险接受人的要求，再保险分出人应当将其自负责任及原保险的有关情况书面告知再保险接受人。

再保险接受人不得向原保险的投保人要求支付保险费。原保险的被保险人或者受益人不得向再保险接受人提出赔偿或者给付保险金的请求。再保险分出人不得以再保险接受人未履行再保险责任为由，拒绝履行或者迟延履行其原保险责任。

采用保险人提供的格式条款订立的保险合同，保险人与投保人、被保险人或者受益人对合同条款有争议的，应当按照通常理解予以解释。对合同条款有两种以上解释的，人民法院或者仲裁机构应当作出有利于被保险人和受益人的解释。

2. 财产保险合同制度

保险事故发生时，被保险人对保险标的不具有保险利益的，不得向保险人请求赔偿保险金。

保险标的转让的，保险标的的受让人承继被保险人的权利和义务。保险标的转让的，被保险人或者受让人应当及时通知保险人，但货物运输保险合同和另有约定的合同除外。因保险标的的转让导致危险程度显著增加的，保险人自收到前款规定的通知之日起30日内，可以按照合同约定增加保险费或者解除合同。保险人解除合同的，应当将已收取的保险费，按照合同约定扣除自保险责任开始之日起至合同解除之日止应收的部分后，退还投保人。被保险人、受让人未履行上述规定的通知义务的，因转让导致保险标的的危险程度显著增加而发生的保险事故，保险人不承担赔偿保险金的责任。

货物运输保险合同和运输工具航程保险合同，保险责任开始后，合同当事人不得解除合同。

被保险人应当遵守国家有关消防、安全、生产操作、劳动保护等方面的规定，维护保险标的的安全。保险人可以按照合同约定对保险标的的安全状况进行检查，及时向投保人、被保险人提出消除不安全因素和隐患的书面建议。投保人、被保险人未按照约定履行其对保险标的的安全应尽责任的，保险人有权要求增加保险费或者解除合同。保险人为维护保险标的的安全，经被保险人同意，可以采取安全预防措施。

在合同有效期内，保险标的的危险程度显著增加的，被保险人应当按照合同约定及时通知保险人，保险人可以按照合同约定增加保险费或者解除合同。保险人解除合同的，应当将已收取的保险费，按照合同约定扣除自保险责任开始之日起至合同解除之日止应收的部分后，退还投保人。被保险人未履行上述规定的通知义务的，因保险标的的危险程度显著增加而发生的保险事故，保险人不承担赔偿保险金的责任。

有下列情形之一的，除了合同另有约定，保险人应当降低保险费，并按日计算退还相应的保险费：①据以确定保险费率的有关情况发生变化，保险标的的危险程度明显减少的。②保险标的的保险价值明显减少的。

保险责任开始前，投保人要求解除合同的，应当按照合同约定向保险人支付手续费，保险人应当退还保险费。保险责任开始后，投保人要求解除合同的，保险人应当将已收取的保险费，按照合同约定扣除自保险责任开始之日起至合同解除之日止应收的部分后，退还投保人。

投保人和保险人约定保险标的的保险价值并在合同中载明的，保险标的发生损失时，以约定的保险价值为赔偿计算标准。投保人和保险人未约定保险标的的保险价值的，保险标的发生损失时，以保险事故发生时保险标的的实际价值为赔偿计算标准。保险金额不得超过保险价值。超过保险价值的，超过部分无效，保险人应当退还相应的保险费。保险金额低于保险价值的，除了合同另有约定，保险人按照保险金额与保险价值的比例承担赔偿保险金的责任。

重复保险的投保人应当将重复保险的有关情况通知各保险人。重复保险的各保险人赔偿保险金的总和不得超过保险价值。除了合同另有约定，各保险人按照其保险金额与保险金额总和的比例承担赔偿保险金的责任。重复保险的投保人可以就保险金额总和超过保险价值的部分，请求各保险人按比例返还保险费。重复保险是指投保人对同一保险标的、同一保险利益、同一保险事故分别与两个以上保险人订立保险合同，且保险金额总和超过保险价值的保险。

保险事故发生时，被保险人应当尽力采取必要的措施，防止或者减少损失。保险事故发生后，被保险人为防止或者减少保险标的的损失所支付的必要的、合理的费用，由保险人承担；保险人所承担的费用数额在保险标的损失赔偿金额以外另行计算，最高不超过保险金额的数额。

保险标的发生部分损失的，自保险人赔偿之日起30日内，投保人可以解除合同；除了合同另有约定，保险人也可以解除合同，但应当提前15日通知投保人。合同解除的，保险人应当将保险标的的未受损失部分的保险费，按照合同约定扣除自保险责任开始之日起至合同解除之日止应收的部分后，退还投保人。

保险事故发生后，保险人已支付了全部保险金额，并且保险金额等于保险价值的，受损保险标的的全部权利归于保险人；保险金额低于保险价值的，保险人按照保险金额与保险价值的比例取得受损保险标的的部分权利。

因第三者对保险标的的损害而造成保险事故的，保险人自向被保险人赔偿保险金之日起，在赔偿金额范围内代位行使被保险人对第三者请求赔偿的权利。上述规定的保险事故发生后，被保险人已经从第三者取得损害赔偿的，保险人赔偿保险金时，可以相应扣减被保险人从第三者已取得的赔偿金额。保险人依照上述规定行使代位请求赔偿的权利，不影响被保险人就未取得赔偿的部分向第三者请求赔偿的权利。

保险事故发生后，保险人未赔偿保险金之前，被保险人放弃对第三者请求赔偿的权利的，保险人不承担赔偿保险金的责任。保险人向被保险人赔偿保险金后，被保人未经保险人同意放弃对第三者请求赔偿的权利的，该行为无效。被保险人故意或者因重大过失致使保险人不能行使代位请求赔偿的权利的，保险人可以扣减或者要求返还相应的保险金。

除了被保险人的家庭成员或者其组成人员故意造成《保险法》第六十条第一款规定的保险事故，保险人不得对被保险人的家庭成员或者其组成人员行使代位请求赔偿的权利。

保险人向第三者行使代位请求赔偿的权利时，被保险人应当向保险人提供必要的文件和所知道的有关情况。

保险人、被保险人为查明和确定保险事故的性质、原因和保险标的的损失程度所支付的必要的、合理的费用，由保险人承担。

保险人对责任保险的被保险人给第三者造成的损害，可以依照法律的规定或者合同的约定，直接向该第三者赔偿保险金。责任保险的被保险人给第三者造成损害，被保险人对第三者应负的赔偿责任确定的，根据被保险人的请求，保险人应当直接向该第三者赔偿保险金。被保险人怠于请求的，第三者有权就其应获赔偿部分直接向保险人请求赔偿保险金。责任保险的被保险人给第三者造成损害，被保险人未向该第三者赔偿的，保险人不得向被保险人赔偿保险金。责任保险是指以被保险人对第三者依法应负的赔偿责任为保险标的的保险。

责任保险的被保险人因给第三者造成损害的保险事故而被提起仲裁或者诉讼的，被保险人支付的仲裁或者诉讼费用以及其他必要的、合理的费用，除了合同另有约定，由保险人承担。

四、证券交易

（一）《印花税法》的规定

第三条 本法所称证券交易，是指转让在依法设立的证券交易所、国务院批准的其他全国性证券交易场所交易的股票和以股票为基础的存托凭证。

证券交易印花税对证券交易的出让方征收，不对受让方征收。

（二）以上市公司股权出资有关印花税政策

《财政部 国家税务总局关于以上市公司股权出资有关证券（股票）交易印花税政策问题的通知》（财税〔2010〕7号）规定："按照现行印花税政策规定，投资人以其持有的上市公司股权进行出资而发生的股权转让行为，不属于证券（股票）交易印花税的征税范围，不征收证券（股票）交易印花税。"

（三）证券交易法律制度

根据《中华人民共和国证券法》（以下简称《证券法》）的规定，证券交易法律制度如下。

1. 总则

在中华人民共和国境内，股票、公司债券、存托凭证和国务院依法认定的其他证券的发行和交易，适用《证券法》；《证券法》未规定的，适用《中华人民共和国公司法》（以下简称《公司法》）和其他法律、行政法规的规定。政府债券、证券投资基金份额的上市交易，适用《证券法》；其他法律、行政法规另有规定的，适用其规定。

资产支持证券、资产管理产品发行、交易的管理办法，由国务院依照《证券法》的原则规定。在中华人民共和国境外的证券发行和交易活动，扰乱中华人民共和国境内市场秩序，损害境内投资者合法权益的，依照《证券法》有关规定处理并追究法律责任。

证券的发行、交易活动，必须遵循公开、公平、公正的原则。证券发行、交易活动的当事人具有平等的法律地位，应当遵守自愿、有偿、诚实信用的原则。证券的发行、交易活动，必须遵守法律、行政法规；禁止欺诈、内幕交易和操纵证券市场的行为。证券业和银行业、信托业、保险业实行分业经营、分业管理，证券公司与银行、信托、保险业务机构分别设立。国家另有规定的除外。

国务院证券监督管理机构依法对全国证券市场实行集中统一监督管理。国务院证券监督管理机构根据需要可以设立派出机构，按照授权履行监督管理职责。国家审计机关依法对证券交易场所、证券公司、证券登记结算机构、证券监督管理机构进行审计监督。

2. 证券发行

公开发行证券，必须符合法律、行政法规规定的条件，并依法报经国务院证券监督管理机构或者国务院授权的部门注册。未经依法注册，任何单位和个人不得公开发行证券。证券发行注册制的具体范围、实施步骤，由国务院规定。

有下列情形之一的，为公开发行：①向不特定对象发行证券。②向特定对象发行证券累计超过200人，但依法实施员工持股计划的员工人数不计算在内。③法律、行政法规规定的其他发行行为。非公开发行证券，不得采用广告、公开劝诱和变相公开方式。

发行人申请公开发行股票、可转换为股票的公司债券，依法采取承销方式的，或者公开发行法律、行政法规规定实行保荐制度的其他证券的，应当聘请证券公司担任保荐人。保荐人应当遵守业务规则和行业规范，诚实守信，勤勉尽责，对发行人的申请文件和信息披露资料进行审慎核查，督导发行人规范运作。保荐人的管理办法由国务院证券监督管理机构规定。

设立股份有限公司公开发行股票，应当符合《公司法》规定的条件和经国务院批准的国务院证券监督管理机构规定的其他条件，向国务院证券监督管理机构报送募股申请和下列文件：①公司章程。②发起人协议。③发起人姓名或者名称，发起人认购的股份数、出资种类及验资证明。④招股说明书。⑤代收股款银行的名称及地址。⑥承销机构名称及有关的协议。依照《证券法》规定聘请保荐人的，公司还应当报送保荐人出具的发行保荐书；法律、行政法规规定设立公司必须报经批准的，还应当提交相应的批准文件。

公司首次公开发行新股，应当符合下列条件：①具备健全且运行良好的组织机构。②具有持续经营能力。③最近3年财务会计报告被出具无保留意见审计报告。④发行人及其控股股东、实际控制人最近3年不存在贪污、贿赂、侵占财产、挪用财产或者破坏社会主义市场经济秩序的刑事犯罪。⑤经国务院批准的国务院证券监督管理机构规定的其他条件。上市公司发行新股，应当符合经国务院批准的国务院证券监督管理机构规定的条件，具体管理办法由国务院证券监督管理机构规定。公开发行存托凭证的，应当符合首次公开发行新股的条件以及国务院证券监督管理机构规定的其他条件。

公司公开发行新股，应当报送募股申请和下列文件：①公司营业执照。②公司章程。③股东大会决议。④招股说明书或者其他公开发行募集文件。⑤财务会计报告。⑥代收股款银行的名称及地址。依照《证券法》规定聘请保荐人的，公司还应当报送保荐人出具的发行保荐书。依照《证券法》规定实行承销的，公司还应当报送承销机构名称及有关的协议。

公司对公开发行股票所募集资金，必须按照招股说明书或者其他公开发行募集文件所列资金用途使用；改变资金用途，必须经股东大会作出决议。擅自改变用途，未作纠正的，或者未经股东大会认可的，不得公开发行新股。

公开发行公司债券，应当符合下列条件：①具备健全且运行良好的组织机构。②最近3年平均可分配利润足以支付公司债券1年的利息。③国务院规定的其他条件。公开发行公司债券筹集的资金，必须按照公司债券募集办法所列资金用途使用；改变资金用途，必须经债券持有人会议作出决议。公开发行公司债券筹集的资金，不得用于弥补亏损和非生产性支出。

申请公开发行公司债券，公司应当向国务院授权的部门或者国务院证券监督管理机构报送下列文件：①公司营业执照。②公司章程。③公司债券募集办法。④国务院授权的部门或者国务院证券监督管理机构规定的其他文件。依照《证券法》规定聘请保荐人的，公司还应当报送保荐人出具的发行保荐书。

有下列情形之一的，公司不得再次公开发行公司债券：①对已公开发行的公司债券或者其他债务有违约或者延迟支付本息的事实，仍处于继续状态。②违反《证券法》规定，改变公开发行公司债券所募资金的用途。

发行人依法申请公开发行证券所报送的申请文件的格式、报送方式，由依法负责注册的机构或者部门规定。发行人报送的证券发行申请文件，应当充分披露投资者作出价值判断和投资决策所必需的信息，内容应当真实、准确、完整。为证券发行出具有关文件的证券服务机构和人员，必须严格履行法定职责，保证所出具文件的真实性、准确性和完整性。发行人申请首次公开发行股票的，在提交申请文件后，应当按照国务院证券监督管理机构的规定预先披露有关申请文件。

国务院证券监督管理机构或者国务院授权的部门依照法定条件负责证券发行申请的注册。证券公开发行注册的具体办法由国务院规定。按照国务院的规定，证券交易所等可以审核公开发行证券申请，判断发行人是否符合发行条件、信息披露要求，督促发行人完善信息披露内容。依照上述规定参与证券发行申请注册的人员，不得与发行申请人有利害关系，不得直接或者间接接受发行申请人的馈赠，不得持有所注册的发行申请的证券，不得私下与发行申请人进行接触。

国务院证券监督管理机构或者国务院授权的部门应当自受理证券发行申请文件之日起3个月内，依照法定条件和法定程序作出予以注册或者不予注册的决定，发行人根据要求补充、修改发行申请文件的时间不计算在内；不予注册的，应当说明理由。

证券发行申请经注册后，发行人应当依照法律、行政法规的规定，在证券公开发行前公告公开发行募集文件，并将该文件置备于指定场所供公众查阅。发行证券的信息依法公开前，任何知情人不得公开或者泄露该信息。发行人不得在公告公开发行募集文件前发行证券。

国务院证券监督管理机构或者国务院授权的部门对已作出的证券发行注册的决定，发现不符合法定条件或者法定程序，尚未发行证券的，应当予以撤销，停止发行；已经发行尚未上市的，撤销发行注册决定，发行人应当按照发行价并加算银行同期存款利息返还证券持有人；发行人的控股股东、实际控制人以及保荐人，应当与发行人承担连带责任，但是能够证明自己没有过错的除外。股票的发行人在招股说明书等证券发行文件中隐瞒重要事实或者编造重大虚假内容，已经发行并上市的，国务院证券监督管理机构可以责令发行人回购证券，或者责令负有责任的控股股东、实际控制人买回证券。股票依法发行后，发行人经营与收益的变化，由发行人自行负责；由此变化引致的投资风险，由投资者自行负责。

发行人向不特定对象发行的证券，法律、行政法规规定应当由证券公司承销的，发行人应当同证券公司签订承销协议。证券承销业务采取代销或者包销方式。证券代销是指证券公司代发行人发售证券，在承销期结束时，将未售出的证券全部退还给发行人的承销方式。证券包销是指证券公司将发行人的证券按照协议全部购入或者在承销期结束时将售后剩余证券全部自行购入的承销方式。

公开发行证券的发行人有权依法自主选择承销的证券公司。证券公司承销证券，应当同发行人签订代销或者包销协议，载明下列事项：①当事人的名称、住所及法定代表人姓名。②代销、包销证券的种类、数量、金额及发行价格。③代销、包销的期限及起止日期。④代销、包销的付款方式及日期。⑤代销、包销的费用和结算办法。⑥违约责任。⑦国务院证券监督管理机构规定的其他事项。

证券公司承销证券，应当对公开发行募集文件的真实性、准确性、完整性进行核查，发现有虚假记载、误导性陈述或者重大遗漏的，不得进行销售活动；已经销售的，必须立即停止销售活动，并采取纠正措施。证券公司承销证券，不得有下列行为：①进行虚假的或者误导投资者的广告宣传或者其他宣传推介活动。②以不正当竞争手段招揽承销业务。③其他违反证券承销业务规定的行为。证券公司有上述所列行为，给其他证券承销机构或者投资者造成损失的，应当依法承担赔偿责任。

向不特定对象发行证券聘请承销团承销的，承销团应当由主承销和参与承销的证券公司组成。

证券的代销、包销期限最长不得超过90日。证券公司在代销、包销期内，对所代销、包销的证券应当保证先行出售给认购人，证券公司不得为本公司预留所代销的证券和预先购入并留存所包销的证券。股票发行采取溢价发行的，其发行价格由发行人与承销的证券公司协商确定。

股票发行采用代销方式，代销期限届满，向投资者出售的股票数量未达到拟公开发行股票数量70%的，为发行失败。发行人应当按照发行价并加算银行同期存款利息返还股票认购人。

公开发行股票，代销、包销期限届满，发行人应当在规定的期限内将股票发行情况报国务院证券监督管理机构备案。

3. 证券交易

1）一般规定

证券交易当事人依法买卖的证券，必须是依法发行并交付的证券。非依法发行的证券，不得买卖。

依法发行的证券，《公司法》和其他法律对其转让期限有限制性规定的，在限定的期限内不得转让。上市公司持有5%以上股份的股东、实际控制人、董事、监事、高级管理人员，以及其他持有发行人首次公开发行前发行的股份或者上市公司向特定对象发行的股份的股东，转让其持有的本公司股份的，不得违反法律、行政法规和国务院证券监督管理机构关于持有期限、卖出时间、卖出数量、卖出方式、信息披露等规定，并应当遵守证券交易所的业务规则。

公开发行的证券，应当在依法设立的证券交易所上市交易或者在国务院批准的其他全国性证券交易场所交易。非公开发行的证券，可以在证券交易所、国务院批准的其他全国性证券交易场所、按照国务院规定设立的区域性股权市场转让。

证券在证券交易所上市交易，应当采用公开的集中交易方式或者国务院证券监督管理机构批准的其他方式。证券交易当事人买卖的证券可以采用纸面形式或者国务院证券监督管理机构规定的其他形式。

证券交易场所、证券公司和证券登记结算机构的从业人员，证券监督管理机构的工作人员以及法律、行政法规规定禁止参与股票交易的其他人员，在任期或者法定限期内，不得直接或者以化名、借他人名义持有、买卖股票或者其他具有股权性质的证券，也不得收受他人赠送的股票或者其他具有股权性质的证券。任何人在成为上述所列人员时，其原已持有的股票或者其他具有股权性质的证券，必须依法转让。实施股权激励计划或者员工持股计划的证券公司的从业人员，可以按照国务院证券监督管理机构的规定持有、卖出本公司股票或者其他具有股权性质的证券。

证券交易场所、证券公司、证券登记结算机构、证券服务机构及其工作人员应当依法为投资者的信息保密，不得非法买卖、提供或者公开投资者的信息。证券交易场所、证券公司、证券登记结算机构、证券服务机构及其工作人员不得泄露所知悉的商业秘密。

为证券发行出具审计报告或者法律意见书等文件的证券服务机构和人员，在该证券承销期内和期满后6个月内，不得买卖该证券。除了上述规定，为发行人及其控股股东、实际控制人，或者收购人、重大资产交易方出具审计报告或者法律意见书等文件的证券服务机构和人员，自接受委托之日起至上述文件公开后5日内，不得买卖该证券；实际开展上述有关工作之日早于接受委托之日的，自实际开展上述有关工作之日起至上述文件公开后5日内，不得买卖该证券。

上市公司、股票在国务院批准的其他全国性证券交易场所交易的公司持有5%以上股份的股东、董事、监事、高级管理人员，将其持有的该公司的股票或者其他具有股权性质的证券在买入后6个月内卖出，或者在卖出后6个月内又买入，由此所得收益归该公司所有，公司董事会应当收回其所得收益。但是，证券公司因购入包销售后剩余股票而持有5%以上股份，以及有国务院证券监督管理机构规定的其他情形的除外。上述所称董事、监事、高级管理人员、自然人股东持有的股票或者其他具有股权性质的证券，包括其配偶、父母、子女持有的及利用他人账户持有的股票或者其他具有股权性质的证券。公司董事会不按照上述规定执行的，股东有权要求董事会在30日内执行。公司董事会未在上述期限内执行的，股东有权为了公司的利益以自己的名义直接向人民法院提起诉讼。公司董事会不按照上述规定执行的，负有责任的董事依法承担连带责任。

通过计算机程序自动生成或者下达交易指令进行程序化交易的，应当符合国务院证券监督管理机构的规定，并向证券交易所报告，不得影响证券交易所系统安全或者正常交易秩序。

2）证券上市

申请证券上市交易，发行人应当向证券交易所提出申请，由证券交易所依法审核同意，并由双方签订上市协议。证券交易所根据国务院授权的部门的决定安排政府债券上市交易。

申请证券上市交易，发行人应当符合证券交易所上市规则规定的上市条件。证券交易所上市规则规定的上市条件，应当对发行人的经营年限、财务状况、最低公开发行比例和公司治理、诚信记录等提出要求。

上市交易的证券，有证券交易所规定的终止上市情形的，由证券交易所按照业务规则终止其上市交易。证券交易所决定终止证券上市交易的，应当及时公告，并报国务院证券监督管理机构备案。

对证券交易所作出的不予上市交易、终止上市交易决定不服的，可以向证券交易所设立的复核机构申请复核。

3）禁止的交易行为

禁止证券交易内幕信息的知情人和非法获取内幕信息的人利用内幕信息从事证券交易活动。证券交易内幕信息的知情人包括：发行人及其董事、监事、高级管理人员；持有公司5%以上股份的股东及其董事、监事、高级管理人员，公司的实际控制人及其董事、监事、高级管理人员；发行人控股或者实际控制的公司及其董事、监事、高级管理人员；由于所任公司职务或者因与公司业务往来可以获取公司有关内幕信息的人员；上市公司收购人或者重大资产交易方及其控股股东、实际控制人、董事、监事和高级管理人员；因职务、工作可以获取内幕信息的证券交易场所、证券公司、证券登记结算机构、证券服务机构的有关人员；因职责、工作可以获取内幕信息的证券监督管理机构工作人员；因法定职责对证券的发行、交易或者对上市公司及其收购、重大资产交易进行管理可以获取内幕信息的有关主管部门、监管机构的工作人员；国务院证券监督管理机构规定的可以获取内幕信息的其他人员。

证券交易活动中，涉及发行人的经营、财务或者对该发行人证券的市场价格有重大影响的尚未公开的信息，为内幕信息。

证券交易内幕信息的知情人和非法获取内幕信息的人，在内幕信息公开前，不得买卖该公司的证券，或者泄露该信息，或者建议他人买卖该证券。持有或者通过协议、其他安排与他人共同持有公司5%以上股份的自然人、法人、非法人组织收购上市公司的股份，《证券法》另有规定的，适用其规定。内幕交易行为给投资者造成损失的，相关责任人应当依法承担赔偿责任。

禁止证券交易场所、证券公司、证券登记结算机构、证券服务机构和其他金融机构的从业人员、有关监管部门或者行业协会的工作人员，利用因职务便利获取的内幕信息以外的其他未公开的信息，违反规定，从事与该信息相关的证券交易活动，或者明示、暗示他人从事相关交易活动。利用未公开信息进行交易给投资者造成损失的，应当依法承担赔偿责任。

禁止任何人以下列手段操纵证券市场，影响或者意图影响证券交易价格或者证券交易量：单独或者通过合谋，集中资金优势、持股优势或者利用信息优势联合或者连续买卖；与他人串通，以事先约定的时间、价格和方式相互进行证券交易；在自己实际控制的账户之间进行证券交易；不以成交为目的，频繁或者大量申报并撤销申报；利用虚假或者不确定的重大信息，诱导投资者进行证券交易；对证券、发行人公开作出评价、预测或者投资建议，并进行反向证券交易；利用在其他相关市场的活动操纵证券市场；操纵证券市场的其他手段。操纵证券市场行为给投资者造成损失的，相关责任人应当依法承担赔偿责任。

禁止任何单位和个人编造、传播虚假信息或者误导性信息，扰乱证券市场。禁止证券交易场所、证券公司、证券登记结算机构、证券服务机构及其从业人员，证券业协会、证券监督管理机构及其工作人员，在证券交易活动中作出虚假陈述或者信息误导。各种传播媒介传播证券市场信息必须真实、客观，禁止误导。传播媒介及其从事证券市场信息报道的工作人员不得从事与其工作职责发生利益冲突的证券买卖。编造、传播虚假信息或者误导性信息，扰乱证券市场，给投资者造成损失的，相关责任人应当依法承担赔偿责任。

禁止证券公司及其从业人员从事下列损害客户利益的行为：违背客户的委托为其买卖证券；不在规定时间内向客户提供交易的确认文件；未经客户的委托，擅自为客户买卖证券，或者假借客户的名义买卖证券；为牟取佣金收入，诱使客户进行不必要的证券买卖；其他违背客户真实意思表示，损害客户利益的行为。违反上述规定给客户造成损失的，应当依法承担赔偿责任。

任何单位和个人不得违反规定，出借自己的证券账户或者借用他人的证券账户从事证券交易。依法拓宽资金入市渠道，禁止资金违规流入股市。禁止投资者违规利用财政资金、银行信贷资金买卖证券。国有独资企业、国有独资公司、国有资本控股公司买卖上市交易的股票，必须遵守国家有关规定。证券交易场所、证券公司、证券登记结算机构、证券服务机构及其从业人员对证券交易中发现的禁止的交易行为，应当及时向证券监督管理机构报告。

4.上市公司的收购

投资者可以采取要约收购、协议收购及其他合法方式收购上市公司。通过证券交易所的证券交易，投资者持有或者通过协议、其他安排与他人共同持有一个上市公司已发行的有表决权股份达到5%时，应当在该事实发生之日起3日内，向国务院证券监督管理机构、证券交易所作出书面报告，通知该上市公司，并予公告，在上述期限内不得再行买卖该上市公司的股票，但国务院证券监督管理机构规定的情形除外。投资者持有或者通过协议、其他安排与他人共同持有一个上市公司已发行的有表决权股份达到5%后，其所持该上市公司已发行的有表决权股份比例每增加或者减少5%，应当依照前述规定进行报告和公告，在该事实发生之日起至公告后3日内，不得再行买卖该上市公司的股票，但国务院证券监督管理机构规定的情形除外。投资者持有或者通过协议、其他安排与他人共同持有一个上市公司已发行的有表决权股份达到5%后，其所持该上市公司已发行的有表决权股份比例每增加或者减少1%，应当在该事实发生的次日通知该上市公司，并予公告；违反上述规定买入上市公司有表决权的股份的，在买入后的36个月内，对该超过规定比例部分的股份不得行使表决权。

依照上述规定所作的公告，应当包括下列内容：①持股人的名称、住所。②持有的股票的名称、数额。③持股达到法定比例或者持股增减变化达到法定比例的日期、增持股份的资金来源。④在上市公司中拥有表决权的股份变动的时间及方式。

通过证券交易所的证券交易，投资者持有或者通过协议、其他安排与他人共同持有一个上市公司已发行的有表决权股份达到30%时，继续进行收购的，应当依法向该上市公司所有股东发出收购上市公司全部或者部分股份的要约。收购上市公司部分股份的要约应当约定，被收购公司股东承诺出售的股份数额超过预定收购的股份数额的，收购人按比例进行收购。

依照上述规定发出收购要约，收购人必须公告上市公司收购报告书，并载明下列事项：①收购人的名称、住所。②收购人关于收购的决定。③被收购的上市公司名称。④收购目的。⑤收购股份的详细名称和预定收购的股份数额。⑥收购期限、收购价格。⑦收购所需资金额及资金保证。⑧公告上市公司收购报告书时持有被收购公司股份数占该公司已发行的股份总数的比例。

收购要约约定的收购期限不得少于30日，并不得超过60日。在收购要约确定的承诺期限内，收购人不得撤销其收购要约。收购人需要变更收购要约的，应当及时公告，载明具体变更事项，且不得存在下列情形：①降低收购价格。②减少预定收购股份数额。③缩短收购期限。④国务院证券监督管理机构规定的其他情形。

收购要约提出的各项收购条件，适用于被收购公司的所有股东。上市公司发行不同种类股份的，收购人可以针对不同种类股份提出不同的收购条件。

采取要约收购方式的，收购人在收购期限内，不得卖出被收购公司的股票，也不得采取要约规定以外的形式和超出要约的条件买入被收购公司的股票。

采取协议收购方式的，收购人可以依照法律、行政法规的规定同被收购公司的股东以协议方式进行股份转让。以协议方式收购上市公司时，达成协议后，收购人必须在3日内将该收购协议向国务院证券监督管理机构及证券交易所作出书面报告，并予公告；在公告前不得履行收购协议。

采取协议收购方式的，协议双方可以临时委托证券登记结算机构保管协议转让的股票，并将资金存放于指定的银行。

采取协议收购方式的，收购人收购或者通过协议、其他安排与他人共同收购一个上市公司已发行的有表决权股份达到30%时，继续进行收购的，应当依法向该上市公司所有股东发出收购上市公司全部或者部分股份的要约；但是，按照国务院证券监督管理机构的规定免除发出要约的除外。

收购期限届满，被收购公司股权分布不符合证券交易所规定的上市交易要求的，该上市公司的股票应当由证券交易所依法终止上市交易；其余仍持有被收购公司股票的股东，有权向收购人以收购要约的同等条件出售其股票，收购人应当收购。收购行为完成后，被收购公司不再具备股份有限公司条件的，应当依法变更企业形式。

在上市公司收购中，收购人持有的被收购的上市公司的股票，在收购行为完成后的18个月内不得转让。收购行为完成后，收购人与被收购公司合并，并将该公司解散的，被解散公司的原有股票由收购人依法更换。收购行为完成后，收购人应当在15日内将收购情况报告国务院证券监督管理机构和证券交易所，并予公告。

国务院证券监督管理机构依照《证券法》制定上市公司收购的具体办法。上市公司分立或者被其他公司合并，应当向国务院证券监督管理机构报告，并予公告。

5. 信息披露

发行人及法律、行政法规和国务院证券监督管理机构规定的其他信息披露义务人，应当及时依法履行信息披露义务。信息披露义务人披露的信息，应当真实、准确、完整，简明清晰，通俗易懂，不得有虚假记载、误导性陈述或者重大遗漏。证券同时在境内境外公开发行、交易的，其信息披露义务人在境外披露的信息，应当在境内同时披露。

上市公司、公司债券上市交易的公司、股票在国务院批准的其他全国性证券交易场所交易的公司，应当按照国务院证券监督管理机构和证券交易场所规定的内容和格式编制定期报告，并按照以下规定报送和公告：①在每一会计年度结束之日起4个月内，报送并公告年度报告，其中的年度财务会计报告应当经符合本法规定的会计师事务所审计。②在每一会计年度的上半年结束之日起2个月内，报送并公告中期报告。

发生可能对上市公司、股票在国务院批准的其他全国性证券交易场所交易的公司的股票交易价格产生较大影响的重大事件，投资者尚未得知时，公司应当立即将有关该重大事件的情况向国务院证券监督管理机构和证券交易场所报送临时报告，并予公告，说明事件的起因、目前的状态和可能产生的法律后果。上述所称重大事件包括：①公司的经营方针和经营范围的重大变化。②公司的重大投资行为，公司在1年内购买、出售重大资产超过公司资产总额30%，或者公司营业用主要资产的抵押、质押、出售或者报废一次超过该资产的30%。③公司订立重要合同、提供重大担保或者从事关联交易，可能对公司的资产、负债、权益和经营成果产生重要影响。④公司发生重大债务和未能清偿到期重大债务的违约情况。⑤公司发生重大亏损或者重大损失。⑥公司生产经营的外部条件发生的重大变化。⑦公司的董事、1/3 以上监事或者经理发生变动，董事长或者经理无法履行职责。⑧持有公司 5% 以上股份的股东或者实际控制人持有股份或者控制公司的情况发生较大变化，公司的实际控制人及其控制的其他企业从事与公司相同或者相似业务的情况发生较大变化。⑨公司分配股利、增资的计划，公司股权结构的重要变化，公司减资、合并、分立、解散及申请破产的决定，或者依法进入破产程序、被责令关闭。⑩涉及公司的重大诉讼、仲裁，股东大会、董事会决议被依法撤销或者宣告无效。⑪ 公司涉嫌犯罪被依法立案调查，公司的控股股东、实际控制人、董事、监事、高级管理人员涉嫌犯罪被依法采取强制措施。⑫ 国务院证券监督管理机构规定的其他事项。公司的控股股东或者实际控制人对重大事件的发生、进展产生较大影响的，应当及时将其知悉的有关情况书面告知公司，并配合公司履行信息披露义务。

发生可能对上市交易公司债券的交易价格产生较大影响的重大事件，投资者尚未得知时，公司应当立即将有关该重大事件的情况向国务院证券监督管理机构和证券交易场所报送临时报告，并予公告，说明事件的起因、目前的状态和可能产生的法律后果。上述所称重大事件包括：①公司股权结构或者生产经营状况发生重大变化。②公司债券信用评级发生变化。③公司重大资产抵押、质押、出售、转让、报废。④公司发生未能清偿到期债务的情况。⑤公司新增借款或者对外提供担保超过上年年末净资产的 20%。⑥公司放弃债权或者财产超过上年年末净资产的 10%。⑦公司发生超过上年年末净资产 10% 的重大损失。⑧公司分配股利，作出减资、合并、分立、解散及申请破产的决定，或者依法进入破产程序、被责令关闭。⑨涉及公司的重大诉讼、仲裁。⑩公司涉嫌犯罪被依法立案调查，公司的控股股东、实际控制人、董事、监事、高级管理人员涉嫌犯罪被依法采取强制措施。⑪ 国务院证券监督管理机构规定的其他事项。

发行人的董事、高级管理人员应当对证券发行文件和定期报告签署书面确认意见。发行人的监事会应当对董事会编制的证券发行文件和定期报告进行审核并提出书面审核意见。监事应当签署书面确认意见。发行人的董事、监事和高级管理人员应当保证发行人及时、公平地披露信息，所披露的信息真实、准确、完整。董事、监事和高级管理人员无法保证证券发行文件和定期报告内容的真实性、准确性、完整性或者有异议的，应当在书面确认意见中发表意见并陈述理由，发行人应当披露。发行人不予披露的，董事、监事和高级管理人员可以直接申请披露。

信息披露义务人披露的信息应当同时向所有投资者披露，不得提前向任何单位和个人泄露；但是，法律、行政法规另有规定的除外。任何单位和个人不得非法要求信息披露义务人提供依法需要披露但尚未披露的信息。任何单位和个人提前获知的前述信息，在依法披露前应当保密。

除了依法需要披露的信息，信息披露义务人可以自愿披露与投资者作出价值判断和投资决策有关的信息，但不得与依法披露的信息相冲突，不得误导投资者。发行人及其控股股东、实际控制人、董事、监事、高级管理人员等作出公开承诺的，应当披露；不履行承诺给投资者造成损失的，应当依法承担赔偿责任。

信息披露义务人未按照规定披露信息，或者公告的证券发行文件、定期报告、临时报告及其他信息披露资料存在虚假记载、误导性陈述或者重大遗漏，致使投资者在证券交易中遭受损失的，信息披露义务人应当承担赔偿责任；发行人的控股股东、实际控制人、董事、监事、高级管理人员和其他直接责任人员以及保荐人、承销的证券公司及其直接责任人员，应当与发行人承担连带赔偿责任，但是能够证明自己没有过错的除外。

依法披露的信息，应当在证券交易场所的网站和符合国务院证券监督管理机构规定条件的媒体发布，同时将其置备于公司住所、证券交易场所，供社会公众查阅。国务院证券监督管理机构对信息披露义务人的信息披露行为进行监督管理。证券交易场所应当对其组织交易的证券的信息披露义务人的信息披露行为进行监督，督促其依法及时、准确地披露信息。

6. 投资者保护

证券公司向投资者销售证券、提供服务时，应当按照规定充分了解投资者的基本情况、财产状况、金融资产状况、投资知识和经验、专业能力等相关信息；如实说明证券、服务的重要内容，充分揭示投资风险；销售、提供与投资者上述状况相匹配的证券、服务。投资者在购买证券或者接受服务时，应当按照证券公司明示的要求提供前款所列真实信息；拒绝提供或者未按照要求提供信息的，证券公司应当告知其后果，并按照规定拒绝向其销售证券、提供服务。证券公司违反上述规定导致投资者损失的，应当承担相应的赔偿责任。

根据财产状况、金融资产状况、投资知识和经验、专业能力等因素，投资者可以分为普通投资者和专业投资者。专业投资者的标准由国务院证券监督管理机构规定。普通投资者与证券公司发生纠纷的，证券公司应当证明其行为符合法律、行政法规以及国务院证券监督管理机构的规定，不存在误导、欺诈等情形；证券公司不能证明的，应当承担相应的赔偿责任。

上市公司董事会、独立董事、持有 1% 以上有表决权股份的股东或者依照法律、行政法规或者国务院证券监督管理机构的规定设立的投资者保护机构（以下简称"投资者保护机构"），可以作为征集人，自行或者委托证券公司、证券服务机构，公开请求上市公司股东委托其代为出席股东大会，并代为行使提案权、表决权等股东权利。依照上述规定征集股东权利的，征集人应当披露征集文件，上市公司应当予以配合；禁止以有偿或者变相有偿的方式公开征集股东权利。公开征集股东权利违反法律、行政法规或者国务院证券监督管理机构有关规定，导致上市公司或者其股东遭受损失的，征集人应当依法承担赔偿责任。

上市公司应当在章程中明确分配现金股利的具体安排和决策程序，依法保障股东的资产收益权。上市公司当年税后利润，在弥补亏损及提取法定公积金后有盈余的，应当按照公司章程的规定分配现金股利。

公开发行公司债券的，上市公司应当设立债券持有人会议，并应当在募集说明书中说明债券持有人会议的召集程序、会议规则和其他重要事项。公开发行公司债券的，发行人应当为债券持有人聘请债券受托管理人，并订立债券受托管理协议。受托管理人应当由本次发行的承销机构或者其他经国务院证券监督管理机构认可的机构担任，债券持有人会议可以决议变更债券受托管理人。债券受托管理人应当勤勉尽责，公正履行受托管理职责，不得损害债券持有人利益。债券发行人未能按期兑付债券本息的，债券受托管理人可以接受全部或者部分债券持有人的委托，以自己名义代表债券持有人提起、参加民事诉讼或者清算程序。

发行人因欺诈发行、虚假陈述或者其他重大违法行为给投资者造成损失的，发行人的控股股东、实际控制人、相关的证券公司可以委托投资者保护机构，就赔偿事宜与受到损失的投资者达成协议，予以先行赔付；先行赔付后，可以依法向发行人以及其他连带责任人追偿。

投资者与发行人、证券公司等发生纠纷的，双方可以向投资者保护机构申请调解。

普通投资者与证券公司发生证券业务纠纷，普通投资者提出调解请求的，证券公司不得拒绝。投资者保护机构对损害投资者利益的行为，可以依法支持投资者向人民法院提起诉讼。发行人的董事、监事、高级管理人员执行公司职务时违反法律、行政法规或者公司章程的规定给公司造成损失，发行人的控股股东、实际控制人等侵犯公司合法权益给公司造成损失，投资者保护机构持有该公司股份的，可以为公司的利益以自己的名义向人民法院提起诉讼，持股比例和持股期限不受《公司法》规定的限制。

投资者提起虚假陈述等证券民事赔偿诉讼时，诉讼标的是同一种类，且当事人一方人数众多的，可以依法推选代表人进行诉讼。对按照上述规定提起的诉讼，可能存在有相同诉讼请求的其他众多投资者的，人民法院可以发出公告，说明该诉讼请求的案件情况，通知投资者在一定期间向人民法院登记。人民法院作出的判决、裁定，对参加登记的投资者发生效力。投资者保护机构受 50 名以上投资者委托，可以作为代表人参加诉讼，并为经证券登记结算机构确认的权利人依照上述规定向人民法院登记，但投资者明确表示不愿意参加该诉讼的除外。

7. 证券交易场所

证券交易所、国务院批准的其他全国性证券交易场所为证券集中交易提供场所和设施，组织和监督证券交易，实行自律管理，依法登记，取得法人资格。证券交易所、国务院批准的其他全国性证券交易场所的设立、变更和解散由国务院决定。国务院批准的其他全国性证券交易场所的组织机构、管理办法等，由国务院规定。

证券交易所、国务院批准的其他全国性证券交易场所可以根据证券品种、行业特点、公司规模等因素设立不同的市场层次。按照国务院规定设立的区域性股权市场为非公开发行证券的发行、转让提供场所和设施，具体管理办法由国务院规定。

证券交易所履行自律管理职能，应当遵守社会公共利益优先原则，维护市场的公平、有序、透明。设立证券交易所必须制定章程。证券交易所章程的制定和修改，必须经国务院证券监督管理机构批准。证券交易所必须在其名称中标明"证券交易所"字样。其他任何单位或者个人不得使用证券交易所或者近似的名称。

证券交易所可以自行支配的各项费用收入，应当先用于保证其证券交易场所和设施的正常运行并逐步改善。实行会员制的证券交易所的财产积累归会员所有，其权益由会员共同享有，在其存续期间，不得将其财产积累分配给会员。实行会员制的证券交易所设理事会、监事会。证券交易所设总经理 1 人，由国务院证券监督管理机构任免。

有《公司法》第一百四十六条规定的情形或者下列情形之一的，不得担任证券交易所的负责人：①因违法行为或者违纪行为被解除职务的证券交易场所、证券登记结算机构的负责人或者证券公司的董事、监事、高级管理人员，自被解除职务之日起未逾 5 年。②因违法行为或者违纪行为被吊销执业证书或者被取消资格的律师、注册会计师或者其他证券服务机构的专业人员，自被吊销执业证书或者被取消资格之日起未逾 5 年。

因违法行为或者违纪行为被开除的证券交易场所、证券公司、证券登记结算机构、证券服务机构的从业人员和被开除的国家机关工作人员，不得招聘为证券交易所的从业人员。

进入实行会员制的证券交易所参与集中交易的，必须是证券交易所的会员。证券交易所不得允许非会员直接参与股票的集中交易。

投资者应当与证券公司签订证券交易委托协议，并在证券公司实名开立账户，以书面、电话、自助终端、网络等方式，委托该证券公司代其买卖证券。

证券公司为投资者开立账户，应当按照规定对投资者提供的身份信息进行核对。

证券公司不得将投资者的账户提供给他人使用。投资者应当使用实名开立的账户进行交易。

证券公司根据投资者的委托，按照证券交易规则提出交易申报，参与证券交易所场内的集中交易，并根据成交结果承担相应的清算交收责任。证券登记结算机构根据成交结果，按照清算交收规则，与证券公司进行证券和资金的清算交收，并为证券公司客户办理证券的登记过户手续。

证券交易所应当为组织公平的集中交易提供保障，实时公布证券交易即时行情，并按交易日制作证券市场行情表，予以公布。证券交易即时行情的权益由证券交易所依法享有。未经证券交易所许可，任何单位和个人不得发布证券交易即时行情。

上市公司可以向证券交易所申请其上市交易股票的停牌或者复牌，但不得滥用停牌或者复牌损害投资者的合法权益。证券交易所可以按照业务规则的规定，决定上市交易股票的停牌或者复牌。

因不可抗力、意外事件、重大技术故障、重大人为差错等突发性事件而影响证券交易正常进行时，为维护证券交易正常秩序和市场公平，证券交易所可以按照业务规则采取技术性停牌、临时停市等处置措施，并应当及时向国务院证券监督管理机构报告。因上述规定的突发性事件导致证券交易结果出现重大异常，按交易结果进行交收将对证券交易正常秩序和市场公平造成重大影响的，证券交易所按照业务规则可以采取取消交易、通知证券登记结算机构暂缓交收等措施，并应当及时向国务院证券监督管理机构报告并公告。证券交易所对其依照上述规定采取措施造成的损失，不承担民事赔偿责任，但存在重大过错的除外。

证券交易所对证券交易实行实时监控，并按照国务院证券监督管理机构的要求，对异常的交易情况提出报告。证券交易所根据需要，可以按照业务规则对出现重大异常交易情况的证券账户的投资者限制交易，并及时报告国务院证券监督管理机构。

证券交易所应当加强对证券交易的风险监测，出现重大异常波动的，证券交易所可以按照业务规则采取限制交易、强制停牌等处置措施，并向国务院证券监督管理机构报告；严重影响证券市场稳定的，证券交易所可以按照业务规则采取临时停市等处置措施并公告。证券交易所对其依照上述规定采取措施造成的损失，不承担民事赔偿责任，但存在重大过错的除外。

证券交易所应当从其收取的交易费用和会员费、席位费中提取一定比例的金额设立风险基金。风险基金由证券交易所理事会管理。风险基金提取的具体比例和使用办法，由国务院证券监督管理机构会同国务院财政部门规定。证券交易所应当将收存的风险基金存入开户银行专门账户，不得擅自使用。

证券交易所依照法律、行政法规和国务院证券监督管理机构的规定，制定上市规则、交易规则、会员管理规则和其他有关业务规则，并报国务院证券监督管理机构批准。在证券交易所从事证券交易，应当遵守证券交易所依法制定的业务规则。违反业务规则的，由证券交易所给予纪律处分或者采取其他自律管理措施。

证券交易所的负责人和其他从业人员执行与证券交易有关的职务时，与其本人或者其亲属有利害关系的，应当回避。

按照依法制定的交易规则进行的交易，不得改变其交易结果，但《证券法》另有规定的除外。对交易中违规交易者应负的民事责任不得免除；在违规交易中所获利益，依照有关规定处理。

8.证券公司

设立证券公司，应当具备下列条件，并经国务院证券监督管理机构批准：①有符合法律、行政法规规定的公司章程。②主要股东及公司的实际控制人具有良好的财务状况和诚信记录，最近 3 年无重大违法违规记录。③有符合《证券法》规定的公司注册资本。④董事、监事、高级管理人员、从业人员符合《证券法》规定的条件。⑤有完善的风险管理与内部控制制度。⑥有合格的经营场所、业务设施和信息技术系统。⑦法律、行政法规和经国务院批准的国务院证券监督管理机构规定的其他条件。未经国务院证券监督管理机构批准，任何单位和个人不得以证券公司名义开展证券业务活动。

国务院证券监督管理机构应当自受理证券公司设立申请之日起 6 个月内，依照法定条件和法定程序并根据审慎监管原则进行审查，作出批准或者不予批准的决定，并通知申请人；不予批准的，应当说明理由。证券公司设立申请获得批准的，申请人应当在规定的期限内向公司登记机关申请设立登记，领取营业执照。证券公司应当自领取营业执照之日起 15 日内，向国务院证券监督管理机构申请经营证券业务许可证。未取得经营证券业务许可证，证券公司不得经营证券业务。

经国务院证券监督管理机构核准，取得经营证券业务许可证，证券公司可以经营下列部分或者全部证券业务：①证券经纪。②证券投资咨询。③与证券交易、证券投资活动有关的财务顾问。④证券承销与保荐。⑤证券融资融券。⑥证券做市交易。⑦证券自营。⑧其他证券业务。国务院证券监督管理机构应当自受理前款规定事项申请之日起 3 个月内，依照法定条件和程序进行审查，作出核准或者不予核准的决定，并通知申请人；不予核准的，应当说明理由。证券公司经营证券资产管理业务的，应当符合《中华人民共和国证券投资基金法》等法律、行政法规的规定。除了证券公司，任何单位和个人不得从事证券承销、证券保荐、证券经纪和证券融资融券业务。证券公司从事证券融资融券业务，应当采取措施，严格防范和控制风险，不得违反规定向客户出借资金或者证券。

证券公司经营上述第①～③项业务的，注册资本最低限额为人民币 5 000 万元；经营第④～⑧项业务之一的，注册资本最低限额为人民币 1 亿元；经营第④～⑧项业务中 2 项以上的，注册资本最低限额为人民币 5 亿元。证券公司的注册资本应当是实缴资本。国务院证券监督管理机构根据审慎监管原则和各项业务的风险程度，可以调整注册资本最低限额，但不得少于上述规定的限额。

证券公司变更证券业务范围，变更主要股东或者公司的实际控制人，合并、分立、停业、解散、破产，应当经国务院证券监督管理机构核准。国务院证券监督管理机构应当对证券公司净资本和其他风险控制指标作出规定。证券公司除了依照规定为其客户提供融资融券，不得为其股东或者股东的关联人提供融资或者担保。

证券公司的董事、监事、高级管理人员，应当正直诚实、品行良好，熟悉证券法律、行政法规，具有履行职责所需的经营管理能力。证券公司任免董事、监事、高级管理人员，应当报国务院证券监督管理机构备案。有《公司法》第一百四十六条规定的情形或者下列情形之一的，不得担任证券公司的董事、监事、高级管理人员：①因违法行为或者违纪行为被解除职务的证券交易场所、证券登记结算机构的负责人或者证券公司的董事、监事、高级管理人员，自被解除职务之日起未逾 5 年。②因违法行为或者违纪行为被吊销执业证书或者被取消资格的律师、注册会计师或者其他证券服务机构的专业人员，自被吊销执业证书或者被取消资格之日起未逾 5 年。

证券公司从事证券业务的人员应当品行良好，具备从事证券业务所需的专业能力。因违法行为或者违纪行为被开除的证券交易场所、证券公司、证券登记结算机构、证券服务机构的从业人员和被开除的国家机关工作人员，不得招聘为证券公司的从业人员。国家机关工作人员和法律、行政法规规定的禁止在公司中兼职的其他人员，不得在证券公司中兼任职务。

国家设立证券投资者保护基金。证券投资者保护基金由证券公司缴纳的资金及其他依法筹集的资金组成，其规模以及筹集、管理和使用的具体办法由国务院规定。

证券公司从每年的业务收入中提取交易风险准备金，用于弥补证券经营的损失，其提取的具体比例由国务院证券监督管理机构会同国务院财政部门规定。

证券公司应当建立健全内部控制制度，采取有效隔离措施，防范公司与客户之间、不同客户之间的利益冲突。证券公司必须将其证券经纪业务、证券承销业务、证券自营业务、证券做市业务和证券资产管理业务分开办理，不得混合操作。

证券公司的自营业务必须以自己的名义进行，不得假借他人名义或者以个人名义进行。证券公司的自营业务必须使用自有资金和依法筹集的资金。证券公司不得将其自营账户借给他人使用。

证券公司应当依法审慎经营，勤勉尽责，诚实守信。证券公司的业务活动，应当与其治理结构、内部控制、合规管理、风险管理以及风险控制指标、从业人员构成等情况相适应，符合审慎监管和保护投资者合法权益的要求。证券公司依法享有自主经营的权利，其合法经营不受干涉。

证券公司客户的交易结算资金应当存放在商业银行，以每个客户的名义单独立户管理。证券公司不得将客户的交易结算资金和证券归入其自有财产。禁止任何单位或者个人以任何形式挪用客户的交易结算资金和证券。证券公司破产或者清算时，客户的交易结算资金和证券不属于其破产财产或者清算财产。非因客户本身的债务或者法律规定的其他情形，不得查封、冻结、扣划或者强制执行客户的交易结算资金和证券。

证券公司办理经纪业务，应当置备统一制定的证券买卖委托书，供委托人使用。采取其他委托方式的，必须作出委托记录。客户的证券买卖委托，不论是否成交，其委托记录应当按照规定的期限，保存于证券公司。

证券公司接受证券买卖的委托，应当根据委托书载明的证券名称、买卖数量、出价方式、价格幅度等，按照交易规则代理买卖证券，如实进行交易记录；买卖成交后，应当按照规定制作买卖成交报告单交付客户。证券交易中确认交易行为及其交易结果的对账单必须真实，保证账面证券余额与实际持有的证券相一致。

证券公司办理经纪业务，不得接受客户的全权委托而决定证券买卖、选择证券种类、决定买卖数量或者买卖价格。证券公司不得允许他人以证券公司的名义直接参与证券的集中交易。证券公司不得对客户证券买卖的收益或者赔偿证券买卖的损失作出承诺。

证券公司的从业人员在证券交易活动中，执行所属的证券公司的指令或者利用职务违反交易规则的，由所属的证券公司承担全部责任。证券公司的从业人员不得私下接受客户委托买卖证券。

证券公司应当建立客户信息查询制度，确保客户能够查询其账户信息、委托记录、交易记录以及其他与接受服务或者购买产品有关的重要信息。证券公司应当妥善保存客户开户资料、委托记录、交易记录和与内部管理、业务经营有关的各项信息，任何人不得隐匿、伪造、篡改或者毁损。上述信息的保存期限不得少于 20 年。

证券公司应当按照规定向国务院证券监督管理机构报送业务、财务等经营管理信息和资料。国务院证券监督管理机构有权要求证券公司及其主要股东、实际控制人在指定的期限内提供有关信息、资料。证券公司及其主要股东、实际控制人向国务院证券监督管理机构报送或者提供的信息、资料，必须真实、准确、完整。

国务院证券监督管理机构认为有必要时，可以委托会计师事务所、资产评估机构对证券公司的财务状况、内部控制状况、资产价值进行审计或者评估。具体办法由国务院证券监督管理机构会同有关主管部门制定。

证券公司的治理结构、合规管理、风险控制指标不符合规定的，国务院证券监督管理机构应当责令其限期改正；逾期未改正，或者其行为严重危及该证券公司的稳健运行、损害客户合法权益的，国务院证券监督管理机构可以区别情形，对其采取下列措施：①限制业务活动，责令暂停部分业务，停止核准新业务。②限制分配红利，限制向董事、监事、高级管理人员支付报酬、提供福利。③限制转让财产或者在财产上设定其他权利。④责令更换董事、监事、高级管理人员或者限制其权利。⑤撤销有关业务许可。⑥认定负有责任的董事、监事、高级管理人员为不适当人选。⑦责令负有责任的股东转让股权，限制负有责任的股东行使股东权利。证券公司整改后，应当向国务院证券监督管理机构提交报告。国务院证券监督管理机构经验收，治理结构、合规管理、风险控制指标符合规定的，应当自验收完毕之日起 3 日内解除对其采取的前款规定的有关限制措施。

证券公司的股东有虚假出资、抽逃出资行为的，国务院证券监督管理机构应当责令其限期改正，并可责令其转让所持证券公司的股权。在上述规定的股东按照要求改正违法行为、转让所持证券公司的股权前，国务院证券监督管理机构可以限制其股东权利。

证券公司的董事、监事、高级管理人员未能勤勉尽责，致使证券公司存在重大违法违规行为或者重大风险的，国务院证券监督管理机构可以责令证券公司予以更换。

证券公司违法经营或者出现重大风险，严重危害证券市场秩序、损害投资者利益的，国务院证券监督管理机构可以对该证券公司采取责令停业整顿、指定其他机构托管、接管或者撤销等监管措施。

在证券公司被责令停业整顿、被依法指定托管、接管或者清算期间，或者出现重大风险时，经国务院证券监督管理机构批准，可以对该证券公司直接负责的董事、监事、高级管理人员和其他直接责任人员采取以下措施：①通知出境入境管理机关依法阻止其出境。②申请司法机关禁止其转移、转让或者以其他方式处分财产，或者在财产上设定其他权利。

9. 证券登记结算机构

证券登记结算机构为证券交易提供集中登记、存管与结算服务，不以营利为目的，依法登记，取得法人资格。设立证券登记结算机构必须经国务院证券监督管理机构批准。

设立证券登记结算机构，应当具备下列条件：①自有资金不少于人民币 2 亿元。②具有证券登记、存管和结算服务所必须的场所和设施。③国务院证券监督管理机构规定的其他条件。证券登记结算机构的名称中应当标明"证券登记结算"字样。

证券登记结算机构履行下列职能：①证券账户、结算账户的设立。②证券的存管和过户。③证券持有人名册登记。④证券交易的清算和交收。⑤受发行人的委托派发证券权益。⑥办理与上述业务有关的查询、信息服务。⑦国务院证券监督管理机构批准的其他业务。

在证券交易所和国务院批准的其他全国性证券交易场所交易的证券的登记结算，应当采取全国集中统一的运营方式。上述规定以外的证券，其登记、结算可以委托证券登记结算机构或者其他依法从事证券登记、结算业务的机构办理。

证券登记结算机构应当依法制定章程和业务规则，并经国务院证券监督管理机构批准。证券登记结算业务参与人应当遵守证券登记结算机构制定的业务规则。在证券交易所或者国务院批准的其他全国性证券交易场所交易的证券，应当全部存管在证券登记结算机构。证券登记结算机构不得挪用客户的证券。

证券登记结算机构应当向证券发行人提供证券持有人名册及有关资料。证券登记结算机构应当根据证券登记结算的结果，确认证券持有人持有证券的事实，提供证券持有人登记资料。证券登记结算机构应当保证证券持有人名册和登记过户记录真实、准确、完整，不得隐匿、伪造、篡改或者毁损。

证券登记结算机构应当采取下列措施保证业务的正常进行：①具有必备的服务设备和完善的数据安全保护措施。②建立完善的业务、财务和安全防范等管理制度。③建立完善的风险管理系统。证券登记结算机构应当妥善保存登记、存管和结算的原始凭证及有关文件和资料。其保存期限不得少于 20 年。

证券登记结算机构应当设立证券结算风险基金，用于垫付或者弥补因违约交收、技术故障、操作失误、不可抗力造成的证券登记结算机构的损失。证券结算风险基金从证券登记结算机构的业务收入和收益中提取，并可以由结算参与人按照证券交易业务量的一定比例缴纳。证券结算风险基金的筹集、管理办法，由国务院证券监督管理机构会同国务院财政部门规定。

证券结算风险基金应当存入指定银行的专门账户，实行专项管理。证券登记结算机构以证券结算风险基金赔偿后，应当向有关责任人追偿。证券登记结算机构申请解散，应当经国务院证券监督管理机构批准。

投资者委托证券公司进行证券交易，应当通过证券公司申请在证券登记结算机构开立证券账户。证券登记结算机构应当按照规定为投资者开立证券账户。投资者申请开立账户，应当持有证明中华人民共和国公民、法人、合伙企业身份的合法证件。国家另有规定的除外。

证券登记结算机构作为中央对手方提供证券结算服务的，是结算参与人共同的清算交收对手，进行净额结算，为证券交易提供集中履约保障。证券登记结算机构为证券交易提供净额结算服务时，应当要求结算参与人按照货银对付的原则，足额交付证券和资金，并提供交收担保。在交收完成之前，任何人不得动用用于交收的证券、资金和担保物。结算参与人未按时履行交收义务的，证券登记结算机构有权按照业务规则处理前款所述财产。

证券登记结算机构按照业务规则收取的各类结算资金和证券，必须存放于专门的清算交收账户，只能按业务规则用于已成交的证券交易的清算交收，不得被强制执行。

10. 证券服务机构

会计师事务所、律师事务所以及从事证券投资咨询、资产评估、资信评级、财务顾问、信息技术系统服务的证券服务机构，应当勤勉尽责、恪尽职守，按照相关业务规则为证券的交易及相关活动提供服务。从事证券投资咨询服务业务，应当经国务院证券监督管理机构核准；未经核准，不得为证券的交易及相关活动提供服务。从事其他证券服务业务，应当报国务院证券监督管理机构和国务院有关主管部门备案。

证券投资咨询机构及其从业人员从事证券服务业务不得有下列行为：①代理委托人从事证券投资。②与委托人约定分享证券投资收益或者分担证券投资损失。③买卖本证券投资咨询机构提供服务的证券。④法律、行政法规禁止的其他行为。有上述所列行为之一，给投资者造成损失的，应当依法承担赔偿责任。

证券服务机构应当妥善保存客户委托文件、核查和验证资料、工作底稿以及与质量控制、内部管理、业务经营有关的信息和资料，任何人不得泄露、隐匿、伪造、篡改或者毁损。上述信息和资料的保存期限不得少于 10 年，自业务委托结束之日起算。

证券服务机构为证券的发行、上市、交易等证券业务活动制作、出具审计报告及其他鉴证报告、资产评估报告、财务顾问报告、资信评级报告或者法律意见书等文件，应当勤勉尽责，对所依据的文件资料内容的真实性、准确性、完整性进行核查和验证。其制作、出具的文件有虚假记载、误导性陈述或者重大遗漏，给他人造成损失的，应当与委托人承担连带赔偿责任，但是能够证明自己没有过错的除外。

11. 证券业协会

证券业协会是证券业的自律性组织，是社会团体法人。证券公司应当加入证券业协会。证券业协会的权力机构为全体会员组成的会员大会。证券业协会章程由会员大会制定，并报国务院证券监督管理机构备案。证券业协会设理事会。理事会成员依章程的规定由选举产生。

证券业协会履行下列职责：①教育和组织会员及其从业人员遵守证券法律、行政法规，组织开展证券行业诚信建设，督促证券行业履行社会责任。②依法维护会员的合法权益，向证券监督管理机构反映会员的建议和要求。③督促会员开展投资者教育和保护活动，维护投资者合法权益。④制定和实施证券行业自律规则，监督、检查会员及其从业人员行为，对违反法律、行政法规、自律规则或者协会章程的，按照规定给予纪律处分或者实施其他自律管理措施。⑤制定证券行业业务规范，组织从业人员的业务培训。⑥组织会员就证券行业的发展、运作及有关内容进行研究，收集整理、发布证券相关信息，提供会员服务，组织行业交流，引导行业创新发展。⑦对会员之间、会员与客户之间发生的证券业务纠纷进行调解。⑧证券业协会章程规定的其他职责。

12. 证券监督管理机构

国务院证券监督管理机构依法对证券市场实行监督管理，维护证券市场公开、公平、公正，防范系统性风险，维护投资者合法权益，促进证券市场健康发展。

国务院证券监督管理机构在对证券市场实施监督管理中履行下列职责：①依法制定有关证券市场监督管理的规章、规则，并依法进行审批、核准、注册，办理备案。②依法对证券的发行、上市、交易、登记、存管、结算等行为，进行监督管理。③依法对证券发行人、证券公司、证券服务机构、证券交易场所、证券登记结算机构的证券业务活动，进行监督管理。④依法制定从事证券业务人员的行为准则，并监督实施。⑤依法监督检查证券发行、上市、交易的信息披露。⑥依法对证券业协会的自律管理活动进行指导和监督。⑦依法监测并防范、处置证券市场风险。⑧依法开展投资者教育。⑨依法对证券违法行为进行查处。⑩法律、行政法规规定的其他职责。

国务院证券监督管理机构依法履行职责，有权采取下列措施：①对证券发行人、证券公司、证券服务机构、证券交易场所、证券登记结算机构进行现场检查。②进入涉嫌违法行为发生场所调查取证。③询问当事人和与被调查事件有关的单位和个人，要求其对与被调查事件有关的事项作出说明；或者要求其按照指定的方式报送与被调查事件有关的文件和资料。④查阅、复制与被调查事件有关的财产权登记、通信记录等文件和资料。⑤查阅、复制当事人和与被调查事件有关的单位和个人的证券交易记录、登记过户记录、财务会计资料及其他相关文件和资料；对可能被转移、隐匿或者毁损的文件和资料，可以予以封存、扣押。⑥查询当事人和与被调查事件有关的单位和个人的资金账户、证券账户、银行账户以及其他具有支付、托管、结算等功能的账户信息，可以对有关文件和资料进行复制；对有证据证明已经或者可能转移或者隐匿违法资金、证券等涉案财产或者隐匿、伪造、毁损重要证据的，经国务院证券监督管理机构主要负责人或者其授权的其他负责人批准，可以冻结或者查封，期限为 6 个月；

因特殊原因需要延长的，每次延长期限不得超过 3 个月，冻结、查封期限最长不得超过 2 年。⑦在调查操纵证券市场、内幕交易等重大证券违法行为时，经国务院证券监督管理机构主要负责人或者其授权的其他负责人批准，可以限制被调查的当事人的证券买卖，但限制的期限不得超过 3 个月；案情复杂的，可以延长 3 个月。⑧通知出境入境管理机关依法阻止涉嫌违法人员、涉嫌违法单位的主管人员和其他直接责任人员出境。为防范证券市场风险，维护市场秩序，国务院证券监督管理机构可以采取责令改正、监管谈话、出具警示函等措施。

国务院证券监督管理机构对涉嫌证券违法的单位或者个人进行调查期间，被调查的当事人书面申请，承诺在国务院证券监督管理机构认可的期限内纠正涉嫌违法行为，赔偿有关投资者损失，消除损害或者不良影响的，国务院证券监督管理机构可以决定中止调查。被调查的当事人履行承诺的，国务院证券监督管理机构可以决定终止调查；被调查的当事人未履行承诺或者有国务院规定的其他情形的，应当恢复调查。具体办法由国务院规定。国务院证券监督管理机构决定中止或者终止调查的，应当按照规定公开相关信息。

国务院证券监督管理机构依法履行职责，进行监督检查或者调查，其监督检查、调查的人员不得少于 2 人，并应当出示合法证件和监督检查、调查通知书或者其他执法文书。监督检查、调查的人员少于 2 人或者未出示合法证件和监督检查、调查通知书或者其他执法文书的，被检查、调查的单位和个人有权拒绝。国务院证券监督管理机构依法履行职责，被检查、调查的单位和个人应当配合，如实提供有关文件和资料，不得拒绝、阻碍和隐瞒。

国务院证券监督管理机构制定的规章、规则和监督管理工作制度应当依法公开。国务院证券监督管理机构依据调查结果，对证券违法行为作出的处罚决定，应当公开。国务院证券监督管理机构应当与国务院其他金融监督管理机构建立监督管理信息共享机制。国务院证券监督管理机构依法履行职责，进行监督检查或者调查时，有关部门应当予以配合。

对涉嫌证券违法、违规行为，任何单位和个人有权向国务院证券监督管理机构举报。对涉嫌重大违法、违规行为的实名举报线索经查证属实的，国务院证券监督管理机构按照规定给予举报人奖励。国务院证券监督管理机构应当对举报人的身份信息保密。

国务院证券监督管理机构可以和其他国家或者地区的证券监督管理机构建立监督管理合作机制，实施跨境监督管理。境外证券监督管理机构不得在中华人民共和国境内直接进行调查取证等活动。未经国务院证券监督管理机构和国务院有关主管部门同意，任何单位和个人不得擅自向境外提供与证券业务活动有关的文件和资料。

国务院证券监督管理机构依法履行职责，发现证券违法行为涉嫌犯罪的，应当依法将案件移送司法机关处理；发现公职人员涉嫌职务违法或者职务犯罪的，应当依法移送监察机关处理。

国务院证券监督管理机构工作人员必须忠于职守、依法办事、公正廉洁，不得利用职务便利牟取不正当利益，不得泄露所知悉的有关单位和个人的商业秘密。国务院证券监督管理机构工作人员在任职期间，或者离职后在《中华人民共和国公务员法》规定的期限内，不得到与原工作业务直接相关的企业或者其他营利性组织任职，不得从事与原工作业务直接相关的营利性活动。

13. 法律责任

违反《证券法》第九条的规定，擅自公开或者变相公开发行证券的，责令停止发行，退还所募资金并加算银行同期存款利息，处以非法所募资金金额 5% 以上 50% 以下的罚款；对擅自公开或者变相公开发行证券设立的公司，由依法履行监督管理职责的机构或者部门会同县级以上地方人民政府予以取缔。对直接负责的主管人员和其他直接责任人员给予警告，并处以50万元以上500万元以下的罚款。

发行人在其公告的证券发行文件中隐瞒重要事实或者编造重大虚假内容，尚未发行证券的，处以200万元以上2000万元以下的罚款；已经发行证券的，处以非法所募资金金额10%以上1倍以下的罚款。对直接负责的主管人员和其他直接责任人员，处以100万元以上1000万元以下的罚款。发行人的控股股东、实际控制人组织、指使从事上述违法行为的，没收违法所得，并处以违法所得10%以上1倍以下的罚款；没有违法所得或者违法所得不足2000万元的，处以200万元以上2000万元以下的罚款。对直接负责的主管人员和其他直接责任人员，处以100万元以上1000万元以下的罚款。

保荐人出具有虚假记载、误导性陈述或者重大遗漏的保荐书，或者不履行其他法定职责的，责令改正，给予警告，没收业务收入，并处以业务收入1倍以上10倍以下的罚款；没有业务收入或者业务收入不足100万元的，处以100万元以上1000万元以下的罚款；情节严重的，并处暂停或者撤销保荐业务许可。对直接负责的主管人员和其他直接责任人员给予警告，并处以50万元以上500万元以下的罚款。

证券公司承销或者销售擅自公开发行或者变相公开发行的证券的，责令停止承销或者销售，没收违法所得，并处以违法所得1倍以上10倍以下的罚款；没有违法所得或者违法所得不足100万元的，处以100万元以上1000万元以下的罚款；情节严重的，并处暂停或者撤销相关业务许可。给投资者造成损失的，应当与发行人承担连带赔偿责任。对直接负责的主管人员和其他直接责任人员给予警告，并处以50万元以上500万元以下的罚款。

证券公司承销证券违反《证券法》第二十九条规定的，责令改正，给予警告，没收违法所得，可以并处50万元以上500万元以下的罚款；情节严重的，暂停或者撤销相关业务许可。对直接负责的主管人员和其他直接责任人员给予警告，可以并处20万元以上200万元以下的罚款；情节严重的，并处以50万元以上500万元以下的罚款。

发行人违反《证券法》第十四条、第十五条的规定擅自改变公开发行证券所募集资金的用途的，责令改正，处以50万元以上500万元以下的罚款；对直接负责的主管人员和其他直接责任人员给予警告，并处以10万元以上100万元以下的罚款。发行人的控股股东、实际控制人从事或者组织、指使从事前款违法行为的，给予警告，并处以50万元以上500万元以下的罚款；对直接负责的主管人员和其他直接责任人员，处以10万元以上100万元以下的罚款。

违反《证券法》第三十六条的规定，在限制转让期内转让证券，或者转让股票不符合法律、行政法规和国务院证券监督管理机构规定的，责令改正，给予警告，没收违法所得，并处以买卖证券等值以下的罚款。

法律、行政法规规定禁止参与股票交易的人员，违反《证券法》第四十条的规定，直接或者以化名、借他人名义持有、买卖股票或者其他具有股权性质的证券的，责令依法处理非法持有的股票、其他具有股权性质的证券，没收违法所得，并处以买卖证券等值以下的罚款；属于国家工作人员的，还应当依法给予处分。

证券服务机构及其从业人员，违反《证券法》第四十二条的规定买卖证券的，责令依法处理非法持有的证券，没收违法所得，并处以买卖证券等值以下的罚款。

上市公司、股票在国务院批准的其他全国性证券交易场所交易的公司的董事、监事、高级管理人员、持有该公司5%以上股份的股东，违反《证券法》第四十四条的规定，买卖该公司股票或者其他具有股权性质的证券的，给予警告，并处以 10 万元以上 100 万元以下的罚款。

违反《证券法》第四十五条的规定，采取程序化交易影响证券交易所系统安全或者正常交易秩序的，责令改正，并处以 50 万元以上 500 万元以下的罚款。对直接负责的主管人员和其他直接责任人员给予警告，并处以 10 万元以上 100 万元以下的罚款。

证券交易内幕信息的知情人或者非法获取内幕信息的人违反《证券法》第五十三条的规定从事内幕交易的，责令依法处理非法持有的证券，没收违法所得，并处以违法所得 1 倍以上 10 倍以下的罚款；没有违法所得或者违法所得不足 50 万元的，处以 50 万元以上 500 万元以下的罚款。单位从事内幕交易的，还应当对直接负责的主管人员和其他直接责任人员给予警告，并处以 20 万元以上 200 万元以下的罚款。国务院证券监督管理机构工作人员从事内幕交易的，从重处罚。

违反《证券法》第五十五条的规定，操纵证券市场的，责令依法处理其非法持有的证券，没收违法所得，并处以违法所得 1 倍以上 10 倍以下的罚款；没有违法所得或者违法所得不足 100 万元的，处以 100 万元以上 1 000 万元以下的罚款。单位操纵证券市场的，还应当对直接负责的主管人员和其他直接责任人员给予警告，并处以 50 万元以上 500 万元以下的罚款。

违反《证券法》第五十六条第一款、第三款的规定，编造、传播虚假信息或者误导性信息，扰乱证券市场的，没收违法所得，并处以违法所得 1 倍以上 10 倍以下的罚款；没有违法所得或者违法所得不足 20 万元的，处以 20 万元以上 200 万元以下的罚款。违反《证券法》第五十六条第二款的规定，在证券交易活动中作出虚假陈述或者信息误导的，责令改正，处以 20 万元以上 200 万元以下的罚款；属于国家工作人员的，还应当依法给予处分。传播媒介及其从事证券市场信息报道的工作人员违反《证券法》第五十六条第三款的规定，从事与其工作职责发生利益冲突的证券买卖的，没收违法所得，并处以买卖证券等值以下的罚款。

证券公司及其从业人员违反《证券法》第五十七条的规定，有损害客户利益的行为的，给予警告，没收违法所得，并处以违法所得 1 倍以上 10 倍以下的罚款；没有违法所得或者违法所得不足 10 万元的，处以 10 万元以上 100 万元以下的罚款；情节严重的，暂停或者撤销相关业务许可。

违反《证券法》第五十八条的规定，出借自己的证券账户或者借用他人的证券账户从事证券交易的，责令改正，给予警告，可以处 50 万元以下的罚款。

收购人未按照《证券法》规定履行上市公司收购的公告、发出收购要约义务的，责令改正，给予警告，并处以 50 万元以上 500 万元以下的罚款。对直接负责的主管人员和其他直接责任人员给予警告，并处以 20 万元以上 200 万元以下的罚款。收购人及其控股股东、实际控制人利用上市公司收购，给被收购公司及其股东造成损失的，应当依法承担赔偿责任。

信息披露义务人未按照《证券法》规定报送有关报告或者履行信息披露义务的，责令改正，给予警告，并处以 50 万元以上 500 万元以下的罚款；对直接负责的主管人员和其他直接责任人员给予警告，并处以 20 万元以上 200 万元以下的罚款。发行人的控股股东、实际控制人组织、指使从事上述违法行为，或者隐瞒相关事项导致发生上述情形的，处以 50 万元以上 500 万元以下的罚款；对直接负责的主管人员和其他直接责任人员，处以 20 万元以上 200 万元以下的罚款。信息披露义务人报送的报告或者披露的信息有虚假记载、误导性陈述或者重大遗漏的，责令改正，给予警告，并处以 100 万元以上 1 000 万元以下的罚款；对直接负责的主管人员和其他直接责任人员给予警告，并处以 50 万元以上 500 万元以下的罚款。发行人的控股股东、实际控制人组织、指使从事上述违法行为，或者隐瞒相关事项导致发生上述情形的，处以 100 万元以上 1 000 万元以下的罚款；对直接负责的主管人员和其他直接责任人员，处以 50 万元以上 500 万元以下的罚款。

证券公司违反《证券法》第八十八条的规定未履行或者未按照规定履行投资者适当性管理义务的，责令改正，给予警告，并处以 10 万元以上 100 万元以下的罚款。对直接负责的主管人员和其他直接责任人员给予警告，并处以 20 万元以下的罚款。

违反《证券法》第九十条的规定征集股东权利的，责令改正，给予警告，可以处 50 万元以下的罚款。

非法开设证券交易场所的，由县级以上人民政府予以取缔，没收违法所得，并处以违法所得 1 倍以上 10 倍以下的罚款；没有违法所得或者违法所得不足 100 万元的，处以 100 万元以上 1 000 万元以下的罚款。对直接负责的主管人员和其他直接责任人员给予警告，并处以 20 万元以上 200 万元以下的罚款。证券交易所违反《证券法》第一百零五条的规定，允许非会员直接参与股票的集中交易的，责令改正，可以并处 50 万元以下的罚款。

证券公司违反《证券法》第一百零七条第一款的规定，未对投资者开立账户提供的身份信息进行核对的，责令改正，给予警告，并处以 5 万元以上 50 万元以下的罚款。对直接负责的主管人员和其他直接责任人员给予警告，并处以 10 万元以下的罚款。证券公司违反《证券法》第一百零七条第二款的规定，将投资者的账户提供给他人使用的，责令改正，给予警告，并处以 10 万元以上 100 万元以下的罚款。对直接负责的主管人员和其他直接责任人员给予警告，并处以 20 万元以下的罚款。

违反《证券法》第一百一十八条、第一百二十条第一款和第四款的规定，擅自设立证券公司、非法经营证券业务或者未经批准以证券公司名义开展证券业务活动的，责令改正，没收违法所得，并处以违法所得 1 倍以上 10 倍以下的罚款；没有违法所得或者违法所得不足 100 万元的，处以 100 万元以上 1 000 万元以下的罚款。对直接负责的主管人员和其他直接责任人员给予警告，并处以 20 万元以上 200 万元以下的罚款。对擅自设立的证券公司，由国务院证券监督管理机构予以取缔。证券公司违反《证券法》第一百二十条第五款规定提供证券融资融券服务的，没收违法所得，并处以融资融券等值以下的罚款；情节严重的，禁止其在一定期限内从事证券融资融券业务。对直接负责的主管人员和其他直接责任人员给予警告，并处以 20 万元以上 200 万元以下的罚款。

提交虚假证明文件或者采取其他欺诈手段骗取证券公司设立许可、业务许可或者重大事项变更核准的，撤销相关许可，并处以 100 万元以上 1 000 万元以下的罚款。对直接负责的主管人员和其他直接责任人员给予警告，并处以 20 万元以上 200 万元以下的罚款。

证券公司违反《证券法》第一百二十二条的规定，未经核准变更证券业务范围，变更主要股东或者公司的实际控制人，合并、分立、停业、解散、破产的，责令改正，给予警告，没收违法所得，并处以违法所得 1 倍以上 10 倍以下的罚款；没有违法所得或者违法所得不足 50 万元的，处以 50 万元以上 500 万元以下的罚款；情节严重的，并处撤销相关业务许可。对直接负责的主管人员和其他直接责任人员给予警告，并处以 20 万元以上 200 万元以下的罚款。

证券公司违反《证券法》第一百二十三条第二款的规定，为其股东或者股东的关联人提供融资或者担保的，责令改正，给予警告，并处以 50 万元以上 500 万元以下的罚款。对直接负责的主管人员和其他直接责任人员给予警告，并处以 10 万元以上 100 万元以下的罚款。股东有过错的，在按照要求改正前，国务院证券监督管理机构可以限制其股东权利；拒不改正的，可以责令其转让所持证券公司股权。

证券公司违反《证券法》第一百二十八条的规定，未采取有效隔离措施防范利益冲突，或者未分开办理相关业务、混合操作的，责令改正，给予警告，没收违法所得，并处以违法所得 1 倍以上 10 倍以下的罚款；没有违法所得或者违法所得不足 50 万元的，处以 50 万元以上 500 万元以下的罚款；情节严重的，并处撤销相关业务许可。对直接负责的主管人员和其他直接责任人员给予警告，并处以 20 万元以上 200 万元以下的罚款。

证券公司违反《证券法》第一百二十九条的规定从事证券自营业务的，责令改正，给予警告，没收违法所得，并处以违法所得 1 倍以上 10 倍以下的罚款；没有违法所得或者违法所得不足 50 万元的，处以 50 万元以上 500 万元以下的罚款；情节严重的，并处撤销相关业务许可或者责令关闭。对直接负责的主管人员和其他直接责任人员给予警告，并处以 20 万元以上 200 万元以下的罚款。

违反《证券法》第一百三十一条的规定，将客户的资金和证券归入自有财产，或者挪用客户的资金和证券的，责令改正，给予警告，没收违法所得，并处以违法所得 1 倍以上 10 倍以下的罚款；没有违法所得或者违法所得不足 100 万元的，处以 100 万元以上 1 000 万元以下的罚款；情节严重的，并处撤销相关业务许可或者责令关闭。对直接负责的主管人员和其他直接责任人员给予警告，并处以 50 万元以上 500 万元以下的罚款。

证券公司违反《证券法》第一百三十四条第一款的规定接受客户的全权委托买卖证券的，或者违反《证券法》第一百三十五条的规定对客户的收益或者赔偿客户的损失作出承诺的，责令改正，给予警告，没收违法所得，并处以违法所得 1 倍以上 10 倍以下的罚款；没有违法所得或者违法所得不足 50 万元的，处以 50 万元以上 500 万元以下的罚款；情节严重的，并处撤销相关业务许可。对直接负责的主管人员和其他直接责任人员给予警告，并处以 20 万元以上 200 万元以下的罚款。证券公司违反《证券法》第一百三十四条第二款的规定，允许他人以证券公司的名义直接参与证券的集中交易的，责令改正，可以并处 50 万元以下的罚款。

证券公司的从业人员违反《证券法》第一百三十六条的规定，私下接受客户委托买卖证券的，责令改正，给予警告，没收违法所得，并处以违法所得 1 倍以上 10 倍以下的罚款；没有违法所得的，处以 50 万元以下的罚款。

证券公司及其主要股东、实际控制人违反《证券法》第一百三十八条的规定，未报送、提供信息和资料，或者报送、提供的信息和资料有虚假记载、误导性陈述或者重大遗漏的，责令改正，给予警告，并处以 100 万元以下的罚款；情节严重的，并处撤销相关业务许可。对直接负责的主管人员和其他直接责任人员，给予警告，并处以 50 万元以下的罚款。

违反《证券法》第一百四十五条的规定，擅自设立证券登记结算机构的，由国务院证券监督管理机构予以取缔，没收违法所得，并处以违法所得 1 倍以上 10 倍以下的罚款；没有违法所得或者违法所得不足 50 万元的，处以 50 万元以上 500 万元以下的罚款。对直接负责的主管人员和其他直接责任人员给予警告，并处以 20 万元以上 200 万元以下的罚款。

证券投资咨询机构违反《证券法》第一百六十条第二款的规定擅自从事证券服务业务，或者从事证券服务业务有《证券法》第一百六十一条规定行为的，责令改正，没收违法所得，并处以违法所得 1 倍以上 10 倍以下的罚款；没有违法所得或者违法所得不足 50 万元的，处以 50 万元以上 500 万元以下的罚款。对直接负责的主管人员和其他直接责任人员，给予警告，并处以 20 万元以上 200 万元以下的罚款。会计师事务所、律师事务所以及从事资产评估、资信评级、财务顾问、信息技术系统服务的机构违反《证券法》第一百六十条第二款的规定，从事证券服务业务未报备案的，责令改正，可以处 20 万元以下的罚款。证券服务机构违反《证券法》第一百六十三条的规定，未勤勉尽责，所制作、出具的文件有虚假记载、误导性陈述或者重大遗漏的，责令改正，没收业务收入，并处以业务收入 1 倍以上 10 倍以下的罚款，没有业务收入或者业务收入不足 50 万元的，处以 50 万元以上 500 万元以下的罚款；情节严重的，并处暂停或者禁止从事证券服务业务。对直接负责的主管人员和其他直接责任人员给予警告，并处以 20 万元以上 200 万元以下的罚款。

发行人、证券登记结算机构、证券公司、证券服务机构未按照规定保存有关文件和资料的，责令改正，给予警告，并处以 10 万元以上 100 万元以下的罚款；泄露、隐匿、伪造、篡改或者毁损有关文件和资料的，给予警告，并处以 20 万元以上 200 万元以下的罚款；情节严重的，处以 50 万元以上 500 万元以下的罚款，并处暂停、撤销相关业务许可或者禁止从事相关业务。对直接负责的主管人员和其他直接责任人员给予警告，并处以 10 万元以上 100 万元以下的罚款。

国务院证券监督管理机构依法将有关市场主体遵守《证券法》的情况纳入证券市场诚信档案。国务院证券监督管理机构或者国务院授权的部门有下列情形之一的，对直接负责的主管人员和其他直接责任人员，依法给予处分：①对不符合《证券法》规定的发行证券、设立证券公司等申请予以核准、注册、批准的。②违反《证券法》规定采取现场检查、调查取证、查询、冻结或者查封等措施的。③违反《证券法》规定对有关机构和人员采取监督管理措施的。④违反《证券法》规定对有关机构和人员实施行政处罚的。⑤其他不依法履行职责的行为。

国务院证券监督管理机构或者国务院授权的部门的工作人员，不履行《证券法》规定的职责，滥用职权、玩忽职守，利用职务便利牟取不正当利益，或者泄露所知悉的有关单位和个人的商业秘密的，依法追究法律责任。

拒绝、阻碍证券监督管理机构及其工作人员依法行使监督检查、调查职权，由证券监督管理机构责令改正，处以 10 万元以上 100 万元以下的罚款，并由公安机关依法给予治安管理处罚。

违反《证券法》规定，构成犯罪的，依法追究刑事责任。违反《证券法》规定，应当承担民事赔偿责任和缴纳罚款、罚金、违法所得，违法行为人的财产不足以支付的，优先用于承担民事赔偿责任。

违反法律、行政法规或者国务院证券监督管理机构的有关规定，情节严重的，国务院证券监督管理机构可以对有关责任人员采取证券市场禁入的措施。上述所称证券市场禁入，是指在一定期限内直至终身不得从事证券业务、证券服务业务，不得担任证券发行人的董事、监事、高级管理人员，或者一定期限内不得在证券交易所、国务院批准的其他全国性证券交易场所交易证券的制度。

依照《证券法》收缴的罚款和没收的违法所得，全部上缴国库。当事人对证券监督管理机构或者国务院授权的部门的处罚决定不服的，可以依法申请行政复议，或者依法直接向人民法院提起诉讼。

第二章　印花税的税目税率和计税依据

【**本章导读**】　本章讲解印花税的税目税率与计税依据，分为两节：第一节为印花税的税目和税率，包括税目的概念、印花税的税目、税率的概念和类型、印花税的税率；第二节为印花税的计税依据，包括计税依据的概念、印花税计税依据的一般规定、未列明金额时的计税依据、证券交易计税依据的特殊规定。

第一节　印花税的税目和税率

一、税目的概念

税目是税法规定的属于征税范围的具体项目，是征税对象的具体化。税目体现了征税的广度，反映了各税种具体征税对象的种类和范围。

二、印花税的税目

（一）《印花税法》的规定

第四条　印花税的税目、税率，依照本法所附《印花税税目税率表》执行。

《印花税税目税率表》见表2-1，该表自2022年7月1日生效。

表2-1　印花税税目税率表（自2022年7月1日生效）

税目		税率	备注
合同（指书面合同）	借款合同	借款金额的0.05‰	是指银行业金融机构、经国务院银行业监督管理机构批准设立的其他金融机构与借款人（不包括同业拆借）的借款合同
	融资租赁合同	租金的0.05‰	
	买卖合同	价款的0.3‰	是指动产买卖合同（不包括个人书立的动产买卖合同）
	承揽合同	报酬的0.3‰	
	建设工程合同	价款的0.3‰	
	运输合同	运输费用的0.3‰	是指货运合同和多式联运合同（不包括管道运输合同）

（续表）

税目		税率	备注
合同（指书面合同）	技术合同	价款、报酬或者使用费的 0.3‰	不包括专利权、专有技术使用权转让书据
	租赁合同	租金的 1‰	
	保管合同	保管费的 1‰	
	仓储合同	仓储费的 1‰	
	财产保险合同	保险费的 1‰	不包括再保险合同
产权转移书据	土地使用权出让书据	价款的 0.5‰	转让包括买卖（出售）、继承、赠与、互换、分割
	土地使用权、房屋等建筑物和构筑物所有权转让书据（不包括土地承包经营权和土地经营权转移）	价款的 0.5‰	
	商标专用权、著作权、专利权、专有技术使用权转让书据	价款的 0.3‰	
营业账簿		实收资本（股本）、资本公积合计金额的 0.25‰	
证券交易		成交金额的 1‰	

（二）《印花税暂行条例施行细则》的规定

第三条 条例第二条所说的建设工程承包合同，是指建设工程勘察设计合同和建筑安装工程承包合同。

建设工程承包合同包括总包合同、分包合同和转包合同。

第四条 条例第二条所说的合同，是指根据《中华人民共和国经济合同法》《中华人民共和国涉外经济合同法》和其他有关合同法规订立的合同。

具有合同性质的凭证，是指具有合同效力的协议、契约、合约、单据、确认书及其他各种名称的凭证。

第五条 条例第二条所说的产权转移书据，是指单位和个人产权的买卖、继承、赠与、交换、分割等所立的书据。

第六条 条例第二条所说的营业账簿，是指单位或者个人记载生产经营活动的财务会计核算账簿。

第七条 税目税率表中的记载资金的账簿，是指载有固定资产原值和自有流动资金的总分类账簿，或者专门设置的记载固定资产原值和自有流动资金的账簿。

其他账簿，是指除上述账簿以外的账簿，包括日记账簿和各明细分类账簿。

第八条 记载资金的账簿按固定资产原值和自有流动资金总额贴花后，以后年度资金总额比已贴花资金总额增加的，增加部分应按规定贴花。

第九条 税目税率表中自有流动资金的确定，按有关财务会计制度的规定执行。

第十条　印花税只对税目税率表中列举的凭证和经财政部确定征税的其他凭证征税。

| 印花税案例分析 |

1. 案例简介

2021 年 5 月，税务稽查人员对甲公司 2020 年的纳税情况进行了检查。经查阅各类账簿、凭证，税务稽查人员发现甲公司在 2020 年流动资金严重短缺的情况下，号召全体职工向公司集资入股 1 万～5 万元不等，共获得集资款 250 万元，所集资金记入"其他应付款"账户。经认真核对"实收资本"账户和"资本公积"账户，税务稽查人员发现所筹集资金并未申报贴花，应补印花税 1 250 元。

2. 案例分析及税务处理

《印花税暂行条例施行细则》第八条规定，记载资金的账簿按实收资本和资本公积的合计额贴花，以后年度合计金额比已贴花金额有所增加的增加部分应按规定贴花。

企业对记载资金的账簿中新增的资金，偷逃印花税的情况比较严重。一是财务人员对印花税的计算申报从思想上不够重视，对印花税的有关具体规定也不甚了解；二是对实收资本和资本公积包括的内容了解不够，对其他单位投入的资金以及集资入股形式的资金往往有所遗漏，造成实际少申报印花税款。

3. 账务调整

借：管理费用　　　　　　　　　　　　　　　　　　　　　　　　1 250
　　贷：银行存款　　　　　　　　　　　　　　　　　　　　　　　1 250
借：以前年度损益调整　　　　　　　　　　　　　　　　　　　　1 250
　　贷：管理费用　　　　　　　　　　　　　　　　　　　　　　　1 250

（三）财税〔2006〕162 号文件规定的制度

《财政部　国家税务总局关于印花税若干政策的通知》（财税〔2006〕162 号）规定如下：

一、对纳税人以电子形式签订的各类应税凭证按规定征收印花税。

二、对发电厂与电网之间、电网与电网之间（国家电网公司系统、南方电网公司系统内部各级电网互供电量除外）签订的购售电合同按购销合同征收印花税。电网与用户之间签订的供用电合同不属于印花税列举征税的凭证，不征收印花税。

三、对土地使用权出让合同、土地使用权转让合同按产权转移书据征收印花税。

四、对商品房销售合同按照产权转移书据征收印花税。

（四）国税地字〔1988〕25 号文件规定的制度

《国家税务局关于印花税若干具体问题的规定》（国税地字〔1988〕25 号）规定如下：

1. 对由受托方提供原材料的加工、定作合同，如何贴花？

由受托方提供原材料的加工、定作合同，凡在合同中分别记载加工费金额与原材料金额的，应分别按"加工承揽合同""购销合同"计税，两项税额相加数，即为合同应贴印花；合同中不划分加工费金额与原材料金额的，应按全部金额，依照"加工承揽合同"计税贴花。

2. 对商店、门市部的零星加工修理业务开具的修理单，是否贴花？

对商店、门市部的零星加工修理业务开具的修理单，不贴印花。

3. 房地产管理部门与个人订立的租房合同，应否贴印花？

对房地产管理部门与个人订立的租房合同，凡用于生活居住的，暂免贴印花；用于生产经营的，应按规定贴花。

4. 对货物运输单、仓储保管单、财产保险单、银行借据等单据，是否贴花？

对货物运输、仓储保管、财产保险、银行借款等，办理一项业务既书立合同，又开立单据的，只就合同贴花；凡不书立合同，只开立单据，以单据作为合同使用的，应按照规定贴花。

6. 运输部门承运快件行李、包裹开具的托运单据，是否贴花？

对铁路、公路、航运、水路承运快件行李、包裹开具的托运单据，暂免贴印花。

10. 企业租赁承包经营合同，是否贴花？

企业与主管部门等签订的租赁承包经营合同，不属于财产租赁合同，不应贴花。

11. 企业、个人出租门店、柜台等签订的合同，是否贴花？

企业、个人出租门店、柜台等签订的合同，属于财产租赁合同，应按照规定贴花。

12. 什么是副本视同正本使用？

纳税人的已缴纳印花税凭证的正本遗失或者毁损，而以副本替代的，即为副本视同正本使用，应另贴印花。

印花税疑难问题解答

1. 有些技术合同、租赁合同等，在签订时不能计算金额的，如何贴花？

解答：有些合同在签订时无法确定计税金额，如技术转让合同中的转让收入，是按销售收入的一定比例收取或者是按实现利润分成的；财产租赁合同，只是规定了月（天）租金标准而却无租赁期限的。对这类合同，可在签订时先按定额 5 元贴花，以后结算时再按实际金额计税，补贴印花。

2. 不兑现或者不按期兑现的合同，是否贴花？

解答：依照《印花税法》规定，合同签订时即应贴花，履行完税手续。因此，不论合同是否兑现或者能否按期兑现，都一律按照规定贴花。

3. 某些合同履行后，实际结算金额与合同所载金额不一致的，应否补贴印花？

解答：依照《印花税法》规定，纳税人应在合同签订时按合同所载金额计税贴花。因此，对已履行并贴花的合同，发现实际结算金额与合同所载金额不一致的，一般不再补贴印花。

（五）国税发〔1991〕155 号文件的规定

《国家税务局关于印花税若干具体问题的解释和规定的通知》（国税发〔1991〕

155 号）规定如下：

一、对工业、商业、物资、外贸等部门使用的调拨单是否贴花？

目前，工业、商业、物资、外贸等部门经销和调拨商品物资使用的调拨单（或者其他名称的单、卡、书、表等），填开使用的情况比较复杂，既有作为部门内执行计划使用的，也有代替合同使用的。对此，应区分性质和用途确定是否贴花。凡属于明确双方供需关系，据以供货和结算，具有合同性质的凭证，应按规定贴花。各省、自治区、直辖市税务局可根据上述原则，结合实际，对各种调拨单做出具体鉴别和认定。

四、仓储保管业务的应税凭证如何确定？

仓储保管业务的应税凭证为仓储保管合同或者作为合同使用的仓单、栈单（或者称入库单等）。对有些凭证使用不规范，不便计税的，可就其结算单据作为计税贴花的凭证。

五、我国的"其他金融组织"是指哪些单位？

我国的其他金融组织，是指除人民银行、各专业银行以外，由中国人民银行批准设立，领取经营金融业务许可证书的单位。

六、对财政部门的拨款改贷款业务中所签订的合同是否贴花？

财政等部门的拨款改贷款签订的借款合同，凡直接与使用单位签订的，暂不贴花；凡委托金融单位贷款，金融单位与使用单位签订的借款合同应按规定贴花。

七、对办理借款展期业务使用的借款展期合同是否贴花？

对办理借款展期业务使用借款展期合同或者其他凭证，按信贷制度规定，仅载明延期还款事项的，可暂不贴花。

八、何为"银行同业拆借"？在印花税上怎样确定同业拆借合同与非同业拆借合同的界限？

《印花税税目税率表》中所说的"银行同业拆借"，是指按国家信贷制度规定，银行、非银行金融机构之间相互融通短期资金的行为。同业拆借合同不属于列举征税的凭证，不贴印花。

确定同业拆借合同的依据，应以中国人民银行银发〔1990〕62 号《关于印发〈同业拆借管理试行办法〉的通知》为准。凡按照规定的同业拆借期限和利率签订的同业拆借合同，不贴印花；凡不符合规定的，应按借款合同贴花。

十、"产权转移书据"税目中"财产所有权"的转移书据的征税范围如何划定？

"财产所有权"转移书据的征税范围是：经政府管理机关登记注册的动产、不动产的所有权转移所立的书据，以及企业股权转让所立的书据。

｜印花税疑难问题解答｜

1. 对以货换货业务签订的合同应如何计税贴花？

解答：在商品购销活动中，采用以货换货方式进行商品交易签订的合同，是反映既购又销双重经济行为的合同。对此，其计税贴花应按合同所载的购、销合计金额；合同未列明金额的，应按合同所载购、销数量依照国家牌价或者市场价格计算应纳税金额。

2. 出版合同是否贴花？

解答：出版合同不属于印花税列举征税的凭证，不贴印花。

（续）

3. 代理单位与委托单位签订的代理合同，是否属于应税凭证？

解答：在代理业务中，代理单位与委托单位之间签订的委托代理合同，凡仅明确代理事项、权限和责任的，不属于应税凭证，不贴印花。

（六）商标法律制度

根据《中华人民共和国商标法》（以下简称《商标法》）的规定，商标法律制度如下。

1. 总则

国务院工商行政管理部门商标局主管全国商标注册和管理的工作。国务院工商行政管理部门设立商标评审委员会，负责处理商标争议事宜。

经商标局核准注册的商标为注册商标，包括商品商标、服务商标和集体商标、证明商标；商标注册人享有商标专用权，受法律保护。《商标法》所称集体商标，是指以团体、协会或者其他组织名义注册，供该组织成员在商事活动中使用，以表明使用者在该组织中的成员资格的标志。《商标法》所称证明商标，是指由对某种商品或者服务具有监督能力的组织所控制，而由该组织以外的单位或者个人使用于其商品或者服务，用以证明该商品或者服务的原产地、原料、制造方法、质量或者其他特定品质的标志。集体商标、证明商标注册和管理的特殊事项，由国务院工商行政管理部门规定。

自然人、法人或者其他组织在生产经营活动中，对其商品或者服务需要取得商标专用权的，应当向商标局申请商标注册。不以使用为目的的恶意商标注册申请，应当予以驳回。《商标法》有关商品商标的规定，适用于服务商标。

两个以上的自然人、法人或者其他组织可以共同向商标局申请注册同一商标，共同享有和行使该商标专用权。

法律、行政法规规定必须使用注册商标的商品，必须申请商标注册，未经核准注册的，不得在市场销售。

申请注册和使用商标，应当遵循诚实信用原则。商标使用人应当对其使用商标的商品质量负责。各级工商行政管理部门应当通过商标管理，制止欺骗消费者的行为。

任何能够将自然人、法人或者其他组织的商品与他人的商品区别开的标志，包括文字、图形、字母、数字、三维标志、颜色组合和声音等，以及上述要素的组合，均可以作为商标申请注册。

申请注册的商标，应当有显著特征，便于识别，并不得与他人在先取得的合法权利相冲突。商标注册人有权标明"注册商标"或者注册标记。

下列标志不得作为商标使用：①同中华人民共和国的国家名称、国旗、国徽、国歌、军旗、军徽、军歌、勋章等相同或者近似的，以及同中央国家机关的名称、标志、所在地特定地点的名称或者标志性建筑物的名称、图形相同的。②同外国的国家名称、国旗、国徽、军旗等相同或者近似的，但经该国政府同意的除外。③同政府间国际组织的名称、旗帜、徽记等相同或者近似的，但经该组织同意或者不易误导公众的除外。④与表明实施控制、予以保证的官方标志、检验印记相同或者近似的，但经授权的除外。⑤同"红十字""红新月"的名称、标志相同或者近似的。⑥带有民族歧视性的。⑦带有欺骗性，容易使公众对商品的质量等特点或者产地产生误认的。⑧有害于社会主义道德风尚或者有其他不良影响的。县级以上行政区划的地名或者公众知晓的外国地名，不得作为商标。但是，地名具有其他含义或者作为集体商标、证明商标组成部分的除外；已经注册的使用地名的商标继续有效。

下列标志不得作为商标注册：①仅有本商品的通用名称、图形、型号的。②仅直接表示商品的质量、主要原料、功能、用途、重量、数量及其他特点的。③其他缺乏显著特征的。上述所列标志经过使用取得显著特征，并便于识别的，可以作为商标注册。

以三维标志申请注册商标的，仅由商品自身的性质产生的形状、为获得技术效果而需有的商品形状或者使商品具有实质性价值的形状，不得注册。

为相关公众所熟知的商标，持有人认为其权利受到侵害时，可以依照《商标法》规定请求驰名商标保护。就相同或者类似商品申请注册的商标是复制、模仿或者翻译他人未在中国注册的驰名商标，容易导致混淆的，不予注册并禁止使用。就不相同或者不相类似商品申请注册的商标是复制、模仿或者翻译他人已经在中国注册的驰名商标，误导公众，致使该驰名商标注册人的利益可能受到损害的，不予注册并禁止使用。

驰名商标应当根据当事人的请求，作为处理涉及商标案件需要认定的事实进行认定。认定驰名商标应当考虑下列因素：①相关公众对该商标的知晓程度。②该商标使用的持续时间。③该商标的任何宣传工作的持续时间、程度和地理范围。④该商标作为驰名商标受保护的记录。⑤该商标驰名的其他因素。在商标注册审查、工商行政管理部门查处商标违法案件过程中，当事人依照《商标法》第十三条规定主张权利的，商标局根据审查、处理案件的需要，可以对商标驰名情况作出认定。

在商标争议处理过程中，当事人依照《商标法》第十三条规定主张权利的，商标评审委员会根据处理案件的需要，可以对商标驰名情况作出认定。在商标民事、行政案件审理过程中，当事人依照《商标法》第十三条规定主张权利的，最高人民法院指定的人民法院根据审理案件的需要，可以对商标驰名情况作出认定。生产、经营者不得将"驰名商标"字样用于商品、商品包装或者容器上，或者用于广告宣传、展览以及其他商业活动中。

未经授权，代理人或者代表人以自己的名义将被代理人或者被代表人的商标进行注册，被代理人或者被代表人提出异议的，不予注册并禁止使用。就同一种商品或者类似商品申请注册的商标与他人在先使用的未注册商标相同或者近似，申请人与该他人具有前款规定以外的合同、业务往来关系或者其他关系而明知该他人商标存在，该他人提出异议的，不予注册。

商标中有商品的地理标志，而该商品并非来源于该标志所标示的地区，误导公众的，不予注册并禁止使用；但是，已经善意取得注册的继续有效。上述所称地理标志，是指标示某商品来源于某地区，该商品的特定质量、信誉或者其他特征，主要由该地区的自然因素或者人文因素所决定的标志。

外国人或者外国企业在中国申请商标注册的，应当按其所属国和中华人民共和国签订的协议或者共同参加的国际条约办理，或者按对等原则办理。

申请商标注册或者办理其他商标事宜，可以自行办理，也可以委托依法设立的商标代理机构办理。外国人或者外国企业在中国申请商标注册和办理其他商标事宜的，应当委托依法设立的商标代理机构办理。

商标代理机构应当遵循诚实信用原则，遵守法律、行政法规，按照被代理人的委托办理商标注册申请或者其他商标事宜；对在代理过程中知悉的被代理人的商业秘密，负有保密义务。委托人申请注册的商标可能存在《商标法》规定不得注册情形的，商标代理机构应当明确告知委托人。商标代理机构知道或者应当知道委托人申请注册的商标属于《商标法》第四条、第十五条和第三十二条规定情形的，不得接受其委托。商标代理机构除了对其代理服务申请商标注册，不得申请注册其他商标。

商标代理行业组织应当按照章程规定，严格执行吸纳会员的条件，对违反行业自律规范的会员实行惩戒。商标代理行业组织对其吸纳的会员和对会员的惩戒情况，应当及时向社会公布。

商标国际注册遵循中华人民共和国缔结或者参加的有关国际条约确立的制度，具体办法由国务院规定。

2. 商标注册的申请

商标注册申请人应当按规定的商品分类表填报使用商标的商品类别和商品名称，提出注册申请。商标注册申请人可以通过一份申请就多个类别的商品申请注册同一商标。商标注册申请等有关文件，可以以书面方式或者数据电文方式提出。注册商标需要在核定使用范围之外的商品上取得商标专用权的，应当另行提出注册申请。

注册商标需要改变其标志的，应当重新提出注册申请。商标注册申请人自其商标在外国第一次提出商标注册申请之日起 6 个月内，又在中国就相同商品以同一商标提出商标注册申请的，依照该外国同中国签订的协议或者共同参加的国际条约，或者按照相互承认优先权的原则，可以享有优先权；依照上述要求优先权的，应当在提出商标注册申请的时候提出书面声明，并且在 3 个月内提交第一次提出的商标注册申请文件的副本；未提出书面声明或者逾期未提交商标注册申请文件副本的，视为未要求优先权。

商标在中国政府主办的或者承认的国际展览会展出的商品上首次使用的，自该商品展出之日起 6 个月内，该商标的注册申请人可以享有优先权；依照上述要求优先权的，应当在提出商标注册申请的时候提出书面声明，并且在 3 个月内提交展出其商品的展览会名称、在展出商品上使用该商标的证据、展出日期等证明文件；未提出书面声明或者逾期未提交证明文件的，视为未要求优先权。为申请商标注册所申报的事项和所提供的材料应当真实、准确、完整。

3. 商标注册的审查和核准

对申请注册的商标，商标局应当自收到商标注册申请文件之日起 9 个月内审查完毕，符合《商标法》有关规定的，予以初步审定公告。

在审查过程中，商标局认为商标注册申请内容需要说明或者修正的，可以要求申请人做出说明或者修正。申请人未做出说明或者修正的，不影响商标局做出审查决定。

申请注册的商标，凡不符合《商标法》有关规定或者同他人在同一种商品或者类似商品上已经注册的或者初步审定的商标相同或者近似的，由商标局驳回申请，不予公告。

两个或者两个以上的商标注册申请人，在同一种商品或者类似商品上，以相同或者近似的商标申请注册的，初步审定并公告申请在先的商标；同一天申请的，初步审定并公告使用在先的商标，驳回其他人的申请，不予公告。

申请商标注册不得损害他人现有的在先权利，也不得以不正当手段抢先注册他人已经使用并有一定影响的商标。

对初步审定公告的商标，自公告之日起 3 个月内，在先权利人、利害关系人认为违反《商标法》第十三条第二款和第三款、第十五条、第十六条第一款、第三十条、第三十一条、第三十二条规定的，或者任何人认为违反《商标法》第四条、第十条、

第十一条、第十二条、第十九条第四款规定的，可以向商标局提出异议。公告期满无异议的，予以核准注册，发给商标注册证，并予公告。

对驳回申请、不予公告的商标，商标局应当书面通知商标注册申请人。商标注册申请人不服的，可以自收到通知之日起 15 日内向商标评审委员会申请复审。商标评审委员会应当自收到申请之日起 9 个月内做出决定，并书面通知申请人。有特殊情况需要延长的，经国务院工商行政管理部门批准，可以延长 3 个月。当事人对商标评审委员会的决定不服的，可以自收到通知之日起 30 日内向人民法院起诉。

对初步审定公告的商标提出异议的，商标局应当听取异议人和被异议人陈述事实和理由，经调查核实后，自公告期满之日起 12 个月内做出是否准予注册的决定，并书面通知异议人和被异议人。有特殊情况需要延长的，经国务院工商行政管理部门批准，可以延长 6 个月。商标局做出准予注册决定的，发给商标注册证，并予公告。异议人不服的，可以依照《商标法》第四十四条、第四十五条的规定向商标评审委员会请求宣告该注册商标无效。商标局做出不予注册决定，被异议人不服的，可以自收到通知之日起 15 日内向商标评审委员会申请复审。商标评审委员会应当自收到申请之日起 12 个月内做出复审决定，并书面通知异议人和被异议人。有特殊情况需要延长的，经国务院工商行政管理部门批准，可以延长 6 个月。被异议人对商标评审委员会的决定不服的，可以自收到通知之日起 30 日内向人民法院起诉。人民法院应当通知异议人作为第三人参加诉讼。商标评审委员会在依照前款规定进行复审的过程中，所涉及的在先权利的确定必须以人民法院正在审理或者行政机关正在处理的另一案件的结果为依据的，可以中止审查。中止原因消除后，应当恢复审查程序。

法定期限届满，当事人对商标局做出的驳回申请决定、不予注册决定不申请复审或者对商标评审委员会做出的复审决定不向人民法院起诉的，驳回申请决定、不予注册决定或者复审决定生效。经审查异议不成立而准予注册的商标，商标注册申请人取得商标专用权的时间自初步审定公告 3 个月期满之日起计算。自该商标公告期满之日起至准予注册决定做出前，对他人在同一种或者类似商品上使用与该商标相同或者近似的标志的行为不具有追溯力；但是，因该使用人的恶意给商标注册人造成的损失，应当给予赔偿。

对商标注册申请和商标复审申请应当及时进行审查。商标注册申请人或者注册人发现商标申请文件或者注册文件有明显错误的，可以申请更正。商标局依法在其职权范围内作出更正，并通知当事人。上述所称更正错误不涉及商标申请文件或者注册文件的实质性内容。

4. 注册商标的续展、变更、转让和使用许可

注册商标的有效期为 10 年，自核准注册之日起计算。注册商标有效期满，需要继续使用的，商标注册人应当在期满前 12 个月内按照规定办理续展手续；在此期间未能办理的，可以给予 6 个月的宽展期。每次续展注册的有效期为 10 年，自该商标上一届有效期满次日起计算。期满未办理续展手续的，注销其注册商标。商标局应当对续展注册的商标予以公告。

注册商标需要变更注册人的名义、地址或者其他注册事项的，应当提出变更申请。转让注册商标的，转让人和受让人应当签订转让协议，并共同向商标局提出申请。受让人应当保证使用该注册商标的商品质量。转让注册商标的，商标注册人对其在同一种商品上注册的近似的商标，或者在类似商品上注册的相同或者近似的商标，应当一并转让。对容易导致混淆或者有其他不良影响的转让，商标局不予核准，书面通知申

请人并说明理由。转让注册商标经核准后，予以公告。受让人自公告之日起享有商标专用权。

商标注册人可以通过签订商标使用许可合同，许可他人使用其注册商标。许可人应当监督被许可人使用其注册商标的商品质量。被许可人应当保证使用该注册商标的商品质量。经许可使用他人注册商标的，必须在使用该注册商标的商品上标明被许可人的名称和商品产地。许可他人使用其注册商标的，许可人应当将其商标使用许可报商标局备案，由商标局公告。商标使用许可未经备案不得对抗善意第三人。

5. 注册商标的无效宣告

已经注册的商标，违反《商标法》第四条、第十条、第十一条、第十二条、第十九条第四款规定的，或者是以欺骗手段或者其他不正当手段取得注册的，由商标局宣告该注册商标无效；其他单位或者个人可以请求商标评审委员会宣告该注册商标无效。

商标局做出宣告注册商标无效的决定，应当书面通知当事人。当事人对商标局的决定不服的，可以自收到通知之日起 15 日内向商标评审委员会申请复审。商标评审委员会应当自收到申请之日起 9 个月内做出决定，并书面通知当事人。有特殊情况需要延长的，经国务院工商行政管理部门批准，可以延长 3 个月。当事人对商标评审委员会的决定不服的，可以自收到通知之日起 30 日内向人民法院起诉。

其他单位或者个人请求商标评审委员会宣告注册商标无效的，商标评审委员会收到申请后，应当书面通知有关当事人，并限期提出答辩。商标评审委员会应当自收到申请之日起 9 个月内做出维持注册商标或者宣告注册商标无效的裁定，并书面通知当事人。有特殊情况需要延长的，经国务院工商行政管理部门批准，可以延长 3 个月。当事人对商标评审委员会的裁定不服的，可以自收到通知之日起 30 日内向人民法院起诉。人民法院应当通知商标裁定程序的对方当事人作为第三人参加诉讼。

已经注册的商标，违反《商标法》第十三条第二款和第三款、第十五条、第十六条第一款、第三十条、第三十一条、第三十二条规定的，自商标注册之日起 5 年内，在先权利人或者利害关系人可以请求商标评审委员会宣告该注册商标无效。对恶意注册的，驰名商标所有人不受 5 年的时间限制。

商标评审委员会收到宣告注册商标无效的申请后，应当书面通知有关当事人，并限期提出答辩。商标评审委员会应当自收到申请之日起 12 个月内做出维持注册商标或者宣告注册商标无效的裁定，并书面通知当事人。有特殊情况需要延长的，经国务院工商行政管理部门批准，可以延长 6 个月。当事人对商标评审委员会的裁定不服的，可以自收到通知之日起 30 日内向人民法院起诉。人民法院应当通知商标裁定程序的对方当事人作为第三人参加诉讼。

商标评审委员会在依照上述规定对无效宣告请求进行审查的过程中，所涉及的在先权利的确定必须以人民法院正在审理或者行政机关正在处理的另一案件的结果为依据的，可以中止审查。中止原因消除后，应当恢复审查程序。

法定期限届满，当事人对商标局宣告注册商标无效的决定不申请复审或者对商标评审委员会的复审决定、维持注册商标或者宣告注册商标无效的裁定不向人民法院起诉的，商标局的决定或者商标评审委员会的复审决定、裁定生效。

依照《商标法》第四十四条、第四十五条的规定宣告无效的注册商标，由商标局予以公告，该注册商标专用权视为自始即不存在。宣告注册商标无效的决定或者裁定，对宣告无效前人民法院做出并已执行的商标侵权案件的判决、裁定、调解书和工商行政管理部门做出并已执行的商标侵权案件的处理决定以及已经履行的商标转让或者使用许可合同不具有追溯力。但是，因商标注册人的恶意给他人造成的损失，应当给予赔偿。依照上述规定不返还商标侵权赔偿金、商标转让费、商标使用费，明显违反公平原则的，应当全部或者部分返还。

6. 商标使用的管理

《商标法》所称商标的使用，是指将商标用于商品、商品包装或者容器以及商品交易文书上，或者将商标用于广告宣传、展览以及其他商业活动中，用于识别商品来源的行为。

商标注册人在使用注册商标的过程中，自行改变注册商标、注册人名义、地址或者其他注册事项的，由地方工商行政管理部门责令限期改正；期满不改正的，由商标局撤销其注册商标。注册商标成为其核定使用的商品的通用名称或者没有正当理由连续 3 年不使用的，任何单位或者个人可以向商标局申请撤销该注册商标。商标局应当自收到申请之日起 9 个月内做出决定。有特殊情况需要延长的，经国务院工商行政管理部门批准，可以延长 3 个月。

注册商标被撤销、被宣告无效或者期满不再续展的，自撤销、宣告无效或者注销之日起 1 年内，商标局对与该商标相同或者近似的商标注册申请，不予核准。

违反《商标法》第六条规定的，由地方工商行政管理部门责令限期申请注册，违法经营额 5 万元以上的，可以处违法经营额 20% 以下的罚款，没有违法经营额或者违法经营额不足 5 万元的，可以处 1 万元以下的罚款。

将未注册商标冒充注册商标使用的，或者使用未注册商标违反《商标法》第十条规定的，由地方工商行政管理部门予以制止，限期改正，并可以予以通报，违法经营额 5 万元以上的，可以处违法经营额 20% 以下的罚款，没有违法经营额或者违法经营额不足 5 万元的，可以处 1 万元以下的罚款。

违反《商标法》第十四条第五款规定的，由地方工商行政管理部门责令改正，处 10 万元罚款。

对商标局撤销或者不予撤销注册商标的决定，当事人不服的，可以自收到通知之日起 15 日内向商标评审委员会申请复审。商标评审委员会应当自收到申请之日起 9 个月内做出决定，并书面通知当事人。有特殊情况需要延长的，经国务院工商行政管理部门批准，可以延长 3 个月。当事人对商标评审委员会的决定不服的，可以自收到通知之日起 30 日内向人民法院起诉。

法定期限届满，当事人对商标局做出的撤销注册商标的决定不申请复审或者对商标评审委员会做出的复审决定不向人民法院起诉的，撤销注册商标的决定、复审决定生效。被撤销的注册商标，由商标局予以公告，该注册商标专用权自公告之日起终止。

7. 注册商标专用权的保护

注册商标的专用权，以核准注册的商标和核定使用的商品为限。有下列行为之一的，均属侵犯注册商标专用权：①未经商标注册人的许可，在同一种商品上使用与其注册商标相同的商标的。②未经商标注册人的许可，在同一种商品上使用与其注册商标近似的商标，或者在类似商品上使用与其注册商标相同或者近似的商标，容易导致混淆的。③销售侵犯注册商标专用权的商品的。④伪造、擅自制造他人注册商标标识或者销售伪造、擅自制造的注册商标标识的。⑤未经商标注册人同意，更换其注册商标并将该更换商标的商品又投入市场的。⑥故意为侵犯他人商标专用权行为提供便利条件，帮助他人实施侵犯商标专用权行为的。⑦给他人的注册商标专用权造成其他损害的。

将他人注册商标、未注册的驰名商标作为企业名称中的字号使用，误导公众，构成不正当竞争行为的，依照《中华人民共和国反不正当竞争法》处理。

注册商标中含有的本商品的通用名称、图形、型号，或者直接表示商品的质量、主要原料、功能、用途、重量、数量及其他特点，或者含有的地名，注册商标专用权人无权禁止他人正当使用。三维标志注册商标中含有的商品自身的性质产生的形状、为获得技术效果而需有的商品形状或者使商品具有实质性价值的形状，注册商标专用权人无权禁止他人正当使用。商标注册人申请商标注册前，他人已经在同一种商品或者类似商品上先于商标注册人使用与注册商标相同或者近似并有一定影响的商标的，注册商标专用权人无权禁止该使用人在原使用范围内继续使用该商标，但可以要求其附加适当区别标识。

有《商标法》第五十七条所列侵犯注册商标专用权行为之一，引起纠纷的，由当事人协商解决；不愿协商或者协商不成的，商标注册人或者利害关系人可以向人民法院起诉，也可以请求工商行政管理部门处理。

工商行政管理部门处理时，认定侵权行为成立的，责令立即停止侵权行为，没收、销毁侵权商品和主要用于制造侵权商品、伪造注册商标标识的工具，违法经营额5万元以上的，可以处违法经营额5倍以下的罚款，没有违法经营额或者违法经营额不足5万元的，可以处25万元以下的罚款。对5年内实施2次以上商标侵权行为或者有其他严重情节的，应当从重处罚。销售不知道是侵犯注册商标专用权的商品，能证明该商品是自己合法取得并说明提供者的，由工商行政管理部门责令停止销售。

对侵犯商标专用权的赔偿数额的争议，当事人可以请求进行处理的工商行政管理部门调解，也可以依照《中华人民共和国民事诉讼法》（以下简称《民事诉讼法》）向人民法院起诉。经工商行政管理部门调解，当事人未达成协议或者调解书生效后不履行的，当事人可以依照《民事诉讼法》向人民法院起诉。

对侵犯注册商标专用权的行为，工商行政管理部门有权依法查处；涉嫌犯罪的，应当及时移送司法机关依法处理。

县级以上工商行政管理部门根据已经取得的违法嫌疑证据或者举报，对涉嫌侵犯他人注册商标专用权的行为进行查处时，可以行使下列职权：①询问有关当事人，调查与侵犯他人注册商标专用权有关的情况。②查阅、复制当事人与侵权活动有关的合同、发票、账簿以及其他有关资料。③对当事人涉嫌从事侵犯他人注册商标专用权活动的场所实施现场检查。④检查与侵权活动有关的物品；对有证据证明是侵犯他人注册商标专用权的物品，可以查封或者扣押。工商行政管理部门依法行使前款规定的职权时，当事人应当予以协助、配合，不得拒绝、阻挠。在查处商标侵权案件过程中，对商标权属存在争议或者权利人同时向人民法院提起商标侵权诉讼的，工商行政管理部门可以中止案件的查处。中止原因消除后，应当恢复或者终结案件查处程序。

侵犯商标专用权的赔偿数额，按照权利人因被侵权所受到的实际损失确定；实际损失难以确定的，可以按照侵权人因侵权所获得的利益确定；权利人的损失或者侵权人获得的利益难以确定的，参照该商标许可使用费的倍数合理确定。对恶意侵犯商标专用权，情节严重的，可以在按照上述方法确定数额的1倍以上5倍以下确定赔偿数额。赔偿数额应当包括权利人为制止侵权行为所支付的合理开支。人民法院为确定赔偿数额，在权利人已经尽力举证，而与侵权行为相关的账簿、资料主要由侵权人掌握的情况下，可以责令侵权人提供与侵权行为相关的账簿、资料；侵权人不提供或者提供虚假的账簿、资料的，人民法院可以参考权利人的主张和提供的证据判定赔偿数额。权利人因被侵权所受到的实际损失、侵权人因侵权所获得的利益、注册商标许可使用费难以确定的，由人民法院根据侵权行为的情节判决给予500万元以下的赔偿。人民法院审理商标纠纷案件，应权利人请求，对属于假冒注册商标的商品，除了特殊情况，责令销毁；对主要用于制造假冒注册商标的商品的材料、工具，责令销毁，且不予补偿；或者在特殊情况下，责令禁止前述材料、工具进入商业渠道，且不予补偿。假冒注册商标的商品不得在仅去除假冒注册商标后进入商业渠道。

注册商标专用权人请求赔偿，被控侵权人以注册商标专用权人未使用注册商标提出抗辩的，人民法院可以要求注册商标专用权人提供此前3年内实际使用该注册商标的证据。注册商标专用权人不能证明此前3年内实际使用过该注册商标，也不能证明因侵权行为受到其他损失的，被控侵权人不承担赔偿责任。销售不知道是侵犯注册商标专用权的商品，能证明该商品是自己合法取得并说明提供者的，不承担赔偿责任。

商标注册人或者利害关系人有证据证明他人正在实施或者即将实施侵犯其注册商标专用权的行为，如不及时制止将会使其合法权益受到难以弥补的损害的，可以依法在起诉前向人民法院申请采取责令停止有关行为和财产保全的措施。

为制止侵权行为，在证据可能灭失或者以后难以取得的情况下，商标注册人或者利害关系人可以依法在起诉前向人民法院申请保全证据。

未经商标注册人许可，在同一种商品上使用与其注册商标相同的商标，构成犯罪的，除了赔偿被侵权人的损失，依法追究刑事责任。伪造、擅自制造他人注册商标标识或者销售伪造、擅自制造的注册商标标识，构成犯罪的，除了赔偿被侵权人的损失，依法追究刑事责任。销售明知是假冒注册商标的商品，构成犯罪的，除了赔偿被侵权人的损失，依法追究刑事责任。

商标代理机构有下列行为之一的，由工商行政管理部门责令限期改正，给予警告，处1万元以上10万元以下的罚款；对直接负责的主管人员和其他直接责任人员给予警告，处5 000元以上5万元以下的罚款；构成犯罪的，依法追究刑事责任：①办理商标事宜过程中，伪造、变造或者使用伪造、变造的法律文件、印章、签名的。②以诋毁其他商标代理机构等手段招徕商标代理业务或者以其他不正当手段扰乱商标代理市场秩序的。③违反《商标法》第四条、第十九条第三款和第四款规定的。商标代理机构有前款规定行为的，由工商行政管理部门记入信用档案；情节严重的，商标局、商标评审委员会并可以决定停止受理其办理商标代理业务，予以公告。商标代理机构违反诚实信用原则，侵害委托人合法利益的，应当依法承担民事责任，并由商标代理行业组织按照章程规定予以惩戒。对恶意申请商标注册的，根据情节给予警告、罚款等行政处罚；对恶意提起商标诉讼的，由人民法院依法给予处罚。

从事商标注册、管理和复审工作的国家机关工作人员必须秉公执法，廉洁自律，忠于职守，文明服务。商标局、商标评审委员会以及从事商标注册、管理和复审工作的国家机关工作人员不得从事商标代理业务和商品生产经营活动。

工商行政管理部门应当建立健全内部监督制度，对负责商标注册、管理和复审工作的国家机关工作人员执行法律、行政法规和遵守纪律的情况，进行监督检查。

从事商标注册、管理和复审工作的国家机关工作人员玩忽职守、滥用职权、徇私舞弊，违法办理商标注册、管理和复审事项，收受当事人财物，牟取不正当利益，构成犯罪的，依法追究刑事责任；尚不构成犯罪的，依法给予处分。

（七）著作权法律制度

根据《中华人民共和国著作权法》（以下简称《著作权法》）的规定，著作权法律制度如下。

1.总则

中国公民、法人或者非法人组织的作品，不论是否发表，依照《著作权法》享有著作权。外国人、无国籍人的作品根据其作者所属国或者经常居住地国同中国签订的协议或者共同参加的国际条约享有的著作权，受《著作权法》保护。外国人、无国籍人的作品首先在中国境内出版的，依照《著作权法》享有著作权。未与中国签订协议或者共同参加国际条约的国家的作者以及无国籍人的作品首次在中国参加的国际条约的成员国出版的，或者在成员国和非成员国同时出版的，受《著作权法》保护。

《著作权法》所称的作品，是指文学、艺术和科学领域内具有独创性并能以一定形式表现的智力成果。其具体包括：①文字作品。②口述作品。③音乐、戏剧、曲艺、舞蹈、杂技艺术作品。④美术、建筑作品。⑤摄影作品。⑥视听作品。⑦工程设计图、产品设计图、地图、示意图等图形作品和模型作品。⑧计算机软件。⑨符合作品特征的其他智力成果。

著作权人和与著作权有关的权利人行使权利，不得违反宪法和法律，不得损害公共利益。国家对作品的出版、传播依法进行监督管理。

《著作权法》不适用于：①法律、法规，国家机关的决议、决定、命令和其他具有立法、行政、司法性质的文件，及其官方正式译文。②单纯事实消息。③泥历法、通用数表、通用表格和公式。民间文学艺术作品的著作权保护办法由国务院另行规定。

国家著作权主管部门负责全国的著作权管理工作；县级以上地方主管著作权的部门负责本行政区域的著作权管理工作。

著作权人和与著作权有关的权利人可以授权著作权集体管理组织行使著作权或者与著作权有关的权利。依法设立的著作权集体管理组织是非营利法人，被授权后可以以自己的名义为著作权人和与著作权有关的权利人主张权利，并可以作为当事人进行涉及著作权或者与著作权有关的权利的诉讼、仲裁、调解活动。著作权集体管理组织根据授权向使用者收取使用费。使用费的收取标准由著作权集体管理组织和使用者代表协商确定，协商不成的，可以向国家著作权主管部门申请裁决，对裁决不服的，可以向人民法院提起诉讼；当事人也可以直接向人民法院提起诉讼。著作权集体管理组织应当将使用费的收取和转付、管理费的提取和使用、使用费的未分配部分等总体情况定期向社会公布，并应当建立权利信息查询系统，供权利人和使用者查询。国家著作权主管部门应当依法对著作权集体管理组织进行监督、管理。著作权集体管理组织的设立方式、权利义务、使用费的收取和分配，以及对其监督和管理等由国务院另行规定。

2.著作权人及其权利

著作权人包括：①作者。②其他依照《著作权法》享有著作权的自然人、法人或者非法人组织。

著作权包括下列人身权和财产权：①发表权，即决定作品是否公之于众的权利。②署名权，即表明作者身份，在作品上署名的权利。③修改权，即修改或者授权他人修改作品的权利。④保护作品完整权，即保护作品不受歪曲、篡改的权利。⑤复制权，即以印刷、复印、拓印、录音、录像、翻录、翻拍、数字化等方式将作品制作一份或者多份的权利。⑥发行权，即以出售或者赠与方式向公众提供作品的原件或者复制件的权利。⑦出租权，即有偿许可他人临时使用视听作品、计算机软件的原件或者复制件的权利，计算机软件不是出租的主要标的的除外。⑧展览权，即公开陈列美术作品、摄影作品的原件或者复制件的权利。⑨表演权，即公开表演作品，以及用各种手段公开播送作品的表演的权利。⑩放映权，即通过放映机、幻灯机等技术设备公开再现美术、摄影、视听作品等的权利。⑪广播权，即以有线或者无线方式公开传播或者转播作品，以及通过扩音器或者其他传送符号、声音、图像的类似工具向公众传播广播的作品的权利，但不包括上述第12项规定的权利。⑫信息网络传播权，即以有线或者无线方式向公众提供，使公众可以在其选定的时间和地点获得作品的权利。⑬摄制权，即以摄制视听作品的方法将作品固定在载体上的权利。⑭改编权，即改变作品，创作出具有独创性的新作品的权利。⑮翻译权，即将作品从一种语言文字转换成另一种语言文字的权利。⑯汇编权，即将作品或者作品的片段通过选择或者编排，汇集成新作品的权利。⑰应当由著作权人享有的其他权利。著作权人可以许可他人行使上述第⑤项至第⑰项规定的权利，并依照约定或者《著作权法》有关规定获得报酬。著作权人可以全部或者部分转让上述第⑤项至第⑰项规定的权利，并依照约定或者《著作权法》有关规定获得报酬。

3. 著作权归属

著作权属于作者，《著作权法》另有规定的除外。创作作品的自然人是作者。由法人或者非法人组织主持，代表法人或者非法人组织意志创作，并由法人或者非法人组织承担责任的作品，法人或者非法人组织视为作者。

在作品上署名的自然人、法人或者非法人组织为作者，且该作品上存在相应权利，但有相反证明的除外。作者等著作权人可以向国家著作权主管部门认定的登记机构办理作品登记。与著作权有关的权利参照适用上述规定。

改编、翻译、注释、整理已有作品而产生的作品，其著作权由改编、翻译、注释、整理人享有，但行使著作权时不得侵犯原作品的著作权。

两人以上合作创作的作品，著作权由合作作者共同享有。没有参加创作的人，不能成为合作作者。合作作品的著作权由合作作者通过协商一致行使；不能协商一致，又无正当理由的，任何一方不得阻止他方行使除转让、许可他人专有使用、出质以外的其他权利，但是所得收益应当合理分配给所有合作作者。合作作品可以分割使用的，作者对各自创作的部分可以单独享有著作权，但行使著作权时不得侵犯合作作品整体的著作权。

汇编若干作品、作品的片段或者不构成作品的数据或者其他材料，对其内容的选择或者编排体现独创性的作品，为汇编作品，其著作权由汇编人享有，但行使著作权时，不得侵犯原作品的著作权。

使用改编、翻译、注释、整理、汇编已有作品而产生的作品进行出版、演出和制作录音录像制品，应当取得该作品的著作权人和原作品的著作权人许可，并支付报酬。

视听作品中的电影作品、电视剧作品的著作权由制作者享有，但编剧、导演、摄影、作词、作曲等作者享有署名权，并有权按照与制作者签订的合同获得报酬。上述规定以外的视听作品的著作权归属由当事人约定；没有约定或者约定不明确的，由制作者享有，但作者享有署名权和获得报酬的权利。视听作品中的剧本、音乐等可以单独使用的作品的作者有权单独行使其著作权。

自然人为完成法人或者非法人组织工作任务所创作的作品是职务作品，除了另有规定，著作权由作者享有，但法人或者非法人组织有权在其业务范围内优先使用。作品完成2年内，未经单位同意，作者不得许可第三人以与单位使用的相同方式使用该作品。有下列情形之一的职务作品，作者享有署名权，著作权的其他权利由法人或者非法人组织享有，法人或者非法人组织可以给予作者奖励：①主要是利用法人或者非法人组织的物质技术条件创作，并由法人或者非法人组织承担责任的工程设计图、产品设计图、地图、示意图、计算机软件等职务作品。②报社、期刊社、通信社、广播电台、电视台的工作人员创作的职务作品。③法律、行政法规规定或者合同约定著作权由法人或者非法人组织享有的职务作品。

受委托创作的作品，著作权的归属由委托人和受托人通过合同约定。合同未作明确约定或者没有订立合同的，著作权属于受托人。作品原件所有权的转移，不改变作品著作权的归属，但美术、摄影作品原件的展览权由原件所有人享有。作者将未发表的美术、摄影作品的原件所有权转让给他人，受让人展览该原件不构成对作者发表权的侵犯。

著作权属于自然人的，自然人死亡后，其《著作权法》第十条第一款第五项至第十七项规定的权利在本法规定的保护期内，依法转移。著作权属于法人或者非法人组织的，法人或者非法人组织变更、终止后，其《著作权法》第十条第一款第五项至第十七项规定的权利在本法规定的保护期内，由承受其权利义务的法人或者非法人组织享有；没有承受其权利义务的法人或者非法人组织的，由国家享有。

4. 权利的保护期

作者的署名权、修改权、保护作品完整权的保护期不受限制。自然人的作品，其发表权、《著作权法》第十条第一款第五项至第十七项规定的权利的保护期为作者终生及其死亡后50年，截止于作者死亡后第50年的12月31日；如果是合作作品，截止于最后死亡的作者死亡后第50年的12月31日。

法人或者非法人组织的作品、著作权（署名权除外）由法人或者非法人组织享有的职务作品，其发表权的保护期为50年，截止于作品创作完成后第50年的12月31日；《著作权法》第十条第一款第五项至第十七项规定的权利的保护期为50年，截止于作品首次发表后第50年的12月31日，但作品自创作完成后50年内未发表的，《著作权法》不再保护。

视听作品，其发表权的保护期为50年，截止于作品创作完成后第50年的12月31日；《著作权法》第十条第一款第五项至第十七项规定的权利的保护期为50年，截止于作品首次发表后第50年的12月31日，但作品自创作完成后50年内未发表的，《著作权法》不再保护。

5. 权利的限制

在下列情况下使用作品，可以不经著作权人许可，不向其支付报酬，但应当指明作者姓名或者名称、作品名称，并且不得影响该作品的正常使用，也不得不合理地损害著作权人的合法权益：①为个人学习、研究或者欣赏，使用他人已经发表的作品。②为介绍、评论某一作品或者说明某一问题，在作品中适当引用他人已经发表的作品。③为报道新闻，在报纸、期刊、广播电台、电视台等媒体中不可避免地再现或者引用已经发表的作品。④报纸、期刊、广播电台、电视台等媒体刊登或者播放其他报纸、期刊、广播电台、电视台等媒体已经发表的关于政治、经济、宗教问题的时事性文章，但著作权人声明不许刊登、播放的除外。⑤报纸、期刊、广播电台、电视台等媒体刊登或者播放在公众集会上发表的讲话，但作者声明不许刊登、播放的除外。⑥为学校课堂教学或者科学研究，翻译、改编、汇编、播放或者少量复制已经发表的作品，供教学或者科研人员使用，但不得出版发行。⑦国家机关为执行公务在合理范围内使用已经发表的作品。⑧图书馆、档案馆、纪念馆、博物馆、美术馆、文化馆等为陈列或者保存版本的需要，复制本馆收藏的作品。⑨免费表演已经发表的作品，该表演未向公众收取费用，也未向表演者支付报酬，且不以营利为目的。⑩对设置或者陈列在公共场所的艺术作品进行临摹、绘画、摄影、录像。⑪将中国公民、法人或者非法人组织已经发表的以国家通用语言文字创作的作品翻译成少数民族语言文字作品在国内出版发行。⑫以阅读障碍者能够感知的无障碍方式向其提供已经发表的作品。⑬法律、行政法规规定的其他情形。上述规定适用于对与著作权有关的权利的限制。

为实施义务教育和国家教育规划而编写出版教科书，可以不经著作权人许可，在教科书中汇编已经发表的作品片段或者短小的文字作品、音乐作品或者单幅的美术作品、摄影作品、图形作品，但应当按照规定向著作权人支付报酬，指明作者姓名或者名称、作品名称，并且不得侵犯著作权人依照《著作权法》享有的其他权利。上述规定适用于对与著作权有关的权利的限制。

6. 著作权许可使用和转让合同

使用他人作品应当同著作权人订立许可使用合同，《著作权法》规定可以不经许可的除外。许可使用合同包括下列主要内容：①许可使用的权利种类。②许可使用的权利是专有使用权或者非专有使用权。③许可使用的地域范围、期间。④付酬标准和办法。⑤违约责任。⑥双方认为需要约定的其他内容。

转让《著作权法》第十条第一款第五项至第十七项规定的权利，应当订立书面合同。权利转让合同包括下列主要内容：①作品的名称。②转让的权利种类、地域范围。③转让价金。④交付转让价金的日期和方式。⑤违约责任。⑥双方认为需要约定的其他内容。

以著作权中的财产权出质的，由出质人和质权人依法办理出质登记。许可使用合同和转让合同中著作权人未明确许可、转让的权利，未经著作权人同意，另一方当事人不得行使。

使用作品的付酬标准可以由当事人约定，也可以按照国家著作权主管部门会同有关部门制定的付酬标准支付报酬。当事人约定不明确的，按照国家著作权主管部门会同有关部门制定的付酬标准支付报酬。

出版者、表演者、录音录像制作者、广播电台、电视台等依照《著作权法》有关规定使用他人作品的，不得侵犯作者的署名权、修改权、保护作品完整权和获得报酬的权利。

7. 图书、报刊的出版

图书出版者出版图书应当和著作权人订立出版合同，并支付报酬。图书出版者对著作权人交付出版的作品，按照合同约定享有的专有出版权受法律保护，他人不得出版该作品。

著作权人应当按照合同约定期限交付作品。图书出版者应当按照合同约定的出版质量、期限出版图书。图书出版者不按照合同约定期限出版，应当依照《著作权法》第六十一条的规定承担民事责任。图书出版者重印、再版作品的，应当通知著作权人，并支付报酬。图书脱销后，图书出版者拒绝重印、再版的，著作权人有权终止合同。

著作权人向报社、期刊社投稿的，自稿件发出之日起 15 日内未收到报社通知决定刊登的，或者自稿件发出之日起 30 日内未收到期刊社通知决定刊登的，可以将同一作品向其他报社、期刊社投稿。双方另有约定的除外。作品刊登后，除了著作权人声明不得转载、摘编的，其他报刊可以转载或者作为文摘、资料刊登，但应当按照规定向著作权人支付报酬。

图书出版者经作者许可，可以对作品修改、删节。报社、期刊社可以对作品作文字性修改、删节。对内容的修改，应当经作者许可。

出版者有权许可或者禁止他人使用其出版的图书、期刊的版式设计。上述规定的权利的保护期为 10 年，截止于使用该版式设计的图书、期刊首次出版后第 10 年的 12 月 31 日。

8. 表演

使用他人作品演出，表演者应当取得著作权人许可，并支付报酬。演出组织者组织演出，由该组织者取得著作权人许可，并支付报酬。

表演者对其表演享有下列权利：①表明表演者身份。②保护表演形象不受歪曲。③许可他人从现场直播和公开传送其现场表演，并获得报酬。④许可他人录音录像，并获得报酬。⑤许可他人复制、发行、出租录有其表演的录音录像制品，并获得报酬。⑥许可他人通过信息网络向公众传播其表演，并获得报酬。被许可人以上述第③项至第⑥项规定的方式使用作品，还应当取得著作权人许可，并支付报酬。

演员为完成本演出单位的演出任务进行的表演为职务表演，演员享有表明身份和保护表演形象不受歪曲的权利，其他权利归属由当事人约定。当事人没有约定或者约定不明确的，职务表演的权利由演出单位享有。职务表演的权利由演员享有的，演出单位可以在其业务范围内免费使用该表演。

《著作权法》第三十九条第一款第一项、第二项规定的权利的保护期不受限制。《著作权法》第三十九条第一款第三项至第六项规定的权利的保护期为 50 年，截止于该表演发生后第 50 年的 12 月 31 日。

9. 录音录像

录音录像制作者使用他人作品制作录音录像制品，应当取得著作权人许可，并支付报酬。录音制作者使用他人已经合法录制为录音制品的音乐作品制作录音制品，可以不经著作权人许可，但应当按照规定支付报酬；著作权人声明不许使用的不得使用。录音录像制作者制作录音录像制品，应当同表演者订立合同，并支付报酬。

录音录像制作者对其制作的录音录像制品，享有许可他人复制、发行、出租、通过信息网络向公众传播并获得报酬的权利；权利的保护期为 50 年，截止于该制品首次制作完成后第 50 年的 12 月 31 日。被许可人复制、发行、通过信息网络向公众传播录音录像制品，应当同时取得著作权人、表演者许可，并支付报酬；被许可人出租录音录像制品，还应当取得表演者许可，并支付报酬。

将录音制品用于有线或者无线公开传播，或者通过传送声音的技术设备向公众公开播送的，应当向录音制作者支付报酬。

10. 广播电台、电视台播放

广播电台、电视台播放他人未发表的作品，应当取得著作权人许可，并支付报酬。广播电台、电视台播放他人已发表的作品，可以不经著作权人许可，但应当按照规定支付报酬。

广播电台、电视台有权禁止未经其许可的下列行为：①将其播放的广播、电视以有线或者无线方式转播。②将其播放的广播、电视录制以及复制。③将其播放的广播、电视通过信息网络向公众传播。广播电台、电视台行使前款规定的权利，不得影响、限制或者侵害他人行使著作权或者与著作权有关的权利。上述规定的权利的保护期为50年，截止于该广播、电视首次播放后第50年的12月31日。

电视台播放他人的视听作品、录像制品，应当取得视听作品著作权人或者录像制作者许可，并支付报酬；播放他人的录像制品，还应当取得著作权人许可，并支付报酬。

11. 著作权和与著作权有关的权利的保护

为保护著作权和与著作权有关的权利，权利人可以采取技术措施。未经权利人许可，任何组织或者个人不得故意避开或者破坏技术措施，不得以避开或者破坏技术措施为目的制造、进口或者向公众提供有关装置或者部件，不得故意为他人避开或者破坏技术措施提供技术服务。但是，法律、行政法规规定可以避开的情形除外。《著作权法》所称的技术措施，是指用于防止、限制未经权利人许可浏览、欣赏作品、表演、录音录像制品或者通过信息网络向公众提供作品、表演、录音录像制品的有效技术、装置或者部件。

下列情形可以避开技术措施，但不得向他人提供避开技术措施的技术、装置或者部件，不得侵犯权利人依法享有的其他权利：①为学校课堂教学或者科学研究，提供少量已经发表的作品，供教学或者科研人员使用，而该作品无法通过正常途径获取。②不以营利为目的，以阅读障碍者能够感知的无障碍方式向其提供已经发表的作品，而该作品无法通过正常途径获取。③国家机关依照行政、监察、司法程序执行公务。④对计算机及其系统或者网络的安全性能进行测试。⑤进行加密研究或者计算机软件反向工程研究。上述规定适用于对与著作权有关的权利的限制。

未经权利人许可，不得进行下列行为：①故意删除或者改变作品、版式设计、表演、录音录像制品或者广播、电视上的权利管理信息，但由于技术上的原因无法避免的除外。②知道或者应当知道作品、版式设计、表演、录音录像制品或者广播、电视上的权利管理信息未经许可被删除或者改变，仍然向公众提供。

有下列侵权行为的，应当根据情况，承担停止侵害、消除影响、赔礼道歉、赔偿损失等民事责任：①未经著作权人许可，发表其作品的。②未经合作作者许可，将与他人合作创作的作品当作自己单独创作的作品发表的。③没有参加创作，为谋取个人名利，在他人作品上署名的。④歪曲、篡改他人作品的。⑤剽窃他人作品的。⑥未经著作权人许可，以展览、摄制视听作品的方法使用作品，或者以改编、翻译、注释等方式使用作品的，《著作权法》另有规定的除外。⑦使用他人作品，应当支付报酬而未支付的。⑧未经视听作品、计算机软件、录音录像制品的著作权人、表演者或者录音录像制作者许可，出租其作品或者录音录像制品的原件或者复制件的，《著作权法》另有规定的除外。⑨未经出版者许可，使用其出版的图书、期刊的版式设计的。⑩未经表演者许可，从现场直播或者公开传送其现场表演，或者录制其表演的。⑪ 其他侵犯著作权以及与著作权有关的权利的行为。

有下列侵权行为的，应当根据情况，承担《著作权法》第五十二条规定的民事责任；侵权行为同时损害公共利益的，由主管著作权的部门责令停止侵权行为，予以警告，没收违法所得，没收、无害化销毁处理侵权复制品以及主要用于制作侵权复制品的材料、工具、设备等，违法经营额5万元以上的，可以并处违法经营额1倍以上5倍以下的罚款；没有违法经营额、违法经营额难以计算或者不足5万元的，可以并处25万元以下的罚款；构成犯罪的，依法追究刑事责任：①未经著作权人许可，复制、发行、表演、放映、广播、汇编、通过信息网络向公众传播其作品的，《著作权法》

另有规定的除外。②出版他人享有专有出版权的图书的。③未经表演者许可，复制、发行录有其表演的录音录像制品，或者通过信息网络向公众传播其表演的，《著作权法》另有规定的除外。④未经录音录像制作者许可，复制、发行、通过信息网络向公众传播其制作的录音录像制品的，《著作权法》另有规定的除外。⑤未经许可，播放、复制或者通过信息网络向公众传播广播、电视的，《著作权法》另有规定的除外。⑥未经著作权人或者与著作权有关的权利人许可，故意避开或者破坏技术措施的，故意制造、进口或者向他人提供主要用于避开、破坏技术措施的装置或者部件的，或者故意为他人避开或者破坏技术措施提供技术服务的，法律、行政法规另有规定的除外。⑦未经著作权人或者与著作权有关的权利人许可，故意删除或者改变作品、版式设计、表演、录音录像制品或者广播、电视上的权利管理信息的，知道或者应当知道作品、版式设计、表演、录音录像制品或者广播、电视上的权利管理信息未经许可被删除或者改变，仍然向公众提供的，法律、行政法规另有规定的除外。⑧制作、出售假冒他人署名的作品的。

侵犯著作权或者与著作权有关的权利的，侵权人应当按照权利人因此受到的实际损失或者侵权人的违法所得给予赔偿；权利人的实际损失或者侵权人的违法所得难以计算的，可以参照该权利使用费给予赔偿。对故意侵犯著作权或者与著作权有关的权利，情节严重的，可以在按照上述方法确定数额的 1 倍以上 5 倍以下给予赔偿。权利人的实际损失、侵权人的违法所得、权利使用费难以计算的，由人民法院根据侵权行为的情节，判决给予 500 元以上 500 万元以下的赔偿。赔偿数额还应当包括权利人为制止侵权行为所支付的合理开支。人民法院为确定赔偿数额，在权利人已经尽了必要举证责任，而与侵权行为相关的账簿、资料等主要由侵权人掌握的，可以责令侵权人提供与侵权行为相关的账簿、资料等；侵权人不提供，或者提供虚假的账簿、资料等的，人民法院可以参考权利人的主张和提供的证据确定赔偿数额。人民法院审理著作权纠纷案件，应权利人请求，对侵权复制品，除了特殊情况，责令销毁；对主要用于制造侵权复制品的材料、工具、设备等，责令销毁，且不予补偿；或者在特殊情况下，责令禁止前述材料、工具、设备等进入商业渠道，且不予补偿。

主管著作权的部门对涉嫌侵犯著作权和与著作权有关的权利的行为进行查处时，可以询问有关当事人，调查与涉嫌违法行为有关的情况；对当事人涉嫌违法行为的场所和物品实施现场检查；查阅、复制与涉嫌违法行为有关的合同、发票、账簿以及其他有关资料；对于涉嫌违法行为的场所和物品，可以查封或者扣押。主管著作权的部门依法行使前款规定的职权时，当事人应当予以协助、配合，不得拒绝、阻挠。

著作权人或者与著作权有关的权利人有证据证明他人正在实施或者即将实施侵犯其权利、妨碍其实现权利的行为，如不及时制止将会使其合法权益受到难以弥补的损害的，可以在起诉前依法向人民法院申请采取财产保全、责令作出一定行为或者禁止作出一定行为等措施。

为制止侵权行为，在证据可能灭失或者以后难以取得的情况下，著作权人或者与著作权有关的权利人可以在起诉前依法向人民法院申请保全证据。

人民法院审理案件，对于侵犯著作权或者与著作权有关的权利的，可以没收违法所得、侵权复制品以及进行违法活动的财物。

复制品的出版者、制作者不能证明其出版、制作有合法授权的，复制品的发行者或者视听作品、计算机软件、录音录像制品的复制品的出租者不能证明其发行、出租的复制品有合法来源的，应当承担法律责任。在诉讼程序中，被诉侵权人主张其不承担侵权责任的，应当提供证据证明已经取得权利人的许可，或者具有本法规定的不经权利人许可而可以使用的情形。

著作权纠纷可以调解，也可以根据当事人达成的书面仲裁协议或者著作权合同中的仲裁条款，向仲裁机构申请仲裁。当事人没有书面仲裁协议，也没有在著作权合同中订立仲裁条款的，可以直接向人民法院起诉。

当事人因不履行合同义务或者履行合同义务不符合约定而承担民事责任，以及当事人行使诉讼权利、申请保全等，适用有关法律的规定。

（八）专利法律制度

根据《中华人民共和国专利法》（以下简称《专利法》）的规定，专利法律制度如下。

1. 总则

《专利法》所称的发明创造是指发明、实用新型和外观设计。其中，发明是指对产品、方法或者其改进所提出的新的技术方案；实用新型是指对产品的形状、构造或者其结合所提出的适于实用的新的技术方案；外观设计是指对产品的整体或者局部的形状、图案或者其结合以及色彩与形状、图案的结合所作出的富有美感并适于工业应用的新设计。

国务院专利行政部门负责管理全国的专利工作；统一受理和审查专利申请，依法授予专利权。省、自治区、直辖市人民政府管理专利工作的部门负责本行政区域内的专利管理工作。

申请专利的发明创造涉及国家安全或者重大利益需要保密的，按照国家有关规定办理。对违反法律、社会公德或者妨害公共利益的发明创造，不授予专利权。对违反法律、行政法规的规定获取或者利用遗传资源，并依赖该遗传资源完成的发明创造，不授予专利权。

执行本单位的任务或者主要是利用本单位的物质技术条件所完成的发明创造为职务发明创造。职务发明创造，申请专利的权利属于该单位，申请被批准后，该单位为专利权人。该单位可以依法处置其职务发明创造申请专利的权利和专利权，促进相关发明创造的实施和运用。非职务发明创造，申请专利的权利属于发明人或者设计人；申请被批准后，该发明人或者设计人为专利权人。利用本单位的物质技术条件所完成的发明创造，单位与发明人或者设计人订有合同，对申请专利的权利和专利权的归属作出约定的，从其约定。对发明人或者设计人的非职务发明创造专利申请，任何单位或者个人不得压制。

两个以上单位或者个人合作完成的发明创造、一个单位或者个人接受其他单位或者个人委托所完成的发明创造，除了另有协议的，申请专利的权利属于完成或者共同完成的单位或者个人；申请被批准后，申请的单位或者个人为专利权人。

同样的发明创造只能授予一项专利权。但是，同一申请人同日对同样的发明创造既申请实用新型专利又申请发明专利，先获得的实用新型专利权尚未终止，且申请人声明放弃该实用新型专利权的，可以授予发明专利权。两个以上的申请人分别就同样的发明创造申请专利的，专利权授予最先申请的人。

专利申请权和专利权可以转让。中国单位或者个人向外国人、外国企业或者外国其他组织转让专利申请权或者专利权的，应当依照有关法律、行政法规的规定办理手续。转让专利申请权或者专利权的，当事人应当订立书面合同，并向国务院专利行政部门登记，由国务院专利行政部门予以公告。专利申请权或者专利权的转让自登记之日起生效。

发明和实用新型专利权被授予后，除了《专利法》另有规定的，任何单位或者个人未经专利权人许可，都不得实施其专利，即不得为生产经营目的制造、使用、许诺销售、销售、进口其专利产品，或者使用其专利方法以及使用、许诺销售、销售、进口依照该专利方法直接获得的产品。外观设计专利权被授予后，任何单位或者个人未经专利权人许可，都不得实施其专利，即不得为生产经营目的制造、许诺销售、销售、进口其外观设计专利产品。

任何单位或者个人实施他人专利的，应当与专利权人订立实施许可合同，向专利权人支付专利使用费。被许可人无权允许合同规定以外的任何单位或者个人实施该专利。

发明专利申请公布后，申请人可以要求实施其发明的单位或者个人支付适当的费用。

专利申请权或者专利权的共有人对权利的行使有约定的，从其约定。没有约定的，共有人可以单独实施或者以普通许可方式许可他人实施该专利；许可他人实施该专利的，收取的使用费应当在共有人之间分配。除了上述规定的情形，行使共有的专利申请权或者专利权应当取得全体共有人的同意。

被授予专利权的单位应当对职务发明创造的发明人或者设计人给予奖励；发明创造专利实施后，根据其推广应用的范围和取得的经济效益，对发明人或者设计人给予合理的报酬。国家鼓励被授予专利权的单位实行产权激励，采取股权、期权、分红等方式，使发明人或者设计人合理分享创新收益。

发明人或者设计人有权在专利文件中写明自己是发明人或者设计人。专利权人有权在其专利产品或者该产品的包装上标明专利标识。

在中国没有经常居所或者营业所的外国人、外国企业或者外国其他组织在中国申请专利的，依照其所属国同中国签订的协议或者共同参加的国际条约，或者依照互惠原则，根据《专利法》办理。

在中国没有经常居所或者营业所的外国人、外国企业或者外国其他组织在中国申请专利和办理其他专利事务的，应当委托依法设立的专利代理机构办理。中国单位或者个人在国内申请专利和办理其他专利事务的，可以委托依法设立的专利代理机构办理。专利代理机构应当遵守法律、行政法规，按照被代理人的委托办理专利申请或者其他专利事务；对被代理人发明创造的内容，除专利申请已经公布或者公告的以外，负有保密责任。专利代理机构的具体管理办法由国务院规定。

任何单位或者个人将在中国完成的发明或者实用新型向外国申请专利的，应当事先报经国务院专利行政部门进行保密审查。保密审查的程序、期限等按照国务院的规定执行。中国单位或者个人可以根据中华人民共和国参加的有关国际条约提出专利国际申请。申请人提出专利国际申请的，应当遵守前述规定。国务院专利行政部门依照中华人民共和国参加的有关国际条约、《专利法》和国务院有关规定处理专利国际申请。对违反上述规定向外国申请专利的发明或者实用新型，在中国申请专利的，不授予专利权。

申请专利和行使专利权应当遵循诚实信用原则。不得滥用专利权损害公共利益或者他人合法权益。滥用专利权，排除或者限制竞争，构成垄断行为的，依照《中华人民共和国反垄断法》处理。

国务院专利行政部门应当按照客观、公正、准确、及时的要求，依法处理有关专利的申请和请求。国务院专利行政部门应当加强专利信息公共服务体系建设，完整、准确、及时发布专利信息，提供专利基础数据，定期出版专利公报，促进专利信息传播与利用。在专利申请公布或者公告前，国务院专利行政部门的工作人员及有关人员对其内容负有保密责任。

2. 授予专利权的条件

授予专利权的发明和实用新型，应当具备新颖性、创造性和实用性。其中，新颖性是指该发明或者实用新型不属于现有技术也没有任何单位或者个人就同样的发明或者实用新型在申请日以前向国务院专利行政部门提出过申请，并记载在申请日以后公布的专利申请文件或者公告的专利文件中；创造性是指与现有技术相比，该发明具有突出的实质性特点和显著的进步，该实用新型具有实质性特点和进步；实用性是指该发明或者实用新型能够制造或者使用，并且能够产生积极效果。《专利法》所称现有技术，是指申请日以前在国内外为公众所知的技术。

授予专利权的外观设计，应当不属于现有设计；也没有任何单位或者个人就同样的外观设计在申请日以前向国务院专利行政部门提出过申请，并记载在申请日以后公告的专利文件中。授予专利权的外观设计与现有设计或者现有设计特征的组合相比，应当具有明显区别。授予专利权的外观设计不得与他人在申请日以前已经取得的合法权利相冲突。《专利法》所称现有设计，是指申请日以前在国内外为公众所知的设计。

申请专利的发明创造在申请日以前6个月内，有下列情形之一的，不丧失新颖性：①在国家出现紧急状态或者非常情况时，为公共利益目的首次公开的。②在中国政府主办或者承认的国际展览会上首次展出的。③在规定的学术会议或者技术会议上首次发表的。④他人未经申请人同意而泄露其内容的。

对下列各项，不授予专利权：①科学发现。②智力活动的规则和方法。③疾病的诊断和治疗方法。④动物和植物品种。⑤原子核变换方法以及用原子核变换方法获得的物质。⑥对平面印刷品的图案、色彩或者两者的结合作出的主要起标识作用的设计。对上述第④项所列产品的生产方法，可以依照《专利法》规定授予专利权。

3. 专利的申请

申请发明或者实用新型专利的，应当提交请求书、说明书及其摘要和权利要求书等文件。请求书应当写明发明或者实用新型的名称，发明人的姓名，申请人姓名或者名称、地址，以及其他事项。说明书应当对发明或者实用新型作出清楚、完整的说明，以所属技术领域的技术人员能够实现为准；必要的时候，应当有附图。摘要应当简要说明发明或者实用新型的技术要点。权利要求书应当以说明书为依据，清楚、简要地限定要求专利保护的范围。依赖遗传资源完成的发明创造，申请人应当在专利申请文件中说明该遗传资源的直接来源和原始来源；申请人无法说明原始来源的，应当陈述理由。

申请外观设计专利的，应当提交请求书、该外观设计的图片或者照片以及对该外观设计的简要说明等文件。申请人提交的有关图片或者照片应当清楚地显示要求专利保护的产品的外观设计。

国务院专利行政部门收到专利申请文件之日为申请日。如果申请文件是邮寄的，以寄出的邮戳日为申请日。

申请人自发明或者实用新型在外国第一次提出专利申请之日起12个月内，或者自外观设计在外国第一次提出专利申请之日起6个月内，又在中国就相同主题提出专利申请的，依照该外国同中国签订的协议或者共同参加的国际条约，或者依照相互承认优先权的原则，可以享有优先权。申请人自发明或者实用新型在中国第一次提出专利申请之日起12个月内，或者自外观设计在中国第一次提出专利申请之日起6个月内，又向国务院专利行政部门就相同主题提出专利申请的，可以享有优先权。

申请人要求发明、实用新型专利优先权的，应当在申请的时候提出书面声明，并且在第一次提出申请之日起 16 个月内，提交第一次提出的专利申请文件的副本。申请人要求外观设计专利优先权的，应当在申请的时候提出书面声明，并且在 3 个月内提交第一次提出的专利申请文件的副本。申请人未提出书面声明或者逾期未提交专利申请文件副本的，视为未要求优先权。

一件发明或者实用新型专利申请应当限于一项发明或者实用新型。属于一个总的发明构思的两项以上的发明或者实用新型，可以作为一件申请提出。一件外观设计专利申请应当限于一项外观设计。同一产品两项以上的相似外观设计，或者用于同一类别并且成套出售或者使用的产品的两项以上外观设计，可以作为一件申请提出。

申请人可以在被授予专利权之前随时撤回其专利申请。申请人可以对其专利申请文件进行修改，但是，对发明和实用新型专利申请文件的修改不得超出原说明书和权利要求书记载的范围，对外观设计专利申请文件的修改不得超出原图片或者照片表示的范围。

4.专利申请的审查和批准

国务院专利行政部门收到发明专利申请后，经初步审查认为符合《专利法》要求的，自申请日起满 18 个月，即行公布。国务院专利行政部门可以根据申请人的请求早日公布其申请。

发明专利申请自申请日起 3 年内，国务院专利行政部门可以根据申请人随时提出的请求，对其申请进行实质审查；申请人无正当理由逾期不请求实质审查的，该申请即被视为撤回。国务院专利行政部门认为必要的时候，可以自行对发明专利申请进行实质审查。

发明专利的申请人请求实质审查的时候，应当提交在申请日前与其发明有关的参考资料。发明专利已经在外国提出过申请的，国务院专利行政部门可以要求申请人在指定期限内提交该国为审查其申请进行检索的资料或者审查结果的资料；无正当理由逾期不提交的，该申请即被视为撤回。

国务院专利行政部门对发明专利申请进行实质审查后，认为不符合《专利法》规定的，应当通知申请人，要求其在指定的期限内陈述意见，或者对其申请进行修改；无正当理由逾期不答复的，该申请即被视为撤回。

发明专利申请经申请人陈述意见或者进行修改后，国务院专利行政部门仍然认为不符合《专利法》规定的，应当予以驳回。

发明专利申请经实质审查没有发现驳回理由的，由国务院专利行政部门作出授予发明专利权的决定，发给发明专利证书，同时予以登记和公告。发明专利权自公告之日起生效。

实用新型和外观设计专利申请经初步审查没有发现驳回理由的，由国务院专利行政部门作出授予实用新型专利权或者外观设计专利权的决定，发给相应的专利证书，同时予以登记和公告。实用新型专利权和外观设计专利权自公告之日起生效。

专利申请人对国务院专利行政部门驳回申请的决定不服的，可以自收到通知之日起 3 个月内向国务院专利行政部门请求复审。国务院专利行政部门复审后，作出决定，并通知专利申请人。专利申请人对国务院专利行政部门的复审决定不服的，可以自收到通知之日起 3 个月内向人民法院起诉。

5.专利权的期限、终止和无效

发明专利权的期限为 20 年，实用新型专利权的期限为 10 年，外观设计专利权的期限为 15 年，均自申请日起计算。自发明专利申请日起满 4 年，且自实质审查请求之日起满 3 年后授予发明专利权的，国务院专利行政部门应专利权人的请求，就发明专利在授权过程中的不合理延迟给予专利权期限补偿，但由申请人引起的不合理延迟除外。为补偿新药上市审评审批占用的时间，对在中国获得上市许可的新药相关发明专利，国务院专利行政部门应专利权人的请求给予专利权期限补偿。补偿期限不超过 5 年，新药批准上市后总有效专利权期限不超过 14 年。专利权人应当自被授予专利权的当年开始缴纳年费。

有下列情形之一的，专利权在期限届满前终止：①没有按照规定缴纳年费的。②专利权人以书面声明放弃其专利权的。专利权在期限届满前终止的，由国务院专利行政部门登记和公告。

自国务院专利行政部门公告授予专利权之日起，任何单位或者个人认为该专利权的授予不符合《专利法》有关规定的，可以请求国务院专利行政部门宣告该专利权无效。

国务院专利行政部门对宣告专利权无效的请求应当及时审查和作出决定，并通知请求人和专利权人。宣告专利权无效的决定，由国务院专利行政部门登记和公告。对国务院专利行政部门宣告专利权无效或者维持专利权的决定不服的，可以自收到通知之日起 3 个月内向人民法院起诉。人民法院应当通知无效宣告请求程序的对方当事人作为第三人参加诉讼。

宣告无效的专利权视为自始即不存在。宣告专利权无效的决定，对在宣告专利权无效前人民法院作出并已执行的专利侵权的判决、调解书，已经履行或者强制执行的专利侵权纠纷处理决定，以及已经履行的专利实施许可合同和专利权转让合同，不具有追溯力。但是因专利权人的恶意给他人造成的损失，应当给予赔偿。依照上述规定不返还专利侵权赔偿金、专利使用费、专利权转让费，明显违反公平原则的，应当全部或者部分返还。

6.专利实施的特别许可

国务院专利行政部门、地方人民政府管理专利工作的部门应当会同同级相关部门采取措施，加强专利公共服务，促进专利实施和运用。

国有企业事业单位的发明专利，对国家利益或者公共利益具有重大意义的，国务院有关主管部门和省、自治区、直辖市人民政府报经国务院批准，可以决定在批准的范围内推广应用，允许指定的单位实施，由实施单位按照国家规定向专利权人支付使用费。

专利权人自愿以书面方式向国务院专利行政部门声明愿意许可任何单位或者个人实施其专利，并明确许可使用费支付方式、标准的，由国务院专利行政部门予以公告，实行开放许可。就实用新型、外观设计专利提出开放许可声明的，应当提供专利权评价报告。专利权人撤回开放许可声明的，应当以书面方式提出，并由国务院专利行政部门予以公告。开放许可声明被公告撤回的，不影响在先给予的开放许可的效力。

任何单位或者个人有意愿实施开放许可的专利的，以书面方式通知专利权人，并依照公告的许可使用费支付方式、标准支付许可使用费后，即获得专利实施许可。开放许可实施期间，对专利权人缴纳专利年费相应给予减免。实行开放许可的专利权人可以与被许可人就许可使用费进行协商后给予普通许可，但不得就该专利给予独占或者排他许可。

当事人就实施开放许可发生纠纷的，由当事人协商解决；不愿协商或者协商不成的，可以请求国务院专利行政部门进行调解，也可以向人民法院起诉。

有下列情形之一的，国务院专利行政部门根据具备实施条件的单位或者个人的申请，可以给予实施发明专利或者实用新型专利的强制许可：①专利权人自专利权被授予之日起满3年，且自提出专利申请之日起满4年，无正当理由未实施或者未充分实施其专利的。②专利权人行使专利权的行为被依法认定为垄断行为，为消除或者减少该行为对竞争产生的不利影响的。

在国家出现紧急状态或者非常情况时，或者为了公共利益的目的，国务院专利行政部门可以给予实施发明专利或者实用新型专利的强制许可。

为了公共健康目的，对取得专利权的药品，国务院专利行政部门可以给予制造并将其出口到符合中华人民共和国参加的有关国际条约规定的国家或者地区的强制许可。

一项取得专利权的发明或者实用新型比前已经取得专利权的发明或者实用新型具有显著经济意义的重大技术进步，其实施又有赖于前一发明或者实用新型的实施的，国务院专利行政部门根据后一专利权人的申请，可以给予实施前一发明或者实用新型的强制许可。在依照上述规定给予实施强制许可的情形下，国务院专利行政部门根据前一专利权人的申请，也可以给予实施后一发明或者实用新型的强制许可。

强制许可涉及的发明创造为半导体技术的，其实施限于公共利益的目的和《专利法》第五十三条第（二）项规定的情形。

除了依照《专利法》第五十三条第（二）项、第五十五条规定给予的强制许可，强制许可的实施应当主要为了供应国内市场。

依照《专利法》第五十三条第（一）项、第五十六条规定申请强制许可的单位或者个人应当提供证据，证明其以合理的条件请求专利权人许可其实施专利，但未能在合理的时间内获得许可。

国务院专利行政部门作出的给予实施强制许可的决定，应当及时通知专利权人，并予以登记和公告。给予实施强制许可的决定，应当根据强制许可的理由规定实施的范围和时间。强制许可的理由消除并不再发生时，国务院专利行政部门应当根据专利权人的请求，经审查后作出终止实施强制许可的决定。

取得实施强制许可的单位或者个人不享有独占的实施权，并且无权允许他人实施。取得实施强制许可的单位或者个人应当付给专利权人合理的使用费，或者依照中华人民共和国参加的有关国际条约的规定处理使用费问题。付给使用费的，其数额由双方协商；双方不能达成协议的，由国务院专利行政部门裁决。

专利权人对国务院专利行政部门关于实施强制许可的决定不服的，专利权人和取得实施强制许可的单位或者个人对国务院专利行政部门关于实施强制许可的使用费的裁决不服的，可以自收到通知之日起3个月内向人民法院起诉。

7. 专利权的保护

发明或者实用新型专利权的保护范围以其权利要求的内容为准，说明书及附图可以用于解释权利要求的内容。外观设计专利权的保护范围以表示在图片或者照片中的该产品的外观设计为准，简要说明可以用于解释图片或者照片所表示的该产品的外观设计。

未经专利权人许可，实施其专利，即侵犯其专利权，引起纠纷的，由当事人协商解决；不愿协商或者协商不成的，专利权人或者利害关系人可以向人民法院起诉，也可以请求管理专利工作的部门处理。管理专利工作的部门处理时，认定侵权行为成立的，可以责令侵权人立即停止侵权行为，当事人不服的，可以自收到处理通知之日起15日内依照《中华人民共和国行政诉讼法》向人民法院起诉；侵权人期满不起诉又不停止侵权行为的，管理专利工作的部门可以申请人民法院强制执行。进行处理的管理专利工作的部门应当事人的请求，可以就侵犯专利权的赔偿数额进行调解；调解不成的，当事人可以依照《民事诉讼法》向人民法院起诉。

专利侵权纠纷涉及新产品制造方法的发明专利的，制造同样产品的单位或者个人应当提供其产品制造方法不同于专利方法的证明。专利侵权纠纷涉及实用新型专利或者外观设计专利的，人民法院或者管理专利工作的部门可以要求专利权人或者利害关系人出具由国务院专利行政部门对相关实用新型或者外观设计进行检索、分析和评价后作出的专利权评价报告，作为审理、处理专利侵权纠纷的证据；专利权人、利害关系人或者被控侵权人也可以主动出具专利权评价报告。

在专利侵权纠纷中，被控侵权人有证据证明其实施的技术或者设计属于现有技术或者现有设计的，不构成侵犯专利权。

假冒专利的，除了依法承担民事责任，由负责专利执法的部门责令改正并予公告，没收违法所得，可以处违法所得5倍以下的罚款；没有违法所得或者违法所得在5万元以下的，可以处25万元以下的罚款；构成犯罪的，依法追究刑事责任。

负责专利执法的部门根据已经取得的证据，对涉嫌假冒专利行为进行查处时，有权采取下列措施：①询问有关当事人，调查与涉嫌违法行为有关的情况。②对当事人涉嫌违法行为的场所实施现场检查。③查阅、复制与涉嫌违法行为有关的合同、发票、账簿以及其他有关资料。④检查与涉嫌违法行为有关的产品。⑤对有证据证明是假冒专利的产品，可以查封或者扣押。管理专利工作的部门应专利权人或者利害关系人的请求处理专利侵权纠纷时，可以采取上述第①项、第②项、第④项所列措施。负责专利执法的部门、管理专利工作的部门依法行使上述规定的职权时，当事人应当予以协助、配合，不得拒绝、阻挠。

国务院专利行政部门可以应专利权人或者利害关系人的请求处理在全国有重大影响的专利侵权纠纷。地方人民政府管理专利工作的部门应专利权人或者利害关系人请求处理专利侵权纠纷，对在本行政区域内侵犯其同一专利权的案件可以合并处理；对跨区域侵犯其同一专利权的案件可以请求上级地方人民政府管理专利工作的部门处理。

侵犯专利权的赔偿数额按照权利人因被侵权所受到的实际损失或者侵权人因侵权所获得的利益确定；权利人的损失或者侵权人获得的利益难以确定的，参照该专利许可使用费的倍数合理确定。对故意侵犯专利权，情节严重的，可以在按照上述方法确定数额的1倍以上5倍以下确定赔偿数额。权利人的损失、侵权人获得的利益和专利许可使用费均难以确定的，人民法院可以根据专利权的类型、侵权行为的性质和情节等因素，确定给予3万元以上500万元以下的赔偿。赔偿数额还应当包括权利人为制止侵权行为所支付的合理开支。人民法院为确定赔偿数额，在权利人已经尽力举证，而与侵权行为相关的账簿、资料主要由侵权人掌握的情况下，可以责令侵权人提供与侵权行为相关的账簿、资料；侵权人不提供或者提供虚假的账簿、资料的，人民法院可以参考权利人的主张和提供的证据判定赔偿数额。

专利权人或者利害关系人有证据证明他人正在实施或者即将实施侵犯专利权、妨碍其实现权利的行为，如不及时制止将会使其合法权益受到难以弥补的损害的，可以在起诉前依法向人民法院申请采取财产保全、责令作出一定行为或者禁止作出一定行为的措施。

为了制止专利侵权行为，在证据可能灭失或者以后难以取得的情况下，专利权人或者利害关系人可以在起诉前依法向人民法院申请保全证据。

侵犯专利权的诉讼时效为3年，自专利权人或者利害关系人知道或者应当知道侵权行为以及侵权人之日起计算。发明专利申请公布后至专利权授予前使用该发明未支付适当使用费的，专利权人要求支付使用费的诉讼时效为3年，自专利权人知道或者应当知道他人使用其发明之日起计算，但是，专利权人于专利权授予之日前即已知道或者应当知道的，自专利权授予之日起计算。

有下列情形之一的，不视为侵犯专利权：①专利产品或者依照专利方法直接获得的产品，由专利权人或者经其许可的单位、个人售出后，使用、许诺销售、销售、进口该产品的。②在专利申请日前已经制造相同产品、使用相同方法或者已经做好制造、使用的必要准备，并且仅在原有范围内继续制造、使用的。③临时通过中国领陆、领水、领空的外国运输工具，依照其所属国同中国签订的协议或者共同参加的国际条约，或者依照互惠原则，为运输工具自身需要而在其装置和设备中使用有关专利的。④专为科学研究和实验而使用有关专利的。⑤为提供行政审批所需要的信息，制造、使用、进口专利药品或者专利医疗器械的，以及专门为其制造、进口专利药品或者专利医疗器械的。

药品上市审评审批过程中，药品上市许可申请人与有关专利权人或者利害关系人，因申请注册的药品相关的专利权产生纠纷的，相关当事人可以向人民法院起诉，请求就申请注册的药品相关技术方案是否落入他人药品专利权保护范围作出判决。国务院药品监督管理部门在规定的期限内，可以根据人民法院生效裁判作出是否暂停批准相关药品上市的决定。药品上市许可申请人与有关专利权人或者利害关系人也可以就申请注册的药品相关的专利权纠纷，向国务院专利行政部门请求行政裁决。国务院药品监督管理部门会同国务院专利行政部门制定药品上市许可审批与药品上市许可申请阶段专利权纠纷解决的具体衔接办法，报国务院同意后实施。

为生产经营目的使用、许诺销售或者销售不知道是未经专利权人许可而制造并售出的专利侵权产品，能证明该产品合法来源的，不承担赔偿责任。

违反《专利法》第十九条规定向外国申请专利，泄露国家秘密的，由所在单位或者上级主管机关给予行政处分；构成犯罪的，依法追究刑事责任。

管理专利工作的部门不得参与向社会推荐专利产品等经营活动。管理专利工作的部门违反前款规定的，由其上级机关或者监察机关责令改正，消除影响，有违法收入的予以没收；情节严重的，对直接负责的主管人员和其他直接责任人员依法给予处分。

从事专利管理工作的国家机关工作人员以及其他有关国家机关工作人员玩忽职守、滥用职权、徇私舞弊，构成犯罪的，依法追究刑事责任；尚不构成犯罪的，依法给予处分。

（九）土地使用权出让制度

根据《中华人民共和国城镇国有土地使用权出让和转让暂行条例》（以下简称《土地使用权出让和转让暂行条例》）的规定，土地使用权出让制度如下。

1. 总则

国家按照所有权与使用权分离的原则，实行城镇国有土地使用权出让、转让制度，但地下资源、埋藏物和市政公用设施除外。上述所称城镇国有土地是指市、县城、建制镇、工矿区范围内属于全民所有的土地（以下简称"土地"）。

中华人民共和国境内外的公司、企业、其他组织和个人，除了法律另有规定者，均可依照《土地使用权出让和转让暂行条例》的规定取得土地使用权，进行土地开发、利用、经营。

依照《土地使用权出让和转让暂行条例》的规定取得土地使用权的土地使用者，

其使用权在使用年限内可以转让、出租、抵押或者用于其他经济活动，合法权益受国家法律保护。

土地使用者开发、利用、经营土地的活动，应当遵守国家法律、法规的规定，并不得损害社会公共利益。

县级以上人民政府土地管理部门依法对土地使用权的出让、转让、出租、抵押、终止进行监督检查。

土地使用权出让、转让、出租、抵押、终止及有关的地上建筑物、其他附着物的登记，由政府土地管理部门、房产管理部门依照法律和国务院的有关规定办理。登记文件可以公开查阅。

2. 土地使用权出让

土地使用权出让是指国家以土地所有者的身份将土地使用权在一定年限内让与土地使用者，并由土地使用者向国家支付土地使用权出让金的行为。土地使用权出让应当签订出让合同。

土地使用权的出让，由市、县人民政府负责，有计划、有步骤地进行。土地使用权出让的地块、用途、年限和其他条件，由市、县人民政府土地管理部门会同城市规划和建设管理部门、房产管理部门共同拟订方案，按照国务院规定的批准权限报经批准后，由土地管理部门实施。

土地使用权出让合同应当按照平等、自愿、有偿的原则，由市、县人民政府土地管理部门（以下简称"出让方"）与土地使用者签订。

土地使用权出让最高年限按下列用途确定：①居住用地 70 年。②工业用地 50 年。③教育、科技、文化、卫生、体育用地 50 年。④商业、旅游、娱乐用地 40 年。⑤综合或者其他用地 50 年。

土地使用权出让可以采取下列方式：①协议。②招标。③拍卖。依照上述规定方式出让土地使用权的具体程序和步骤，由省、自治区、直辖市人民政府规定。

土地使用者应当在签订土地使用权出让合同后 60 日内，支付全部土地使用权出让金。逾期未全部支付的，出让方有权解除合同，并可请求违约赔偿。

出让方应当按照合同规定，提供出让的土地使用权。未按合同规定提供土地使用权的，土地使用者有权解除合同，并可请求违约赔偿。

土地使用者在支付全部土地使用权出让金后，应当依照规定办理登记，领取土地使用证，取得土地使用权。

土地使用者应当按照土地使用权出让合同的规定和城市规划的要求，开发、利用、经营土地。未按合同规定的期限和条件开发、利用土地的，市、县人民政府土地管理部门应当予以纠正，并根据情节可以给予警告、罚款直至无偿收回土地使用权的处罚。

土地使用者需要改变土地使用权出让合同规定的土地用途的，应当征得出让方同意并经土地管理部门和城市规划部门批准，依照《土地使用权出让和转让暂行条例》的有关规定重新签订土地使用权出让合同，调整土地使用权出让金，并办理登记。

3. 土地使用权转让

土地使用权转让是指土地使用者将土地使用权再转移的行为，包括出售、交换和赠与。未按土地使用权出让合同规定的期限和条件投资开发、利用土地的，土地使用权不得转让。土地使用权转让应当签订转让合同。

土地使用权转让时，土地使用权出让合同和登记文件中所载明的权利、义务随之转移。土地使用者通过转让方式取得的土地使用权，其使用年限为土地使用权出让合同规定的使用年限减去原土地使用者已使用年限后的剩余年限。土地使用权转让时，其地上建筑物、其他附着物所有权随之转让。

地上建筑物、其他附着物的所有人或者共有人，享有该建筑物、附着物使用范围内的土地使用权。土地使用者转让地上建筑物、其他附着物所有权时，其使用范围内的土地使用权随之转让，但地上建筑物、其他附着物作为动产转让的除外。

土地使用权和地上建筑物、其他附着物所有权转让，应当依照规定办理过户登记。土地使用权和地上建筑物、其他附着物所有权分割转让的，应当经市、县人民政府土地管理部门和房产管理部门批准，并依照规定办理过户登记。

土地使用权转让价格明显低于市场价格的，市、县人民政府有优先购买权。土地使用权转让的市场价格不合理上涨时，市、县人民政府可以采取必要的措施。

土地使用权转让后，需要改变土地使用权出让合同规定的土地用途的，依照《土地使用权出让和转让暂行条例》第十八条的规定办理。

4. 土地使用权出租

土地使用权出租是指土地使用者作为出租人将土地使用权随同地上建筑物、其他附着物租赁给承租人使用，由承租人向出租人支付租金的行为。未按土地使用权出让合同规定的期限和条件投资开发、利用土地的，土地使用权不得出租。

土地使用权出租，出租人与承租人应当签订租赁合同。租赁合同不得违背国家法律、法规和土地使用权出让合同的规定。土地使用权出租后，出租人必须继续履行土地使用权出让合同。土地使用权和地上建筑物、其他附着物出租，出租人应当依照规定办理登记。

5. 土地使用权抵押

土地使用权可以抵押。土地使用权抵押时，其地上建筑物、其他附着物随之抵押。地上建筑物、其他附着物抵押时，其使用范围内的土地使用权随之抵押。

土地使用权抵押，抵押人与抵押权人应当签订抵押合同。抵押合同不得违背国家法律、法规和土地使用权出让合同的规定。土地使用权和地上建筑物、其他附着物抵押，应当依照规定办理抵押登记。

抵押人到期未能履行债务或者在抵押合同期间宣告解散、破产的，抵押权人有权依照国家法律、法规和抵押合同的规定处分抵押财产。因处分抵押财产而取得土地使用权和地上建筑物、其他附着物所有权的，应当依照规定办理过户登记。

处分抵押财产所得，抵押权人有优先受偿权。抵押权因债务清偿或者其他原因而消灭的，应当依照规定办理注销抵押登记。

6. 土地使用权终止

土地使用权因土地使用权出让合同规定的使用年限届满、提前收回及土地灭失等原因而终止。

土地使用权期满，土地使用权及其地上建筑物、其他附着物所有权由国家无偿取得。土地使用者应当交还土地使用证，并依照规定办理注销登记。

土地使用权期满，土地使用者可以申请续期。需要续期的，应当依照《土地使用权出让和转让暂行条例》第二章的规定重新签订合同，支付土地使用权出让金，并办理登记。

国家对土地使用者依法取得的土地使用权不提前收回。在特殊情况下，根据社会公共利益的需要，国家可以依照法律程序提前收回，并根据土地使用者已使用的年限和开发、利用土地的实际情况给予相应的补偿。

7. 划拨土地使用权

划拨土地使用权是指土地使用者通过各种方式依法无偿取得的土地使用权。上述土地使用者应当依照《中华人民共和国城镇土地使用税暂行条例》的规定缴纳土地使用税。

划拨土地使用权，除了《土地使用权出让和转让暂行条例》第四十五条规定的情况，不得转让、出租、抵押。

符合下列条件的，经市、县人民政府土地管理部门和房产管理部门批准，其划拨土地使用权和地上建筑物、其他附着物所有权可以转让、出租、抵押：①土地使用者为公司、企业、其他经济组织和个人。②领有国有土地使用证。③具有地上建筑物、其他附着物合法的产权证明。④依照《土地使用权出让和转让暂行条例》第二章的规定签订土地使用权出让合同，向当地市、县人民政府补交土地使用权出让金或者以转让、出租、抵押所获收益抵交土地使用权出让金。转让、出租、抵押前款划拨土地使用权的，分别依照《土地使用权出让和转让暂行条例》第三章、第四章和第五章的规定办理。

对未经批准擅自转让、出租、抵押划拨土地使用权的单位和个人，市、县人民政府土地管理部门应当没收其非法收入，并根据情节处以罚款。

无偿取得划拨土地使用权的土地使用者，因迁移、解散、撤销、破产或者其他原因而停止使用土地的，市、县人民政府应当无偿收回其划拨土地使用权，并可依照《土地使用权出让和转让暂行条例》的规定予以出让。对划拨土地使用权，市、县人民政府根据城市建设发展需要和城市规划的要求，可以无偿收回，并可依照《土地使用权出让和转让暂行条例》的规定予以出让。无偿收回划拨土地使用权时，对其地上建筑物、其他附着物，市、县人民政府应当根据实际情况给予适当补偿。

三、税率的概念和类型

（一）税率的概念

税率是应纳税额与计税依据之间的数量关系，是计算应纳税额、衡量税收负担的尺度。税率体现征税的深度，是税收制度的中心环节。税率的高低，直接关系到国家财政收入和纳税人的税收负担，同时也反映国家经济政策的要求。

（二）税率的类型

根据具体形式，税率可划分为比例税率、定额税率和累进税率三种基本类型。

1. 比例税率

比例税率是指对同一征税对象，不论数额大小，均按同一比例计征的税率。它一般适用于商品流转额的课税。比例税率具有计算简便、利于征管、效率较高的优点。其缺点是在一定条件下，不利于税收负担公平，即在税收负担上具有累退性，即收入越高的人，税收负担率越低。比例税率一般适用于对货物和劳务的征税。比例税率分为统一比例税率、差别比例税率、幅度比例税率三种形式。其中，差别比率税率有以下三种类型：

（1）行业差别比例税率，即按不同行业差别规定不同的税率。

（2）产品差别比例税率，即按产品的不同规定不同的税率。

（3）地区差别比例税率，即对不同地区实行不同的税率。

幅度比例税率是指国家只规定最低税率和最高税率，各地可在此幅度内自行确定一个具体适用的比例税率。

2. 定额税率

定额税率是指对每一单位的征税对象直接规定固定税额的一种税率。它是税率的一种特殊形式。在我国，目前定额税率主要在财产课税、资源课税中使用。具体运用时，定额税率又可分为地区差别定额税率、幅度定额税率和分类分级定额税率等形式。

（1）地区差别定额税率是指根据不同地区的自然资源、成本水平和盈利状况等情形，分别制定不同的税额。

（2）幅度定额税率是指税法统一规定税额幅度，各地区在规定的幅度内自行规定本地具体适用的定额税率。

（3）分类分级定额税率是指按照征税对象的不同种类和不同等级，分别规定不同税额的定额税率。

3. 累进税率

累进税率是指随着征税对象数额或者相对比例的增大而逐级提高税率的一种递增等级税率。即按征税对象数额或者相对比例的大小，划分为若干不同的征税等级，规定若干个高低不同的等级税率。根据累进的依据不同，累进税率又可分为全额累进税率、超额累进税率、全率累进税率、超率累进税率等。

（1）全额累进税率是指按征税对象的绝对数额划分征税等级，就纳税人的征税对象全部数额按与之相对应的等级税率计征的一种累进税率。即一定征税对象的税额只适用一个等级的税率。

（2）超额累进税率是指按征税对象的绝对数额划分征税等级，就纳税人征税对象全部数额中符合不同等级部分的数额，分别按与之相适应的各等级税率计征的一种累进税率，即一定征税对象的税额会同时适用几个等级的税率。目前，我国个人所得税采用超额累进税率。超额累进税率下税款的计算比较复杂，征税对象包括的等级越多，计算的步骤也越多。为解决这一难题，我国在实际工作中引进了"速算扣除数"，通过预先计算出的速算扣除数，即可直接计算应纳税额，不必再分级分段计算。采用速算扣除数计算应纳税额的公式如下：

应纳税额＝应税所得额 × 适用税率－速算扣除数

速算扣除数是为简化计算过程而按全额累进税率计算超额累进税额时所使用的扣除数额，反映按全额累进税率和按超额累进税率计算的应纳税额的差额。

（3）全率累进税率是指按征税对象的相对比例划分征税等级，就纳税人的征税对象全部数额按与之相适应的等级税率计征的一种累进税率。目前，我国现行的税制没有采用全率累进税率的税种。

（4）超率累进税率是指按征税对象的相对比例划分征税等级，就纳税人的征税对象全部数额中符合不同等级部分的数额，分别按与之相适应的各等级税率计征的一种累进税率。它以征税对象的某种比率作为累进依据。我国目前征收的土地增值税采用的就是超率累进税率。

四、印花税的税率

（一）《印花税法》的规定

第四条 印花税的税目、税率，依照本法所附《印花税税目税率表》执行。

《印花税法》规定的《印花税税目税率表》见表 2-1。

（二）《印花税暂行条例》的规定

第三条第一款 纳税人根据应纳税凭证的性质，分别按比例税率或者按件定额计算应纳税额。具体税率、税额的确定，依照本条例所附《印花税税目税率表》执行。

《印花税暂行条例》规定的《印花税税目税率表》见表 2-2，该表自 2022 年 7 月 1 日废止。

表 2-2　印花税税目税率表（自 2022 年 7 月 1 日废止）

税目	范围	税率	纳税人	说明
购销合同	包括供应、预购、采购、购销结合及协作、调剂、补偿、易货等合同	按购销金额 0.03‰ 贴花	立合同人	
加工承揽合同	包括加工、定作、修缮、修理、印刷、广告、测绘、测试等合同	按加工或者承揽收入 0.05‰ 贴花	立合同人	
建设工程勘察设计合同	包括勘察、设计合同	按收取费用 0.05‰ 贴花	立合同人	
建筑安装工程承包合同	包括建筑、安装工程承包合同	按承包金额 0.03‰ 贴花	立合同人	
财产租赁合同	包括租赁房屋、船舶、飞机、机动车辆、机械、器具、设备等	按租赁金额 1‰ 贴花。税额不足 1 元的按 1 元贴花	立合同人	
货物运输合同	包括民用航空、铁路运输、海上运输、内河运输、公路运输和联运合同	按运输费用 0.05‰ 贴花	立合同人	单据作为合同使用的，按合同贴花
仓储保管合同	包括仓储、保管合同	按仓储保管费用 1‰ 贴花	立合同人	仓单或者栈单作为合同使用的，按合同贴花
借款合同	银行及其他金融组织和借款人（不包括银行同业拆借）所签订的借款合同	按借款金额 0.005‰ 贴花	立合同人	单据作为合同使用的，按合同贴花
财产保险合同	包括财产、责任、保证、信用等保险合同	按保险费收入 1‰ 贴花	立合同人	单据作为合同使用的，按合同贴花
技术合同	包括技术开发、转让、咨询、服务等合同	按所载金额 0.03‰ 贴花	立合同人	
产权转移书据	包括财产所有权和版权、商标专用、专利权、专有技术使用权等转移书据	按所载金额 0.05‰ 贴花	立据人	
营业账簿	生产经营用账册	记载资金的账簿，按固定资产原值与自有流动资金总额 0.05‰ 贴花。其他账簿按件贴花 5 元	立账簿人	

（续表）

税目	范围	税率	纳税人	说明
权利、许可证照	包括政府部门发给的房屋产权证、工商营业执照、商标注册证、专利证、土地使用证	按件贴花 5 元	领受人	

（三）证券交易印花税税率的调整

《国务院关于调整证券（股票）交易印花税税率的通知》（国发明电〔1997〕3 号）规定："为了促进证券市场稳步健康发展，适当调节市场参与者的收入，国务院决定从 1997 年 5 月 10 日起，对买卖、继承、赠与所书立的股权转让书据，均依照书立时证券市场当日实际成交价格计算的金额，由立据双方当事人分别按 5‰ 的税率交纳税印花税。"

《国务院关于调整证券（股票）交易印花税税率的通知》（国发明电〔1998〕5 号）规定："为促进证券市场的健康发展，国务院决定从 1998 年 6 月 12 日起，对买卖、继承、赠与所书立的股权转让书据，均依照书立时证券市场当日实际成交价格计算的金额，由立据双方当事人分别按 4‰ 的税率交纳印花税。"

《财政部　国家税务总局关于调整证券（股票）交易印花税税率的通知》（财税〔2005〕11 号）规定："经国务院批准，决定从 2005 年 1 月 24 日起，调整证券（股票）交易印花税税率。对买卖、继承、赠与所书立的 A 股、B 股股权转让书据，由立据双方当事人分别按 1‰ 的税率缴纳证券（股票）交易印花税。"

《财政部　国家税务总局关于调整证券（股票）交易印花税税率的通知》（财税〔2007〕84 号）规定："经国务院批准，从 2007 年 5 月 30 日起，调整证券（股票）交易印花税税率。对买卖、继承、赠与所书立的 A 股、B 股股权转让书据，由立据双方当事人分别按 3‰ 的税率缴纳证券（股票）交易印花税。"

｜印花税疑难问题解答｜

请问我们公司签订的广告设计合同是否需要缴纳印花税？

国家税务总局北京市税务局答复（2020 年 8 月 20 日）：

尊敬的纳税人您好，根据《印花税暂行条例》（国务院令第 11 号）附件《印花税税目税率表》规定："加工承揽合同包括加工、定作、修缮、修理、印刷、广告、测绘、测试等合同。立合同人按加工或者承揽收入 5‰贴花。"因此，广告设计合同需要缴纳印花税。

第二节　印花税的计税依据

一、计税依据的概念

计税依据也称为税基，是据以计算应纳税额的基数。计算税款的方法主要有从价计征和从量计征。从价计征的计税依据通常是交易的价格，如销售额。从量计征的计税依据通常是征税对象的质量、体积、数量等。

二、印花税计税依据的一般规定

《印花税法》对印花税计税依据的一般规定如下：

第五条　印花税的计税依据如下：

（一）应税合同的计税依据，为合同所列的金额，不包括列明的增值税税款；

（二）应税产权转移书据的计税依据，为产权转移书据所列的金额，不包括列明的增值税税款；

（三）应税营业账簿的计税依据，为账簿记载的实收资本（股本）、资本公积合计金额；

（四）证券交易的计税依据，为成交金额。

| 印花税案例分析 |

甲技术有限公司与乙电器销售公司签订了一份电器购销合同，在合同中注明的货物含增值税价款总计1 130万元。

购销合同印花税的计税依据为：以合同所载金额（即含增值税金额）作为印花税的计税依据。应纳印花税＝1 130×0.03%＝0.34（万元）。

如果甲技术有限公司与乙电器销售公司在合同中注明的货物不含增值税价款为1 000万元，增值税额为130万元，价税合计1 130万元。购销合同印花税的计税依据为不含增值税金额。应纳印花税＝1 000×0.03%＝0.3（万元）。比第一种合同签订方式节省印花税＝0.34－0.3＝0.04（万元）。

提示：对于按合同金额计征印花税的情形，分为以下三种情况：

（1）如果购销合同中只有不含增值税金额，以不含增值税金额作为印花税的计税依据。

（2）如果购销合同中既有不含增值税金额又有增值税额，且分别记载的，以不含增值税金额作为印花税的计税依据。

（3）如果购销合同所载金额中包含增值税额，但未分别记载的，以合同所载金额（即含增值税金额）作为印花税的计税依据。

三、未列明金额时的计税依据

（一）《印花税法》的规定

第六条 应税合同、产权转移书据未列明金额的，印花税的计税依据按照实际结算的金额确定。

计税依据按照前款规定仍不能确定的，按照书立合同、产权转移书据时的市场价格确定；依法应当执行政府定价或者政府指导价的，按照国家有关规定确定。

（二）《印花税暂行条例施行细则》的规定

第十八条 按金额比例贴花的应税凭证，未标明金额的，应按照凭证所载数量及国家牌价计算金额；没有国家牌价的，按市场价格计算金额然后按规定税率计算应纳税额。

第十九条 应纳税凭证所载金额为外国货币的，纳税人应按照凭证书立当日的中华人民共和国国家外汇管理局公布的外汇牌价折合人民币，计算应纳税额。

▎印花税案例分析▎

1. 案例简介

某市房地产开发公司注册资本为 3 000 万元，在职人员为 60 人，经营范围为开发销售公寓、办公用房和商业用房。该公司 2020 年度销售商品房收入为 55 000 万元，利润为 1 050 万元。

2021 年 5 月 20 日，该市税务局稽查局对该公司实施了税务稽查，发现该公司 2020 年 1 月与某建筑工程公司签订的甲工程施工合同，金额为 6 500 万元，合同签订后，印花税已缴纳。该工程于 2020 年 11 月竣工，因工程建筑图纸重大修改，原商业用房由五层改为三层，实际工程决算金额为 4 800 万元，该公司 2020 年 12 月签订乙工程建筑施工合同后，以甲工程多缴印花税为由，先冲减合同金额 1 700 万元，然后计算缴纳印花税。在检查中，该市税务局还发现，甲、乙两工程的建筑设计合同金额 200 万元，电力安装工程合同金额 400 万元，消防安装合同 300 万元，建设技术咨询合同 20 万元，均未申报缴纳印花税。

2. 案例分析及税务处理

《印花税暂行条例》第二条、第三条规定，建筑工程承包合同为应纳税凭证，建筑工程承包合同包括建筑工程勘察设计合同和建筑安装工程承包合同，分别适用 0.5‰、0.3‰的印花税税率。所以，该市税务局应追征该公司建筑施工合同印花税 5 100 元（17 000 000×0.3‰），追征建筑设计合同印花税 1 000 元（2 000 000×0.5‰），追征电力安装工程合同印花税 1 200 元（4 000 000×0.3‰），追征消防安装工程合同印花税 900 元（3 000 000×0.3‰），追征建设技术咨询合同印花税 60 元（200 000×0.3‰），共计追补印花税 8 260 元。

该案例从表面看似乎有一定合理性，该公司甲工程建筑施工合同金额比实际决算金额多出 1 700 万元，多缴了印花税，因而在乙工程建筑施工合同金额中予以抵销，

（续）

但实质上是不合法的缴法，是该公司对税法规定掌握不正确的表现。印花税是一种凭证税，只要符合应税凭证的建筑施工合同一经签订，不论其合同是否履行或者完全履行，都要按合同金额计算缴纳印花税。而且该公司建筑设计合同等未缴纳印花税，属偷税行为。

3. 账务调整

借：管理费用	8 260	
贷：银行存款		8 260
借：以前年度损益调整	8 260	
贷：管理费用		8 260

四、证券交易计税依据的特殊规定

《印花税法》对证券交易计税的特殊规定如下：

第七条　证券交易无转让价格的，按照办理过户登记手续时该证券前一个交易日收盘价计算确定计税依据；无收盘价的，按照证券面值计算确定计税依据。

|印花税案例分析|

2022 年 7 月 1 日，张某将其持有的甲上市公司股票 10 万股无偿赠与李某。已知办理过户登记手续时该股票前一个交易日收盘价为 20 元 / 股。张某与李某签订的无偿赠与股票的合同应当缴纳多少印花税？

解答：该赠与合同虽然没有金额，但仍需要缴纳印花税，张某印花税应纳税额 = 100 000×20×1‰ = 2 000（元）。李某不需要缴纳印花税。

第三章　印花税应纳税额的计算

【本章导读】　本章讲解印花税应纳税额的计算，分为两节：第一节为应纳税额的计算公式和税率选择，包括印花税应纳税额的计算、同一凭证两个税目时税率的选择；第二节为双方凭证和营业账簿应纳税额的计算，包括双方书立凭证应纳税额的计算、营业账簿金额变化应纳税额的计算以及公司成立相关法律制度。

第一节　应纳税额的计算公式和税率选择

一、印花税应纳税额的计算

《印花税法》对应纳税额计算的规定如下：

第八条　印花税的应纳税额按照计税依据乘以适用税率计算。

| 印花税案例分析 |

2022年7月1日，甲公司与乙公司签订一份加工承揽合同，合同约定不含增值税加工费为100万元。甲公司和乙公司应分别缴纳多少印花税？

解答：承揽合同应当按照报酬的0.3‰缴纳印花税，因此，甲公司应当缴纳印花税300元（1 000 000×0.3‰），乙公司应当缴纳印花税300元。

二、同一凭证两个税目时税率的选择

（一）《印花税法》的规定

第九条　同一应税凭证载有两个以上税目事项并分别列明金额的，按照各自适用的税目税率分别计算应纳税额；未分别列明金额的，从高适用税率。

（二）《印花税暂行条例施行细则》的规定

第十七条　同一凭证，因载有两个或者两个以上经济事项而适用不同税目税率，如分别记载金额的，应分别计算应纳税额，相加后按合计税额贴花；如未分别记载金额的，按税率高的计税贴花。

| 印花税案例分析 |

2022 年 7 月 1 日，甲公司与乙公司签订了一份采购原材料并仓储的合同。合同第一个版本约定，原材料不含增值税价款，加 1 年不含增值税仓储费为 100 万元；合同第二个版本约定原材料不含增值税价款为 90 万元，1 年不含增值税仓储费为 10 万元。两个版本的合同分别需要缴纳多少印花税？

解答：买卖合同按照价款的 0.3‰ 缴纳印花税，仓储合同按照仓储费的 1‰ 缴纳印花税。第一个版本的合同因为未分别记载金额，应全部按照 1‰ 的税率缴纳印花税。甲公司应当缴纳印花税 = 1 000 000×1‰ = 1 000（元），乙公司应当缴纳印花税 1 000 元。第二个版本的合同因为分别记载金额，应分别按照 0.3‰ 和 1‰ 的税率缴纳印花税。甲公司应当缴纳印花税 = 900 000×0.3‰ + 100 000×1‰ = 370（元），乙公司应当缴纳印花税 370 元。

第二节　双方凭证和营业账簿应纳税额的计算

一、双方书立凭证应纳税额的计算

（一）《印花税法》的规定

第十条　同一应税凭证由两方以上当事人书立的，按照各自涉及的金额分别计算应纳税额。

（二）《印花税暂行条例》的规定

第三条第二款　应纳税额不足 1 角的，免纳印花税。

应纳税额在 1 角以上的，其税额尾数不满 5 分的不计，满 5 分的按 1 角计算缴纳。

第八条　同一凭证，由两方或者两方以上当事人签订并各执一份的，应当由各方就所执的一份各自全额贴花。

（三）《印花税暂行条例施行细则》的规定

第十五条　条例第八条所说的当事人，是指对凭证有直接权利义务关系的单位和个人，不包括保人、证人、鉴定人。

税目税率表中的立合同人，是指合同的当事人。

当事人的代理人有代理纳税的义务。

第十六条　产权转移书据由立据人贴花，如未贴或者少贴印花，书据的持有人应负责补贴印花。所立书据以合同方式签订的，应由持有书据的各方分别按全额贴花。

| 印花税案例分析 |

2022 年 7 月 1 日，甲公司、乙公司和丙公司签订一份采购原材料并运输的

（续）

合同。合同约定，甲公司向乙公司采购原材料不含增值税价款为100万元，丙公司为甲公司提供运输服务，不含增值税运费为10万元。甲公司、乙公司和丙公司应当分别缴纳多少印花税？

解答：买卖合同按照价款的0.3‰缴纳印花税，运输合同按照运输费用的0.3‰缴纳印花税。

甲公司在该合同中涉及的金额为110万元，因此，甲公司应当缴纳印花税＝1 000 000×0.3‰＋100 000×0.3‰＝330（元）。

乙公司在该合同中涉及的金额为100万元，因此，乙公司应当缴纳印花税＝1 000 000×0.3‰＝300（元）。

丙公司在该合同中涉及的金额为10万元，因此，丙公司应当缴纳印花税＝100 000×0.3‰＝30（元）。

二、营业账簿金额变化应纳税额的计算

（一）《印花税法》的规定

第十一条 已缴纳印花税的营业账簿，以后年度记载的实收资本（股本）、资本公积合计金额比已缴纳印花税的实收资本（股本）、资本公积合计金额增加的，按照增加部分计算应纳税额。

（二）《印花税暂行条例》的规定

第九条 已贴花的凭证，修改后所载金额增加的，其增加部分应当补贴印花税票。

（三）国税地字〔1988〕25号文件的规定

《国家税务局关于印花税若干具体问题的规定》（国税地字〔1988〕25号）规定如下：

14. 设置在其他部门、车间的明细分类账，如何贴花？

对采用一级核算形式的，只就财会部门设置的账簿贴花；采用分级核算形式的，除财会部门的账簿应贴花外，财会部门设置在其他部门和车间的明细分类账，亦应按规定贴花。

车间、门市部、仓库设置的不属于会计核算范围或者虽属会计核算范围，但不记载金额的登记簿、统计簿、台账等，不贴印花。

15. 对会计核算采用以表代账的，应如何贴花？

对日常用单页表式记载资金活动情况，以表代账的，在未形成账簿（册）前，暂不贴花，待装订成册时，按册贴花。

16. 对记载资金的账簿，启用新账未增加资金的，是否按定额贴花？

凡是记载资金的账簿，启用新账时，资金未增加的，不再按件定额贴花。

17. 对有经营收入的事业单位使用的账簿，应如何贴花？

对有经营收入的事业单位，凡属由国家财政部门拨付事业经费，实行差额预算管理的单位，其记载经营业务的账簿，按其他账簿定额贴花，不记载经营业务的账簿不

贴花；凡属经费来源实行自收自支的单位，其营业账簿，应对记载资金的账簿和其他账簿分别按规定贴花。

18.跨地区经营的分支机构，其营业账簿应如何贴花？

跨地区经营的分支机构使用的营业账簿，应由各分支机构在其所在地缴纳印花税。对上级单位核拨资金的分支机构，其记载资金的账簿按核拨的账面资金数额计税贴花，其他账簿按定额贴花；对上级单位不核拨资金的分支机构，只就其他账簿按定额贴花。为避免对同一资金重复计税贴花，上级单位记载资金的账簿，应按扣除拨给下属机构资金数额后的其余部分计税贴花。

19.对企业兼并的并入资金是否补贴印花？

经企业主管部门批准的国营、集体企业兼并，对并入单位的资产，凡已按资金总额贴花的，接收单位对并入的资金不再补贴印花。

21.对营业账簿，应在什么位置上贴花？

在营业账簿上贴印花税票，须在账簿首页右上角粘贴，不准粘贴在账夹上。

（四）国税发〔1991〕155号文件的规定

《国家税务局关于印花税若干具体问题的解释和规定的通知》（国税发〔1991〕155号）规定如下：

九、对分立、合并和联营企业的资金账簿如何计税贴花？

企业发生分立、合并和联营等变更后，凡依照有关规定办理法人登记的新企业所设立的资金账簿，应于启用时按规定计税贴花；凡无须重新进行法人登记的企业原有的资金账簿，已贴印花继续有效。

对企业兼并后并入的资金贴花问题，仍按有关规定执行。

十三、银行经理或者代理国库业务设置的账簿是否贴花？

中国人民银行各级机构经理国库业务及委托各专业银行各级机构代理国库业务设置的账簿，不是核算银行本身经营业务的账簿，不贴印花。

（五）国税发〔1994〕25号文件的规定

根据《国家税务总局关于资金账簿印花税问题的通知》（国税发〔1994〕25号）的规定，生产经营单位执行《企业财务通则》和《企业会计准则》后，其"记载资金的账簿"的印花税计税依据改为"实收资本"与"资本公积"两项的合计金额。企业执行《企业财务通则》和《企业会计准则》启用新账簿后，其"实收资本"和"资本公积"两项的合计金额大于原已贴花资金的，就增加的部分补贴印花。

|印花税案例分析|

　　1.案情简介

　　2021年10月，税务稽查人员对某公司2014年上半年的印花税缴纳情况进行检查。通过与该公司座谈，实地检查各类账簿凭证，税务稽查人员了解到，该公司对下属8个基层门店采取了"统负盈亏，分级核算，责任到人，奖罚兑现"的管理办法。下属各门店都建立了核算制度和各类账簿，由过去的一级核算形式转变为分级核算形式。税务稽查人员核实，公司共设置各类明细账簿62本，已申报贴花50元，

（续）

漏缴营业账簿印花税320元。

2. 案例分析及税务处理

根据《国家税务局关于印花税若干具体问题的规定》（国税地字〔1988〕25号）的规定，对采用一级核算形式的，只就财会部门设置的账簿贴花；采用分级核算形式的，除了财会部门的账簿应贴花，财会部门设置在其他部门和车间的明细分类账，亦应按规定贴花。该公司由于财会人员对印花税有关法律法规了解不够全面，因此造成漏缴印花税320元，应限期补缴。

3. 账务调整

上缴税款时：

借：管理费用　　　　　　　　　　　　　　　　　　　　320

　　贷：库存现金（或者银行存款）　　　　　　　　　　　320

三、公司成立相关法律制度

根据《公司法》的规定，公司成立相关法律制度如下。

（一）基本制度

《公司法》所称公司，是指依照《公司法》在中国境内设立的有限责任公司和股份有限公司。公司是企业法人，有独立的法人财产，享有法人财产权。公司以其全部财产对公司的债务承担责任。有限责任公司的股东以其认缴的出资额为限对公司承担责任；股份有限公司的股东以其认购的股份为限对公司承担责任。

公司股东依法享有资产收益、参与重大决策和选择管理者等权利。公司从事经营活动，必须遵守法律、行政法规，遵守社会公德、商业道德，诚实守信，接受政府和社会公众的监督，承担社会责任。公司的合法权益受法律保护，不受侵犯。

设立公司，应当依法向公司登记机关申请设立登记。符合《公司法》规定的设立条件的，由公司登记机关分别登记为有限责任公司或者股份有限公司；不符合《公司法》规定的设立条件的，不得登记为有限责任公司或者股份有限公司。法律、行政法规规定设立公司必须报经批准的，应当在公司登记前依法办理批准手续。公众可以向公司登记机关申请查询公司登记事项，公司登记机关应当提供查询服务。

依法设立的公司，由公司登记机关发给公司营业执照。公司营业执照签发日期为公司成立日期。公司营业执照应当载明公司的名称、住所、注册资本、经营范围、法定代表人姓名等事项。公司营业执照记载的事项发生变更的，公司应当依法办理变更登记，由公司登记机关换发营业执照。

依照《公司法》设立的有限责任公司，必须在公司名称中标明"有限责任公司"或者"有限公司"字样。依照《公司法》设立的股份有限公司，必须在公司名称中标明"股份有限公司"或者"股份公司"字样。

有限责任公司变更为股份有限公司，应当符合《公司法》规定的股份有限公司的条件。股份有限公司变更为有限责任公司，应当符合《公司法》规定的有限责任公司的条件。有限责任公司变更为股份有限公司的，或者股份有限公司变更为有限责任公司的，公司变更前的债权、债务由变更后的公司承继。

公司以其主要办事机构所在地为住所。设立公司必须依法制定公司章程。公司章程对公司、股东、董事、监事、高级管理人员具有约束力。公司的经营范围由公司章程规定，并依法登记。公司可以修改公司章程，改变经营范围，但是应当办理变更登记。公司的经营范围中属于法律、行政法规规定须经批准的项目，应当依法经过批准。

公司法定代表人依照公司章程的规定，由董事长、执行董事或者经理担任，并依法登记。公司法定代表人变更，应当办理变更登记。

公司可以设立分公司。公司设立分公司，应当向公司登记机关申请登记，领取营业执照。分公司不具有法人资格，其民事责任由公司承担。公司可以设立子公司，子公司具有法人资格，依法独立承担民事责任。

公司可以向其他企业投资；但是，除了法律另有规定，不得成为对所投资企业的债务承担连带责任的出资人。公司向其他企业投资或者为他人提供担保，依照公司章程的规定，由董事会或者股东会、股东大会决议；公司章程对投资或者担保的总额及单项投资或者担保的数额有限额规定的，不得超过规定的限额。公司为公司股东或者实际控制人提供担保的，必须经股东会或者股东大会决议。上述股东或者受上述实际控制人支配的股东，不得参加上述事项的表决。该项表决由出席会议的其他股东所持表决权的过半数通过。

公司必须保护职工的合法权益，依法与职工签订劳动合同，参加社会保险，加强劳动保护，实现安全生产。公司应当采用多种形式，加强公司职工的职业教育和岗位培训，提高职工素质。公司职工依照《中华人民共和国工会法》组织工会，开展工会活动，维护职工合法权益。公司应当为本公司工会提供必要的活动条件。公司工会代表职工就职工的劳动报酬、工作时间、福利、保险和劳动安全卫生等事项依法与公司签订集体合同。公司依照宪法和有关法律的规定，通过职工代表大会或者其他形式，实行民主管理。公司研究决定改制以及经营方面的重大问题、制定重要的规章制度时，应当听取公司工会的意见，并通过职工代表大会或者其他形式听取职工的意见和建议。

公司应根据《中国共产党章程》的规定，设立中国共产党的组织，开展党的活动。公司应当为党组织的活动提供必要条件。

公司股东应当遵守法律、行政法规和公司章程，依法行使股东权利，不得滥用股东权利损害公司或者其他股东的利益；不得滥用公司法人独立地位和股东有限责任损害公司债权人的利益。公司股东滥用股东权利给公司或者其他股东造成损失的，应当依法承担赔偿责任。公司股东滥用公司法人独立地位和股东有限责任，逃避债务，严重损害公司债权人利益的，应当对公司债务承担连带责任。

公司的控股股东、实际控制人、董事、监事、高级管理人员不得利用其关联关系损害公司利益；违反上述规定，给公司造成损失的，应当承担赔偿责任。

公司股东会或者股东大会、董事会的决议内容违反法律、行政法规的无效。股东会或者股东大会、董事会的会议召集程序、表决方式违反法律、行政法规或者公司章程，或者决议内容违反公司章程的，股东可以自决议作出之日起60日内，请求人民法院撤销。股东依照上述规定提起诉讼的，人民法院可以应公司的请求，要求股东提供相应担保。公司根据股东会或者股东大会、董事会决议已办理变更登记的，人民法院宣告该决议无效或者撤销该决议后，公司应当向公司登记机关申请撤销变更登记。

（二）有限责任公司的设立

设立有限责任公司，应当具备下列条件：①股东符合法定人数。②有符合公司章程规定的全体股东认缴的出资额。③股东共同制定公司章程。④有公司名称，建立符合有限责任公司要求的组织机构。⑤有公司住所。

有限责任公司由50个以下股东出资设立。有限责任公司章程应当载明下列事项：①公司名称和住所。②公司经营范围。③公司注册资本。④股东的姓名或者名称。⑤股东的出资方式、出资额和出资时间。⑥公司的机构及其产生办法、职权、议事规则。⑦公司法定代表人。⑧股东会会议认为需要规定的其他事项。股东应当在公司章程上签名、盖章。

有限责任公司的注册资本为在公司登记机关登记的全体股东认缴的出资额。法律、行政法规以及国务院决定对有限责任公司注册资本实缴、注册资本最低限额另有规定的，从其规定。

股东可以用货币出资，也可以用实物、知识产权、土地使用权等可以用货币估价并可以依法转让的非货币财产作价出资；但是，法律、行政法规规定不得作为出资的财产除外。有限责任公司对作为出资的非货币财产应当评估作价，核实财产，不得高估或者低估作价。法律、行政法规对评估作价有规定的，从其规定。

股东应当按期足额缴纳公司章程中规定的各自所认缴的出资额。股东以货币出资的，应当将货币出资足额存入有限责任公司在银行开设的账户；以非货币财产出资的，应当依法办理其财产权的转移手续。股东不按照上述规定缴纳出资的，除了应当向公司足额缴纳外，还应当向已按期足额缴纳出资的股东承担违约责任。

股东认足公司章程规定的出资后，由全体股东指定的代表或者共同委托的代理人向公司登记机关报送公司登记申请书、公司章程等文件，申请设立登记。有限责任公司成立后，发现作为设立公司出资的非货币财产的实际价额显著低于公司章程所定价额的，应当由交付该出资的股东补足其差额；公司设立时的其他股东承担连带责任。

有限责任公司成立后，应当向股东签发出资证明书。出资证明书应当载明下列事项：①公司名称。②公司成立日期。③公司注册资本。④股东的姓名或者名称、缴纳的出资额和出资日期。⑤出资证明书的编号和核发日期。出资证明书由公司盖章。

有限责任公司应当置备股东名册，记载下列事项：①股东的姓名或者名称及住所。②股东的出资额。③出资证明书编号。记载于股东名册的股东，可以依股东名册主张行使股东权利。公司应当将股东的姓名或者名称向公司登记机关登记；登记事项发生变更的，应当办理变更登记。未经登记或者变更登记的，不得对抗第三人。

股东有权查阅、复制公司章程、股东会会议记录、董事会会议决议、监事会会议决议和财务会计报告。股东可以要求查阅公司会计账簿。股东要求查阅公司会计账簿的，应当向公司提出书面请求，说明目的。公司有合理根据认为股东查阅会计账簿有不正当目的，可能损害公司合法利益的，可以拒绝提供查阅，并应当自股东提出书面请求之日起15日内书面答复股东并说明理由。公司拒绝提供查阅的，股东可以请求人民法院要求公司提供查阅。

股东按照实缴的出资比例分取红利；公司新增资本时，股东有权优先按照实缴的出资比例认缴出资。但是，全体股东约定不按照出资比例分取红利或者不按照出资比例优先认缴出资的除外。公司成立后，股东不得抽逃出资。

（三）股份有限公司的设立

设立股份有限公司，应当具备下列条件：①发起人符合法定人数。②有符合公司章程规定的全体发起人认购的股本总额或者募集的实收股本总额。③股份发行、筹办事项符合法律规定。④发起人制定公司章程，采用募集方式设立的经创立大会通过。⑤有公司名称，建立符合股份有限公司要求的组织机构。⑥有公司住所。

股份有限公司的设立，可以采取发起设立或者募集设立的方式。其中，发起设立是指由发起人认购公司应发行的全部股份而设立公司；募集设立是指由发起人认购公司应发行股份的一部分，其余股份向社会公开募集或者向特定对象募集而设立公司。

设立股份有限公司，应当有 2 人以上 200 人以下为发起人，其中须有半数以上的发起人在中国境内有住所。股份有限公司发起人承担公司筹办事务。发起人应当签订发起人协议，明确各自在公司设立过程中的权利和义务。

股份有限公司采取发起设立方式设立的，注册资本为在公司登记机关登记的全体发起人认购的股本总额，在发起人认购的股份缴足前，不得向他人募集股份。股份有限公司采取募集方式设立的，注册资本为在公司登记机关登记的实收股本总额。法律、行政法规以及国务院决定对股份有限公司注册资本实缴、注册资本最低限额另有规定的，从其规定。

股份有限公司章程应当载明下列事项：①公司名称和住所。②公司经营范围。③公司设立方式。④公司股份总数、每股金额和注册资本。⑤发起人的姓名或者名称、认购的股份数、出资方式和出资时间。⑥董事会的组成、职权和议事规则。⑦公司法定代表人。⑧监事会的组成、职权和议事规则。⑨公司利润分配办法。⑩公司的解散事由与清算办法。⑪ 公司的通知和公告办法。⑫ 股东大会会议认为需要规定的发起人其他事项。

以发起设立方式设立股份有限公司的，发起人应当书面认足公司章程规定其认购的股份，并按照公司章程规定缴纳出资。以非货币财产出资的，发起人应当依法办理其财产权的转移手续。发起人不依照上述规定缴纳出资的，应当按照发起人协议承担违约责任。发起人认足公司章程规定的出资后，应当选举董事会和监事会，由董事会向公司登记机关报送公司章程以及法律、行政法规规定的其他文件，申请设立登记。

以募集设立方式设立股份有限公司的，发起人认购的股份不得少于公司股份总数的 35%；但是，法律、行政法规另有规定的，从其规定。

发起人向社会公开募集股份，必须公告招股说明书，并制作认股书。认股书应当载明《公司法》第八十六条所列事项，由认股人填写认购股数、金额、住所，并签名、盖章。认股人按照所认购股数缴纳股款。

招股说明书应当附有发起人制定的公司章程，并载明下列事项：①发起人认购的股份数。②每股的票面金额和发行价格。③无记名股票的发行总数。④募集资金的用途。⑤认股人的权利、义务。⑥本次募股的起止期限及逾期未募足时认股人可以撤回所认股份的说明。

发起人向社会公开募集股份，应当由依法设立的证券公司承销，签订承销协议。发起人向社会公开募集股份，应当同银行签订代收股款协议。代收股款的银行应当按照协议代收和保存股款，向缴纳股款的认股人出具收款单据，并负有向有关部门出具收款证明的义务。

发行股份的股款缴足后，必须经依法设立的验资机构验资并出具证明。发起人应当自股款缴足之日起 30 日内主持召开公司创立大会。创立大会由发起人、认股人组成。

发行的股份超过招股说明书规定的截止期限尚未募足的，或者发行股份的股款缴足后，发起人在30日内未召开创立大会的，认股人可以按照所缴股款并加算银行同期存款利息，要求发起人返还。

发起人应当在创立大会召开15日前将会议日期通知各认股人或者予以公告。创立大会应有代表股份总数过半数的发起人、认股人出席，方可举行。创立大会行使下列职权：①审议发起人关于公司筹办情况的报告。②通过公司章程。③选举董事会成员。④选举监事会成员。⑤对公司的设立费用进行审核。⑥对发起人用于抵作股款的财产的作价进行审核。⑦发生不可抗力或者经营条件发生重大变化直接影响公司设立的，可以作出不设立公司的决议。创立大会对上述所列事项作出决议，必须经出席会议的认股人所持表决权过半数通过。

发起人、认股人缴纳股款或者交付抵作股款的出资后，除了未按期募足股份、发起人未按期召开创立大会或者创立大会决议不设立公司的情形，不得抽回其股本。董事会应于创立大会结束后30日内，向公司登记机关报送下列文件，申请设立登记：①公司登记申请书。②创立大会的会议记录。③公司章程。④验资证明。⑤法定代表人、董事、监事的任职文件及其身份证明。⑥发起人的法人资格证明或者自然人身份证明。⑦公司住所证明。以募集方式设立股份有限公司公开发行股票的，还应当向公司登记机关报送国务院证券监督管理机构的核准文件。

股份有限公司成立后，发起人未按照公司章程的规定缴足出资的，应当补缴；其他发起人承担连带责任。股份有限公司成立后，发现作为设立公司出资的非货币财产的实际价额显著低于公司章程所定价额的，应当由交付该出资的发起人补足其差额；其他发起人承担连带责任。

股份有限公司的发起人应当承担下列责任：①公司不能成立时，对设立行为所产生的债务和费用负连带责任。②公司不能成立时，对认股人已缴纳的股款，负返还股款并加算银行同期存款利息的连带责任。③在公司设立过程中，由于发起人的过失致使公司利益受到损害的，应当对公司承担赔偿责任。

有限责任公司变更为股份有限公司时，折合的实收股本总额不得高于公司净资产额。有限责任公司变更为股份有限公司，为增加资本公开发行股份时，应当依法办理。

股份有限公司应当将公司章程、股东名册、公司债券存根、股东大会会议记录、董事会会议记录、监事会会议记录、财务会计报告置备于本公司。股东有权查阅公司章程、股东名册、公司债券存根、股东大会会议记录、董事会会议决议、监事会会议决议、财务会计报告，对公司的经营提出建议或者质询。

（四）股份有限公司的股份发行

股份有限公司的资本划分为股份，每一股的金额相等。公司的股份采取股票的形式。股票是公司签发的证明股东所持股份的凭证。

股份的发行，实行公平、公正的原则，同种类的每一股份应当具有同等权利。同次发行的同种类股票，每股的发行条件和价格应当相同；任何单位或者个人所认购的股份，每股应当支付相同价额。股票发行价格可以按票面金额，也可以超过票面金额，但不得低于票面金额。

股票采用纸面形式或者国务院证券监督管理机构规定的其他形式。股票应当载明下列主要事项：①公司名称。②公司成立日期。③股票种类、票面金额及代表的股份数。④股票的编号。股票由法定代表人签名，公司盖章。发起人的股票，应当标明"发起人股票"字样。

公司发行的股票，可以为记名股票，也可以为无记名股票。公司向发起人、法人发行的股票，应当为记名股票，并应当记载该发起人、法人的名称或者姓名，不得另立户名或者以代表人姓名记名。

公司发行记名股票的，应当置备股东名册，记载下列事项：①股东的姓名或者名称及住所。②各股东所持股份数。③各股东所持股票的编号。④各股东取得股份的日期。发行无记名股票的，公司应当记载其股票数量、编号及发行日期。

国务院可以对公司发行《公司法》规定以外的其他种类的股份，另行作出规定。股份有限公司成立后，即向股东正式交付股票。公司成立前不得向股东交付股票。

公司发行新股，股东大会应当对下列事项作出决议：①新股种类及数额。②新股发行价格。③新股发行的起止日期。④向原有股东发行新股的种类及数额。

公司经国务院证券监督管理机构核准公开发行新股时，必须公告新股招股说明书和财务会计报告，并制作认股书。公司发行新股，可以根据公司经营情况和财务状况，确定其作价方案。公司发行新股募足股款后，必须向公司登记机关办理变更登记，并公告。

（五）公司财务、会计制度

公司应当依照法律、行政法规和国务院财政部门的规定建立本公司的财务、会计制度。公司应当在每一会计年度终了时编制财务会计报告，并依法经会计师事务所审计。财务会计报告应当依照法律、行政法规和国务院财政部门的规定制作。

有限责任公司应当依照公司章程规定的期限将财务会计报告送交各股东。股份有限公司的财务会计报告应当在召开股东大会年会的20日前置备于本公司，供股东查阅；公开发行股票的股份有限公司必须公告其财务会计报告。

公司分配当年税后利润时，应当提取利润的10%列入公司法定公积金。公司法定公积金累计额为公司注册资本的50%以上的，可以不再提取。公司的法定公积金不足以弥补以前年度亏损的，在依照上述规定提取法定公积金之前，应当先用当年利润弥补亏损。公司从税后利润中提取法定公积金后，经股东会或者股东大会决议，还可以从税后利润中提取任意公积金。公司弥补亏损和提取公积金后所余税后利润，有限责任公司依照《公司法》第三十四条的规定分配；股份有限公司按照股东持有的股份比例分配，但股份有限公司章程规定不按持股比例分配的除外。股东会、股东大会或者董事会违反上述规定，在公司弥补亏损和提取法定公积金之前向股东分配利润的，股东必须将违反规定分配的利润退还公司。公司持有的本公司股份不得分配利润。

股份有限公司以超过股票票面金额的发行价格发行股份所得的溢价款以及国务院财政部门规定列入资本公积金的其他收入，应当列为公司资本公积金。

公司的公积金用于弥补公司的亏损、扩大公司生产经营或者转为增加公司资本。但是，资本公积金不得用于弥补公司的亏损。法定公积金转为资本时，所留存的该项公积金不得少于转增前公司注册资本的25%。

公司聘用、解聘承办公司审计业务的会计师事务所，依照公司章程的规定，由股东会、股东大会或者董事会决定。公司股东会、股东大会或者董事会就解聘会计师事务所进行表决时，应当允许会计师事务所陈述意见。

公司应当向聘用的会计师事务所提供真实、完整的会计凭证、会计账簿、财务会计报告及其他会计资料，不得拒绝、隐匿、谎报。公司除了法定的会计账簿，不得另立会计账簿。对公司资产，不得以任何个人名义开立账户存储。

第四章 印花税的税收优惠

【本章导读】 本章讲解印花税的税收优惠，分为两节：第一节为法定免税项目，包括免征印花税的凭证、授权国务院制定减免税政策以及相关法律制度；第二节为临时性减、免税项目，包括支持小型微利企业发展与创业创新的减、免税项目，支持国际体育运动的减、免税项目，支持脱贫攻坚与社会发展的减、免税项目，支持民生与社会公益事业发展的减、免税项目，支持社会保险发展的减、免税项目，证券交易印花税的减、免税政策。

第一节 法定免税项目

一、免征印花税的凭证

（一）《印花税法》的规定

第十二条第一款 下列凭证免征印花税：
（一）应税凭证的副本或者抄本；
（二）依照法律规定应当予以免税的外国驻华使馆、领事馆和国际组织驻华代表机构为获得馆舍书立的应税凭证；
（三）中国人民解放军、中国人民武装警察部队书立的应税凭证；
（四）农民、家庭农场、农民专业合作社、农村集体经济组织、村民委员会购买农业生产资料或者销售农产品书立的买卖合同和农业保险合同；
（五）无息或者贴息借款合同、国际金融组织向中国提供优惠贷款书立的借款合同；
（六）财产所有权人将财产赠与政府、学校、社会福利机构、慈善组织书立的产权转移书据；
（七）非营利性医疗卫生机构采购药品或者卫生材料书立的买卖合同；
（八）个人与电子商务经营者订立的电子订单。

（二）《印花税暂行条例》的规定

第四条 下列凭证免纳印花税：
（一）已缴纳印花税的凭证的副本或者抄本；
（二）财产所有人将财产赠给政府、社会福利单位、学校所立的书据；
（三）经财政部批准免税的其他凭证。

（三）《印花税暂行条例施行细则》的规定

第十一条 条例第四条所说的已缴纳印花税的凭证的副本或者抄本免纳印花税，是指凭证的正式签署本已按规定缴纳了印花税，其副本或者抄本对外不发生权利义务关系，仅备存查的免贴印花。

以副本或者抄本视同正本使用的，应另贴印花。

第十二条 条例第四条所说的社会福利单位，是指抚养孤老伤残的社会福利单位。

第十三条 根据条例第四条第（三）款规定，对下列凭证免纳印花税：

（一）国家指定的收购部门与村民委员会、农民个人书立的农副产品收购合同；

（二）无息、贴息贷款合同；

（三）外国政府或者国际金融组织向我国政府及国家金融机构提供优惠贷款所书立的合同。

（四）国税发〔1991〕155 号文件的规定

《国家税务局关于印花税若干具体问题的解释和规定的通知》（国税发〔1991〕155 号）规定如下：

二、对印花税施行细则中所指的"收购部门"和"农副产品"的范围如何划定？

我国农副产品种类繁多，地区间差异较大，随着经济发展，国家指定的收购部门也有所变化。对此，可由省、自治区、直辖市税务局根据当地实际情况具体划定本地区"收购部门"和"农副产品"的范围。

（五）将财产赠给学校免征印花税

《财政部 国家税务总局关于教育税收政策的通知》（财税〔2004〕39 号）规定："对财产所有人将财产赠给学校所立的书据，免征印花税。"

二、授权国务院制定减免税政策

（一）《印花税法》的规定

根据国民经济和社会发展的需要，国务院对居民住房需求保障、企业改制重组、破产、支持小型微型企业发展等情形可以规定减征或者免征印花税，报全国人民代表大会常务委员会备案。

（二）国务院规定的减免税政策

《国务院关于进一步支持小型微型企业健康发展的意见》（国发〔2012〕14 号）规定："自 2011 年 11 月 1 日至 2014 年 10 月 31 日，对金融机构与小型微型企业签订的借款合同免征印花税。"

《国务院关于支持芦山地震灾后恢复重建政策措施的意见》（国发〔2013〕28 号）规定："由政府组织建设的安居房，对所签订的建筑工程勘察设计合同、建筑安装工程承包合同、产权转移书据、房屋租赁合同，免征印花税。""对财产所有人将财产（物品）直接捐赠或者通过公益性社会团体、县级以上人民政府及其部门捐赠给受灾地区或者受灾居民所书立的产权转移书据，免征印花税。"

《国务院关于支持鲁甸地震灾后恢复重建政策措施的意见》（国发〔2014〕57 号）规定："由政府组织建设的安居房，对所签订的建筑工程勘察设计合同、建筑安装工程承包合同、产权转移书据、房屋租赁合同，免征印花税。""对财产所有人将财产（物品）直接捐赠或者通过公益性社会团体、县级以上人民政府及其部门捐赠给受灾地区或者受灾居民所书立的产权转移书据，免征印花税。"

三、相关法律制度

（一）电子商务法律制度

根据《中华人民共和国电子商务法》（以下简称《电子商务法》）的规定，电子商务法律制度如下。

1. 总则

中华人民共和国境内的电子商务活动，适用《电子商务法》。《电子商务法》所称电子商务，是指通过互联网等信息网络销售商品或者提供服务的经营活动。法律、行政法规对销售商品或者提供服务有规定的，适用其规定。金融类产品和服务，利用信息网络提供新闻信息、音视频节目、出版以及文化产品等内容方面的服务，不适用《电子商务法》。

国家鼓励发展电子商务新业态，创新商业模式，促进电子商务技术研发和推广应用，推进电子商务诚信体系建设，营造有利于电子商务创新发展的市场环境，充分发挥电子商务在推动高质量发展、满足人民日益增长的美好生活需要、构建开放型经济方面的重要作用。

国家平等对待线上线下商务活动，促进线上线下融合发展，各级人民政府和有关部门不得采取歧视性的政策措施，不得滥用行政权力排除、限制市场竞争。

电子商务经营者从事经营活动，应当遵循自愿、平等、公平、诚信的原则，遵守法律和商业道德，公平参与市场竞争，履行消费者权益保护、环境保护、知识产权保护、网络安全与个人信息保护等方面的义务，承担产品和服务质量责任，接受政府和社会的监督。

国务院有关部门按照职责分工负责电子商务发展促进、监督管理等工作。县级以上地方各级人民政府可以根据本行政区域的实际情况，确定本行政区域内电子商务的部门职责划分。

国家建立符合电子商务特点的协同管理体系，推动形成有关部门、电子商务行业组织、电子商务经营者、消费者等共同参与的电子商务市场治理体系。

电子商务行业组织按照本组织章程开展行业自律，建立健全行业规范，推动行业诚信建设，监督、引导本行业经营者公平参与市场竞争。

2. 电子商务经营者

1）一般规定

《电子商务法》所称电子商务经营者，是指通过互联网等信息网络从事销售商品或者提供服务的经营活动的自然人、法人和非法人组织，包括电子商务平台经营者、平台内经营者以及通过自建网站、其他网络服务销售商品或者提供服务的电子商务经营者。《电子商务法》所称电子商务平台经营者，是指在电子商务中为交易双方或者多方提供网络经营场所、交易撮合、信息发布等服务，供交易双方或者多方独立开展交易活动的法人或者非法人组织。《电子商务法》所称平台内经营者，是指通过电子商务平台销售商品或者提供服务的电子商务经营者。

电子商务经营者应当依法办理市场主体登记。但是，个人销售自产农副产品、家庭手工业产品，个人利用自己的技能从事依法无须取得许可的便民劳务活动和零星小额交易活动，以及依照法律、行政法规不需要进行登记的除外。

电子商务经营者应当依法履行纳税义务，并依法享受税收优惠。依照上述规定不需要办理市场主体登记的电子商务经营者在首次纳税义务发生后，应当依照税收征收管理法律、行政法规的规定申请办理税务登记，并如实申报纳税。

电子商务经营者从事经营活动，依法需要取得相关行政许可的，应当依法取得行政许可。电子商务经营者销售的商品或者提供的服务应当符合保障人身、财产安全的要求和环境保护要求，不得销售或者提供法律、行政法规禁止交易的商品或者服务。

电子商务经营者销售商品或者提供服务应当依法出具纸质发票或者电子发票等购货凭证或者服务单据。电子发票与纸质发票具有同等法律效力。

电子商务经营者应当在其首页显著位置，持续公示营业执照信息、与其经营业务有关的行政许可信息、属于依照《电子商务法》第十条规定的不需要办理市场主体登记情形等信息，或者上述信息的链接标识。上述信息发生变更的，电子商务经营者应当及时更新公示信息。电子商务经营者自行终止从事电子商务的，应当提前30日在首页显著位置持续公示有关信息。

电子商务经营者应当全面、真实、准确、及时地披露商品或者服务信息，保障消费者的知情权和选择权。电子商务经营者不得以虚构交易、编造用户评价等方式进行虚假或者引人误解的商业宣传，欺骗、误导消费者。

电子商务经营者根据消费者的兴趣爱好、消费习惯等特征向其提供商品或者服务的搜索结果的，应当同时向该消费者提供不针对其个人特征的选项，尊重和平等保护消费者合法权益。电子商务经营者向消费者发送广告的，应当遵守《中华人民共和国广告法》（以下简称《广告法》）的有关规定。

电子商务经营者搭售商品或者服务，应当以显著方式提请消费者注意，不得将搭售商品或者服务作为默认同意的选项。电子商务经营者应当按照承诺或者与消费者约定的方式、时限向消费者交付商品或者服务，并承担商品运输中的风险和责任。但是，消费者另行选择快递物流服务提供者的除外。

电子商务经营者按照约定向消费者收取押金的，应当明示押金退还的方式、程序，不得对押金退还设置不合理条件。消费者申请退还押金，符合押金退还条件的，电子商务经营者应当及时退还。

电子商务经营者因其技术优势、用户数量、对相关行业的控制能力以及其他经营者对该电子商务经营者在交易上的依赖程度等因素而具有市场支配地位的，不得滥用市场支配地位，排除、限制竞争。

电子商务经营者收集、使用其用户的个人信息，应当遵守法律、行政法规有关个人信息保护的规定。电子商务经营者应当明示用户信息查询、更正、删除以及用户注销的方式、程序，不得对用户信息查询、更正、删除以及用户注销设置不合理条件。电子商务经营者收到用户信息查询或者更正、删除的申请的，应当在核实身份后及时提供查询或者更正、删除用户信息。用户注销的，电子商务经营者应当立即删除该用户的信息；依照法律、行政法规的规定或者双方约定保存的，依照其规定。

有关主管部门依照法律、行政法规的规定要求电子商务经营者提供有关电子商务数据信息的，电子商务经营者应当提供。有关主管部门应当采取必要措施保护电子商务经营者提供的数据信息的安全，并对其中的个人信息、隐私和商业秘密严格保密，不得泄露、出售或者非法向他人提供。

电子商务经营者从事跨境电子商务，应当遵守进出口监督管理的法律、行政法规和国家有关规定。

2）电子商务平台经营者

电子商务平台经营者应当要求申请进入平台销售商品或者提供服务的经营者提交其身份、地址、联系方式、行政许可等真实信息，进行核验、登记，建立登记档案，并定期核验更新。电子商务平台经营者为进入平台销售商品或者提供服务的非经营用户提供服务，应当遵守《电子商务法》有关规定。

电子商务平台经营者应当按照规定向市场监督管理部门报送平台内经营者的身份

信息，提示未办理市场主体登记的经营者依法办理登记，并配合市场监督管理部门，针对电子商务的特点，为应当办理市场主体登记的经营者办理登记提供便利。电子商务平台经营者应当依照税收征收管理法律、行政法规的规定，向税务部门报送平台内经营者的身份信息和与纳税有关的信息，并应当提示依照《电子商务法》第十条规定不需要办理市场主体登记的电子商务经营者依照《电子商务法》第十一条第二款的规定办理税务登记。

电子商务平台经营者发现平台内的商品或者服务信息存在违反《电子商务法》第十二条、第十三条规定情形的，应当依法采取必要的处置措施，并向有关主管部门报告。

电子商务平台经营者应当采取技术措施和其他必要措施保证其网络安全、稳定运行，防范网络违法犯罪活动，有效应对网络安全事件，保障电子商务交易安全。电子商务平台经营者应当制定网络安全事件应急预案，发生网络安全事件时，应当立即启动应急预案，采取相应的补救措施，并向有关主管部门报告。

电子商务平台经营者应当记录、保存平台上发布的商品和服务信息、交易信息，并确保信息的完整性、保密性、可用性。商品和服务信息、交易信息保存时间自交易完成之日起不少于3年；法律、行政法规另有规定的，依照其规定。

电子商务平台经营者应当遵循公开、公平、公正的原则，制定平台服务协议和交易规则，明确进入和退出平台、商品和服务质量保障、消费者权益保护、个人信息保护等方面的权利和义务。

电子商务平台经营者应当在其首页显著位置持续公示平台服务协议和交易规则信息或者上述信息的链接标识，并保证经营者和消费者能够便利、完整地阅览和下载。

电子商务平台经营者修改平台服务协议和交易规则，应当在其首页显著位置公开征求意见，采取合理措施确保有关各方能够及时充分表达意见。修改内容应当至少在实施前7日予以公示。平台内经营者不接受修改内容，要求退出平台的，电子商务平台经营者不得阻止，并按照修改前的服务协议和交易规则承担相关责任。

电子商务平台经营者不得利用服务协议、交易规则以及技术等手段，对平台内经营者在平台内的交易、交易价格以及与其他经营者的交易等进行不合理限制或者附加不合理条件，或者向平台内经营者收取不合理费用。

电子商务平台经营者依据平台服务协议和交易规则对平台内经营者违反法律、法规的行为实施警示、暂停或者终止服务等措施的，应当及时公示。

电子商务平台经营者在其平台上开展自营业务的，应当以显著方式区分标记自营业务和平台内经营者开展的业务，不得误导消费者。电子商务平台经营者对其标记为自营的业务依法承担商品销售者或者服务提供者的民事责任。

电子商务平台经营者知道或者应当知道平台内经营者销售的商品或者提供的服务不符合保障人身、财产安全的要求，或者有其他侵害消费者合法权益行为，未采取必要措施的，依法与该平台内经营者承担连带责任。对关系消费者生命健康的商品或者服务，电子商务平台经营者对平台内经营者的资质资格未尽到审核义务，或者对消费者未尽到安全保障义务，造成消费者损害的，依法承担相应的责任。

电子商务平台经营者应当建立健全信用评价制度，公示信用评价规则，为消费者提供对平台内销售的商品或者提供的服务进行评价的途径。电子商务平台经营者不得删除消费者对其平台内销售的商品或者提供的服务的评价。

电子商务平台经营者应当根据商品或者服务的价格、销量、信用等以多种方式向消费者显示商品或者服务的搜索结果；对于竞价排名的商品或者服务，应当显著标明"广告"。

电子商务平台经营者应当建立知识产权保护规则，与知识产权权利人加强合作，依法保护知识产权。知识产权权利人认为其知识产权受到侵害的，有权通知电子商务平台经营者采取删除、屏蔽、断开链接、终止交易和服务等必要措施。通知应当包括构成侵权的初步证据。电子商务平台经营者接到通知后，应当及时采取必要措施，并将该通知转送平台内经营者；未及时采取必要措施的，对损害的扩大部分与平台内经营者承担连带责任。因通知错误造成平台内经营者损害的，电子商务平台依法承担民事责任。恶意发出错误通知，造成平台内经营者损失的，电子商务平台加倍承担赔偿责任。

平台内经营者接到转送的通知后，可以向电子商务平台经营者提交不存在侵权行为的声明。声明应当包括不存在侵权行为的初步证据。电子商务平台经营者接到声明后，应当将该声明转送发出通知的知识产权权利人，并告知其可以向有关主管部门投诉或者向人民法院起诉。电子商务平台经营者在转送声明到达知识产权权利人后15日内，未收到权利人已经投诉或者起诉通知的，应当及时终止所采取的措施。

电子商务平台经营者应当及时公示收到的上述通知、声明及处理结果。电子商务平台经营者知道或者应当知道平台内经营者侵犯知识产权的，应当采取删除、屏蔽、断开链接、终止交易和服务等必要措施；未采取必要措施的，与侵权人承担连带责任。

除了《电子商务法》第九条第二款规定的服务外，电子商务平台经营者可以按照平台服务协议和交易规则，为经营者之间的电子商务提供仓储、物流、支付结算、交收等服务。电子商务平台经营者为经营者之间的电子商务提供服务，应当遵守法律、行政法规和国家有关规定，不得采取集中竞价、做市商等集中交易方式进行交易，不得进行标准化合约交易。

3.电子商务合同的订立与履行

电子商务当事人订立和履行合同，适用《电子商务法》和《民法典》《中华人民共和国电子签名法》等法律的规定。

电子商务当事人使用自动信息系统订立或者履行合同的行为对使用该系统的当事人具有法律效力。在电子商务中，推定当事人具有相应的民事行为能力。但是，有相反证据足以推翻的除外。

电子商务经营者发布的商品或者服务信息符合要约条件的，用户选择该商品或者服务并提交订单成功，合同成立。当事人另有约定的，从其约定。电子商务经营者不得以格式条款等方式约定消费者支付价款后合同不成立；格式条款等含有该内容的，其内容无效。

电子商务经营者应当清晰、全面、明确地告知用户订立合同的步骤、注意事项、下载方法等事项，并保证用户能够便利、完整地阅览和下载。电子商务经营者应当保证用户在提交订单前可以更正输入错误。

合同标的为交付商品并采用快递物流方式交付的，收货人签收时间为交付时间。合同标的为提供服务的，生成的电子凭证或者实物凭证中载明的时间为交付时间。前述凭证没有载明时间或者载明时间与实际提供服务时间不一致的，实际提供服务的时间为交付时间。合同标的为采用在线传输方式交付的，合同标的进入对方当事人指定的特定系统并且能够检索识别的时间为交付时间。合同当事人对交付方式、交付时间另有约定的，从其约定。

电子商务当事人可以约定采用快递物流方式交付商品。快递物流服务提供者为电子商务提供快递物流服务，应当遵守法律、行政法规，并应当符合承诺的服务规范和时限。快递物流服务提供者在交付商品时，应当提示收货人当面查验；交由他人代收的，应当经收货人同意。快递物流服务提供者应当按照规定使用环保包装材料，实现包装材料的减量化和再利用。快递物流服务提供者在提供快递物流服务的同时，可以接受电子商务经营者的委托提供代收货款服务。

电子商务当事人可以约定采用电子支付方式支付价款。电子支付服务提供者为电子商务提供电子支付服务，应当遵守国家规定，告知用户电子支付服务的功能、使用方法、注意事项、相关风险和收费标准等事项，不得附加不合理交易条件。电子支付服务提供者应当确保电子支付指令的完整性、一致性、可跟踪稽核和不可篡改。电子支付服务提供者应当向用户免费提供对账服务以及最近3年的交易记录。电子支付服务提供者提供电子支付服务不符合国家有关支付安全管理要求，造成用户损失的，应当承担赔偿责任。

用户在发出支付指令前，应当核对支付指令所包含的金额、收款人等完整信息。支付指令发生错误的，电子支付服务提供者应当及时查找原因，并采取相关措施予以纠正。造成用户损失的，电子支付服务提供者应当承担赔偿责任，但能够证明支付错误非自身原因造成的除外。电子支付服务提供者完成电子支付后，应当及时准确地向用户提供符合约定方式的确认支付的信息。

用户应当妥善保管交易密码、电子签名数据等安全工具。用户发现安全工具遗失、被盗用或者未经授权的支付的，应当及时通知电子支付服务提供者。未经授权的支付造成的损失，由电子支付服务提供者承担；电子支付服务提供者能够证明未经授权的支付是因用户的过错造成的，不承担责任。电子支付服务提供者发现支付指令未经授权，或者收到用户支付指令未经授权的通知时，应当立即采取措施防止损失扩大。电子支付服务提供者未及时采取措施导致损失扩大的，对损失扩大部分承担责任。

4.电子商务争议解决

国家鼓励电子商务平台经营者建立有利于电子商务发展和消费者权益保护的商品、服务质量担保机制。电子商务平台经营者与平台内经营者协议设立消费者权益保证金的，双方应当就消费者权益保证金的提取数额、管理、使用和退还办法等作出明确约定。消费者要求电子商务平台经营者承担先行赔偿责任以及电子商务平台经营者赔偿后向平台内经营者的追偿，适用《中华人民共和国消费者权益保护法》的有关规定。

电子商务经营者应当建立便捷、有效的投诉、举报机制，公开投诉、举报方式等信息，及时受理并处理投诉、举报。

电子商务争议可以通过协商和解，请求消费者组织、行业协会或者其他依法成立的调解组织调解，向有关部门投诉，提请仲裁，或者提起诉讼等方式解决。消费者在电子商务平台购买商品或者接受服务，与平台内经营者发生争议时，电子商务平台经营者应当积极协助消费者维护合法权益。

在电子商务争议处理中，电子商务经营者应当提供原始合同和交易记录。因电子商务经营者丢失、伪造、篡改、销毁、隐匿或者拒绝提供前述资料，致使人民法院、仲裁机构或者有关机关无法查明事实的，电子商务经营者应当承担相应的法律责任。

电子商务平台经营者可以建立争议在线解决机制，制定并公示争议解决规则，根据自愿原则，公平、公正地解决当事人的争议。

5.电子商务促进

国务院和省、自治区、直辖市人民政府应当将电子商务发展纳入国民经济和社会发展规划，制定科学合理的产业政策，促进电子商务创新发展。

国务院和县级以上地方人民政府及其有关部门应当采取措施，支持、推动绿色包装、仓储、运输，促进电子商务绿色发展。

国家推动电子商务基础设施和物流网络建设，完善电子商务统计制度，加强电子商务标准体系建设。国家推动电子商务在国民经济各个领域的应用，支持电子商务与各产业融合发展。

国家促进农业生产、加工、流通等环节的互联网技术应用，鼓励各类社会资源加强合作，促进农村电子商务发展，发挥电子商务在精准扶贫中的作用。

国家维护电子商务交易安全，保护电子商务用户信息，鼓励电子商务数据开发应用，保障电子商务数据依法有序自由流动。国家采取措施推动建立公共数据共享机制，促进电子商务经营者依法利用公共数据。

国家支持依法设立的信用评价机构开展电子商务信用评价，向社会提供电子商务信用评价服务。

国家促进跨境电子商务发展，建立健全适应跨境电子商务特点的海关、税收、进出境检验检疫、支付结算等管理制度，提高跨境电子商务各环节便利化水平，支持跨境电子商务平台经营者等为跨境电子商务提供仓储物流、报关、报检等服务。国家支持小型微型企业从事跨境电子商务。

国家进出口管理部门应当推进跨境电子商务海关申报、纳税、检验检疫等环节的综合服务和监管体系建设，优化监管流程，推动实现信息共享、监管互认、执法互助，提高跨境电子商务服务和监管效率。跨境电子商务经营者可以凭电子单证向国家进出口管理部门办理有关手续。

国家推动建立与不同国家、地区之间跨境电子商务的交流合作，参与电子商务国际规则的制定，促进电子签名、电子身份等国际互认。国家推动建立与不同国家、地区之间的跨境电子商务争议解决机制。

6. 法律责任

电子商务经营者销售商品或者提供服务，不履行合同义务或者履行合同义务不符合约定，或者造成他人损害的，依法承担民事责任。

电子商务经营者违反《电子商务法》第十二条、第十三条规定，未取得相关行政许可从事经营活动，或者销售、提供法律、行政法规禁止交易的商品、服务，或者不履行《电子商务法》第二十五条规定的信息提供义务，电子商务平台经营者违反《电子商务法》第四十六条规定，采取集中交易方式进行交易，或者进行标准化合约交易的，依照有关法律、行政法规的规定处罚。

电子商务经营者违反《电子商务法》规定，有下列行为之一的，由市场监督管理部门责令限期改正，可以处1万元以下的罚款，对其中的电子商务平台经营者，依照《电子商务法》第八十一条第一款的规定处罚：①未在首页显著位置公示营业执照信息、行政许可信息、属于不需要办理市场主体登记情形等信息，或者上述信息的链接标识的。②未在首页显著位置持续公示终止电子商务的有关信息的。③未明示用户信息查询、更正、删除以及用户注销的方式、程序，或者对用户信息查询、更正、删除以及用户注销设置不合理条件的。电子商务平台经营者对违反前款规定的平台内经营者未采取必要措施的，由市场监督管理部门责令限期改正，可以处2万元以上10万元以下的罚款。

电子商务经营者违反《电子商务法》第十八条第一款规定提供搜索结果，或者违反《电子商务法》第十九条规定搭售商品、服务的，由市场监督管理部门责令限期改正，没收违法所得，可以并处5万元以上20万元以下的罚款；情节严重的，并处20万元以上50万元以下的罚款。

电子商务经营者违反《电子商务法》第二十一条规定，未向消费者明示押金退还的方式、程序，对押金退还设置不合理条件，或者不及时退还押金的，由有关主管部门责令限期改正，可以处5万元以上20万元以下的罚款；情节严重的，处20万元以上50万元以下的罚款。

电子商务经营者违反法律、行政法规有关个人信息保护的规定，或者不履行《电子商务法》第三十条和有关法律、行政法规规定的网络安全保障义务的，依照《中华人民共和国网络安全法》等法律、行政法规的规定处罚。

电子商务平台经营者有下列行为之一的，由有关主管部门责令限期改正；逾期不改正的，处 2 万元以上 10 万元以下的罚款；情节严重的，责令停业整顿，并处 10 万元以上 50 万元以下的罚款：①不履行《电子商务法》第二十七条规定的核验、登记义务的。②不按照《电子商务法》第二十八条规定向市场监督管理部门、税务部门报送有关信息的。③不按照《电子商务法》第二十九条规定对违法情形采取必要的处置措施，或者未向有关主管部门报告的。④不履行《电子商务法》第三十一条规定的商品和服务信息、交易信息保存义务的。法律、行政法规对上述违法行为的处罚另有规定的，依照其规定。

电子商务平台经营者违反《电子商务法》规定，有下列行为之一的，由市场监督管理部门责令限期改正，可以处 2 万元以上 10 万元以下的罚款；情节严重的，处 10 万元以上 50 万元以下的罚款。①未在首页显著位置持续公示平台服务协议、交易规则信息或者上述信息的链接标识的。②修改交易规则未在首页显著位置公开征求意见，未按照规定的时间提前公示修改内容，或者阻止平台内经营者退出的。③未以显著方式区分标记自营业务和平台内经营者开展的业务的。④未为消费者提供对平台内销售的商品或者提供的服务进行评价的途径，或者擅自删除消费者的评价的。电子商务平台经营者违反《电子商务法》第四十条规定，对竞价排名的商品或者服务未显著标明"广告"的，依照《广告法》的规定处罚。

电子商务平台经营者违反《电子商务法》第三十五条规定，对平台内经营者在平台内的交易、交易价格或者与其他经营者的交易等进行不合理限制或者附加不合理条件，或者向平台内经营者收取不合理费用的，由市场监督管理部门责令限期改正，可以处 5 万元以上 50 万元以下的罚款；情节严重的，处 50 万元以上 200 万元以下的罚款。

电子商务平台经营者违反《电子商务法》第三十八条规定，对平台内经营者侵害消费者合法权益行为未采取必要措施，或者对平台内经营者未尽到资质资格审核义务，或者对消费者未尽到安全保障义务的，由市场监督管理部门责令限期改正，可以处 5 万元以上 50 万元以下的罚款；情节严重的，责令停业整顿，并处 50 万元以上 200 万元以下的罚款。

电子商务平台经营者违反《电子商务法》第四十二条、第四十五条规定，对平台内经营者实施侵犯知识产权行为未依法采取必要措施的，由有关知识产权行政部门责令限期改正；逾期不改正的，处 5 万元以上 50 万元以下的罚款；情节严重的，处 50 万元以上 200 万元以下的罚款。

电子商务经营者违反《电子商务法》规定，销售的商品或者提供的服务不符合保障人身、财产安全的要求，实施虚假或者引人误解的商业宣传等不正当竞争行为，滥用市场支配地位，或者实施侵犯知识产权、侵害消费者权益等行为的，依照有关法律的规定处罚。

电子商务经营者有《电子商务法》规定的违法行为的，依照有关法律、行政法规的规定记入信用档案，并予以公示。

依法负有电子商务监督管理职责的部门的工作人员，玩忽职守、滥用职权、徇私舞弊，或者泄露、出售或者非法向他人提供在履行职责中所知悉的个人信息、隐私和商业秘密的，依法追究法律责任。

违反《电子商务法》规定，构成违反治安管理行为的，依法给予治安管理处罚；构成犯罪的，依法追究刑事责任。

（二）公益事业捐赠法律制度

根据《中华人民共和国公益事业捐赠法》（以下简称《公益事业捐赠法》）的规定，公益事业捐赠法律制度如下。

1. 总则

自然人、法人或者其他组织自愿无偿向依法成立的公益性社会团体和公益性非营利的事业单位捐赠财产，用于公益事业的，适用《公益事业捐赠法》。

《公益事业捐赠法》所称公益事业是指非营利的下列事项：①救助灾害、救济贫困、扶助残疾人等困难的社会群体和个人的活动。②教育、科学、文化、卫生、体育事业。③环境保护、社会公共设施建设。④促进社会发展和进步的其他社会公共和福利事业。

捐赠应当是自愿和无偿的，禁止强行摊派或者变相摊派，不得以捐赠为名从事营利活动。捐赠财产的使用应当尊重捐赠人的意愿，符合公益目的，不得将捐赠财产挪作他用。捐赠应当遵守法律、法规，不得违背社会公德，不得损害公共利益和其他公民的合法权益。

公益性社会团体受赠的财产及其增值为社会公共财产，受国家法律保护，任何单位和个人不得侵占、挪用和损毁。

国家鼓励公益事业的发展，对公益性社会团体和公益性非营利的事业单位给予扶持和优待。国家鼓励自然人、法人或者其他组织对公益事业进行捐赠。对公益事业捐赠有突出贡献的自然人、法人或者其他组织，由人民政府或者有关部门予以表彰。对捐赠人进行公开表彰，应当事先征求捐赠人的意见。

2. 捐赠和受赠

自然人、法人或者其他组织可以选择符合其捐赠意愿的公益性社会团体和公益性非营利的事业单位进行捐赠。捐赠的财产应当是其有权处分的合法财产。

公益性社会团体和公益性非营利的事业单位可以依照《公益事业捐赠法》接受捐赠。上述所称公益性社会团体是指依法成立的，以发展公益事业为宗旨的基金会、慈善组织等社会团体；上述所称公益性非营利的事业单位是指依法成立的，从事公益事业的不以营利为目的的教育机构、科学研究机构、医疗卫生机构、社会公共文化机构、社会公共体育机构和社会福利机构等。

在发生自然灾害时或者境外捐赠人要求县级以上人民政府及其部门作为受赠人时，县级以上人民政府及其部门可以接受捐赠，并依照《公益事业捐赠法》的有关规定对捐赠财产进行管理。县级以上人民政府及其部门可以将受赠财产转交公益性社会团体或者公益性非营利的事业单位；也可以按照捐赠人的意愿分发或者兴办公益事业，但是不得以本机关为受益对象。

捐赠人可以与受赠人就捐赠财产的种类、质量、数量和用途等内容订立捐赠协议。捐赠人有权决定捐赠的数量、用途和方式。捐赠人应当依法履行捐赠协议，按照捐赠协议约定的期限和方式将捐赠财产转移给受赠人。

捐赠人捐赠财产兴建公益事业工程项目，应当与受赠人订立捐赠协议，对工程项目的资金、建设、管理和使用作出约定。捐赠的公益事业工程项目由受赠单位按照国家有关规定办理项目审批手续，并组织施工或者由受赠人和捐赠人共同组织施工。工程质量应当符合国家质量标准。捐赠的公益事业工程项目竣工后，受赠单位应当将工程建设、建设资金的使用和工程质量验收情况向捐赠人通报。

捐赠人对于捐赠的公益事业工程项目可以留名纪念；捐赠人单独捐赠的工程项目或者主要由捐赠人出资兴建的工程项目，可以由捐赠人提出工程项目的名称，报县级以上人民政府批准。

境外捐赠人捐赠的财产，由受赠人按照国家有关规定办理入境手续；捐赠实行许可证管理的物品，由受赠人按照国家有关规定办理许可证申领手续，海关凭许可证验放、监管。华侨向境内捐赠的，县级以上人民政府侨务部门可以协助办理有关入境手续，为捐赠人实施捐赠项目提供帮助。

3. 捐赠财产的使用和管理

受赠人接受捐赠后，应当向捐赠人出具合法、有效的收据，将受赠财产登记造册，妥善保管。

公益性社会团体应当将受赠财产用于资助符合其宗旨的活动和事业。对于接受的救助灾害的捐赠财产，应当及时用于救助活动。基金会每年用于资助公益事业的资金数额，不得低于国家规定的比例。公益性社会团体应当严格遵守国家的有关规定，按照合法、安全、有效的原则，积极实现捐赠财产的保值增值。公益性非营利的事业单位应当将受赠财产用于发展本单位的公益事业，不得挪作他用。对于不易储存、运输和超过实际需要的受赠财产，受赠人可以变卖，所取得的全部收入，应当用于捐赠目的。

受赠人与捐赠人订立了捐赠协议的，应当按照协议约定的用途使用捐赠财产，不得擅自改变捐赠财产的用途。如果确需改变用途的，应当征得捐赠人的同意。受赠人应当依照国家有关规定，建立健全财务会计制度和受赠财产的使用制度，加强对受赠财产的管理。

受赠人每年度应当向政府有关部门报告受赠财产的使用、管理情况，接受监督。必要时，政府有关部门可以对其财务进行审计。海关对减免关税的捐赠物品依法实施监督和管理。县级以上人民政府侨务部门可以参与对华侨向境内捐赠财产使用与管理的监督。

捐赠人有权向受赠人查询捐赠财产的使用、管理情况，并提出意见和建议。对于捐赠人的查询，受赠人应当如实答复。受赠人应当公开接受捐赠的情况和受赠财产的使用、管理情况，接受社会监督。

公益性社会团体应当厉行节约，降低管理成本，工作人员的工资和办公费用从利息等收入中按照国家规定的标准开支。

4. 优惠措施

公司和其他企业依照《公益事业捐赠法》的规定捐赠财产用于公益事业，依照法律、行政法规的规定享受企业所得税方面的优惠。

自然人和个体工商户依照《公益事业捐赠法》的规定捐赠财产用于公益事业，依照法律、行政法规的规定享受个人所得税方面的优惠。

境外向公益性社会团体和公益性非营利的事业单位捐赠的用于公益事业的物资，依照法律、行政法规的规定减征或者免征进口关税和进口环节的增值税。

对于捐赠的工程项目，当地人民政府应当给予支持和优惠。

5. 法律责任

受赠人未征得捐赠人的许可，擅自改变捐赠财产的性质、用途的，由县级以上人民政府有关部门责令改正，给予警告；拒不改正的，经征求捐赠人的意见，由县级以上人民政府将捐赠财产交由与其宗旨相同或者相似的公益性社会团体或者公益性非营利的事业单位管理。

挪用、侵占或者贪污捐赠款物的，由县级以上人民政府有关部门责令退还所用、所得款物，并处以罚款；对直接责任人员，由所在单位依照有关规定予以处理；构成犯罪的，依法追究刑事责任。追回、追缴的捐赠款物，应当用于原捐赠目的和用途。

在捐赠活动中，有下列行为之一的，依照法律、法规的有关规定予以处罚；构成犯罪的，依法追究刑事责任：①逃汇、骗购外汇的。②偷税、逃税的。③进行走私活动的。④未经海关许可并且未补缴应缴税额，擅自将减税、免税进口的捐赠物资在境内销售、转让或者移作他用的。

受赠单位的工作人员，滥用职权，玩忽职守，徇私舞弊，致使捐赠财产造成重大损失的，由所在单位依照有关规定予以处理；构成犯罪的，依法追究刑事责任。

（三）慈善法律制度

根据《中华人民共和国慈善法》（以下简称《慈善法》）的规定，慈善法律制度如下。

1. 总则

自然人、法人和其他组织开展慈善活动以及与慈善有关的活动，适用《慈善法》。其他法律有特别规定的，依照其规定。

《慈善法》所称慈善活动，是指自然人、法人和其他组织以捐赠财产或者提供服务等方式，自愿开展的下列公益活动：①扶贫、济困。②扶老、救孤、恤病、助残、优抚。③救助自然灾害、事故灾难和公共卫生事件等突发事件造成的损害。④促进教育、科学、文化、卫生、体育等事业的发展。⑤防治污染和其他公害，保护和改善生态环境。⑥符合《慈善法》规定的其他公益活动。

开展慈善活动，应当遵循合法、自愿、诚信、非营利的原则，不得违背社会公德，不得危害国家安全、损害社会公共利益和他人合法权益。国家鼓励和支持自然人、法人和其他组织践行社会主义核心价值观，弘扬中华民族传统美德，依法开展慈善活动。

国务院民政部门主管全国慈善工作，县级以上地方各级人民政府民政部门主管本行政区域内的慈善工作；县级以上人民政府有关部门依照《慈善法》和其他有关法律法规，在各自的职责范围内做好相关工作。每年9月5日为"中华慈善日"。

2. 慈善组织

《慈善法》所称慈善组织，是指依法成立、符合《慈善法》规定，以面向社会开展慈善活动为宗旨的非营利性组织。慈善组织可以采取基金会、社会团体、社会服务机构等组织形式。

慈善组织应当符合下列条件：①以开展慈善活动为宗旨。②不以营利为目的。③有自己的名称和住所。④有组织章程。⑤有必要的财产。⑥有符合条件的组织机构和负责人。⑦法律、行政法规规定的其他条件。

设立慈善组织，应当向县级以上人民政府民政部门申请登记，民政部门应当自受理申请之日起30日内作出决定。符合《慈善法》规定条件的，准予登记并向社会公告；不符合《慈善法》规定条件的，不予登记并书面说明理由。《慈善法》公布前已经设立的基金会、社会团体、社会服务机构等非营利性组织，可以向其登记的民政部门申请认定为慈善组织，民政部门应当自受理申请之日起20日内作出决定。符合慈善组织条件的，予以认定并向社会公告；不符合慈善组织条件的，不予认定并书面说明理由。有特殊情况需要延长登记或者认定期限的，报经国务院民政部门批准，可以适当延长，但延长的期限不得超过60日。

慈善组织的章程，应当符合法律法规的规定，并载明下列事项：①名称和住所。②组织形式。③宗旨和活动范围。④财产来源及构成。⑤决策、执行机构的组成及职责。⑥内部监督机制。⑦财产管理使用制度。⑧项目管理制度。⑨终止情形及终止后的清算办法。⑩其他重要事项。

慈善组织应当根据法律法规以及章程的规定，建立健全内部治理结构，明确决策、执行、监督等方面的职责权限，开展慈善活动。慈善组织应当执行国家统一的会计制度，依法进行会计核算，建立健全会计监督制度，并接受政府有关部门的监督管理。

慈善组织应当每年向其登记的民政部门报送年度工作报告和财务会计报告。报告应当包括年度开展募捐和接受捐赠情况、慈善财产的管理使用情况、慈善项目实施情况以及慈善组织工作人员的工资福利情况。

慈善组织的发起人、主要捐赠人以及管理人员，不得利用其关联关系损害慈善组织、受益人的利益和社会公共利益。慈善组织的发起人、主要捐赠人以及管理人员与慈善组织发生交易行为的，不得参与慈善组织有关该交易行为的决策，有关交易情况应当向社会公开。

慈善组织不得从事、资助危害国家安全和社会公共利益的活动，不得接受附加违反法律法规和违背社会公德条件的捐赠，不得对受益人附加违反法律法规和违背社会公德的条件。

有下列情形之一的，不得担任慈善组织的负责人：①无民事行为能力或者限制民事行为能力的。②因故意犯罪被判处刑罚，自刑罚执行完毕之日起未逾 5 年的。③在被吊销登记证书或者被取缔的组织担任负责人，自该组织被吊销登记证书或者被取缔之日起未逾 5 年的。④法律、行政法规规定的其他情形。

慈善组织有下列情形之一的，应当终止：①出现章程规定的终止情形的。②因分立、合并需要终止的。③连续 2 年未从事慈善活动的。④依法被撤销登记或者吊销登记证书的。⑤法律、行政法规规定应当终止的其他情形。

慈善组织终止，应当进行清算。慈善组织的决策机构应当在《慈善法》第十七条规定的终止情形出现之日起 30 日内成立清算组进行清算，并向社会公告。不成立清算组或者清算组不履行职责的，民政部门可以申请人民法院指定有关人员组成清算组进行清算。慈善组织清算后的剩余财产，应当按照慈善组织章程的规定转给宗旨相同或者相近的慈善组织；章程未规定的，由民政部门主持转给宗旨相同或者相近的慈善组织，并向社会公告。慈善组织清算结束后，应当向其登记的民政部门办理注销登记，并由民政部门向社会公告。

慈善组织依法成立行业组织。慈善行业组织应当反映行业诉求，推动行业交流，提高慈善行业公信力，促进慈善事业发展。慈善组织的组织形式、登记管理的具体办法由国务院制定。

3. 慈善募捐

《慈善法》所称慈善募捐，是指慈善组织基于慈善宗旨募集财产的活动。慈善募捐包括面向社会公众的公开募捐和面向特定对象的定向募捐。

慈善组织开展公开募捐，应当取得公开募捐资格。依法登记满 2 年的慈善组织，可以向其登记的民政部门申请公开募捐资格。民政部门应当自受理申请之日起 20 日内作出决定。慈善组织符合内部治理结构健全、运作规范的条件的，发给公开募捐资格证书；不符合条件的，不发给公开募捐资格证书并书面说明理由。法律、行政法规规定自登记之日起可以公开募捐的基金会和社会团体，由民政部门直接发给公开募捐资格证书。

开展公开募捐，可以采取下列方式：①在公共场所设置募捐箱。②举办面向社会公众的义演、义赛、义卖、义展、义拍、慈善晚会等。③通过广播、电视、报刊、互联网等媒体发布募捐信息。④其他公开募捐方式。慈善组织采取第一项、第二项规定的方式开展公开募捐的，应当在其登记的民政部门管辖区域内进行，确有必要在其登记的民政部门管辖区域外进行的，应当报其开展募捐活动所在地的县级以上人民政府民政部门备案。捐赠人的捐赠行为不受地域限制。慈善组织通过互联网开展公开募捐的，应当在国务院民政部门统一或者指定的慈善信息平台发布募捐信息，并可以同时在其网站发布募捐信息。

开展公开募捐，应当制定募捐方案。募捐方案包括募捐目的、起止时间和地域、活动负责人姓名和办公地址、接受捐赠方式、银行账户、受益人、募得款物用途、募捐成本、剩余财产的处理等。募捐方案应当在开展募捐活动前报慈善组织登记的民政部门备案。

开展公开募捐，应当在募捐活动现场或者募捐活动载体的显著位置，公布募捐组织名称、公开募捐资格证书、募捐方案、联系方式、募捐信息查询方法等。不具有公开募捐资格的组织或者个人基于慈善目的，可以与具有公开募捐资格的慈善组织合作，由该慈善组织开展公开募捐并管理募得款物。广播、电视、报刊以及网络服务提供者、电信运营商，应当对利用其平台开展公开募捐的慈善组织的登记证书、公开募捐资格证书进行验证。

慈善组织自登记之日起可以开展定向募捐。慈善组织开展定向募捐，应当在发起人、理事会成员和会员等特定对象的范围内进行，并向募捐对象说明募捐目的、募得款物用途等事项。开展定向募捐，不得采取或者变相采取《慈善法》第二十三条规定的方式。

发生重大自然灾害、事故灾难和公共卫生事件等突发事件，需要迅速开展救助时，有关人民政府应当建立协调机制，提供需求信息，及时有序引导开展募捐和救助活动。

开展募捐活动，应当尊重和维护募捐对象的合法权益，保障募捐对象的知情权，不得通过虚构事实等方式欺骗、诱导募捐对象实施捐赠。开展募捐活动，不得摊派或者变相摊派，不得妨碍公共秩序、企业生产经营和居民生活。禁止任何组织或者个人假借慈善名义或者假冒慈善组织开展募捐活动，骗取财产。

4.慈善捐赠

《慈善法》所称慈善捐赠，是指自然人、法人和其他组织基于慈善目的，自愿、无偿赠与财产的活动。捐赠人可以通过慈善组织捐赠，也可以直接向受益人捐赠。

捐赠人捐赠的财产应当是其有权处分的合法财产。捐赠财产包括货币、实物、房屋、有价证券、股权、知识产权等有形和无形财产。捐赠人捐赠的实物应当具有使用价值，符合安全、卫生、环保等标准。捐赠人捐赠本企业产品的，应当依法承担产品质量责任和义务。

自然人、法人和其他组织开展演出、比赛、销售、拍卖等经营性活动，承诺将全部或者部分所得用于慈善目的的，应当在举办活动前与慈善组织或者其他接受捐赠的人签订捐赠协议，活动结束后按照捐赠协议履行捐赠义务，并将捐赠情况向社会公开。

慈善组织接受捐赠，应当向捐赠人开具由财政部门统一监（印）制的捐赠票据。捐赠票据应当载明捐赠人、捐赠财产的种类及数量、慈善组织名称和经办人姓名、票据日期等。捐赠人匿名或者放弃接受捐赠票据的，慈善组织应当做好相关记录。

慈善组织接受捐赠，捐赠人要求签订书面捐赠协议的，慈善组织应当与捐赠人签订书面捐赠协议。书面捐赠协议包括捐赠人和慈善组织名称，捐赠财产的种类、数量、质量、用途、交付时间等内容。

捐赠人与慈善组织约定捐赠财产的用途和受益人时，不得指定捐赠人的利害关系人作为受益人。任何组织和个人不得利用慈善捐赠违反法律规定宣传烟草制品，不得利用慈善捐赠以任何方式宣传法律禁止宣传的产品和事项。

捐赠人应当按照捐赠协议履行捐赠义务。捐赠人违反捐赠协议逾期未交付捐赠财产，有下列情形之一的，慈善组织或者其他接受捐赠的人可以要求交付；捐赠人拒不交付的，慈善组织和其他接受捐赠的人可以依法向人民法院申请支付令或者提起诉讼：①捐赠人通过广播、电视、报刊、互联网等媒体公开承诺捐赠的。②捐赠财产用于《慈善法》第三条第一项至第三项规定的慈善活动，并签订书面捐赠协议的。捐赠人公开承诺捐赠或者签订书面捐赠协议后经济状况显著恶化，严重影响其生产经营或者家庭生活的，经向公开承诺捐赠地或者书面捐赠协议签订地的民政部门报告并向社会公开说明情况后，可以不再履行捐赠义务。

捐赠人有权查询、复制其捐赠财产管理使用的有关资料，慈善组织应当及时主动向捐赠人反馈有关情况。慈善组织违反捐赠协议约定的用途，滥用捐赠财产的，捐赠人有权要求其改正；拒不改正的，捐赠人可以向民政部门投诉、举报或者向人民法院提起诉讼。国有企业实施慈善捐赠应当遵守有关国有资产管理的规定，履行批准和备案程序。

5. 慈善信托

《慈善法》所称慈善信托属于公益信托，是指委托人基于慈善目的，依法将其财产委托给受托人，由受托人按照委托人意愿以受托人名义进行管理和处分，开展慈善活动的行为。

设立慈善信托、确定受托人和监察人，应当采取书面形式。受托人应当在慈善信托文件签订之日起7日内，将相关文件向受托人所在地县级以上人民政府民政部门备案。未按照上述规定将相关文件报民政部门备案的，不享受税收优惠。

慈善信托的受托人，可以由委托人确定其信赖的慈善组织或者信托公司担任。慈善信托的受托人违反信托义务或者难以履行职责的，委托人可以变更受托人。变更后的受托人应当自变更之日起7日内，将变更情况报原备案的民政部门重新备案。

慈善信托的受托人管理和处分信托财产，应当按照信托目的，恪尽职守，履行诚信、谨慎管理的义务。慈善信托的受托人应当根据信托文件和委托人的要求，及时向委托人报告信托事务处理情况、信托财产管理使用情况。慈善信托的受托人应当每年至少一次将信托事务处理情况及财务状况向其备案的民政部门报告，并向社会公开。

慈善信托的委托人根据需要，可以确定信托监察人。信托监察人对受托人的行为进行监督，依法维护委托人和受益人的权益。信托监察人发现受托人违反信托义务或者难以履行职责的，应当向委托人报告，并有权以自己的名义向人民法院提起诉讼。

6. 慈善财产

慈善组织的财产包括：①发起人捐赠、资助的创始财产。②募集的财产。③其他合法财产。

慈善组织的财产应当根据章程和捐赠协议的规定全部用于慈善目的，不得在发起人、捐赠人以及慈善组织成员中分配。任何组织和个人不得私分、挪用、截留或者侵占慈善财产。

慈善组织对募集的财产，应当登记造册，严格管理，专款专用。捐赠人捐赠的实物不易储存、运输或者难以直接用于慈善目的的，慈善组织可以依法拍卖或者变卖，所得收入扣除必要费用后，应当全部用于慈善目的。

慈善组织为实现财产保值、增值进行投资的，应当遵循合法、安全、有效的原则，投资取得的收益应当全部用于慈善目的。慈善组织的重大投资方案应当经决策机构组成人员2/3以上同意。政府资助的财产和捐赠协议约定不得投资的财产，不得用于投资。慈善组织的负责人和工作人员不得在慈善组织投资的企业兼职或者领取报酬。

慈善组织开展慈善活动，应当依照法律法规和章程的规定，按照募捐方案或者捐赠协议使用捐赠财产。慈善组织确需变更募捐方案规定的捐赠财产用途的，应当报民政部门备案；确需变更捐赠协议约定的捐赠财产用途的，应当征得捐赠人同意。

慈善组织应当合理设计慈善项目，优化实施流程，降低运行成本，提高慈善财产使用效益。慈善组织应当建立项目管理制度，对项目实施情况进行跟踪监督。

慈善项目终止后捐赠财产有剩余的，按照募捐方案或者捐赠协议处理；募捐方案未规定或者捐赠协议未约定的，慈善组织应当将剩余财产用于目的相同或者相近的其他慈善项目，并向社会公开。

慈善组织确定慈善受益人，应当坚持公开、公平、公正的原则，不得指定慈善组织管理人员的利害关系人作为受益人。

慈善组织根据需要可以与受益人签订协议，明确双方权利义务，约定慈善财产的用途、数额和使用方式等内容。受益人应当珍惜慈善资助，按照协议使用慈善财产。受益人未按照协议使用慈善财产或者有其他严重违反协议情形的，慈善组织有权要求其改正；受益人拒不改正的，慈善组织有权解除协议并要求受益人返还财产。

慈善组织应当积极开展慈善活动，充分、高效运用慈善财产，并遵循管理费用最必要原则，厉行节约，减少不必要的开支。慈善组织中具有公开募捐资格的基金会开展慈善活动的年度支出，不得低于上 1 年总收入的 70% 或者前 3 年收入平均数额的 70%；年度管理费用不得超过当年总支出的 10%，在特殊情况下，年度管理费用难以符合前述规定的，应当报告其登记的民政部门并向社会公开说明情况。具有公开募捐资格的基金会以外的慈善组织开展慈善活动的年度支出和管理费用的标准，由国务院民政部门会同国务院财政、税务等部门依照上述规定的原则制定。捐赠协议对单项捐赠财产的慈善活动支出和管理费用有约定的，按照其约定。

7. 慈善服务

《慈善法》所称慈善服务，是指慈善组织和其他组织以及个人基于慈善目的，向社会或者他人提供的志愿无偿服务以及其他非营利服务。慈善组织开展慈善服务，可以自己提供或者招募志愿者提供，也可以委托有服务专长的其他组织提供。

开展慈善服务，应当尊重受益人、志愿者的人格尊严，不得侵害受益人、志愿者的隐私。开展医疗康复、教育培训等慈善服务，需要专门技能的，应当执行国家或者行业组织制定的标准和规程。慈善组织招募志愿者参与慈善服务，需要专门技能的，应当对志愿者开展相关培训。

慈善组织招募志愿者参与慈善服务，应当公示与慈善服务有关的全部信息，告知服务过程中可能发生的风险。慈善组织根据需要可以与志愿者签订协议，明确双方权利义务，约定服务的内容、方式和时间等。

慈善组织应当对志愿者实名登记，记录志愿者的服务时间、内容、评价等信息。根据志愿者的要求，慈善组织应当无偿、如实出具志愿服务记录证明。慈善组织安排志愿者参与慈善服务，应当与志愿者的年龄、文化程度、技能和身体状况相适应。志愿者接受慈善组织安排参与慈善服务的，应当服从管理，接受必要的培训。

慈善组织应当为志愿者参与慈善服务提供必要条件，保障志愿者的合法权益。慈善组织安排志愿者参与可能发生人身危险的慈善服务前，应当为志愿者购买相应的人身意外伤害保险。

8. 信息公开

县级以上人民政府建立健全慈善信息统计和发布制度。县级以上人民政府民政部门应当在统一的信息平台，及时向社会公开慈善信息，并免费提供慈善信息发布服务。慈善组织和慈善信托的受托人应当在前款规定的平台发布慈善信息，并对信息的真实性负责。

县级以上人民政府民政部门和其他有关部门应当及时向社会公开下列慈善信息：①慈善组织登记事项。②慈善信托备案事项。③具有公开募捐资格的慈善组织名单。④具有出具公益性捐赠税前扣除票据资格的慈善组织名单。⑤对慈善活动的税收优惠、资助补贴等促进措施。⑥向慈善组织购买服务的信息。⑦对慈善组织、慈善信托开展检查、评估的结果。⑧对慈善组织和其他组织以及个人的表彰、处罚结果。⑨法律法规规定应当公开的其他信息。

慈善组织、慈善信托的受托人应当依法履行信息公开义务。信息公开应当真实、完整、及时。慈善组织应当向社会公开组织章程和决策、执行、监督机构成员信息以及国务院民政部门要求公开的其他信息。上述信息有重大变更的，慈善组织应当及时向社会公开。慈善组织应当每年向社会公开其年度工作报告和财务会计报告。具有公开募捐资格的慈善组织的财务会计报告须经审计。

具有公开募捐资格的慈善组织应当定期向社会公开其募捐情况和慈善项目实施情况。公开募捐周期超过 6 个月的，至少每 3 个月公开一次募捐情况，公开募捐活动结束后 3 个月内应当全面公开募捐情况。慈善项目实施周期超过 6 个月的，至少每 3 个月公开一次项目实施情况，项目结束后 3 个月内应当全面公开项目实施情况和募得款物使用情况。

慈善组织开展定向募捐的，应当及时向捐赠人告知募捐情况、募得款物的管理使用情况。慈善组织、慈善信托的受托人应当向受益人告知其资助标准、工作流程和工作规范等信息。涉及国家秘密、商业秘密、个人隐私的信息以及捐赠人、慈善信托的委托人不同意公开的姓名、名称、住所、通讯方式等信息，不得公开。

9. 促进措施

县级以上人民政府应当根据经济社会发展情况，制定促进慈善事业发展的政策和措施。县级以上人民政府有关部门应当在各自职责范围内，向慈善组织、慈善信托受托人等提供慈善需求信息，为慈善活动提供指导和帮助。县级以上人民政府民政部门应当建立与其他部门之间的慈善信息共享机制。

慈善组织及其取得的收入依法享受税收优惠。自然人、法人和其他组织捐赠财产用于慈善活动的，依法享受税收优惠。企业慈善捐赠支出超过法律规定的准予在计算企业所得税应纳税所得额时当年扣除的部分，允许结转以后 3 年内在计算应纳税所得额时扣除。境外捐赠用于慈善活动的物资，依法减征或者免征进口关税和进口环节增值税。受益人接受慈善捐赠，依法享受税收优惠。慈善组织、捐赠人、受益人依法享受税收优惠的，有关部门应当及时办理相关手续。

捐赠人向慈善组织捐赠实物、有价证券、股权和知识产权的，依法免征权利转让的相关行政事业性费用。国家对开展扶贫济困的慈善活动，实行特殊的优惠政策。

慈善组织开展《慈善法》第三条第一项、第二项规定的慈善活动需要慈善服务设施用地的，可以依法申请使用国有划拨土地或者农村集体建设用地。慈善服务设施用地非经法定程序不得改变用途。

国家为慈善事业提供金融政策支持，鼓励金融机构为慈善组织、慈善信托提供融资和结算等金融服务。各级人民政府及其有关部门可以依法通过购买服务等方式，支持符合条件的慈善组织向社会提供服务，并依照有关政府采购的法律法规向社会公开相关情况。

国家采取措施弘扬慈善文化，培育公民慈善意识。学校等教育机构应当将慈善文化纳入教育教学内容。国家鼓励高等学校培养慈善专业人才，支持高等学校和科研机构开展慈善理论研究。广播、电视、报刊、互联网等媒体应当积极开展慈善公益宣传活动，普及慈善知识，传播慈善文化。

国家鼓励企业事业单位和其他组织为开展慈善活动提供场所和其他便利条件。经受益人同意，捐赠人对其捐赠的慈善项目可以冠名纪念，法律法规规定需要批准的，从其规定。国家建立慈善表彰制度，对在慈善事业发展中做出突出贡献的自然人、法人和其他组织，由县级以上人民政府或者有关部门予以表彰。

10. 监督管理

县级以上人民政府民政部门应当依法履行职责，对慈善活动进行监督检查，对慈善行业组织进行指导。

县级以上人民政府民政部门对涉嫌违反《慈善法》规定的慈善组织，有权采取下列措施：①对慈善组织的住所和慈善活动发生地进行现场检查。②要求慈善组织作出说明，查阅、复制有关资料。③向与慈善活动有关的单位和个人调查与监督管理有关的情况。④经本级人民政府批准，可以查询慈善组织的金融账户。⑤法律、行政法规规定的其他措施。

县级以上人民政府民政部门对慈善组织、有关单位和个人进行检查或者调查时，检查人员或者调查人员不得少于2人，并应当出示合法证件和检查、调查通知书。

县级以上人民政府民政部门应当建立慈善组织及其负责人信用记录制度，并向社会公布。民政部门应当建立慈善组织评估制度，鼓励和支持第三方机构对慈善组织进行评估，并向社会公布评估结果。慈善行业组织应当建立健全行业规范，加强行业自律。

任何单位和个人发现慈善组织、慈善信托有违法行为的，可以向民政部门、其他有关部门或者慈善行业组织投诉、举报。民政部门、其他有关部门或者慈善行业组织接到投诉、举报后，应当及时调查处理。国家鼓励公众、媒体对慈善活动进行监督，对假借慈善名义或者假冒慈善组织骗取财产以及慈善组织、慈善信托的违法违规行为予以曝光，发挥舆论和社会监督作用。

11. 法律责任

慈善组织有下列情形之一的，由民政部门责令限期改正；逾期不改正的，吊销登记证书并予以公告：①未按照慈善宗旨开展活动的。②私分、挪用、截留或者侵占慈善财产的。③接受附加违反法律法规或者违背社会公德条件的捐赠，或者对受益人附加违反法律法规或者违背社会公德的条件的。

慈善组织有下列情形之一的，由民政部门予以警告、责令限期改正；逾期不改正的，责令限期停止活动并进行整改：①违反《慈善法》第十四条规定造成慈善财产损失的。②将不得用于投资的财产用于投资的。③擅自改变捐赠财产用途的。④开展慈善活动的年度支出或者管理费用的标准违反《慈善法》第六十条规定的。⑤未依法履行信息公开义务的。⑥未依法报送年度工作报告、财务会计报告或者报备募捐方案的。⑦泄露捐赠人、志愿者、受益人个人隐私以及捐赠人、慈善信托的委托人不同意公开的姓名、名称、住所、通讯方式等信息的。慈善组织违反《慈善法》规定泄露国家秘密、商业秘密的，依照有关法律的规定予以处罚。慈善组织有上述情形，经依法处理后1年内再出现上述情形，或者有其他情节严重情形的，由民政部门吊销登记证书并予以公告。

慈善组织有《慈善法》第九十八条、第九十九条规定的情形，有违法所得的，由民政部门予以没收；对直接负责的主管人员和其他直接责任人员处2万元以上20万元以下罚款。

开展募捐活动有下列情形之一的，由民政部门予以警告、责令停止募捐活动；对违法募集的财产，责令退还捐赠人；难以退还的，由民政部门予以收缴，转给其他慈善组织用于慈善目的；对有关组织或者个人处2万元以上20万元以下罚款：①不具有公开募捐资格的组织或者个人开展公开募捐的。②通过虚构事实等方式欺骗、诱导募捐对象实施捐赠的。③向单位或者个人摊派或者变相摊派的。④妨碍公共秩序、企业生产经营或者居民生活的。广播、电视、报刊以及网络服务提供者、电信运营商未履行《慈善法》第二十七条规定的验证义务的，由其主管部门予以警告，责令限期改正；逾期不改正的，予以通报批评。

慈善组织不依法向捐赠人开具捐赠票据、不依法向志愿者出具志愿服务记录证明或者不及时主动向捐赠人反馈有关情况的，由民政部门予以警告，责令限期改正；逾期不改正的，责令限期停止活动。

慈善组织弄虚作假骗取税收优惠的，由税务机关依法查处；情节严重的，由民政部门吊销登记证书并予以公告。慈善组织从事、资助危害国家安全或者社会公共利益活动的，由有关机关依法查处，由民政部门吊销登记证书并予以公告。

慈善信托的受托人有下列情形之一的，由民政部门予以警告，责令限期改正；有违法所得的，由民政部门予以没收；对直接负责的主管人员和其他直接责任人员处2万元以上20万元以下罚款：①将信托财产及其收益用于非慈善目的的。②未按照规定将信托事务处理情况及财务状况向民政部门报告或者向社会公开的。

慈善服务过程中，因慈善组织或者志愿者过错造成受益人、第三人损害的，慈善组织依法承担赔偿责任；损害是由志愿者故意或者重大过失造成的，慈善组织可以向其追偿。志愿者在参与慈善服务过程中，因慈善组织过错受到损害的，慈善组织依法承担赔偿责任；损害是由不可抗力造成的，慈善组织应当给予适当补偿。

自然人、法人或者其他组织假借慈善名义或者假冒慈善组织骗取财产的，由公安机关依法查处。

县级以上人民政府民政部门和其他有关部门及其工作人员有下列情形之一的，由上级机关或者监察机关责令改正；依法应当给予处分的，由任免机关或者监察机关对直接负责的主管人员和其他直接责任人员给予处分：①未依法履行信息公开义务的。②摊派或者变相摊派捐赠任务，强行指定志愿者、慈善组织提供服务的。③未依法履行监督管理职责的。④违法实施行政强制措施和行政处罚的。⑤私分、挪用、截留或者侵占慈善财产的。⑥其他滥用职权、玩忽职守、徇私舞弊的行为。

违反《慈善法》规定，构成违反治安管理行为的，由公安机关依法给予治安管理处罚；构成犯罪的，依法追究刑事责任。

（四）公益性捐赠企业所得税制度

1.《中华人民共和国企业所得税法》[①]的规定

《企业所得税法》第九条规定："企业发生的公益性捐赠支出，在年度利润总额12%以内的部分，准予在计算应纳税所得额时扣除；超过年度利润总额12%的部分，准予结转以后三年内在计算应纳税所得额时扣除。"

2.《中华人民共和国企业所得税法实施条例》[②]的规定

第五十一条 企业所得税法第九条所称公益性捐赠，是指企业通过公益性社会组织或者县级以上人民政府及其部门，用于符合法律规定的慈善活动、公益事业的捐赠。

第五十二条 本条例第五十一条所称公益性社会团体，是指同时符合下列条件的基金会、慈善组织等社会团体：（一）依法登记，具有法人资格；（二）以发展公益事业为宗旨，且不以营利为目的；（三）全部资产及其增值为该法人所有；（四）收益和营运结余主要用于符合该法人设立目的的事业；（五）终止后的剩余财产不归属任何个人或者营利组织；（六）不经营与其设立目的无关的业务；（七）有健全的财务会计制度；（八）捐赠者不以任何形式参与社会团体财产的分配；（九）国务院财政、税务主管部门会同国务院民政部门等登记管理部门规定的其他条件。

第五十三条 企业发生的公益性捐赠支出，不超过年度利润总额12%的部分，准予扣除。其中，年度利润总额，是指企业依照国家统一会计制度的规定计算的年度会计利润。

3. 财企〔2009〕213号的规定

《财政部关于企业公益性捐赠股权有关财务问题的通知》（财企〔2009〕213号）规定如下：

一、由自然人、非国有的法人及其他经济组织投资控股的企业，依法履行内部决策程序，由投资者审议决定后，其持有的股权可以用于公益性捐赠。

二、企业以持有的股权进行公益性捐赠，应当以不影响企业债务清偿能力为前提，且受赠对象应当是依法设立的公益性社会团体和公益性非营利的事业单位。企业捐赠后，必须办理股权变更手续，不再对已捐赠股权行使股东权利，并不得要求受赠单位予以经济回报。

三、公益性捐赠涉及上市公司股权的，捐赠方和受赠方应当遵照《证券法》及有

---

① 以下简称《企业所得税法》。

② 以下简称《企业所得税法实施条例》。

关证券监管的其他规定，履行相关承诺和信息披露义务。

4. 财税〔2018〕15 号的规定

《财政部　税务总局关于公益性捐赠支出企业所得税税前结转扣除有关政策的通知》（财税〔2018〕15 号）规定如下：

一、企业通过公益性社会组织或者县级（含县级）以上人民政府及其组成部门和直属机构，用于慈善活动、公益事业的捐赠支出，在年度利润总额 12% 以内的部分，准予在计算应纳税所得额时扣除；超过年度利润总额 12% 的部分，准予结转以后三年内在计算应纳税所得额时扣除。

本条所称公益性社会组织，应当依法取得公益性捐赠税前扣除资格。

本条所称年度利润总额，是指企业依照国家统一会计制度的规定计算的大于零的数额。

二、企业当年发生及以前年度结转的公益性捐赠支出，准予在当年税前扣除的部分，不能超过企业当年年度利润总额的 12%。

三、企业发生的公益性捐赠支出未在当年税前扣除的部分，准予向以后年度结转扣除，但结转年限自捐赠发生年度的次年起计算最长不得超过三年。

四、企业在对公益性捐赠支出计算扣除时，应先扣除以前年度结转的捐赠支出，再扣除当年发生的捐赠支出。

5. 财政部等公告 2020 年第 27 号的规定

《财政部　税务总局　民政部关于公益性捐赠税前扣除有关事项的公告》（财政部　税务总局　民政部公告 2020 年第 27 号，以下简称"27 号公告"）规定如下：

一、企业或者个人通过公益性社会组织、县级以上人民政府及其部门等国家机关，用于符合法律规定的公益慈善事业捐赠支出，准予按税法规定在计算应纳税所得额时扣除。

二、本公告第一条所称公益慈善事业，应当符合《中华人民共和国公益事业捐赠法》第三条对公益事业范围的规定或者《中华人民共和国慈善法》第三条对慈善活动范围的规定。

三、本公告第一条所称公益性社会组织，包括依法设立或者登记并按规定条件和程序取得公益性捐赠税前扣除资格的慈善组织、其他社会组织和群众团体。公益性群众团体的公益性捐赠税前扣除资格确认及管理按照现行规定执行。依法登记的慈善组织和其他社会组织的公益性捐赠税前扣除资格确认及管理按本公告执行。

四、在民政部门依法登记的慈善组织和其他社会组织（以下统称"社会组织"），取得公益性捐赠税前扣除资格应当同时符合以下规定：

（一）符合企业所得税法实施条例第五十二条第一项到第八项规定的条件。

（二）每年应当在 3 月 31 日前按要求向登记管理机关报送经审计的上年度专项信息报告。报告应当包括财务收支和资产负债总体情况、开展募捐和接受捐赠情况、公益慈善事业支出及管理费用情况（包括本条第三项、第四项规定的比例情况）等内容。

首次确认公益性捐赠税前扣除资格的，应当报送经审计的前两个年度的专项信息报告。

（三）具有公开募捐资格的社会组织，前两个年度每年用于公益慈善事业的支出占上年总收入的比例均不得低于 70%。计算该支出比例时，可以用前三年收入平均数代替上年总收入。

不具有公开募捐资格的社会组织，前两个年度每年用于公益慈善事业的支出占上年年末净资产的比例均不得低于 8%。计算该比例时，可以用前三年年末净资产平均数代替上年年末净资产。

（四）具有公开募捐资格的社会组织，前两年度每年支出的管理费用占当年总支出的比例均不得高于10%。

不具有公开募捐资格的社会组织，前两年每年支出的管理费用占当年总支出的比例均不得高于12%。

（五）具有非营利组织免税资格，且免税资格在有效期内。

（六）前两年度未受到登记管理机关行政处罚（警告除外）。

（七）前两年度未被登记管理机关列入严重违法失信名单。

（八）社会组织评估等级为3A以上（含3A）且该评估结果在确认公益性捐赠税前扣除资格时仍在有效期内。

公益慈善事业支出、管理费用和总收入的标准和范围，按照《民政部 财政部 国家税务总局关于印发〈关于慈善组织开展慈善活动年度支出和管理费用的规定〉的通知》（民发〔2016〕189号）关于慈善活动支出、管理费用和上年总收入的有关规定执行。

按照《中华人民共和国慈善法》新设立或者新认定的慈善组织，在其取得非营利组织免税资格的当年，只需要符合本条第一项、第六项、第七项条件即可。

五、公益性捐赠税前扣除资格的确认按以下规定执行：

（一）在民政部登记注册的社会组织，由民政部结合社会组织公益活动情况和日常监督管理、评估等情况，对社会组织的公益性捐赠税前扣除资格进行核实，提出初步意见。根据民政部初步意见，财政部、税务总局和民政部对照本公告相关规定，联合确定具有公益性捐赠税前扣除资格的社会组织名单，并发布公告。

（二）在省级和省级以下民政部门登记注册的社会组织，由省、自治区、直辖市和计划单列市财政、税务、民政部门参照本条第一项规定执行。

（三）公益性捐赠税前扣除资格的确认对象包括：

1. 公益性捐赠税前扣除资格将于当年年末到期的公益性社会组织；

2. 已被取消公益性捐赠税前扣除资格但又重新符合条件的社会组织；

3. 登记设立后尚未取得公益性捐赠税前扣除资格的社会组织。

（四）每年年底前，省级以上财政、税务、民政部门按权限完成公益性捐赠税前扣除资格的确认和名单发布工作，并按本条第三项规定的不同审核对象，分别列示名单及其公益性捐赠税前扣除资格起始时间。

六、公益性捐赠税前扣除资格在全国范围内有效，有效期为三年。

本公告第五条第三项规定的第一种情形，其公益性捐赠税前扣除资格自发布名单公告的次年1月1日起算。本法第五条第三项规定的第二种和第三种情形，其公益性捐赠税前扣除资格自发布公告的当年1月1日起算。

七、公益性社会组织存在以下情形之一的，应当取消其公益性捐赠税前扣除资格：

（一）未按本公告规定时间和要求向登记管理机关报送专项信息报告的；

（二）最近一个年度用于公益慈善事业的支出不符合本公告第四条第三项规定的；

（三）最近一个年度支出的管理费用不符合本公告第四条第四项规定的；

（四）非营利组织免税资格到期后超过六个月未重新获取免税资格的；

（五）受到登记管理机关行政处罚（警告除外）的；

（六）被登记管理机关列入严重违法失信名单的；

（七）社会组织评估等级低于3A或者无评估等级的。

八、公益性社会组织存在以下情形之一的，应当取消其公益性捐赠税前扣除资格，且取消资格的当年及之后三个年度内不得重新确认资格：

（一）违反规定接受捐赠的，包括附加对捐赠人构成利益回报的条件、以捐赠为名从事营利性活动、利用慈善捐赠宣传烟草制品或者法律禁止宣传的产品和事项、接受不符合公益目的或者违背社会公德的捐赠等情形；

（二）开展违反组织章程的活动，或者接受的捐赠款项用于组织章程规定用途之外的；

（三）在确定捐赠财产的用途和受益人时，指定特定受益人，且该受益人与捐赠人或者公益性社会组织管理人员存在明显利益关系的。

九、公益性社会组织存在以下情形之一的，应当取消其公益性捐赠税前扣除资格且不得重新确认资格：

（一）从事非法政治活动的；

（二）从事、资助危害国家安全或者社会公共利益活动的。

十、对应当取消公益性捐赠税前扣除资格的公益性社会组织，由省级以上财政、税务、民政部门核实相关信息后，按权限及时向社会发布取消资格名单公告。自发布公告的次月起，相关公益性社会组织不再具有公益性捐赠税前扣除资格。

十一、公益性社会组织、县级以上人民政府及其部门等国家机关在接受捐赠时，应当按照行政管理级次分别使用由财政部或者省、自治区、直辖市财政部门监（印）制的公益事业捐赠票据，并加盖本单位的印章。

企业或者个人将符合条件的公益性捐赠支出进行税前扣除，应当留存相关票据备查。

十二、公益性社会组织登记成立时的注册资金捐赠人，在该公益性社会组织首次取得公益性捐赠税前扣除资格的当年进行所得税汇算清缴时，可按规定对其注册资金捐赠额进行税前扣除。

十三、除另有规定外，公益性社会组织、县级以上人民政府及其部门等国家机关在接受企业或者个人捐赠时，按以下原则确认捐赠额：

（一）接受的货币性资产捐赠，以实际收到的金额确认捐赠额；

（二）接受的非货币性资产捐赠，以其公允价值确认捐赠额。捐赠方在向公益性社会组织、县级以上人民政府及其部门等国家机关捐赠时，应当提供注明捐赠非货币性资产公允价值的证明；不能提供证明的，接受捐赠方不得向其开具捐赠票据。

十四、为方便纳税主体查询，省级以上财政、税务、民政部门应当及时在官方网站上发布具备公益性捐赠税前扣除资格的公益性社会组织名单公告。

企业或者个人可通过上述渠道查询社会组织公益性捐赠税前扣除资格及有效期。

6.财政部等公告2021年第3号的规定

《财政部　税务总局　民政部关于公益性捐赠税前扣除资格确认有关衔接事项的公告》（财政部　税务总局　民政部公告2021年第3号，以下简称"3号公告"）规定如下：

一、确认2020年度—2022年度公益性捐赠税前扣除资格时，部分条件可按照以下规定执行：

（一）在民政部门依法登记的慈善组织和其他社会组织（以下统称"社会组织"）2018年和2019年的公益慈善事业支出和管理费用比例，可按照《民政部　财政部　国家税务总局关于印发〈关于慈善组织开展慈善活动年度支出和管理费用的规定〉的通知》（民发〔2016〕189号）有关规定执行。

（二）社会组织2018年至本公告发布之日最近一期的评估等级达到3A以上（含3A）。对于2019年成立的社会组织，以及2019年至本公告发布之日已接受评估但尚未出具结论的社会组织，确认资格时可暂不考虑其评估等级。

（三）确认公益性捐赠税前扣除资格时，可暂不考虑社会组织的非营利组织免税资格。

（四）按照本条取得公益性捐赠税前扣除资格的，在资格有效期内，应取得3A以上（含3A）评估等级，且取得非营利组织免税资格。

二、确认2021年度—2023年度公益性捐赠税前扣除资格时，社会组织2019年和

2020 年的公益慈善事业支出和管理费用比例，可按照《民政部　财政部　国家税务总局关于印发〈关于慈善组织开展慈善活动年度支出和管理费用的规定〉的通知》（民发〔2016〕189 号）有关规定执行。

7. 财政部　税务总局公告 2021 年第 20 号的规定

《财政部　税务总局关于通过公益性群众团体的公益性捐赠税前扣除有关事项的公告》（财政部　税务总局公告 2021 年第 20 号，以下简称"20 号公告"）规定如下：

一、企业或者个人通过公益性群众团体用于符合法律规定的公益慈善事业捐赠支出，准予按税法规定在计算应纳税所得额时扣除。

二、本公告第一条所称公益慈善事业，应当符合《中华人民共和国公益事业捐赠法》第三条对公益事业范围的规定或者《中华人民共和国慈善法》第三条对慈善活动范围的规定。

三、本公告第一条所称公益性群众团体，包括依照《社会团体登记管理条例》规定不需进行社团登记的人民团体以及经国务院批准免予登记的社会团体（以下统称"群众团体"），且按规定条件和程序已经取得公益性捐赠税前扣除资格。

四、群众团体取得公益性捐赠税前扣除资格应当同时符合以下条件：

（一）符合企业所得税法实施条例第五十二条第一项至第八项规定的条件；

（二）县级以上各级机构编制部门直接管理其机构编制

（三）对接受捐赠的收入以及用捐赠收入进行的支出单独进行核算，且申报前连续三年接受捐赠的总收入中用于公益慈善事业的支出比例不低于 70%。

五、公益性捐赠税前扣除资格的确认按以下规定执行：

（一）由中央机构编制部门直接管理其机构编制的群众团体，向财政部、税务总局报送材料；

（二）由县级以上地方各级机构编制部门直接管理其机构编制的群众团体，向省、自治区、直辖市和计划单列市财政、税务部门报送材料；

（三）对符合条件的公益性群众团体，按照上述管理权限，由财政部、税务总局和省、自治区、直辖市、计划单列市财政、税务部门分别联合公布名单，企业和个人在名单所属年度内向名单内的群众团体进行的公益性捐赠支出，可以按规定进行税前扣除；

（四）公益性捐赠税前扣除资格的确认对象包括：

1. 公益性捐赠税前扣除资格将于当年末到期的公益性群众团体；

2. 已被取消公益性捐赠税前扣除资格但又重新符合条件的群众团体；

3. 尚未取得或者资格终止后未取得公益性捐赠税前扣除资格的群众团体。

（五）每年年底前，省级以上财政、税务部门按权限完成公益性捐赠税前扣除资格的确认和名单发布工作，并按本条第（四）项规定的不同审核对象，分别列示名单及其公益性捐赠税前扣除资格起始时间。

六、本公告第五条规定需报送的材料，应在申报年度 6 月 30 日前报送，包括：

（一）申报报告；

（二）县级以上各级党委、政府或者机构编制部门印发的"三定"规定；

（三）组织章程；

（四）申报前 3 个年度的受赠资金来源、使用情况，财务报告，公益活动的明细，注册会计师的审计报告或者注册会计师、（注册）税务师、律师的纳税审核报告（或者鉴证报告）。

七、公益性捐赠税前扣除资格在全国范围内有效，有效期为三年。

本公告第五条第（四）项规定的第一种情形，其公益性捐赠税前扣除资格自发布名单公告的次年 1 月 1 日起算。

本公告第五条第（四）项规定的第二种和第三种情形，其公益性捐赠税前扣除资格自发公告的当年1月1日起算。

八、公益性群众团体前三年接受捐赠的总收入中用于公益慈善事业的支出比例低于70%的，应当取消其公益性捐赠税前扣除资格。

九、公益性群众团体存在以下情形之一的，应当取消其公益性捐赠税前扣除资格，且被取消资格的当年及之后三个年度内不得重新确认资格：

（一）违反规定接受捐赠的，包括附加对捐赠人构成利益回报的条件、以捐赠为名从事营利性活动、利用慈善捐赠宣传烟草制品或者法律禁止宣传的产品和事项、接受不符合公益目的或者违背社会公德的捐赠等情形；

（二）开展违反组织章程的活动，或者接受的捐赠款项用于组织章程规定用途之外的；

（三）在确定捐赠财产的用途和受益人时，指定特定受益人，且该受益人与捐赠人或者公益性群众团体管理人员存在明显利益关系的；

（四）受到行政处罚（警告或者单次1万元以下罚款除外）的。

对存在本条第（一）、第（二）、第（三）项情形的公益性群众团体，应对其接受捐赠收入和其他各项收入依法补征企业所得税。

十、公益性群众团体存在以下情形之一的，应当取消其公益性捐赠税前扣除资格且不得重新确认资格：

（一）从事非法政治活动的；

（二）从事、资助危害国家安全或者社会公共利益活动的。

十一、获得公益性捐赠税前扣除资格的公益性群众团体，应自不符合本通知第四条规定条件之一或者存在本通知第八条、第九条、第十条规定情形之一之日起15日内向主管税务机关报告。对应当取消公益性捐赠税前扣除资格的公益性群众团体，由省级以上财政、税务部门核实相关信息后，按权限及时向社会发布取消资格名单公告。自发布公告的次月起，相关公益性群众团体不再具有公益性捐赠税前扣除资格。

十二、公益性群众团体在接受捐赠时，应按照行政管理级次分别使用由财政部或者省、自治区、直辖市财政部门监（印）制的公益事业捐赠票据，并加盖本单位的印章；对个人索取捐赠票据的，应予以开具。

企业或者个人将符合条件的公益性捐赠支出进行税前扣除，应当留存相关票据备查。

十三、除另有规定外，公益性群众团体在接受企业或者个人捐赠时，按以下原则确认捐赠额：

（一）接受的货币性资产捐赠，以实际收到的金额确认捐赠额；

（二）接受的非货币性资产捐赠，以其公允价值确认捐赠额。捐赠方在向公益性群众团体捐赠时，应当提供注明捐赠非货币性资产公允价值的证明；不能提供证明的，接受捐赠方不得向其开具捐赠票据。

十四、为方便纳税主体查询，省级以上财政、税务部门应当及时在官方网站上发布具备公益性捐赠税前扣除资格的公益性群众团体名单公告。

企业或者个人可通过上述渠道查询群众团体公益性捐赠税前扣除资格及有效期。

（五）公益性捐赠增值税制度

《中华人民共和国增值税暂行条例实施细则》第四条规定如下：

单位或者个体工商户的下列行为，视同销售货物：

（一）将货物交付其他单位或者个人代销；

（二）销售代销货物；

（三）设有两个以上机构并实行统一核算的纳税人，将货物从一个机构移送其他机构用于销售，但相关机构设在同一县（市）的除外；

（四）将自产或者委托加工的货物用于非增值税应税项目；

（五）将自产、委托加工的货物用于集体福利或者个人消费；

（六）将自产、委托加工或者购进的货物作为投资，提供给其他单位或者个体工商户；

（七）将自产、委托加工或者购进的货物分配给股东或者投资者；

（八）将自产、委托加工或者购进的货物无偿赠送其他单位或者个人。

《营业税改征增值税试点实施办法》第十四条规定如下：

下列情形视同销售服务、无形资产或者不动产：

（一）单位或者个体工商户向其他单位或者个人无偿提供服务，但用于公益事业或者以社会公众为对象的除外；

（二）单位或者个人向其他单位或者个人无偿转让无形资产或者不动产，但用于公益事业或者以社会公众为对象的除外；

（三）财政部和国家税务总局规定的其他情形。

《财政部 税务总局 国务院扶贫办关于扶贫货物捐赠免征增值税政策的公告》（财政部 税务总局 国务院扶贫办公告 2019 年第 55 号）规定如下：

一、自 2019 年 1 月 1 日至 2022 年 12 月 31 日，对单位或者个体工商户将自产、委托加工或者购买的货物通过公益性社会组织、县级及以上人民政府及其组成部门和直属机构，或者直接无偿捐赠给目标脱贫地区的单位和个人，免征增值税。在政策执行期限内，目标脱贫地区实现脱贫的，可继续适用上述政策。

"目标脱贫地区"包括 832 个国家扶贫开发工作重点县、集中连片特困地区县（新疆阿克苏地区 6 县 1 市享受片区政策）和建档立卡贫困村。

二、在 2015 年 1 月 1 日至 2018 年 12 月 31 日期间已发生的符合上述条件的扶贫货物捐赠，可追溯执行上述增值税政策。

三、在本公告发布之前已征收入库的按上述规定应予免征的增值税税款，可抵减纳税人以后月份应缴纳的增值税税款或者办理税款退库。已向购买方开具增值税专用发票的，应将专用发票追回后方可办理免税。无法追回专用发票的，不予免税。

四、各地扶贫办公室与税务部门要加强沟通，明确当地"目标脱贫地区"具体范围，确保政策落实落地。

第二节 临时性减、免税项目

一、支持小型微利企业发展与创业创新的减、免税项目

（一）小型微利企业发展税收优惠政策

《财政部 税务总局关于实施小微企业普惠性税收减免政策的通知》（财税〔2019〕13 号）规定如下：

三、由省、自治区、直辖市人民政府根据本地区实际情况，以及宏观调控需要确定，对增值税小规模纳税人可以在 50% 的税额幅度内减征资源税、城市维护建设税、房产税、城镇土地使用税、印花税（不含证券交易印花税）、耕地占用税和教育费附加、地方教育附加。

四、增值税小规模纳税人已依法享受资源税、城市维护建设税、房产税、城镇土

地使用税、印花税、耕地占用税、教育费附加、地方教育附加其他优惠政策的，可叠加享受本通知第三条规定的优惠政策。

（二）"大众创业 万众创新"税收优惠政策

《"大众创业 万众创新"税收优惠政策指引》（国家税务总局 2019 年 6 月修订）规定："金融机构与小型微型企业签订借款合同免征印花税。""账簿印花税减免。"

（三）支持小微企业融资有关税收政策

《财政部　税务总局关于支持小微企业融资有关税收政策的通知》（财税〔2017〕77 号）规定："自 2018 年 1 月 1 日至 2020 年 12 月 31 日，对金融机构与小型企业、微型企业签订的借款合同免征印花税。""本通知所称小型企业、微型企业，是指符合《中小企业划型标准规定》（工信部联企业〔2011〕300 号）的小型企业和微型企业。其中，资产总额和从业人员指标均以贷款发放时的实际状态确定；营业收入指标以贷款发放前 12 个自然月的累计数确定，不满 12 个自然月的，按照以下公式计算：营业收入（年）＝企业实际存续期间营业收入 ÷ 企业实际存续月数 ×12。"

（四）营业账簿减免印花税

《财政部　税务总局关于对营业账簿减免印花税的通知》（财税〔2018〕50 号）规定："自 2018 年 5 月 1 日起，对按万分之五税率贴花的资金账簿减半征收印花税，对按件贴花五元的其他账簿免征印花税。"

（五）中小企业划型标准

根据《中小企业划型标准规定》（工信部联企业〔2011〕300 号）的规定，中小企业划分为中型、小型、微型三种类型，具体标准根据企业从业人员、营业收入、资产总额等指标，结合行业特点制定。

该规定适用的行业包括：农、林、牧、渔业，工业（包括采矿业，制造业，电力、热力、燃气及水生产和供应业），建筑业，批发业，零售业，交通运输业（不含铁路运输业），仓储业，邮政业，住宿业，餐饮业，信息传输业（包括电信、互联网和相关服务），软件和信息技术服务业，房地产开发经营，物业管理，租赁和商务服务业，其他未列明行业（包括科学研究和技术服务业，水利、环境和公共设施管理业，居民服务、修理和其他服务业，社会工作，文化、体育和娱乐业等）。

各行业划型标准为：

（1）农、林、牧、渔业。营业收入 20 000 万元以下的为中小微型企业。其中，营业收入 500 万元及以上的为中型企业，营业收入 50 万元及以上的为小型企业，营业收入 50 万元以下的为微型企业。

（2）工业。从业人员 1 000 人以下或者营业收入 40 000 万元以下的为中小微型企业。其中，从业人员 300 人及以上，且营业收入 2 000 万元及以上的为中型企业；从业人员 20 人及以上，且营业收入 300 万元及以上的为小型企业；从业人员 20 人以下或者营业收入 300 万元以下的为微型企业。

（3）建筑业。营业收入 80 000 万元以下或者资产总额 80 000 万元以下的为中小微型企业。其中，营业收入 6 000 万元及以上，且资产总额 5 000 万元及以上的为中型企业；营业收入 300 万元及以上，且资产总额 300 万元及以上的为小型企业；营业收入 300 万元以下或者资产总额 300 万元以下的为微型企业。

（4）批发业。从业人员 200 人以下或者营业收入 40 000 万元以下的为中小微型企业。其中，从业人员 20 人及以上，且营业收入 5 000 万元及以上的为中型企业；从业人员 5 人及以上，且营业收入 1 000 万元及以上的为小型企业；从业人员 5 人以下或者营业收入 1 000 万元以下的为微型企业。

（5）零售业。从业人员 300 人以下或者营业收入 20 000 万元以下的为中小微型企业。其中，从业人员 50 人及以上，且营业收入 500 万元及以上的为中型企业；从业人员 10 人及以上，且营业收入 100 万元及以上的为小型企业；从业人员 10 人以下或者营业收入 100 万元以下的为微型企业。

（6）交通运输业。从业人员 1 000 人以下或者营业收入 30 000 万元以下的为中小微型企业。其中，从业人员 300 人及以上，且营业收入 3 000 万元及以上的为中型企业；从业人员 20 人及以上，且营业收入 200 万元及以上的为小型企业；从业人员 20 人以下或者营业收入 200 万元以下的为微型企业。

（7）仓储业。从业人员 200 人以下或者营业收入 30 000 万元以下的为中小微型企业。其中，从业人员 100 人及以上，且营业收入 1 000 万元及以上的为中型企业；从业人员 20 人及以上，且营业收入 100 万元及以上的为小型企业；从业人员 20 人以下或者营业收入 100 万元以下的为微型企业。

（8）邮政业。从业人员 1 000 人以下或者营业收入 30 000 万元以下的为中小微型企业。其中，从业人员 300 人及以上，且营业收入 2 000 万元及以上的为中型企业；从业人员 20 人及以上，且营业收入 100 万元及以上的为小型企业；从业人员 20 人以下或者营业收入 100 万元以下的为微型企业。

（9）住宿业。从业人员 300 人以下或者营业收入 10 000 万元以下的为中小微型企业。其中，从业人员 100 人及以上，且营业收入 2 000 万元及以上的为中型企业；从业人员 10 人及以上，且营业收入 100 万元及以上的为小型企业；从业人员 10 人以下或者营业收入 100 万元以下的为微型企业。

（10）餐饮业。从业人员 300 人以下或者营业收入 10 000 万元以下的为中小微型企业。其中，从业人员 100 人及以上，且营业收入 2 000 万元及以上的为中型企业；从业人员 10 人及以上，且营业收入 100 万元及以上的为小型企业；从业人员 10 人以下或者营业收入 100 万元以下的为微型企业。

（11）信息传输业。从业人员 2 000 人以下或者营业收入 100 000 万元以下的为中小微型企业。其中，从业人员 100 人及以上，且营业收入 1 000 万元及以上的为中型企业；从业人员 10 人及以上，且营业收入 100 万元及以上的为小型企业；从业人员 10 人以下或者营业收入 100 万元以下的为微型企业。

（12）软件和信息技术服务业。从业人员 300 人以下或者营业收入 10 000 万元以下的为中小微型企业。其中，从业人员 100 人及以上，且营业收入 1 000 万元及以上的为中型企业；从业人员 10 人及以上，且营业收入 50 万元及以上的为小型企业；从业人员 10 人以下或者营业收入 50 万元以下的为微型企业。

（13）房地产开发经营。营业收入 200 000 万元以下或者资产总额 10 000 万元以下的为中小微型企业。其中，营业收入 1 000 万元及以上，且资产总额 5 000 万元及以上的为中型企业；营业收入 100 万元及以上，且资产总额 2 000 万元及以上的为小型企业；营业收入 100 万元以下或者资产总额 2 000 万元以下的为微型企业。

（14）物业管理。从业人员 1 000 人以下或者营业收入 5 000 万元以下的为中小微型企业。其中，从业人员 300 人及以上，且营业收入 1 000 万元及以上的为中型企业；从业人员 100 人及以上，且营业收入 500 万元及以上的为小型企业；从业人员 100 人以下或者营业收入 500 万元以下的为微型企业。

（15）租赁和商务服务业。从业人员 300 人以下或者资产总额 120 000 万元以下的为中小微型企业。其中，从业人员 100 人及以上，且资产总额 8 000 万元及以上的为中型企业；从业人员 10 人及以上，且资产总额 100 万元及以上的为小型企业；从业人员 10 人以下或者资产总额 100 万元以下的为微型企业。

（16）其他未列明行业。从业人员 300 人以下的为中小微型企业。其中，从业人员 100 人及以上的为中型企业；从业人员 10 人及以上的为小型企业；从业人员 10 人以下的为微型企业。

企业类型的划分以统计部门的统计数据为依据。该规定适用于在中华人民共和国境内依法设立的各类所有制和各种组织形式的企业。个体工商户和本规定以外的行业，参照该规定进行划型。该规定的中型企业标准上限即为大型企业标准的下限，国家统计部门据此制定大中小微型企业的统计分类。国务院有关部门据此进行相关数据分析，不得制定与该规定不一致的企业划型标准。

二、支持国际体育运动的减、免税项目

（一）第 18 届世界中学生运动会等三项国际综合运动会税收政策

《财政部　税务总局　海关总署关于第 18 届世界中学生运动会等三项国际综合运动会税收政策的公告》（财政部公告 2020 年第 19 号）规定如下：

（1）对 2020 年晋江第 18 届世界中学生运动会、2020 年三亚第 6 届亚洲沙滩运动会、2021 年成都第 31 届世界大学生运动会等三项国际综合运动会执行委员会、组委会（以下统称"组委会"）使用的营业账簿和签订的各类合同等应税凭证，免征组委会应缴纳的印花税。

（2）对财产所有人将财产（物品）捐赠给组委会所书立的产权转移书据，免征印花税。

（二）北京 2022 年冬奥会和冬残奥会税收优惠政策

《财政部　税务总局　海关总署关于北京 2022 年冬奥会和冬残奥会税收政策的通知》（财税〔2017〕60 号）规定如下：

（1）对北京 2022 年冬奥会和冬残奥会组织委员会（以下简称"北京东奥组委"）使用的营业账簿和签订的各类合同等应税凭证，免征北京冬奥组委应缴纳的印花税。

（2）对国际奥委会、中国奥委会签订的与北京 2022 年冬奥会有关的各类合同，免征国际奥委会和中国奥委会应缴纳的印花税。

（3）对国际残奥委会取得的与北京 2022 年冬残奥会有关的收入免征增值税、消费税、企业所得税和印花税。

（4）对中国残奥委会根据《联合市场开发计划协议》取得的由北京冬奥组委分期支付的收入免征增值税、消费税、企业所得税和印花税。

（5）对财产所有人将财产（物品）捐赠给北京冬奥组委所书立的产权转移书据免征应缴纳的印花税。

《财政部　税务总局　海关总署关于北京 2022 年冬奥会和冬残奥会税收优惠政策的公告》（财政部　税务总局　海关总署公告 2019 年第 92 号）规定如下：

对国际奥委会相关实体与北京 2022 年冬奥会和冬残奥会组织委员会签订的各类合同，免征国际奥委会相关实体应缴纳的印花税。

（三）杭州 2022 年亚运会和亚残运会税收政策

《财政部　税务总局　海关总署关于杭州 2022 年亚运会和亚残运会税收政策的公

告》（财政部公告 2020 年第 18 号）规定如下：

（1）对杭州 2022 年亚运会和亚残运会及其测试赛组委会（以下简称"组委会"）使用的营业账簿和签订的各类合同等应税凭证，免征组委会应缴纳的印花税。

（2）对财产所有人将财产（物品）捐赠给组委会所书立的产权转移书据，免征印花税。

三、支持脱贫攻坚与社会发展的减、免税项目

（一）支持脱贫攻坚税收优惠政策

《支持脱贫攻坚税收优惠政策指引》（国家税务总局 2019 年 8 月）中有关印花税的规定如下：

（1）农村饮水安全工程免征印花税。

（2）收回集体资产签订产权转移书据免征印花税。

（3）农民专业合作社与本社成员签订的涉农购销合同免征印花税。

（4）国家指定收购部门订立农副产品收购合同免征印花税。

（5）金融机构与小型微型企业签订借款合同免征印花税。

（6）农牧业畜类保险合同免征印花税。

（7）青藏铁路公司及其所属单位营业账簿免征印花税。

（8）青藏铁路公司货物运输合同免征印花税。

（9）易地扶贫搬迁项目实施主体取得建设土地免征契税、印花税。

（10）易地扶贫搬迁项目实施主体、项目单位免征印花税。

（11）易地扶贫搬迁项目实施主体购置安置房源免征印花税。

（二）农村饮水安全工程税收优惠政策

《财政部 国家税务总局关于继续实行农村饮水安全工程税收优惠政策的公告》（财政部 税务总局公告 2019 年第 67 号）规定如下：

（1）对饮水工程运营管理单位为建设饮水工程取得土地使用权而签订的产权转移书据，以及与施工单位签订的建设工程承包合同，免征印花税。

（2）本公告所称饮水工程，是指为农村居民提供生活用水而建设的供水工程设施。本公告所称饮水工程运营管理单位，是指负责饮水工程运营管理的自来水公司、供水公司、供水（总）站（厂、中心）、村集体、农民用水合作组织等单位。

（3）对于既向城镇居民供水，又向农村居民供水的饮水工程运营管理单位，依据向农村居民供水收入占总供水收入的比例免征增值税；依据向农村居民供水量占总供水量的比例免征契税、印花税、房产税和城镇土地使用税。无法提供具体比例或者所提供数据不实的，不得享受上述税收优惠政策。

（4）符合上述条件的饮水工程运营管理单位自行申报享受减免税优惠，相关材料留存备查。

（三）易地扶贫搬迁税收优惠政策

《财政部 国家税务总局关于易地扶贫搬迁税收优惠政策的通知》（财税〔2018〕135 号）规定如下：

（1）对易地扶贫搬迁项目实施主体（以下简称"项目实施主体"）取得用于建设安置住房的土地，免征契税、印花税。

（2）对安置住房建设和分配过程中应由项目实施主体、项目单位缴纳的印花税，

予以免征。

（3）在商品住房等开发项目中配套建设安置住房的，按安置住房建筑面积占总建筑面积的比例，计算应予免征的安置住房用地相关的契税、城镇土地使用税，以及项目实施主体、项目单位相关的印花税。

（4）对项目实施主体购买商品住房或者回购保障性住房作为安置住房房源的，免征契税、印花税。

（5）易地扶贫搬迁项目、项目实施主体、易地扶贫搬迁贫困人口、相关安置住房等信息由易地扶贫搬迁工作主管部门确定。县级易地扶贫搬迁工作主管部门应当将上述信息及时提供给同级税务部门。

（四）支持农村集体产权制度改革有关税收政策

《财政部　国家税务总局关于支持农村集体产权制度改革有关税收政策的通知》（财税〔2017〕55号）规定如下：

对因农村集体经济组织以及代行集体经济组织职能的村民委员会、村民小组进行清产核资收回集体资产而签订的产权转移书据，免征印花税。

（五）融资租赁合同有关印花税政策

《财政部　国家税务总局关于融资租赁合同有关印花税政策的通知》（财税〔2015〕144号）规定如下：

在融资性售后回租业务中，对承租人、出租人因出售租赁资产及购回租赁资产所签订的合同，不征收印花税。

（六）企业改制过程中有关印花税政策

《财政部　国家税务总局关于企业改制过程中有关印花税政策的通知》（财税〔2003〕183号）规定如下：

（1）实行公司制改造的企业在改制过程中成立的新企业（重新办理法人登记的），其新启用的资金账簿记载的资金或者因企业建立资本纽带关系而增加的资金，凡原已贴花的部分可不再贴花，未贴花的部分和以后新增加的资金按规定贴花。

（2）公司制改造包括国有企业依《公司法》整体改造成国有独资有限责任公司；企业通过增资扩股或者转让部分产权，实现他人对企业的参股，将企业改造成有限责任公司或者股份有限公司；企业以其部分财产和相应债务与他人组建新公司；企业将债务留在原企业，而以其优质财产与他人组建的新公司。

（3）以合并或者分立方式成立的新企业，其新启用的资金账簿记载的资金，凡原已贴花的部分可不再贴花，未贴花的部分和以后新增加的资金按规定贴花。合并包括吸收合并和新设合并。分立包括存续分立和新设分立。

（4）企业债权转股权新增加的资金按规定贴花。

（5）企业改制中经评估增加的资金按规定贴花。

（6）企业其他会计科目记载的资金转为实收资本或者资本公积的资金按规定贴花。

（7）企业改制前签订但尚未履行完的各类应税合同，改制后需要变更执行主体的，对仅改变执行主体、其余条款未作变动且改制前已贴花的，不再贴花。

（8）企业因改制签订的产权转移书据免予贴花。

（七）易地扶贫搬迁工作

《国家发展改革委关于深入贯彻落实习近平总书记重要讲话精神决战决胜易地扶贫搬

迁工作的通知》（发改振兴〔2020〕374号）规定：

一、全力克服新冠肺炎疫情对易地扶贫搬迁工作的影响

严格落实分区分级精准防控策略，采取有力措施筑牢集中安置区疫情防线，做到外防输入、内防扩散，坚决防止安置区内出现疫情反复。疫情严重的湖北等省份，要在重点抓好疫情防控的同时，创新工作方式，统筹推进疫情防控和易地扶贫搬迁工作。疫情较轻的省份，要在严格防控疫情的前提下，集中精力加快推进易地扶贫搬迁各项工作。

创造有利条件，加快推动安置区配套设施扫尾工程复工，协调帮助后续扶持产业项目和扶贫车间尽快有序复产，优先吸纳贫困搬迁劳动力就业。要组织安置区周边工业园区、农业产业园区尽快复工复产，最大程度吸纳搬迁群众就业。对当地疫情防控需要新增的保洁环卫、防疫消杀、巡查值守等临时性岗位，要优先安排贫困搬迁劳动力。要抓紧分解下达以工代赈投资计划，组织贫困搬迁劳动力参与工程建设，及时足额发放劳务报酬，实现就地就近就业。要依托东西部扶贫协作和对口支援机制，采取开通专车专列等方式"点对点"帮助搬迁劳动力尽快返岗，抓紧打通搬迁群众复工复产的堵点、难点。要利用互联网拓宽搬迁群众农畜产品销售渠道，打通运输瓶颈，畅通物流渠道，切实解决"卖难"问题。

二、坚决完成安置区配套设施建设扫尾工程和补短板项目建设任务

四川、西藏、重庆等地要对"十三五"易地扶贫搬迁安置区扫尾工程进行挂牌督战，在确保疫情防控和工程质量的前提下，压实责任、倒排工期，全力加快安置住房装修装饰和安置区配套水、电、路、气、讯等基础设施建设进度，确保2020年6月底前全部完工并达到入住条件。要严格执行工程建设标准，坚决防止抬高标准、吊高胃口，杜绝形象工程、面子工程，避免增加地方政府债务风险。

河北、山西、河南、湖北、湖南、广西、四川、贵州、云南、西藏、甘肃、新疆、内蒙古、陕西等地要对大型安置区教育、医疗卫生设施补短板项目实行挂牌督战，帮助协调解决困难和问题，统筹做好与基层社区公共卫生应急管理设施布局建设的衔接。对尚未开工的项目，要简化审批流程，加快前期手续办理，推动项目尽快开工建设；对已开工的项目，要建立定期调度机制，千方百计保障施工物资供应，及时提供必要的人力物力和资金支持。要确保义务教育阶段学校、幼儿园在搬迁群众子女今年秋季入学前投入使用，推动医疗卫生设施建设项目尽快完工并投入使用。

三、切实推动各类监督检查发现问题尽快整改"清零"

全面梳理中央脱贫攻坚专项巡视、省级党委政府脱贫攻坚成效考核、脱贫攻坚问题全面排查、国家发展改革委监管巡查和质量安全集中排查、审计、民主党派监督等各类监督检查反馈的问题，建立完善统一台账，逐条逐项切实整改到位，确保今年上半年将问题全部整改"清零"。

对于此前发现并已整改的面积超标、大额负债、质量安全隐患、违规使用搬迁资金等"红线"问题，要举一反三、巩固整改成果。对于新发现的后续扶持不到位、社区治理不完善等问题，要逐一明确整改目标时限、具体措施和责任主体，确保整改质量和成效。

进一步落实"省负总责"的要求，压紧压实市县党委、政府整改责任，对于整改措施落实不到位的单位和个人，要予以通报批评，对于虚假整改等行为，要提请纪检监察部门严肃问责。国家发展改革委将采取明察暗访、实地核查等方式，对各地问题整改情况进行检查。

四、分区分类精准施策强化后续扶持措施

切实将易地扶贫搬迁工作重心全面转向后续扶持，认真贯彻落实国家发展改革委等13个部门印发的《2020年易地扶贫搬迁后续扶持若干政策措施》，结合实际抓紧制定细化方案，根据不同类型、规模安置区的特点，分区分类实施精准帮扶措施，确保

每一个安置区、每一位搬迁群众都能获得及时有效的帮扶。

对于迁入人口万人以上的特大型安置区，省级层面要逐一研究制定帮扶工作方案，统筹整合省级相关部门政策资源予以帮扶，一揽子解决产业就业、社区管理、社会融入等后续发展问题。帮扶工作方案经省级易地扶贫搬迁领导小组、指挥部或者省级扶贫开发领导小组审定后，于2020年5月底前报国家发展改革委备案。

对于迁入人口3 000人以上的大型安置区，要加大劳务输出力度，建立完善社区管理机构，加强基层组织建设；对于迁入人口800至3 000人的中型安置区，要通过建设扶贫车间、产业基地，依托已有工业园区、旅游景区等，吸纳搬迁群众就地就近就业，并不断提升安置地公共服务承载能力；对于迁入人口800人以下小微型安置点，要结合当地资源禀赋培育发展后续特色产业，盘活迁出区土地资源，拓展搬迁群众增收渠道；对于分散安置的搬迁群众，要按照"一户一策"的要求，建立跟踪帮扶机制，确保全部纳入扶持范围。

广西、四川、贵州、云南、甘肃、宁夏、新疆和其他搬迁任务重的省份，要按照国务院扶贫开发领导小组统一部署，以搬迁入住和后续帮扶措施落实情况等为重点，对工作难度大的县和安置区实行挂牌督战。

五、多措并举巩固易地搬迁脱贫成果

各级易地扶贫搬迁工作主管部门要协调配合人力资源社会保障部门切实做好搬迁劳动力就业意愿和劳动技能摸底调查工作，强化就业信息服务，加大就业培训力度，组织开展好万人以上特大型安置区就业帮扶专项行动，不断扩大搬迁群众外出劳务输出规模。要支持搬迁任务重的县市在安置区周边布局劳动密集型产业，并通过开发公益性岗位、以工代赈等方式，拓宽就地就近就业门路。

主动协调配合农业农村部门支持以农村安置为主的县市创建一二三产融合发展产业园，引导农业产业化龙头企业和农产品加工产能向安置区集中集聚，鼓励金融机构加大对安置区后续产业信贷投入。要联合商务、农业农村、扶贫等部门深入开展消费扶贫行动，做好产销对接，持续拓宽搬迁群众农畜产品销售渠道。

加强对已脱贫搬迁群众收入水平和返贫风险的跟踪监测，对于脱贫不稳定、边缘易致贫以及因疫情或者其他原因收入骤减或者支出骤增的搬迁户，要提前采取针对性帮扶措施，有效防止返贫。

六、不断加强易地扶贫搬迁领域作风建设

各级易地扶贫搬迁工作主管部门要保持攻坚状态，不停顿、不大意、不放松，主要负责同志要采取"四不两直"方式，深入各类安置区、安置点，推动易地扶贫搬迁政策措施落地落实，为搬迁群众办实事、解难题。

不断改进工作方式方法，切实减轻基层负担，最大限度减少不必要的填表报数，坚决杜绝形式主义、官僚主义。

进一步加强易地扶贫搬迁相关项目资金监管，坚决杜绝贪污受贿、截留挪用等腐败行为，确保阳光搬迁、廉洁搬迁。

更加注重对各级易地扶贫搬迁干部的激励关爱，落实工作、生活、安全等保障措施，对表现突出的单位和个人，采取多种方式给予表彰激励。

七、进一步加大易地扶贫搬迁工作成效宣传力度

坚持正确政治方向和舆论导向，重点宣传党中央、国务院关于易地扶贫搬迁工作的决策部署和各地区、各部门的新举措好办法，宣传基层扶贫干部典型事迹和搬迁群众光荣脱贫感人故事。

加强与各级各类新闻媒体的沟通衔接，通过组织媒体集中宣传报道、召开新闻发布会、制作专题纪录片、编印画册等方式，全面展现新时期易地扶贫搬迁工作取得的

伟大成就。

坚持实事求是，坚守"两不愁三保障"标准，严格做好新闻信息审核工作，确保宣传内容真实客观。要主动发声，及时回应社会关切，为决战决胜易地扶贫搬迁工作营造良好舆论氛围。

八、全方位做好与乡村振兴和新型城镇化战略有效衔接

结合实施乡村振兴和新型城镇化战略，进一步提升完善安置区配套基础设施和公共服务设施，实现一体规划、一体建设、一体提质扩容。

将巩固易地搬迁脱贫成果作为乡村振兴的重要内容，在农村安置区优先布局相关产业振兴项目，推动农村人居环境整治、一二三产融合发展等政策措施向安置区倾斜，促进搬迁群众持续增收、逐步致富。

妥善做好进城搬迁群众落户工作，扩大教育、医疗、就业、社保等基本公共服务有效供给，推动其尽快融入城镇、有序实现市民化。加快办理安置住房不动产权登记，维护搬迁群众在迁出区原有权益，夯实后续发展基础。

四、支持民生与社会公益事业发展的减、免税项目

（一）买卖封闭式证券投资基金免征印花税

《财政部　国家税务总局关于对买卖封闭式证券投资基金继续予以免征印花税的通知》（财税〔2004〕173号）规定如下：

从2003年1月1日起，继续对投资者（包括个人和机构）买卖封闭式证券投资基金免征印花税。

（二）证券投资者保护基金有关印花税政策

《财政部　国家税务总局关于证券投资者保护基金有关印花税政策的通知》（财税〔2006〕104号）规定如下：

（1）对证券投资者保护基金有限责任公司（以下简称"保护基金公司"）新设立的资金账簿免征印花税。

（2）对保护基金公司与中国人民银行签订的再贷款合同、与证券公司行政清算机构签订的借款合同，免征印花税。

（3）对保护基金公司接收被处置证券公司财产签订的产权转移书据，免征印花税。

（4）对保护基金公司以证券投资者保护基金自有财产和接收的受偿资产与保险公司签订的财产保险合同，免征印花税。

（5）对与保护基金公司签订上述应税合同或者产权转移书据的其他当事人照章征收印花税。

（三）关于经济适用住房和住房租赁有关税收政策

《财政部　国家税务总局关于廉租住房　经济适用住房和住房租赁有关税收政策的通知》（财税〔2008〕24号）规定如下：

（1）对廉租住房、经济适用住房经营管理单位与廉租住房、经济适用住房相关的印花税以及廉租住房承租人、经济适用住房购买人涉及的印花税予以免征。

（2）开发商在经济适用住房、商品住房项目中配套廉租住房，商品住房项目中配套建造经济适用住房，如能提供政府部门出具的相关材料，可按廉租住房、经济适用住房建筑面积占总建筑面积的比例免征开发商应缴纳的印花税。

（3）对个人出租、承租住房签订的租赁合同，免征印花税。

（四）农民专业合作社有关税收政策

《财政部　国家税务总局关于农民专业合作社有关税收政策的通知》（财税〔2008〕81号）规定如下：

（1）对农民专业合作社与本社成员签订的农业产品和农业生产资料购销合同，免征印花税。

（2）本通知所称农民专业合作社，是指依照《中华人民共和国农民专业合作社法》规定设立和登记的农民专业合作社。

（五）调整房地产交易环节税收政策

《财政部　国家税务总局关于调整房地产交易环节税收政策的通知》（财税〔2008〕137号）规定如下：

对个人销售或者购买住房暂免征收印花税。

（六）棚户区改造有关税收政策

《财政部　国家税务总局关于棚户区改造有关税收政策的通知》（财税〔2013〕101号）规定如下：

（1）对改造安置住房经营管理单位、开发商与改造安置住房相关的印花税以及购买安置住房的个人涉及的印花税予以免征。

（2）在商品住房等开发项目中配套建造安置住房的，依据政府部门出具的相关材料、房屋征收（拆迁）补偿协议或者棚户区改造合同（协议），按改造安置住房建筑面积占总建筑面积的比例免征城镇土地使用税、印花税。

（3）本通知所称棚户区是指简易结构房屋较多、建筑密度较大、房屋使用年限较长、使用功能不全、基础设施简陋的区域，具体包括城市棚户区、国有工矿（含煤矿）棚户区、国有林区棚户区和国有林场危旧房、国有垦区危房。棚户区改造是指列入省级人民政府批准的棚户区改造规划或者年度改造计划的改造项目；改造安置住房是指相关部门和单位与棚户区被征收人签订的房屋征收（拆迁）补偿协议或者棚户区改造合同（协议）中明确用于安置被征收人的住房或者通过改建、扩建、翻建等方式实施改造的住房。

（七）高校学生公寓印花税政策

《财政部　税务总局关于高校学生公寓房产税　印花税政策的通知》（财税〔2019〕14号）规定如下：

（1）对与高校学生签订的高校学生公寓租赁合同，免征印花税。

（2）本通知所称高校学生公寓，是指为高校学生提供住宿服务，按照国家规定的收费标准收取住宿费的学生公寓。

（3）企业享受本通知规定的免税政策，应按规定进行免税申报，并将不动产权属证明、载有房产原值的相关材料、房产用途证明、租赁合同等资料留存备查。

（八）公共租赁住房税收优惠政策

《财政部　税务总局关于公共租赁住房税收优惠政策的公告》（财政部　税务总局公告2019年第61号）规定如下：

（1）对公租房经营管理单位免征建设、管理公租房涉及的印花税。在其他住房项目中配套建设公租房，按公租房建筑面积占总建筑面积的比例免征建设、管理公租房涉及的印花税。

（2）对公租房经营管理单位购买住房作为公租房，免征契税、印花税；对公租房租赁双方免征签订租赁协议涉及的印花税。

（3）享受上述税收优惠政策的公租房是指纳入省、自治区、直辖市、计划单列市人民政府及新疆生产建设兵团批准的公租房发展规划和年度计划，或者市、县人民政府批准建设（筹集），并按照《关于加快发展公共租赁住房的指导意见》（建保〔2010〕87号）和市、县人民政府制定的具体管理办法进行管理的公租房。

（4）纳税人享受本公告规定的优惠政策，应按规定进行免税申报，并将不动产权属证明、载有房产原值的相关材料、纳入公租房及用地管理的相关材料、配套建设管理公租房相关材料、购买住房作为公租房相关材料、公租房租赁协议等留存备查。

（九）部分国家储备商品有关税收政策

《财政部 税务总局关于部分国家储备商品有关税收政策的公告》（财政部 税务总局公告 2019 年第 77 号）规定如下：

（1）自 2019 年 1 月 1 日至 2021 年 12 月 31 日，对商品储备管理公司及其直属库资金账簿免征印花税；对其承担商品储备业务过程中书立的购销合同免征印花税，对合同其他各方当事人应缴纳的印花税照章征收。

（2）本公告所称商品储备管理公司及其直属库，是指接受县级以上政府有关部门委托，承担粮（含大豆）、食用油、棉、糖、肉 5 种商品储备任务，取得财政储备经费或者补贴的商品储备企业。

（3）承担中央政府有关部门委托商品储备业务的储备管理公司及其直属库，包括中国储备粮管理集团有限公司及其分公司、直属库，以及华商储备商品管理中心有限公司及其管理的国家储备糖库、国家储备肉库。承担地方政府有关部门委托商品储备业务的储备管理公司及其直属库，由省、自治区、直辖市财政、税务部门会同有关部门明确或者制定具体管理办法，并报省、自治区、直辖市人民政府批准。

（4）企业享受本公告规定的免税政策，应按规定进行免税申报，并将不动产权属证明、房产原值、承担商品储备业务情况、储备库建设规划等资料留存备查。

（十）证券投资基金法律制度

《中华人民共和国证券投资基金法》（以下简称《证券投资基金法》）规定如下：

第一章 总 则

第二条 在中华人民共和国境内，公开或者非公开募集资金设立证券投资基金（以下简称"基金"），由基金管理人管理，基金托管人托管，为基金份额持有人的利益，进行证券投资活动，适用本法；本法未规定的，适用《中华人民共和国信托法》《中华人民共和国证券法》和其他有关法律、行政法规的规定。

第三条 基金管理人、基金托管人和基金份额持有人的权利、义务，依照本法在基金合同中约定。

基金管理人、基金托管人依照本法和基金合同的约定，履行受托职责。

通过公开募集方式设立的基金（以下简称"公开募集基金"）的基金份额持有人按其所持基金份额享受收益和承担风险，通过非公开募集方式设立的基金（以下简称"非公开募集基金"）的收益分配和风险承担由基金合同约定。

第四条 从事证券投资基金活动，应当遵循自愿、公平、诚实信用的原则，不得损害国家利益和社会公共利益。

第五条 基金财产的债务由基金财产本身承担，基金份额持有人以其出资为限对基金财产的债务承担责任。但基金合同依照本法另有约定的，从其约定。

基金财产独立于基金管理人、基金托管人的固有财产。基金管理人、基金托管人不得将基金财产归入其固有财产。

基金管理人、基金托管人因基金财产的管理、运用或者其他情形而取得的财产和收益，归入基金财产。

基金管理人、基金托管人因依法解散、被依法撤销或者被依法宣告破产等原因进行清算的，基金财产不属于其清算财产。

第六条 基金财产的债权，不得与基金管理人、基金托管人固有财产的债务相抵销；不同基金财产的债权债务，不得相互抵销。

第七条 非因基金财产本身承担的债务，不得对基金财产强制执行。

第八条 基金财产投资的相关税收，由基金份额持有人承担，基金管理人或者其他扣缴义务人按照国家有关税收征收的规定代扣代缴。

第九条 基金管理人、基金托管人管理、运用基金财产，基金服务机构从事基金服务活动，应当恪尽职守，履行诚实信用、谨慎勤勉的义务。

基金管理人运用基金财产进行证券投资，应当遵守审慎经营规则，制定科学合理的投资策略和风险管理制度，有效防范和控制风险。

基金从业人员应当具备基金从业资格，遵守法律、行政法规，恪守职业道德和行为规范。

第十条 基金管理人、基金托管人和基金服务机构，应当依照本法成立证券投资基金行业协会（以下简称"基金行业协会"），进行行业自律，协调行业关系，提供行业服务，促进行业发展。

第十一条 国务院证券监督管理机构依法对证券投资基金活动实施监督管理；其派出机构依照授权履行职责。

第二章 基金管理人

第十二条 基金管理人由依法设立的公司或者合伙企业担任。

公开募集基金的基金管理人，由基金管理公司或者经国务院证券监督管理机构按照规定核准的其他机构担任。

第十三条 设立管理公开募集基金的基金管理公司，应当具备下列条件，并经国务院证券监督管理机构批准：

（一）有符合本法和《中华人民共和国公司法》规定的章程；

（二）注册资本不低于一亿元人民币，且必须为实缴货币资本；

（三）主要股东应当具有经营金融业务或者管理金融机构的良好业绩、良好的财务状况和社会信誉，资产规模达到国务院规定的标准，最近三年没有违法记录；

（四）取得基金从业资格的人员达到法定人数；

（五）董事、监事、高级管理人员具备相应的任职条件；

（六）有符合要求的营业场所、安全防范设施和与基金管理业务有关的其他设施；

（七）有良好的内部治理结构、完善的内部稽核监控制度、风险控制制度；

（八）法律、行政法规规定的和经国务院批准的国务院证券监督管理机构规定的其他条件。

第十四条 国务院证券监督管理机构应当自受理基金管理公司设立申请之日起六个月内依照本法第十三条规定的条件和审慎监管原则进行审查，作出批准或者不予批准的决定，并通知申请人；不予批准的，应当说明理由。

基金管理公司变更持有百分之五以上股权的股东，变更公司的实际控制人，或者变更其他重大事项，应当报经国务院证券监督管理机构批准。国务院证券监督管理机构应当自受理申请之日起六十日内作出批准或者不予批准的决定，并通知申请人；不予批准的，应当说明理由。

第十五条 有下列情形之一的，不得担任公开募集基金的基金管理人的董事、监事、高级管理人员和其他从业人员：

（一）因犯有贪污贿赂、渎职、侵犯财产罪或者破坏社会主义市场经济秩序罪，被判处刑罚的；

（二）对所任职的公司、企业因经营不善破产清算或者因违法被吊销营业执照负有个人责任的董事、监事、厂长、高级管理人员，自该公司、企业破产清算终结或者被吊销营业执照之日起未逾五年的；

（三）个人所负债务数额较大，到期未清偿的；

（四）因违法行为被开除的基金管理人、基金托管人、证券交易所、证券公司、证券登记结算机构、期货交易所、期货公司及其他机构的从业人员和国家机关工作人员；

（五）因违法行为被吊销执业证书或者被取消资格的律师、注册会计师和资产评估机构、验证机构的从业人员、投资咨询从业人员；

（六）法律、行政法规规定不得从事基金业务的其他人员。

第十六条 公开募集基金的基金管理人的董事、监事和高级管理人员，应当熟悉证券投资方面的法律、行政法规，具有三年以上与其所任职务相关的工作经历；高级管理人员还应当具备基金从业资格。

第十七条 公开募集基金的基金管理人的董事、监事、高级管理人员和其他从业人员，其本人、配偶、利害关系人进行证券投资，应当事先向基金管理人申报，并不得与基金份额持有人发生利益冲突。

公开募集基金的基金管理人应当建立上述人员进行证券投资的申报、登记、审查、处置等管理制度，并报国务院证券监督管理机构备案。

第十八条 公开募集基金的基金管理人的董事、监事、高级管理人员和其他从业人员，不得担任基金托管人或者其他基金管理人的任何职务，不得从事损害基金财产和基金份额持有人利益的证券交易及其他活动。

第十九条 公开募集基金的基金管理人应当履行下列职责：

（一）依法募集资金，办理基金份额的发售和登记事宜；

（二）办理基金备案手续；

（三）对所管理的不同基金财产分别管理、分别记账，进行证券投资；

（四）按照基金合同的约定确定基金收益分配方案，及时向基金份额持有人分配收益；

（五）进行基金会计核算并编制基金财务会计报告；

（六）编制中期和年度基金报告；

（七）计算并公告基金资产净值，确定基金份额申购、赎回价格；

（八）办理与基金财产管理业务活动有关的信息披露事项；

（九）按照规定召集基金份额持有人大会

（十）保存基金财产管理业务活动的记录、账册、报表和其他相关资料

（十一）以基金管理人名义，代表基金份额持有人利益行使诉讼权利或者实施其他法律行为；

（十二）国务院证券监督管理机构规定的其他职责。

第二十条 公开募集基金的基金管理人及其董事、监事、高级管理人员和其他从业人员不得有下列行为：

（一）将其固有财产或者他人财产混同于基金财产从事证券投资；

（二）不公平地对待其管理的不同基金财产；

（三）利用基金财产或者职务之便为基金份额持有人以外的人牟取利益；

（四）向基金份额持有人违规承诺收益或者承担损失；

（五）侵占、挪用基金财产

（六）泄露因职务便利获取的未公开信息、利用该信息从事或者明示、暗示他人从事相关的交易活动

（七）玩忽职守，不按照规定履行职责；

（八）法律、行政法规和国务院证券监督管理机构规定禁止的其他行为。

第二十一条 公开募集基金的基金管理人应当建立良好的内部治理结构，明确股东会、董事会、监事会和高级管理人员的职责权限，确保基金管理人独立运作。

公开募集基金的基金管理人可以实行专业人士持股计划，建立长效激励约束机制。

公开募集基金的基金管理人的股东、董事、监事和高级管理人员在行使权利或者履行职责时，应当遵循基金份额持有人利益优先的原则。

第二十二条 公开募集基金的基金管理人应当从管理基金的报酬中计提风险准备金。

公开募集基金的基金管理人因违法违规、违反基金合同等原因给基金财产或者基金份额持有人合法权益造成损失，应当承担赔偿责任的，可以优先使用风险准备金予以赔偿。

第二十三条 公开募集基金的基金管理人的股东、实际控制人应当按照国务院证券监督管理机构的规定及时履行重大事项报告义务，并不得有下列行为：

（一）虚假出资或者抽逃出资；

（二）未依法经股东会或者董事会决议擅自干预基金管理人的基金经营活动；

（三）要求基金管理人利用基金财产为自己或者他人牟取利益，损害基金份额持有人利益；

（四）国务院证券监督管理机构规定禁止的其他行为。

公开募集基金的基金管理人的股东、实际控制人有前款行为或者股东不再符合法定条件的，国务院证券监督管理机构应当责令其限期改正，并可视情节责令其转让所持有或者控制的基金管理人的股权。

在前款规定的股东、实际控制人按照要求改正违法行为、转让所持有或者控制的基金管理人的股权前，国务院证券监督管理机构可以限制有关股东行使股东权利。

第二十四条 公开募集基金的基金管理人违法违规，或者其内部治理结构、稽核监控和风险控制管理不符合规定的，国务院证券监督管理机构应当责令其限期改正；逾期未改正，或者其行为严重危及该基金管理人的稳健运行、损害基金份额持有人合法权益的，国务院证券监督管理机构可以区别情形，对其采取下列措施：

（一）限制业务活动，责令暂停部分或者全部业务；

（二）限制分配红利，限制向董事、监事、高级管理人员支付报酬、提供福利；

（三）限制转让固有财产或者在固有财产上设定其他权利；

（四）责令更换董事、监事、高级管理人员或者限制其权利；

（五）责令有关股东转让股权或者限制有关股东行使股东权利。

公开募集基金的基金管理人整改后，应当向国务院证券监督管理机构提交报告。国务院证券监督管理机构经验收，符合有关要求的，应当自验收完毕之日起三日内解除对其采取的有关措施。

第二十五条 公开募集基金的基金管理人的董事、监事、高级管理人员未能勤勉尽责，致使基金管理人存在重大违法违规行为或者重大风险的，国务院证券监督管理机构可以责令更换。

第二十六条 公开募集基金的基金管理人违法经营或者出现重大风险，严重危害证券市场秩序、损害基金份额持有人利益的，国务院证券监督管理机构可以对该基金管理人采取责令停业整顿、指定其他机构托管、接管、取消基金管理资格或者撤销等监管措施。

第二十七条 在公开募集基金的基金管理人被责令停业整顿、被依法指定托管、接管或者清算期间，或者出现重大风险时，经国务院证券监督管理机构批准，可以对该基金管理人直接负责的董事、监事、高级管理人员和其他直接责任人员采取下列措施：

（一）通知出境管理机关依法阻止其出境；

（二）申请司法机关禁止其转移、转让或者以其他方式处分财产，或者在财产上设定其他权利。

第二十八条 有下列情形之一的，公开募集基金的基金管理人职责终止：

（一）被依法取消基金管理资格；

（二）被基金份额持有人大会解任；

（三）依法解散、被依法撤销或者被依法宣告破产；

（四）基金合同约定的其他情形。

第二十九条 公开募集基金的基金管理人职责终止的，基金份额持有人大会应当在六个月内选任新基金管理人；新基金管理人产生前，由国务院证券监督管理机构指定临时基金管理人。

公开募集基金的基金管理人职责终止的，应当妥善保管基金管理业务资料，及时办理基金管理业务的移交手续，新基金管理人或者临时基金管理人应当及时接收。

第三十条 公开募集基金的基金管理人职责终止的，应当按照规定聘请会计师事务所对基金财产进行审计，并将审计结果予以公告，同时报国务院证券监督管理机构备案。

第三章 基金托管人

第三十二条 基金托管人由依法设立的商业银行或者其他金融机构担任。

商业银行担任基金托管人的，由国务院证券监督管理机构会同国务院银行业监督管理机构核准；其他金融机构担任基金托管人的，由国务院证券监督管理机构核准。

第三十三条 担任基金托管人，应当具备下列条件：

（一）净资产和风险控制指标符合有关规定；

（二）设有专门的基金托管部门；

（三）取得基金从业资格的专职人员达到法定人数；

（四）有安全保管基金财产的条件；

（五）有安全高效的清算、交割系统；

（六）有符合要求的营业场所、安全防范设施和与基金托管业务有关的其他设施；

（七）有完善的内部稽核监控制度和风险控制制度；

（八）法律、行政法规规定的和经国务院批准的国务院证券监督管理机构、国务院银行业监督管理机构规定的其他条件。

第三十五条 基金托管人与基金管理人不得为同一机构，不得相互出资或者持有股份。

第三十六条 基金托管人应当履行下列职责：

（一）安全保管基金财产；

（二）按照规定开设基金财产的资金账户和证券账户；

（三）对所托管的不同基金财产分别设置账户，确保基金财产的完整与独立；

（四）保存基金托管业务活动的记录、账册、报表和其他相关资料

（五）按照基金合同的约定，根据基金管理人的投资指令，及时办理清算、交割

事宜;

（六）办理与基金托管业务活动有关的信息披露事项;

（七）对基金财务会计报告、中期和年度基金报告出具意见;

（八）复核、审查基金管理人计算的基金资产净值和基金份额申购、赎回价格;

（九）按照规定召集基金份额持有人大会;

（十）按照规定监督基金管理人的投资运作;

（十一）国务院证券监督管理机构规定的其他职责。

第三十七条 基金托管人发现基金管理人的投资指令违反法律、行政法规和其他有关规定，或者违反基金合同约定的，应当拒绝执行，立即通知基金管理人，并及时向国务院证券监督管理机构报告。

基金托管人发现基金管理人依据交易程序已经生效的投资指令违反法律、行政法规和其他有关规定，或者违反基金合同约定的，应当立即通知基金管理人，并及时向国务院证券监督管理机构报告。

第三十九条 基金托管人不再具备本法规定的条件，或者未能勤勉尽责，在履行本法规定的职责时存在重大失误的，国务院证券监督管理机构、国务院银行业监督管理机构应当责令其改正;逾期未改正，或者其行为严重影响所托管基金的稳健运行、损害基金份额持有人利益的，国务院证券监督管理机构、国务院银行业监督管理机构可以区别情形，对其采取下列措施:

（一）限制业务活动，责令暂停办理新的基金托管业务;

（二）责令更换负有责任的专门基金托管部门的高级管理人员。

基金托管人整改后，应当向国务院证券监督管理机构、国务院银行业监督管理机构提交报告;经验收，符合有关要求的，应当自验收完毕之日起三日内解除对其采取的有关措施。

第四十条 国务院证券监督管理机构、国务院银行业监督管理机构对有下列情形之一的基金托管人，可以取消其基金托管资格:

（一）连续三年没有开展基金托管业务的;

（二）违反本法规定，情节严重的;

（三）法律、行政法规规定的其他情形。

第四十一条 有下列情形之一的，基金托管人职责终止:

（一）被依法取消基金托管资格;

（二）被基金份额持有人大会解任;

（三）依法解散、被依法撤销或者被依法宣告破产;

（四）基金合同约定的其他情形。

第四十二条 基金托管人职责终止的，基金份额持有人大会应当在六个月内选任新基金托管人;新基金托管人产生前，由国务院证券监督管理机构指定临时基金托管人。

基金托管人职责终止的，应当妥善保管基金财产和基金托管业务资料，及时办理基金财产和基金托管业务的移交手续，新基金托管人或者临时基金托管人应当及时接收。

第四十三条 基金托管人职责终止的，应当按照规定聘请会计师事务所对基金财产进行审计，并将审计结果予以公告，同时报国务院证券监督管理机构备案。

第四章　基金的运作方式和组织

第四十四条 基金合同应当约定基金的运作方式。

第四十五条 基金的运作方式可以采用封闭式、开放式或者其他方式。

采用封闭式运作方式的基金（以下简称"封闭式基金"），是指基金份额总额在基金合同期限内固定不变，基金份额持有人不得申请赎回的基金;采用开放式运作方式的基金（以下简称"开放式基金"），是指基金份额总额不固定，基金份额可以在基金合同约定的时间和场所申购或者赎回的基金。

采用其他运作方式的基金的基金份额发售、交易、申购、赎回的办法，由国务院证券监督管理机构另行规定。

第四十六条 基金份额持有人享有下列权利：

（一）分享基金财产收益；

（二）参与分配清算后的剩余基金财产；

（三）依法转让或者申请赎回其持有的基金份额；

（四）按照规定要求召开基金份额持有人大会或者召集基金份额持有人大会；

（五）对基金份额持有人大会审议事项行使表决权；

（六）对基金管理人、基金托管人、基金服务机构损害其合法权益的行为依法提起诉讼；

（七）基金合同约定的其他权利。

公开募集基金的基金份额持有人有权查阅或者复制公开披露的基金信息资料；非公开募集基金的基金份额持有人对涉及自身利益的情况，有权查阅基金的财务会计账簿等财务资料。

第四十七条 基金份额持有人大会由全体基金份额持有人组成，行使下列职权：

（一）决定基金扩募或者延长基金合同期限；

（二）决定修改基金合同的重要内容或者提前终止基金合同；

（三）决定更换基金管理人、基金托管人；

（四）决定调整基金管理人、基金托管人的报酬标准；

（五）基金合同约定的其他职权。

第四十八条 按照基金合同约定，基金份额持有人大会可以设立日常机构，行使下列职权：

（一）召集基金份额持有人大会；

（二）提请更换基金管理人、基金托管人；

（三）监督基金管理人的投资运作、基金托管人的托管活动；

（四）提请调整基金管理人、基金托管人的报酬标准；

（五）基金合同约定的其他职权。

前款规定的日常机构，由基金份额持有人大会选举产生的人员组成；其议事规则，由基金合同约定。

第四十九条 基金份额持有人大会及其日常机构不得直接参与或者干涉基金的投资管理活动。

第五章 基金的公开募集

第五十条 公开募集基金，应当经国务院证券监督管理机构注册。未经注册，不得公开或者变相公开募集基金。

前款所称公开募集基金，包括向不特定对象募集资金、向特定对象募集资金累计超过二百人，以及法律、行政法规规定的其他情形。

公开募集基金应当由基金管理人管理，基金托管人托管。

第五十一条 注册公开募集基金，由拟任基金管理人向国务院证券监督管理机构提交下列文件：

（一）申请报告；

（二）基金合同草案；

（三）基金托管协议草案；

（四）招募说明书草案；

（五）律师事务所出具的法律意见书；

（六）国务院证券监督管理机构规定提交的其他文件。

第五十二条 公开募集基金的基金合同应当包括下列内容：

（一）募集基金的目的和基金名称；

（二）基金管理人、基金托管人的名称和住所；

（三）基金的运作方式；

（四）封闭式基金的基金份额总额和基金合同期限，或者开放式基金的最低募集份额总额；

（五）确定基金份额发售日期、价格和费用的原则；

（六）基金份额持有人、基金管理人和基金托管人的权利、义务；

（七）基金份额持有人大会召集、议事及表决的程序和规则；

（八）基金份额发售、交易、申购、赎回的程序、时间、地点、费用计算方式，以及给付赎回款项的时间和方式；

（九）基金收益分配原则、执行方式；

（十）基金管理人、基金托管人报酬的提取、支付方式与比例；

（十一）与基金财产管理、运用有关的其他费用的提取、支付方式；

（十二）基金财产的投资方向和投资限制；

（十三）基金资产净值的计算方法和公告方式；

（十四）基金募集未达到法定要求的处理方式；

（十五）基金合同解除和终止的事由、程序以及基金财产清算方式；

（十六）争议解决方式；

（十七）当事人约定的其他事项。

第五十三条 公开募集基金的基金招募说明书应当包括下列内容：

（一）基金募集申请的准予注册文件名称和注册日期；

（二）基金管理人、基金托管人的基本情况；

（三）基金合同和基金托管协议的内容摘要；

（四）基金份额的发售日期、价格、费用和期限；

（五）基金份额的发售方式、发售机构及登记机构名称；

（六）出具法律意见书的律师事务所和审计基金财产的会计师事务所的名称和住所；

（七）基金管理人、基金托管人报酬及其他有关费用的提取、支付方式与比例；

（八）风险警示内容；

（九）国务院证券监督管理机构规定的其他内容。

第五十四条 国务院证券监督管理机构应当自受理公开募集基金的募集注册申请之日起六个月内依照法律、行政法规及国务院证券监督管理机构的规定进行审查，作出注册或者不予注册的决定，并通知申请人；不予注册的，应当说明理由。

第五十五条 基金募集申请经注册后，方可发售基金份额。

基金份额的发售，由基金管理人或者其委托的基金销售机构办理。

第五十六条 基金管理人应当在基金份额发售的三日前公布招募说明书、基金合同及其他有关文件。

前款规定的文件应当真实、准确、完整。

对基金募集所进行的宣传推介活动，应当符合有关法律、行政法规的规定，不得有本法第七十七条所列行为。

第五十七条 基金管理人应当自收到准予注册文件之日起六个月内进行基金募集。超过六个月开始募集，原注册的事项未发生实质性变化的，应当报国务院证券监督管理机构备案；发生实质性变化的，应当向国务院证券监督管理机构重新提交注册申请。

基金募集不得超过国务院证券监督管理机构准予注册的基金募集期限。基金募集期限自基金份额发售之日起计算。

第五十八条 基金募集期限届满，封闭式基金募集的基金份额总额达到准予注册规模的百分之八十以上，开放式基金募集的基金份额总额超过准予注册的最低募集份额总额，并且基金份额持有人人数符合国务院证券监督管理机构规定的，基金管理人应当自募集期限届满之日起十日内聘请法定验资机构验资，自收到验资报告之日起十日内，向国务院证券监督管理机构提交验资报告，办理基金备案手续，并予以公告。

第五十九条 基金募集期间募集的资金应当存入专门账户，在基金募集行为结束前，任何人不得动用。

第六十条 投资人交纳认购的基金份额的款项时，基金合同成立；基金管理人依照本法第五十八条的规定向国务院证券监督管理机构办理基金备案手续，基金合同生效。

基金募集期限届满，不能满足本法第五十八条规定的条件的，基金管理人应当承担下列责任：

（一）以其固有财产承担因募集行为而产生的债务和费用；

（二）在基金募集期限届满后三十日内返还投资人已交纳的款项，并加计银行同期存款利息。

第六章　公开募集基金的基金份额的交易、申购与赎回

第六十一条 申请基金份额上市交易，基金管理人应当向证券交易所提出申请，证券交易所依法审核同意的，双方应当签订上市协议。

第六十二条 基金份额上市交易，应当符合下列条件：

（一）基金的募集符合本法规定；

（二）基金合同期限为五年以上；

（三）基金募集金额不低于二亿元人民币；

（四）基金份额持有人不少于一千人；

（五）基金份额上市交易规则规定的其他条件。

第六十四条 基金份额上市交易后，有下列情形之一的，由证券交易所终止其上市交易，并报国务院证券监督管理机构备案：

（一）不再具备《证券投资基金法》第六十二条规定的上市交易条件；

（二）基金合同期限届满；

（三）基金份额持有人大会决定提前终止上市交易；

（四）基金合同约定的或者基金份额上市交易规则规定的终止上市交易的其他情形。

第六十五条 开放式基金的基金份额的申购、赎回、登记，由基金管理人或者其委托的基金服务机构办理。

第六十六条 基金管理人应当在每个工作日办理基金份额的申购、赎回业务；基金合同另有约定的，从其约定。

投资人交付申购款项，申购成立；基金份额登记机构确认基金份额时，申购生效。

基金份额持有人递交赎回申请，赎回成立；基金份额登记机构确认赎回时，赎回生效。

第六十七条 基金管理人应当按时支付赎回款项，但是下列情形除外：

（一）因不可抗力导致基金管理人不能支付赎回款项；

（二）证券交易场所依法决定临时停市，导致基金管理人无法计算当日基金资产净值；

（三）基金合同约定的其他特殊情形。

发生上述情形之一的，基金管理人应当在当日报国务院证券监督管理机构备案。上述情形消失后，基金管理人应当及时支付赎回款项。

第六十八条　开放式基金应当保持足够的现金或者政府债券，以备支付基金份额持有人的赎回款项。基金财产中应当保持的现金或者政府债券的具体比例，由国务院证券监督管理机构规定。

第六十九条　基金份额的申购、赎回价格，依据申购、赎回日基金份额净值加、减有关费用计算。

第七十条　基金份额净值计价出现错误时，基金管理人应当立即纠正，并采取合理的措施防止损失进一步扩大。计价错误达到基金份额净值百分之零点五时，基金管理人应当公告，并报国务院证券监督管理机构备案。

因基金份额净值计价错误造成基金份额持有人损失的，基金份额持有人有权要求基金管理人、基金托管人予以赔偿。

第七章　公开募集基金的投资与信息披露

第七十一条　基金管理人运用基金财产进行证券投资，除国务院证券监督管理机构另有规定外，应当采用资产组合的方式。

资产组合的具体方式和投资比例，依照本法和国务院证券监督管理机构的规定在基金合同中约定。

第七十条　基金财产应当用于下列投资：

（一）上市交易的股票、债券；

（二）国务院证券监督管理机构规定的其他证券及其衍生品种。

第七十三条　基金财产不得用于下列投资或者活动：

（一）承销证券；

（二）违反规定向他人贷款或者提供担保；

（三）从事承担无限责任的投资；

（四）买卖其他基金份额，但是国务院证券监督管理机构另有规定的除外；

（五）向基金管理人、基金托管人出资；

（六）从事内幕交易、操纵证券交易价格及其他不正当的证券交易活动；

（七）法律、行政法规和国务院证券监督管理机构规定禁止的其他活动。

运用基金财产买卖基金管理人、基金托管人及其控股股东、实际控制人或者与其有其他重大利害关系的公司发行的证券或者承销期内承销的证券，或者从事其他重大关联交易的，应当遵循基金份额持有人利益优先的原则，防范利益冲突，符合国务院证券监督管理机构的规定，并履行信息披露义务。

第七十四条　基金管理人、基金托管人和其他基金信息披露义务人应当依法披露基金信息，并保证所披露信息的真实性、准确性和完整性。

第七十五条　基金信息披露义务人应当确保应予披露的基金信息在国务院证券监督管理机构规定时间内披露，并保证投资人能够按照基金合同约定的时间和方式查阅或者复制公开披露的信息资料。

第七十六条　公开披露的基金信息包括：

（一）基金招募说明书、基金合同、基金托管协议；

（二）基金募集情况；

（三）基金份额上市交易公告书；

（四）基金资产净值、基金份额净值；

（五）基金份额申购、赎回价格；

（六）基金财产的资产组合季度报告、财务会计报告及中期和年度基金报告；

（七）临时报告；

（八）基金份额持有人大会决议；

（九）基金管理人、基金托管人的专门基金托管部门的重大人事变动；

（十）涉及基金财产、基金管理业务、基金托管业务的诉讼或者仲裁；

（十一）国务院证券监督管理机构规定应予披露的其他信息。

第七十七条 公开披露基金信息，不得有下列行为：

（一）虚假记载、误导性陈述或者重大遗漏；

（二）对证券投资业绩进行预测；

（三）违规承诺收益或者承担损失；

（四）诋毁其他基金管理人、基金托管人或者基金销售机构；

（五）法律、行政法规和国务院证券监督管理机构规定禁止的其他行为。

第八章 公开募集基金的基金合同的变更、终止与基金财产清算

第七十八条 按照基金合同的约定或者基金份额持有人大会的决议，基金可以转换运作方式或者与其他基金合并。

第七十九条 封闭式基金扩募或者延长基金合同期限，应当符合下列条件，并报国务院证券监督管理机构备案：

（一）基金运营业绩良好；

（二）基金管理人最近二年内没有因违法违规行为受到行政处罚或者刑事处罚；

（三）基金份额持有人大会决议通过；

（四）本法规定的其他条件。

第八十条 有下列情形之一的，基金合同终止：

（一）基金合同期限届满而未延期；

（二）基金份额持有人大会决定终止；

（三）基金管理人、基金托管人职责终止，在六个月内没有新基金管理人、新基金托管人承接；

（四）基金合同约定的其他情形。

第八十一条 基金合同终止时，基金管理人应当组织清算组对基金财产进行清算。

清算组由基金管理人、基金托管人以及相关的中介服务机构组成。

清算组作出的清算报告经会计师事务所审计，律师事务所出具法律意见书后，报国务院证券监督管理机构备案并公告。

第八十二条 清算后的剩余基金财产，应当按照基金份额持有人所持份额比例进行分配。

第九章 公开募集基金的基金份额持有人权利行使

第八十三条 基金份额持有人大会由基金管理人召集。基金份额持有人大会设立日常机构的，由该日常机构召集；该日常机构未召集的，由基金管理人召集。基金管理人未按规定召集或者不能召集的，由基金托管人召集。

代表基金份额百分之十以上的基金份额持有人就同一事项要求召开基金份额持有人大会，而基金份额持有人大会的日常机构、基金管理人、基金托管人都不召集的，代表基金份额百分之十以上的基金份额持有人有权自行召集，并报国务院证券监督管理机构备案。

第八十四条 召开基金份额持有人大会，召集人应当至少提前三十日公告基金份额持有人大会的召开时间、会议形式、审议事项、议事程序和表决方式等事项。

基金份额持有人大会不得就未经公告的事项进行表决。

第八十五条 基金份额持有人大会可以采取现场方式召开，也可以采取通讯等方式召开。

每一基金份额具有一票表决权，基金份额持有人可以委托代理人出席基金份额持有人大会并行使表决权。

第八十六条 基金份额持有人大会应当有代表二分之一以上基金份额的持有人参加，方可召开。

参加基金份额持有人大会的持有人的基金份额低于前款规定比例的，召集人可以在原公告的基金份额持有人大会召开时间的三个月以后、六个月以内，就原定审议事项重新召集基金份额持有人大会。重新召集的基金份额持有人大会应当有代表三分之一以上基金份额的持有人参加，方可召开。

基金份额持有人大会就审议事项作出决定，应当经参加大会的基金份额持有人所持表决权的二分之一以上通过；但是，转换基金的运作方式、更换基金管理人或者基金托管人、提前终止基金合同、与其他基金合并，应当经参加大会的基金份额持有人所持表决权的三分之二以上通过。

基金份额持有人大会决定的事项，应当依法报国务院证券监督管理机构备案，并予以公告。

第十章 非公开募集基金

第八十七条 非公开募集基金应当向合格投资者募集，合格投资者累计不得超过二百人。

前款所称合格投资者，是指达到规定资产规模或者收入水平，并且具备相应的风险识别能力和风险承担能力、其基金份额认购金额不低于规定限额的单位和个人。

合格投资者的具体标准由国务院证券监督管理机构规定。

第八十八条 除基金合同另有约定外，非公开募集基金应当由基金托管人托管。

第八十九条 担任非公开募集基金的基金管理人，应当按照规定向基金行业协会履行登记手续，报送基本情况。

第九十条 未经登记，任何单位或者个人不得使用"基金"或者"基金管理"字样或者近似名称进行证券投资活动；但是，法律、行政法规另有规定的除外。

第九十一条 非公开募集基金，不得向合格投资者之外的单位和个人募集资金，不得通过报刊、电台、电视台、互联网等公众传播媒体或者讲座、报告会、分析会等方式向不特定对象宣传推介。

第九十二条 非公开募集基金，应当制定并签订基金合同。基金合同应当包括下列内容：

（一）基金份额持有人、基金管理人、基金托管人的权利、义务；

（二）基金的运作方式；

（三）基金的出资方式、数额和认缴期限；

（四）基金的投资范围、投资策略和投资限制；

（五）基金收益分配原则、执行方式；

（六）基金承担的有关费用；

（七）基金信息提供的内容、方式；

（八）基金份额的认购、赎回或者转让的程序和方式；

（九）基金合同变更、解除和终止的事由、程序；

（十）基金财产清算方式；

（十一）当事人约定的其他事项。

基金份额持有人转让基金份额的，应当符合本章第八十七条、第九十一条的规定。

第九十三条 按照基金合同约定，非公开募集基金可以由部分基金份额持有人作为基金管理人负责基金的投资管理活动，并在基金财产不足以清偿其债务时对基金财产的债务承担无限连带责任。

前款规定的非公开募集基金，其基金合同还应载明：

（一）承担无限连带责任的基金份额持有人和其他基金份额持有人的姓名或者名称、住所；

（二）承担无限连带责任的基金份额持有人的除名条件和更换程序；

（三）基金份额持有人增加、退出的条件、程序以及相关责任；

（四）承担无限连带责任的基金份额持有人和其他基金份额持有人的转换程序。

第九十四条 非公开募集基金募集完毕，基金管理人应当向基金行业协会备案。对募集的资金总额或者基金份额持有人的人数达到规定标准的基金，基金行业协会应当向国务院证券监督管理机构报告。

非公开募集基金财产的证券投资，包括买卖公开发行的股份有限公司股票、债券、基金份额，以及国务院证券监督管理机构规定的其他证券及其衍生品种。

第九十五条 基金管理人、基金托管人应当按照基金合同的约定，向基金份额持有人提供基金信息。

第九十六条 专门从事非公开募集基金管理业务的基金管理人，其股东、高级管理人员、经营期限、管理的基金资产规模等符合规定条件的，经国务院证券监督管理机构核准，可以从事公开募集基金管理业务。

第十一章 基金服务机构

第九十七条 从事公开募集基金的销售、销售支付、份额登记、估值、投资顾问、评价、信息技术系统服务等基金服务业务的机构，应当按照国务院证券监督管理机构的规定进行注册或者备案。

第九十八条 基金销售机构应当向投资人充分揭示投资风险，并根据投资人的风险承担能力销售不同风险等级的基金产品。

第九十九条 基金销售支付机构应当按照规定办理基金销售结算资金的划付，确保基金销售结算资金安全、及时划付。

第一百条 基金销售结算资金、基金份额独立于基金销售机构、基金销售支付机构或者基金份额登记机构的自有财产。基金销售机构、基金销售支付机构或者基金份额登记机构破产或者清算时，基金销售结算资金、基金份额不属于其破产财产或者清算财产。非因投资人本身的债务或者法律规定的其他情形，不得查封、冻结、扣划或者强制执行基金销售结算资金、基金份额。

基金销售机构、基金销售支付机构、基金份额登记机构应当确保基金销售结算资金、基金份额的安全、独立，禁止任何单位或者个人以任何形式挪用基金销售结算资金、基金份额。

第一百零一条 基金管理人可以委托基金服务机构代为办理基金的份额登记、核算、估值、投资顾问等事项，基金托管人可以委托基金服务机构代为办理基金的核算、估值、复核等事项，但基金管理人、基金托管人依法应当承担的责任不因委托而免除。

第一百零二条 基金份额登记机构以电子介质登记的数据，是基金份额持有人权利归属的根据。基金份额持有人以基金份额出质的，质权自基金份额登记机构办理出质登记时设立。

基金份额登记机构应当妥善保存登记数据，并将基金份额持有人名称、身份信息及基金份额明细等数据备份至国务院证券监督管理机构认定的机构。其保存期限自基金账户销户之日起不得少于二十年。

基金份额登记机构应当保证登记数据的真实、准确、完整，不得隐匿、伪造、篡改或者毁损。

第一百零三条 基金投资顾问机构及其从业人员提供基金投资顾问服务，应当具有合理的依据，对其服务能力和经营业绩进行如实陈述，不得以任何方式承诺或者保证投资收益，不得损害服务对象的合法权益。

第一百零四条 基金评价机构及其从业人员应当客观公正，按照依法制定的业务规则开展基金评价业务，禁止误导投资人，防范可能发生的利益冲突。

第一百零五条 基金管理人、基金托管人、基金服务机构的信息技术系统，应当符合规定的要求。国务院证券监督管理机构可以要求信息技术系统服务机构提供该信息技术系统的相关资料。

第一百零六条 律师事务所、会计师事务所接受基金管理人、基金托管人的委托，为有关基金业务活动出具法律意见书、审计报告、内部控制评价报告等文件，应当勤勉尽责，对所依据的文件资料内容的真实性、准确性、完整性进行核查和验证。其制作、出具的文件有虚假记载、误导性陈述或者重大遗漏，给他人财产造成损失的，应当与委托人承担连带赔偿责任。

第一百零七条 基金服务机构应当勤勉尽责、恪尽职守，建立应急等风险管理制度和灾难备份系统，不得泄露与基金份额持有人、基金投资运作相关的非公开信息。

第十二章 基金行业协会

第一百零八条 基金行业协会是证券投资基金行业的自律性组织，是社会团体法人。基金管理人、基金托管人应当加入基金行业协会，基金服务机构可以加入基金行业协会。

第一百零九条 基金行业协会的权力机构为全体会员组成的会员大会。

基金行业协会设理事会。理事会成员依章程的规定由选举产生。

第一百一十条 基金行业协会章程由会员大会制定，并报国务院证券监督管理机构备案。

第一百一十一条 基金行业协会履行下列职责：

（一）教育和组织会员遵守有关证券投资的法律、行政法规，维护投资人合法权益；

（二）依法维护会员的合法权益，反映会员的建议和要求；

（三）制定和实施行业自律规则，监督、检查会员及其从业人员的执业行为，对违反自律规则和协会章程的，按照规定给予纪律处分；

（四）制定行业执业标准和业务规范，组织基金从业人员的从业考试、资质管理和业务培训；

（五）提供会员服务，组织行业交流，推动行业创新，开展行业宣传和投资人教育活动；

（六）对会员之间、会员与客户之间发生的基金业务纠纷进行调解；

（七）依法办理非公开募集基金的登记、备案；

（八）协会章程规定的其他职责。

第十三章 监督管理

第一百一十二条 国务院证券监督管理机构依法履行下列职责：

（一）制定有关证券投资基金活动监督管理的规章、规则，并行使审批、核准或者注册权；

（二）办理基金备案；

（三）对基金管理人、基金托管人及其他机构从事证券投资基金活动进行监督管理，对违法行为进行查处，并予以公告；

（四）制定基金从业人员的资格标准和行为准则，并监督实施；

（五）监督检查基金信息的披露情况；

（六）指导和监督基金行业协会的活动；

（七）法律、行政法规规定的其他职责。

第一百一十三条 国务院证券监督管理机构依法履行职责，有权采取下列措施：

（一）对基金管理人、基金托管人、基金服务机构进行现场检查，并要求其报送有关的业务资料；

（二）进入涉嫌违法行为发生场所调查取证；

（三）询问当事人和与被调查事件有关的单位和个人，要求其对与被调查事件有关的事项作出说明；

（四）查阅、复制与被调查事件有关的财产权登记、通讯记录等资料；

（五）查阅、复制当事人和与被调查事件有关的单位和个人的证券交易记录、登记过户记录、财务会计资料及其他相关文件和资料，对可能被转移、隐匿或者毁损的文件和资料，可以予以封存；

（六）查询当事人和与被调查事件有关的单位和个人的资金账户、证券账户和银行账户；对有证据证明已经或者可能转移或者隐匿违法资金、证券等涉案财产或者隐匿、伪造、毁损重要证据的，经国务院证券监督管理机构主要负责人批准，可以冻结或者查封；

（七）在调查操纵证券市场、内幕交易等重大证券违法行为时，经国务院证券监督管理机构主要负责人批准，可以限制被调查事件当事人的证券买卖，但限制的期限不得超过十五个交易日；案情复杂的，可以延长十五个交易日。

第一百一十四条 国务院证券监督管理机构工作人员依法履行职责，进行调查或者检查时，不得少于二人，并应当出示合法证件；对调查或者检查中知悉的商业秘密负有保密的义务。

第一百一十五条 国务院证券监督管理机构工作人员应当忠于职守，依法办事，公正廉洁，接受监督，不得利用职务牟取私利。

第一百一十六条 国务院证券监督管理机构依法履行职责时，被调查、检查的单位和个人应当配合，如实提供有关文件和资料，不得拒绝、阻碍和隐瞒。

第一百一十七条 国务院证券监督管理机构依法履行职责，发现违法行为涉嫌犯罪的，应当将案件移送司法机关处理。

第一百一十八条 国务院证券监督管理机构工作人员在任职期间，或者离职后在《中华人民共和国公务员法》规定的期限内，不得在被监管的机构中担任职务。

第十四章 法律责任

第一百一十九条 违反本法规定，未经批准擅自设立基金管理公司或者未经核准从事公开募集基金管理业务的，由证券监督管理机构予以取缔或者责令改正，没收违法所得，并处违法所得一倍以上五倍以下罚款；没有违法所得或者违法所得不足一百万元的，并处十万元以上一百万元以下罚款。对直接负责的主管人员和其他直接责任人员给予警告，并处三万元以上三十万元以下罚款。

基金管理公司违反本法规定，擅自变更持有百分之五以上股权的股东、实际控制人或者其他重大事项的，责令改正，没收违法所得，并处违法所得一倍以上五倍以下罚款；没有违法所得或者违法所得不足五十万元的，并处五万元以上五十万元以下罚款。对直接负责的主管人员给予警告，并处三万元以上十万元以下罚款。

第一百二十条 基金管理人的董事、监事、高级管理人员和其他从业人员，基金托管人的专门基金托管部门的高级管理人员和其他从业人员，未按照本法第十七条第一款规定申报的，责令改正，处一万元以上十万元以下罚款。

基金管理人、基金托管人违反本法第十七条第二款规定的，责令改正，处十万元以上一百万元以下罚款；对直接负责的主管人员和其他直接责任人员给予警告，暂停或者撤销基金从业资格，并处三万元以上三十万元以下罚款。

第一百二十一条　基金管理人的董事、监事、高级管理人员和其他从业人员，基金托管人的专门基金托管部门的高级管理人员和其他从业人员违反本法第十八条规定的，责令改正，没收违法所得，并处违法所得一倍以上五倍以下罚款；没有违法所得或者违法所得不足一百万元的，并处十万元以上一百万元以下罚款；情节严重的，撤销基金从业资格。

第一百二十二条　基金管理人、基金托管人违反本法规定，未对基金财产实行分别管理或者分账保管，责令改正，处五万元以上五十万元以下罚款；对直接负责的主管人员和其他直接责任人员给予警告，暂停或者撤销基金从业资格，并处三万元以上三十万元以下罚款。

第一百二十三条　基金管理人、基金托管人及其董事、监事、高级管理人员和其他从业人员有本法第二十条所列行为之一的，责令改正，没收违法所得，并处违法所得一倍以上五倍以下罚款；没有违法所得或者违法所得不足一百万元的，并处十万元以上一百万元以下罚款；基金管理人、基金托管人有上述行为的，还应当对其直接负责的主管人员和其他直接责任人员给予警告，暂停或者撤销基金从业资格，并处三万元以上三十万元以下罚款。

基金管理人、基金托管人及其董事、监事、高级管理人员和其他从业人员侵占、挪用基金财产而取得的财产和收益，归入基金财产。但是，法律、行政法规另有规定的，依照其规定。

第一百二十四条　基金管理人的股东、实际控制人违反本法第二十三条规定的，责令改正，没收违法所得，并处违法所得一倍以上五倍以下罚款；没有违法所得或者违法所得不足一百万元的，并处十万元以上一百万元以下罚款；对直接负责的主管人员和其他直接责任人员给予警告，暂停或者撤销基金或者证券从业资格，并处三万元以上三十万元以下罚款。

第一百二十五条　未经核准，擅自从事基金托管业务的，责令停止，没收违法所得，并处违法所得一倍以上五倍以下罚款；没有违法所得或者违法所得不足一百万元的，并处十万元以上一百万元以下罚款；对直接负责的主管人员和其他直接责任人员给予警告，并处三万元以上三十万元以下罚款。

第一百二十六条　基金管理人、基金托管人违反本法规定，相互出资或者持有股份的，责令改正，可以处十万元以下罚款。

第一百二十七条　违反本法规定，擅自公开或者变相公开募集基金的，责令停止，返还所募资金和加计的银行同期存款利息，没收违法所得，并处所募资金金额百分之一以上百分之五以下罚款。对直接负责的主管人员和其他直接责任人员给予警告，并处五万元以上五十万元以下罚款。

第一百二十八条　违反本法第五十九条规定，动用募集的资金的，责令返还，没收违法所得，并处违法所得一倍以上五倍以下罚款；没有违法所得或者违法所得不足五十万元的，并处五万元以上五十万元以下罚款；对直接负责的主管人员和其他直接责任人员给予警告，并处三万元以上三十万元以下罚款。

第一百二十九条　基金管理人、基金托管人有本法第七十三条第一款第一项至第五项和第七项所列行为之一，或者违反本法第七十三条第二款规定的，责令改正，处十万元以上一百万元以下罚款；对直接负责的主管人员和其他直接责任人员给予警告，暂停或者撤销基金从业资格，并处三万元以上三十万元以下罚款。

基金管理人、基金托管人有前款行为，运用基金财产而取得的财产和收益，归入基金财产。但是，法律、行政法规另有规定的，依照其规定。

第一百三十条 基金管理人、基金托管人有本法第七十三条第一款第六项规定行为的，除依照《中华人民共和国证券法》的有关规定处罚外，对直接负责的主管人员和其他直接责任人员暂停或者撤销基金从业资格。

第一百三十一条 基金信息披露义务人不依法披露基金信息或者披露的信息有虚假记载、误导性陈述或者重大遗漏的，责令改正，没收违法所得，并处十万元以上一百万元以下罚款；对直接负责的主管人员和其他直接责任人员给予警告，暂停或者撤销基金从业资格，并处三万元以上三十万元以下罚款。

第一百三十二条 基金管理人或者基金托管人不按照规定召集基金份额持有人大会的，责令改正，可以处五万元以下罚款；对直接负责的主管人员和其他直接责任人员给予警告，暂停或者撤销基金从业资格。

第一百三十三条 违反本法规定，未经登记，使用"基金"或者"基金管理"字样或者近似名称进行证券投资活动的，没收违法所得，并处违法所得一倍以上五倍以下罚款；没有违法所得或者违法所得不足一百万元的，并处十万元以上一百万元以下罚款。对直接负责的主管人员和其他直接责任人员给予警告，并处三万元以上三十万元以下罚款。

第一百三十四条 违反本法规定，非公开募集基金募集完毕，基金管理人未备案的，处十万元以上三十万元以下罚款。对直接负责的主管人员和其他直接责任人员给予警告，并处三万元以上十万元以下罚款。

第一百三十五条 违反本法规定，向合格投资者之外的单位或者个人非公开募集资金或者转让基金份额的，没收违法所得，并处违法所得一倍以上五倍以下罚款；没有违法所得或者违法所得不足一百万元的，并处十万元以上一百万元以下罚款。对直接负责的主管人员和其他直接责任人员给予警告，并处三万元以上三十万元以下罚款。

第一百三十六条 违反本法规定，擅自从事公开募集基金的基金服务业务的，责令改正，没收违法所得，并处违法所得一倍以上五倍以下罚款；没有违法所得或者违法所得不足三十万元的，并处十万元以上三十万元以下罚款。对直接负责的主管人员和其他直接责任人员给予警告，并处三万元以上十万元以下罚款。

第一百三十七条 基金销售机构未向投资人充分揭示投资风险并误导其购买与其风险承担能力不相当的基金产品的，处十万元以上三十万元以下罚款；情节严重的，责令其停止基金服务业务。对直接负责的主管人员和其他直接责任人员给予警告，撤销基金从业资格，并处三万元以上十万元以下罚款。

第一百三十八条 基金销售支付机构未按照规定划付基金销售结算资金的，处十万元以上三十万元以下罚款；情节严重的，责令其停止基金服务业务。对直接负责的主管人员和其他直接责任人员给予警告，撤销基金从业资格，并处三万元以上十万元以下罚款。

第一百三十九条 挪用基金销售结算资金或者基金份额的，责令改正，没收违法所得，并处违法所得一倍以上五倍以下罚款；没有违法所得或者违法所得不足一百万元的，并处十万元以上一百万元以下罚款。对直接负责的主管人员和其他直接责任人员给予警告，并处三万元以上三十万元以下罚款。

第一百四十条 基金份额登记机构未妥善保存或者备份基金份额登记数据的，责令改正，给予警告，并处十万元以上三十万元以下罚款；情节严重的，责令其停止基金服务业务。对直接负责的主管人员和其他直接责任人员给予警告，撤销基金从业资格，并处三万元以上十万元以下罚款。

基金份额登记机构隐匿、伪造、篡改、毁损基金份额登记数据的，责令改正，处十万元以上一百万元以下罚款，并责令其停止基金服务业务。对直接负责的主管人员和其他直接责任人员给予警告，撤销基金从业资格，并处三万元以上三十万元以下罚款。

第一百四十一条 基金投资顾问机构、基金评价机构及其从业人员违反本法规定开展投资顾问、基金评价服务的，处十万元以上三十万元以下罚款；情节严重的，责令其停止基金服务业务。对直接负责的主管人员和其他直接责任人员给予警告，撤销基金从业资格，并处三万元以上十万元以下罚款。

第一百四十二条 信息技术系统服务机构未按照规定向国务院证券监督管理机构提供相关信息技术系统资料，或者提供的信息技术系统资料虚假、有重大遗漏的，责令改正，处三万元以上十万元以下罚款。对直接负责的主管人员和其他直接责任人员给予警告，并处一万元以上三万元以下罚款。

第一百四十三条 会计师事务所、律师事务所未勤勉尽责，所出具的文件有虚假记载、误导性陈述或者重大遗漏的，责令改正，没收业务收入，暂停或者撤销相关业务许可，并处业务收入一倍以上五倍以下罚款。对直接负责的主管人员和其他直接责任人员给予警告，并处三万元以上十万元以下罚款。

第一百四十四条 基金服务机构未建立应急等风险管理制度和灾难备份系统，或者泄露与基金份额持有人、基金投资运作相关的非公开信息的，处十万元以上三十万元以下罚款；情节严重的，责令其停止基金服务业务。对直接负责的主管人员和其他直接责任人员给予警告，撤销基金从业资格，并处三万元以上十万元以下罚款。

第一百四十五条 违反本法规定，给基金财产、基金份额持有人或者投资人造成损害的，依法承担赔偿责任。

基金管理人、基金托管人在履行各自职责的过程中，违反本法规定或者基金合同约定，给基金财产或者基金份额持有人造成损害的，应当分别对各自的行为依法承担赔偿责任；因共同行为给基金财产或者基金份额持有人造成损害的，应当承担连带赔偿责任。

第一百四十六条 证券监督管理机构工作人员玩忽职守、滥用职权、徇私舞弊或者利用职务上的便利索取或者收受他人财物的，依法给予行政处分。

第一百四十七条 拒绝、阻碍证券监督管理机构及其工作人员依法行使监督检查、调查职权未使用暴力、威胁方法的，依法给予治安管理处罚。

第一百四十八条 违反法律、行政法规或者国务院证券监督管理机构的有关规定，情节严重的，国务院证券监督管理机构可以对有关责任人员采取证券市场禁入的措施。

第一百四十九条 违反本法规定，构成犯罪的，依法追究刑事责任。

第一百五十条 违反本法规定，应当承担民事赔偿责任和缴纳罚款、罚金，其财产不足以同时支付时，先承担民事赔偿责任。

第一百五十一条 依照本法规定，基金管理人、基金托管人、基金服务机构应当承担的民事赔偿责任和缴纳的罚款、罚金，由基金管理人、基金托管人、基金服务机构以其固有财产承担。

依法收缴的罚款、罚金和没收的违法所得，应当全部上缴国库。

五、支持社会保险发展的减、免税项目

（一）全国社会保障基金有关印花税政策

《财政部 国家税务总局关于全国社会保障基金有关印花税政策的通知》（财税〔2003〕134号）规定如下：

（1）对社保理事会委托社保基金投资管理人运用社保基金买卖证券应缴纳的印花

税实行先征后返。社保理事会定期向财政部、上海市和深圳市财政局提出返还印花税的申请，即按照中央与地方印花税分享比例，属于中央收入部分，向财政部提出申请；属于地方收入部分，向上海市和深圳市财政局提出申请。

（2）对社保基金持有的证券，在社保基金证券账户之间的划拨过户，不属于印花税的征税范围，不征收印花税。

（二）保险保障基金有关税收政策

《财政部 税务总局关于保险保障基金有关税收政策问题的通知》（财税〔2018〕41号）对保险保障基金公司下列应税凭证，免征印花税：

（1）新设立的资金账簿；

（2）在对保险公司进行风险处置和破产救助过程中签订的产权转移书据；

（3）在对保险公司进行风险处置过程中与中国人民银行签订的再贷款合同；

（4）以保险保障基金自有财产和接收的受偿资产与保险公司签订的财产保险合同；

对与保险保障基金公司签订上述产权转移书据或者应税合同的其他当事人照章征收印花税。

（三）全国社会保障基金有关投资业务税收政策

《财政部 税务总局关于全国社会保障基金有关投资业务税收政策的通知》（财税〔2018〕94号）规定如下：

对社保基金会、社保基金投资管理人管理的社保基金转让非上市公司股权，免征社保基金会、社保基金投资管理人应缴纳的印花税。

（四）基本养老保险基金有关投资业务税收政策

《财政部 税务总局关于基本养老保险基金有关投资业务税收政策的通知》（财税〔2018〕95号）规定如下：

（1）对社保基金会及养老基金投资管理机构运用养老基金买卖证券应缴纳的印花税实行先征后返；养老基金持有的证券，在养老基金证券账户之间的划拨过户，不属于印花税的征收范围，不征收印花税。

（2）对社保基金会及养老基金投资管理机构管理的养老基金转让非上市公司股权，免征社保基金会及养老基金投资管理机构应缴纳的印花税。

（五）全面推开划转部分国有资本充实社保基金税收政策

《财政部 人力资源社会保障部 国资委 税务总局 证监会关于全面推开划转部分国有资本充实社保基金工作的通知》（财资〔2019〕49号）规定如下：

在国有股权划转和接收过程中，划转非上市公司股份的，对划出方与划入方签订的产权转移书据免征印花税；划转上市公司股份和全国中小企业股份转让系统挂牌公司股份的，免征证券交易印花税；对划入方因承接划转股权而增加的实收资本和资本公积，免征印花税；涉及境内上市公司、全国中小企业股份转让系统挂牌的公司和境外上市公司非境外上市股份的，免收过户费。

六、证券交易印花税的减、免税政策

（一）转让优先股有关印花税政策

《财政部 国家税务总局关于转让优先股有关证券（股票）交易印花税政策的通

知》（财税〔2014〕46 号）规定如下：

在上海证券交易所、深圳证券交易所、全国中小企业股份转让系统买卖、继承、赠与优先股所书立的股权转让书据，均依书立时实际成交金额，由出让方按 1‰的税率计算缴纳证券（股票）交易印花税。

（二）在全国中小企业股份转让系统转让股票有关印花税政策

《财政部　国家税务总局关于在全国中小企业股份转让系统转让股票有关证券（股票）交易印花税政策的通知》（财税〔2014〕47 号）规定如下：

在全国中小企业股份转让系统买卖、继承、赠与股票所书立的股权转让书据，依书立时实际成交金额，由出让方按 1‰ 的税率计算缴纳证券（股票）交易印花税。

（三）沪港股票市场交易互联互通机制试点有关税收政策

《财政部　国家税务总局　证监会关于沪港股票市场交易互联互通机制试点有关税收政策的通知》（财税〔2014〕81 号）规定如下：

（1）香港市场投资者通过沪港通买卖、继承、赠与上交所上市 A 股，按照内地现行税制规定缴纳证券（股票）交易印花税。

（2）内地投资者通过沪港通买卖、继承、赠与联交所上市股票，按照香港特别行政区现行税法规定缴纳印花税。

（四）内地与香港基金互认有关税收政策

《财政部　国家税务总局　证监会关于内地与香港基金互认有关税收政策的通知》（财税〔2015〕125 号）规定如下：

（1）对香港市场投资者通过基金互认买卖、继承、赠与内地基金份额，按照内地现行税制规定，暂不征收印花税。

（2）对内地投资者通过基金互认买卖、继承、赠与香港基金份额，按照香港特别行政区现行印花税税法规定执行。

（五）深港股票市场交易互联互通机制试点有关税收政策

《财政部　国家税务总局　证监会关于深港股票市场交易互联互通机制试点有关税收政策的通知》（财税〔2016〕127 号）规定如下：

（1）香港市场投资者通过深港通买卖、继承、赠与深交所上市 A 股，按照内地现行税制规定缴纳证券（股票）交易印花税。

（2）内地投资者通过深港通买卖、继承、赠与香港联交所上市股票，按照香港特别行政区现行税法规定缴纳印花税。

（3）对香港市场投资者通过沪股通和深股通参与股票担保卖空涉及的股票借入、归还，暂免征收证券（股票）交易印花税。

（六）创新企业境内发行存托凭证试点阶段有关税收政策

《财政部　税务总局　证监会关于创新企业境内发行存托凭证试点阶段有关税收政策的公告》（财政部　税务总局　证监会公告 2019 年第 52 号）规定如下：

自试点开始之日起 3 年内，在上海证券交易所、深圳证券交易所转让创新企业 CDR[①]，按照实际成交金额，由出让方按 1‰ 的税率缴纳证券交易印花税。

---

① CDR 即为创新企业境内发行存托凭证。

第五章　印花税的征收管理

【本章导读】　本章讲解印花税的征收管理，分为四节：第一节为主管税务机关与扣缴义务人，包括印花税的主管税务机关、税务机关相关法律制度、印花税的扣缴义务人；第二节为纳税义务发生时间和缴纳期限，包括印花税纳税义务发生时间、印花税的缴纳期限；第三节为缴纳方式和委托代征，包括印花税的缴纳方式、委托代征税收管理制度；第四节为纳税担保和其他征管制度，包括纳税担保制度、印花税的其他征管制度、证券交易印花税的征收管理。

第一节　主管税务机关与扣缴义务人

一、印花税的主管税务机关

《印花税法》对主管税务机关的规定如下：

第十三条　纳税人为单位的，应当向其机构所在地的主管税务机关申报缴纳印花税；纳税人为个人的，应当向应税凭证书立地或者纳税人居住地的主管税务机关申报缴纳印花税。

不动产产权发生转移的，纳税人应当向不动产所在地的主管税务机关申报缴纳印花税。

二、税务机关相关法律制度

（一）《中华人民共和国税收征收管理法》^① 的相关规定

第五条　国务院税务主管部门主管全国税收征收管理工作。各地税务局应当按照国务院规定的税收征收管理范围分别进行征收管理。

地方各级人民政府应当依法加强对本行政区域内税收征收管理工作的领导或者协调，支持税务机关依法执行职务，依照法定税率计算税额，依法征收税款。

各有关部门和单位应当支持、协助税务机关依法执行职务。税务机关依法执行职务，任何单位和个人不得阻挠。

第六条　国家有计划地用现代信息技术装备各级税务机关，加强税收征收管理信息系统的现代化建设，建立、健全税务机关与政府其他管理机关的信息共享制度。

纳税人、扣缴义务人和其他有关单位应当按照国家有关规定如实向税务机关提供与纳税和代扣代缴、代收代缴税款有关的信息。

第七条　税务机关应当广泛宣传税收法律、行政法规，普及纳税知识，无偿地为纳税人提供纳税咨询服务。

---

①　以下简称《税收征管法》。

第九条 税务机关应当加强队伍建设，提高税务人员的政治业务素质。

税务机关、税务人员必须秉公执法，忠于职守，清正廉洁，礼貌待人，文明服务，尊重和保护纳税人、扣缴义务人的权利，依法接受监督。

税务人员不得索贿受贿、徇私舞弊、玩忽职守、不征或者少征应征税款；不得滥用职权多征税款或者故意刁难纳税人和扣缴义务人。

第十条 各级税务机关应当建立、健全内部制约和监督管理制度。

上级税务机关应当对下级税务机关的执法活动依法进行监督。

各级税务机关应当对其工作人员执行法律、行政法规和廉洁自律准则的情况进行监督检查。

第十一条 税务机关负责征收、管理、稽查、行政复议的人员的职责应当明确，并相互分离、相互制约。

第十二条 税务人员征收税款和查处税收违法案件，与纳税人、扣缴义务人或者税收违法案件有利害关系的，应当回避。

第十三条 任何单位和个人都有权检举违反税收法律、行政法规的行为。收到检举的机关和负责查处的机关应当为检举人保密。税务机关应当按照规定对检举人给予奖励。

第十四条 本法所称税务机关是指各级税务局、税务分局、税务所和按照国务院规定设立的并向社会公告的税务机构。

（二）《中华人民共和国税收征收管理法实施细则》[①] 的相关规定

第四条 国家税务总局负责制定全国税务系统信息化建设的总体规划、技术标准、技术方案与实施办法；各级税务机关应当按照国家税务总局的总体规划、技术标准、技术方案与实施办法，做好本地区税务系统信息化建设的具体工作。

地方各级人民政府应当积极支持税务系统信息化建设，并组织有关部门实现相关信息的共享。

第五条 本法第八条所称为纳税人、扣缴义务人保密的情况，是指纳税人、扣缴义务人的商业秘密及个人隐私。纳税人、扣缴义务人的税收违法行为不属于保密范围。

第六条 国家税务总局应当制定税务人员行为准则和服务规范。

上级税务机关发现下级税务机关的税收违法行为，应当及时予以纠正；下级税务机关应当按照上级税务机关的决定及时改正。

下级税务机关发现上级税务机关的税收违法行为，应当向上级税务机关或者有关部门报告。

第七条 税务机关根据检举人的贡献大小给予相应的奖励，奖励所需资金列入税务部门年度预算，单项核定。奖励资金具体使用办法以及奖励标准，由国家税务总局会同财政部制定。

第八条 税务人员在核定应纳税额、调整税收定额、进行税务检查、实施税务行政处罚、办理税务行政复议时，与纳税人、扣缴义务人或者其法定代表人、直接责任人有下列关系之一的，应当回避：

（一）夫妻关系；

（二）直系血亲关系；

（三）三代以内旁系血亲关系；

（四）近姻亲关系；

---

① 以下简称《税收征管法实施细则》。

（五）可能影响公正执法的其他利害关系。

第九条 本法第十四条所称按照国务院规定设立的并向社会公告的税务机构，是指省以下税务局的稽查局。稽查局专司偷税、逃避追缴欠税、骗税、抗税案件的查处。国家税务总局应当明确划分税务局和稽查局的职责，避免职责交叉。

三、印花税的扣缴义务人

（一）《印花税法》的规定

第十四条 纳税人为境外单位或者个人，在境内有代理人的，以其境内代理人为扣缴义务人；在境内没有代理人的，由纳税人自行申报缴纳印花税，具体办法由国务院税务主管部门规定。

证券登记结算机构为证券交易印花税的扣缴义务人，应当向其机构所在地的主管税务机关申报解缴税款以及银行结算的利息。

（二）《税收征管法》的相关规定

第四条第二款 法律、行政法规规定负有代扣代缴、代收代缴税款义务的单位和个人为扣缴义务人。纳税人、扣缴义务人必须依照法律、行政法规的规定缴纳税款、代扣代缴、代收代缴税款。

第六条第二款 纳税人、扣缴义务人和其他有关单位应当按照国家有关规定如实向税务机关提供与纳税和代扣代缴、代收代缴税款有关的信息。

第八条 纳税人、扣缴义务人有权向税务机关了解国家税收法律、行政法规的规定以及与纳税程序有关的情况。

纳税人、扣缴义务人有权要求税务机关为纳税人、扣缴义务人的情况保密。税务机关应当依法为纳税人、扣缴义务人的情况保密。

纳税人依法享有申请减税、免税、退税的权利。

纳税人、扣缴义务人对税务机关所作出的决定，享有陈述权、申辩权；依法享有申请行政复议、提起行政诉讼、请求国家赔偿等权利。

纳税人、扣缴义务人有权控告和检举税务机关、税务人员的违法违纪行为。

第十九条 纳税人、扣缴义务人按照有关法律、行政法规和国务院财政、税务主管部门的规定设置账簿，根据合法、有效凭证记账，进行核算。

第二十条第二款 纳税人、扣缴义务人的财务、会计制度或者财务、会计处理办法与国务院或者国务院财政、税务主管部门有关税收的规定抵触的，依照国务院或者国务院财政、税务主管部门有关税收的规定计算应纳税款、代扣代缴和代收代缴税款。

第二十四条 从事生产、经营的纳税人、扣缴义务人必须按照国务院财政、税务主管部门规定的保管期限保管账簿、记账凭证、完税凭证及其他有关资料。

账簿、记账凭证、完税凭证及其他有关资料不得伪造、变造或者擅自损毁。

第二十五条第二款 扣缴义务人必须依照法律、行政法规规定或者税务机关依照法律、行政法规的规定确定的申报期限、申报内容如实报送代扣代缴、代收代缴税款报告表以及税务机关根据实际需要要求扣缴义务人报送的其他有关资料。

第二十六条 纳税人、扣缴义务人可以直接到税务机关办理纳税申报或者报送代扣代缴、代收代缴税款报告表，也可以按照规定采取邮寄、数据电文或者其他方式办理上述申报、报送事项。

第二十七条 纳税人、扣缴义务人不能按期办理纳税申报或者报送代扣代缴、代收代缴税款报告表的，经税务机关核准，可以延期申报。

经核准延期办理前款规定的申报、报送事项的，应当在纳税期内按照上期实际缴纳的税额或者税务机关核定的税额预缴税款，并在核准的延期内办理税款结算。

第三十条 扣缴义务人依照法律、行政法规的规定履行代扣、代收税款的义务。对法律、行政法规没有规定负有代扣、代收税款义务的单位和个人，税务机关不得要求其履行代扣、代收税款义务。

扣缴义务人依法履行代扣、代收税款义务时，纳税人不得拒绝。纳税人拒绝的，扣缴义务人应当及时报告税务机关处理。

税务机关按照规定付给扣缴义务人代扣、代收手续费。

第三十一条第一款 纳税人、扣缴义务人按照法律、行政法规规定或者税务机关依照法律、行政法规的规定确定的期限，缴纳或者解缴税款。

第三十二条 纳税人未按照规定期限缴纳税款的，扣缴义务人未按照规定期限解缴税款的，税务机关除责令限期缴纳外，从滞纳税款之日起，按日加收滞纳税款万分之五的滞纳金。

第三十四条 税务机关征收税款时，必须给纳税人开具完税凭证。扣缴义务人代扣、代收税款时，纳税人要求扣缴义务人开具代扣、代收税款凭证的，扣缴义务人应当开具。

第四十条 从事生产、经营的纳税人、扣缴义务人未按照规定的期限缴纳或者解缴税款，纳税担保人未按照规定的期限缴纳所担保的税款，由税务机关责令限期缴纳，逾期仍未缴纳的，经县以上税务局（分局）局长批准，税务机关可以采取下列强制执行措施：

（一）书面通知其开户银行或者其他金融机构从其存款中扣缴税款；

（二）扣押、查封、依法拍卖或者变卖其价值相当于应纳税款的商品、货物或者其他财产，以拍卖或者变卖所得抵缴税款。

税务机关采取强制执行措施时，对前款所列纳税人、扣缴义务人、纳税担保人未缴纳的滞纳金同时强制执行。

个人及其所扶养家属维持生活必需的住房和用品，不在强制执行措施的范围之内。

第四十三条 税务机关滥用职权违法采取税收保全措施、强制执行措施，或者采取税收保全措施、强制执行措施不当，使纳税人、扣缴义务人或者纳税担保人的合法权益遭受损失的，应当依法承担赔偿责任。

第五十二条 因税务机关的责任，致使纳税人、扣缴义务人未缴或者少缴税款的，税务机关在三年内可以要求纳税人、扣缴义务人补缴税款，但是不得加收滞纳金。

因纳税人、扣缴义务人计算错误等失误，未缴或者少缴税款的，税务机关在三年内可以追征税款、滞纳金；有特殊情况的，追征期可以延长到五年。

对偷税、抗税、骗税的，税务机关追征其未缴或者少缴的税款、滞纳金或者所骗取的税款，不受上述期限的限制。

第五十四条 税务机关有权进行下列税务检查：

（一）检查纳税人的账簿、记账凭证、报表和有关资料，检查扣缴义务人代扣代缴、代收代缴税款账簿、记账凭证和有关资料；

（二）到纳税人的生产、经营场所和货物存放地检查纳税人应纳税的商品、货物或者其他财产，检查扣缴义务人与代扣代缴、代收代缴税款有关的经营情况；

（三）责成纳税人、扣缴义务人提供与纳税或者代扣代缴、代收代缴税款有关的文件、证明材料和有关资料；

（四）询问纳税人、扣缴义务人与纳税或者代扣代缴、代收代缴税款有关的问题和情况；

（五）到车站、码头、机场、邮政企业及其分支机构检查纳税人托运、邮寄应纳税商品、货物或者其他财产的有关单据、凭证和有关资料；

（六）经县以上税务局（分局）局长批准，凭全国统一格式的检查存款账户许可证明，查询从事生产、经营的纳税人、扣缴义务人在银行或者其他金融机构的存款账户。税务机关在调查税收违法案件时，经设区的市、自治州以上税务局（分局）局长批准，可以查询案件涉嫌人员的储蓄存款。税务机关查询所获得的资料，不得用于税收以外的用途。

第五十六条 纳税人、扣缴义务人必须接受税务机关依法进行的税务检查，如实反映情况，提供有关资料，不得拒绝、隐瞒。

第五十七条 税务机关依法进行税务检查时，有权向有关单位和个人调查纳税人、扣缴义务人和其他当事人与纳税或者代扣代缴、代收代缴税款有关的情况，有关单位和个人有义务向税务机关如实提供有关资料及证明材料。

第六十一条 扣缴义务人未按照规定设置、保管代扣代缴、代收代缴税款账簿或者保管代扣代缴、代收代缴税款记账凭证及有关资料的，由税务机关责令限期改正，可以处二千元以下的罚款；情节严重的，处二千元以上五千元以下的罚款。

第六十二条 纳税人未按照规定的期限办理纳税申报和报送纳税资料的，或者扣缴义务人未按照规定的期限向税务机关报送代扣代缴、代收代缴税款报告表和有关资料的，由税务机关责令限期改正，可以处二千元以下的罚款；情节严重的，可以处二千元以上一万元以下的罚款。

第六十三条 纳税人伪造、变造、隐匿、擅自销毁账簿、记账凭证，或者在账簿上多列支出或者不列、少列收入，或者经税务机关通知申报而拒不申报或者进行虚假的纳税申报，不缴或者少缴应纳税款的，是偷税。对纳税人偷税的，由税务机关追缴其不缴或者少缴的税款、滞纳金，并处不缴或者少缴的税款百分之五十以上五倍以下的罚款；构成犯罪的，依法追究刑事责任。

扣缴义务人采取上述所列手段，不缴或者少缴已扣、已收税款，由税务机关追缴其不缴或者少缴的税款、滞纳金，并处不缴或者少缴的税款百分之五十以上五倍以下的罚款；构成犯罪的，依法追究刑事责任。

第六十四条 纳税人、扣缴义务人编造虚假计税依据的，由税务机关责令限期改正，并处五万元以下的罚款。

纳税人不进行纳税申报，不缴或者少缴应纳税款的，由税务机关追缴其不缴或者少缴的税款、滞纳金，并处不缴或者少缴的税款百分之五十以上五倍以下的罚款。

第六十八条 纳税人、扣缴义务人在规定期限内不缴或者少缴应纳或者应解缴的税款，经税务机关责令限期缴纳，逾期仍未缴纳的，税务机关除依照本法第四十条的规定采取强制执行措施追缴其不缴或者少缴的税款外，可以处不缴或者少缴的税款百分之五十以上五倍以下的罚款。

第六十九条 扣缴义务人应扣未扣、应收而不收税款的，由税务机关向纳税人追缴税款，对扣缴义务人处应扣未扣、应收未收税款百分之五十以上三倍以下的罚款。

第七十条 纳税人、扣缴义务人逃避、拒绝或者以其他方式阻挠税务机关检查的，由税务机关责令改正，可以处一万元以下的罚款；情节严重的，处一万元以上五万元以下的罚款。

第七十二条 从事生产、经营的纳税人、扣缴义务人有本法规定的税收违法行为，拒不接受税务机关处理的，税务机关可以收缴其发票或者停止向其发售发票。

第七十三条 纳税人、扣缴义务人的开户银行或者其他金融机构拒绝接受税务机关依法检查纳税人、扣缴义务人存款账户，或者拒绝执行税务机关作出的冻结存款或者扣缴税款的决定，或者在接到税务机关的书面通知后帮助纳税人、扣缴义务人转移存款，造成税款流失的，由税务机关处十万元以上五十万元以下的罚款，对直接负责的主管人员和其他直接责任人员处一千元以上一万元以下的罚款。

第八十条 税务人员与纳税人、扣缴义务人勾结，唆使或者协助纳税人、扣缴义务人有本法第六十三条、第六十五条、第六十六条规定的行为，构成犯罪的，依法追究刑事责任；尚不构成犯罪的，依法给予行政处分。

第八十一条 税务人员利用职务上的便利，收受或者索取纳税人、扣缴义务人财物或者谋取其他不正当利益，构成犯罪的，依法追究刑事责任；尚不构成犯罪的，依法给予行政处分。

第八十二条第一款 税务人员徇私舞弊或者玩忽职守，不征或者少征应征税款，致使国家税收遭受重大损失，构成犯罪的，依法追究刑事责任；尚不构成犯罪的，依法给予行政处分。

第八十二条第二款 税务人员滥用职权，故意刁难纳税人、扣缴义务人的，调离税收工作岗位，并依法给予行政处分。

第八十二条第三款 税务人员对控告、检举税收违法违纪行为的纳税人、扣缴义务人以及其他检举人进行打击报复的，依法给予行政处分；构成犯罪的，依法追究刑事责任。

第八十七条 未按照本法规定为纳税人、扣缴义务人、检举人保密的，对直接负责的主管人员和其他直接责任人员，由所在单位或者有关单位依法给予行政处分。

第八十八条 纳税人、扣缴义务人、纳税担保人同税务机关在纳税上发生争议时，必须先依照税务机关的纳税决定缴纳或者解缴税款及滞纳金或者提供相应的担保，然后可以依法申请行政复议；对行政复议决定不服的，可以依法向人民法院起诉。

当事人对税务机关的处罚决定、强制执行措施或者税收保全措施不服的，可以依法申请行政复议，也可以依法向人民法院起诉。

当事人对税务机关的处罚决定逾期不申请行政复议也不向人民法院起诉、又不履行的，作出处罚决定的税务机关可以采取本法第四十条规定的强制执行措施，或者申请人民法院强制执行。

（三）《税收征管法实施细则》的相关规定

第五条 税收征管法第八条所称为纳税人、扣缴义务人保密的情况，是指纳税人、扣缴义务人的商业秘密及个人隐私。纳税人、扣缴义务人的税收违法行为不属于保密范围。

第十三条 扣缴义务人应当自扣缴义务发生之日起30日内，向所在地的主管税务机关申报办理扣缴税款登记，领取扣缴税款登记证件；税务机关对已办理税务登记的扣缴义务人，可以只在其税务登记证件上登记扣缴税款事项，不再发给扣缴税款登记证件。

第二十五条 扣缴义务人应当自税收法律、行政法规规定的扣缴义务发生之日起10日内，按照所代扣、代收的税种，分别设置代扣代缴、代收代缴税款账簿。

第二十六条 纳税人、扣缴义务人会计制度健全，能够通过计算机正确、完整计算其收入和所得或者代扣代缴、代收代缴税款情况的，其计算机输出的完整的书面会计记录，可视同会计账簿。

纳税人、扣缴义务人会计制度不健全，不能通过计算机正确、完整计算其收入和所得或者代扣代缴、代收代缴税款情况的，应当建立总账及与纳税或者代扣代缴、代收代缴税款有关的其他账簿。

第三十条 税务机关应当建立、健全纳税人自行申报纳税制度。纳税人、扣缴义务人可以采取邮寄、数据电文方式办理纳税申报或者报送代扣代缴、代收代缴税款报告表。

数据电文方式，是指税务机关确定的电话语音、电子数据交换和网络传输等电子方式。

第三十三条 纳税人、扣缴义务人的纳税申报或者代扣代缴、代收代缴税款报告表的主要内容包括：税种、税目，应纳税项目或者应代扣代缴、代收代缴税款项目，计税依据，扣除项目及标准，适用税率或者单位税额，应退税项目及税额、应减免税项目及税额，应纳税额或者应代扣代缴、代收代缴税额，税款所属期限、延期缴纳税款、欠税、滞纳金等。

第三十五条 扣缴义务人办理代扣代缴、代收代缴税款报告时，应当如实填写代扣代缴、代收代缴税款报告表，并报送代扣代缴、代收代缴税款的合法凭证以及税务机关规定的其他有关证件、资料。

第三十七条 纳税人、扣缴义务人按照规定的期限办理纳税申报或者报送代扣代缴、代收代缴税款报告表确有困难，需要延期的，应当在规定的期限内向税务机关提出书面延期申请，经税务机关核准，在核准的期限内办理。

纳税人、扣缴义务人因不可抗力，不能按期办理纳税申报或者报送代扣代缴、代收代缴税款报告表的，可以延期办理；但是，应当在不可抗力情形消除后立即向税务机关报告。税务机关应当查明事实，予以核准。

第七十三条 从事生产、经营的纳税人、扣缴义务人未按照规定的期限缴纳或者解缴税款的，纳税担保人未按照规定的期限缴纳所担保的税款的，由税务机关发出限期缴纳税款通知书，责令缴纳或者解缴税款的最长期限不得超过15日。

第八十一条 税收征管法第五十二条所称纳税人、扣缴义务人计算错误等失误，是指非主观故意的计算公式运用错误以及明显的笔误。

第八十二条 税收征管法第五十二条所称特殊情况，是指纳税人或者扣缴义务人因计算错误等失误，未缴或者少缴、未扣或者少扣、未收或者少收税款，累计数额在十万元以上的。

第八十三条 税收征管法第五十二条规定的补缴和追征税款、滞纳金的期限，自纳税人、扣缴义务人应缴未缴或者少缴税款之日起计算。

第八十五条第一款 税务机关应当建立科学的检查制度，统筹安排检查工作，严格控制对纳税人、扣缴义务人的检查次数。

第八十五条第二款 税务机关应当制定合理的税务稽查工作规程，负责选案、检查、审理、执行的人员的职责应当明确，并相互分离、相互制约，规范选案程序和检查行为。

第八十六条 税务机关行使税收征管法第五十四条第（一）项职权时，可以在纳税人、扣缴义务人的业务场所进行；必要时，经县以上税务局（分局）局长批准，可以将纳税人、扣缴义务人以前会计年度的账簿、记账凭证、报表和其他有关资料调回税务机关检查，但是税务机关必须向纳税人、扣缴义务人开付清单，并在 3 个月内完整退还；有特殊情况的，经设区的市、自治州以上税务局局长批准，税务机关可以将纳税人、扣缴义务人当年的账簿、记账凭证、报表和其他有关资料调回检查，但是税务机关必须在 30 日内退还。

第九十三条　为纳税人、扣缴义务人非法提供银行账户、发票、证明或者其他方便，导致未缴、少缴税款或者骗取国家出口退税款的，税务机关除没收其违法所得外，可以处未缴、少缴或者骗取的税款 1 倍以下的罚款。

第九十四条　纳税人拒绝代扣、代收税款的，扣缴义务人应当向税务机关报告，由税务机关直接向纳税人追缴税款、滞纳金；纳税人拒不缴纳的，依照税收征管法第六十八条的规定执行。

第九十六条　纳税人、扣缴义务人有下列情形之一的，依照税收征管法第七十条的规定处罚：

（一）提供虚假资料，不如实反映情况，或者拒绝提供有关资料的；

（二）拒绝或者阻止税务机关记录、录音、录像、照相和复制与案件有关的情况和资料的；

（三）在检查期间，纳税人、扣缴义务人转移、隐匿、销毁有关资料的；

（四）有不依法接受税务检查的其他情形的。

第九十九条　税务机关对纳税人、扣缴义务人及其他当事人处以罚款或者没收违法所得时，应当开付罚没凭证；未开付罚没凭证的，纳税人、扣缴义务人以及其他当事人有权拒绝给付。

第一百条　税收征管法第八十八条规定的纳税争议，是指纳税人、扣缴义务人、纳税担保人对税务机关确定纳税主体、征税对象、征税范围、减税、免税及退税、适用税率、计税依据、纳税环节、纳税期限、纳税地点以及税款征收方式等具体行政行为有异议而发生的争议。

第二节　纳税义务发生时间和缴纳期限

一、印花税纳税义务发生时间

（一）《印花税法》的规定

第十五条　印花税的纳税义务发生时间为纳税人书立应税凭证或者完成证券交易的当日。

证券交易印花税扣缴义务发生时间为证券交易完成的当日。

（二）《印花税暂行条例》的规定

第七条　应纳税凭证应当于书立或者领受时贴花。

（三）《印花税暂行条例施行细则》的规定

第十四条　条例第七条所说的书立或者领受时贴花，是指在合同的签订时、书据的立据时、账簿的启用时和证照的领受时贴花。

如果合同在国外签订的，应在国内使用时贴花。

（四）国税发〔1991〕155号文件的规定

《国家税务局关于印花税若干具体问题的解释和规定的通知》（国税发〔1991〕155号）规定如下：

十五、怎样理解印花税施行细则中"合同在国外签订的，应在国内使用时贴花"的规定？

"合同在国外签订的，应在国内使用时贴花"，是指印花税暂行条例列举征税的合同在国外签订时，不便按规定贴花，因此，应在带入境内时办理贴花完税手续。

（五）增值税纳税义务发生时间

《中华人民共和国增值税暂行条例》（以下简称《增值税暂行条例》）规定如下：

第十九条 增值税纳税义务发生时间：

（一）发生应税销售行为，为收讫销售款项或者取得索取销售款项凭据的当天；先开具发票的，为开具发票的当天；

（二）进口货物，为报关进口的当天。增值税扣缴义务发生时间为纳税人增值税纳税义务发生的当天。

《中华人民共和国增值税暂行条例实施细则》（以下简称《增值税暂行条例实施细则》）规定如下：

第三十八条 条例第十九条第一款第（一）项规定的收讫销售款项或者取得索取销售款项凭据的当天，按销售结算方式的不同，具体为：

（一）采取直接收款方式销售货物，不论货物是否发出，均为收到销售款或者取得索取销售款凭据的当天；

（二）采取托收承付和委托银行收款方式销售货物，为发出货物并办妥托收手续的当天；

（三）采取赊销和分期收款方式销售货物，为书面合同约定的收款日期的当天，无书面合同的或者书面合同没有约定收款日期的，为货物发出的当天；

（四）采取预收货款方式销售货物，为货物发出的当天，但生产销售生产工期超过12个月的大型机械设备、船舶、飞机等货物，为收到预收款或者书面合同约定的收款日期的当天；

（五）委托其他纳税人代销货物，为收到代销单位的代销清单或者收到全部或者部分货款的当天，未收到代销清单及货款的，为发出代销货物满180天的当天；

（六）销售应税劳务，为提供劳务同时收讫销售款或者取得索取销售款的凭据的当天；

（七）纳税人发生本细则第四条第（三）项至第（八）项所列视同销售货物行为，为货物移送的当天。

（六）消费税纳税义务发生时间

《中华人民共和国消费税暂行条例》（以下简称《消费税暂行条例》）规定：

第四条 纳税人生产的应税消费品，于纳税人销售时纳税。纳税人自产自用的应税消费品，用于连续生产应税消费品的，不纳税；用于其他方面的，于移送使用时纳税。

委托加工的应税消费品，除受托方为个人外，由受托方在向委托方交货时代收代缴税款。委托加工的应税消费品，委托方用于连续生产应税消费品的，所纳税款准予按规定抵扣。

进口的应税消费品，于报关进口时纳税。

《中华人民共和国消费税暂行条例实施细则》（以下简称《消费税暂行条例实施细则》）规定如下：

第八条 消费税纳税义务发生时间，根据条例第四条的规定，分列如下：

（一）纳税人销售应税消费品的，按不同的销售结算方式分别为：

1.采取赊销和分期收款结算方式的，为书面合同约定的收款日期的当天，书面合同没有约定收款日期或者无书面合同的，为发出应税消费品的当天；

2.采取预收货款结算方式的，为发出应税消费品的当天；

3.采取托收承付和委托银行收款方式的，为发出应税消费品并办妥托收手续的当天；

4.采取其他结算方式的，为收讫销售款或者取得索取销售款凭据的当天。

（二）纳税人自产自用应税消费品的，为移送使用的当天。

（三）纳税人委托加工应税消费品的，为纳税人提货的当天。

（四）纳税人进口应税消费品的，为报关进口的当天。

（七）契税纳税义务发生时间

《中华人民共和国契税法》（以下简称《契税法》）规定如下：

第九条 契税的纳税义务发生时间，为纳税人签订土地、房屋权属转移合同的当日，或者纳税人取得其他具有土地、房屋权属转移合同性质凭证的当日。

┃ 印花税案例分析 ┃

2021年7月1日，甲公司与乙公司签订买卖原材料的合同。7月2日，甲公司支付价款。7月3日，乙公司发货。7月4日，甲公司收到原材料并验收入库。甲公司和乙公司印花税纳税义务发生时间是哪一天？

解答：印花税的纳税义务发生时间为纳税人书立应税凭证的当日，因此，甲公司和乙公司印花税纳税义务发生时间均为2021年7月1日。

二、印花税的缴纳期限

（一）《印花税法》的规定

第十六条 印花税按季、按年或者按次计征。实行按季、按年计征的，纳税人应当自季度、年度终了之日起十五日内申报缴纳税款；实行按次计征的，纳税人应当自纳税义务发生之日起十五日内申报缴纳税款。

证券交易印花税按周解缴。证券交易印花税扣缴义务人应当自每周终了之日起五日内申报解缴税款以及银行结算的利息。

（二）《税收征管法》的规定

第三十一条　纳税人、扣缴义务人按照法律、行政法规规定或者税务机关依照法律、行政法规的规定确定的期限，缴纳或者解缴税款。

纳税人因有特殊困难，不能按期缴纳税款的，经省、自治区、直辖市税务局批准，可以延期缴纳税款，但是最长不得超过三个月。

纳税人未按照规定期限缴纳税款的，扣缴义务人未按照规定期限解缴税款的，税务机关除责令限期缴纳外，从滞纳税款之日起，按日加收滞纳税款万分之五的滞纳金。

（三）《税收征管法实施细则》的规定

第三十七条　纳税人、扣缴义务人按照规定的期限办理纳税申报或者报送代扣代缴、代收代缴税款报告表确有困难，需要延期的，应当在规定的期限内向税务机关提出书面延期申请，经税务机关核准，在核准的期限内办理。

纳税人、扣缴义务人因不可抗力，不能按期办理纳税申报或者报送代扣代缴、代收代缴税款报告表的，可以延期办理；但是，应当在不可抗力情形消除后立即向税务机关报告。税务机关应当查明事实，予以核准。

（四）增值税的纳税期限

《增值税暂行条例》规定如下：

第二十三条　增值税的纳税期限分别为 1 日、3 日、5 日、10 日、15 日、1 个月或者 1 个季度。纳税人的具体纳税期限，由主管税务机关根据纳税人应纳税额的大小分别核定；不能按照固定期限纳税的，可以按次纳税。

纳税人以 1 个月或者 1 个季度为 1 个纳税期的，自期满之日起 15 日内申报纳税；以 1 日、3 日、5 日、10 日或者 15 日为 1 个纳税期的，自期满之日起 5 日内预缴税款，于次月 1 日起 15 日内申报纳税并结清上月应纳税款。

扣缴义务人解缴税款的期限，依照上述规定执行。

（五）消费税的纳税期限

《消费税暂行条例》规定如下：

第十四条　消费税的纳税期限分别为 1 日、3 日、5 日、10 日、15 日、1 个月或者 1 个季度。纳税人的具体纳税期限，由主管税务机关根据纳税人应纳税额的大小分别核定；不能按照固定期限纳税的，可以按次纳税。

纳税人以 1 个月或者 1 个季度为 1 个纳税期的，自期满之日起 15 日内申报纳税；以 1 日、3 日、5 日、10 日或者 15 日为 1 个纳税期的，自期满之日起 5 日内预缴税款，于次月 1 日起 15 日内申报纳税并结清上月应纳税款。

（六）契税的纳税期限

《契税法》规定如下：

第十条　纳税人应当在依法办理土地、房屋权属登记手续前申报缴纳契税。

第三节　缴纳方式和委托代征

一、印花税的缴纳方式

（一）《印花税法》的规定

第十七条　印花税可以采用粘贴印花税票或者由税务机关依法开具其他完税凭证的方式缴纳。

印花税票粘贴在应税凭证上的，由纳税人在每枚税票的骑缝处盖戳注销或者划销。

印花税票由国务院税务主管部门监制。

（二）《印花税暂行条例》的规定

第五条　印花税实行由纳税人根据规定自行计算应纳税额，购买并一次贴足印花税票（以下简称"贴花"）的缴纳办法。

为简化贴花手续，应纳税额较大或者贴花次数频繁的，纳税人可向税务机关提出申请，采取以缴款书代替贴花或者按期汇总缴纳的办法。

第六条　印花税票应当粘贴在应纳税凭证上，并由纳税人在每枚税票的骑缝处盖戳注销或者划销。

已贴用的印花税票不得重用。

第十二条　发放或者办理应纳税凭证的单位，负有监督纳税人依法纳税的义务。

（三）《印花税暂行条例施行细则》的规定

第二十条　应纳税凭证粘贴印花税票后应即注销。纳税人有印章的，加盖印章注销；纳税人没有印章的，可用钢笔（圆珠笔）划几条横线注销。注销标记应与骑缝处相交。骑缝处是指粘贴的印花税票与凭证及印花税票之间的交接处。

第二十一条　一份凭证应纳税额超过五百元的，应向当地税务机关申请填写缴款书或者完税证，将其中一联粘贴在凭证上或者由税务机关在凭证上加注守税标记代替贴花。

第二十二条　同一种类应纳税凭证，需频繁贴花的，应向当地税务机关申请按期汇总缴纳印花税。

税务机关对核准汇总缴纳印花税的单位，应发给汇缴许可证。汇总缴纳的限期额由当地税务机关确定，但最长期限不得超过一个月。

第二十三条　凡汇总缴纳印花税的凭证，应加注税务机关指定的汇缴戳记，编号并装订成册后，将已贴印花或者缴款书的一联粘附册后，盖章注销，保存备查。

第二十五条　纳税人对纳税凭证应妥善保存。凭证的保存期限，凡国家已有明确规定的，按规定办；其余凭证均应在履行完毕后保存一年。

第二十七条　条例第十二条所说的发放或者办理应纳税凭证的单位，是指发放权力、许可证照的单位和办理凭证的鉴证、公证及其他有关事项的单位。

第二十八条　条例第十二条所说的负有监督纳税人依法纳税的义务，是指发放或者办理应纳税凭证的单位应对以下纳税事项监督：

1. 应纳税凭证是否已粘贴印花；

2. 粘贴的印花是否足额；

3. 粘贴的印花是否按规定注销。

对未完成以上纳税手续的，应督促纳税人当场贴花。

第二十九条 印花税票的票面全额以人民币为单位，分为壹角、贰角、伍角、壹元、贰元、伍元、拾元、伍拾元、壹佰元九种。

第三十条 印花税票为有价证券，各地税务机关应按照国家税务局制定的管理办法严格管理，具体管理办法另定。

第三十一条 印花税票可以委托单位或者个人代售，并由税务机关付给代售金额5%的手续费。支付来源从实征印花税款中提取。

第三十二条 凡代售印花税票者，应先向当地税务机关提出代售申请，必要时须提供保证人。税务机关调查核准后，应与代售户签订代售合同，发给代售许可证。

第三十三条 代售户所售印花税票取得的税款，须专户存储，并按照规定的期限，向当地税务机关结报，或者填开专用缴款书直接向银行缴纳。不得逾期不缴或者挪作他用。

第三十四条 代售户领存的印花税票及所售印花税票的税款，如有损失，应负责赔偿。

第三十五条 代售户所领印花税票，除合同另有规定者外，不得转托他人代售或者转至其他地区销售。

第三十六条 对代售户代售印花税票的工作，税务机关应经常进行指导、检查和监督。代替户须详细提供领售印花税票的情况，不得拒绝。

（四）印花税税款征收管理

《印花税管理规程（试行）》规定如下：

第八条 纳税人书立、领受或者使用《条例》列举的应纳税凭证和经财政部确定征税的其他凭证时，即发生纳税义务，应当根据应纳税凭证的性质，分别按《条例》所附《印花税税目税率表》对应的税目、税率，自行计算应纳税额，购买并一次贴足印花税票（以下简称"贴花"）。

第九条 一份凭证应纳税额超过500元的，纳税人可以采取将税收缴款书、完税证明其中一联粘贴在凭证上或者由地方税务机关在凭证上加注完税标记代替贴花。

第十条 同一种类应纳税凭证，需频繁贴花的，可由纳税人根据实际情况自行决定是否采用按期汇总申报缴纳印花税的方式。汇总申报缴纳的期限不得超过一个月。

采用按期汇总申报缴纳方式的，一年内不得改变。

第十一条 纳税人应按规定据实计算、缴纳印花税。

第十二条 税务机关可以根据《征管法》及相关规定核定纳税人应纳税额。

第十三条 税务机关应分行业对纳税人历年印花税的纳税情况、主营业务收入情况、应税合同的签订情况等进行统计、测算，评估各行业印花税纳税状况及税负水平，确定本地区不同行业应纳税凭证的核定标准。

第十四条 实行核定征收印花税的，纳税期限为一个月，税额较小的，纳税期限可为一个季度，具体由主管税务机关确定。纳税人应当自纳税期满之日起15日内，填写国家税务总局统一制定的纳税申报表申报缴纳核定征收的印花税。

第十五条 纳税人对主管税务机关核定的应纳税额有异议的，或者因生产经营情况发生变化需要重新核定的，可向主管税务机关提供相关证据，主管税务机关核实后进行调整。

第十六条　主管税务机关核定征收印花税，应当向纳税人送达《税务事项通知书》，并注明核定征收的方法和税款缴纳期限。

第十七条　税务机关应当建立印花税基础资料库，内容包括分行业印花税纳税情况、分户纳税资料等，并确定科学的印花税评估方法或者模型，据此及时、合理地做好印花税征收管理工作。

第十八条　税务机关根据印花税征收管理的需要，本着既加强源泉控管，又方便纳税人的原则，按照《国家税务总局关于发布〈委托代征管理办法〉的公告》（国家税务总局公告 2013 年第 24 号，以下简称《委托代征管理办法》）有关规定，可委托银行、保险、工商、房地产管理等有关部门，代征借款合同、财产保险合同、权利许可证照、产权转移书据、建设工程承包合同等的印花税。

第十九条　税务机关和受托代征人应严格按照《委托代征管理办法》的规定履行各自职责。违反规定的，应当追究相应的法律责任。

第二十条　税务机关在印花税征管中要加强部门协作，实现相关信息共享，构建综合治税机制。

（五）代征代缴印花税

《国家知识产权局关于停止代征代缴印花税业务的公告》（国家知识产权局公告第 317 号）规定如下：

根据国家知识产权局和税务部门关于印花税征缴业务的调整，国家知识产权局于 2019 年 8 月 25 日起停止代征代缴专利和集成电路布图设计印花税业务，对于缴费期限届满日在 2019 年 8 月 24 日（含）之前的印花税，应按现行规定缴纳。自 2019 年 8 月 25 日起，纳税人缴纳印花税应按照国家税务机关的相关规定办理。

《国家知识产权局关于恢复代征代缴印花税业务的公告》（国家知识产权局公告第 326 号）规定如下：

为方便专利权人和专有权人依法缴纳印花税，经商国家税务总局，决定自 2019 年 9 月 16 日起恢复由国家知识产权局代征代缴专利和集成电路布图设计印花税。2019 年 9 月 16 日前未缴纳印花税的，可于 2019 年 9 月 16 日后按原缴费渠道办理缴税。

（六）简并税费申报

《国家税务总局关于简并税费申报有关事项的公告》（国家税务总局公告 2021 年第 9 号）规定如下：

自 2021 年 6 月 1 日起，纳税人申报缴纳城镇土地使用税、房产税、车船税、印花税、耕地占用税、资源税、土地增值税、契税、环境保护税、烟叶税中一个或者多个税种时，使用《财产和行为税纳税申报表》。纳税人新增税源或者税源变化时，需先填报《财产和行为税税源明细表》。

《财产和行为税纳税申报表》见表 5-1，《财产和行为税减免税明细申报附表》[①]见表 5-2，《印花税税源明细表》[②]见表 5-3。

---

①　《财产和行为税减免税明细申报附表》为《财产和行为税纳税申报表》附表。

②　《印花税税源明细表》为《财产和行为税税源明细表》的子表之一。

表 5-1 财产和行为税纳税申报表

纳税人识别号（统一社会信用代码）：□□□□□□□□□□□□□□□□□□

纳税人名称：

金额单位：人民币元（列至角分）

序号	税种	税目	税款所属期起	税款所属期止	计税依据	税率	应纳税额	减免税额	已缴税额	应补（退）税额
1										
2										
3										
4										
5										
6										
7										
8										
9										
10										
11	合计	—	—	—	—	—				

声明：此表是根据国家税收法律法规及相关规定填写的，本人（单位）对填报内容（及附带资料）的真实性、可靠性、完整性负责。

纳税人（签章）：

年　　月　　日

经办人：

经办人身份证号：

代理机构签章：

代理机构统一社会信用代码：

受理人：

受理税务机关（章）：

受理日期：　　年　　月　　日

填表说明：

1. 本表适用于申报城镇土地使用税、房产税、契税、耕地占用税、土地增值税、印花税、车船税、烟叶税、环境保护税、资源税。

2. 本表根据各税种税源明细表自动生成，申报前需填写税源明细表。

3. 本表包含一张附表《财产和行为税减免税明细申报表》。

4. 纳税人识别号（统一社会信用代码）：填写税务机关核发的纳税人识别号或者有关部门核发的统一社会信用代码。纳税人名称：填写营业执照、税务登记证等证件载明的纳税人名称。

5. 税种：税种名称，多个税种的，可增加行次。
6. 税目：税目名称，多个税目的，可增加行次。
7. 税款所属期起：纳税人申报相应税种所属期的起始时间，填写具体的年、月、日。
8. 税款所属期止：纳税人申报相应税种所属期的终止时间，填写具体的年、月、日。
9. 计税依据：计算税款的依据。
10. 税率：适用的税率。
11. 应纳税额：纳税人本期应当缴纳的税额。
12. 减免税额：纳税人本期享受的减免税额，等于减免税附表中该税种的减免税额小计。
13. 已缴税额：纳税人本期应纳税额中已经缴纳的部分。
14. 应补（退）税额：纳税人本期实际需要缴纳的税额。应补（退）税额＝应纳税额－减免税额－已缴税额。

表 5-2　财产和行为税减免税明细申报表

纳税人识别号（统一社会信用代码）：□□□□□□□□□□□□□□□□□□
纳税人名称：

金额单位：人民币元（列至角分）

本期是否适用增值税小规模纳税人减征政策	□是 □否				
本期适用增值税小规模纳税人减征政策起始时间				年	月
本期适用增值税小规模纳税人减征政策终止时间				年	月
合计减免税额					
城镇土地使用税					
序号	土地编号	税款所属期起	税款所属期止	减免性质代码和项目名称	减免税额
1					
2					
小计	—				
房产税					
序号	房产编号	税款所属期起	税款所属期止	减免性质代码和项目名称	减免税额
1					
2					
小计	—				

（续表）

车船税

序号	车辆识别代码／船舶识别码	税款所属期起	税款所属期止	减免性质代码和项目名称	减免税额
1					
2					
小计	—			—	

印花税

序号	税目	税款所属期起	税款所属期止	减免性质代码和项目名称	减免税额
1					
2					
小计	—			—	

资源税

序号	税目	子目	税款所属期起	税款所属期止	减免性质代码和项目名称	减免税额
1						
2						
小计	—	—			—	

耕地占用税

序号	税源编号	税款所属期起	税款所属期止	减免性质代码和项目名称	减免税额
1					
2					
小计	—			—	

契税

序号	税源编号	税款所属期起	税款所属期止	减免性质代码和项目名称	减免税额
1					
2					
小计	—			—	

土地增值税

序号	项目编号	税款所属期起	税款所属期止	减免性质代码和项目名称	减免税额
1					
2	—			—	
小计					

环境保护税

序号	税源编号	污染物类别	污染物名称	税款所属期起	税款所属期止	减免性质代码和项目名称	减免税额
1	—	—					
2	—	—				—	
小计							

声明：此表是根据国家税收法律法规及相关规定填写的，本人（单位）对填报内容（及附带资料）的真实性、可靠性、完整性负责。

纳税人（签章）：
年 月 日

经办人：
经办人身份证号：
代理机构签章：
代理机构统一社会信用代码：

受理人：
受理税务机关（章）：
受理日期： 年 月 日

填表说明：

1. 本表为《财产和行为税纳税申报表》的附表，适用于申报城镇土地使用税、房产税、契税、耕地占用税、土地增值税、印花税、车船税、环境保护税、资源税的减免税。

2. 纳税人识别号（统一社会信用代码）：填写税务机关核发的纳税人识别号或者有关部门核发的统一社会信用代码。纳税人名称：填写营业执照、税务登记证等证件载明的纳税人名称。

3. 适用增值税小规模纳税人减征政策的，需填写"本期是否适用增值税小规模纳税人减征政策""本期适用增值税小规模纳税人减征政策起始时间""本期适用增值税小规模纳税人减征政策终止时间"。其余项目根据各税种税源明细表自动生成，减免税申报前需填写税源明细表。

4. 本期是否适用增值税小规模纳税人减征政策：适用增值税小规模纳税人减征政策的，勾选"是"；否则，勾选"否"。纳税人自增值税一般纳税人按规定转登记为小规模纳税人的，自成为小规模纳税人的当月起适用增值税小规模纳税人的当月起适用增值税小规模纳税人减征政策。纳税人在税款所属期内，自一般纳税人生效之日起不再适用减征优惠。增值税小规模纳税人按规定登记，经税务机关通知，逾期仍不办理登记的，自逾期次月起不再适用减征优惠。

5. 本期适用增值税小规模纳税人减征政策起始时间：适用增值税小规模纳税人减征政策的，填写本项。如果增值税小规模纳税人一直为增值税小规模纳税人，填写税款所属期内的月份；如果税款所属期内纳税人由增值税一般纳税人转登记为增值税小规模纳税人，填写成为增值税小规模纳税人的月份。

6. 本期适用增值税小规模纳税人减征政策终止时间：适用增值税小规模纳税人一直为增值税小规模

模纳税人，填写税款所属期终止月份，如同时存在多个税款所属期，则填写最晚的税款所属期终止月份；如果税款所属期内纳税人由增值税小规模纳税人登记为增值税一般纳税人，填写增值税一般纳税人生效之日上月；经税务机关通知，逾期仍不办理增值税一般纳税人登记的，自逾期次月起不再适用减征优惠，填写逾期当月所在的月份。

7.税款所属期起：指纳税人申报相应税种所属期的起始时间，具体到年、月、日。

8.税款所属期止：指纳税人申报相应税种所属期的终止时间，具体到年、月、日。

9.减免性质代码和项目名称：按照税务机关最新制发的减免税政策代码表中最细项减免项目名称填写。

10.减免税额：减免税项目对应的减免税金额。

表5-3 印花税税源明细表

纳税人识别号（统一社会信用代码）：□□□□□□□□□□□□□□□□□□

纳税人名称：　　　　　　　　　　　　　　　　　金额单位：人民币元（列至角分）

序号	*税目	*税款所属期起	*税款所属期止	应纳税凭证编号	应纳税凭证书立（领受）日期	*计税金额或者件数	核定比例	*税率	减免性质代码和项目名称
按期申报									
1									
2									
3									
按次申报									
1									
2									
3									

填表说明：

（1）税目：必填。可填项：购销合同、加工承揽合同、建设工程勘察设计合同、建筑安装工程承包合同、财产租赁合同、货物运输合同、仓储保管合同、借款合同、财产保险合同、技术合同、产权转移书据、营业账簿（记载资金的账簿）、营业账簿（其他账簿），以及权利、许可证照。

（2）税款所属期起：按期申报的，填写所属期的起始时间，应填写具体的年、月、日。按次申报的，如填写了应纳税凭证书立（领受）日期，则为应纳税凭证书立（领受）日期；否则为填表当日。

（3）税款所属期止：按期申报的，填写所属期的终止时间，应填写具体的年、月、日。按次申报的，如填写了应纳税凭证书立（领受）日期，则为应纳税凭证书立（领受）日期；否则为填表当日。

（4）应纳税凭证编号：申报购销合同、加工承揽合同、建设工程勘察设计合同、建筑安装工程承包合同、财产租赁合同、货物运输合同、仓储保管合同、借款合同、财产保险合同、技术合同、产权转移书据等税目的，填写合同或者凭证编号。各省、区、市根据税源管理需要，设置该项是否为必填项，默认为选填。

（5）应纳税凭证书立（领受）日期：申报购销合同、加工承揽合同、建设工程勘察设计合同、建筑安装工程承包合同、财产租赁合同、货物运输合同、仓储保管合同、借款合同、财产保险合同、技术合同、产权转移书据等税目的，填写合同或者凭证书立（领受）日期。各省、区、市根据税源管理需要，设置该项是否为必填项，默认为选填。

（6）计税金额或者件数：必填。营业账簿（其他账簿）和权利、许可证照税目填写件数，其他税目填写金额。

（7）核定比例：实行核定征收的，填写核定比例。根据各省、区、市确定的核定比例填写。

（8）税率：按照《印花税暂行条例》等相关规定，填写税目对应的适用税率。

（9）减免性质代码和项目名称：有减免税情况的，必填。按照税务机关最新制发的减免税政策代码表中最细项减免性质代码填写。

（七）印花税票发行管理

《国家税务总局关于发行 2021 年印花税票的通告》（国家税务总局通告 2021 年第 3 号）规定如下：

一、税票图案

2021 年印花税票以"中国共产党领导下的税收事业发展"为题材，一套 9 枚，各枚面值及图名分别为：1 角（中国共产党领导下的税收事业发展·红色税收开天地）、2 角（中国共产党领导下的税收事业发展·边区税制固政权）、5 角（中国共产党领导下的税收事业发展·财源筑基迎解放）、1 元（中国共产党领导下的税收事业发展·税政统一启新篇）、2 元（中国共产党领导下的税收事业发展·利税改革添活力）、5 元（中国共产党领导下的税收事业发展·分税改革助转型）、10 元（中国共产党领导下的税收事业发展·和谐税收促发展）、50 元（中国共产党领导下的税收事业发展·宏图绘就新时代）和 100 元（中国共产党领导下的税收事业发展·砥砺奋进新征程）。

印花税票图案左上角有镂空篆体"税"字。各枚印花税票底边左侧印有"中国印花税票"和"2021"字样，中部印有图名，右侧印有面值和按票面金额大小排列的顺序号（9-X）。

二、税票规格

2021 年印花税票打孔尺寸为 50mm×38mm，齿孔度数为 13×12.5。20 枚 1 张，每张尺寸 280mm×180mm，左右两侧出孔到边。

三、税票防伪措施

（一）采用哑铃异形齿孔，左右两边居中；

（二）图内红版全部采用特制防伪油墨；

（三）每张喷有 7 位连续墨号；

（四）其他技术及纸张防伪措施。

四、其他事项

2021 年印花税票自 2021 年 6 月 28 日起启用，以前年度发行的各版印花税票仍然有效。

二、委托代征税收管理制度

《委托代征管理办法》的规定如下：

第一章　总　则

第一条　为加强税收委托代征管理，规范委托代征行为，降低征纳成本，根据《中华人民共和国税收征收管理法》《中华人民共和国税收征收管理法实施细则》《合同法》及《中华人民共和国发票管理办法》的有关规定，制定本办法。

第二条　本办法所称委托代征，是指税务机关根据《中华人民共和国税收征收管理法实施细则》有利于税收控管和方便纳税的要求，按照双方自愿、简便征收、强化管理、依法委托的原则和国家有关规定，委托有关单位和人员代征零星、分散和异地缴纳的税收的行为。

第三条 本办法所称税务机关，是指县以上（含本级）税务局。

本办法所称代征人，是指依法接受税务机关委托、行使代征税款权利并承担《委托代征协议书》规定义务的单位或者人员。

第二章 委托代征的范围和条件

第四条 委托代征范围由税务机关根据《中华人民共和国税收征收管理法实施细则》关于加强税收控管、方便纳税的规定，结合当地税源管理的实际情况确定。

税务机关不得将法律、行政法规已确定的代扣代缴、代收代缴税收，委托他人代征。

第五条 税务机关确定的代征人，应当与纳税人有下列关系之一：

（一）与纳税人有管理关系；

（二）与纳税人有经济业务往来；

（三）与纳税人有地缘关系；

（四）有利于税收控管和方便纳税人的其他关系。

第六条 代征人为行政、事业、企业单位及其他社会组织的，应当同时具备下列条件：

（一）有固定的工作场所；

（二）内部管理制度规范，财务制度健全；

（三）有熟悉相关税收法律、法规的工作人员，能依法履行税收代征工作；

（四）税务机关根据委托代征事项和税收管理要求确定的其他条件。

第七条 代征税款人员，应当同时具备下列条件：

（一）具备中国国籍，遵纪守法，无严重违法行为及犯罪记录，具有完全民事行为能力；

（二）具备与完成代征税款工作要求相适应的税收业务知识和操作技能；

（三）税务机关根据委托代征管理要求确定的其他条件。

第八条 税务机关可以与代征人签订代开发票书面协议并委托代征人代开普通发票。代开发票书面协议的主要内容应当包括代开的普通发票种类、对象、内容和相关责任。

代开发票书面协议由各省、自治区、直辖市和计划单列市自行制定。

第九条 代征人不得将其受托代征税款事项再行委托其他单位、组织或者人员办理。

第三章 委托代征协议的生效和终止

第十条 税务机关应当与代征人签订《委托代征协议书》，明确委托代征相关事宜。《委托代征协议书》包括以下内容：

（一）税务机关和代征人的名称、联系电话，代征人为行政、事业、企业单位及其他社会组织的，应包括法定代表人或者负责人姓名、居民身份证号码和地址；代征人为自然人的，应包括姓名、居民身份证号码和户口所在地、现居住地址；

（二）委托代征范围和期限；

（三）委托代征的税种及附加、计税依据及税率；

（四）票、款结报缴销期限和额度；

（五）税务机关和代征人双方的权利、义务和责任；

（六）代征手续费标准；

（七）违约责任；

（八）其他有关事项。

代征人为行政、事业、企业单位及其他社会组织的，《委托代征协议书》自双方的法定代表人或者法定代理人签字并加盖公章后生效；代征人为自然人的，《委托代征协议书》自代征人及税务机关的法定代表人签字并加盖税务机关公章后生效。

第十一条 《委托代征协议书》签订后，税务机关应当向代征人发放《委托代征证书》，并在广播、电视、报纸、期刊、网络等新闻媒体或者代征范围内纳税人相对集中的场所，公告代征人的委托代征资格和《委托代征协议书》中的以下内容：

（一）税务机关和代征人的名称、联系电话，代征人为行政、事业、企业单位及其他社会组织的，应包括法定代表人或者负责人姓名和地址，代征人为自然人的，应包括姓名、户口所在地、现居住地址；

（二）委托代征的范围和期限；

（三）委托代征的税种及附加、计税依据及税率；

（四）税务机关确定的其他需要公告的事项。

第十二条 《委托代征协议书》有效期最长不得超过3年。有效期满需要继续委托代征的，应当重新签订《委托代征协议书》。

《委托代征协议书》签订后，税务机关应当向代征人提供受托代征税款所需的税收票证、报表。

第十三条 有下列情形之一的，税务机关可以向代征人发出《终止委托代征协议通知书》，提前终止委托代征协议：

（一）因国家税收法律、行政法规、规章等规定发生重大变化，需要终止协议的；

（二）税务机关被撤销主体资格的；

（三）因代征人发生合并、分立、解散、破产、撤销或者因不可抗力发生等情形，需要终止协议的；

（四）代征人有弄虚作假、故意不履行义务、严重违反税收法律法规的行为，或者有其他严重违反协议的行为；

（五）税务机关认为需要终止协议的其他情形。

第十四条 终止委托代征协议的，代征人应自委托代征协议终止之日起5个工作日内，向税务机关结清代征税款，缴销代征业务所需的税收票证和发票；税务机关应当收回《委托代征证书》，结清代征手续费。

第十五条 代征人在委托代征协议期限届满之前提出终止协议的，应当提前20个工作日向税务机关申请，经税务机关确认后按照本办法第十四条的规定办理相关手续。

第十六条 税务机关应当自委托代征协议终止之日起10个工作日内，在广播、电视、报纸、期刊、网络等新闻媒体或者代征范围内纳税人相对集中的场所，公告代征人委托代征资格终止和本办法第十一条规定需要公告的《委托代征协议书》主要内容。

第四章 委托代征管理职责

第十七条 税收委托代征工作中，税务机关应当监督、管理、检查委托代征业务，履行以下职责：

（一）审查代征人资格，确定、登记代征人的相关信息；

（二）填制、发放、收回、缴销《委托代征证书》；

（三）确定委托代征的具体范围、税种及附加、计税依据、税率等；

（四）核定和调整代征人代征的个体工商户定额，并通知纳税人和代征人执行；

（五）定期核查代征人的管户信息，了解代征户籍变化情况；

（六）采集委托代征的征收信息、纳税人欠税信息、税收票证管理情况等信息；

（七）辅导和培训代征人；

（八）在有关规定确定的代征手续费比率范围内，按照手续费与代征人征收成本相匹配的原则，确定具体支付标准，办理手续费支付手续；

（九）督促代征人按时解缴代征税款，并对代征情况进行定期检查；

（十）其他管理职责。

第十八条 税收委托代征工作中，代征人应当履行以下职责：

（一）根据税务机关确定的代征范围、核定税额或者计税依据、税率代征税款，并按规定及时解缴入库；

（二）按照税务机关有关规定领取、保管、开具、结报缴销税收票证、发票，确保税收票证和发票安全；

（三）代征税款时，向纳税人开具税收票证；

（四）建立代征税款账簿，逐户登记代征税种税目、税款金额及税款所属期等内容；

（五）在税款解缴期内向税务机关报送《代征代扣税款结报单》，以及受托代征税款的纳税人当期已纳税、逾期未纳税、管户变化等相关情况；

（六）对拒绝代征人依法代征税款的纳税人，自其拒绝之时起24小时内报告税务机关；

（七）在代征税款工作中获知纳税人商业秘密和个人隐私的，应当依法为纳税人保密。

第十九条 代征人不得对纳税人实施税款核定、税收保全和税收强制执行措施，不得对纳税人进行行政处罚。

第二十条 代征人应根据《委托代征协议书》的规定向税务机关申请代征税款手续费，不得从代征税款中直接扣取代征税款手续费。

第五章 法 律 责 任

第二十一条 代征人在《委托代征协议书》授权范围内的代征税款行为引起纳税人的争议或者法律纠纷的，由税务机关解决并承担相应法律责任；税务机关拥有事后向代征人追究法律责任的权利。

第二十二条 因代征人责任未征或者少征税款的，税务机关应向纳税人追缴税款，并可按《委托代征协议书》的约定向代征人按日加收未征少征税款万分之五的违约金，但代征人将纳税人拒绝缴纳等情况自纳税人拒绝之时起24小时内报告税务机关的除外。代征人违规多征税款的，由税务机关承担相应的法律责任，并责令代征人立即退还，税款已入库的，由税务机关按规定办理退库手续；代征人违规多征税款致使纳税人合法权益受到损失的，由税务机关赔偿，税务机关拥有事后向代征人追偿的权利。

代征人违规多征税款而多取得代征手续费的，应当及时退回。

第二十三条 代征人造成印有固定金额的税收票证损失的，应当按照票面金额赔偿，未按规定领取、保管、开具、结报缴销税收票证的，税务机关应当根据情节轻重，适当扣减代征手续费。

第二十四条 代征人未按规定期限解缴税款的，由税务机关责令限期解缴，并可从税款滞纳之日起按日加收未解缴税款万分之五的违约金。

第二十五条 税务机关工作人员玩忽职守，不按照规定对代征人履行管理职责，给委托代征工作造成损害的，按规定追究相关人员的责任。

第二十六条 违反《委托代征协议书》其他有关规定的，按照协议约定处理。

第二十七条 纳税人对委托代征行为不服，可依法申请税务行政复议。

第六章 附 则

第二十八条 各省、自治区、直辖市和计划单列市税务机关根据本地实际情况制定具体实施办法。

第二十九条 税务机关可以比照本办法的规定，对代售印花税票者进行管理。

第三十条 本办法自2013年7月1日起施行。

第四节 纳税担保和其他征管制度

一、纳税担保制度

《纳税担保试行办法》的规定如下：

第一章 总 则

第一条 为规范纳税担保行为，保障国家税收收入，保护纳税人和其他当事人的合法权益，根据《中华人民共和国税收征收管理法》（以下简称《税收征管法》）及其实施细则和其他法律、法规的规定，制定本办法。

第二条 本办法所称纳税担保，是指经税务机关同意或者确认，纳税人或者其他自然人、法人、经济组织以保证、抵押、质押的方式，为纳税人应当缴纳的税款及滞纳金提供担保的行为。

纳税担保人包括以保证方式为纳税人提供纳税担保的纳税保证人和其他以未设置或者未全部设置担保物权的财产为纳税人提供纳税担保的第三人。

第三条 纳税人有下列情况之一的，适用纳税担保：

（一）税务机关有根据认为从事生产、经营的纳税人有逃避纳税义务行为，在规定的纳税期之前经责令其限期缴纳应纳税款，在限期内发现纳税人有明显的转移、隐匿其应纳税的商品、货物以及其他财产或者应纳税收入的迹象，责成纳税人提供纳税担保的；

（二）欠缴税款、滞纳金的纳税人或者其法定代表人需要出境的；

（三）纳税人同税务机关在纳税上发生争议而未缴清税款，需要申请行政复议的；

（四）税收法律、行政法规规定可以提供纳税担保的其他情形。

第四条 扣缴义务人按照《税收征管法》第八十八条规定需要提供纳税担保的，适用本办法的规定。

纳税担保人按照《税收征管法》第八十八条规定需要提供纳税担保的，应当按照本办法规定的抵押、质押方式，以其财产提供纳税担保；纳税担保人已经以其财产为纳税人向税务机关提供担保的，不再需要提供新的担保。

第五条 纳税担保范围包括税款、滞纳金和实现税款、滞纳金的费用。费用包括抵押、质押登记费用，质押保管费用，以及保管、拍卖、变卖担保财产等相关费用支出。

用于纳税担保的财产、权利的价值不得低于应当缴纳的税款、滞纳金，并考虑相关的费用。纳税担保的财产价值不足以抵缴税款、滞纳金的，税务机关应当向提供担保的纳税人或者纳税担保人继续追缴。

第六条 用于纳税担保的财产、权利的价格估算，除法律、行政法规另有规定外，由税务机关按照税收征管法实施细则第六十四条规定的方式，参照同类商品的市场价、出厂价或者评估价估算。

第二章 纳 税 保 证

第七条 纳税保证，是指纳税保证人向税务机关保证，当纳税人未按照税收法律、行政法规规定或者税务机关确定的期限缴清税款、滞纳金时，由纳税保证人按照约定履行缴纳税款及滞纳金的行为。税务机关认可的，保证成立；税务机关不认可的，保证不成立。

本办法所称纳税保证为连带责任保证，纳税人和纳税保证人对所担保的税款及滞纳金承担连带责任。当纳税人在税收法律、行政法规或者税务机关确定的期限届满未缴清税款及滞纳金的，税务机关即可要求纳税保证人在其担保范围内承担保证责任，缴纳担保的税款及滞纳金。

第八条 纳税保证人，是指在中国境内具有纳税担保能力的自然人、法人或者其他经济组织。法人或者其他经济组织财务报表资产净值超过需要担保的税额及滞纳金2倍以上的，自然人、法人或者其他经济组织所拥有或者依法可以处分的未设置担保的财产的价值超过需要担保的税额及滞纳金的，为具有纳税担保能力。

第九条 国家机关，学校、幼儿园、医院等事业单位、社会团体不得作为纳税保证人。

企业法人的职能部门不得为纳税保证人。企业法人的分支机构有法人书面授权的，可以在授权范围内提供纳税担保。

有以下情形之一的，不得作为纳税保证人：

（一）有偷税、抗税、骗税、逃避追缴欠税行为被税务机关、司法机关追究过法律责任未满2年的；

（二）因有税收违法行为正在被税务机关立案处理或者涉嫌刑事犯罪被司法机关立案侦查的；

（三）纳税信誉等级被评为C级以下的；

（四）在主管税务机关所在地的市（地、州）没有住所的自然人或者税务登记不在本市（地、州）的企业；

（五）无民事行为能力或者限制民事行为能力的自然人；

（六）与纳税人存在担保关联关系的；

（七）有欠税行为的。

第十条 纳税保证人同意为纳税人提供纳税担保的，应当填写纳税担保书。纳税担保书应当包括以下内容：

（一）纳税人应缴纳的税款及滞纳金数额、所属期间、税种、税目名称；

（二）纳税人应当履行缴纳税款及滞纳金的期限；

（三）保证担保范围及担保责任；

（四）保证期间和履行保证责任的期限；

（五）保证人的存款账号或者开户银行及其账号；

（六）税务机关认为需要说明的其他事项。

第十一条 纳税担保书须经纳税人、纳税保证人签字盖章并经税务机关签字盖章同意方为有效。

纳税担保从税务机关在纳税担保书签字盖章之日起生效。

第十二条 保证期间为纳税人应缴纳税款期限届满之日起60日，即税务机关自纳税人应缴纳税款的期限届满之日起60日内有权要求纳税保证人承担保证责任，缴纳税款、滞纳金。

履行保证责任的期限为15日，即纳税保证人应当自收到税务机关的纳税通知书之日起15日内履行保证责任，缴纳税款及滞纳金。

纳税保证期间内税务机关未通知纳税保证人缴纳税款及滞纳金以承担担保责任的，纳税保证人免除担保责任。

第十三条 纳税人在规定的期限届满未缴清税款及滞纳金，税务机关在保证期限内书面通知纳税保证人的，纳税保证人应按照纳税担保书约定的范围，自收到纳税通知书之日起 15 日内缴纳税款及滞纳金，履行担保责任。

纳税保证人未按照规定的履行保证责任的期限缴纳税款及滞纳金的，由税务机关发出责令限期缴纳通知书，责令纳税保证人在限期 15 日内缴纳；逾期仍未缴纳的，经县以上税务局（分局）局长批准，对纳税保证人采取强制执行措施，通知其开户银行或者其他金融机构从其存款中扣缴所担保的纳税人应缴纳的税款、滞纳金，或者扣押、查封、拍卖、变卖其价值相当于所担保的纳税人应缴纳的税款、滞纳金的商品、货物或者其他财产，以拍卖、变卖所得抵缴担保的税款、滞纳金。

第三章　纳税抵押

第十四条　纳税抵押，是指纳税人或者纳税担保人不转移对本办法第十五条所列财产的占有，将该财产作为税款及滞纳金的担保。纳税人逾期未缴清税款及滞纳金的，税务机关有权依法处置该财产以抵缴税款及滞纳金。

前款规定的纳税人或者纳税担保人为抵押人，税务机关为抵押权人，提供担保的财产为抵押物。

第十五条　下列财产可以抵押：

（一）抵押人所有的房屋和其他地上定着物；

（二）抵押人所有的机器、交通运输工具和其他财产；

（三）抵押人依法有权处分的国有的房屋和其他地上定着物；

（四）抵押人依法有权处分的国有的机器、交通运输工具和其他财产；

（五）经设区的市、自治州以上税务机关确认的其他可以抵押的合法财产。

第十六条　以依法取得的国有土地上的房屋抵押的，该房屋占用范围内的国有土地使用权同时抵押。

以乡（镇）、村企业的厂房等建筑物抵押的，其占用范围内的土地使用权同时抵押。

第十七条　下列财产不得抵押：

（一）土地所有权；

（二）土地使用权，但本办法第十六条规定的除外；

（三）学校、幼儿园、医院等以公益为目的的事业单位、社会团体、民办非企业单位的教育设施、医疗卫生设施和其他社会公益设施；

（四）所有权、使用权不明或者有争议的财产；

（五）依法被查封、扣押、监管的财产；

（六）依法定程序确认为违法、违章的建筑物；

（七）法律、行政法规规定禁止流通的财产或者不可转让的财产；

（八）经设区的市、自治州以上税务机关确认的其他不予抵押的财产。

第十八条　学校、幼儿园、医院等以公益为目的事业单位、社会团体，可以其教育设施、医疗卫生设施和其他社会公益设施以外的财产为其应缴纳的税款及滞纳金提供抵押。

第十九条　纳税人提供抵押担保的，应当填写纳税担保书和纳税担保财产清单。纳税担保书应当包括以下内容：

（一）担保的纳税人应缴纳的税款及滞纳金数额、所属期间、税种名称、税目；

（二）纳税人履行应缴纳税款及滞纳金的期限；

（三）抵押物的名称、数量、质量、状况、所在地、所有权权属或者使用权权属；

（四）抵押担保的范围及担保责任；

（五）税务机关认为需要说明的其他事项。

纳税担保财产清单应当写明财产价值以及相关事项。纳税担保书和纳税担保财产清单须经纳税人签字盖章并经税务机关确认。

第二十条 纳税抵押财产应当办理抵押物登记。纳税抵押自抵押物登记之日起生效。纳税人应向税务机关提供由以下部门出具的抵押登记的证明及其复印件（以下简称"证明材料"）：

（一）以城市房地产或者乡（镇）、村企业的厂房等建筑物抵押的，提供县级以上地方人民政府规定部门出具的证明材料；

（二）以船舶、车辆抵押的，提供运输工具的登记部门出具的证明材料；

（三）以企业的设备和其他动产抵押的，提供财产所在地的工商行政管理部门出具的证明材料或者纳税人所在地的公证部门出具的证明材料。

第二十一条 抵押期间，经税务机关同意，纳税人可以转让已办理登记的抵押物，并告知受让人转让物已经抵押的情况。

纳税人转让抵押物所得的价款，应当向税务机关提前缴纳所担保的税款、滞纳金。超过部分，归纳税人所有，不足部分由纳税人缴纳或者提供相应的担保。

第二十二条 在抵押物灭失、毁损或者被征用的情况下，税务机关应该就该抵押物的保险金、赔偿金或者补偿金要求优先受偿，抵缴税款、滞纳金。

抵押物灭失、毁损或者被征用的情况下，抵押权所担保的纳税义务履行期未满的，税务机关可以要求将保险金、赔偿金或者补偿金等作为担保财产。

第二十三条 纳税人在规定的期限内未缴清税款、滞纳金的，税务机关应当依法拍卖、变卖抵押物，变价抵缴税款、滞纳金。

第二十四条 纳税担保人以其财产为纳税人提供纳税抵押担保的，按照纳税人提供抵押担保的规定执行；纳税担保书和纳税担保财产清单须经纳税人、纳税担保人签字盖章并经税务机关确认。

纳税人在规定的期限届满未缴清税款、滞纳金的，税务机关应当在期限届满之日起15日内书面通知纳税担保人自收到纳税通知书之日起15日内缴纳担保的税款、滞纳金。

纳税担保人未按照前款规定的期限缴纳所担保的税款、滞纳金的，由税务机关责令限期在15日内缴纳；逾期仍未缴纳的，经县以上税务局（分局）局长批准，税务机关依法拍卖、变卖抵押物，抵缴税款、滞纳金。

第四章 纳 税 质 押

第二十五条 纳税质押，是指经税务机关同意，纳税人或者纳税担保人将其动产或者权利凭证移交税务机关占有，将该动产或者权利凭证作为税款及滞纳金的担保。纳税人逾期未缴清税款及滞纳金的，税务机关有权依法处置该动产或者权利凭证以抵缴税款及滞纳金。纳税质押分为动产质押和权利质押。

动产质押包括现金以及其他除不动产以外的财产提供的质押。

汇票、支票、本票、债券、存款单等权利凭证可以质押。

对于实际价值波动很大的动产或者权利凭证，经设区的市、自治州以上税务机关确认，税务机关可以不接受其作为纳税质押。

第二十六条 纳税人提供质押担保的，应当填写纳税担保书和纳税担保财产清单并签字盖章。纳税担保书应当包括以下内容：

（一）担保的税款及滞纳金数额、所属期间、税种名称、税目；

（二）纳税人履行应缴纳税款、滞纳金的期限；

（三）质物的名称、数量、质量、价值、状况、移交前所在地、所有权权属或者使用权权属；

（四）质押担保的范围及担保责任；

（五）纳税担保财产价值；

（六）税务机关认为需要说明的其他事项。

纳税担保财产清单应当写明财产价值及相关事项。

纳税质押自纳税担保书和纳税担保财产清单经税务机关确认和质物移交之日起生效。

第二十七条 以汇票、支票、本票、公司债券出质的，税务机关应当与纳税人背书清单记载"质押"字样。以存款单出质的，应由签发的金融机构核押。

第二十八条 以载明兑现或者提货日期的汇票、支票、本票、债券、存款单出质的，汇票、支票、本票、债券、存款单兑现日期先于纳税义务履行期或者担保期的，税务机关与纳税人约定将兑现的价款用于缴纳或者抵缴所担保的税款及滞纳金。

第二十九条 纳税人在规定的期限内缴清税款及滞纳金的，税务机关应当自纳税人缴清税款及滞纳金之日起 3 个工作日内返还质物，解除质押关系。

纳税人在规定的期限内未缴清税款、滞纳金的，税务机关应当依法拍卖、变卖质物，抵缴税款、滞纳金。

第三十条 纳税担保人以其动产或者财产权利为纳税人提供纳税质押担保的，按照纳税人提供质押担保的规定执行；纳税担保书和纳税担保财产清单须经纳税人、纳税担保人签字盖章并经税务机关确认。

纳税人在规定的期限内缴清税款、滞纳金的，税务机关应当在 3 个工作日内将质物返还给纳税担保人，解除质押关系。

纳税人在规定的期限内未缴清税款、滞纳金的，税务机关应当在期限届满之日起 15 日内书面通知纳税担保人自收到纳税通知书之日起 15 日内缴纳担保的税款、滞纳金。

纳税担保人未按照前款规定的期限缴纳所担保的税款、滞纳金，由税务机关责令限期在 15 日内缴纳；缴清税款、滞纳金的，税务机关自纳税担保人缴清税款及滞纳金之日起 3 个工作日内返还质物、解除质押关系；逾期仍未缴纳的，经县以上税务局（分局）局长批准，税务机关依法拍卖、变卖质物，抵缴税款、滞纳金。

第五章　法律责任

第三十一条 纳税人、纳税担保人采取欺骗、隐瞒等手段提供担保的，由税务机关处以 1 000 元以下的罚款；属于经营行为的，处以 10 000 元以下的罚款。

非法为纳税人、纳税担保人实施虚假纳税担保提供方便的，由税务机关处以 1 000 元以下的罚款。

第三十二条 纳税人采取欺骗、隐瞒等手段提供担保，造成应缴税款损失的，由税务机关按照《税收征管法》第六十八条规定处以未缴、少缴税款 50% 以上 5 倍以下的罚款。

第三十三条 税务机关负有妥善保管质物的义务。因保管不善致使质物灭失或者毁损，或者未经纳税人同意擅自使用、出租、处分质物而给纳税人造成损失的，税务机关应当对直接损失承担赔偿责任。

纳税义务期限届满或者担保期间，纳税人或者纳税担保人请求税务机关及时行使权利，而税务机关怠于行使权利致使质物价格下跌造成损失的，税务机关应当对直接损失承担赔偿责任。

第三十四条 税务机关工作人员有下列情形之一的，根据情节轻重给予行政处分：

（一）违反本办法规定，对符合担保条件的纳税担保，不予同意或者故意刁难的；

（二）违反本办法规定，对不符合担保条件的纳税担保，予以批准，致使国家税款及滞纳金遭受损失的；

（三）私分、挪用、占用、擅自处分担保财物的；

（四）其他违法情形。

二、印花税的其他征管制度

（一）《印花税法》的规定

第十八条 印花税由税务机关依照本法和《中华人民共和国税收征收管理法》的规定征收管理。

（二）《印花税暂行条例》的规定

第十条 印花税由税务机关负责征收管理。

第十一条 印花税票由国家税务局监制。票面金额以人民币为单位。

（三）印花税税源管理

《印花税管理规程（试行）》的规定如下：

第五条 纳税人应当如实提供、妥善保存印花税应纳税凭证（以下简称"应纳税凭证"）等有关纳税资料，统一设置、登记和保管《印花税应纳税凭证登记簿》（以下简称《登记簿》），及时、准确、完整记录应纳税凭证的书立、领受情况。

《登记簿》的内容包括：应纳税凭证种类、应纳税凭证编号、凭证书立各方（或者领受人）名称、书立（领受）时间、应纳税凭证金额、件数等。

应纳税凭证保存期限按照《征管法》的有关规定执行。

第六条 税务机关可与银行、保险、工商、房地产管理等有关部门建立定期信息交换制度，利用相关信息加强印花税税源管理。

第七条 税务机关应当通过多种渠道和方式广泛宣传印花税政策，强化纳税辅导，提高纳税人的纳税意识和税法遵从度。

（四）印花税风险管理

《印花税管理规程（试行）》的规定如下：

第二十五条 税务机关应当按照国家税务总局关于税收风险管理的总体要求以及财产行为税风险管理工作的具体要求开展印花税风险管理工作，探索建立适合本地区的印花税风险管理指标，依托现代化信息技术，对印花税管理的风险点进行识别、预警、监控，做好风险应对工作。

第二十六条 税务机关通过将掌握的涉税信息与纳税人申报（报告）的征收信息、减免税信息进行比对，分析查找印花税风险点。

（一）将纳税人分税目已缴纳印花税的信息与其对应的营业账簿、权利和许可证照、应税合同的应纳税款进行比对，防范少征该类账簿、证照、合同印花税的风险；

（二）将纳税人主营业务收入与其核定的应纳税额进行比对，防范纳税人少缴核定征收印花税的风险。

第二十七条 税务机关要充分利用税收征管系统中已有信息、第三方信息等资源，不断加强和完善印花税管理，提高印花税管理的信息化水平。

（五）减免税管理

《印花税暂行条例施行细则》的规定如下：

第二十四条 凡多贴印花税票者，不得申请退税或者抵用。

《印花税管理规程（试行）》规定如下：

第二十一条 税务机关应当依照《条例》和相关规定做好印花税的减免税工作。

第二十四条 多贴印花税票的，不得申请退税或者抵用。

《国家税务总局关于城镇土地使用税等"六税一费"①优惠事项资料留存备查的公告》（国家税务总局公告 2019 年第 21 号）规定如下：

一、纳税人享受"六税一费"优惠实行"自行判别、申报享受、有关资料留存备查"办理方式，申报时无须再向税务机关提供有关资料。纳税人根据具体政策规定自行判断是否符合优惠条件，符合条件的，纳税人申报享受税收优惠，并将有关资料留存备查。

二、纳税人对"六税一费"优惠事项留存备查资料的真实性、合法性承担法律责任。

三、各级税务机关根据国家税收法律、法规、规章、规范性文件等规定开展"六税一费"减免税后续管理。对不应当享受减免税的，依法追缴已享受的减免税款，并予以相应处理。

三、证券交易印花税的征收管理

《国务院关于调整证券交易印花税中央与地方分享比例的通知》（国发〔1996〕49 号）规定如下：

改革开放以来，我国证券交易市场有了很大发展，证券交易规模不断扩大，证券交易印花税也有了较大幅度的增长。

为进一步规范证券交易市场，妥善处理中央与地方的分配关系，增强中央宏观调控能力，国务院决定，自 1997 年 1 月 1 日起，将证券交易印花税分享比例由现行的中央与地方各 50%，调整为中央 80%，地方 20%。

有关地区和部门要从全局出发，继续做好证券交易印花税的征收管理工作，进一步促进我国证券市场的健康发展。

《国务院关于调整证券（股票）交易印花税税率的通知》（国发明电〔1997〕3 号）规定如下：

调整证券（股票）交易印花税税率新增加的收入，全部作为中央财政收入。

《国务院关于调整证券（股票）交易印花税税率的通知》（国发明电〔1998〕5 号）规定如下：

证券（股票）交易印花税税率调整后，中央财政与地方财政对该项税收的分享比例不变，仍为中央 88%，地方 12%。

《国务院关于调整证券交易印花税中央与地方分享比例的通知》（国发明电〔2015〕3 号）规定如下：

为妥善处理中央与地方的财政分配关系，国务院决定，从 2016 年 1 月 1 日起，将证券交易印花税由现行按中央 97%、地方 3% 比例分享全部调整为中央收入。

有关地区和部门要从全局出发，继续做好证券交易印花税的征收管理工作，进一步促进我国证券市场长期稳定健康发展。

---

① "六税一费"是指城镇土地使用税、房产税、耕地占用税、车船税、印花税、城市维护建设税、教育费附加。

第六章 印花税法律责任和生效日期

【本章导读】 本章讲解印花税法律责任和生效日期，分为三节：第一节为印花税法律责任和权利救济，包括印花税法律责任的一般规定、纳税人和扣缴义务人的法律责任、税务机关及其工作人员的法律责任、纳税人权利救济；第二节为印花税行政复议，包括总则、税务行政复议机构和人员、税务行政复议范围、税务行政复议管辖、税务行政复议申请人和被申请人、税务行政复议申请、税务行政复议受理、税务行政复议证据、税务行政复议审查和决定、税务行政复议和解与调解、税务行政复议指导和监督、附则；第三节为《印花税法》的生效及相关废止，包括《印花税法》的生效及《印花税暂行条例》的废止、其他规范性文件的废止、规章制定管理制度、税收规范性文件制定管理制度。

第一节 印花税法律责任和权利救济

一、印花税法律责任的一般规定

（一）《印花税法》的规定

第十九条 纳税人、扣缴义务人和税务机关及其工作人员违反本法规定的，依照《中华人民共和国税收征收管理法》和有关法律、行政法规的规定追究法律责任。

（二）《印花税暂行条例》的规定

第十三条 纳税人有下列行为之一的，由税务机关根据情节轻重，予以处罚：

1. 在应纳税凭证上未贴或者少贴印花税票的，税务机关除责令其补贴印花税票外，可处以应补贴印花税票金额20倍以下的罚款；

2. 违反本条例第六条第一款规定的，税务机关可处以未注销或者划销印花税票金额10倍以下的罚款；

3. 违反本条例第六条第二款规定的，税务机关可处以重用印花税票金额30倍以下的罚款。

伪造印花税票的，由税务机关提请司法机关依法追究刑事责任。

第十四条 印花税的征收管理，除本条例规定者外，依照《中华人民共和国税收征收管理法》的有关规定执行。

（三）《印花税暂行条例施行细则》的规定

第三十七条 印花税的检查，由税务机关执行。税务人员进行检查时，应当出示税务检查证。纳税人不得以任何借口加以拒绝。

第三十八条 税务人员查获违反条例规定的凭证，应按有关规定处理。如需将凭证带回的，应出具收据，交被检查人收执。

第三十九条 纳税人违反本细则第二十二条规定，超过税务机关核定的纳税期限，未缴或者少缴印花税款的，税务机关除令其限期补缴税款外，并从滞纳之日起，按日加收 5‰ 的滞纳金。

第四十条 纳税人违反本细则第二十三条规定的，酌情处以五千元以下罚款；情节严重的，撤销其汇缴许可证。

第四十一条 纳税人违反本细则第二十五条规定的，酌情处以五千元以下罚款。

第四十二条 代售户违反本细则第三十三条、第三十五条、第三十六条规定的，视其情节轻重，给予警告处分或者取消其代售资格。

第四十三条 纳税人不按规定贴花，逃避纳税的，任何单位和个人都有权检举揭发，经税务机关查实处理后，可按规定奖励检举揭发人，并为其保密。

二、纳税人和扣缴义务人的法律责任

（一）《税收征管法》的规定

第六十条 纳税人有下列行为之一的，由税务机关责令限期改正，可以处二千元以下的罚款；情节严重的，处二千元以上一万元以下的罚款：

（一）未按照规定的期限申报办理税务登记、变更或者注销登记的；

（二）未按照规定设置、保管账簿或者保管记账凭证和有关资料的；

（三）未按照规定将财务、会计制度或者财务、会计处理办法和会计核算软件报送税务机关备查的；

（四）未按照规定将其全部银行账号向税务机关报告的；

（五）未按照规定安装、使用税控装置，或者损毁或者擅自改动税控装置的。

纳税人不办理税务登记的，由税务机关责令限期改正；逾期不改正的，经税务机关提请，由工商行政管理机关吊销其营业执照。

纳税人未按照规定使用税务登记证件，或者转借、涂改、损毁、买卖、伪造税务登记证件的，处二千元以上一万元以下的罚款；情节严重的，处一万元以上五万元以下的罚款。

第六十一条 扣缴义务人未按照规定设置、保管代扣代缴、代收代缴税款账簿或者保管代扣代缴、代收代缴税款记账凭证及有关资料的，由税务机关责令限期改正，可以处二千元以下的罚款；情节严重的，处二千元以上五千元以下的罚款。

第六十二条 纳税人未按照规定的期限办理纳税申报和报送纳税资料的，或者扣缴义务人未按照规定的期限向税务机关报送代扣代缴、代收代缴税款报告表和有关资料的，由税务机关责令限期改正，可以处二千元以下的罚款；情节严重的，可以处二千元以上一万元以下的罚款。

第六十三条 纳税人伪造、变造、隐匿、擅自销毁账簿、记账凭证，或者在账簿上多列支出或者不列、少列收入，或者经税务机关通知申报而拒不申报或者进行虚假的纳税申报，不缴或者少缴应纳税款的，是偷税。对纳税人偷税的，由税务机关追缴其不缴或者少缴的税款、滞纳金，并处不缴或者少缴的税款百分之五十以上五倍以下的罚款；构成犯罪的，依法追究刑事责任。

扣缴义务人采取前款所列手段，不缴或者少缴已扣、已收税款，由税务机关追缴其不缴或者少缴的税款、滞纳金，并处不缴或者少缴的税款百分之五十以上五倍以下的罚款；构成犯罪的，依法追究刑事责任。

第六十四条 纳税人、扣缴义务人编造虚假计税依据的，由税务机关责令限期改正，并处五万元以下的罚款。

纳税人不进行纳税申报，不缴或者少缴应纳税款的，由税务机关追缴其不缴或者少缴的税款、滞纳金，并处不缴或者少缴的税款百分之五十以上五倍以下的罚款。

第六十五条 纳税人欠缴应纳税款，采取转移或者隐匿财产的手段，妨碍税务机关追缴欠缴的税款的，由税务机关追缴欠缴的税款、滞纳金，并处欠缴税款百分之五十以上五倍以下的罚款；构成犯罪的，依法追究刑事责任。

第六十六条 以假报出口或者其他欺骗手段，骗取国家出口退税款的，由税务机关追缴其骗取的退税款，并处骗取税款一倍以上五倍以下的罚款；构成犯罪的，依法追究刑事责任。

对骗取国家出口退税款的，税务机关可以在规定期间内停止为其办理出口退税。

第六十七条 以暴力、威胁方法拒不缴纳税款的，是抗税，除由税务机关追缴其拒缴的税款、滞纳金外，依法追究刑事责任。情节轻微，未构成犯罪的，由税务机关追缴其拒缴的税款、滞纳金，并处拒缴税款一倍以上五倍以下的罚款。

第六十八条 纳税人、扣缴义务人在规定期限内不缴或者少缴应纳或者应解缴的税款，经税务机关责令限期缴纳，逾期仍未缴纳的，税务机关除依照本法第四十条的规定采取强制执行措施追缴其不缴或者少缴的税款外，可以处不缴或者少缴的税款百分之五十以上五倍以下的罚款。

第六十九条 扣缴义务人应扣未扣、应收而不收税款的，由税务机关向纳税人追缴税款，对扣缴义务人处应扣未扣、应收未收税款百分之五十以上三倍以下的罚款。

第七十条 纳税人、扣缴义务人逃避、拒绝或者以其他方式阻挠税务机关检查的，由税务机关责令改正，可以处一万元以下的罚款；情节严重的，处一万元以上五万元以下的罚款。

第七十二条 从事生产、经营的纳税人、扣缴义务人有本法规定的税收违法行为，拒不接受税务机关处理的，税务机关可以收缴其发票或者停止向其发售发票。

第七十三条 纳税人、扣缴义务人的开户银行或者其他金融机构拒绝接受税务机关依法检查纳税人、扣缴义务人存款账户，或者拒绝执行税务机关作出的冻结存款或者扣缴税款的决定，或者在接到税务机关的书面通知后帮助纳税人、扣缴义务人转移存款，造成税款流失的，由税务机关处十万元以上五十万元以下的罚款，对直接负责的主管人员和其他直接责任人员处一千元以上一万元以下的罚款。

第七十四条 本法规定的行政处罚，罚款额在二千元以下的，可以由税务所决定。

第八十六条 违反税收法律、行政法规应当给予行政处罚的行为，在五年内未被发现的，不再给予行政处罚。

（二）《税收征管法实施细则》的规定

第九十条 纳税人未按照规定办理税务登记证件验证或者换证手续的，由税务机关责令限期改正，可以处 2 000 元以下的罚款；情节严重的，处 2 000 元以上 1 万元以下的罚款。

第九十一条 非法印制、转借、倒卖、变造或者伪造完税凭证的，由税务机关责令改正，处 2 000 元以上 1 万元以下的罚款；情节严重的，处 1 万元以上 5 万元以下的罚款；构成犯罪的，依法追究刑事责任。

第九十二条 银行和其他金融机构未依照税收征管法的规定在从事生产、经营的纳税人的账户中登录税务登记证件号码，或者未按规定在税务登记证件中登录从事生产、经营的纳税人的账户账号的，由税务机关责令其限期改正，处 2 000 元以上 2 万元以下的罚款；情节严重的，处 2 万元以上 5 万元以下的罚款。

第九十三条 为纳税人、扣缴义务人非法提供银行账户、发票、证明或者其他方便，导致未缴、少缴税款或者骗取国家出口退税款的，税务机关除没收其违法所得外，可以处未缴、少缴或者骗取的税款 1 倍以下的罚款。

第九十四条 纳税人拒绝代扣、代收税款的，扣缴义务人应当向税务机关报告，由税务机关直接向纳税人追缴税款、滞纳金；纳税人拒不缴纳的，依照税收征管法第六十八条的规定执行。

第九十五条 税务机关依照税收征管法第五十四条第（五）项的规定，到车站、码头、机场、邮政企业及其分支机构检查纳税人有关情况时，有关单位拒绝的，由税务机关责令改正，可以处 1 万元以下的罚款；情节严重的，处 1 万元以上 5 万元以下的罚款。

第九十六条 纳税人、扣缴义务人有下列情形之一的，依照税收征管法第七十条的规定处罚：

（一）提供虚假资料，不如实反映情况，或者拒绝提供有关资料的；

（二）拒绝或者阻止税务机关记录、录音、录像、照相和复制与案件有关的情况和资料的；

（三）在检查期间，纳税人、扣缴义务人转移、隐匿、销毁有关资料的；

（四）有不依法接受税务检查的其他情形的。

三、税务机关及其工作人员的法律责任

（一）《税收征管法》的规定

第七十五条 税务机关和司法机关的涉税罚没收入，应当按照税款入库预算级次上缴国库。

第七十六条 税务机关违反规定擅自改变税收征收管理范围和税款入库预算级次的，责令限期改正，对直接负责的主管人员和其他直接责任人员依法给予降级或者撤职的行政处分。

第七十七条 纳税人、扣缴义务人有本法第六十三条、第六十五条、第六十六条、第六十七条、第七十一条规定的行为涉嫌犯罪的，税务机关应当依法移交司法机关追究刑事责任。

税务人员徇私舞弊，对依法应当移交司法机关追究刑事责任的不移交，情节严重的，依法追究刑事责任。

第七十八条 未经税务机关依法委托征收税款的，责令退还收取的财物，依法给予行政处分或者行政处罚；致使他人合法权益受到损失的，依法承担赔偿责任；构成犯罪的，依法追究刑事责任。

第七十九条 税务机关、税务人员查封、扣押纳税人个人及其所扶养家属维持生活必需的住房和用品的，责令退还，依法给予行政处分；构成犯罪的，依法追究刑事责任。

第八十条 税务人员与纳税人、扣缴义务人勾结，唆使或者协助纳税人、扣缴义务人有本法第六十三条、第六十五条、第六十六条规定的行为，构成犯罪的，依法追究刑事责任；尚不构成犯罪的，依法给予行政处分。

第八十一条 税务人员利用职务上的便利，收受或者索取纳税人、扣缴义务人财物或者谋取其他不正当利益，构成犯罪的，依法追究刑事责任；尚不构成犯罪的，依

法给予行政处分。

第八十二条 税务人员徇私舞弊或者玩忽职守，不征或者少征应征税款，致使国家税收遭受重大损失，构成犯罪的，依法追究刑事责任；尚不构成犯罪的，依法给予行政处分。

税务人员滥用职权，故意刁难纳税人、扣缴义务人的，调离税收工作岗位，并依法给予行政处分。

税务人员对控告、检举税收违法违纪行为的纳税人、扣缴义务人以及其他检举人进行打击报复的，依法给予行政处分；构成犯罪的，依法追究刑事责任。

税务人员违反法律、行政法规的规定，故意高估或者低估农业税计税产量，致使多征或者少征税款，侵犯农民合法权益或者损害国家利益，构成犯罪的，依法追究刑事责任；尚不构成犯罪的，依法给予行政处分。

第八十三条 违反法律、行政法规的规定提前征收、延缓征收或者摊派税款的，由其上级机关或者行政监察机关责令改正，对直接负责的主管人员和其他直接责任人员依法给予行政处分。

第八十四条 违反法律、行政法规的规定，擅自作出税收的开征、停征或者减税、免税、退税、补税以及其他同税收法律、行政法规相抵触的决定的，除依照本法规定撤销其擅自作出的决定外，补征应征未征税款，退还不应征收而征收的税款，并由上级机关追究直接负责的主管人员和其他直接责任人员的行政责任；构成犯罪的，依法追究刑事责任。

第八十五条 税务人员在征收税款或者查处税收违法案件时，未按照本法规定进行回避的，对直接负责的主管人员和其他直接责任人员，依法给予行政处分。

第八十七条 未按照本法规定为纳税人、扣缴义务人、检举人保密的，对直接负责的主管人员和其他直接责任人员，由所在单位或者有关单位依法给予行政处分。

（二）《税收征管法实施细则》的规定

第九十七条 税务人员私分扣押、查封的商品、货物或者其他财产，情节严重，构成犯罪的，依法追究刑事责任；尚不构成犯罪的，依法给予行政处分。

第九十八条 税务代理人违反税收法律、行政法规，造成纳税人未缴或者少缴税款的，除由纳税人缴纳或者补缴应纳税款、滞纳金外，对税务代理人处纳税人未缴或者少缴税款 50% 以上 3 倍以下的罚款。

第九十九条 税务机关对纳税人、扣缴义务人及其他当事人处以罚款或者没收违法所得时，应当开付罚没凭证；未开付罚没凭证的，纳税人、扣缴义务人以及其他当事人有权拒绝给付。

四、纳税人权利救济

（一）《税收征管法》的规定

第八十八条 纳税人、扣缴义务人、纳税担保人同税务机关在纳税上发生争议时，必须先依照税务机关的纳税决定缴纳或者解缴税款及滞纳金或者提供相应的担保，然后可以依法申请行政复议；对行政复议决定不服的，可以依法向人民法院起诉。

当事人对税务机关的处罚决定、强制执行措施或者税收保全措施不服的，可以依法申请行政复议，也可以依法向人民法院起诉。

当事人对税务机关的处罚决定逾期不申请行政复议也不向人民法院起诉、又不履行的，作出处罚决定的税务机关可以采取本法第四十条规定的强制执行措施，或者申请人民法院强制执行。

（二）《税收征管法实施细则》的规定

第一百条　税收征管法第八十八条规定的纳税争议，是指纳税人、扣缴义务人、纳税担保人对税务机关确定纳税主体、征税对象、征税范围、减税、免税及退税、适用税率、计税依据、纳税环节、纳税期限、纳税地点以及税款征收方式等具体行政行为有异议而发生的争议。

第二节　印花税行政复议

一、总则

《税务行政复议规则》的规定如下：

第一条　为了进一步发挥行政复议解决税务行政争议的作用，保护公民、法人和其他组织的合法权益，监督和保障税务机关依法行使职权，根据《中华人民共和国行政复议法》（以下简称《行政复议法》）、《中华人民共和国税收征收管理法》和《中华人民共和国行政复议法实施条例》（以下简称《行政复议法实施条例》），结合税收工作实际，制定本规则。

第二条　公民、法人和其他组织（以下简称"申请人"）认为税务机关的具体行政行为侵犯其合法权益，向税务行政复议机关申请行政复议，税务行政复议机关办理行政复议事项，适用本规则。

第三条　本规则所称税务行政复议机关（以下简称"行政复议机关"），指依法受理行政复议申请、对具体行政行为进行审查并作出行政复议决定的税务机关。

第四条　行政复议应当遵循合法、公正、公开、及时和便民的原则。

行政复议机关应当树立依法行政观念，强化责任意识和服务意识，认真履行行政复议职责，坚持有错必纠，确保法律正确实施。

第五条　行政复议机关在申请人的行政复议请求范围内，不得作出对申请人更为不利的行政复议决定。

第六条　申请人对行政复议决定不服的，可以依法向人民法院提起行政诉讼。

第七条　行政复议机关受理行政复议申请，不得向申请人收取任何费用。

第八条　各级税务机关行政首长是行政复议工作第一责任人，应当切实履行职责，加强对行政复议工作的组织领导。

第九条　行政复议机关应当为申请人、第三人查阅案卷资料、接受询问、调解、听证等提供专门场所和其他必要条件。

第十条　各级税务机关应当加大对行政复议工作的基础投入，推进行政复议工作信息化建设，配备调查取证所需的照相、录音、录像和办案所需的电脑、扫描、投影、传真、复印等设备，保障办案交通工具和相应经费。

二、税务行政复议机构和人员

《税务行政复议规则》的规定如下：

第十一条　各级行政复议机关负责法制工作的机构（以下简称"行政复议机构"）依法办理行政复议事项，履行下列职责：

（一）受理行政复议申请。

（二）向有关组织和人员调查取证，查阅文件和资料。

（三）审查申请行政复议的具体行政行为是否合法和适当，起草行政复议决定。

（四）处理或者转送对本规则第十五条所列有关规定的审查申请。

（五）对被申请人违反行政复议法及其实施条例和本规则规定的行为，依照规定的权限和程序向相关部门提出处理建议。

（六）研究行政复议工作中发现的问题，及时向有关机关或者部门提出改进建议，重大问题及时向行政复议机关报告。

（七）指导和监督下级税务机关的行政复议工作。

（八）办理或者组织办理行政诉讼案件应诉事项。

（九）办理行政复议案件的赔偿事项。

（十）办理行政复议、诉讼、赔偿等案件的统计、报告、归档工作和重大行政复议决定备案事项。

（十一）其他与行政复议工作有关的事项。

第十二条 各级行政复议机关可以成立行政复议委员会，研究重大、疑难案件，提出处理建议。

行政复议委员会可以邀请本机关以外的具有相关专业知识的人员参加。

第十三条 行政复议工作人员应当具备与履行行政复议职责相适应的品行、专业知识和业务能力。

税务机关中初次从事行政复议的人员，应当通过国家统一法律职业资格考试取得法律职业资格。

三、税务行政复议范围

《税务行政复议规则》的规定如下：

第十四条 行政复议机关受理申请人对税务机关下列具体行政行为不服提出的行政复议申请：

（一）征税行为，包括确认纳税主体、征税对象、征税范围、减税、免税、退税、抵扣税款、适用税率、计税依据、纳税环节、纳税期限、纳税地点和税款征收方式等具体行政行为，征收税款、加收滞纳金，扣缴义务人、受税务机关委托的单位和个人作出的代扣代缴、代收代缴、代征行为等。

（二）行政许可、行政审批行为。

（三）发票管理行为，包括发售、收缴、代开发票等。

（四）税收保全措施、强制执行措施。

（五）行政处罚行为：

1.罚款；

2.没收财物和违法所得；

3.停止出口退税权。

（六）不依法履行下列职责的行为：

1.颁发税务登记；

2.开具、出具完税凭证、外出经营活动税收管理证明；

3.行政赔偿；

4.行政奖励；

5.其他不依法履行职责的行为。

（七）资格认定行为。

（八）不依法确认纳税担保行为。

（九）政府信息公开工作中的具体行政行为。

（十）纳税信用等级评定行为。

（十一）通知出入境管理机关阻止出境行为。

（十二）其他具体行政行为。

第十五条 申请人认为税务机关的具体行政行为所依据的下列规定不合法，对具体行政行为申请行政复议时，可以一并向行政复议机关提出对有关规定的审查申请；申请人对具体行政行为提出行政复议申请时不知道该具体行政行为所依据的规定的，可以在行政复议机关作出行政复议决定以前提出对该规定的审查申请：

（一）国家税务总局和国务院其他部门的规定。

（二）其他各级税务机关的规定。

（三）地方各级人民政府的规定。

（四）地方人民政府工作部门的规定。

前款中的规定不包括规章。

四、税务行政复议管辖

《税务行政复议规则》的规定如下：

第十六条 对各级税务局的具体行政行为不服的，向其上一级税务局申请行政复议。

对计划单列市税务局的具体行政行为不服的，向国家税务总局申请行政复议。

第十七条 对税务所（分局）、各级税务局的稽查局的具体行政行为不服的，向其所属税务局申请行政复议。

第十八条 对国家税务总局的具体行政行为不服的，向国家税务总局申请行政复议。对行政复议决定不服，申请人可以向人民法院提起行政诉讼，也可以向国务院申请裁决。国务院的裁决为最终裁决。

第十九条 对下列税务机关的具体行政行为不服的，按照下列规定申请行政复议：

（一）对两个以上税务机关以共同的名义作出的具体行政行为不服的，向共同上一级税务机关申请行政复议；对税务机关与其他行政机关以共同的名义作出的具体行政行为不服的，向其共同上一级行政机关申请行政复议。

（二）对被撤销的税务机关在撤销以前所作出的具体行政行为不服的，向继续行使其职权的税务机关的上一级税务机关申请行政复议。

（三）对税务机关作出逾期不缴纳罚款加处罚款的决定不服的，向作出行政处罚决定的税务机关申请行政复议。但是对已处罚款和加处罚款都不服的，一并向作出行政处罚决定的税务机关的上一级税务机关申请行政复议。

申请人向具体行政行为发生地的县级地方人民政府提交行政复议申请的，由接受申请的县级地方人民政府依照行政复议法第十五条、第十八条的规定予以转送。

五、税务行政复议申请人和被申请人

《税务行政复议规则》的规定如下：

第二十条 合伙企业申请行政复议的，应当以核准登记的企业为申请人，由执行合伙事务的合伙人代表该企业参加行政复议；其他合伙组织申请行政复议的，由合伙人共同申请行政复议。

前款规定以外的不具备法人资格的其他组织申请行政复议的，由该组织的主要负责人代表该组织参加行政复议；没有主要负责人的，由共同推选的其他成员代表该组织参加行政复议。

第二十一条 股份制企业的股东大会、股东代表大会、董事会认为税务具体行政行为侵犯企业合法权益的，可以以企业的名义申请行政复议。

第二十二条 有权申请行政复议的公民死亡的，其近亲属可以申请行政复议；有权申请行政复议的公民为无行为能力人或者限制行为能力人，其法定代理人可以代理申请行政复议。

有权申请行政复议的法人或者其他组织发生合并、分立或者终止的，承受其权利义务的法人或者其他组织可以申请行政复议。

第二十三条 行政复议期间，行政复议机关认为申请人以外的公民、法人或者其他组织与被审查的具体行政行为有利害关系的，可以通知其作为第三人参加行政复议。

行政复议期间，申请人以外的公民、法人或者其他组织与被审查的税务具体行政行为有利害关系的，可以向行政复议机关申请作为第三人参加行政复议。

第三人不参加行政复议，不影响行政复议案件的审理。

第二十四条 非具体行政行为的行政管理相对人，但其权利直接被该具体行政行为所剥夺、限制或者被赋予义务的公民、法人或者其他组织，在行政管理相对人没有申请行政复议时，可以单独申请行政复议。

第二十五条 同一行政复议案件申请人超过5人的，应当推选1至5名代表参加行政复议。

第二十六条 申请人对具体行政行为不服申请行政复议的，作出该具体行政行为的税务机关为被申请人。

第二十七条 申请人对扣缴义务人的扣缴税款行为不服的，主管该扣缴义务人的税务机关为被申请人；对税务机关委托的单位和个人的代征行为不服的，委托税务机关为被申请人。

第二十八条 税务机关与法律、法规授权的组织以共同的名义作出具体行政行为的，税务机关和法律、法规授权的组织为共同被申请人。

税务机关与其他组织以共同名义作出具体行政行为的，税务机关为被申请人。

第二十九条 税务机关依照法律、法规和规章规定，经上级税务机关批准作出具体行政行为的，批准机关为被申请人。

申请人对经重大税务案件审理程序作出的决定不服的，审理委员会所在税务机关为被申请人。

第三十条 税务机关设立的派出机构、内设机构或者其他组织，未经法律、法规授权，以自己名义对外作出具体行政行为的，税务机关为被申请人。

第三十一条 申请人、第三人可以委托1至2名代理人参加行政复议。申请人、第三人委托代理人的，应当向行政复议机构提交授权委托书。授权委托书应当载明委托事项、权限和期限。公民在特殊情况下无法书面委托的，可以口头委托。口头委托的，行政复议机构应当核实并记录在卷。申请人、第三人解除或者变更委托的，应当书面告知行政复议机构。

被申请人不得委托本机关以外人员参加行政复议。

六、税务行政复议申请

《税务行政复议规则》的规定如下：

第三十二条 申请人可以在知道税务机关作出具体行政行为之日起60日内提出行政复议申请。

因不可抗力或者被申请人设置障碍等原因耽误法定申请期限的，申请期限的计算应当扣除被耽误时间。

第三十三条 申请人对本规则第十四条第（一）项规定的行为不服的，应当先向行政复议机关申请行政复议；对行政复议决定不服的，可以向人民法院提起行政诉讼。

申请人按照前款规定申请行政复议的，必须依照税务机关根据法律、法规确定的税额、期限，先行缴纳或者解缴税款和滞纳金，或者提供相应的担保，才可以在缴清税款和滞纳金以后或者所提供的担保得到作出具体行政行为的税务机关确认之日起60日内提出行政复议申请。

申请人提供担保的方式包括保证、抵押和质押。作出具体行政行为的税务机关应当对保证人的资格、资信进行审查，对不具备法律规定资格或者没有能力保证的，有权拒绝。作出具体行政行为的税务机关应当对抵押人、出质人提供的抵押担保、质押担保进行审查，对不符合法律规定的抵押担保、质押担保，不予确认。

第三十四条 申请人对本规则第十四条第（一）项规定以外的其他具体行政行为不服，可以申请行政复议，也可以直接向人民法院提起行政诉讼。

申请人对税务机关作出逾期不缴纳罚款加处罚款的决定不服的，应当先缴纳罚款和加处罚款，再申请行政复议。

第三十五条 本规则第三十二条第一款规定的行政复议申请期限的计算，依照下列规定办理：

（一）当场作出具体行政行为的，自具体行政行为作出之日起计算。

（二）载明具体行政行为的法律文书直接送达的，自受送达人签收之日起计算。

（三）载明具体行政行为的法律文书邮寄送达的，自受送达人在邮件签收单上签收之日起计算；没有邮件签收单的，自受送达人在送达回执上签名之日起计算。

（四）具体行政行为依法通过公告形式告知受送达人的，自公告规定的期限届满之日起计算。

（五）税务机关作出具体行政行为时未告知申请人，事后补充告知的，自该申请人收到税务机关补充告知的通知之日起计算。

（六）被申请人能够证明申请人知道具体行政行为的，自证据材料证明其知道具体行政行为之日起计算。

税务机关作出具体行政行为，依法应当向申请人送达法律文书而未送达的，视为该申请人不知道该具体行政行为。

第三十六条 申请人依照行政复议法第六条第（八）项、第（九）项、第（十）项的规定申请税务机关履行法定职责，税务机关未履行的，行政复议申请期限依照下列规定计算：

（一）有履行期限规定的，自履行期限届满之日起计算。

（二）没有履行期限规定的，自税务机关收到申请满60日起计算。

第三十七条 税务机关作出的具体行政行为对申请人的权利、义务可能产生不利影响的，应当告知其申请行政复议的权利、行政复议机关和行政复议申请期限。

第三十八条 申请人书面申请行政复议的，可以采取当面递交、邮寄或者传真等方式提出行政复议申请。

有条件的行政复议机关可以接受以电子邮件形式提出的行政复议申请。

对以传真、电子邮件形式提出行政复议申请的，行政复议机关应当审核确认申请人的身份、复议事项。

第三十九条 申请人书面申请行政复议的，应当在行政复议申请书中载明下列事项：

（一）申请人的基本情况，包括公民的姓名、性别、出生年月、身份证件号码、工作单位、住所、邮政编码、联系电话；法人或者其他组织的名称、住所、邮政编码、联系电话和法定代表人或者主要负责人的姓名、职务。

（二）被申请人的名称。

（三）行政复议请求、申请行政复议的主要事实和理由。

（四）申请人的签名或者盖章。

（五）申请行政复议的日期。

第四十条 申请人口头申请行政复议的，行政复议机构应当依照本规则第三十九条规定的事项，当场制作行政复议申请笔录，交申请人核对或者向申请人宣读，并由申请人确认。

第四十一条 有下列情形之一的，申请人应当提供证明材料：

（一）认为被申请人不履行法定职责的，提供要求被申请人履行法定职责而被申请人未履行的证明材料。

（二）申请行政复议时一并提出行政赔偿请求的，提供受具体行政行为侵害而造成损害的证明材料。

（三）法律、法规规定需要申请人提供证据材料的其他情形。

第四十二条 申请人提出行政复议申请时错列被申请人的，行政复议机关应当告知申请人变更被申请人。申请人不变更被申请人的，行政复议机关不予受理，或者驳回行政复议申请。

第四十三条 申请人向行政复议机关申请行政复议，行政复议机关已经受理的，在法定行政复议期限内申请人不得向人民法院提起行政诉讼；申请人向人民法院提起行政诉讼，人民法院已经依法受理的，不得申请行政复议。

七、税务行政复议受理

《税务行政复议规则》的规定如下：

第四十四条 行政复议申请符合下列规定的，行政复议机关应当受理：

（一）属于本规则规定的行政复议范围。

（二）在法定申请期限内提出。

（三）有明确的申请人和符合规定的被申请人。

（四）申请人与具体行政行为有利害关系。

（五）有具体的行政复议请求和理由。

（六）符合本规则第三十三条和第三十四条规定的条件。

（七）属于收到行政复议申请的行政复议机关的职责范围。

（八）其他行政复议机关尚未受理同一行政复议申请，人民法院尚未受理同一主体就同一事实提起的行政诉讼。

第四十五条 行政复议机关收到行政复议申请以后，应当在5日内审查，决定是否受理。对不符合本规则规定的行政复议申请，决定不予受理，并书面告知申请人。

对不属于本机关受理的行政复议申请，应当告知申请人向有关行政复议机关提出。

行政复议机关收到行政复议申请以后未按照前款规定期限审查并作出不予受理决定的，视为受理。

第四十六条 对符合规定的行政复议申请，自行政复议机构收到之日起即为受理；受理行政复议申请，应当书面告知申请人。

第四十七条 行政复议申请材料不齐全、表述不清楚的，行政复议机构可以自收到该行政复议申请之日起5日内书面通知申请人补正。补正通知应当载明需要补正的事项和合理的补正期限。无正当理由逾期不补正的，视为申请人放弃行政复议申请。

补正申请材料所用时间不计入行政复议审理期限。

第四十八条 上级税务机关认为行政复议机关不予受理行政复议申请的理由不成立的，可以督促其受理；经督促仍然不受理的，责令其限期受理。

上级税务机关认为行政复议申请不符合法定受理条件的，应当告知申请人。

第四十九条 上级税务机关认为有必要的，可以直接受理或者提审由下级税务机关管辖的行政复议案件。

第五十条 对应当先向行政复议机关申请行政复议，对行政复议决定不服再向人民法院提起行政诉讼的具体行政行为，行政复议机关决定不予受理或者受理以后超过行政复议期限不作答复的，申请人可以自收到不予受理决定书之日起或者行政复议期满之日起 15 日内，依法向人民法院提起行政诉讼。

依照本规则第八十三条规定延长行政复议期限的，以延长以后的时间为行政复议期满时间。

第五十一条 行政复议期间具体行政行为不停止执行；但是有下列情形之一的，可以停止执行：

（一）被申请人认为需要停止执行的。

（二）行政复议机关认为需要停止执行的。

（三）申请人申请停止执行，行政复议机关认为其要求合理，决定停止执行的。

（四）法律规定停止执行的。

八、税务行政复议证据

《税务行政复议规则》的规定如下：

第五十二条 行政复议证据包括以下类别：

（一）书证；

（二）物证；

（三）视听资料；

（四）电子数据；

（五）证人证言；

（六）当事人的陈述；

（七）鉴定意见；

（八）勘验笔录、现场笔录。

第五十三条 在行政复议中，被申请人对其作出的具体行政行为负有举证责任。

第五十四条 行政复议机关应当依法全面审查相关证据。行政复议机关审查行政复议案件，应当以证据证明的案件事实为依据。定案证据应当具有合法性、真实性和关联性。

第五十五条 行政复议机关应当根据案件的具体情况，从以下方面审查证据的合法性：

（一）证据是否符合法定形式。

（二）证据的取得是否符合法律、法规、规章和司法解释的规定。

（三）是否有影响证据效力的其他违法情形。

第五十六条 行政复议机关应当根据案件的具体情况，从以下方面审查证据的真实性：

（一）证据形成的原因。

（二）发现证据时的环境。

（三）证据是否为原件、原物，复制件、复制品与原件、原物是否相符。

（四）提供证据的人或者证人与行政复议参加人是否具有利害关系。

（五）影响证据真实性的其他因素。

第五十七条 行政复议机关应当根据案件的具体情况，从以下方面审查证据的关联性：

（一）证据与待证事实是否具有证明关系。

（二）证据与待证事实的关联程度。

（三）影响证据关联性的其他因素。

第五十八条 下列证据材料不得作为定案依据：

（一）违反法定程序收集的证据材料。

（二）以偷拍、偷录和窃听等手段获取侵害他人合法权益的证据材料。

（三）以利诱、欺诈、胁迫和暴力等不正当手段获取的证据材料。

（四）无正当事由超出举证期限提供的证据材料。

（五）无正当理由拒不提供原件、原物，又无其他证据印证，且对方不予认可的证据的复制件、复制品。

（六）无法辨明真伪的证据材料。

（七）不能正确表达意志的证人提供的证言。

（八）不具备合法性、真实性的其他证据材料。

行政复议机构依据本规则第十一条第（二）项规定的职责所取得的有关材料，不得作为支持被申请人具体行政行为的证据。

第五十九条 在行政复议过程中，被申请人不得自行向申请人和其他有关组织或者个人收集证据。

第六十条 行政复议机构认为必要时，可以调查取证。

行政复议工作人员向有关组织和人员调查取证时，可以查阅、复制和调取有关文件和资料，向有关人员询问。调查取证时，行政复议工作人员不得少于2人，并应当向当事人和有关人员出示证件。被调查单位和人员应当配合行政复议工作人员的工作，不得拒绝、阻挠。

需要现场勘验的，现场勘验所用时间不计入行政复议审理期限。

第六十一条 申请人和第三人可以查阅被申请人提出的书面答复、作出具体行政行为的证据、依据和其他有关材料，除涉及国家秘密、商业秘密或者个人隐私外，行政复议机关不得拒绝。

九、税务行政复议审查和决定

《税务行政复议规则》的规定如下：

第六十二条 行政复议机构应当自受理行政复议申请之日起7日内，将行政复议申请书副本或者行政复议申请笔录复印件发送被申请人。被申请人应当自收到申请书副本或者申请笔录复印件之日起10日内提出书面答复，并提交当初作出具体行政行为的证据、依据和其他有关材料。

对国家税务总局的具体行政行为不服申请行政复议的案件，由原承办具体行政行为的相关机构向行政复议机构提出书面答复，并提交当初作出具体行政行为的证据、依据和其他有关材料。

第六十三条 行政复议机构审理行政复议案件，应当由2名以上行政复议工作人员参加。

第六十四条 行政复议原则上采用书面审查的办法，但是申请人提出要求或者行政复议机构认为有必要时，应当听取申请人、被申请人和第三人的意见，并可以向有关组织和人员调查了解情况。

第六十五条 对重大、复杂的案件，申请人提出要求或者行政复议机构认为必要时，可以采取听证的方式审理。

第六十六条 行政复议机构决定举行听证的，应当将举行听证的时间、地点和具体要求等事项通知申请人、被申请人和第三人。

第三人不参加听证的，不影响听证的举行。

第六十七条 听证应当公开举行，但是涉及国家秘密、商业秘密或者个人隐私的除外。

第六十八条 行政复议听证人员不得少于2人，听证主持人由行政复议机构指定。

第六十九条 听证应当制作笔录。申请人、被申请人和第三人应当确认听证笔录内容。

行政复议听证笔录应当附卷，作为行政复议机构审理案件的依据之一。

第七十条 行政复议机关应当全面审查被申请人的具体行政行为所依据的事实证据、法律程序、法律依据和设定的权利义务内容的合法性、适当性。

第七十一条 申请人在行政复议决定作出以前撤回行政复议申请的，经行政复议机构同意，可以撤回。

申请人撤回行政复议申请的，不得再以同一事实和理由提出行政复议申请。但是，申请人能够证明撤回行政复议申请违背其真实意思表示的除外。

第七十二条 行政复议期间被申请人改变原具体行政行为的，不影响行政复议案件的审理。但是，申请人依法撤回行政复议申请的除外。

第七十三条 申请人在申请行政复议时，依据本规则第十五条规定一并提出对有关规定的审查申请的，行政复议机关对该规定有权处理的，应当在30日内依法处理；无权处理的，应当在7日内按照法定程序逐级转送有权处理的行政机关依法处理，有权处理的行政机关应当在60日内依法处理。处理期间，中止对具体行政行为的审查。

第七十四条 行政复议机关审查被申请人的具体行政行为时，认为其依据不合法，本机关有权处理的，应当在30日内依法处理；无权处理的，应当在7日内按照法定程序逐级转送有权处理的国家机关依法处理。处理期间，中止对具体行政行为的审查。

第七十五条 行政复议机构应当对被申请人的具体行政行为提出审查意见，经行政复议机关负责人批准，按照下列规定作出行政复议决定：

（一）具体行政行为认定事实清楚，证据确凿，适用依据正确，程序合法，内容适当的，决定维持。

（二）被申请人不履行法定职责的，决定其在一定期限内履行。

（三）具体行政行为有下列情形之一的，决定撤销、变更或者确认该具体行政行为违法；决定撤销或者确认该具体行政行为违法的，可以责令被申请人在一定期限内重新作出具体行政行为：

1.主要事实不清、证据不足的；

2.适用依据错误的；

3.违反法定程序的；

4.超越职权或者滥用职权的；

5.具体行政行为明显不当的。

（四）被申请人不按照本规则第六十二条的规定提出书面答复，提交当初作出具体行政行为的证据、依据和其他有关材料的，视为该具体行政行为没有证据、依据，决定撤销该具体行政行为。

第七十六条 行政复议机关责令被申请人重新作出具体行政行为的，被申请人不得以同一事实和理由作出与原具体行政行为相同或者基本相同的具体行政行为；但是行政复议机关以原具体行政行为违反法定程序决定撤销的，被申请人重新作出具体行政行为的除外。

行政复议机关责令被申请人重新作出具体行政行为的，被申请人不得作出对申请人更为不利的决定；但是行政复议机关以原具体行政行为主要事实不清、证据不足或者适用依据错误决定撤销的，被申请人重新作出具体行政行为的除外。

第七十七条 有下列情形之一的，行政复议机关可以决定变更：

（一）认定事实清楚，证据确凿，程序合法，但是明显不当或者适用依据错误的。

（二）认定事实不清，证据不足，但是经行政复议机关审理查明事实清楚，证据确凿的。

第七十八条 有下列情形之一的，行政复议机关应当决定驳回行政复议申请：

（一）申请人认为税务机关不履行法定职责申请行政复议，行政复议机关受理以后发现该税务机关没有相应法定职责或者在受理以前已经履行法定职责的。

（二）受理行政复议申请后，发现该行政复议申请不符合行政复议法及其实施条例和本规则规定的受理条件的。

上级税务机关认为行政复议机关驳回行政复议申请的理由不成立的，应当责令限期恢复受理。行政复议机关审理行政复议申请期限的计算应当扣除因驳回耽误的时间。

第七十九条 行政复议期间，有下列情形之一的，行政复议中止：

（一）作为申请人的公民死亡，其近亲属尚未确定是否参加行政复议的。

（二）作为申请人的公民丧失参加行政复议的能力，尚未确定法定代理人参加行政复议的。

（三）作为申请人的法人或者其他组织终止，尚未确定权利义务承受人的。

（四）作为申请人的公民下落不明或者被宣告失踪的。

（五）申请人、被申请人因不可抗力，不能参加行政复议的。

（六）行政复议机关因不可抗力原因暂时不能履行工作职责的。

（七）案件涉及法律适用问题，需要有权机关作出解释或者确认的。

（八）案件审理需要以其他案件的审理结果为依据，而其他案件尚未审结的。

（九）其他需要中止行政复议的情形。

行政复议中止的原因消除以后，应当及时恢复行政复议案件的审理。

行政复议机构中止、恢复行政复议案件的审理，应当告知申请人、被申请人、第三人。

第八十条 行政复议期间，有下列情形之一的，行政复议终止：

（一）申请人要求撤回行政复议申请，行政复议机构准予撤回的。

（二）作为申请人的公民死亡，没有近亲属，或者其近亲属放弃行政复议权利的。

（三）作为申请人的法人或者其他组织终止，其权利义务的承受人放弃行政复议权利的。

（四）申请人与被申请人依照本规则第八十七条的规定，经行政复议机构准许达成和解的。

（五）行政复议申请受理以后，发现其他行政复议机关已经先于本机关受理，或者人民法院已经受理的。

依照本规则第七十九条第一款第（一）项、第（二）项、第（三）项规定中止行政复议，满60日行政复议中止的原因未消除的，行政复议终止。

第八十一条 行政复议机关责令被申请人重新作出具体行政行为的，被申请人应当在60日内重新作出具体行政行为；情况复杂，不能在规定期限内重新作出具体行政行为的，经行政复议机关批准，可以适当延期，但是延期不得超过30日。

公民、法人或者其他组织对被申请人重新作出的具体行政行为不服，可以依法申请行政复议，或者提起行政诉讼。

第八十二条 申请人在申请行政复议时可以一并提出行政赔偿请求，行政复议机关对符合国家赔偿法的规定应当赔偿的，在决定撤销、变更具体行政行为或者确认具体行政行为违法时，应当同时决定被申请人依法赔偿。

申请人在申请行政复议时没有提出行政赔偿请求的，行政复议机关在依法决定撤销、变更原具体行政行为确定的税款、滞纳金、罚款和对财产的扣押、查封等强制措施时，应当同时责令被申请人退还税款、滞纳金和罚款，解除对财产的扣押、查封等强制措施，或者赔偿相应的价款。

第八十三条 行政复议机关应当自受理申请之日起 60 日内作出行政复议决定。情况复杂，不能在规定期限内作出行政复议决定的，经行政复议机关负责人批准，可以适当延期，并告知申请人和被申请人；但是延期不得超过 30 日。

行政复议机关作出行政复议决定，应当制作行政复议决定书，并加盖行政复议机关印章。

行政复议决定书一经送达，即发生法律效力。

第八十四条 被申请人应当履行行政复议决定。

被申请人不履行、无正当理由拖延履行行政复议决定的，行政复议机关或者有关上级税务机关应当责令其限期履行。

第八十五条 申请人、第三人逾期不起诉又不履行行政复议决定的，或者不履行最终裁决的行政复议决定的，按照下列规定分别处理：

（一）维持具体行政行为的行政复议决定，由作出具体行政行为的税务机关依法强制执行，或者申请人民法院强制执行。

（二）变更具体行政行为的行政复议决定，由行政复议机关依法强制执行，或者申请人民法院强制执行。

十、税务行政复议和解与调解

《税务行政复议规则》的规定如下：

第八十六条 对下列行政复议事项，按照自愿、合法的原则，申请人和被申请人在行政复议机关作出行政复议决定以前可以达成和解，行政复议机关也可以调解：

（一）行使自由裁量权作出的具体行政行为，如行政处罚、核定税额、确定应税所得率等。

（二）行政赔偿。

（三）行政奖励。

（四）存在其他合理性问题的具体行政行为。

行政复议审理期限在和解、调解期间中止计算。

第八十七条 申请人和被申请人达成和解的，应当向行政复议机构提交书面和解协议。和解内容不损害社会公共利益和他人合法权益的，行政复议机构应当准许。

第八十八条 经行政复议机构准许和解终止行政复议的，申请人不得以同一事实和理由再次申请行政复议。

第八十九条 调解应当符合下列要求：

（一）尊重申请人和被申请人的意愿。

（二）在查明案件事实的基础上进行。

（三）遵循客观、公正和合理原则。

（四）不得损害社会公共利益和他人合法权益。

第九十条 行政复议机关按照下列程序调解：

（一）征得申请人和被申请人同意。

（二）听取申请人和被申请人的意见。

（三）提出调解方案。

（四）达成调解协议。

（五）制作行政复议调解书。

第九十一条 行政复议调解书应当载明行政复议请求、事实、理由和调解结果，并加盖行政复议机关印章。行政复议调解书经双方当事人签字，即具有法律效力。

调解未达成协议，或者行政复议调解书不生效的，行政复议机关应当及时作出行政复议决定。

第九十二条 申请人不履行行政复议调解书的，由被申请人依法强制执行，或者申请人民法院强制执行。

十一、税务行政复议指导和监督

《税务行政复议规则》的规定如下：

第九十三条 各级税务复议机关应当加强对履行行政复议职责的监督。行政复议机构负责对行政复议工作进行系统督促、指导。

第九十四条 各级税务机关应当建立健全行政复议工作责任制，将行政复议工作纳入本单位目标责任制。

第九十五条 各级税务机关应当按照职责权限，通过定期组织检查、抽查等方式，检查下级税务机关的行政复议工作，并及时向有关方面反馈检查结果。

第九十六条 行政复议期间行政复议机关发现被申请人和其他下级税务机关的相关行政行为违法或者需要做好善后工作的，可以制作行政复议意见书。有关机关应当自收到行政复议意见书之日起60日内将纠正相关行政违法行为或者做好善后工作的情况报告行政复议机关。

行政复议期间行政复议机构发现法律、法规和规章实施中带有普遍性的问题，可以制作行政复议建议书，向有关机关提出完善制度和改进行政执法的建议。

第九十七条 省以下各级税务机关应当定期向上一级税务机关提交行政复议、应诉、赔偿统计表和分析报告，及时将重大行政复议决定报上一级行政复议机关备案。

第九十八条 行政复议机构应当按照规定将行政复议案件资料立卷归档。

行政复议案卷应当按照行政复议申请分别装订立卷，一案一卷，统一编号，做到目录清晰、资料齐全、分类规范、装订整齐。

第九十九条 行政复议机构应当定期组织行政复议工作人员业务培训和工作交流，提高行政复议工作人员的专业素质。

第一百条 行政复议机关应当定期总结行政复议工作。对行政复议工作中做出显著成绩的单位和个人，依照有关规定表彰和奖励。

十二、附则

《税务行政复议规则》的规定如下：

第一百零一条 行政复议机关、行政复议机关工作人员和被申请人在税务行政复议活动中，违反行政复议法及其实施条例和本规则规定的，应当依法处理。

第一百零二条 外国人、无国籍人、外国组织在中华人民共和国境内向税务机关申请行政复议，适用本规则。

第一百零三条 行政复议机关在行政复议工作中可以使用行政复议专用章。行政复议专用章与行政复议机关印章在行政复议中具有同等效力。

第一百零四条　行政复议期间的计算和行政复议文书的送达，依照民事诉讼法关于期间、送达的规定执行。

本规则关于行政复议期间有关"5 日""7 日"的规定指工作日，不包括法定节假日。

第一百零五条　本规则自 2010 年 4 月 1 日起施行，2004 年 2 月 24 日国家税务总局公布的《税务行政复议规则（暂行）》（国家税务总局令第 8 号）同时废止。

第三节　《印花税法》的生效及相关废止

一、《印花税法》的生效及《印花税暂行条例》的废止

（一）《印花税法》的规定

第二十条　本法自 2022 年 7 月 1 日起施行。1988 年 8 月 6 日国务院发布的《印花税暂行条例》同时废止。

（二）《印花税暂行条例》的规定

第十五条　本条例由财政部负责解释；施行细则由财政部制定。

第十六条　本条例自 1988 年 10 月 1 日起施行。

二、其他规范性文件的废止

国务院发布的《印花税暂行条例》及财政部、国家税务总局依据《印花税暂行条例》发布的规范性文件自 2022 年 7 月 1 日起废止。

三、规章制定管理制度

《规章制定程序条例》（2001 年 11 月 16 日中华人民共和国国务院令第 322 号公布，根据 2017 年 12 月 22 日《国务院关于修改〈规章制定程序条例〉的决定》修订）规定的规章制定管理制度如下：

第一章　总　　则

第二条　规章的立项、起草、审查、决定、公布、解释，适用本条例。

违反本条例规定制定的规章无效。

第三条　制定规章，应当贯彻落实党的路线方针政策和决策部署，遵循立法法确定的立法原则，符合宪法、法律、行政法规和其他上位法的规定。

没有法律或者国务院的行政法规、决定、命令的依据，部门规章不得设定减损公民、法人和其他组织权利或者增加其义务的规范，不得增加本部门的权力或者减少本部门的法定职责。没有法律、行政法规、地方性法规的依据，地方政府规章不得设定减损公民、法人和其他组织权利或者增加其义务的规范。

第四条　制定政治方面法律的配套规章，应当按照有关规定及时报告党中央或者同级党委（党组）。

制定重大经济社会方面的规章，应当按照有关规定及时报告同级党委（党组）。

第五条　制定规章，应当切实保障公民、法人和其他组织的合法权益，在规定其应当履行的义务的同时，应当规定其相应的权利和保障权利实现的途径。

制定规章，应当体现行政机关的职权与责任相统一的原则，在赋予有关行政机关必要的职权的同时，应当规定其行使职权的条件、程序和应承担的责任。

第六条 制定规章，应当体现全面深化改革精神，科学规范行政行为，促进政府职能向宏观调控、市场监管、社会管理、公共服务、环境保护等方面转变。

制定规章，应当符合精简、统一、效能的原则，相同或者相近的职能应当规定由一个行政机关承担，简化行政管理手续。

第七条 规章的名称一般称"规定""办法"，但不得称"条例"。

第八条 规章用语应当准确、简洁，条文内容应当明确、具体，具有可操作性。

法律、法规已经明确规定的内容，规章原则上不作重复规定。

除内容复杂的外，规章一般不分章、节。

第九条 涉及国务院两个以上部门职权范围的事项，制定行政法规条件尚不成熟，需要制定规章的，国务院有关部门应当联合制定规章。

有前款规定情形的，国务院有关部门单独制定的规章无效。

第二章 立 项

第十条 国务院部门内设机构或者其他机构认为需要制定部门规章的，应当向该部门报请立项。

省、自治区、直辖市和设区的市、自治州的人民政府所属工作部门或者下级人民政府认为需要制定地方政府规章的，应当向该省、自治区、直辖市或者设区的市、自治州的人民政府报请立项。

国务院部门，省、自治区、直辖市和设区的市、自治州的人民政府，可以向社会公开征集规章制定项目建议。

第十一条 报送制定规章的立项申请，应当对制定规章的必要性、所要解决的主要问题、拟确立的主要制度等作出说明。

第十二条 国务院部门法制机构，省、自治区、直辖市和设区的市、自治州的人民政府法制机构（以下简称"法制机构"），应当对制定规章的立项申请和公开征集的规章制定项目建议进行评估论证，拟订本部门、本级人民政府年度规章制订工作计划，报本部门、本级人民政府批准后向社会公布。

年度规章制订工作计划应当明确规章的名称、起草单位、完成时间等。

第十三条 国务院部门，省、自治区、直辖市和设区的市、自治州的人民政府，应当加强对执行年度规章制订工作计划的领导。对列入年度规章制订工作计划的项目，承担起草工作的单位应当抓紧工作，按照要求上报本部门或者本级人民政府决定。

法制机构应当及时跟踪了解本部门、本级人民政府年度规章制订工作计划执行情况，加强组织协调和督促指导。

年度规章制订工作计划在执行中，可以根据实际情况予以调整，对拟增加的规章项目应当进行补充论证。

第三章 起 草

第十四条 部门规章由国务院部门组织起草，地方政府规章由省、自治区、直辖市和设区的市、自治州的人民政府组织起草。

国务院部门可以确定规章由其一个或者几个内设机构或者其他机构具体负责起草工作，也可以确定由其法制机构起草或者组织起草。

省、自治区、直辖市和设区的市、自治州的人民政府可以确定规章由其一个部门或者几个部门具体负责起草工作，也可以确定由其法制机构起草或者组织起草。

第十五条 起草规章,应当深入调查研究,总结实践经验,广泛听取有关机关、组织和公民的意见。听取意见可以采取书面征求意见、座谈会、论证会、听证会等多种形式。

起草规章,除依法需要保密的外,应当将规章草案及其说明等向社会公布,征求意见。向社会公布征求意见的期限一般不少于30日。

起草专业性较强的规章,可以吸收相关领域的专家参与起草工作,或者委托有关专家、教学科研单位、社会组织起草。

第十六条 起草规章,涉及社会公众普遍关注的热点难点问题和经济社会发展遇到的突出矛盾,减损公民、法人和其他组织权利或者增加其义务,对社会公众有重要影响等重大利益调整事项的,起草单位应当进行论证咨询,广泛听取有关方面的意见。

起草的规章涉及重大利益调整或者存在重大意见分歧,对公民、法人或者其他组织的权利义务有较大影响,人民群众普遍关注,需要进行听证的,起草单位应当举行听证会听取意见。听证会依照下列程序组织:

(一)听证会公开举行,起草单位应当在举行听证会的30日前公布听证会的时间、地点和内容;

(二)参加听证会的有关机关、组织和公民对起草的规章,有权提问和发表意见;

(三)听证会应当制作笔录,如实记录发言人的主要观点和理由;

(四)起草单位应当认真研究听证会反映的各种意见,起草的规章在报送审查时,应当说明对听证会意见的处理情况及其理由。

第十七条 起草部门规章,涉及国务院其他部门的职责或者与国务院其他部门关系紧密的,起草单位应当充分征求国务院其他部门的意见。

起草地方政府规章,涉及本级人民政府其他部门的职责或者与其他部门关系紧密的,起草单位应当充分征求其他部门的意见。起草单位与其他部门有不同意见的,应当充分协商;经过充分协商不能取得一致意见的,起草单位应当在上报规章草案送审稿(以下简称"规章送审稿")时说明情况和理由。

第十八条 起草单位应当将规章送审稿及其说明、对规章送审稿主要问题的不同意见和其他有关材料按规定报送审查。

报送审查的规章送审稿,应当由起草单位主要负责人签署;几个起草单位共同起草的规章送审稿,应当由该几个起草单位主要负责人共同签署。规章送审稿的说明应当对制定规章的必要性、规定的主要措施、有关方面的意见及其协调处理情况等作出说明。

有关材料主要包括所规范领域的实际情况和相关数据、实践中存在的主要问题、汇总的意见、听证会笔录、调研报告、国内外有关立法资料等。

第四章 审 查

第十九条 规章送审稿由法制机构负责统一审查。法制机构主要从以下方面对送审稿进行审查:

(一)是否符合本条例第三条、第四条、第五条、第六条的规定;

(二)是否符合社会主义核心价值观的要求;

(三)是否与有关规章协调、衔接;

(四)是否正确处理有关机关、组织和公民对规章送审稿主要问题的意见;

(五)是否符合立法技术要求;

(六)需要审查的其他内容。

第二十条 规章送审稿有下列情形之一的,法制机构可以缓办或者退回起草单位:

(一)制定规章的基本条件尚不成熟或者发生重大变化的;

（二）有关机构或者部门对规章送审稿规定的主要制度存在较大争议，起草单位未与有关机构或者部门充分协商的；

（三）未按照本条例有关规定公开征求意见的；

（四）上报送审稿不符合本条例第十八条规定的。

第二十一条 法制机构应当将规章送审稿或者规章送审稿涉及的主要问题发送有关机关、组织和专家征求意见。

法制机构可以将规章送审稿或者修改稿及其说明等向社会公布，征求意见。向社会公布征求意见的期限一般不少于 30 日。

第二十二条 法制机构应当就规章送审稿涉及的主要问题，深入基层进行实地调查研究，听取基层有关机关、组织和公民的意见。

第二十三条 规章送审稿涉及重大利益调整的，法制机构应当进行论证咨询，广泛听取有关方面的意见。论证咨询可以采取座谈会、论证会、听证会、委托研究等多种形式。

规章送审稿涉及重大利益调整或者存在重大意见分歧，对公民、法人或者其他组织的权利义务有较大影响，人民群众普遍关注，起草单位在起草过程中未举行听证会的，法制机构经本部门或者本级人民政府批准，可以举行听证会。举行听证会的，应当依照本条例第十六条规定的程序组织。

第二十四条 有关机构或者部门对规章送审稿涉及的主要措施、管理体制、权限分工等问题有不同意见的，法制机构应当进行协调，力求达成一致意见。对有较大争议的重要立法事项，法制机构可以委托有关专家、教学科研单位、社会组织进行评估。

经过充分协调不能达成一致意见的，法制机构应当将主要问题、有关机构或者部门的意见和法制机构的意见及时报本部门或者本级人民政府领导协调，或者报本部门或者本级人民政府决定。

第二十五条 法制机构应当认真研究各方面的意见，与起草单位协商后，对规章送审稿进行修改，形成规章草案和对草案的说明。说明应当包括制定规章拟解决的主要问题、确立的主要措施以及与有关部门的协调情况等。

规章草案和说明由法制机构主要负责人签署，提出提请本部门或者本级人民政府有关会议审议的建议。

第二十六条 法制机构起草或者组织起草的规章草案，由法制机构主要负责人签署，提出提请本部门或者本级人民政府有关会议审议的建议。

第五章 决定和公布

第二十七条 部门规章应当经部务会议或者委员会会议决定。

地方政府规章应当经政府常务会议或者全体会议决定。

第二十八条 审议规章草案时，由法制机构作说明，也可以由起草单位作说明。

第二十九条 法制机构应当根据有关会议审议意见对规章草案进行修改，形成草案修改稿，报请本部门首长或者省长、自治区主席、市长、自治州州长签署命令予以公布。

第三十条 公布规章的命令应当载明该规章的制定机关、序号、规章名称、通过日期、施行日期、部门首长或者省长、自治区主席、市长、自治州州长署名以及公布日期。

部门联合规章由联合制定的部门首长共同署名公布，使用主办机关的命令序号。

第三十一条 部门规章签署公布后，及时在国务院公报或者部门公报和中国政府法制信息网以及在全国范围内发行的报纸上刊载。

地方政府规章签署公布后，及时在本级人民政府公报和中国政府法制信息网以及在本行政区域范围内发行的报纸上刊载。

在国务院公报或者部门公报和地方人民政府公报上刊登的规章文本为标准文本。

第三十二条 规章应当自公布之日起 30 日后施行；但是，涉及国家安全、外汇汇率、货币政策的确定以及公布后不立即施行将有碍规章施行的，可以自公布之日起施行。

第六章 解释与备案

第三十三条 规章解释权属于规章制定机关。

规章有下列情形之一的，由制定机关解释：

（一）规章的规定需要进一步明确具体含义的；

（二）规章制定后出现新的情况，需要明确适用规章依据的。

规章解释由规章制定机关的法制机构参照规章送审稿审查程序提出意见，报请制定机关批准后公布。

规章的解释同规章具有同等效力。

第三十四条 规章应当自公布之日起 30 日内，由法制机构依照立法法和《法规规章备案条例》的规定向有关机关备案。

第三十五条 国家机关、社会团体、企业事业组织、公民认为规章同法律、行政法规相抵触的，可以向国务院书面提出审查的建议，由国务院法制机构研究并提出处理意见，按照规定程序处理。

国家机关、社会团体、企业事业组织、公民认为设区的市、自治州的人民政府规章同法律、行政法规相抵触或者违反其他上位法的规定的，也可以向本省、自治区人民政府书面提出审查的建议，由省、自治区人民政府法制机构研究并提出处理意见，按照规定程序处理。

第七章 附 则

第三十六条 依法不具有规章制定权的县级以上地方人民政府制定、发布具有普遍约束力的决定、命令，参照本条例规定的程序执行。

第三十七条 国务院部门，省、自治区、直辖市和设区的市、自治州的人民政府，应当根据全面深化改革、经济社会发展需要以及上位法规定，及时组织开展规章清理工作。对不适应全面深化改革和经济社会发展要求、不符合上位法规定的规章，应当及时修改或者废止。

第三十八条 国务院部门，省、自治区、直辖市和设区的市、自治州的人民政府，可以组织对有关规章或者规章中的有关规定进行立法后评估，并把评估结果作为修改、废止有关规章的重要参考。

第三十九条 规章的修改、废止程序适用本条例的有关规定。

规章修改、废止后，应当及时公布。

第四十条 编辑出版正式版本、民族文版、外文版本的规章汇编，由法制机构依照《法规汇编编辑出版管理规定》的有关规定执行。

四、税收规范性文件制定管理制度

《税收规范性文件制定管理办法》（2017 年 5 月 16 日国家税务总局令第 41 号公布，根据 2019 年 11 月 26 日国家税务总局令第 50 号修正）规定的税收规范性文件制定管理制度如下：

第一章 总 则

第二条 本办法所称税务规范性文件，是指县以上税务机关依照法定职权和规定程序制定并发布的，影响纳税人、缴费人、扣缴义务人等税务行政相对人权利、义务，在本辖区内具有普遍约束力并在一定期限内反复适用的文件。

国家税务总局制定的税务部门规章，不属于本办法所称的税务规范性文件。

第三条 税务规范性文件的起草、审查、决定、发布、备案、清理等工作，适用本办法。

第四条 制定税务规范性文件，应当坚持科学、民主、公开、统一的原则，符合法律、法规、规章以及上级税务规范性文件的规定，遵循本办法规定的制定规则和制定程序。

第五条 税务规范性文件不得设定税收开征、停征、减税、免税、退税、补税事项，不得设定行政许可、行政处罚、行政强制、行政事业性收费以及其他不得由税务规范性文件设定的事项。

第六条 县税务机关制定税务规范性文件，应当依据法律、法规、规章或者省以上税务机关税务规范性文件的明确授权；没有授权又确需制定税务规范性文件的，应当提请上一级税务机关制定。各级税务机关的内设机构、派出机构和临时性机构，不得以自己的名义制定税务规范性文件。

第二章 制定规则

第七条 税务规范性文件可以使用"办法""规定""规程""规则"等名称，但是不得称"条例""实施细则""通知""批复"等。

上级税务机关对下级税务机关有关特定税务行政相对人的特定事项如何适用法律、法规、规章或者税务规范性文件的请示所作的批复，需要普遍适用的，应当按照本办法规定的制定规则和制定程序另行制定税务规范性文件。

第八条 税务规范性文件应当根据需要，明确制定目的和依据、适用范围和主体、权利义务、具体规范、操作程序、施行日期或者有效期限等事项。

第九条 制定税务规范性文件，应当做到内容具体、明确，内在逻辑严密，语言规范、简洁、准确，避免产生歧义，具有可操作性。

第十条 税务规范性文件可以采用条文式或者段落式表述。采用条文式表述的税务规范性文件，需要分章、节、条、款、项、目的，章、节应当有标题，章、节、条的序号用中文数字依次表述；款不编序号；项的序号用中文数字加括号依次表述；目的序号用阿拉伯数字依次表述。

第十一条 上级税务机关需要下级税务机关对规章和税务规范性文件细化具体操作规定的，可以授权下级税务机关制定具体的实施办法。

被授权税务机关不得将被授予的权力转授给其他机关。

第十二条 税务规范性文件由制定机关负责解释。制定机关不得将税务规范性文件的解释权授予本级机关的内设机构或者下级税务机关。

税务规范性文件有下列情形之一的，制定机关应当及时作出解释：

（一）税务规范性文件的规定需要进一步明确具体含义的；

（二）税务规范性文件制定后出现新的情况，需要明确适用依据的。

下级税务机关在适用上级税务机关制定的税务规范性文件时认为存在本条第二款规定情形之一的，应当提请制定机关解释。

第十三条 税务规范性文件不得溯及既往，但是为了更好地保护税务行政相对人权利和利益而作出的特别规定除外。

第十四条 税务规范性文件应当自发布之日起 30 日后施行。

税务规范性文件发布后不立即施行将有碍执行的，可以自发布之日起施行。

与法律、法规、规章或者上级机关决定配套实施的税务规范性文件，其施行日期需要与前述文件保持一致的，不受本条第一款、第二款时限规定的限制。

第三章　制定程序

第十五条　税务规范性文件由制定机关业务主管部门负责起草。内容涉及两个或者两个以上部门的，由制定机关负责人指定牵头起草部门。

第十六条　各级税务机关从事政策法规工作的部门或者人员（以下统称"政策法规部门"）负责对税务规范性文件进行审查，包括合法性审核和世界贸易组织规则合规性评估。未经政策法规部门审查的税务规范性文件，办公厅（室）不予核稿，制定机关负责人不予签发。

第十七条　起草税务规范性文件，起草部门应当深入调查研究，总结实践经验，听取基层税务机关意见。起草与税务行政相对人生产经营密切相关的税务规范性文件，起草部门应当听取税务行政相对人代表和行业协会商会的意见。起草部门可以邀请政策法规部门共同听取意见。

听取意见可以采取书面、网络征求意见，或者召开座谈会、论证会等多种形式。

除依法需要保密的外，对涉及税务行政相对人切身利益或者对其权利义务可能产生重大影响的税务规范性文件，起草部门应当向社会公开征求意见。

法律、行政法规对规范性文件公开征求意见期限有明确规定的，从其规定。

第十八条　起草税务规范性文件，应当明确列举拟被该文件废止的文件的名称、文号以及条款，避免与本机关已发布的税务规范性文件相矛盾。

同一事项已由多个税务规范性文件作出规定的，起草部门在起草同类文件时，应当对有关文件进行归并、整合。

第十九条　税务规范性文件送审稿应当由起草部门负责人签署后，送交政策法规部门审查。送审稿内容涉及征管业务及其工作流程的，应当于送交审查前会签征管科技部门；涉及其他业务主管部门工作的，应当于送交审查前会签相关业务主管部门；未按规定会签的，政策法规部门不予审查。

起草部门认定送审稿属于重要文件的，应当注明"请主要负责人会签"。

第二十条　起草部门将送审稿送交审查时，应当一并提供下列材料：

（一）起草说明，包括制定目的、制定依据、必要性与可行性、起草过程、征求意见以及采纳情况、对税务行政相对人权利和利益可能产生影响的评估情况、施行日期的说明、相关文件衔接处理情况以及其他需要说明的事项；

（二）税务规范性文件解读稿，包括文件出台的背景、意义，文件内容的重点、理解的难点、必要的举例说明和落实的措施要求等；

（三）作为制定依据的法律、法规、规章以及税务规范性文件纸质或者电子文本；

（四）会签单位意见以及采纳情况；

（五）其他相关材料。

按照规定应当对送审稿进行公平竞争审查的，起草部门应当提供相关审查材料。

第二十二条　政策法规部门应当就下列事项进行合法性审核：

（一）是否超越法定权限；

（二）是否具有法定依据；

（三）是否违反法律、法规、规章以及上级税务机关税务规范性文件的规定；

（四）是否设定行政许可、行政处罚、行政强制、行政事业性收费以及其他不得由税务规范性文件设定的事项；

（五）是否违法、违规减损税务行政相对人的合法权利和利益，或者违法、违规增加其义务；

（六）是否违反本办法规定的制定规则或者程序；

（七）是否与本机关制定的其他税务规范性文件进行衔接。

对审核中发现的明显不适当的规定，政策法规部门可以提出删除或者修改的建议。

政策法规部门审核过程中认为有必要的，可以通过召开座谈会、论证会等形式听取相关各方意见。

第二十三条 政策法规部门进行合法性审核，根据不同情况提出审核意见：

（一）认为送审稿没有问题或者经过协商达成一致意见的，提出审核通过意见；

（二）认为起草部门应当补充征求意见，或者对重大分歧意见没有合理说明的，退回起草部门补充征求意见或者作出进一步说明；

（三）认为送审稿存在问题，经协商不能达成一致意见的，提出书面审核意见后，退回起草部门。

第二十四条 政策法规部门应当根据世界贸易组织规则对送审稿进行合规性评估，并提出评估意见。

第二十五条 送审稿经政策法规部门审查通过的，按公文处理程序报制定机关负责人签发。

第二十六条 送审稿涉及重大公共利益或者对税务行政相对人合法权益、税务管理产生重大影响的，经政策法规部门审查通过后，起草部门应当提请集体审议。政策法规部门在审查时，认为税务规范性文件涉及重大公共利益或者对税务行政相对人合法权益、税务管理产生重大影响的，可以建议起草部门提请集体审议。

第二十七条 税务机关牵头与其他机关联合制定规范性文件，省以下税务机关代地方人大及其常务委员会、政府起草涉及税务行政相对人权利义务的文件，业务主管部门应当将文件送审稿或者会签文本送交政策法规部门审查。

其他机关牵头与税务机关联合制定的规范性文件，参照本条第一款规定执行。

经其他机关会签后，文件内容有实质性变动的，起草部门应当重新送交政策法规部门审查。

第二十八条 税务规范性文件应当以公告形式发布；未以公告形式发布的，不得作为税务机关执法依据。

第二十九条 制定机关应当及时在本级政府公报、税务部门公报、本辖区范围内公开发行的报纸或者在政府网站、税务机关网站上刊登税务规范性文件。

不具备本条第一款所述发布条件的税务机关，应当通过公告栏或者宣传材料等形式，在办税服务厅等公共场所及时发布税务规范性文件。

第三十条 制定机关的起草部门和政策法规部门应当及时跟踪了解税务规范性文件的施行情况。

对实施机关或者税务行政相对人反映存在问题的税务规范性文件，制定机关应当进行认真分析评估，并及时研究提出处理意见。

第四章　备案审查

第三十一条 税务规范性文件应当备案审查，实行有件必备、有备必审、有错必纠。

第三十二条 省以下税务机关的税务规范性文件应当自发布之日起30日内向上一级税务机关报送备案。省税务机关应当于每年3月1日前向国家税务总局报送上一年度本辖区内税务机关发布的税务规范性文件目录。

第三十三条 报送税务规范性文件备案，应当提交备案报告和以下材料的电子文本：

（一）税务规范性文件备案报告表；

（二）税务规范性文件；

（三）起草说明；

（四）税务规范性文件解读稿。

第三十四条 上一级税务机关的政策法规部门具体负责税务规范性文件备案登记、审查、督促整改和考核等工作。

业务主管部门承担其职能范围内的税务规范性文件审查工作，并按照规定时限向政策法规部门送交审查意见。

第三十五条 报送备案的税务规范性文件资料齐全的，上一级税务机关政策法规部门予以备案登记；资料不齐全的，通知制定机关限期补充报送。

第三十六条 上一级税务机关对报送备案的税务规范性文件进行审查时，可以征求相关部门意见；需要了解相关情况的，可以要求制定机关提交情况说明或者补充材料。

第三十七条 上一级税务机关对报送备案的税务规范性文件，应当就《税收规范性文件制定管理办法》第二十二条所列事项以及是否符合世界贸易组织规则进行审查。

第三十八条 上一级税务机关审查发现报送备案的税务规范性文件存在问题需要纠正或者补正的，应当通知制定机关在规定的时限内纠正或者补正。

制定机关应当按期纠正或者补正，并于规定时限届满之日起30日内，将处理情况报告上一级税务机关。

第三十九条 对未报送备案或者不按时报送备案的，上一级税务机关应当要求制定机关限期报送；逾期仍不报送的，予以通报，并责令限期改正。

第四十条 税务行政相对人认为税务规范性文件违反法律、法规、规章或者上级税务规范性文件规定的，可以向制定机关或者其上一级税务机关书面提出审查的建议，制定机关或者其上一级税务机关应当依法及时研究处理。

有税务规范性文件制定权的税务机关应当建立书面审查建议的处理制度和工作机制。

第五章 文件清理

第四十一条 制定机关应当及时对税务规范性文件进行清理，形成文件清理长效机制。

清理采取日常清理和集中清理相结合的方法。

第四十二条 日常清理由业务主管部门负责。

业务主管部门应当根据立法变化以及税务工作发展需要，对税务规范性文件进行及时清理。

第四十三条 有下列情形之一的，制定机关应当进行集中清理：

（一）上级机关部署的；

（二）新的法律、法规颁布或者法律、法规进行重大修改，对税务执法产生普遍影响的。

第四十四条 集中清理由政策法规部门负责牵头组织，业务主管部门分工负责。

业务主管部门应当在规定期限内列出需要清理的税务规范性文件目录，并提出清理意见；政策法规部门应当对业务主管部门提出的文件目录以及清理意见进行汇总、审查后，提请集体讨论决定。

清理过程中，业务主管部门和政策法规部门应当听取有关各方意见。

第四十五条 对清理中发现存在问题的税务规范性文件，制定机关应当分类处理：

（一）有下列情形之一的，宣布失效：调整对象灭失；不需要继续执行的；

（二）有下列情形之一的，宣布废止：违反上位法规定的；已被新的规定替代的；明显不适应现实需要的；

（三）有下列情形之一的，予以修改：与本机关税务规范性文件相矛盾的；与本机关税务规范性文件相重复的；存在漏洞或者难以执行的。

税务规范性文件部分内容被修改的，应当全文发布修改后的税务规范性文件。

第四十六条 制定机关应当及时发布日常清理结果；在集中清理结束后，应当统一发布失效、废止的税务规范性文件目录。

上级税务机关发布清理结果后，下级税务机关应当及时对本机关制定的税务规范性文件相应进行清理。

第七章　印花税典型案例分析

【本章导读】　本章介绍印花税典型案例，分为三节：第一节为税务机关胜诉案，包括山东省、黑龙江省等地区的十个税务机关胜诉的典型案例；第二节为税务机关败诉案，包括湖南省、广西壮族自治区等地区的七个税务机关败诉的典型案例；第三节为印花税民事纠纷案，包括吉林省、安徽省等地区的八个印花税民事纠纷典型案例。

第一节　税务机关胜诉案

一、山东省税务机关胜诉案

东阿县甲有限公司（以下简称"甲公司"）因诉东阿县地方税务局稽查局（以下简称"稽查局"）税务行政处罚一案，不服东阿县人民法院〔2014〕东行初字第9号行政判决，向聊城市中级人民法院提起上诉。该院于2014年9月29日作出〔2014〕聊行终字第41号行政判决。该判决已经发生法律效力。甲公司不服，向检察机关提请抗诉。山东省人民检察院作出鲁检民（行）监〔2015〕37000000139号行政抗诉书，提请山东省高级人民法院（以下简称"山东高院"）再审本案。山东高院于2015年11月6日作出〔2015〕鲁行监抗字第11号行政裁定，裁定本案由山东高院提审。山东高院依法组成合议庭，于2016年2月25日公开开庭审理了本案。

本案经一审法院查明：2012年12月11日，被告稽查局根据群众举报，以原告甲公司涉嫌税收违法为由，对原告进行立案检查。2012年12月12日，被告向原告送达了东地税稽检通一〔2012〕D017号税务检查通知和东地税稽调〔2012〕D017号调取账簿资料通知，要求原告接受检查并于同年12月13日前将原告2009年1月1日至2011年12月31日的账簿、记账凭证等相关资料送到被告处进行检查，原告以其账簿丢失为由未向被告提供。2013年6月25日和7月1日，被告又先后两次向原告送达东地税稽通五〔2013〕001号税务事项通知和东地税稽限改〔2013〕001号责令限期改正通知，再次要求原告分别于2013年6月28日前和2013年7月2日前将原告2009年1月1日至2011年12月31日的账簿、记账凭证等相关资料送到被告处进行检查未果，原告亦未向被告提供其账簿丢失的任何证明材料。

2013年7月23日，被告向原告送达了东地税稽罚告〔2013〕4号税务行政处罚事项告知书，对原告未提供账簿资料的行为拟处5万元的罚款，并告知原告有陈述、申辩和3日内要求听证的权利。原告未陈述、申辩和要求听证。之后，因原告未向被告提供账簿资料，被告便组织其工作人员在外围对原告1994年1月1日至2013年6月30日的纳税情况进行调查。被告经调查发现，原告在东阿县铜城街道办事处马庄村1~4

号住宅楼建设工程项目（以下简称"马庄村项目"），刘集镇官庄社区别墅项目（以下简称"官庄村项目"），鲁西铸造有限公司（以下简称"鲁西铸造公司"）铸造车间、机加工车间及综合楼施工项目（以下简称"鲁西铸造项目"），山东东阿京华绿色食品有限公司（以下简称"京华食品公司"）转让土地、房产项目（以下简称"京华食品项目"）四个项目中存在税收违法情况，并取得相关证据材料。

（1）在马庄村项目中，被告根据原告与马庄村委会于2011年4月6日签订的两份标的额分别为6 564 800元和7 243 600元的建设施工合同、马庄村项目的建设工程竣工验收备案证书及张某某出具的该项目工程款收条，扣除马庄村委会于2013年6月17日代缴的税款，认定原告于2011年至2013年6月在该项目中少申报缴纳税款合计216 229.76元。

（2）在官庄村项目中，被告根据原告与官庄村委会于2011年6月18日签订的承建刘集镇官庄社区别墅的标的额为2 912 800元的建设施工合同及张某某出具的该项工程款的收条，认定原告于2011年至2013年6月在该项目中少申报缴纳税款合计118 023.80元。

（3）在鲁西铸造项目中，被告根据原告与鲁西铸造有限公司于2008年6月11日和2009年2月22日签订的标的额分别为8 760 000元和3 343 388元的建设施工合同、被告于2013年8月2日对张某某的询问笔录、张某某签字的收取该项目工程款的领款单据及银行承兑汇票、鲁西铸造公司的签呈表及关于甲公司工程款总造价款支付问题处理意见，认定原告于2008年至2011年在该项目中少申报缴纳税款合计476 114.41元。

（4）在京华食品项目中，被告根据〔2006〕东民二初字第77号民事调解书及协助执行通知书、北京先农达东杨蔬菜加工厂结算书、东集用〔2004〕字第05281号集体土地使用证、原告于2009年8月13日申请房屋所有权初始登记的申请审批书及赵某某与李某某于2011年3月26日签订的房屋买卖合同，认定原告于2008年7月至2011年3月在该项目中少申报缴纳税款合计195 427.51元。

以上四个项目共计少申报缴纳税款1 005 795.48元。

被告根据上述查实的原告在马庄村项目、官庄村项目、鲁西铸造项目和京华食品项目四个项目中少申报缴纳税费的情况，制作了税务稽查工作底稿（二），原告的法定代表人王某某于2013年12月6日在该底稿"陈述意见"一栏中注明"经核对情况属实"，并签名和加盖公章。

2014年2月12日，被告向原告送达了东地税稽罚告〔2014〕1号税务行政处罚事项告知书，拟按原告未缴少缴税款的50%进行处罚，处罚金额为485 178.44元；对原告拒绝税务机关检查的行为，拟处50 000元的罚款。并同时告知原告享有陈述、申辩和要求听证的权利。2014年2月13日，原告向被告提交听证申请书，后于2014年2月20日放弃听证，同意处罚意见。2014年2月20日，被告向原告送达了东地税稽处〔2014〕1号税务处理决定（对于该处理决定，原告未在法定期限内申请行政复议，现已生效），要求原告15日内补缴2008年1月至2013年6月少申报缴纳的营业税、印花税、土地使用税和房产税计933 705.70元以及从滞纳税款之日起每日按5‰的滞纳金，要求原告补缴2008年1月至2013年6月应申报未申报缴纳的城市维护建设税36 651.18元、教育费附加21 990.71元和地方教育附加13 447.89元。同日，被告向原告送达了东地税稽罚〔2014〕1号税务行政处罚决定，对原告2008年1月至2013年6月少申报缴纳的营业税、城市维护建设税、印花税、土地使用税和房产税计970 356.88元的行为，定性为偷税，决定处以上述税款50%的罚款，罚款金额为 485 178.44 元。对原告拒绝税务机关检查的行为处以 50 000 元的罚款。两项共计罚款 535 178.44 元。被告要求原告自收到该处罚决定之日起 15 日将罚款交至东阿县地方税务局办税服务大厅，逾期每日按罚款数额的 3% 加处罚款。原告对该处罚决定不服，诉至法院，要求撤销该处罚决定。

一审法院认为：

根据《中华人民共和国税收征收管理法》（以下简称《税收征管法》）和《中华人民共和国税收征收管理法实施细则》（以下简称《税收征管法实施细则》）的相关规定，被告稽查局是法律规定的税收稽查机构，原告甲公司作为本辖区内的建筑企业，被告有权对原告的纳税情况进行检查，对存在的偷漏税情况进行立案查处是其法定职责。

《中华人民共和国营业税暂行条例》（以下简称《营业税暂行条例》）第一条规定："在中华人民共和国境内提供本条例规定的劳务、转让无形资产或者销售不动产的单位和个人，为营业税的纳税人，应当依照本条例缴纳营业税。"《中华人民共和国营业税暂行条例实施细则》（以下简称《营业税暂行条例实施细则》）第二条第一款规定："条例第一条所称条例规定的劳务是指属于交通运输业、建筑业、金融保险业、邮电通信业、文化体育业、娱乐业、服务业税目征收范围的劳务（以下称应税劳务）。"《中华人民共和国城市维护建设税暂行条例》（以下简称《城市维护建设税暂行条例》）第二条规定："凡缴纳消费税、增值税、营业税的单位和个人，都是城市维护建设税的纳税义务人，都应当依照本条例的规定缴纳城市维护建设税。"《征收教育费附加的暂行规定》第二条规定："凡缴纳消费税、增值税、营业税的单位和个人，除按照《国务院关于筹措农村学校办学经费的通知》（国发〔1984〕174 号）的规定，缴纳农村教育事业费附加的单位外，都应当依照本规定缴纳教育费附加。"《山东省人民政府关于调整地方教育附加征收范围和标准有关问题的通知》（鲁政字〔2010〕307 号）规定："为认真贯彻落实《国家中长期教育改革和发展规划纲要（2010—2020 年）》，进一步规范和拓宽财政性教育经费筹资渠道，支持地方教育事业发展，财政部决定在全国统一开征地方教育附加，征收范围为缴纳增值税、营业税和消费税（以下简称'三税'）单位和个人，征收标准为'三税'实际缴纳额的 2%。"《中华人民共和国印花税暂行条例》（以下简称《印花税暂行条例》）第一条规定："在中华人民共和国境内书立、领受本条例所列举凭证的单位和个人，都是印花税的纳税义务人，应当按照本条例规定缴纳印花税。"《印花税暂行条例》第二条规定："下列凭证为应纳税凭证：1.购销、加工承揽、建设工程承包、财产租赁、货物运输、仓储保管、借款、财产保险、技术合同或者具有合同性质的凭证；2.产权转移书据……"

根据上述法律规定，原告作为建筑施工企业，属于法律规定的纳税义务人。本案中，根据被告提交的 1~4 号证据，可以认定原告与马庄村委会、官庄村委会、鲁西铸造公司签订了建设工程施工合同并履行，这三个项目虽然由张某某组织施工和收取工程款，但张某某是以原告的名义实施了上述工作，原告述称以上三个项目是张某某的个人行为证据不足，故应视为原告的公司行为。《税收征管法实施细则》第三条第二款规定："纳税人应当依照税收法律、行政法规的规定履行纳税义务；其签订的合同、协议等与税收法律、行政法规相抵触的，一律无效。"在官庄村委会项目合同中，双方约定由官庄村委会缴纳税款，在鲁西铸造项目合同中，双方约定由甲方鲁西铸造公司缴纳税款，但上述两份合同中该项约定与法律规定不相符，依法应视为无效。综上，在马庄村委会、官庄村委会、鲁西铸造三个建设工程中，被告认定原告为该三个项目的营业税、城市维护建设税、教育费附加、地方教育附加和印花税的纳税义务人并无不当，原告称其不是纳税主体的主张法院不予支持。

根据《中华人民共和国城镇土地使用税暂行条例》（以下简称《城镇土地使用税暂行条例》）第二条，《山东省人民政府关于调整工矿区征税范围的通知》（鲁政字〔2008〕171号），《中华人民共和国房产税暂行条例》（以下简称《房产税暂行条例》）第二条，《印花税暂行条例》第一条、第二条，以及《中华人民共和国印花税暂行条例施行细则》（以下简称《印花税暂行条例施行细则》）第五条的规定，关于京华食品抵顶给原告的涉税土地使用权和房屋所有权的纳税主体问题，结合被告提供的证据5中登记的土地使用证和房屋登记审批书，一审法院认为，原告为涉税房产的所有人，涉税土地的使用人，是房产税和土地使用税的纳税义务人。涉税房屋的买卖合同虽由赵某某签订，但赵某某是原告的项目部经理（法院调解书载明），且原告是土地的使用权人，是房屋的所有权人，故原告是涉税土地和房产的印花税的纳税义务人。综上，被告认定原告为涉税土地和房产的房产税、土地使用税和印花税的纳税人不违反法律规定，原告称其不是涉税土地和房产纳税主体的主张于法无据，不予支持。

关于被诉具体行政行为确定的原告少申报税款的数额问题，根据被告提交的1~6号证据，业经一审法院审查，被告认定原告少申报缴纳税费的数额准确，且原告的法定代表人王某某于2013年12月6日对被告统计的原告少申报缴纳税费的数额即税务稽查工作底稿（二）并无异议且予以签字确认，故被诉处罚决定中对原告少申报缴纳税费的数额法院予以确认。

关于被告认为原告存在拒绝税务机关检查行为的认定，根据被告提供的证据6可以看出，被告先后三次要求原告提供其2009年1月1日至2011年12月31日的账簿、记账凭证等相关资料进行检查，原告以账簿丢失为由未向被告提供，且原告一直未提供出其账簿丢失的任何证明材料，故被告据此认定原告已构成拒绝税务机关检查的行为事实清楚。

关于被诉具体行政行为的程序问题，根据被告提供的证据，被告于2014年2月12日作出并向原告送达东地税稽罚告〔2014〕1号税务行政处罚事项告知书，该告知书已告知原告对其拟作出的处罚和原告享有陈述、申辩和听证的权利。原告于2014年2月13日提出听证申请后又于同年2月20日放弃听证，并且在陈述申辩笔录中表示无陈述申辩意见，同意处罚。之后，被告向原告作出了东地税稽罚〔2014〕1号税务行政处罚决定书，被诉具体行政行为的处罚程序合法。

《税收征管法》第六十三条第一款规定："纳税人伪造、变造、隐匿、擅自销毁账簿、记账凭证，或者在账簿上多列支出或者不列、少列收入，或者经税务机关通知申报而拒不申报或者进行虚假的纳税申报，不缴或者少缴应纳税款的，是偷税。对纳税人偷税的，由税务机关追缴其不缴或者少缴的税款、滞纳金，并处不缴或者少缴的税款百分之五十以上五倍以下的罚款；构成犯罪的，依法追究刑事责任。"《税收征管法》第七十条规定："纳税人、扣缴义务人逃避、拒绝或者以其他方式阻挠税务机关检查的，由税务机关责令改正，可以处一万元以下的罚款；情节严重的，处一万元以上五万元以下的罚款。"《山东省地方税务局规范税务行政处罚自由裁量权参照执行标准》第十一类中规定："提供虚假资料，不如实反映情况，或者拒绝提供有关资料的，由税务机关责令限期改正，对在规定期限内改正的，不予处罚；逾期仍未改正的，处1万元至5万元的罚款。"本案中，被告根据举报，对原告1994年至2013年的纳税情况进行检查，经被告三次通知，原告一直未向被告提供其2009年1月1日至2011年12

月31日的账簿、记账凭证等相关资料且无证据证明其有正当理由，被告认定原告的这一行为属拒绝提供有关资料，并据此给予原告5万元的罚款的处罚不违反法律的规定。后经被告查实，原告于2008年1月至2013年6月期间存在虚假纳税申报，不缴或者少缴应缴应缴纳税款的行为，是偷税行为，被告据此对原告处以应缴税款的50%的罚款亦不违反法律的规定。

关于本案被诉具体行政行为适用的《营业税暂行条例》《营业税暂行条例实施细则》和《城市维护建设税暂行条例》三部法规，在2008年1月至2013年6月的区间分别进行过修订，被诉具体行政行为在引用上述三部法规的部分条款时未区分适用，适用法律存在瑕疵。经一审法院审查，被诉具体行政行为适用的部分条款修订前后只是对纳税主体的表述略有不同，但立法本意未变。《征收教育费附加的暂行规定》分别于1990年、2005年和2011年进行过三次修订，在2008年1月至2013年6月的区间，被诉具体行政行为应当适用2005年和2011年修订施行的《征收教育费附加的暂行规定》，但被诉具体行政行为适用的是1990年施行的《征收教育费附加的暂行规定》和国务院1994年下发的《关于教育费附加征收问题的紧急通知》，适用法律亦存在瑕疵。经审查，被诉具体行政行为适用的部分条款修订前后确定的纳税数额并未变动。综上，被诉具体行为适用法律虽存在瑕疵，但对原告的实体权利不造成任何影响，被诉具体行政行为不足以据此撤销。

关于原告庭审时述称的被告于同日将行政处罚决定与行政处理决定同时向原告送达不合法的主张，因行政处理决定不属本案审理焦点且同时送达并不违背相关法律规定，其对本案被诉行政处罚决定的合法性审查不产生影响，故对原告的该项主张法院不予支持。

综上所述，被诉具体行政行为认定事实清楚、主要证据充分、程序合法、适用法律法规正确，根据《中华人民共和国行政诉讼法》第五十四条第（一）项之规定，判决维持被告东阿县地方税务局稽查局于2014年2月20日作出的东地税稽罚〔2014〕1号税务行政处罚的具体行政行为。

二审法院对一审法院认定的案件事实予以确认，并认为：

（1）被上诉人作出处罚决定所认定的事实是否清楚，证据是否充分。

一是被上诉人认定上诉人系案涉四个项目的纳税人是否正确。在马庄村、官庄村、鲁西铸造三个项目中，根据被上诉人所提交的证据，可以认定上诉人分别与马庄村委会、官庄村委会、鲁西铸造公司签订了马庄村工程项目、官庄村工程项目、鲁西铸造工程项目的施工合同，在三份合同的承包人一栏落款处均加盖有上诉人公司印章及公司法人代表王某某的签名印章。且三份合同都得到了实际履行并由上诉人公司员工张某某收取工程款并出具收款凭证。以上事实可以认定上诉人是三个项目的合同签订方和施工方，上诉人主张"三个项目均由张某某个人收取工程款并出具收款凭证，且实际收款数额与合同造价相差较多，证明三个项目均系张某某个人行为，不应视为公司行为"，没有法律依据。上诉人与张某某之间属于上诉人公司的内部管理关系，不能产生对外效力，故被上诉人认定上诉人为案涉工程项目的建筑工程企业并无不当。

《营业税暂行条例》第一条规定："在中华人民共和国境内提供本条例规定的劳务、转让无形资产或者销售不动产的单位和个人，为营业税的纳税人，应当依照本条例缴纳营业税。"《营业税暂行条例实施细则》第二条第一款规定："条例第一条所称条例规定的劳务是指属于交通运输业、建筑业、金融保险业、邮电通信业、文化体育业、娱乐业、服务业税目征收范围的劳务（以下称'应税劳务'）。"《城市维护建设税暂行条例》

第二条规定："凡缴纳消费税、增值税、营业税的单位和个人，都是城市维护建设税的纳税义务人，都应当依照本条例的规定缴纳城市维护建设税。"《征收教育费附加的暂行规定》第二条规定："凡缴纳消费税、增值税、营业税的单位和个人，除按照《国务院关于筹措农村学校办学经费的通知》（国发〔1984〕174号）的规定，缴纳农村教育事业费附加的单位外，都应当依照本规定缴纳教育费附加。"《山东省人民政府关于调整地方教育附加征收范围和标准有关问题的通知》（鲁政字〔2010〕307号）规定："为认真贯彻落实《国家中长期教育改革和发展规划纲要（2010—2020年）》，进一步规范和拓宽财政性教育经费筹资渠道，支持地方教育事业发展，财政部决定在全国统一开征地方教育附加，征收范围为缴纳增值税、营业税和消费税（以下简称'三税'）单位和个人，征收标准为'三税'实际缴纳额的2%。"《印花税暂行条例》第一条规定："在中华人民共和国境内书立、领受本条例所列举凭证的单位和个人，都是印花税的纳税义务人，应当按照本条例规定缴纳印花税。"《印花税暂行条例》第二条规定："下列凭证为应纳税凭证：（一）购销、加工承揽、建设工程承包、财产租赁、货物运输、仓储保管、借款、财产保险、技术合同或者具有合同性质的凭证……"上诉人甲公司作为一家有资质的建筑工程企业，与他人签订建筑业类工程项目承包合同并提供相关劳务并在合同实际履行后收取了工程款，根据上述法律规定，依法应当缴纳营业税和由此衍生的城市维护建设税、教育费附加、地方教育费附加，以及签订合同等所产生的印花税。上诉人主张在与官庄村委会、鲁西铸造公司的合同中约定由对方缴纳税款，且被上诉人也将马庄村委会缴纳的部分税款从马庄村项目应纳税额中扣除，应当视为被上诉人默认马庄村委会为纳税人，上诉人提交了马庄村委会缴纳马庄村工程项目税款的完税凭证两份来证明其主张。《税收征管法实施细则》第三条第二款规定："纳税人应当依照税收法律、行政法规的规定履行纳税义务；其签订的合同、协议等与税收法律、行政法规相抵触的，一律无效。"上诉人与相对方的合同约定属于内部约定，不能对外产生对抗法律法规关于上诉人为法定纳税义务人的规定的效力。被上诉人将马庄村委会上缴部分税款从上诉人应纳税额中扣除，并不影响上诉人为纳税人的事实。综上，被上诉人认定上诉人系案涉三个项目的纳税人符合法律规定。

在京华食品项目中，根据被上诉人提交的证据可以证明，上诉人因追讨京华食品公司拖欠的工程款诉至法院，经法院调解并执行，京华食品公司将名下厂房、土地抵债。其中房产原值为850 956.84元，土地面积为19 933平方米。从被上诉人提交的土地使用证和房屋登记审批书来看，两份文件材料登记的使用权人和所有权人都是上诉人公司名称，可以得出上诉人为案涉房产的所有权人和土地使用权人的结论。

2011年3月26日，赵某某将厂房、土地卖给李某某并签订了房屋买卖合同。上诉人主张，该合同是赵某某所签，应认定案涉土地和房产都属赵某某个人所有。经查，〔2006〕东民二初字第77号民事调解书业已载明，赵某某为上诉人公司项目部经理，其签订的买卖合同应当认定为代表上诉人公司的行为，对上诉人所持上述主张不予支持。上诉人主张，在京华食品项目中应该纳税额为15亩土地而非被上诉人所认定的19 933平方米，且案涉土地已经由东阿县金利助剂有限公司（以下简称"金利公司"）缴纳了部分土地使用税，并申请东阿县姜楼乡东杨村村委会主任周某某出庭作证。证人称，京华食品所转给赵某某的土地实际上只有15亩，后来赵某某又以个人名义将这块地卖给了李某某，虽然合同是按39亩签的，实际上多出来的土地都由东杨村村委会租给本村村民了，不属于赵某某所有。该证人的陈述与书面证据不符，也无其他证据予以佐证，故该证人的证言法院不予采信，上诉人所提交的金利公司缴税清单，也不能认定是缴纳的案涉土地税款，上诉人所持上述主张不予采纳。

山东省人民政府下发《山东省人民政府关于调整工矿区征税范围的通知》（鲁政字〔2008〕171号），于2008年7月1日将案涉项目所在区域划为姜楼北工矿区。《城镇土地使用税暂行条例》（2006年修订）第二条规定："在城市、县城、建制镇、工矿区范围内使用土地的单位和个人，为城镇土地使用税（以下简称'土地使用税'）的纳税人，应当依照本条例的规定缴纳土地使用税。"《房产税暂行条例》（国发〔1986〕90号）第一条规定："房产税在城市、县城、建制镇和工矿区征收。"《房产税暂行条例》第二条规定："房产税由产权所有人缴纳。产权属于全民所有的，由经营管理的单位缴纳。产权出典的，由承典人缴纳。产权所有人、承典人不在房产所在地的，或者产权未确定及租典纠纷未解决的，由房产代管人或者使用人缴纳。前款列举的产权所有人、经营管理单位、承典人、房产代管人或者使用人，统称为纳税义务人。"《印花税暂行条例》第一条规定："在中华人民共和国境内书立、领受本条例所列举凭证的单位和个人，都是印花税的纳税义务人，应当按照本条例规定缴纳印花税。"《印花税暂行条例》第二条第（二）项规定，产权转移书据为应纳税凭证。《印花税暂行条例施行细则》第五条规定："条例第二条所说的产权转移书据，是指单位和个人产权的买卖、继承、赠与、交换、分割等所立的书据。"根据上述法律规定，上诉人作为案涉京华食品项目的土地使用权人和房产所有人，依法应当缴纳土地使用税、房产税，以及因为领受产权转移书据所产生的印花税。被上诉人认定上诉人系土地使用税、房产税、印花税的纳税人符合法律规定。

二是被上诉人认定上诉人存在偷税行为是否正确，对于偷税数额的认定是否准确，被上诉人认定的罚款数额是否正确。《税收征管法》第六十三条第一款规定："纳税人伪造、变造、隐匿、擅自销毁账簿、记账凭证，或者在账簿上多列支出或者不列、少列收入，或者经税务机关通知申报而拒不申报或者进行虚假的纳税申报，不缴或者少缴应纳税款的，是偷税。对纳税人偷税的，由税务机关追缴其不缴或者少缴的税款、滞纳金，并处不缴或者少缴的税款50%以上5倍以下的罚款；构成犯罪的，依法追究刑事责任。"经原审法院一审查明并经二审法院确认，上诉人于2008年1月至2013年6月期间存在应申报而未申报、不缴或者少缴应缴纳税款的行为，其中所涉营业税为733 023.79元、城市维护建设税为36 651.18元、印花税为5 614.40元、土地使用税为175 410.40元、房产税为19 657.11元，上述未缴纳税款金额总计970 356.88元。上诉人公司法定代表人王某某于2013年12月6日对被上诉人作出的税务稽查工作底稿（二）签字确认，对其中认定的少申报税款额表示无异议。根据上述法律规定，上诉人作为案涉四个项目的纳税人，应申报而未申报、不缴或者少缴应缴纳税款的行为属于偷税，被上诉人据此对上诉人处以应缴税款50%的罚款，罚款金额为485 178.44元，认定事实清楚。

上诉人认为，被上诉人作出上述关于上诉人的诸多事实认定所适用的法律存在明显错误，原审认定属于适用法律瑕疵不当。经审查，被上诉人在作出事实认定时对《营业税暂行条例》《营业税暂行条例实施细则》和《城市维护建设税暂行条例》三部法规没有区分适用，同时适用了1990年《征收教育费附加的暂行规定》和国务院1994年下发的《关于教育费附加征收问题的紧急通知》。上述法律法规在2008—2011年都曾被修订。其中被诉具体行政行为认定事实所适用的《营业税暂行条例》《营业税暂行条例实施细则》中的有关条款修订前后并未变化；适用的《城市维护建设税暂行条例》的有关条款被修订，但并未涉及被上诉人所适用的法律术语；适用的1990年《征收教育费附加的暂行规定》和国务院1994年下发的《关于教育费附加征收问题的紧急通知》

有关条款已被修订，但是也只是调整了个别法律术语，修订前后征收教育费附加的税率并无变化，并未影响被上诉人对上诉人征收教育费附加数额的计算。

被上诉人所适用的上述法律法规属于被上诉人作出具体行政行为的事实认定依据，虽然适用法律不当，但是并未影响被上诉人作出的事实认定，被上诉人关于上诉人作为纳税人存在偷税行为及偷税数额等事实的认定是正确的。

三是被上诉人认定上诉人存在拒绝税务检查的行为是否正确，作出的处罚数额是否正确。《税收征管法》第五十六条规定："纳税人、扣缴义务人必须接受税务机关依法进行的税务检查，如实反映情况，提供有关资料，不得拒绝、隐瞒。"本案中，被上诉人于2013年6月25日向上诉人下达了《税务事项通知书》，7月1日下达了《责令限期改正通知书》，要求上诉人提供账簿、记账凭证等相关资料，2013年7月12日再次要求上诉人提供资料，并告知拒不提供应当承担的法律责任，上诉人以账簿、凭证等资料被盗抢丢失为由一直未提供，也没有提供上述资料被盗抢的证据。据此，被上诉人认定上诉人的行为属于拒绝税务检查并无不当。

《税收征管法》第七十条规定："纳税人、扣缴义务人逃避、拒绝或者以其他方式阻挠税务机关检查的，由税务机关责令改正，可以处一万元以下的罚款；情节严重的，处一万元以上五万元以下的罚款。"《山东省地方税务局规范税务行政处罚自由裁量权参照执行标准》第十一类第一项第（一）目中规定："提供虚假资料，不如实反映情况，或者拒绝提供有关资料的，由税务机关责令限期改正，对在规定期限内改正的，不予处罚；逾期仍未改正的，处1万元至5万元的罚款。"本案中，被上诉人根据举报，对上诉人1994年至2013年的纳税情况进行检查，经被上诉人三次通知，上诉人一直未提供其账簿、记账凭证等相关资料且无证据证明其有正当理由。被上诉人作出责令限期改正通知书并送达上诉人，上诉人逾期仍未改正。据此，被上诉人认定上诉人的行为属于拒绝提供有关资料并且情节严重，据此给予5万元的罚款的处罚不违反法律的规定。

（2）被上诉人作出处罚的程序是否合法。被上诉人于2012年12月11日立案，2012年12月12日向上诉人送达税务检查通知书及调取账簿、记账凭证等资料的通知。2013年6月25日再次送达调取账簿、记账凭证资料的通知及责令限期改正通知书。2013年7月12日，被上诉人对上诉人公司法定代表人王某某、公司财务负责人崔某某进行询问，并告知拒不提供账簿、记账凭证等资料的法律后果。2013年7月23日，被上诉人向上诉人送达了税务行政处罚事项告知书，告知其享有陈述、申辩、听证权利。上诉人提出听证申请后又放弃，并且在陈述申辩笔录中表示同意处罚。2014年2月20日，被上诉人向上诉人送达了税务处理决定书和行政处罚决定书。上诉人认为被上诉人将税务处理决定与行政处罚决定同日送达不合法，没有法律依据，对上诉人该主张法院不予支持。庭审过程中，上诉人提交了公司营业执照年检情况复印件一份及公司法定代表人王某某的退休证复印件一份，据以证明公司法定代表人王某某于2011年10月就已经退休了，且2011年5月10日之后公司营业执照都已经不再年检，被上诉人之后送达的所有由王某某所签文书都应认定为无效。上诉人公司未年检不影响其作为纳税义务主体承担缴纳税款的责任，且上诉人2014年3月31日在法院一审时所提交的法定代表人身份证明书中法定代表人姓名为王某某，与上诉人主张自相矛盾。综上，被上诉人作出行政处罚的程序合法。

（3）被上诉人作出行政处罚决定适用的法律是否正确。被上诉人依据《税收征管法》第六十三条第一款和第七十条作出行政处罚决定，上诉人对此也无异议，二审法院经审查确认被诉处罚决定适用法律正确。

综上，原审判决并无不当，依法应予维持。依据《行政诉讼法》第六十一条第（一）项的规定，判决驳回上诉，维持原判。二审案件受理费50元由上诉人甲公司负担。

甲公司仍不服，向检察机关申请抗诉。甲公司认为，本案原一、二审法院判决认定事实有误，适用法律错误，应当撤销稽查局东地税稽罚〔2014〕1号税务行政处罚决定。主要理由如下：

（1）原审认定张某某是以再审申请人的名义实施了马庄村委会、鲁西铸造、官庄村委会三个项目的工作，应视为再审申请人行为的认定明显错误。原审法院根据原审被告提交的（1）～（4）号证据已经得出马庄村委会、鲁西铸造、官庄村委会三个项目的工作是由张某某组织施工和收取工程款31次，其中转账支票5张，承兑汇票2张，工程款数额达31 701 666元，再审申请人1分钱都没收取的事实，原审应认定是张某某个人行为，三个项目的纳税义务人应是张某某，本案中三个项目的税款与再审申请人没有任何关系。张某某自称自己是东阿第一中学的一名教员，没有建筑师资格证书，不能做建筑业项目部经理，原审被告主张其为再审申请人公司项目部经理的主张不成立。张某某以再审申请人的名义应视为张某某个人的违法行为，原审法院认定张某某以再审申请人的名义实施了上述工作就视为再审申请人的行为属定性严重错误。

（2）原审法院适用"《税收征管法》第三条第二款纳税人应依照税收法律、行政法规的规定履行纳税义务，其签订合同协议等与税收法律行政法规相抵触的一律无效。在官庄村委会、马庄村委会、鲁西铸造双方签订的由甲方缴纳税款约定与法律规定不相符依法应视为无效"，又将被申请人辩称的于2013年6月17日征收的马庄村委会营业税、城市维护建设税、教育附加、地方水利建设基金合计金额376 607.14元、印花税3 392.9元从再审申请人征收的税额中扣除没做任何解释，足以证明原审默认甲方（发包方）为本案纳税义务人，认定再审申请人是纳税义务人实属不当。

（3）一审、二审判决认定再审申请人为京华食品公司30亩涉税土地和房产的纳税义务人实属错误。京华食品公司实际施工人赵某某在原审中出庭作证，证明自己所建京华食品项目与再审申请人无关，该公司将厂房低价顶给了实际施工人赵某某（工程款）后，于2009年8月14日以赵某某为法定代表人，注册了金利公司，并出示自己在原审被告营业厅内机打的2009年9月至2013年7月的纳税清单，证明已经缴纳了本案中原审被告向再审申请人错误征收的京华食品公司应纳税项目，东阿县姜楼乡东杨村村委会主任周某某的证言能够对赵某某的证词予以佐证，二审法院以周某某的证言"无其他证据予以佐证"为由不予采信错误。再审申请人提交的京华食品公司与金利公司经营场所为同一地块已缴纳涉案土地的缴税机打清单，二审法院没有认定涉案土地税款已缴纳，亦属错误。

（4）再审申请人的法定代表人王某某已经多次告知原审被告不能提供账簿的事实和理由，被申请人提交的证据中均有记载，结合举报人与再审申请人存在矛盾纠纷多次向公安机关报案，其中包括账簿、记账凭证等被盗抢的事实，可以作出正确判断，无须进一步举证，原审认定再审申请人拒绝税务机关的检查事实错误。

（5）原审被告适用法律明显错误，原审法院认定其适用法律存在瑕疵属避重就轻、偷换概念、敷衍了事，判决不予撤销属严重错误。

（6）听证权与起诉权是两个完全不同的法律概念，再审申请人放弃听证权，不等于丧失诉权。原审被告辩称"原告在法定复议期限内未申请复议，证明对税收处理决定没有争议，对该项处罚决定提出诉讼也毫无意义，本案也不应再对处罚决定书所依据的违法事实进行法律审查"不成立。

（7）处罚事项告知书和行政处罚决定书同一天送达程序错误，原审被告在庭审时向证人取证的行为及程序明显错误，一审法院认定被诉行政行为程序合法的结论，实属因果不一致，二审法院予以维持错误。

检察机关认为，本案有新的证据足以推翻终审判决中稽查局对甲公司偷税数额和罚款金额的认定，终审判决认定"甲公司的行为属于拒绝提供有关资料并且情节严重，据此给予 5 万元的罚款的除非不违反法律的规定"主要证据不足。

第一，终审判决认定甲公司未缴纳税款金额总计 970 356.88 元，并处以罚款金额 485 178.44 元，没有扣除金利公司 2009 年 8 月至 2011 年 3 月缴纳的税款。诉讼中，甲公司已提交了金利公司的纳税情况及纳税明细表（明细表上没有地税局的盖章），法院判决认为"甲公司提交的金利公司缴税清单，不能认定是缴纳的案涉土地税款，不予采纳。"经调查，根据金利公司的企业信息、企业变更情况、甲公司与金利公司的租赁合同、甲公司的房屋所有权证以及金利公司的缴税情况，金利公司承租了甲公司位于姜楼镇东洋村的房屋，从事生产经营，并按期缴纳了案涉土地税款。《城镇土地使用税暂行条例》第二条第一款规定："在城市、县城、建制镇、工矿区范围内使用土地的单位和个人，为城镇土地使用税的纳税人，应当依照本条例的规定缴纳土地使用税。"因此，在 2010 年至 2011 年 3 月 25 日期间，金利公司作为姜楼镇东洋村房屋及其土地使用人，为土地使用税的纳税人，应缴纳法定税款。根据东阿县地方税务局出具的金利公司纳税情况清单和完税凭证，金利公司在此期间共计缴纳城镇土地使用税等共 22 393.9 元。该笔税额应从稽查局认定的甲公司不缴或者少缴税款中予以扣除。

第二，终审判决认定"甲公司的行为属于拒绝提供有关资料并且情节严重，据此给予 5 万元的罚款的处罚不违反法律的规定"，主要证据不足。《税收征管法》第七十条规定："纳税人、扣缴义务人逃避、拒绝或者以其他方式阻挠税务机关检查的，由税务机关责令改正，可以处 1 万元以下的罚款；情节严重的，处 1 万元以上 5 万元以下的罚款。"《山东省地方税务局规范税务行政处罚自由裁量权参照执行标准》第十一类第一项第（一）目中规定："提供虚假资料，不如实反映情况，或者拒绝提供有关资料的，由税务机关责令限期改正，对在规定期限内改正的，不予处罚；逾期仍未改正的，处 1 万元至 5 万元的罚款。"本案中，稽查局根据举报，对甲公司 1994 年至 2013 年的纳税情况进行检查，要求甲公司向稽查局提供账簿、记账凭证等相关资料。甲公司在接到通知后，均及时到稽查局说明其无法提供账簿、记账凭证等相关资料的原因，东阿县公安局新城派出所的处警证明，亦能够证实王某某于 2012 年 4 月 28 日报警其公司大门被锁，公安人员告知报警人通过法律途径解决纠纷的情况。且在稽查局调查期间，甲公司的王某某、崔某某向稽查局提供了 1994—2013 年所建工程清单，张某某提供了其所建工程相关资料，作为稽查局计算税款的依据，稽查局也是根据甲公司提供的原始资料计算其少申缴的税款。因此，甲公司在接到稽查局的通知后，及时到稽查局说明原因、积极配合调查以及提供相应纳税计算资料等行为，不属于"逾期拒不改正""情节严重"的情形。在此情况下，稽查局仍认定甲公司拒绝提供有关资料并且情节严重，与事实不符。

综上，本案有新的证据足以推翻原判决、原审终审判决认定事实的主要证据不足，根据《行政诉讼法》第九十一条第（二）项、第（三）项及第九十三条的规定，提出抗诉。

再审庭审中，检察机关针对其抗诉书中"金利公司 2009 年 8 月至 2011 年 3 月缴纳的税款应否从甲公司应缴纳税款中抵扣、稽查局认定甲公司具有拒绝提供有关资料并且情节严重行为处以 50 000 元罚款证据是否充分"等问题进行了举证、陈述。检察机关认为，金利公司的《企业信息》《企业变更情况》、甲公司与金利公司签订的《租赁合同》、甲公司的房屋所有权证、《关于东阿县金利助剂有限公司的纳税说明》《税收通用完税证》、2010—2013 年度金利助剂纳税情况等证据可以说明，金利公司 2009 年 8 月至 2011 年 3 月缴纳的城镇土地使用税等共 22 393.9 元，应从稽查局认定的甲公司不缴或者少缴税款中予以扣除。2015 年 4 月 21 日《处警证明》、2012 年 12 月 3 日东阿县公安局经侦大队《询问笔录》、稽查局 4 份询问笔录（日期分别为 2013 年 3 月 11 日、2013 年 7 月 12 日、2013 年 7 月 24 日、2014 年 1 月 16 日），均能够证明稽查局认定甲公司具有拒绝提供有关资料并且情节严重，与事实不符。

合议庭组织甲公司和稽查局围绕"被申请人稽查局作出的被诉税务处罚决定证据是否充分，适用法律是否正确，程序是否合法；原审法院判决维持该处罚决定认定事实是否清楚，适用法律是否正确"等审理重点进行了查证辩论。再审申请人甲公司坚持其向检察机关申请再审的意见。被申请人稽查局认为，一审、二审法院判决认定事实清楚，证据确凿，适用法律正确，程序合法，应予维持。

（1）甲公司是涉案应税项目纳税人。被申请人在原审中提供的证据能够证明再审申请人是建筑施工企业，属于法律规定的纳税义务人。再审申请人承揽施工了马庄村项目、官庄村项目、鲁西铸造项目并领取了工程款，是涉案房产的所有人，也是涉税土地的使用人。

（2）被申请人对再审申请人少申报税款数额的认定是正确的，原一审、二审法院判决予以维持，并无不当。

其一，关于营业税及附加、印花税。被申请人根据再审申请人与马庄村委、官庄村委、鲁西公司签订的建设工程施工合同、收款手续等证据，认定 2008 年 1 月至 2013 年 6 月再审申请人应申报未申报缴纳营业税合计 733 023.79 元；2008 年 1 月至 2013 年 6 月再审申请人应申报未申报缴纳城市维护建设税合计 36 651.18 元；2008 年 1 月至 2013 年 6 月再审申请人应申报未申报缴纳教育费附加 21 990.71 元；2008 年 1 月至 2013 年 6 月再审申请人应申报未申报缴纳地方教育附加 13 447.89 元；2008 年 1 月至 2013 年 6 月再审申请人应申报未申报缴纳印花税合计 5 254.40 元。以上合计应申报未申报缴纳税款 810 367.97 元。

其二，关于房产税、土地使用税、印花税。被申请人根据东阿县人民法院〔2006〕东民二初字第 77 号《民事调解书》等证据认定再审申请人 2008 年 7 月至 2011 年 3 月应申报缴纳未申报缴纳土地使用税 175 410.40 元；2008 年 7 月至 2011 年 3 月应申报缴纳未申报房产税 19 657.11 元；2011 年应申报缴纳印花税 360.00 元。共计应申报未申报缴纳税款 195 427.51 元。

其三，关于涉及金利公司的缴税问题。在税收执法过程中，因再审申请人一直拒不提供证据，被申请人根据《税收征管法》第五十四条第（三）项的规定，责成再审申请人提供与纳税或者代扣代缴、代收代缴税款有关的文件、证明材料和有关资料，而再审申请人拒不提供资料。一审时提供的证据不符合证据的形式要件；二审时也没有提供有效证据，形成证据链。根据《最高人民法院关于行政诉讼证据若干问题的规定》第七条的规定，视为放弃举证权利。再审申请人依法取得了 19 933 平方米的土地，就应当按照 19 933 平方米缴纳土地使用税。即使再审申请人将其中的部分土地发包或者出租甚至转让，其依法也负有向主管税务机关报告的义务。在再审申请人既不报告，在税务行政程序中也不提供任何证据，且对被申请人制作的《查出应补税款一览表》

表示"经核对情况属实"，因此被申请人行政处理程序没有瑕疵。

（3）一审、二审维持被申请人对再审申请人拒不提供账簿、记账凭证等相关资料的行为属拒绝税务机关检查行为的认定是正确的。被申请人接群众举报于2012年12月11日稽查立案后，于2012年12月12日、2013年6月25日向再审申请人下达《税务检查通知书》《调取账簿资料通知书》后，其一直未提供账簿、凭证资料。2013年7月1日下达《责令限期改正通知书》后，再审申请人仍未提供账簿、凭证资料。再审申请人虽陈述了未提供账簿、凭证资料的理由，但一直未提供账簿、凭证资料被盗抢的有效证据。东阿县新城派出所的处警证明是2015年4月21日才作出的，且只是证明再审申请人的大门被锁了，没有证明账簿等会计资料被盗。被申请人实际动用大量人力、物力、历时8个多月，检查了与再审申请人有关的四十余个机关事业单位，形成卷宗2 000余页。最终并非根据再审申请人提供的原始资料计算其少申缴的税款，而是经过大量外围调查，在掌握了充足证据的基础上计算得出的。因此被申请人依据《税收征管法》第七十条、《税收征管法实施细则》第九十六条的规定，认定再审申请人拒不提供账簿、记账凭证等相关资料的行为属拒绝税务机关检查行为，且情节严重，并无不当。

（4）被申请人没有侵犯再审申请人的诉权。2014年2月12日，被申请人向再审申请人送达了税务行政处罚事项告知书，告知其拟作出处罚的事实、法律依据及处罚内容，告知了其享有陈述、申辩以及提出听证的权利。再审申请人于2014年2月13日提出了听证申请，但于2014年2月20日又自愿放弃听证，并对被申请人拟作出的行政处罚表示"无陈述申辩意见，同意处罚意见"。2014年2月20日，被申请人向再审申请人送达了税务处理决定书和税务处罚决定书。根据《税收征管法》第八十八条第一款的规定，先行复议是对税务处理决定提起诉讼的前置条件，被申请人从未否定再审申请人对税务处罚决定的诉权。

（5）被申请人作出的行政处罚决定适用法律正确。虽然《营业税暂行条例》《营业税暂行条例实施细则》和《城市维护建设税暂行条例》三部法规在2008年1月至2013年6月期间进行过修订，但被申请人引用的条款并无本质变化，对再审申请人不产生任何实质影响。教育附加包括国家教育费附加和地方教育费附加。被申请人根据国务院和山东省的有关规定认定应缴数额，并无不当。

综上，请求维持原一审、二审法院判决。

经审理，山东高院同意原一审、二审法院查明的案件事实。

山东高院认为，本案被诉税务行政处罚行为的内容主要有两项：一是对甲公司的偷税行为处以罚款485 178.44元；二是对甲公司拒绝税务机关检查的行为处以罚款5万元。

关于被申请人稽查局对再审申请人甲公司的偷税行为处以485 178.44元罚款是否合法正确的问题。

（1）根据《税收征管法》第六十三条第一款的规定："纳税人伪造、变造、隐匿、擅自销毁账簿、记账凭证，或者在账簿上多列支出或者不列、少列收入，或者经税务机关通知申报而拒不申报或者进行虚假的纳税申报，不缴或者少缴应纳税款的，是偷税。对纳税人偷税的，由税务机关追缴其不缴或者少缴的税款、滞纳金，并处不缴或者少缴的税款百分之五十以上五倍以下的罚款；构成犯罪的，依法追究刑事责任。"上述规定显示，税务机关对于偷税行为具有查处的职权，除了追缴税款、滞纳金，还可以根据违法事实和情节，在不缴或者少缴的税款50%以上5倍以下的裁量幅度内，作出罚款的行政处罚。

（2）本案被申请人稽查局向原审法院提供的证据显示，其根据群众举报，经调查取证，认定再审申请人甲公司在马庄村项目、官庄村项目、鲁西铸造项目、京华食品项目中存在少申报缴纳税、费款 1 005 795.48 元的违法行为，其中少申报缴纳的税款金额为 970 356.88 元。再审申请人的法定代表人王某某于 2013 年 12 月 16 日对被申请人统计的其少申报缴纳税费的数额即税务稽查工作底稿（二）并无异议且予以签字确认。被申请人在其 2014 年 2 月 20 日作出的东地税稽处〔2014〕1 号税务处理决定中对再审申请人的上述违法事实已予以确认，并要求再审申请人予以补缴应缴纳税款及滞纳金。在诉讼过程中，再审申请人甲公司虽然对被申请人认定其为马庄村项目、官庄村项目、鲁西铸造项目、京华食品项目的纳税义务人这一事实不予认可，但所提主张与该公司在项目实施过程中所签订的合同、生效法律文书以及相关的房地产登记情况显示的事实不一致，山东高院不予支持。

（3）再审申请人甲公司在诉讼中还主张金利公司作为实际使用人已经缴纳了相关税款，被申请人稽查局未在甲公司少缴未缴税款中予以扣除，属于认定事实错误。但再审申请人甲公司在行政程序中并未向被申请人稽查局提供足够的证据证实上述事实存在，且在被申请人稽查局作出未将上述税款扣除的东地税稽处〔2014〕1 号税务处理决定后，再审申请人并未在法定期限内申请复议。根据《税收征管法》第八十八条第一款"纳税人、扣缴义务人，纳税担保人同税务机关在纳税上发生争议时，必须先依照税务机关的纳税决定缴纳或者解缴税款及滞纳金或者提供相应的担保，然后可以依法申请行政复议，对行政复议决定不服的，可以依法向人民法院起诉"的规定，对该条款规定的行为未经复议前置程序直接向人民法院起诉的，人民法院不予受理。所以，虽然检察机关向法院提供的甲公司与金利公司签订的《租赁合同》、2010—2013 年度金利公司纳税情况等证据，可以说明金利公司系甲公司在姜楼镇东洋村房屋及部分土地实际使用人，并作为《城镇土地使用税暂行条例》第二条"在城市、县城、建制镇、工矿区范围内使用土地的单位和个人，为城镇土地使用税的纳税人，应当依照本条例的规定缴纳土地使用税"规定的纳税人，于 2010 年至 2011 年 3 月 25 日期间已实际缴纳了城镇土地使用税等共 22 393.9 元，但该理由实际属于对被申请人作出的东地税稽处〔2014〕1 号税务处理决定的异议，可以作为再审申请人在实际缴纳税款时的抗辩理由，不能作为本案改判的依据。因被申请人稽查局对再审申请人甲公司处以 485 178.44 元罚款的结果，仍在对再审申请人甲公司不缴或者少缴的税款 50% 以上 5 倍以下幅度内，原审法院判决予以维持并无不当。

关于被申请人稽查局认定再审申请人存在拒绝税务机关检查的行为且情节严重，并对其处以 5 万元罚款是否合法正确的问题。根据《税收征管法》第七十条、《山东省地方税务局规范税务行政处罚自由裁量权参照执行标准》的相关规定，对于纳税人、扣缴义务人逃避、拒绝或者以其他方式阻挠税务机关检查且情节严重的，税务机关可以处 1 万元以上 5 万元以下的罚款。本案中，被申请人接群众举报于 2012 年 12 月 11 日稽查立案后，于 2012 年 12 月 12 日、2013 年 6 月 25 日向再审申请人下达《税务检查通知书》《调取账簿资料通知书》后，再审申请人一直未提供账簿、凭证资料；2013 年 7 月 1 日下达《责令限期改正通知书》后，再审申请人仍未提供账簿、凭证资料。被申请人最终耗费大量人力、物力，通过外围调查，查实了再审申请人偷漏税款的事实。再审申请人虽然向被申请人陈述了未提供账簿、凭证资料的理由，但一直未提供账簿、凭证资料被盗抢的有效证据，所以原审法院对被申请人稽查局认定再审申请人存在拒绝税务机关检查且情节严重并予以罚款5万元的处罚结果予以维持，并无不当。检察机关主张原审法院判决该部分认定证据不足，但所提供的东阿县新城派出所的处警证明是2015年4月21日才作出的，系行政程序处理终结以及一、二审判决结果作出后形成的，且只是证明再审申请人的大门被锁了，没有证明账簿、凭证等会计资料被盗抢的结论，有关财务人员及工作人员在询问笔录中的陈述也只是提到项目名称，并未提供具体结算款项以及税款缴纳情况。所以检察机关据此认为再审申请人不存在"逾期拒不改正""情节严重"情形的理由不能成立，山东高院不予支持。

综上，原一审、二审法院判决认定事实基本清楚，适用法律正确，应予维持。检察机关的抗诉理由不能成立，山东高院不予支持。

2016年6月28日，山东高院依据《中华人民共和国行政诉讼法》第八十九条第一款第（一）项、《最高人民法院关于执行〈中华人民共和国行政诉讼法〉若干问题的解释》七十六条第一款之规定，作出〔2016〕鲁行再4号行政判决书，判决维持聊城市中级人民法院〔2014〕聊行终字第41号行政判决。

二、黑龙江省税务机关胜诉案

上诉人黑龙江省甲房地产开发有限公司宽甸分公司（以下简称"甲公司"）因税务行政处罚一案，不服丹东市元宝区人民法院〔2020〕辽0602行初3号行政判决，向丹东市中级人民法院（以下简称"丹东中院"）提起上诉。丹东中院依法组成合议庭，公开开庭审理了本案。

原审根据原、被告举证并经庭审质证认定，2017年7月20日被告国家税务总局丹东市税务局稽查局（以下简称"稽查局"）向原告下发了税务检查通知书，通知自2017年6月12日起对原告2014年1月1日至2016年12月31日期间，涉税情况进行检查，并向原告下发了税务事项通知书，对原告2013年至2016年度各年度应补（退）税情况进行检查。被告稽查局于2018年9月29日作出丹税稽处〔2018〕45号税务处理决定书，认定原告违反税收管理，不进行纳税申报，不缴或者少缴税款，其中营业税218 870.26元；城市维护建设税41 372.39元；教育费附加24 760.25元；地方教育费16 511.65元；房产税603 823.03元；城镇土地使用税—92 495.88元；印花税20 230元；土地增值税451 229.01元；企业所得1 518 891.57元，以上合计2 803 192.28元。

（1）根据《营业税暂行条例》第一条、第二条、第四条、第五条，《营业税暂行条例实施细则》第二十五条第二款的规定，决定原告补缴营业税218 870.26元。

（2）根据《城市维护建设税暂行条例》第二条、第三条、第四条，决定原告补缴城市维护建设税41 372.39元。

（3）根据《征收教育费附加的暂行规定》第二条以及《国务院关于教育费附加征收问题的紧急通知》第一条的规定，决定原告补缴教育费附加24 760.25元。

（4）根据《关于开征地方教育费的通知》第一条、第二条以及《财政部关于辽宁省地方教育费等政府性基金有关问题的复函》第二条的规定，决定补缴地方教育费16 511.65元。

（5）根据《房产税暂行条例》第一条、第二条、第三条的规定，决定原告补缴房产税603 823.03元。

（6）根据《城镇土地使用税暂行条例》第二条、第三条、第四条和《辽宁省城镇土地使用税实施办法》第五条、《税收征管法》第五十一条的规定，决定原告应在补缴本案查补税款前，先办理抵退城镇土地使用税 92 495.88 元。

（7）根据《印花税暂行条例》第一条、第二条、第三条以及《印花税暂行条例实施细则》第三条的规定，决定原告应补缴印花税 20 230.00 元。

（8）根据《土地增值税暂行条例》第二条和《土地增值税暂行条例实施细则》第十六条的规定，决定原告应补缴土地增值税 451 229.01 元。

（9）根据《企业所得税法》第一条、第三条、第四条以及《国家税务总局关于印发〈企业所得税核准征收办法（试行）〉的通知》的规定，决定原告应补缴企业所得税 1 518 891.57 元。

2018 年 9 月 29 日，被告稽查局作出丹税稽罚〔2018〕38 号税务行政处罚决定书，认定原告违反税收管理，不进行纳税申报，少缴营业税 218 870.26 元；城市维护建设税 41 372.39 元；房产税 603 823.03 元；印花税 20 230.00 元，扣除多缴城镇土地使用税 92 495.88 元，净应补税款总计 791 799.80 元。根据《税收征管法》第六十四条第二款的规定，对原告作出以应补各税净额 791 799.80 元为罚款基数，处 0.5 倍罚款，总计处以罚款 395 899.90 元。被告稽查局作出丹税稽处〔2018〕45 号税务处理决定书后，原告在法定期间内向丹东市税务局提出行政复议申请，丹东市税务局于 2018 年 12 月 10 日作出丹税复不受〔2018〕2 号《行政复议不予受理决定书》。被告稽查局于 2018 年 9 月 29 日作出丹税稽罚〔2018〕38 号《税务行政处罚决定书》，期间，被告稽查局于 2018 年 8 月 20 日向原告作出丹税稽罚告〔2018〕20 号《税务行政处罚事项告知书》，于 2018 年 8 月 27 日向原告发出丹税稽听〔2018〕第 1001 号《税务行政处罚听证通知书》，并就处罚事项于 2018 年 9 月 4 日进行了听证，履行了行政处罚程序。处罚决定书于 2019 年 2 月 14 日向原告送达，原告不服向丹东中院提起行政诉讼。丹东中院于 2019 年 8 月 1 日作出〔2019〕辽 0602 行初 13 号《行政判决书》，以被告稽查局作出的丹税稽罚〔2018〕38 号税务行政处罚决定，认定原告违反税收管理，不进行纳税申报，少缴营业税、城市维护建设税、房产税、印花税共计 791 799.80 元，其认定的事实依据与被告稽查局作出的丹税稽处〔2018〕45 号税务处理决定书所认定的事实及应补缴税款款项一致，根据本案查明事实，被告所作出的处理决定与处罚决定都是于 2018 年 9 月 29 日作出的，在处理决定尚未发生法律效力的情况下，同时依据复议决定认定的事实对原告作出行政处罚决定，认定原告存在违反税收管理，不进行纳税申报，少缴税款，属认定事实不清为由，判决撤销稽查局于 2018 年 9 月 29 日作出的丹税稽罚〔2018〕38 号税务行政处罚决定。后被告稽查局于 2019 年 10 月 18 日作出丹税稽罚〔2019〕59001 号《税务行政处罚决定书》，原告不服，向丹东中院提起行政诉讼。

原审法院认为，根据《税收征管法》第五条、第十四条以及《税收征管法实施细则》第九条的规定，被告稽查局对其所作的被诉具体行政行为享有职权，法院予以确认。本案被告稽查局作出的丹税稽罚〔2019〕59001 号税务行政处罚决定，认定原告违反税收管理，不进行纳税申报，少缴营业税、城市维护建设税、房产税、印花税共计 791 799.80 元，其认定的事实依据是被告稽查局作出的丹税稽处〔2018〕45 号《税务处理决定书》，所认定的事实及应补缴税款款项一致，根据本案查明事实，被告所作出的处理决定已发生法律效力，认定原告存在违反税收管理，不进行纳税申报，少缴税款，认定事实清楚，证据确实充分。原告诉称其不是本案的纳税主体，根据《房产税暂行条例》第二条的规定，原告作为房屋的产权所有人应缴纳房产税。原告认为其与春龙物业就房屋租赁关系尚未解决，应按合同约定由使用人春龙物业缴纳，不符合上述规定，不能以双方合同约定税款由春龙物业缴纳来对抗行政法规规定，应按合同关系通过其他途径解决。关于原告提出已缴纳营业税 32 409.76 元，应当在应补营业税额中扣除的请求，因原告提供的证据税收完税证明中所记载的为增值税而并非营业税，因此其主张法院不予支持。综上，依照《行政诉讼法》第六十九条的规定，判决驳回原告甲公司的诉讼请求。案件受理费为 50 元，由原告甲公司负担。

上诉人甲公司上诉称，请求：①撤销原审行政判决，改判撤销被上诉人作出的处罚决定。②被上诉人承担本案诉讼费。理由如下：

（1）被上诉人作出的处罚决定对不交税款予以罚款项目中，营业税补交数额认定事实错误，应当扣除向税务机关缴纳的营业税 32 409.76 元。另外，宽甸新天地时尚购物广场商铺的实际经营者和使用者是宽甸春龙物业服务有限公司，而非上诉人。按上诉人同宽甸春龙物业服务有限公司签订的合同约定，纳税主体应当是宽甸春龙物业服务有限公司。被上诉人对上诉人检查各税申报缴纳情况期限是 2013 年 1 月 1 日至 2016 年 12 月 31 日，其中 2015 年 4 月 20 日前、2016 年 10 月 7 日后应当为合理部分，2015 年 4 月 20 日至 2016 年 10 月 6 日期间，上诉人没有经营和使用宽甸新天地时尚购物广场商铺，不应当是税收法规规定的纳税主体。

（2）被上诉人作出的处罚决定适用法律错误。按照《房地产税暂行条例》第二条和辽地税函〔2001〕181 号文件的规定，上诉人自 2015 年 4 月 20 日起至 2016 年 10 月 6 日，不具备纳税义务人主体资格。故被上诉人作出税务处罚决定在认定事实和适用法律法规上均存在错误。综上，请求二审法院依法裁判。

被上诉人稽查局答辩称：一审判决认定事实清楚，适用法律正确，不同意上诉人的上诉请求。被上诉人作出涉案处罚决定证据确凿，适用法律法规正确，被上诉人同意原审判决结果。理由：

（1）本案处罚决定认定上诉人违法事实少缴纳税额为 791 799.80 元，是依据已经发生法律效力丹税稽处〔2018〕45 号《税务处理决定书》的规定，处罚决定与该生效处理决定认定事实及应当补的数额一致。

（2）被上诉人作出的处罚决定依据《税收征管法》第六十四条第二款的规定，适用法律正确。

（3）关于是否应当从应补营业税中扣除 32 409.76 元，上诉人提交的凭证是增值税完税凭证，税款所属期 2016 年 8 月和 2016 年 11 月，上诉人缴纳 32 409.76 元不仅不在前述期限内，且缴纳的是增值税，与补缴并处罚营业税无关。

（4）依照《税收征管法》第四条和《房产税暂行条例》第二条的规定，上诉人是纳税人，不应以上诉人与任何人约定改变纳税责任；根据《税收征管法》第三条第二款规定，上诉人与他人约定因违法应当是无效的。

（5）关于法律法规适用问题，上诉人主张适用辽地税函〔2001〕181 号文件规定，国家税务总局令 41 号《税收规范性文件制定管理办法》第十二条第一款规定："税收规范性文件由制定机关负责解释。"即谁作出相关规定就由谁负责解释，也就是说 181 号文件应当由制定机关辽宁省地方税务局作为制定机关负责解释。辽宁省地方税务局以回复上诉人信访件方式对本案是否适用 181 号文件作出解释，认定本案所涉处理决定和处罚决定是在充分调查取证后作出，认定事实清楚，适用税收政策依据准确无误，依法维持，足以说明本案不适用辽地税函〔2001〕181 号文件规定正确。

上诉人、被上诉人一审向法院提交的证据均已随案移送丹东中院。经审查丹东中院对上诉人、被上诉人提交证据的认证意见与原审认证意见一致。

丹东中院根据本案的有效证据认定的事实与原审一致。

庭审辩论中，各方当事人围绕本案的争议焦点：一是被上诉人作出被诉处罚决定有无事实根据；二是适用法律是否正确，对处罚决定及原审判决的合法性进行了辩论。各方当事人的辩论观点与其上诉和答辩观点一致。

丹东中院认为，根据《税收征管法》第五条、第十四条以及《税收征管法实施细则》第九条的规定，被上诉人稽查局具有作出被诉处罚决定的职权，丹东中院予以确认。本案中，被上诉人于2018年9月29日作出丹税稽处〔2018〕45号税务处理决定书中，认定上诉人存在违反税收管理，不进行纳税申报，少缴营业税、城市维护建设税、房产税、印花税共计791 799.80元。该处理决定已经发生法律效力。被上诉人基于该处理决定认定的违法事实对上诉人作出处罚决定认定事实清楚，适用法律正确，原审判决驳回上诉人的诉讼请求并无不当。关于上诉人提出应当扣除营业税32 409.76元问题。因上诉人提交的完税凭证系增值税完税凭证，而非营业税凭证，其主张与事实不符，丹东中院不予支持。关于上诉人主张按照辽地税函〔2001〕181号文件规定，上诉人不属于纳税主体的一节，根据《房产税暂行条例》第二条的规定，房产税由产权所有人缴纳。上诉人系涉案房屋的产权所有人，按照上述规定，属于纳税义务人，上诉人与案外人春龙公司关于房屋租赁的约定，不符合辽地税函〔2001〕181号文件规定的情形，亦不能免除其纳税义务。

综上，上诉人的上诉请求和理由，没有事实根据和法律依据，丹东中院不予支持。

2021年5月13日，丹东中院依照《行政诉讼法》第八十九条第一款第（一）项的规定，作出〔2021〕辽06行终54号行政判决书，判决驳回上诉，维持原判。二审案件受理费50元由上诉人甲公司负担。

三、安徽省税务机关胜诉案

上诉人刘某某因诉被上诉人国家税务总局合肥市税务局第三稽查局（以下简称"第三稽查局"）行政处罚决定一案，不服安徽省合肥高新技术产业开发区人民法院〔2020〕皖0191行初48号行政判决，向合肥市中级人民法院（以下简称"合肥中院"）提起上诉。合肥中院依法组成合议庭进行审理，现已审理终结。

原审查明，2018年年底，被告第三稽查局收到实名举报，反映原告刘某某与其妻子张某某转让合肥甲医疗设备有限公司10%股权给王某某，隐匿股权转让收入500万元偷逃税款。根据举报线索和前期调查核实情况，被告于2019年2月27日决定对原告刘某某转让合肥甲医疗设备有限公司个人股权，隐匿收入少交税款立案检查。第三稽查局查明：2016年5月20日，刘某某、张某某与王某某签订《关于王某某入股有关条款的说明》的三方协议，约定以500万元的价格向王某某转让合肥甲医疗设备有限公司10%股份（刘某某、张某某各转让5%股份），王某某前期福建市场投入公司100万元划归股权转让款，王某某再付400万元即可。同时约定，为了节省高额转让税费，三方去工商机关办理股权变更手续签订的《股权转让协议》中的股权转让款为虚假金额。2016年5月23日，王某某通过银行转账方式分别支付刘某某、张某某股权转让款200万元，合计金额400万元。2016年5月30日，通过增资扩股的方式，王某某取得合肥甲医疗设备有限公司10%股份，刘某某、张某某各减少5%股份，至此，原告刘某某及张某某向王某某转让合肥甲医疗设备有限公司10%股权的"协议"履行完毕。2017年年初，王某某因病去世。因刘某某、张某某对王某某前期福建市场投入公司100万元划归股权转让款存在异议，且鉴于王某某已经去世，本着对行政相对人有利的原则，被告认定原告及张某某转让全新医疗设备有限公司10%股份各获得转让款200万元。原告取得上述股权转让款后，没有按照税法规定在次月15日前申报缴纳个人所得税，违反法律规定。2019年7月26日，第三稽查局经过案件审理委员会集体研究，向刘某某直接送达《税务处理决定书》（合税三稽处〔2019〕74号）和《税务行政处罚事项告知书》（合税三稽罚告〔2019〕23号）。2019年7月29日，刘某某提出听证申请，并递交《申辩材料》和《听证申请》。根据《税务行政处罚听证程序实施办法》规定，2019年8月14日，被告合并举行了刘某某、张某某税务行政处罚第一次听证会，在会上听取了刘某某的陈述申辩。听证会后，被告组织检查人员对刘某某陈述申辩的情况进行进一步的调查核实，并于2019年9月3日向其下达《税务事项通知书》，告知申请人刘某某、张某某一并提供支持其观点和对其有利的相关证据。综合听证会后调查核实情况，2019年9月18日，第三稽查局经过案件审理委员会集体研究，决定对刘某某送达的《税务处理决定书》（合税三稽处〔2019〕74号）和《税务行政处罚事项告知书》（合税三稽罚告〔2019〕23号）有关内容予以更正，决定撤销上述两份税务文书。2019年9月23日，被告出具《撤销具体行政行为决定书》（合税三稽撤〔2019〕1号）。2019年10月9日，上述文书直接送达刘某某。2019年10月21日，被告向刘某某直接送达《税务行政处罚事项告知书》（合税三稽罚告〔2019〕30号）。2019年10月22日，刘某某、张某某再次递交《听证申请》。2019年11月1日，被告合并举行了刘某某、张某某税务行政处罚第二次听证会，对有关证据进行了质证，并听取了刘某某、张某某的陈述申辩。根据第二次听证会情况，2019年11月5日，被告依据《个人所得税法》第二条第八款的规定对原告作出合税三稽处〔2019〕145号《税务处理决定书》，决定对原告应缴少缴个人所得税349 800元进行追缴；同日，被告依据《税收征管法》第六十四条第二款之规定作出合税三稽罚〔2019〕30号《税务行政处罚决定书》，决定对原告刘某某处以少缴个人所得税349 800元的50%作为罚款174 900元，并于2019年11月19日向原告依法送达了合税三稽处〔2019〕145号《税务处理决定书》以及合税三稽罚〔2019〕30号《税务行政处罚决定书》。原告认为，被告的行政处罚决定认定事实不清，程序严重违法。为此，原告诉至该院。

另查明：①2019年11月19日收到被告作出的合税三稽处〔2019〕145号《税务处理决定书》，原告未申请行政复议。2019年12月2日，刘某某缴纳了税款及滞纳金。②原告刘某某在税务行政处罚决定书规定的期限内缴清了罚款。

原审法院认为，《税收征管法》第六十四条第二款规定："纳税人不进行纳税申报，不缴或者少缴应纳税款的，由税务机关追缴其不缴或者少缴的税款、滞纳金，并处不缴或者少缴的税款百分之五十以上五倍以下的罚款"。本案中，刘某某、张某某与王某某于2016年5月20日签订的《关于王某某入股有关条款的说明》条款明确约定，《股权转让协议》约定股权转让款为1万元为虚假金额，是为了节省高额转让税费，这也是国内、外公司股份转让的常规做法；实际股权转让款为500万元，其中100万元为王某某前期福建市场投入公司划归本次购股资金，王某某只需再投入400万元购股资金；三方同意及时到工商局变更股东事宜。合同签订后，2016年5月23日，王某某通过周某某（王某某的外甥）个人账户转入200万元到张某某中国银行账户卡号62×××61；2016年5月23日，王某某通过其个人账户转入200万元到刘某某农业银行账户卡号62×××71，张某某相关转账款项银行记录和回单附言中明确注明为购买股份款。此外，刘某某和张某某签名的《收据》明确注明，其于2016年5月23日分别收到王某某200万元，系投资款。同时，工商部门的相关登记资料，证明了王某某2016年5月30日取得合肥甲医疗设备有限公司10%股份。被告依据上述证据材料认定刘某某应缴少缴个人所得税349 800元，并对原告刘某某处以少缴个人所得税349 800元的50%作为罚款174 900元，该行政处罚决定认定事实清楚，适用法律正确，程序合法。原告刘某某诉称其系公司增资扩股，不是转让股份，被告的行政处罚决定认定事实错误。该院认为，虽然王某某通过增资扩股的方式于2016年5月30日取得合肥甲医疗设备有限公司10%股份，但刘某某、张某某与王某某于2016年5月20日签订的《关于王某某入股有关条款的说明》（以下简称《说明》）中明确说明了《股权转让协议》所约定的股权转让款1万元为虚假金额，目的是节省高额转让税费。庭审中原告认为该《说明》系复印件，不能作为处罚的依据，该院通过庭审查明，原告在2019年2月28日的询问笔录中回答"经过仔细看后，上述资料是真实的，相关签字是我签的，我和张某某各转让5%股份给王某某、共收到转让款400万元"，结合刘某某、张某某的收据、《股权回购协议》《信用卡交易明细》以及刘震、马某某的自述材料等证据材料，足以认定原告转让股份以及收到股份转让款后不进行纳税申报的事实。同时，被告作出的合税三稽处〔2019〕145号《税务处理决定书》中也已认定了原告收到股份转让款后不进行纳税申报的事实。原告未在法定期限内申请行政复议，该决定书已发生法律效力。现原告诉请撤销案涉行政处罚决定书，无事实和法律依据，依法不予支持。原告又称被告作出的行政处罚决定，程序严重违法。通过庭审查明，第三稽查局经过案件审理委员会集体研究决定后，于2019年7月26日向刘某某送达了《税务处理决定书》（合税三稽处〔2019〕74号）和《税务行政处罚事项告知书》（合税三稽罚告〔2019〕23号）。刘某某提出听证申请后，被告举行了税务行政处罚第一次听证会，听取了原告的陈述申辩。综合听证会情况并经调查核实，2019年9月18日，被告决定对原告送达的《税务处理决定书》（合税三稽处〔2019〕74号）和《税务行政处罚事项告知书》（合税三稽罚告〔2019〕23号）有关内容予以更正，决定撤销上述两份税务文书。2019年9月23日，被告出具了《撤销具体行政行为决定书》（合税三稽撤〔2019〕1号）。2019年10月21日，被告向刘某某直接送达《税务行政处罚事项告知书》（合税三稽罚告〔2019〕30号）。2019年10月22日，刘某某再次递交《听证申请》。2019年11月1日，被告举行了税务行政处罚第二次听证会，对有关证据进行了质证，并听取了原告的陈述申辩。根据第二次听证会情况，2019年11月5日，被告依据相关法律规定对原告作出了合税三稽罚〔2019〕30号《税务行政处罚决定书》以及合税三稽处〔2019〕145号《税务处理决定书》并送达给了原告。因此，被告在处罚前履行了立案、调查、听证等程序，并向原告告知了对其所作处罚决定认定的事实理由及依据，履行了告知义务，同时将被诉行政处罚决定向原告依法进行送达，故被告执法程序符合《行政处罚法》的相关规定。原告关于被告执法人员对其询问调查过程中进行威逼利诱，属于程序违法的主张。因原告未向法院提供证据予以证实，对此依法不予采信。综上，依照《行政诉讼法》第六十九条的规定，判决驳回原告刘某某的诉讼请求。

刘某某不服一审判决，向合肥中院提出上诉。

上诉人上诉的事实和理由：上诉人认为一审法院对本案的事实认定错误、适用法律错误，故在指定期限内提起上诉，具体理由如下：

（1）一审法院关于"名为增资扩股实为股权转让"的认定明显错误。自合肥市税务局接到秦某等人的举报至本案一审庭审开庭。上诉人与被上诉人对于以下证据的真实性不持异议：①检查存款账户许可证明及刘某某银行账户流水情况。②合肥市工商的关于"工商登记资料信息"。对于该两组证据，其真实性双方均不持异议，虽然各自对于上述两份证据的证明目的持不同意见，对于持不同意见的各方需对该两份证据证明事项通过举证来完成自己的主张。

上诉人认为，一审法院关于"名为增资扩股实为股权转让"的认定明显错误，是基于被上诉人未能通过调查、搜集证据证明合肥市工商局的"工商登记资料信息"中的增资扩股不是王某某先生和上诉人的真实意思表示。首先，一审法院认定的依据是上诉人刘某某的笔录中的供述，在庭审中上诉人对于该供述进行了反驳且不认可其陈述。其次，一审法院认定的依据是秦某等的自述材料以及马某某的自述材料。对于秦某等的自述均无采信的事实基础，对于马某某的供述，在庭审中被上诉人拒绝提供原件。最后，一审法院认定的依据是上诉人对于合税三稽处〔2019〕145号《税务处理决定书》的履行。

上诉人不是法律专业人士，混淆复议期限和行政诉讼期限属于人之常情，不能作为认可被上诉人处罚符合法律规定的证据。对于上述一审法院认定的三个主要依据，上诉人认为该认定明显错误。

第一，上诉人的自述不能排除一审法院当庭查明案件事实的义务，且本案在税务处罚决定书下发前，本案上诉人的陈述明显不一致，且单纯上诉人的供述不能作为认定违法的依据。

第二，根据上诉人与马某某的电话沟通记录，马某某从未见过本案被告的工作人员，那么本案被上诉人所出具的马某某的自述材料只有从天而降，税务局从何而来。依据《最高人民法院关于行政诉讼若干证据的规定》第十条、第十一条的规定应当提供原件。

第三，上诉人履行税务处理决定书确定的款项缴纳事项是法律的强制性规定，只有履行了相关事项才可以进行行政诉讼或者复议，且在税务处理决定书确定的行政复议期限到期时间为2020年2月2日，当时，全国均处于抗击新冠病毒疫情的关键时刻，各机关单位均不复工，也导致上诉人的行政复议无提起的客观要件。

回归至此，被上诉人并未能证明工商局的增资扩股实为股权转让，被上诉人未能举证证明该增资扩股协议不具有真实性。对于一份由工商部门登记备案的登记信息最能反映当时双方的真实意思表示。因此，一审法院关于"名为增资扩股实为股权转让"的认定明显错误。

（2）一审法院适用法律错误。一审法院以复印件认定案件关键事实属于适用法律错误。《最高人民法院关于行政诉讼若干证据的规定》的规定，对于案件事实部分均需提供证据原件，但是本案被上诉人所作出具体行政行为所依据的《关于王某某入股的情况说明》等材料均无原件，且被上诉人也未能提供证据证明未能提供原件的正当理由。被上诉人只是简单的依据《税务稽查规程》进行简单说明，但是《税务稽查规程》的效力明显低于最高人民法院关于相关行政诉讼方面的规定，该《税务稽查规程》并不能排除被上诉人对于案件事实的举证责任即提供证据原件的责任。一审法院对于法律的适用存在明显偏颇，在庭审中上诉人举证其与马某某的微信聊天记录以此来向法庭还原案件的真实情形，但是被上诉人的出庭行政机关负责人对于上诉人提供的微信聊天记录的真实性当庭不予以认可并自述回去核实，由于被上诉人在处罚所依据的事实中明确说明来自秦某与马某某的聊天记录，因此，被上诉人对于马某某的微信信息是明确知情的，但是被上诉人当庭不予认可，也未曾看到被上诉人在庭后对于该证据的回复。因此，一审法院的法律适用方面未能充分保障上诉人的合法权益。马某某未曾见过被上诉人的工作人员，被上诉人却自称与马某某进行了原件的核实，法律明确规定，据以认定事实的证据需提供原件，但是一审法院却不顾被上诉人无原件对上诉人予以处罚的实际情形，维持合税三稽查〔2019〕30号税务行政处罚决定书。可以看出，一审法院的行政判决书是依据错误的事实和违法的程序所作出的。

综上，上诉人认为，安徽省合肥高新技术产业开发区人民法院〔2020〕皖0191行初48号行政判决应当予以撤销。上诉人请求二审法院判令：①撤销安徽省合肥高新技术产业开发区人民法院〔2020〕皖0191行初48号行政判决，并改判撤销合税三稽查〔2019〕30号税务行政处罚决定书。②本案上诉费用以及一审费用由被上诉人承担。

被上诉人第三稽查局答辩称：

（1）刘某某、张某某股权转让行为的证据充分，一审法院认定事实准确。第三稽查局依法收集了刘某某转让股权未申报缴纳个人所得税的相关证据，主要包括：2016年5月20日，刘某某、张某某与王某某签订的《关于王某某入股有关条款的说明》、银行付款信息、收到股权转让款收据、工商部门股权变更资料、2019年2月28日对刘某某和张某某的《询问笔录》对股权转让的事实以及相关材料真实性予以确认、国家税务总局合肥市蜀山区税务局出具证明、刘某某和马某某于2017年4月25日签订《股权回购协议》、有关电子U盘影像资料、《税务处理决定书》等。相关证据已经形成完整证据链条，足以证明股权转让的事实以及刘某某、张某某收取股权转让款未申报纳税的事实。第三稽查局在查办该案过程中证据来源正当，取证手段合法，证据确凿充足，逻辑关联严谨，构成了对违法事实认定的完整证据链条。刘某某、张某某与王某某于2016年5月20日私下签订《关于王某某入股有关条款的说明》（以下简称《入股说明》）系三方真实的意思表示。刘某某、张某某在签订《入股说明》后，于2016年5月23日收取王某某200万元股权转让款并向王某某出具收据。2016年5月30日，刘某某通过增资扩股的方式转让了5%股权给王某某。本案中，股权转让是真实目的，增资扩股仅仅是刘某某完成股权转让的形式，是其逃避缴纳股权转让个人所得税的手段。本案中，刘某某、张某某的行为并非其所称的增资扩股。增资扩股是公司资本金的增加，股东增资扩股应将增资款应交至公司账户，同时股东应根据公司股权价值和各自股权比例缴纳增资款。本案中，首先，王某某的400万元分别转入刘某某、张某某的个人账户，并未转入公司账户，与增资扩股不符；其次，刘某某、张某某、王某某并未按照相同的估值进行增资，王某某除了认缴60万元，还付出400万元，而刘某某、张某某仅仅分别认缴30万元和10万元，上述情况与增资扩股不符；再次，刘某某、张某某收取股权转让款后如何使用系其个人行为，其辩称，其个人账户归公司使用，并未提供相应的证据，也与财务管理规定不符；最后，刘某某、张某某辩称，是王某某要求转入其账户，再委托其转入公司账户，与事实与常理不符，更没有证据证明。相反，刘某某、张某某和王某某之间不仅有《入股说明》，表明有股权转让和避税的安排；王某某更将400万元转入刘某某、张某某个人账户，并由两人出具收据。上述行为与股权转让的特征完全相符。答辩人上述证据与调查事实的陈述，目的是便于法院了解案件情况。实际上，刘某某、张某某的行为是否为转让股权行为，是否应缴纳个人所得税属于纳税争议，该问题已经在我局《税务处理决定书》中予以确认。根据《税收征管法》第八十八条规定，纳税争议属于复议前置的行为，刘某某、张某某未在法定期限内申请行政复议，《税务处理决定书》已经发生法律效力，其转让股权应缴纳个人所得税的事实已经确定，刘某某、张某某无权再要求法院对上述纳税争议进行审查。

综上，第三稽查局收集了充分的证据，证明刘某某、张某某收取王某某200万元股权转让款的行为是收取股权转让款的行为，而非其所称的借款、代收增资款或者代王某某保管的款项。刘某某、张某某在《税务处理决定书》确定其取得股权转让收入应缴纳未缴纳个人所得税并已经生效的情况下，再次要求法院审查并认定其行为不是股权转让行为，无须缴纳个人所得税，这是没有事实和法律依据的，一审法院认定事实准确。

（2）刘某某、张某某转让股权所得未申报缴纳个人所得税依法应予处罚。刘某某、张某某与王某某签订《关于王某某入股有关条款的说明》，约定股权转让。刘某某、张某某在实际收到王某某股权转让款后，在工商部门办理增加股东与注册资本金认缴金额的方式完成股权转让，以欺骗、隐瞒手段不申报税款的主观故意性比较明显。《中华人民共和国个人所得税法》（以下简称《个人所得税法》）第二条规定："下列各项个人所得，应当缴纳个人所得税：……（八）财产转让所得……"《个人所得税法实施条例》第六条规定："个人所得税法规定的各项个人所得的范围：……（八）财产转让所得，是指个人转让有价证券、股权、合伙企业中的财产份额、不动产、机器设备、车船以及其他财产取得的所得……"根据上述规定，刘某某转让全新医疗公司股权依法应缴纳个人所得税。同时，《个人所得税法》第十条规定："有下列情形之一的，纳税人应当依法办理纳税申报：……（三）取得应税所得，扣缴义务人未扣缴税款……"刘某某、张某某收到股权转让款，在扣缴义务人未扣缴个人所得税的情况下，刘某某、张某某应依法向税务机关申报缴纳个人所得税。刘某某、张某某的上述行为已经在第三稽查局《税务处理决定书》确认并发生法律效力。鉴于刘某某、张某某并未依法申报缴纳个人所得税，根据《税收征管法》第六十四条第二款规定："纳税人不进行纳税申报，不缴或者少缴应纳税款的，由税务机关追缴其不缴或者少缴的税款、滞纳金，并处不缴或者少缴的税款 50% 以上 5 倍以下的罚款。"根据上述规定对刘某某转让股权为申报缴纳个人所得税的行为予以少缴税款 50% 的处罚符合法律规定，依法应予维持。刘某某、张某某要求撤销第三稽查局行政处罚行为的诉请依法应予驳回。

（3）第三稽查局税务行政处罚具体行政行为程序合法。本案中，第三稽查局严格按照《税收征管法》《税务稽查工作规程》等规定进行调查取证，依法下达《税务检查通知书》《询问通知书》《检查存款账户许可证明》《税务事项通知书》等税务文书，充分保障了纳税人在案件办理过程中的合法权益。在行政处罚过程中，第三稽查局认真听取刘某某、张某某陈述、申辩，依法组织行政处罚听证，程序合法正当，充分保障纳税人的合法权益。值得注意的是，第三稽查局于 2019 年 9 月 3 日向刘某某、张某某送达《税务事项告知书》，告知其提供证明其行为不是股权转让的证据，充分保障了刘某某的陈述、申辩的权利。刘某某、张某某收到上述告知书后并未提交任何证明其行为不是股权转让的证据，也从侧面说明刘某某对其行为违法性的认识。此外，第三稽查局作出的合税三稽处《税务处理决定书》中也已认定了刘某某、张某某收到股权转让款后不进行纳税申报的事实。刘某某、张某某依照该《税务处理决定书》于 2019 年 12 月 2 日缴纳了税款和滞纳金，表明其认可该决定书内容。之后，刘某某、张某某在长达 2 个月的时间内没有对《税务处理决定书》提起复议，也表明其认可《税务处理决定书》的内容。因此，刘某某、张某某对依据该决定书作出的《行政处罚决定书》提请诉讼，没有事实和法律上的依据，依法应予驳回。

综上所述，国家税务总局合肥市税务局第三稽查局作出的行政处罚行为证据充分、实体和程序上均符合法律规定，一审法院的判决结果完全正确，请法院依法驳回刘某某的上诉请求，维持原判。

刘某某向一审法院提交如下证据：

（1）刘某某转账记录、程某某情况说明、全新医疗情况说明。

（2）全新医疗变更信息、股东会决议、章程修正案（与被告提供的第九份证据一致）。证明目的：程某某的个人账户用于全新医疗使用，在王某某部分增资扩股款到账后刘某某及时转给程某某用于全新医疗日常经营使用；王某某部分增资扩股款400万元到账后及时为王某某办理了增资扩股手续，虽然增资扩股份额为100万元，但是实际购买金额为500万元。

（3）马某某与刘某某聊天记录。证明目的：王某某过世后，马某某作为王某某的股权继承人一直在和刘某某进行互动、沟通，且一直说明的是公司经营壮大后进行分红，能够证明系增资扩股成为全新医疗的股东。

（4）《民事起诉状》《律师函》《合肥市蜀山区〔2018〕皖0104民初4880号民事裁定书》《合肥市中级人民法院〔2019〕皖01终2503号民事裁定书》《关于解除合作的说明》《解除合作协议说明》、济宁市兖州区人民法院〔2019〕鲁0812民初2099号判决书。证明目的：举报人秦某等在与全新医疗合作期间恶意向代理商、经销商发布虚假信息以及恐吓信息、电话等导致全新医疗名义受损，恶意攻击原告，在本次举报中秦某等人提供的材料均是两人恶意为之，对于此类严重危害当地企业的人员不能听之任之。因此，举报人恶意举报的信息不应当予以采纳，且原告与全新医疗股东遗孀马某某一直保持良好的沟通。

（5）视频，庭后3日内提交，否则视为不做证据。时间：2019年8月14日中午12点左右。地点：税务稽查第三稽查局的三楼会议室。证明目的：被告提供的重要视频中的孙某某因与原告股权转让纠纷，恶意伪造股权转让协议妄图使原告权益受损，可以证明孙某某等人属于恶意的行为。该视频存在胁迫的情形，不能作为证据使用。

第三稽查局向一审法院提供的证据如下：

（1）《税务行政处罚决定书》（合税三稽罚〔2019〕30号）及送达回证。证明目的：案涉税务行政处罚决定已经生效并送达原告。

（2）转办函、立案审批表、税务登记表。证明目的：国家税务总局合肥市税务局接到对合肥甲医疗设备有限公司股东刘某某、张某某股权转让过程中涉嫌偷逃税款的举报，经查属于被告管辖范围，交由被告进行处理。被告经审查后决定对合肥甲医疗设备有限公司进行税务检查，在对合肥甲医疗设备有限公司检查过程中，发现刘某某、张某某涉嫌在转让合肥甲医疗设备有限公司股权过程中隐匿实际转让收入偷逃税款，经审查，决定对刘某某、张某某进行立案查处。

（3）税务检查通知书、送达回证以及检查人员税务检查证。证明目的：税务机关通知合肥甲医疗设备有限公司、刘某某对其涉税违法行为进行立案查处。

（4）秦某等的自述材料以及信义提供的股权转让协议、关于王某某入股有关条款的说明、收据、信用卡交易明细、电子银行回单、股权回购协议。证明目的：秦某等就刘某某涉嫌在转让合肥甲医疗设备有限公司股权过程中隐匿实际转让收入偷逃税款提供了证人证言和相关证据。

（5）王某某的讣告。主要证明：股权受让人已经去世，合肥甲医疗设备有限公司在讣告中确认王某某为其股东。

（6）王某某妻子马某某的自述材料以及股权转让协议、关于王某某入股有关条款的说明、收据、信用卡交易明细、电子银行回单、股权回购协议。证明目的：2016年5月20日，刘某某、张某某与王某某签订《股权转让协议》《关于王某某入股有关条款的说明》，转让合肥甲医疗设备有限公司股权。2016年5月23日，王某某通过银行转账方式支付购买股份款 400 万元。同日，刘某某、张某某个人账户分别收到购买股份款 200 万元。刘某某、张某某未依法进行申报并缴纳个人所得税。

（7）对刘某某、张某某的询问笔录。证明目的：刘某某、张某某与王某某签署《股权转让协议》《关于王某某入股有关条款的说明》，收取 400 万元股权转让款并将合肥甲医疗设备有限公司 10% 股权转让给王某某的事实，进一步印证马某某提供材料的真实性。

（8）检查存款账户许可证明及刘某某银行账户流水情况。证明目的：刘某某收到王某某股权转让款 200 万元。

（9）工商登记资料信息（股东会决议、章程修正案等）。证明目的：刘某某、张某某收到股权转让款后，于 2016 年 5 月 30 日办理工商登记变更，确认王某某取得合肥甲医疗设备有限公司 10% 股份。

（10）验资情况证明和验资报告。证明目的：刘某某转让给王某某的 5% 股权的原始成本为 25 万元。

（11）国家税务总局合肥市蜀山区税务局证明。证明目的：刘某某和张某某转让合肥甲医疗设备有限公司股权并未向主管税务机关申报缴纳个人所得税。

（12）刘某某、张某某提供的股权回购协议。证明目的：明确注明，2016 年 5 月王某某从刘某某处以 250 万元购得合肥甲医疗设备有限公司 5% 股份，进一步印证刘某某、张某某将股权转让给王某某的事实。

（13）刘某某、张某某提供的电子影像资料。证明目的：1 分 20 秒后和 10～12 分，多次提起股权转让以及回购事宜，进一步印证刘某某和张某某将全新医疗 10% 股权以 400 万元转让给王某某的事实。

（14）《税务处理决定书》（合税三稽处〔2019〕145 号）及送达回证。证明目的：被告经检查确认刘某某不进行纳税申报，不缴或者少缴应纳税款的行为违反了《个人所得税法》《印花税暂行条例》等法律法规，相关证据由第三稽查局出具并直接送达刘某某，刘某某未提出行政复议。

（15）税务事项通知书及送达回证。

（16）刘某某陈述申辩材料。

（17）税务处理决定书（合税三稽处〔2019〕74 号）及送达回证。

（18）税务行政处罚事项告知书（合税三稽罚告〔2019〕23 号）及送达回证。

（19）刘某某、张某某陈述、申辩材料。

（20）刘某某听证申请（2019 年 7 月 29 日）。

（21）税务行政处罚听证通知书（合税稽听通〔2019〕3 号）。

（22）关于税务行政处罚听证有关事项告知书（合税稽告听〔2019〕3 号）及送达回证。

（23）授权书、听证笔录（2019 年 8 月 14 日）。

（24）税务事项告知书（合税三稽通〔2019〕2146 号）及送达回证。

（25）撤销具体行政行为决定书（合税三稽撤〔2019〕1 号）。

（26）税务行政处罚事项告知书（合税三稽罚告〔2019〕30 号）及送达回证。

（27）刘某某听证申请（2019 年 10 月 22 日）。

（28）关于税务行政处罚听证有关事项告知书（合税稽告听〔2019〕5 号）及送达回证。

（29）税务行政处罚听证通知书（合税稽听通〔2019〕5 号）。

（30）授权书、听证笔录（2019年11月1日）。

（31）税务行政处罚决定书（合税三稽罚〔2019〕30号）及送达回证。

上述证据证明目的：被告在进行税务检查和作出税务行政处罚过程中，依法要求纳税人提供对其有利的证据，充分听取了纳税人的陈述申辩，开展了听证，保障了纳税人在案件办理过程中的合法权益。被告作出的税务行政处罚决定程序合法有效。法律依据有：《税收征管法》《税收征管法实施细则》《个人所得税法》《个人所得税实施条例》《股权转让所得个人所得税管理办法（试行）》《税务稽查工作规程》《国家税务总局关于修改部分税收规范性文件的公告》《国家税务总局安徽省税务局关于印发〈国家税务总局合肥市税务局职能配置、机构设置和人员编制暂行规定〉的通知》（皖税发〔2018〕37号）。

合肥中院二审中，刘某某当庭提交《关于王某某汇款资金的说明》证据一份。第三稽查局发表的质证意见认为，对其真实性有异议，即使真实，也被5月20日之后一系列协议推翻，且在行政执法过程中从来没有看到过该份证据。第三稽查局在行政处罚过程中要求上诉人提供相关证据证明不是股权转让，但上诉人一直没有提供，该证据不能作为定案依据。合肥中院经审查认为，根据《最高人民法院关于适用〈中华人民共和国行政诉讼法〉的解释》第四十五条的规定，"被告有证据证明其在行政程序中依照法定程序要求原告或者第三人提供证据，原告或者第三人依法应当提供而没有提供，在诉讼程序中提供的证据，人民法院一般不予采纳"。因此，合肥中院对上述证据不予采纳。

合肥中院二审查明的事实与原审判决相同，对原审判决认定的事实，合肥中院予以确认。

合肥中院认为，第三稽查局依法履行法定职责，根据第三稽查局提交的刘某某、张某某的收据、《股权回购协议》《信用卡交易明细》以及马某某的自述材料、询问笔录、听证笔录等证据材料，可以形成完整的证据链条，足以认定刘某某转让股份以及收到股份转让款后不进行纳税申报的事实。另外，根据《税收征管法》第八十八条第一款的规定，"纳税人、扣缴义务人、纳税担保人同税务机关在纳税上发生争议时，必须先依照税务机关的纳税决定缴纳或者解缴税款及滞纳金或者提供相应的担保，然后可以依法申请行政复议；对行政复议决定不服的，可以依法向人民法院起诉"。案涉《税务处理决定书》经依法送达，但刘某某未依法提起行政复议，该决定书已经依法生效，相关违法事实已经被确认。第三稽查局在处罚前履行了立案、调查、听证等程序，并向刘某某告知了对其所作处罚决定认定的事实理由及依据，履行了告知义务，同时将被诉处罚决定向刘某某依法进行送达，所作处罚决定程序合法，事实清楚并无不当。综上，原审判决认定事实清楚，适用法律正确，程序合法。

2020年12月30日，合肥中院根据《行政诉讼法》第八十九第一款第一项的规定，作出〔2020〕皖01行终780号行政判决书，判决驳回上诉，维持原判。二审案件诉讼费人民币50元由上诉人刘某某负担。

四、河南省税务机关案

开封市甲水产品冷藏批发市场（以下简称"甲批发市场"）诉国家税务总局开封市税务局第二稽查局（以下简称"第二稽查局"）、国家税务总局开封市税务局（以下简称"市税务局"）税务管理处理决定及行政复议一案，河南省开封市鼓楼区人民法院于 2020 年 5 月 18 日作出〔2019〕豫 0204 行初 55 号行政判决，一审原告甲批发市场不服，向开封市中级人民法院（以下简称"开封中院"）提起上诉。开封中院受理后，依法组成合议庭审理了本案，本案现已审理终结。

一审被告第二稽查局于 2019 年 8 月 9 日作出汴税二稽处〔2019〕176034 号《税务处理决定书》，以甲批发市场 2016 年 5 月至 2017 年 7 月期间少申报营业收入 2 847 437.01 元，少缴增值税款 85 423.11 元、少缴个人所得税 160 006.62 元、少缴城市维护建设税 5 979.61 元、少缴教育费附加 3 042.60 元、少缴地方教育附加 2 028.40 元、少缴印花税 3 380.70 元，并根据《增值税暂行条例》《城市维护建设税暂行条例》第二条、《征收教育附加的暂行规定》《河南省地方教育附加征收使用管理办法》《个人所得税法》《印花税暂行条例》《税收征管法》等相关规定，要求甲批发市场补缴其少缴的增值税 85 423.11 元、城市维护建设税 5 979.61 元、个人所得税 160 006.62 元、印花税 3 380.70 元，并依法加收滞纳金，同时补缴教育费附加 3 042.60 元、地方教育附加 2 028.40 元。甲批发市场就该税务处理决定向被告市税务局申请行政复议，市税务局于 2019 年 11 月 8 日作出汴税复决字〔2019〕第 1 号《行政复议决定书》，维持了该税务处理决定。

一审查明，原告甲批发市场经营范围为水产品、农副产品、干鲜果品、蔬菜、预包装食品的冷藏服务，批发零售，投资人为赵某某。2017 年 7 月 21 日，河南省国家税务局稽查局税收违法案件举报中心出具督办函，将甲批发市场等涉税检举案案件转交开封市国家税务局稽查局查办，原开封市国家税务局稽查局决定对原告甲批发市场涉嫌逃税等违法行为进行立案，于 2017 年 8 月 2 日作出税务检查通知书，通知自 2017 年 8 月 1 日起对原告 2016 年 5 月 1 日至 2017 年 7 月 31 日期间的涉税情况进行查检，于 2018 年 4 月 12 日向原告下达责令限期改正通知书，责令原告在规定时间内提供有关涉税资料，改正以其他凭证代替发票使用的行为。2019 年 7 月 31 日，第二稽查局作出税务事项通知书，通知原告变更执法主体为第二稽查局。经调查询问，第二稽查局于 2019 年 8 月 4 日作出《税务行政处罚事项告知书》，告知原告享有的陈述、申辩、听证的权利及拟对原告作出行政处罚的事实和法律依据。2019 年 8 月 9 日，第二稽查局作出汴税二稽处〔2019〕176034 号《税务处理决定书》，原告不服，申请行政复议后诉至法院。

另查明，赵某某和钱某系夫妻关系。

一审法院认为，根据《税收征管法》第十四条和《税收征管法实施细则》第九条等规定，被告第二稽查局具有作出被诉《税务处理决定书》的主体资格和法定职权。被告第二稽查局立案受理后，经调查询问，在作出税务处理决定前，已事先告知了原告拟作出行政处罚的事实、理由及依据，并告知其享有陈述、申辩和听证的权利。被告第二稽查局作出的《税务处理决定书》，认定事实清楚，证据充分，适用法律正确，程序合法。被告市税务局作为复议机关，收到甲批发市场的复议申请后，依法予以受理并向申请人出具受理通知书，在第二稽查局提出答复后，依法作出复议决定，复议程序合法。一审判决驳回原告开封市甲水产品冷藏批发市场的诉讼请求。

甲批发市场不服一审判决，上诉称：①一审认定事实不清，适用法律错误。税务局第二稽查局向钱某送达《税务行政处罚事项告知书》属于送达程序错误，并没有向上诉人送达，当时钱某在看守所羁押，无法申请听证程序与参加听证程序，更无法在短时间内约见律师，办理委托手续。市税务局和第二稽查局是否有告知行为，钱某都无法进行听证程序，事实上已经剥夺了上诉人听证的权利，属于程序违法。②上诉人没有偷税、漏税的违法行为。上诉人在 2019 年 8 月 22 日已经缴纳了相关税款、滞纳金、罚款等，赵某某等人的询问笔录，不能认定现金就是本案收入，赵某某流水等不能证明上诉人存在违法行为及偷税、漏税等情况。综上，被诉税务处理决定书及复议决定书认定事实不清，程序违法，请求二审撤销一审判决、撤销税务处理决定书及复议决定书。

被上诉人第二稽查局及市税务局均未提交书面答辩状。

二审经审理查明的事实与一审判决认定的事实基本一致。

开封中院认为，根据《税收征管法》第十四条、《税收征管法实施细则》第九条的规定，稽查局专司偷税、逃避追缴欠税、骗税、抗税案件的查处。被上诉人第二稽查局具有对上述行为作出税务处理决定的法定职权。

第二稽查局在法定举证期限内提供的违法行为人陈述、证人证言、银行账户查询情况、纳税申报表、工资表、客户明细对账单、财务账簿等证据材料，内容客观真实，与待证事实密切相关，证据之间能够互相印证，可以认定上诉人甲批发市场实施了偷税及以其他凭证代替发票使用的税务违法行为的基本事实，甲批发市场的行为违反了《税收征管法》等相关税务法律法规的规定。第二稽查局经调查取证并依法定程序作出的《税务处理决定书》认定事实清楚，证据充分，适用法律正确，符合法定程序。市税务局受理甲批发市场的复议申请后，经书面审查作出《行政复议决定书》，符合《行政复议法》的有关规定，程序合法。一审判决驳回甲批发市场的诉讼请求正确。甲批发市场的上诉理由不能成立，开封中院不予采纳。

2020 年 9 月 25 日，开封中院依照《行政诉讼法》第八十九条第一款第（一）项之规定，作出〔2020〕豫 02 行终 98 号行政判决书，判决驳回上诉，维持原判。二审案件受理费 50 元由上诉人甲批发市场负担。

五、广东省惠州市税务机关胜诉案

上诉人（原审原告）赵某某、孙某某因与被上诉人（原审被告）国家税务总局惠州市税务局第一稽查局、原审第三人杨某某税务行政处罚一案，不服广东省博罗县人民法院〔2016〕粤 1322 行初 178 号行政判决，向惠州市中级人民法院（以下简称"惠州中院"）提起上诉。惠州中院依法组成合议庭，公开开庭审理了本案。本案现已审理终结。

原审法院经审理查明，原告赵某某、孙某某与第三人杨某某于 2009 年 12 月 14 日和李某某、周某某签订《广东省房地产买卖合同（适用于二手楼买卖）》，以 5 200 万元的价格购买位于惠东县平山新华路（现更名为惠东县平山大道）的房产，并于 2009 年 12 月 17 日办理了房产证，房产证载明房产权属人为杨某某、赵某某、孙某某，共有情况为共同共有。后两原告及第三人将上述涉案房产委托甲实业有限公司进行分拆销售。2014 年 2 月 20 日，惠东县地方税务局平山税务分局作出东地税平通〔2014〕ZS007 号《税务事项通知书》，通知原告及第三人于 2014 年 3 月 7 日前向惠东县地方税务局平山税务分局申报缴纳应缴未缴税款 6 509 864.48 元，并将上述通知于 2014 年 2 月 20 日分别送达原告及第三人。2014 年 11 月 27 日，惠东县地方税务局稽查局作出《税务稽查情况核对表》和《税务稽查工作底稿》，并分别送达原告及第三人。2014 年 12 月 4 日、5 日，原告及第三人针对上述《税务事项通知书》和《税务稽查情况核对表》等向惠东县地方税务局稽查局提交《陈述意见书》，辩称三人并非涉案房产的实际所有人，并非适格的纳税主体。2016 年 4 月 29 日，惠东县地方税务局稽查局作出东地税稽罚〔2016〕15号《税务行政处罚决定书》，责令两原告及第三人补缴印花税13 975元及加处50%罚款、土地增值税15 871 816.98元及加处50%罚款、个人所得税5 933 708.35元及加处50%罚款，共计10 909 750.17元。两原告不服该处罚决定，认为惠东县地方税务局稽查局处罚的主体错误及补缴税额计算方式等不明确，遂向原审法院提起诉讼。

另查，2018年8月31日，国家税务总局广东省税务局发布粤税发〔2018〕52号《国家税务总局广东省税务局关于印发〈国家税务总局惠州市税务局职能配置、机构设置和人员编制暂行规定〉的通知》，内容为："国家税务总局惠州市税务局：《国家税务总局惠州市税务局职能配置、机构设置和人员编制暂行规定》已经国家税务总局广东省税务局批准，现予以印发，请遵照执行……3.稽查局。负责组织落实税务稽查法律、法规、规章及规范性文件，拟定具体实施办法；负责统筹稽查案源管理，协调、指导、考核本系统税务稽查、社会保险费和有关非税收入检查工作；组织查办督办税收重大违法案件……4.第一稽查局。承担市税务局列名企业的税务稽查、税收高风险事项应对和协查等工作；负责惠城区、惠阳区、惠东县、博罗县、龙门县等区域内税收、社会保险费和有关非税收入违法案件的查处以及查办案件的执行工作"。2019年4月29日，国家税务总局惠州市税务局第一稽查局向原审法院提交惠税一稽便函〔2019〕11号《关于告知执法主体变更的函》，告知原惠东县地方税务局稽查局办理的乙小商品批发城（杨某某、孙某某、赵某某）的执法主体变更为国家税务总局惠州市税务局第一稽查局。

再查，原告赵某某、孙某某因对惠东县地方税务局稽查局作出的东地税稽罚〔2016〕15号《税务处理决定书》不服，于2016年10月20日另案向原审法院提起诉讼，原审法院于2016年10月27日受理并立案号为〔2016〕粤1322行初179号。在〔2016〕粤1322行初179号案中，原审法院查明，原告赵某某、孙某某与案外人杨某某于2009年12月14日和李某某、周某某签订《广东省房地产买卖合同（适用于二手楼买卖）》，以5 200万元的价格购买位于惠东县平山新华路的房产，并于2009年12月17日办理了房产证，房产证载明房产权属人为杨某某、赵某某、孙某某，共有情况为共同共有。被告于2016年4月29日作出东地税稽罚〔2016〕15号《税务处理决定书》，责令两原告补缴营业税、城市维护建设税、教育费附加、印花税、契税、土地增值税、个人所得税等共计26 867 778.58元。

原审法院认为，根据《税收征管法》第八十八条的规定："纳税人、扣缴义务人、纳税担保人同税务机关在纳税上发生争议时，必须先依照税务机关的纳税决定缴纳或者解缴税款及滞纳金或者提供相应的担保，然后可以依法申请行政复议；对行政复议决定不服的，可以依法向人民法院起诉"。根据《税收征管法实施细则》第一百条规定："税收征管法第八十八条规定的纳税争议，是指纳税人、扣缴义务人、纳税担保人对税务机关确定纳税主体、征税对象、征税范围、减税、免税及退税、适用税率、计税依据、纳税环节、纳税期限、纳税地点以及税款征收方式等具体行政行为有异议而发生的争议。"两原告以其并非纳税主体及对补缴税收的计算方式不明等为由，不服被告作出的税务行政处理决定，显然属于上述法律规定的纳税争议。《最高人民法院关于执行〈中华人民共和国行政诉讼法〉若干问题的解释》（法释〔2000〕8号）第四十四条规定："有下列情形之一的，应当裁定不予受理；已经受理的，裁定驳回起诉：……（七）法律、法规规定行政复议为提起诉讼必经程序而未申请复议的……"本案属行政复议前置的税务争议案件。原告孙某某、赵某某依法应在缴纳或者提供相应的担保后，可以申请行政复议。对行政复议决定不服的，可以向人民法院起诉。原告在法定期限内没有缴清税款，没有提供纳税担保，也未向有关部门申请行政复议，而是直接向人民法院提起诉讼，根据上述司法解释的相关规定，原告的起诉不符合《行政诉讼法》的受理条件，法院应依法驳回原告的起诉。综上所述，原审法院依照《最高人民法院关于执行〈中华人民共和国行政诉讼法〉若干问题的解释》（法释〔2000〕8号）第四十四条第一款第（七）项的规定，于2016年12月7日作出〔2016〕粤1322行初179号行政裁定，驳回原告赵某某、孙某某的起诉。〔2016〕粤1322行初179号行政裁定已经发生法律效力。

原审法院认为，根据《税收征管法实施细则》第九条规定，被告有追缴税款的法定职权。被告在对原告赵某某、孙某某及第三人杨某某未足额缴纳税款的行为展开调查后，依法作出东地税稽罚〔2016〕15号《税务行政处罚决定书》并依法送达给原告及第三人，因此被告作出东地税稽罚〔2016〕15号《税务行政处罚决定书》的程序及送达程序合法。本案中，涉案房产的房地产权证上载明所有人为原告及第三人，被告据此认定原告及第三人为纳税主体并无不当，且原审法院在〔2016〕粤1322行初179号案中已驳回了原告的起诉，该行政裁定书已发生法律效力。原告主张被告行政处罚超过5年的时效，根据《税收征管法》第八十六条规定，原告违法事实发生自2009年12月14日至2012年12月期间，税务机关于2014年3月18日即已发现并立案查处，没有超过5年处罚时效。关于行政处罚没有告知处罚的计付依据，处罚金额及计付依据的问题。被告根据DHCQ359号《房地产买卖合同》、销售发票、契税完税证、询问笔录、银行转账凭证、房地产权证、惠东国用〔2009〕第011620号国土证、广东省惠东县公证处〔2010〕惠东证字第266号、〔2010〕惠东证字第671号、〔2010〕惠东证字第1217号《公证书》、惠东县房产档案馆《房屋权属登记查询结果》、惠东义乌小商品城商铺销售收入汇总表、销售明细表（已售未办证）、销售明细表（已售已办证）、惠东县地方税务局稽查局询问笔录、《关于要求出具涉税财物价格认定的函》、惠东县物价局价格认证中心《涉税财物价格认定结论书》及送达回证、两原告与杨某某三人在2009年12月14日与李某某、周某某签订房地产转让协议、两原告与杨某某三人共同销售涉案房产惠东县平山镇惠东大道（可销售面积为15 377.06平方米，至2010年12月止，已销售面积为15 098.53平方米，未销售商铺为23间，未销售面积为278.53平方米，已销售面积占可售面积的比例为98.18%，应收房款合计136 924 208元，已收房款合计135 727 653元，少缴土地增值税15 871 816.98元，少缴个人所得税5 933 708.35元）、东地税稽通〔2014〕1号《税务事项通知书》《对甲实业有限公司无法按要求提供惠东颐东小商品批发城商铺销售凭证等原因的情况说明》《惠东县地方税务局稽查局税务检查通知书》《实施税务检查出示税务检查证回执》及送达回证、《惠东县税务局税务稽查情况核对表》《税务稽查工作底稿》及送达回证、税收转账专用完税凭证、惠东县地方税务局稽查局东地税稽罚〔2016〕15号《税务处理决定书》，作出处罚的计付依据，处罚金额及计付依据事实清楚、证据充分，且在作出税务处理决定和税务处罚前已经向原告及第三人依法告知，因此，被告作出的东地税稽罚〔2016〕15号《税务行政处罚决定书》程序合法、证据充分，适用法律法规正确。原告请求撤销被告作出的税务行政处罚决定，没有事实和法律根据，原审法院不予支持。综上所述，依照《行政诉讼法》第六十九条的规定，判决驳回原告赵某某、孙某某的诉讼请求。

上诉人（原审原告）赵某某、孙某某不服原审判决，上诉称：

（1）一审法院以中止原因消除为由恢复审理并作出判决错误。上诉人在一审诉讼期间，向一审法院提交关于上诉人与涉及该房产实际权利人惠州市丙信用担保投资有限公司的所有权确认之诉，该案由惠东县人民法院作出〔2016〕粤1323民初2108号民事判决，惠州市中级人民法院以〔2017〕粤13民终1290号民事裁定，裁定撤销该判决并发回重审，现今该案仍在惠东县人民法院审理。上诉人系以该理由向一审法院申请中止。现因所有权确认纠纷案件仍在审理当中，中止的事由并没有消除，故此，一审法院主观认为中止事由消除并作出判决错误。

（2）一审法院认定上诉人为税收缴交义务人事实认定错误：

其一，上诉人向一审法院提供的证据惠州市丙信用担保投资有限公司于2013年3月2日出具《股东证明书》，该《股东证明书》明确实际权利人为惠州市丙信用担保投资有限公司。一审法院对于该明确证据未予以审查。

其二，被告对惠州市丙信用担保投资有限公司总经理赖某某所作《询问笔录》（2014年3月11日），该笔录明确被告明确该物业系惠州市丙信用担保投资有限公司，也明确该物业的收入与支出均由该公司享有和承担。

其三，本案原惠东县地方税务局向原告发出《税务事项通知书》，原告已及时告知原告不是税务的缴交主体，且其通知事项中涉及已缴及应缴未缴营业税、城市维护建设税、教育附加费、堤围费、土地增值税、个人所得税，其中最为明显的本案原告从未缴交个人所得税，被告是如何确认原告缴交2 318 741.44元不清，本案被告未明确已缴的税费是谁已缴，而一审法院对于已缴交税的主体等均不予查明。

其四，本案被告认定原告系为缴交税收的义务人，但被告作出认定应缴交税款的依据并非原告所确认销售面积、销售额等；被告认定计算税务主要事实依据甲实业有限公司提供未销售铺位清单，但未实质测量核算。

其五，本案第三人为甲实业有限公司名义上法定代表人，其在被告处询问笔录已明确该物业权属主体。

（3）一审法院认定被上诉人作出处罚决定程序合法、证据充分错误。①本案被告作出处理决定书、处罚决定书，所作出处罚有违背查处与审查相分离原则。②本案被告没有告知原告陈述、申辩及有权举行听证的权利。③原惠东县地方税务局怠于及时征收税收。④本案原告仅为房屋名义登记人（挂名登记），原告没有从中获取任何利益，仅为当时服从公司安排。本案被告在明确原告并非真正的权属人及实际缴交税收情况下，仍作出对原告的处罚有违行政合理性原则。

综上，上诉人认为一审法院判决错误，请二审法院依法撤销并改判。上诉请求撤销〔2016〕粤1323行初178号行政判决，并改判为撤销东地税稽罚〔2016〕15号《税务行政处罚决定书》。

被上诉人（原审被告）国家税务总局惠州市税务局第一稽查局答辩称：

（1）被答辩人违法事实清楚。

其一，孙某某、赵某某、杨某某三人于2009年12月14日与周某某、李某某签订房地产买卖合同（合同金额为1 680万元，实际成交金额为5 200万元），购买惠东大道的房产，后再分拆销售，未按照规定足额申报缴纳印花税，少缴印花税，违法事实清楚。

其二，至2010年12月止，孙某某、赵某某与杨某某通过公司委托甲实业有限公司将涉案房产分拆销售、收款，应收房款136 924 208元，已收房款135 727 653元，未按规定足额申报土地增值税、个人所得税，违法事实清楚。孙某某、赵某某、杨某某三人的上述违法事实，有《房地产买卖合同》、银行转账凭证、《房地权证》《公证书》《惠东义乌小商品城商铺销售收入汇总表》《销售明细表》、惠东县地方税务局稽查局询问笔录等多项证据，足以为证。

（2）被答辩人是涉案房产的纳税主体，应当依法纳税。

其一，孙某某、赵某某、杨某某三人系涉案房产的纳税主体。依照《印花税暂行条例》第一条、第二条，《土地增值税暂行条例》第二条，《个人所得税法》第一条、第二条以及《个人所得税法实施条例》（2011年修订）第八条第（九）项的规定，印花税的纳税主体是产权转移书据的书立人，土地增值税的纳税主体是建筑物的转让人及取得收入人，个人所得税的纳税主体是取得财产转让所得的人。结合在案证据，孙某某、赵某某、杨某某三人完全符合上述法律规定的纳税主体身份，依照税法规定直接负有纳税义务。

其二，被答辩人如对税务机关确认其为纳税主体不服，应当依法先申请行政复议。

此外，《税收征管法实施细则》第一百条规定："税收征管法第八十八条规定的纳税争议，是指纳税人、扣缴义务人、纳税担保人对税务机关确定纳税主体、征税对象、征税范围、减税、免税及退税、适用税率、计税依据、纳税环节、纳税期限、纳税地点以及税款征收方式等具体行政行为有异议而发生的争议。"《税收征管法》第八十八条第一款规定："纳税人、扣缴义务人、纳税担保人同税务机关在纳税上发生争议时，必须先依照税务机关的纳税决定缴纳或者解缴税款及滞纳金或者提供相应的担保，然后可以依法申请行政复议；对行政复议决定不服的，可以依法向人民法院起诉。"根据上述规定，被答辩人上诉辩称其不是"税收缴交义务人"，不是"纳税主体"，"征税范围、计税依据"不明等，属纳税争议，系行政复议前置的案件，提起行政诉讼前须先经过行政复议程序。当事人的正确做法，应当是先依法申请行政复议，对行政复议决定不服，再依法向人民法院起诉；当事人未依法申请行政复议而选择直接向人民法院起诉的，人民法院应依法驳回起诉。这个问题在生效裁定即〔2016〕粤1322行初179号、〔2017〕粤13行终22号行政裁定书中已作充分说理，不再赘述。可见，被答辩人称其"仅为涉案房屋挂名登记人，没有从中获取任何利益""不是税务缴交义务人"的上诉理由不成立。

（3）答辩人在法定职权范围内依法对被答辩人的违法行为作出行政处罚决定适用法律正确、程序合法。针对孙某某、赵某某、杨某某三人的违法行为，答辩人依照《税收征管法》第六十四条第二款的规定，依法对被答辩人孙某某、赵某某以及第三人杨某某作出行政处罚决定。答辩人在作出行政处罚决定前，依法履行了告知程序：2016年4月20日，答辩人作出东地税稽罚告〔2016〕15号《税务行政处罚事项告知书》，并于2016年4月22日向赵某某、孙某某送达，2016年4月25日向杨某某送达。在《税务行政处罚事项告知书》中，答辩人告知孙某某、赵某某、杨某某三人税务行政处罚的事实依据、法律依据及拟作出的处罚决定；同时，告知孙某某、赵某某、杨某某三人有陈述权、申辩权和听证权。在作出行政处罚前，答辩人收取了孙某某、赵某某、杨某某三人提供的相关书面申辩材料，调取了惠州市丙信用担保投资有限公司法定代表人、总经理、杨某某等人的证言，调取了《房屋买卖合同》、公证委托书、房屋产权权属证书等书证，充分听取了当事人的意见，对当事人提出的事实、理由和证据，进行了复核。根据调查取证的资料，答辩人在对相关的事实和证据进行认真、细致的分析的基础上，形成了《税务稽查审理报告》，最后，认为当事人提出的事实、理由和证据不成立，确定孙某某、赵某某、杨某某是该栋房产的权属人，对其分割该栋房产的产权后再委托甲实业有限公司进行分拆销售及销售收款的行为，应依照相关的税收法律法规的规定计算缴纳地方个税，并对其三人应缴未缴的税款依法进行追缴。可见，答辩人作出行政处罚的过程中，已依法充分保障了被答辩人孙某某、赵某某和杨某某的陈述权和申辩权。此外，在法定的期限内，孙某某、赵某某和杨某某三人没有要求举行听证，放弃了相关权利。2016 年 4 月 29 日，惠东县地方税务局稽查局对孙某某、赵某某和杨某某三人的违法行为依法作出东地税稽罚〔2016〕15 号《税务行政处罚决定书》，并在法定期限内将行政处罚决定书送达给当事人。

综上所述，被答辩人违法事实清楚、证据确凿，答辩人作出行政处罚决定程序合法、适用法律、法规正确；一审法院作出〔2016〕粤 1322 行初 178 号行政判决书认定事实清楚，适用法律、法规正确，请法院依法驳回上诉，维持原判。

原审第三人杨某某的述称：我方的意见与上诉人的一致。

惠州中院经审查，认定事实与原审认定事实基本一致。惠州中院另查明，2016 年 4 月 20 日惠东县地方税务局稽查局作出东地税稽罚告〔2016〕15 号《税务行政处罚事项告知书》，告知："对你（杨某某、孙某某、赵某某）等三人的税收违法行为拟于 2016 年 4 月 24 日之前作出行政处罚决定，根据《行政处罚法》第三十一条规定，有关事项告知如下……（一）事实依据……2. 你（杨某某、孙某某、赵某某）等三人共同销售惠东县乙小商品城的商铺，可销售面积为 15 337.06 平方米。至 2010 年 12 月止，已销售面积为 15 098.53 平方米，未销售商铺 23 间，未销售面积为 278.53 平方米，已售面积占可售面积的比例为 98.18%。应收房款合计 136 924 208 元，已收房款合计 135 727 653 元，未按照规定足额申报缴纳地方各税。（二）法律依据及拟作出的处罚决定。依照《税收征管法》第六十四条第二款的规定，对你（杨某某、孙某某、赵某某）等三人少缴应纳税款的行为，处少缴的税款 50% 的罚款。其中……以上应缴款项合计 10 909 750.17 元……"该《税务行政处罚事项告知书》亦告知三人陈述、申辩和要求听证的权利、期限等。赵某某、孙某某和杨某某分别于 2016 年 4 月 22 日、4 月 25 日签收该《税务行政处罚事项告知书》，未要求听证。

惠州中院再查明：

2016 年原告赵某某、孙某某以惠州市丙信用担保投资有限公司为被告、杨某某等为第三人向惠东县人民法院提起所有权确认之诉，请求：①确认赵某某、孙某某及杨某某共同共有位于惠东县屏山大道（原新华路）房产中的赵某某、孙某某份额为被告惠州市丙信用担保投资有限公司所有。②确认惠东县平山大道（原新华路）房产分割登记在赵某某、孙某某、杨某某名下的共有房产中原告的份额为被告惠州市丙信用担保投资有限公司所有。③案件受理费由被告惠州市丙信用担保投资有限公司承担。

惠东县人民法院为此立案〔2018〕粤 1323 民初 1316 号，并审理查明：

2009 年 12 月 14 日，原告赵某某、孙某某及第三人杨某某（乙方）与案外人周某某、李某某（甲方）签订《房地产转让协议》，约定甲方将位于惠东县的新隆基购物广场 1～4 层以现状转让给乙方，国土证号：惠东国用〔2008〕第 010220 号，土地面积为 4 156 平方米，房产证号为粤房地证字第 C6219586 号，建筑面积为 15 319.12 平方米等。

2009 年 12 月 16 日，原告赵某某、孙某某和第三人杨某某取得涉案位于平山新华路的土地使用权证。

2009 年 12 月 17 日，原告赵某某、孙某某和第三人杨某某取得案涉位于惠东县平山惠东大道（原新华路）四层房屋的房产证，根据上述房产证显示，原告赵某某、孙某某和第三人杨某某系共同共有该房产。

2010 年 5 月 11 日，第三人杨某某和原告赵某某、孙某某作为委托人向甲实业有限公司出具一份《委托书》，内容为"委托人就将其名下位于平山惠东大道（原新华路）的房地产在不改变房屋用途、按照物业建筑面积不可改变的前提下全权委托甲实业有限公司进行分拆销售及销售收款。房屋性质为私有房产，规划用途为商业用途（产权性质为赵某某、杨某某、孙某某三人共同拥有，其中杨某某是甲实业有限公司法人）、国土证证号为惠东国用〔2009〕第011620号、建筑面积为壹万伍仟叁佰壹拾玖点壹贰平方米。委托期限：自二〇一〇年一月十二日至二〇一二年一月十一日止。"惠东县公证处于当日就上述委托书的杨某某、赵某某、孙某某签名行为出具编号〔2010〕惠东证字第671号《公证书》。

2010年7月14日，第三人杨某某和原告赵某某、孙某某作为委托人向受托人赵某某出具一份《委托书》，内容为"委托人就将其名下位于平山惠东大道（原新华路）的房地产，建筑面积为壹万伍仟叁佰壹拾玖点壹贰平方米，在不改变房屋用途、按照物业建筑面积不可改变的前提下全权委托受托人赵某某到房产局办理上述房地产的变更分割手续相关事宜。房地产变更分割后，建筑面积为壹万伍仟叁佰壹拾玖点壹贰平方米，商铺总数为壹仟壹佰伍拾间，在不改变房屋用途、按照物业建筑面积不可改变的前提下全权委托受托人赵某某到房产局办理上述房产的过户手续相关事宜。受托人所签署的一切有关文件，我们均予以承认。房屋性质为私有房产，规划用途为商业用途（产权性质为赵某某、杨某某、孙某某三人共同拥有，其中杨某某是甲实业有限公司法人）、国土证证号为惠东国用〔2009〕第011620号、建筑面积为壹万伍仟叁佰壹拾玖点壹贰平方米。委托期限：自二〇一〇年七月十四日至二〇一四年二月八日止。"惠东县公证处于当日就上述委托书的杨某某、赵某某、孙某某签名行为出具编号〔2010〕惠东证字第1217号《公证书》。

2010年10月至2011年10月，涉案平山惠东大道的房产分割为1150份，登记在杨某某、赵某某、孙某某名下。

2013年3月2日，惠州市丙信用担保投资有限公司的股东出具一份《股东证明书》，内容为：惠州市丙信用担保投资有限公司于2009年12月委托杨某某、赵某某、孙某某三人的名义代公司办理惠东县平山惠东大道房产证。此项目的真实产权与三人无关，所产生的一切经济收入与法律责任、经济纠纷都与三人无关，属公司财产。李某某（惠州市丙信用担保投资有限公司法人代表）等25人在落款处签名捺印，惠州市丙信用担保投资有限公司在落款处加盖公章。

2014年3月11日，惠东县地方税务局稽查局就上述案涉房产对外销售有关涉税事宜分别向赖某某、李某某询问，赖某某在该询问笔录中陈述：杨某某、赵某某和孙某某所反映的情况是真实的，坐落于惠东县平山惠东大道的房产是惠州市丙信用担保投资有限公司全额出资购买，在完成交易后，再把这栋房产的产权办理在杨某某、赵某某和孙某某三人的名下，实际上是公司的房产。杨某某、赵某某、孙某某是公司的员工和股东，分别拥有惠州市丙信用担保投资有限公司1%股权；房产在2010年11月通过分割的方式，分割成1150个商铺，具有独立的产权证，房产权属依然登记在杨某某、赵某某、孙某某三人名下，2010年3月开始对外销售，至2014年2月28日止，共取得销售收入约1.3亿元，共销售商铺1100多个；销售收入除了预留一部分资金用于商铺对外销售运营、商铺返租、税收等，其他销售收入全部转入惠州市丙信用担保投资有限公司账户。据存档于惠东县地方税务局稽查局的第三人杨某某于2014年4月17日提交的《惠东义乌小商品城商铺销售收入汇总表》显示，已售已办证商铺数为1032个，销售总房款为126728744元，已收房款为126573199元；已售未办证为89个，销售总房款为10195464元，已收房款为9154454元；未售为29个；合计销售总房款为136924208元，已收房款为135727653元。

2016年4月29日，惠东县地方税务局向杨某某、孙某某、赵某某作出东地税稽罚

〔2016〕15号《税务行政处罚决定书》，内容是："一、违法事实。1.你（杨某某、孙某某、赵某某）等三人在2009年12月14日与李某某、周某某签订房地产转让协议，共同出资5 200万元购买的房产，未按照规定足额申报缴纳印花税。2.你（杨某某、孙某某、赵某某）等三人共同销售惠东乙小商品城的商铺，可销售面积为15 377.06平方米。至2010年12月止，已销售面积15 098.53平方米，未销售商铺23间，未销售面积为278.53平方米，已售面积占可售面积的比例为98.18%。应收房款合计136 924 208元，已收房款合计135 727 653元，未按照规定足额申报缴纳地方各税。二、处罚决定。依照《税收征管法》第六十四条第二款的规定，对你（杨某某、孙某某、赵某某）等三人少缴应纳税款的行为，处少缴的税款50%的罚款。其中：1.对查补你（杨某某、孙某某、赵某某）等三人2009年12月份少缴的印花税13 975元处50%的罚款，罚款金额为6 987.50元（13 975×50%）；2.对查补你（杨某某、孙某某、赵某某）等三人2010年12月份少缴的土地增值税15 871 816.98元（18 696 612.48 － 2 824 795.50）处50%的罚款，罚款金额为7 935 908.49元（15 871 816.98×50%）；3.对查补的你（杨某某、孙某某、赵某某）等三人2010年12月份少缴的个人所得税5 933 708.35元（6 875 336.85 － 941 628.50）处50%的罚款，罚款金额为2 966 854.18元（5 933 708.35×50%）。其中：（1）对查补的杨某某2010年12月份少缴的个人所得税2 053 975.96元［（6 875 336.85 － 941 628.50）×1 800÷5 200］处50%的罚款，罚款金额为1 026 987.98元（2 053 975.96×50%）；（2）对查补的孙某某2010年12月份少缴的个人所得税1 939 866.19元［（6 875 336.85 － 941 628.50）×1 700÷5 200］处50%的罚款，罚款金额为969 933.10元（1 939 866.19×50%）；（3）对查补的赵某某2010年12月份少缴的个人所得税1 939 866.19元［（6 875 336.85 － 941 628.50）×1 700÷5 200］处50%的罚款，罚款金额为969 933.10元（1 939 866.19×50%）。以上应缴款项共计10 909 750.17元。限你（杨某某、孙某某、赵某某）等三人自本决定书送达之日起15日内到广东省惠东县地方税务局平山税务分局缴纳入库。到期不缴纳罚款，我局可依照《行政处罚法》第五十一条第（一）项规定，每日按罚款数额的3%加处罚款。如对本决定不服，可以自收到本决定书之日起60日内依法向广东省惠东县地方税务局申请行政复议，或者自收到本决定书之日起6个月内依法向人民法院起诉。如对处罚决定逾期不申请复议也不向人民法院起诉、又不履行的，我局将采取《税收征管法》第四十条规定的强制执行措施，或者申请人民法院强制执行。"赵某某、孙某某不服该东地税稽罚〔2016〕15号《税务行政处罚决定书》，向博罗县人民法院提起行政诉讼，即〔2016〕粤1322行初178号案。

2018年12月3日，惠东县"2·05"火灾事故处理领导小组后续工作统筹组向惠东县人民法院出具《关于惠州市甲实业有限公司回购惠东县乙小商品批发城1 163个铺位情况》，内容为："5.惠东县乙小商品批发城共1 163个铺位，仍登记在杨某某、赵某某、孙某某名下共94间，其中39户无证业主46个铺位已到公证处签约并领回购房款，剩余48个铺位（评估价值5 301 500元）是登记在杨某某、赵某某、孙某某名下，仍未有人认领。"惠东县不动产档案馆于2018年12月3日向惠东县人民法院《复函》，内容为："经我馆核查，房屋坐落惠东县平山惠东大道（原新华路），原登记在杨某某、赵某某、孙某某名下，其中权属证号为：粤房地权证惠东字第011×××419号、粤房地权证惠东字第011×××420、粤房地权证惠东字第011×××421号分割为1 150份，已出售转移登记在他人名下的房产共1 056套，现登记在杨某某、赵某某、孙某某名下的房产共94套。"惠东县不动产档案馆并出具了上述房产情况的附表。经核查，不动产证（明）号为粤房地权证惠东字第 011×××419 号、粤房地权证惠东字第 011×××420×、粤房地权证惠东字第 011×××421 号档案于 2011 年 4 月 13 日办理变更登记给杨某某、赵某某、孙某某而注销。

2019 年 12 月 31 日，惠东县人民法院作出〔2018〕粤 1323 民初 1316 号民事判决，判决确认登记在原告赵某某、孙某某及第三人杨某某名下位于惠东县平山惠东大道的不动产权属为被告惠州市丙信用担保投资有限公司享有。驳回原告赵某某、孙某某的其他诉讼请求。案件受理费由被告惠州市丙信用担保投资有限公司负担。〔2018〕粤 1323 民初 1316 号民事判决于 2020 年 5 月 27 日生效。

惠东县人民法院〔2018〕粤 1323 民初 1316 号民事判决，确定仍登记在杨某某、赵某某、孙某某名下位于惠东县平山惠东大道的 94 套不动产权属为惠州市丙信用担保投资公司享有，但对已经出售转让登记在他人名下的其余房产的权属未作变更确认。

惠州中院认为：

二审的争议焦点是赵某某、孙某某是否为相关税务的纳税主体的问题。关于涉案印花税的纳税义务人，依照《印花税暂行条例》第一条规定："在中华人民共和国境内书立、领受本条例所列举凭证的单位和个人，都是印花税的纳税义务人（以下简称'纳税人'），应当按照本条例规定缴纳印花税。"《印花税暂行条例》第二条规定："下列凭证为应纳税凭证：（一）购销、加工承揽、建设工程承包、财产租赁、货物运输、仓储保管、借款、财产保险、技术合同或者具有合同性质的凭证；（二）产权转移书据；（三）营业账簿；（四）权利、许可证照；（五）经财政部确定征税的其他凭证。"本案中，赵某某、孙某某、杨某某三人与周某某、李某某签订房地产买卖合同，即赵某某、孙某某、杨某某三人系该产权转移书据（房地产买卖合同）的书立人，因此，赵某某、孙某某、杨某某系涉案印花税的纳税人。关于涉案土地增值税的纳税义务人，《土地增值税暂行条例》第二条规定："转让国有土地使用权、地上的建筑物及其附着物（以下简称'转让房地产'）并取得收入的单位和个人，为土地增值税的纳税义务人（以下简称'纳税人'），应当依照本条例缴纳土地增值税。"本案中，经惠东县公证处公证，赵某某、孙某某、杨某某将其名下位于惠东县平山惠东大道的房地产全权委托甲实业有限公司进行分拆销售及销售收款，按照上述规定，赵某某、孙某某、杨某某是涉案土地增值税的纳税人。

关于涉案个人所得税的纳税义务人，根据被诉处罚决定作出时有效的《个人所得税法》第一条第一款规定："在中国境内有住所，或者无住所而在境内居住满一年的个人，从中国境内和境外取得的所得，依照本法规定缴纳个人所得税。"《个人所得税法》第二条规定："下列各项个人所得，应纳个人所得税：一、工资、薪金所得；二、个体工商户的生产、经营所得；三、对企事业单位的承包经营、承租经营所得；四、劳务报酬所得；五、稿酬所得；六、特许权使用费所得；七、利息、股息、红利所得；八、财产租赁所得；九、财产转让所得；十、偶然所得；十一、经国务院财政部门确定征税的其他所得。"本案中，经惠东县公证处公证，赵某某、孙某某、杨某某将其名下涉案房产全权委托甲实业有限公司进行分拆销售及销售收款，按照上述法律及《个人所得税法实施条例》第八条第（九）项"财产转让所得，是指个人转让有价证券、股权、建筑物、土地使用权、机器设备、车船以及其他财产取得的所得"的规定，赵某某、孙某某、杨某某系涉案个人所得税的纳税人。且《中华人民共和国物权法》（以下简称《物权法》）第九条第一款规定："不动产物权的设立、变更、转让和消灭，经依法登记，发生效力；未经登记，不发生效力，但法律另有规定的除外。"《物权法》第十七条第一款规定："不动产权属证书是权利人享有该不动产物权的证明"，故对赵某某、孙某某认为其基于公司要求代为持有涉案房地产、并非涉案税务的纳税主体的主张，惠州中院不予采纳。

2020年9月8日，惠州中院依照《行政诉讼法》第八十九条第一款第（一）项的规定，作出〔2019〕粤13行终277号行政判决书，判决驳回上诉，维持原判。本案二审受理费50元由上诉人（原审原告）赵某某、孙某某负担。

六、广西壮族自治区税务机关胜诉案

上诉人柳州市甲房地产开发有限公司（以下简称"甲公司"）因税务行政处罚以及行政复议决定一案，不服南宁市西乡塘区人民法院〔2017〕桂0107行初135号行政判决，向广西壮族自治区南宁市中级人民法院（以下简称"南宁中院"）提起上诉。南宁中院依法组成合议庭，于2019年6月13日组织各方当事人到庭就本案争议事项进行了调查。本案现已审理终结。

一审判决查明，2015年5月11日，被告原柳州稽查局认为原告甲公司涉嫌税收违法，决定对原告甲公司立案检查。同年5月19日，被告原柳州稽查局对原告甲公司作出桂地税柳稽检通〔2015〕19号《税务检查通知书》。经调查，并多次历经延长检查时限审批后，被告原柳州稽查局于2016年7月1日向原告甲公司作出桂地税柳稽罚告〔2016〕177号《税务行政处罚事项告知书》，将拟作出行政处罚决定的事实、理由、依据等事项向原告甲公司进行了告知，同时告知其有进行听证、陈述和申辩的权利。2016年10月12日，被告原柳州稽查局向原告甲公司作出桂地税柳稽罚〔2016〕177号《税务行政处罚决定书》（以下简称"被诉处罚决定"），主要内容如下："一、违法事实。（一）印花税。经检查发现，你公司2011年增加实收资本430 000 000元。根据《印花税暂行条例》第二条第三款的规定，'营业账簿'中资金账簿按所载金额5‰贴花，你公司未申报缴纳资金账簿印花税，造成少缴印花税215 000元（430 000 000×0.05%）。二、处罚决定。根据《税收征管法》第六十四条第二款的规定，决定对你公司少缴的2011年印花税215 000元处以0.5倍的罚款，即罚款107 500元"。原告甲公司对被告原柳州稽查局作出的上述被诉处罚决定不服，以广西壮族自治区地方税务局为被申请人，向被告广西区政府提起行政复议，被告广西区政府于2017年3月22日作出桂政行复〔2017〕13号《行政复议决定书》（以下简称"被诉复议决定"），维持原柳州稽查局作出的上述被诉处罚决定。原告甲公司仍不服，向法院提起行政诉讼。

一审判决认为，原告甲公司税收违法事实，有被告原柳州稽查局提供的原告营业执照副本、账簿等证据证实。被告原柳州稽查局依据《税收征管法》第六十四条第二款的规定，作出本案被诉处罚决定，给予原告甲公司税务行政处罚，认定事实清楚，证据充分，适用法律正确。被告原柳州稽查局依据法定程序，履行了立案、调查、取证、延长审理期限、报请上级审批、告知相关权利的程序，最终作出处罚决定并送达给原告甲公司，其行政程序合法。原告甲公司认为被告原柳州稽查局作出被诉处罚决定时，超出《税收征管法》第五十二条所规定的5年追征期。但根据本案事实，原告甲公司的违法行为发生在2011年6月，被告原柳州稽查局于2015年5月对原告甲公司予以立案调查。同时，原告甲公司涉案金额超过10万元，属于《税收征管法实施细则》第八十二条所规定的特殊情况。因此被告原柳州稽查局在五年追征期限内对原告甲公司予以立案调查，符合相关法律规定。原告甲公司上述观点，不予采纳。被告广西区政府依法受理原告甲公司复议申请并查明事实后，于法定期限内作出被诉复议决定，认定事实清楚、程序合法且适用法律正确。综上，依照《行政诉讼法》第六十九条、第七十九条的规定，判决驳回原告甲公司的诉讼请求。案件受理费 50 元由原告甲公司负担。

上诉人甲公司上诉称，根据《印花税暂行条例》附件《印花税税目税率表》第 12 项，鉴于被诉处罚决定所依据项下的增资来源于土地评估增值所得，并不属于应当计税的自有资金或者固定资产，不应该征税；土地使用权记账时计入无形资产或者管理成本，且记载的是评估价值，非实际价值，故税基并不存在。被上诉人原柳州稽查局所列举的证据并不能充分有效证明其行为的合法性、合理性，应当承担相应的法律后果。综上，被上诉人原柳州稽查局作出的被诉行政行为无事实和法律依据，被上诉人广西区政府作出的被诉复议决定予以维持错误，均应当予以纠正。为此请求撤销一审法院判决；撤销被上诉人原柳州稽查局作出的被诉处罚决定和被上诉人广西区政府作出的被诉复议决定；本案诉讼费用由两被上诉人承担。

被上诉人原柳州稽查局答辩称：

（1）被诉处罚决定认定事实清楚、证据确凿。上诉人 2011 年 6 月增加实收资本 43 000 万元。根据《印花税暂行条例》第二条第（三）项及附件《印花税税目税率表》以及《国家税务总局关于资金账簿印花税问题的通知》（国税发〔1994〕25 号）第一条的规定，营业账簿中记载资金的账簿按"实收资本"与"资本公积"两项合计金额的 5‰贴花，上诉人未申报缴纳资金账簿印花税，造成少缴印花税 21.5 万元，上诉人对该事实并无异议。

（2）被诉处罚决定适用法律正确，处罚适当。《税收征管法》第六十四条第二款规定："纳税人不进行纳税申报，不缴或者少缴应纳税款的，由税务机关追缴其不缴或者少缴的税款、滞纳金，并处不缴或者少缴税款百分之五十以上五倍以下的罚款。"据此，对上诉人未申报缴纳资金账簿印花税，少缴印花税 21.5 万元的违法行为，原柳州稽查局对上诉人作出处 0.5 倍的罚款，即罚款 107 500 元，该处罚决定与上诉人的违法事实相一致、违法情节的轻重程度相符。因此，被诉处罚决定合法有据，适用法律正确，处罚适当。

（3）被诉处罚决定没有超过追溯期。

其一，《税收征管法》第五十二条第二款规定："因纳税人、扣缴义务人计算错误等失误，未缴或者少缴税款的，税务机关在三年内可以追征税款、滞纳金；有特殊情况的，追征期可以延长到五年。"《税收征管法》第六十四条第二款规定："纳税人不进行纳税申报，不缴或者少缴山纳税款的，由税务机关追缴其不缴或者少缴的税款、滞纳金，并处不缴或者少缴税款 50% 以上 5 倍以下的罚款。"

其二，《税收征管法实施细则》第八十二条规定："税收征管法第五十二条所称特殊情况，是指纳税人或者扣缴义务人因计算错误等失误，未缴或者少缴、未扣或者少扣、未收或者少收税款，累计数额在 10 万元以上的。"《税收征管法实施细则》第八十三条规定："税收征管法第五十二条规定的补缴和追征税款、滞纳金的期限，自纳税人、扣缴义务人应缴未缴或者少缴之日起计算。"

其三，《税收征管法》第八十六条规定："违反税收法律、行政法规应当给予行政处罚的行为，在五年内未被发现的，不再给予行政处罚。"《国家税务总局关于未申报税款追缴期限问题的批复》（国税函〔2009〕326 号）规定："税收征管法第六十四条第二款规定的纳税人不进行纳税申报造成不缴或者少缴应按税款的情形不属于偷税、抗税、骗税，其追征期按照税收征管法第五十二条规定的精神，一般为三年，特殊情况可以延长至五年。"

其四，因上诉人的各项税收申报及发票使用情况存在疑问，原柳州稽查局于 2015 年 5 月 11 日对上诉人立案检查，并于 2015 年 5 月 19 日向上诉人送达《税务检查通知书》。原柳州稽查局在 2015 年 5 月 11 日至 2015 年 11 月 30 日检查期间，发现上诉人于 2011 年 6 月增加实收资本 43 000 万元，但上诉人一直未申报缴纳资金账簿印花税，造成少缴印花税 21.5 万元的事实。据此，对上诉人未申报缴纳资金账簿印花税的行为，追征期应为 5 年。故原柳州稽查局对上诉人作出追缴其未缴税款 21.5 万元的处理决定及处以罚款 107 500 元的处罚决定，并未超过法定的期限。上诉人称，本案不存在可以延长至 5 年的情形，已超过了法定的追征期和处罚期，事实依据不足，其理由不能成立，其诉讼请求不应得到支持。

（4）上诉人以土地使用权的货币估价作为实收注册资本，应当依法缴纳印花税。

其一，《公司法》第二十七条规定"股东可以用货币出资，也可以用实物、知识产权、土地使用权等可以用货币估价并可以依法转让的非货币财产作价出资；但是，法律、行政法规规定不得作为出资的财产除外。对作为出资的非货币财产应当评估作价，核实财产，不得高估或者低估作价。法律、行政法规对评估作价有规定的，从其规定。"上诉人可以土地使用权的估价作为出资。

其二，《中国注册会计师审计准则第 1602 号——验资》第十四条第（三）项规定："以知识产权、土地使用权等无形资产出资的，应当审验其权属转移情况，并按照国家有关规定在资产评估的基础上审验其价值。"上诉人客观上已经依据估价结论办理相关注册资本工商变更登记手续。

其三，根据《印花税暂行条例》附件《印花税税目税率表》第 12 项"按固定资产原值与自有资金总额 5‰贴花"的规定，以及《财政部　国家税务总局关于印花税若干政策的通知》（财税〔2006〕162 号）"三、对土地使用权出让合同、土地使用权转让合同按产权转移书据征收印花税"的规定，上诉人应按资本金增加的增资金额的 5‰缴纳印花税。

综上所述，原柳州稽查局根据查明的事实，依法作出的被诉处罚决定认定事实清楚、证据确凿，适用法律正确，处罚适当，依法应予以维持。上诉人提起的上诉请求依法不能成立，请求法院依法驳回上诉，维持原判。

被上诉人广西区政府答辩称：

关于涉案印花税的计税依据问题。根据《印花税暂行条例》第二条第（三）项和《印花税暂行条例施行细则》第七条、第八条规定，记载资金的账簿是指载有固定资产原值和自有流动资金的总分类账簿，或者专门设置的记载固定资产原值和自有流动资金的账簿，属于印花税"营业账簿"税目的应纳税凭证，税率按固定资产原值和自有流动资金总额 5‰贴花后，以后年度资金总额比已贴花资金总额增加的，增加部分应按规定贴花。《印花税暂行条例施行细则》第四十四条规定："本细则由国家税务局负责解释。"《国家税务总局关于资金账簿印花税问题的通知》（国税函〔1994〕25 号）规定："一、生产经营单位执行'两则'后，其'记载资金的账簿'的印花税计税依据改为'实收资本'与'资本公积'两项的合计金额。二、企业执行'两则'启用新账簿后，其'实收资本'和'资本公积'两项的合计金额大于原已贴花资金的，就增加的部分补贴印花。"本案中，上诉人 2011 年"实收资本"增加 43 000 万元，应按规定补贴印花。因此，原柳州稽查局对上诉人应缴未缴上述印花税的行为作出的被诉处罚决定合法适当。上诉人主张其"实收资本"的增加金额来源于土地评估增值所得，不属于应当计税的自有资金或者固定资产、不应该征税的理由没有任何法律依据。因此，广西区政府作出被诉复议决定，维持原柳州稽查局作出的被诉处罚决定，适用法律正确。一审法院对上述事实予以确认，认定事实清楚，判决驳回上诉人的诉讼请求合法适当。请求二审法院驳回上诉，维持原判决。

经查明，南宁中院确认一审判决认定的证据合法有效，可以作为定案依据。据此，南宁中院查明的事实与一审判决查明事实一致。

南宁中院认为，根据《印花税暂行条例》第二条第（三）项及附件《印花税税目税率表》以及《国家税务总局关于资金账簿印花税问题的通知》（国税发〔1994〕25 号）第一条的规定，营业账簿中记载资金的账簿按"实收资本"与"资本公积"两项合计金额的万分之五贴花。上诉人甲公司 2011 年"实收资本"增加 43 000 万元，应按规定补贴印花。但上诉人甲公司未申报缴纳资金账簿印花税，造成少缴印花税 21.5 万元的事实，有被上诉人原柳州稽查局提供的上诉人甲公司的营业执照、账簿等证据证实。被上诉人原柳州稽查局根据上述事实，依据《税收征管法》第六十四条第二款"纳税人不进行纳税申报，不缴或者少缴应纳税款的，由税务机关追缴其不缴或者少缴的税款、滞纳金，并处不缴或者少缴税款百分之五十以上五倍以下的罚款"的规定，对上诉人甲公司作出"罚款 107 500 元"的行政处罚，认定事实清楚，适用法律正确，裁量幅度适当，予以支持。上诉人甲公司上诉提出其"实收资本"的增加金额来源于土地评估增值所得，并不属于应当计税的自有资金或者固定资产，不应该征税的主张没有法律依据，不予采纳。

被上诉人原柳州稽查局在作出被诉行政处罚决定前，已告知上诉人甲公司拟对其作出处罚的事实、理由及法律依据，并告知其享有陈述申辩以及听证的权利。在上诉人甲公司提出听证申请后，被上诉人原柳州稽查局又组织进行听证，充分保障了上诉人的知情权和陈述申辩的权利，故被上诉人原柳州稽查局作出被诉处罚决定程序合法。被上诉人广西区政府收到上诉人的行政复议申请后，依法进行受理，在查明事实的情况下，在法定期限内作出被诉复议决定并依法向各方当事人进行了送达。因此，广西区政府作出的被诉复议决定符合法定程序。

综上，被上诉人原柳州稽查局作出的被诉处罚决定，认定事实清楚，适用法律正确，程序合法。被上诉人广西区政府复议程序合法，一审判决驳回上诉人的诉讼请求正确。上诉人的上诉理由缺乏事实和法律依据，不予支持。

2020 年 3 月 2 日，南宁中院根据《行政诉讼法》第八十九条第一款第（一）项的规定，作出〔2019〕桂 01 行终 162 号行政判决书，判决驳回上诉，维持原判。二审案件受理费 50 元由上诉人柳州市甲房地产开发有限公司负担。

七、广东省中山市印花税偷税行政处罚案

上诉人杨某某因不服被上诉人国家税务总局中山市税务局东区税务分局（以下简称"税务东区分局"）、国家税务总局中山市税务局（以下简称"市税务局"）税务行政行为及行政复议一案，不服广东省中山市第一人民法院〔2019〕粤 2071 行初 1028 号行政判决，向广东省中山市中级人民法院（以下简称"中山中院"）提起上诉。本案现已审理终结。

原审法院查明，2017 年 4 月 19 日，万科公司中山分公司员工梁某、张某与涉案房地产的买方万某向税务东区分局提交署名为杨某某（甲方）、万某与全某（乙方）的广东省房地产买卖合同（合同签署日期：2017 年 4 月 17 日），以及委托方分别为杨某

某、全某的二手房交易转让申报委托代理授权书，向税务东区分局申报缴纳"中山市东区××及13号车房"的交易税费。该合同载明："甲、乙双方议定该房地产交易总金额为（人民币）伍拾万元整"，"办理上述房地产过户所需缴纳的税费，由甲、乙双方按规定各自负责"。依据相关资料，税务东区分局于当日征收杨某某个人所得税17 147.58元、万某及全某契税8 573.78元，以上税费由万某刷卡支付。

税务东区分局经向原中山市国土资源局查询获悉，2017年4月20日，杨某某（甲方）、万某及全某（乙方）前往原中山市国土资源局现场提交广东省房地产买卖合同（合同签署日期：2017年4月20日）、契税税收缴款书以及广东省增值税普通发票，申请办理涉案房地产房屋产权转移登记手续。该买卖合同载明："甲方拟将位于中山市东区××及13号车房的房地产转让给乙方。""甲、乙双方议定该房地产交易总金额为（人民币）伍拾万元整。""办理上述房地产过户所需缴纳的税费，由甲、乙双方按规定各自负责。"

2018年12月4日，税务东区分局收到由市税务局稽查局交办的涉案房地产交易存在税收违法行为的实名举报材料，随即开展调查。调查期间，杨某某向税务东区分局提交了《出售物业委托书》《房地产经纪合同》及自述材料，均显示涉案房产真实交易价为150万元。万科公司中山分公司亦就税务东区分局的询问通知作出《关于中山市国家税务局东区分局询问通知书的复函》。该复函载明："2017年3月，杨某某委托我司出售其位于中山市东区××及13号车房，我司接受委托后积极为其寻求合适的买方……2017年3月20日……万某最终同意以150万元的价格购买涉案物业，并与杨某某签订了合同编号为××号的《房地产经纪合同》（我司作为经纪方），合同约定定金30万元，首期楼款50万元，楼价余款70万元通过向银行申请贷款划入杨某某指定账户。"

税务东区分局经调查查明后，于2019年2月22日作出中山东区税通〔2019〕40003号《税务事项通知书》。该通知书载明："根据我分局收集整理的纳税资料显示，杨某某转让万某、全某位于中山市东区××及13号车房。这一涉税事项中，存在有100万元人民币的合同金额未申报缴纳相关税费。依据：《税收征管法》第二十五条的规定和《税收征管法实施细则》的相关规定。通知内容：请杨某某收到本通知之日起15日内到国家税务总局中山市税务局东区分局办理该事宜。"税务东区分局并于2019年2月26日将上述通知书送达给杨某某。杨某某不服，于2019年2月28日向市税务局申请行政复议。市税务局受理后，经审查，于2019年5月9日作出中山税务行复〔2019〕1号《行政复议决定书》，维持了税务东区分局作出的涉案行政行为。杨某某仍不服，诉至原审法院，请求法院：①撤销市税务局作出的中山税务行复〔2019〕1号行政复议决定书。②撤销税务东区分局作出的中山东区税通〔2019〕40003号税务事项通知书。③由税务东区分局、市税务局支付诉讼费及此案引起其他直接费用。

原审法院另查明，2017年3月20日，以杨某某为甲方，万科公司中山分公司为乙方，签订的《出售物业委托书》。该委托书载明："甲方委托乙方出售位于中山市东区××及13号车房……甲方委托乙方代理出售上述物业，委托售价为人民币壹佰伍拾万元。"2017年3月20日，以杨某某为卖方，万某为买方，万科公司中山分公司为经纪方，签订《房地产经纪合同》。该合同载明："买卖双方同意该物业总楼价为人民币壹佰伍拾万元整（￥1 500 000元）……为本次交易而按规定向有关政府部门支付一切税费的方式为买方承担。在本合同履行过程中因政府部门原因发生税费种类及标准的变化，则由买方承担。"

原审法院认为，根据《税收征管法》第五条第一款、《国家税务总局广东省税务局关于印发〈国家税务总局中山市税务局职能配置、机构设置和人员编制规定的通知〉》（粤税发〔2018〕55号）的规定，税务东区分局具有负责辖区内税收、社会保险费和有关非税收入和基础事项管理工作的法定职权与职责。根据《行政复议法》第十二条的规定，市税务局对不服税务东区分局的行政行为的行政复议负有法定职责。

《税收征管法》第四条第一款规定："法律、行政法规规定负有纳税义务的单位和个人为纳税人。"第二十五条第一款规定："纳税人必须依照法律、行政法规规定或者税务机关依照法律、行政法规的规定确定的申报期限、申报内容如实办理纳税申报，报送纳税申报表、财务会计报表以及税务机关根据实际需要要求纳税人报送的其他纳税资料。"《税收征管法实施细则》第三十二条规定："纳税人在纳税期内没有应纳税款的，也应当按照规定办理纳税申报。纳税人享受减税、免税待遇的，在减税、免税期间应当按照规定办理纳税申报。"《税收征管法实施细则》第三十四条规定："纳税人办理纳税申报时，应当如实填写纳税申请表，并根据不同的情况应报送下列有关证件、资料……（二）与纳税有关的合同、协议书及凭证……"根据上述法律、法规，如实进行纳税申报是纳税人的法定义务。本案中，杨某某转让中山市东区××及13号车房，根据《个人所得税法》第二条、《增值税暂行条例》第一条、《土地增值税暂行条例》第二条、《印花税暂行条例》第一条、《城市维护建设税暂行条例》第二条、《征收教育费附加的暂行规定》第二条及《广东省地方教育附加征收使用管理暂行办法》第六条的规定，转让上述房产所发生的个人所得税、增值税、土地增值税、印花税、城市维护建设税、教育费附加、地方教育附加等税费，杨某某是上述税费的法定缴纳义务人，应按前述法律、法规的规定如实进行纳税申报。需要指出的是，虽然杨某某与万某、万科公司中山分公司签订的房地产经纪合同约定由买方缴纳一切税费，但并不能就此免除杨某某作为上述税费的法定缴纳义务人向税务机关办理纳税申报的义务。至于杨某某提出交易双方约定由买方缴纳一切税费，因此，税费的申报和缴纳是买方责任，其作为卖方不需要进行纳税申报的主张，于法无据，原审法院不予采纳。

税务东区分局根据调查收集整理的纳税资料，查明杨某某转让涉案的房地产，存在有100万元人民币的合同金额未申报缴纳相关税费的事实，遂向杨某某发出税务事项通知书，通知杨某某依法履行纳税申报义务，符合法律规定，并无不当，且该税务事项通知书仅用于通知纳税人申报应税事项，并不涉及具体税费事项。至于杨某某提出要求追究涉案相关人员偷税的法律责任的主张，不属于本次诉讼应审查和处理的范围。因此，杨某某要求撤销税务东区分局作出的中山东区税通〔2019〕40003号税务事项通知书的诉讼请求，理据不充分，原审法院予以驳回。

市税务局经受理、审查，于2019年5月9日作出中山税务行复〔2019〕1号行政复议决定，维持税务东区分局对杨某某作出的通知行为，程序合法，结果正确。对杨某某要求撤销中山税务行复〔2019〕1号行政复议决定书的诉讼请求，无法律依据，原审法院一并予以驳回。依照《行政诉讼法》第六十九条、第七十九条的规定，判决驳回杨某某的诉讼请求。案件受理费50元由杨某某负担。

上诉人杨某某不服原审判决，向中山中院提起上诉称：

（1）《房地产经纪合同》约定由扣缴义务人缴纳税款是上诉人的合法权利。《个人所得税法》（2011年修正）第八条规定："个人所得税，以所得人为纳税义务人，以支付所得的单位或者个人为扣缴义务人。"万科公司的《房地产经纪合同》约定买方万某为扣缴义务人，万科物业[1]为办税义务人。《最高人民法院关于审理偷税抗税刑事案件具体应用法律若干问题的解释》第一条规定，扣缴义务人书面承诺代纳税人支付税款的，应当认定扣缴义务人已扣、已收税款。涉案房产原值 374 310 元，本次交易金额 150 万元，扣缴义务人万某在其代理人的协助下，伙同办税义务人万科物业的工作人员，串通税务东区分局的工作人员，避开上诉人，通过伪造系列报税文件，采用虚假评估计税的方式，虚假申报实施偷税，偷税金额为 89.983 4 万元，对应的是所得税。

（2）一审认定事实不清，掩盖被上诉人蓄意混淆"未报税"与"已偷税"两个性质完全不同的基本事实。对于上述系列人员的偷税行为，一审法院蓄意避开了偷税、由谁、向谁追缴偷税、是否构成偷税罪及涉嫌犯罪应依法如何处理的问题。被上诉人作出的涉案行政行为所谓"存在 100 万元人民币的金额未申报缴纳相关税费"与事实不符，万科物业作为黑中介团伙串通税务代理实施的涉案偷税行为才是事实的真相，已涉嫌犯罪，被上诉人应移交公安机关处理而不移交，涉嫌徇私舞弊。因此，被上诉人认为，上诉人存在 100 万元人民币的金额未申报缴纳相关税费，与事实不符。

（3）一审判决程序违法。税务人员违反《办税指南》的规定，虚假操作身份证原件查验身份情况，利用虚假评估价值计税，利用虚假《房产交易申报单》欺诈上诉人顶罪缴税质证过程，请求上级法院予以调查纠正。

（4）一审判决适用法律不当。本案被上诉人的办税人员涉嫌刑事犯罪，应当移送公安机关调查。

综上，请求二审法院撤销一审判决，将本案移送公安机关审查，并判令被上诉人支付本案的诉讼费用。

被上诉人税务东区分局答辩称，如实进行纳税申报是纳税人的法定义务，上诉人转让涉案房产经税务东区分局调查存在 100 万元合同金额未申报缴纳相应税费的情况，上诉人作为涉案税费的法定纳税人，依法应进行如实纳税申报。税务东区分局发出的《税务事项通知书》用于通知上诉人申报应税事项不涉及具体税费，是否存在偷税不属于该通知书处理的事项，与本案无关。一审法院认定事实清楚，判决处理恰当，请求二审法院驳回上诉，维持原判。

被上诉人市税务局答辩称同意税务东区分局的答辩意见。

中山中院查明，原审法院查明事实基本清楚，予以确认。

中山中院认为，本案属不服纳税申报通知的行政纠纷。上诉人杨某某因不服被上诉人税务东区分局向其发出的关于纳税申报的中山东区税通〔2019〕40003 号《税务事项通知书》提起本案行政诉讼，认为本案涉及的房屋买卖涉税事项未如实按照其出售房屋的真实交易价格申报缴纳相关税费，是由于涉案房屋买卖交易中房产经纪人与买方虚报交易金额偷税所致，税务东区分局不应当将杨某某作为涉案涉税事项的纳税义务人并通知其申报缴纳相关税费。对此，中山中院认为，原审法院依据《税收征管法》及《税收征管法实施细则》的相关规定，认定杨某某作为涉案房屋买卖关系的卖方，属于房屋买卖交易中的卖方纳税义务人对于相应由卖方缴纳的个人所得税、增值税、印花税等相关税费，杨某某是税收征收管理关系中的法定扣缴义务人，具有依法如实进行纳税申报的义务，认定事实充分，法律适用准确，予以支持。至于杨某某以买卖双方及房产交易经纪人在房产交易合同中约定税费的负担及实际办税过程中申报不实等问题对东区税务分局发出的涉案纳税申报通知提出的异议，中山中院认为，买卖双方在交易合同中对于税费的负担属于双方之间的债权债务关系约定，不能改变税收征

---

① 万科物业为万科公司控股子公司。

收管理关系中相应税费纳税义务人或者扣缴义务人的税收征管行政相对人关系。而在涉案涉税事项中是否存在相关当事人虚报交易价格偷税、漏税的行为，亦不影响法定的纳税义务人或者扣缴义务人如实申报缴纳相关税费的义务。在涉案涉税事项中，税务机关通过房产交易评估系统对交易房产的价值进行评估是房产交易税收征收环节中确定计税依据的必经程序，涉案涉税事项出现未如实申报的事实与税务机关的该评估程序并无关系，该房产评估价值并不是导致本案涉税事项未如实申报缴纳相关税费的原因。杨某某虽然是涉案涉税事项未如实申报纳税问题的举报人，但是同时也是涉案涉税事项相关税费的纳税义务人，其投诉举报行为并不能免除其在税收征收管理关系中作为相关税费的纳税义务人的如实申报纳税的义务。由此，税务东区分局根据杨某某的举报后调查的事实，向杨某某发出涉案通知书，事实清楚，法律依据充分，市税务局作出的复议决定维持该通知书亦合法有据，予以支持。杨某某的上诉理据不充分，不予采纳。

综上所述，上诉人杨某某上诉理据不充分，不予支持。原审判决查明事实清楚，判决恰当，予以维持。

2020 年 1 月 22 日，中山中院依照《行政诉讼法》第八十九条第一款第（一）项的规定，作出〔2020〕粤 20 行终 53 号行政判决书，判决驳回上诉，维持原判。二审案件受理费 50 元由上诉人杨某某负担。

八、海南省税务机关胜诉案

上诉人国家税务总局海南省税务局第三稽查局（以下简称"第三稽查局"）、国家税务总局海南省税务局（以下简称"海南省税务局"）因被上诉人赵某某诉其行政处理及行政复议一案，不服三亚市城郊人民法院〔2019〕琼 0271 行初 28 号行政判决（以下简称"原审判决"），向海南省三亚市中级人民法院（以下简称"三亚中院"）提起上诉。三亚中院依法组成合议庭，于 2019 年 8 月 5 日公开开庭审理了本案。本案现已审理终结。

本案被诉行政行为：2017 年 1 月 12 日，原海南省地方税务局第二稽查局（以下简称"原第二稽查局"）作出琼地税二稽处〔2017〕3 号《税务处理决定书》（以下简称"3 号处理决定"），认定赵某某偷税，限赵某某自收到该决定书之日起 15 日内缴纳税款合计 391 997.42 元，并对其中应补缴的营业税、城市维护建设税和印花税从滞纳税款之日起至缴纳税款之日止，按每日 5‰加收滞纳金。2017 年 2 月 8 日，赵某某不服该处理决定，向原海南省地方税务局提出复议申请，原海南省地方税务局于同日受理了赵某某提出的复议申请。因国、地税征管体制改革，原海南省国家税务局和原海南省地方税务局合并，成立海南省税务局。2018 年 12 月 13 日，海南省税务局作出琼税复决字〔2018〕第 9 号《税务行政复议决定书》（以下简称"9 号复议决定"），决定维持原第二稽查局作出的 3 号处理决定。

原审法院查明：2004 年 12 月 10 日湖南省衡山县人民法院执行拍卖位于三亚市大真岭巷 26 号的碧海公寓私人住宅楼，赵某某买受了该私人住宅楼，改名为椰海花园，且未经规划许可擅自将该私人住宅楼改变内部布局，分户为 48 户并进行对外销售，案外人张某、赵某等 48 户人买受了该分户的 48 套房。后赵某某无法将销售的 48 户房办证到买受人张某、赵某等人的名下，双方发生争议。张某、赵某等人 2015 年即向税务机关投诉赵某某偷税、漏税，原三亚市河东区地方税务局接到举报，分别向赵某某送达了《税务事项通知书》《税务检查通知书》《责令限期改正通知书》，2016年1月6日，原三亚市河东区地方税务局将案件移交给原第二稽查局办理。2017年1月12日，原第二稽查局向赵某某作出3号处理决定，认定赵某某销售"椰海花园"给48户买主未申报纳税行为是偷税，要求赵某某追缴税款合计391 997.42元，并从滞纳税款之日起至解缴税款之日止，按日加收滞纳税款5‰的滞纳金。赵某某不服，于2017年2月8日向原海南省地方税务局申请行政复议，原海南省地方税务局在2018年12月13日作出9号复议决定，维持了3号处理决定。另外，原第二稽查局被撤销，其案件现归入第三稽查局管理。

另查明，赵某某曾与案外人张某、赵某等人签订了《商品房买卖合同》，双方发生纠纷后向法院起诉，案经三亚市城郊人民法院〔2016〕琼0271民初1174号民事判决书确认买卖合同有效，三亚市中级人民法院〔2016〕琼02民终1234号民事判决书判决买卖合同无效，后又向海南省高级人民法院申请再审，经高院指令再审，三亚市中级人民法院作出〔2017〕琼02民再8号判决书，认定双方买卖合同有效。张某、赵某等27户案外人向三亚市城郊人民法院申请执行，三亚市城郊人民法院于2018年3月30日作出〔2018〕琼0271执762号执行裁定书，将"椰海花园"私人住宅楼分户过户给张某、赵某等27人。三亚市吉阳区地方税务局（以下简称"吉阳区地税局"）据此向赵某某发出〔2018〕008号责令限期改正通知书，要求赵某某对27户房产交易行为进行纳税申报，赵某某于2018年5月9日在吉阳区地税局缴纳了该27户房屋交易的税款，取得了完税证明。之后，赵某某又于2018年7月3日主动向吉阳区地税局进行纳税申报，并缴纳了其余21户房屋的相应税款，取得税收完税证明。

再查明，赵某某于2016年函询三亚市规划局，咨询能否办理"碧海公寓住宅楼"的分户产权证，三亚市规划局作出三规建设函〔2016〕46号复函（以下简称"46号复函"），认为"碧海公寓住宅楼"原规划审批的是对私人核发的住宅楼，现规划为林地，该房屋未完善消防设施，不宜将房屋分户至80户人的名下。三亚市国土资源局2017年7月25日也作出三土资籍〔2017〕244号《关于赵某某咨询办理"碧海公寓住宅楼"分户产权证的复函》（以下简称"244号复函"），认为"碧海公寓住宅楼"为个人整宗住宅楼，不属于商品房，不能办理分户登记并对外销售，该项目未通过规划验收，该住宅楼不能办理分户登记。

原审法院认为：本案争议的焦点为赵某某分户销售"椰海花园"给张某、赵某等人，是否存在偷税行为。

赵某某于2004年12月通过法院拍卖程序买受了"碧海公寓私人住宅楼"，未经过规划审批许可将私人住宅楼的内部布局进行改动，变更名称为"椰海花园"，后于2005年12月分户销售给张某、赵某等48户买主。从三亚市规划局的46号复函及三亚市国土资源局的244号复函看，椰海花园住宅楼的性质是私人住宅楼，消防设施仅满足私人家庭的需要，把它改装成商品房分户对外销售，存在重大的火灾安全隐患，对这类涉及火灾安全隐患的公共利益，在其合法性存在纠纷，未被法院司法确认之前，税务机关不宜认定赵某某销售房产的行为具有合法性。本案中，赵某某与张某、赵某等27户买主2015年起发生纠纷，案件历经一审、二审、再审程序，至2018年3月30日，三亚市城郊人民法院才作出〔2018〕琼0271执762号执行裁定书；至2018年4月23日，三亚市吉阳区地方税务局才向赵某某作出008号责令限期改正通知书。因此，赵某某在2018年4月23日后不主动申报和纳税的，才能构成偷税行为，而第三稽查局早在2017年1月12日就作出3号处理决定，认定赵某某2005—2008年分户销售"椰海花园"的行为是偷税行为，属于认定事实不清，适用法律错误，应予以撤销。此外，赵某某于2018年5月9日主动缴清了27户买主的相应税款，取得了完税证明；于2018年7月3日主动缴清了21户买主的相应税款，取得了完税证明，证实其未有偷税的故意。综上，第三稽查局对赵某某分户销售存在火灾安全隐患的椰海花园的行为，作出3号处理决定，认定赵某某的行为偷税，属于认定事实不清，适用法律错误，不予支持，依据《行政诉讼法》第七十条第（一）项、第（二）项的规定，原审法院判决撤销第三稽查局作出的3号处理决定；撤销海南省税务局作出的9号复议决定。案件受理费50元由第三稽查局及海南省税务局共同承担。

上诉人第三稽查局上诉称：

（1）公民的纳税义务由宪法规定，且是税法义务的一种，其发生应根据税法规定予以认定，与房屋买卖合同的效力无关。根据《税收征管法》第三条的规定，被上诉人的依法纳税义务是根据税法规定予以认定的，税务机关的法定职责是依法征税，该项义务不以房屋买卖合同的效力问题而发生、认定或者消失。根据《营业税暂行条例》第一条及第十二条的规定，被上诉人自收到房屋销售款项当日即为营业税及附加的纳税义务发生之日。在税收法律关系中，有收入就应依法征税，这是纳税义务人的法定义务，因此，只要被上诉人取得了应税收入，就发生了纳税义务，应当按照税法规定申报和缴纳税款。被上诉人自2005年开始销售"椰海花园"房产，在2005—2008年出售房屋，取得售房收入5 189 435元，存在出售房屋与收取售房款的事实，且被上诉人销售房屋所取得的经济利益自收到购房款之日起一直归其所占有，被上诉人自其取得应税收入之日起理应依法纳税。原审判决认定"未被法院司法确认之前，税务机关不宜认定赵某某销售房产的行为具有合法性"，会导致税务机关的行政征税行为都需要增加一道司法确认的前置程序，这不仅严重违背我国税收法定原则，而且将造成国家税款无法及时征收的严重后果。而判定被上诉人的房屋买卖行为是否合法、房屋买卖合同是否有效并非税务机关的职责。纳税义务发生后，无论被上诉人出售的房屋性质如何、买卖合同是否有效，其作为纳税义务人，应当依据税法的规定申报缴纳税款。

（2）被上诉人在经税务机关多次通知其申报之后，一直拒不申报缴纳税款，说明其主观上存在逃避纳税的故意，客观上已造成国家税款未能及时足额入库的后果。根据《税收征管法》第六十三条第一款的规定，被上诉人的行为已构成偷税。原审判决认定被上诉人于2018年5月9日、7月3日主动缴清了买主的相应税款，取得了完税证明，证实其未有偷税的故意，不符合实际情况。被上诉人在2018年收到吉阳区地税局发出的〔2018〕008号责令限期改正通知书后，缴清税款的行为是偷税行为发生后的事后弥补行为，不能以此来证明其纳税义务发生时，其主观上没有偷税的故意，也不能以此来否定被上诉人之前的偷税行为。

综上所述，上诉人依据税法等法律规定所作出的3号处理决定认定事实清楚，证据确实充分，应依法维持。原审判决认定事实不清、适用法律错误。为此，请求二审法院依法撤销原审判决，驳回被上诉人原审诉讼请求，并判令被上诉人承担一、二审诉讼费。

上诉人海南省税务局上诉称：

由于对营业税纳税义务发生时间理解不同，导致原审法院对偷税认定产生偏差。原审判决认为：赵某某销售房屋的纳税义务发生时间，由于买卖合同存在纠纷，合同法律效力未被法院司法确认之前，税务机关不宜认定赵某某销售房产的行为具有合法性。显然与《营业税暂行条例》第十二条第一款"营业税纳税义务发生时间为纳税人提供应税劳务、转让无形资产或者销售不动产并收讫营业收入款项或者取得索取营业收入款项凭据的当天。国务院财政、税务主管部门另有规定的，从其规定"的规定相悖。根据前述规定可知，税务机关征税，应严格依据国家税法规定进行，税务机关没有权利也没有能力去确认一项交易行为的合法性，即只要纳税人销售不动产并收讫收入款项，就应依照税法规定纳税。同时，根据《税收征管法》第六十三条第一款的规定，本案中，赵某某销售不动产的行为发生在 2005—2008 年，后经税务机关多次通知申报而拒不申报，造成不缴或者少缴应纳税款的结果，该行为已构成偷税。而原审判决却认为，赵某某在 2018 年 4 月 23 日后不主动申报和纳税才能构成偷税行为，这是由于原审法院对纳税义务发生时间的错误认识，导致对"偷税"定性错误。根据《税收征管法》第六十三条的规定，构成"偷税"需满足该条规定所列的四种情形，且造成不缴或者少缴税款的结果，并非产生纳税义务后不主动申报和纳税才构成偷税，这显然是逻辑错误。综上所述，原审判决认定事实错误，适用法律也错误，请求二审法院：依法撤销原审判决，判决驳回被上诉人原审诉讼请求，并判令被上诉人承担一、二审诉讼费。

被上诉人赵某某辩称：

（1）第三稽查局作出 3 号处理决定认定事实不清。被上诉人已据实向第三稽查局提供材料，并积极与第三稽查局沟通，不存在偷税行为。首先，被上诉人于 2016 年 4 月 21 日收到第三稽查局送达的《税务事项通知书》，及时于 2016 年 4 月 25 日将《情况说明》递交给第三稽查局，详细说明了被上诉人与房屋买受人之间因发生诉讼纠纷，"椰海花园"项目所涉《商品房买卖合同》因违反规划存在被认定无效的法律风险，双方交易是否完成存在不确定性，故被上诉人缴纳税费的条件尚不具备，没有提交申报纳税材料的义务。其次，被上诉人于 2016 年 9 月 5 日收到第三稽查局送达的《税务稽查情况反馈书》，于 2016 年 9 月 10 日向第三稽查局递交了《申辩意见书》，将"椰海花园"项目的情况详细告知第三稽查局。且被上诉人在 2016 年 12 月 1 日递交给第三稽查局的《情况说明》中还附上了三亚市中级人民法院于 2016 年 10 月 8 日作出的〔2006〕琼 02 民终 1234 号《民事判决书》。该判决书判定《商品房买卖合同》应当认定无效，合同无效，双方互负返还义务，则被上诉人没有收入，自然不存在申报纳税的义务。同时，被上诉人还在该《情况说明》中告知第三稽查局，还有 27 户业主起诉赵某某《商品房买卖合同》纠纷案，在三亚市城郊人民法院审理中，尚未结案。综上，第三稽查局不顾被上诉人的陈述和申辩，在明知已有法院生效判决判定《商品房买卖合同》无效，且尚有相关案件未予审结的情况下，执意作出 3 号处理决定，认定被上诉人存在偷税行为，显然属于认定事实不清。

（2）3 号处理决定适用《商品房买卖合同》签订后的法律法规，属于适用法律错误。被上诉人与房屋买受人签订《商品房买卖合同》的行为发生在 2005—2006 年，应适用当时的法律法规，但 3 号处理决定要求被上诉人缴纳营业税、城市维护建设税、教育费附加和个人所得税的法律依据分别为《营业税暂行条例》《城市维护建设税暂行条例》《征收教育费附加的暂行规定》《国家税务总局关于个人住房转让所得征收个人所得税有关问题的通知》（国税发〔2006〕108 号）和《海南省地方税务总局转发国家税务总局关于个人住房转让所得征收个人所得税有关问题的通知》（琼地税发〔2006〕91 号），以上法律法规发布实施和生效时间均在被上诉人与房屋买受人签订《商品房买卖合同》的行为发生之后，不能用于规制被上诉人在此之前发生的行为。

（3）被上诉人已经依法及时且足额缴纳了应缴税款，不存在偷税行为。首先，从客观方面看，被上诉人在2018年4月23日收到吉阳区地税局责令限期改正通知书后，在所限期限内，于2018年5月9日前往税务机关及时进行纳税申报，并足额缴纳了相关税款，取得了完税证明。被上诉人的行为明显不属于《税收征管法》第六十三条所规定的偷税行为。其次，从主观方面看，被上诉人在依法缴纳了三亚市城郊人民法院〔2018〕琼0271执762号《执行裁定书》所指向的27套房屋的税款后，主动凭借〔2017〕琼0271民初1334号等21份民事判决书向税务机关申报该21套房屋的税款。甚至在税务机关工作人员拒绝办理后，于2018年6月19日向税务机关递交了《个人纳税要求书》。被上诉人积极纳税的行为足以证明其没有偷税的故意。综合上述主、客观两个方面的情况可知，被上诉人客观上依法足额缴纳了税款，主观上没有偷税的故意，故不存在偷税的行为。

（4）3号处理决定无法执行，人民法院撤销该处理决定书是对税务机关行政行为效力的最大保护。3号处理决定对被上诉人作出了追缴391 997.42元少缴税款的处理决定。行政行为具有拘束力和执行力，如果人民法院不撤销3号处理决定书，税务机关必然要采取一定的手段，使得该处理决定的内容得以实现，即让被上诉人再缴纳391 997.42元的税款。但被上诉人就出售涉案房屋的行为已经依法足额缴纳了税款，取得了完税证明。因此，只有人民法院依法撤销3号处理决定，才是对税务机关具体行政行为效力及公信力的最大保护。

（5）海南省税务局的复议程序合法，但因9号复议决定维持了3号处理决定，故该复议决定存在认定事实不清和适用法律错误的情况。

综上，被上诉人客观上依法及时足额缴纳了税款，主观上无偷税的故意，因此，不存在偷税行为。原审判决认定事实清楚，适用法律正确，依法应予以维持，请求法院驳回两上诉人的全部上诉请求。

第三稽查局及海南省税务局提起上诉后，原审法院将各方当事人提交的证据材料随案移送至三亚中院。二审中，各方当事人均未提交新证据，亦没有新的质证意见。

三亚中院经审理查明：2004年12月13日，赵某某通过湖南省衡山县人民法院拍卖取得原三亚市河东区下洋田大真岭巷26号原碧海公寓住宅楼的房屋所有权。2009年6月17日，赵某某办理原整栋碧海公寓的土地房屋权证（证号为三土房〔2009〕字第04790号），该证记载该公寓权利人为赵某某，共5层，建筑面积为3 425.44平方米。之后赵某某将原碧海公寓住宅楼改名为椰海花园，并加建一层，将其各楼层改建成48套小户型房屋。2009年12月24日，赵某某办理椰海花园土地房屋权证（证号为三土房〔2009〕字第10926号），该证记载该公寓权利人为赵某某，共6层，建筑面积为3 965.91平方米。2012年6月11日，赵某某办理变更登记，将椰海花园的权利人变更登记为其与郑国玉，并办理三土房〔2012〕字第004405号土地房屋权证。

2005—2008年，赵某某将48套椰海花园房屋对外销售，案外人张某、赵某等人买受了该分户的48套房屋。因赵某某无法将销售的48套房屋过户办证至张某、赵某等人名下，双方发生争议。2015年12月18日，椰海花园住户向税务机关举报赵某某私收税款并占为己有。原三亚市河东区地方税务局接到举报后，于2015年12月21日至2016年1月7日陆续向赵某某作出并送达《税务事项通知书》《税务检查通知书》《询问通知书》《责令限期改正通知书》，要求赵某某于2016年1月13日前到原三亚市河东区地方税务局办理纳税申报及报送取得椰海花园房产的证明材料、建造或者续建工程合同书、销售的所有交易合同及收款凭据。期间，赵某某向原三亚市河东区地方税务局提交《申辩意见书》及《情况说明》，认为椰海花园所涉的房产交易合同因存在民事争议而无法确定合同效力，纳税条件尚不具备，故赵某某无提交纳税申报材料的义务，税务机关应以法院判决结果来确定赵某某是否需要纳税。2016年4月5日，经原三亚市河东区地方税务局移交，原第二稽查局对赵某某涉嫌税收违法行为进行立案检查。2016年4月13日至2016年8月31日，原第二稽查局陆续向赵某某作出并送达《税务检查通知书》《税务事项通知书》《询问通知书》《税务稽查情况反馈书》等执法文书，对其2011年1月1日至2015年12月31日的涉税情况进行检查，要求其提供相关材料，并接受询问。2016年9月7日，赵某某向原第二稽查局提交《申辩意见书》，认为椰海花园所涉的房产交易合同无法确定合同效力，应待法院判决确认合同效力后再依法申报和缴纳各项税费。次日，原第二稽查局向赵某某作出反馈，认为椰海花园所涉房产交易合同关系成立，合同已经签订，款项已经收取，房屋已经入住近10年，房屋买卖的交易收入属实，应依法申报纳税。2016年10月8日至2016年11月29日，原第二稽查局陆续向赵某某作出并送达《税务事项通知书》《税务稽查情况反馈书》，对赵某某未依法申报缴纳税款的行为作偷税处理，变更稽查所属期间为2005年1月1日至2015年12月31日，并要求其提供相应材料。2016年12月1日，赵某某向原第二稽查局作出《情况说明》，他认为，三亚市中级人民法院所作出的〔2016〕琼02民终1234号生效民事判决，认定所涉椰海花园房产交易合同无效，剩余27户购房人起诉椰海花园房产交易合同确认合同效力案件尚未结案，待全部案件审结后，赵某某将与购房人协商退房还款事宜，故无法提交相关凭据材料。

2017年1月12日，原第二稽查局作出3号处理决定，认定赵某某于2005—2008年销售椰海花园房屋并与购房人签订售房合同，合同总金额为5 579 600元，实际取得售房收入共计5 189 435元，未按照税法及相关法律法规规定申报缴纳营业税259 471.75元、城市维护建设税18 163.02元、教育费附加7 784.15元、个人所得税103 788.70元及印花税2 789.80元，合计391 997.42元，根据《税收征管法》第三十二条及第六十三条第一款的规定，决定限赵某某自收到3号处理决定之日起15日内缴纳税款合计391 997.42元，并对其中应补缴的营业税、城市维护建设税和印花税从滞纳税款之日起至缴纳税款之日止，按每日5‰加收滞纳金。3号处理决定还载明了对该局纳税存在争议，必须先依照该处理决定的期限缴纳税款及滞纳金或者提供相应的担保，然后自税务机关确认后60日内向原海南省地方税务局申请行政复议。2017年2月8日，赵某某不服3号处理决定向原海南省地方税务局提出复议申请，原海南省地方税务局于同日受理了赵某某提出的复议申请。2018年12月13日，海南省税务局作出9号复议决定，认定原第二稽查局执法程序合法，3号处理决定认定事实清楚，证据确凿，适用法律虽有瑕疵，但相应条款的计算公式及税率没有修改，故处理结果并无不当，根据《行政复议法》第二十八条第一款第（一）项和《税务行政复议规则》第七十五条第（一）项的规定，决定维持原第二稽查局作出的3号处理决定。

另查明，由于国地税征管体制改革，原海南省国家税务局和原海南省地方税务局于2018年6月合并，成立海南省税务局。原第二稽查局于2018年8月被撤销，由第三稽查局继续行使其职权。2018年12月26日，赵某某不服3号处理决定及9号复议决定，向原审法院提起诉讼，请求撤销3号处理决定及9号复议决定。

三亚中院经审理查明的其他事实与原审判决认定的事实基本一致。

三亚中院认为，本案的主要争议焦点为第三稽查局作出的3号处理决定认定事实是否清楚，依据是否充分，适用法律是否正确。

关于第三稽查局作出的 3 号处理决定认定事实是否清楚，依据是否充分的问题。

首先，《营业税暂行条例》（1994 年施行）第一条规定："在中华人民共和国境内提供本条例规定的劳务、转让无形资产或者销售不动产的单位和个人，为营业税的纳税人，应当依照本条例缴纳营业税。"《城市维护建设税暂行条例》（1985 年施行）第二条规定："凡缴纳产品税、增值税、营业税的单位和个人，都是城市维护建设税的纳税义务人（以下简称纳税人），都应当依照本条例的规定缴纳城市维护建设税。"《征收教育费附加的暂行规定》（2005 年修订）第二条规定："凡缴纳产品税、增值税、营业税的单位和个人，除按照《国务院关于筹措农村学校办学经费的通知》的规定，缴纳农村教育事业费附加的单位外，都应当依照本规定缴纳教育费附加。"《个人所得税法》（2005 年修正）第一条第一款规定："在中国境内有住所，或者无住所而在境内居住满一年的个人，从中国境内和境外取得的所得，依照本法规定缴纳个人所得税。"《印花税暂行条例》（1988 年施行）第一条及第二条第（二）项规定，在中华人民共和国境内书立、领受产权转移书据的单位和个人，都是印花税的纳税义务人，应当按照该条例规定缴纳印花税。本案中，赵某某在 2005—2008 年将其拍卖所得的椰海花园公寓楼内的房屋陆续对外销售并取得收入，根据前述法律法规的规定，赵某某理应依法缴税。

其次，《营业税暂行条例》（1994 年施行）第九条规定："营业税的纳税义务发生时间，为纳税人收讫营业收入款项或者取得索取营业收入款项凭据的当天。"本案中，赵某某对其于 2005—2008 年销售 48 套房屋并已收取全部购房款的事实无争议，故其自收到售房收入之日起即产生纳税义务，其关于应在《商品房买卖合同》被法院依法确认为有效合同之后才开始计税的主张，于法无据，法院不予支持。

最后，《税收征管法》（2001 年修订）第二十五条第一款规定："纳税人必须依照法律、行政法规规定或者税务机关依照法律、行政法规的规定确定的申报期限、申报内容如实办理纳税申报，报送纳税申报表、财务会计报表以及税务机关根据实际需要要求纳税人报送的其他纳税资料。"《税收征管法》第六十三条第一款规定："纳税人伪造、变造、隐匿、擅自销毁账簿、记账凭证，或者在账簿上多列支出或者不列、少列收入，或者经税务机关通知申报而拒不申报或者进行虚假的纳税申报，不缴或者少缴应纳税款的，是偷税。对纳税人偷税的，由税务机关追缴其不缴或者少缴的税款、滞纳金，并处不缴或者少缴的税款 50% 以上 5 倍以下的罚款；构成犯罪的，依法追究刑事责任。"本案中，赵某某对外销售房屋并取得收入后未在法定期限内进行纳税申报并缴纳税款，经税务机关通知申报而拒不申报，客观上造成了国家税收收入的损失，损害了国家税收征管的秩序。原三亚市河东区地方税务局、原第二稽查局经调查核实并依法向其作出并送达《税务事项通知书》《税务检查通知书》《询问通知书》《责令限期改正通知书》《税务稽查情况反馈书》等一系列执法文书，催促赵某某纳税申报无果之后，对其作出 3 号处理决定，认定赵某某偷税，责令其限期缴纳税款及滞纳金，依据充分，程序合法。

被上诉人主张其已向税务机关提交《申辩意见书》，认为其在法院判决确认《商品房买卖合同》的效力之前没有纳税申报的义务。《税收征管法》（2001 年修订）第三条规定："税收的开征、停征以及减税、免税、退税、补税，依照法律的规定执行；法律授权国务院规定的，依照国务院制定的行政法规的规定执行。任何机关、单位和个人不得违反法律、行政法规的规定，擅自作出税收开征、停征以及减税、免税、退税、补税和其他同税收法律、行政法规相抵触的决定。"本案中，被上诉人销售房屋所取得的经济利益自收到购房款之日起一直归其所占有，被上诉人自其取得应税收入之日应当依据税法的规定申报并缴纳税款,该项义务不以房屋买卖合同的效力问题而发生、认定或者消失。故被上诉人的前述主张于法无据,本院不予支持。

被上诉人另主张其依法足额缴纳了应缴税款,其无偷税的主观故意,不存在偷税行为。三亚中院认为,根据《国家税务总局关于税务检查期间补正申报补缴税款是否影响偷税行为定性有关问题的批复》(税总函〔2013〕196号),纳税人未在法定的期限内缴纳税款,且其行为符合《税收征管法》第六十三条规定的构成要件的,即构成偷税,逾期后补缴税款不影响行为的定性。纳税人在稽查局进行税务检查前主动补正申报补缴税款,且税务机关没有证据证明纳税人具有偷税主观故意的,不按偷税处理。本案中,虽然赵某某在原第二稽查局作出3号处理决定后,于2018年5月、7月缴清了欠缴税款并取得完税证明,但其在2005—2008年对外出售椰海花园房屋并取得购房款后未在法定期限内缴纳税款,经税务机关通知申报而拒不申报,不缴纳税款,已构成偷税。赵某某逾期后补缴税款的行为不影响对其偷税行为的认定,因此3号处理决定中认定赵某某的行为为偷税并无不当。

关于第三稽查局作出的3号处理决定适用法律是否正确的问题。被上诉人主张3号处理决定确定的缴税数额适用的法律法规系在其签订《商品房买卖合同》之后颁布实施。经查,海南省税务局作出的9号复议决定中已经认定3号处理决定适用法律法规虽有瑕疵,但关于计算税额公式及税率条款没有修改,与之前的法律法规是一致的,故3号处理决定的处理结果并无不当。法院对此予以确认,被上诉人的前述主张,法院不予支持。

综上所述,第三稽查局作出3号处理决定的行政行为认定事实清楚,依据充分,符合法定程序,虽适用法律有瑕疵,但处理结果正确。海南省税务局作出9号复议决定的行政行为程序合法,维持3号处理决定并无不当。原审判决查明基本事实清楚,但适用法律不当,判决结果错误,依法应予撤销。第三稽查局及海南省税务局的上诉请求及理由成立,法院依法予以支持。

2019年10月8日,三亚中院依照《行政诉讼法》第六十九条、第八十九条第一款第(二)项的规定,作出〔2019〕琼02行终83号行政判决书,判决撤销三亚市城郊人民法院〔2019〕琼0271行初28号行政判决;驳回赵某某的诉讼请求。一、二审案件受理费合计100元由被上诉人赵某某负担。

九、浙江省印花税偷税行政处罚案

上诉人谢某某因诉被上诉人温岭市地方税务局稽查局(以下简称"稽查局")行政处理、行政处罚及被上诉人温岭市地方税务局(以下简称"地税局")行政复议一案,不服温岭市人民法院〔2017〕浙1081行初99号行政判决,向浙江省台州市中级人民法院(以下简称"台州中院")提起上诉。台州中院依法组成合议庭,对本案进行了审理,本案现已审理终结。

原审法院认定,2010年12月18日,卢某某与温岭市大溪镇良山村村民委员会(以下简称"良山村委会")签订《土地使用权租赁协议书》,约定由卢某某承租温岭市大溪镇良山村环城北路北侧6.978亩土地的土地使用权,租期为20年,每年租金为1 108 106元,租赁期满或者解除时,该地块的建筑物和管道设施等无偿归良山村委会所有。2011年3月18日,原告谢某某与合伙人卢某某签订《合作协议书》,约定双方在上述地块上建设标准厂房，合伙经营，卢某某出资比例为66.66%，谢某某为33.33%，双方按出资比例享受权利、承担义务。2012年8月5日至2015年5月8日，原告谢某某及合伙人卢某某与高某某、赵某某、王某某、郑某签订了5份租赁厂房合同，合同总金额为2 931 432元，卢某某单独与温岭市荣多电子、金某某签订2份租赁合同，总金额为2 838 348元。2016年5月17日至2016年10月12日期间，被告稽查局分别向王某某、郑某、孙某某、高某某、赵某某、金某某调查取证，确定原告和其合伙人卢某某自2012年10月至2016年4月，房屋租赁收入为3 234 588.50元。2016年5月27日，原告以其及卢某某名义在温岭市地方税务局大溪税务分局申报所属2016年4月的租赁收入603 900元，并缴纳相应税费及滞纳金。2016年11月2日，原告起诉要求退还上述税费及滞纳金。2016年11月14日，被告稽查局向原告谢某某送达温地税稽通〔2016〕11号《税务通知书》、温地税稽检通〔2016〕94号《税务检查通知书》，告知原告对其进行立案，并要求原告依法接受检查、如实反映情况、提供有关资料。2017年1月12日，原告撤回上述案件的起诉，于2017年1月13日以申报数据有误为由向温岭市地方税务局大溪税务分局申请退还相应税费及滞纳金。2017年1月24日，温岭市地方税务局大溪税务分局向原告送达温地税大通〔2017〕2号《税务事项通知书》，告知原告收到该通知之日起15日内到温岭市地方税务局大溪税务分局申报缴纳相关税费。2017年3月22日，被告稽查局向原告送达温地税稽罚告〔2017〕4号《税务行政处罚告知书》。同日，原告提出申辩，对于处罚决定（一）和（二）中金额有异议，认为不是或者不需要原告缴纳，对于各项税的金额均有异议。2017年7月10日，被告稽查局作出温地税稽处〔2017〕63号《税务处理决定书》、温地税稽罚〔2017〕38号《税务行政处罚决定书》，并于2017年7月12日向原告送达。原告不服，向被告地税局提出复议申请。2017年9月8日，被告地税局予以立案受理；2017年11月3日，作出温地税复决〔2017〕5号税务行政复议决定书予以维持。

另查明，被告稽查局在证明其程序合法时，仅出示了其向原告送达的相关证据，并未就其全案的程序合法性进行举证。经释明，被告提交了《案源登记表》《税务稽查案源审批表》《税务稽查立案审批表》、2016—0036号《税务稽查任务通知书》《税务稽查项目书》《延长税收违法案件检查时限审批表》2份，上述证据与被告提交的9～16号证据在时间上能够相互衔接，能够证明被告的选案、立案、检查、延长审限的情况。

原审法院认为，本案的争执焦点为原告是否纳税主体，应否缴纳相关税费，是否构成偷税。根据《房产税暂行条例》第二条的规定："房产税由产权所有人缴纳。产权属于全民所有的，由经营管理的单位缴纳。产权出典的，由承典人缴纳。产权所有人、承典人不在房产所在地的，或者产权未确定及租典纠纷未解决的，由房产代管人或者使用人缴纳。"《营业税暂行条例》第一条规定："在中华人民共和国境内提供本条例规定的劳务、转让无形资产或者销售不动产的单位和个人，为营业税的纳税人，应当依照本条例缴纳营业税。"本案涉案房产虽无产权，但从卢某某与良山村委会签订的《土地使用权租赁协议书》及原告与合伙人卢某某签订的《合作协议书》可知，在土地使用权租赁期满前，良山村委会不享有涉案厂房的所有权，原告与合伙人卢某某是涉案厂房建造使用人，原告将厂房出租并收取租金后即应缴纳房产税、营业税。《城市维护建设税暂行条例》第二条规定："凡缴纳消费税、增值税、营业税的单位和个人，都是城市维护建设税的纳税义务人，都应当依照本条例的规定缴纳城市维护建设税。"《印花税暂行条例》第一条规定："在中华人民共和国境内书立、领受本条例所列举凭证的单位和个人，都是印花税的纳税义务人，应当按照本条例规定缴纳印花税。"《印花税暂行条例》第二条规定："下列凭证为应纳税凭证：1.购销、加工承揽、建设工程承包、财产租赁、货物运输、仓储保管、借款、财产保险、技术合同或者具有合同性质的凭证……"根据上述规定，原告理应缴纳印花税、城市建设维护税。《税收征管法》第六十三条第一款规定："纳税人伪造、变造、隐匿、擅自销毁账簿、记账凭证，或者在账簿上多列支出或者不列、少列收入，或者经税务机关通知申报而拒不申报或者进行虚假的纳税申报，不缴或者少缴应纳税款的，是偷税。对纳税人偷税的，由税务机关追缴其不缴或者少缴的税款、滞纳金，并处不缴或者少缴的税款50%以上5倍以下的罚款；构成犯罪的，依法追究刑事责任。"本案中，温岭市地方税务局大溪分局因故于2017年1月13日退还原告税费及滞纳金后，于2017年1月24日向原告送达温地税大通〔2017〕2号《税务事项通知》并要求原告申报，原告应当重新申报，但原告至今拒不申报，属偷税行为。被告稽查局接温岭市地方税务局大溪分局传递的案件后，予以立案、检查、审理，依法作出温地税稽处〔2017〕63号《税务处理决定书》、温地税稽罚〔2017〕38号《税务行政处罚决定书》，事实清楚、证据确凿、适用法律、法规正确、税费计算正确、程序合法。被告地税局一并受理原告对上述税务处理、税务行政处罚的复议申请后经审查，根据《行政复议法》第二十八条、《税务行政复议规则》第七十五条的规定作出行政复议决定，其认定事实与温地税稽处〔2017〕63号《税务处理决定书》、温地税稽罚〔2017〕38号《税务行政处罚决定书》认定的事实一致，适用法律正确，程序合法。为此，依照《行政诉讼法》第六十九条的规定，原审法院判决驳回原告谢某某的诉讼请求。案件受理费50元由原告谢某某负担。

上诉人谢某某不服，向台州中院提起上诉称：

（1）原审法院将上诉人认定为房产税纳税主体，系事实认定及法律适用错误。《房产税暂行条例》第二条规定："房产税由产权所有人缴纳。"从卢某某与良山村委会签订的《土地使用权租赁协议书》可以看出，涉案房屋所有权人应为良山村委会，上诉人与卢某某属于合伙关系，上诉人与陆某某不是租赁土地上房屋所有权人，无须缴纳房产税。

（2）原审法院认定上诉人将厂房用于出租并收取租金，应缴纳营业税，系事实认定及法律适用错误。根据《营业税暂行条例》第一条的规定："在中华人民共和国境内提供本条例规定的劳务、转让无形资产或者销售不动产的单位和个人，为营业税的纳税人，应当依照本条例缴纳营业税。"上诉人并没有在租赁本案所涉土地及房产期间发生劳务、转让无形资产或者销售不动产的行为，无须缴纳营业税。

（3）原审法院认为上诉人应在缴纳营业税的基础上缴纳城市维护建设税，属于法律适用的错误。根据《城市维护建设税暂行条例》第二条的规定："凡缴纳消费税、增值税、营业税的单位和个人，都是城市维护建设税的纳税义务人，都应当依照本条例的规定缴纳城市维护建设税。"上诉人不属于营业税缴纳主体，无须缴纳城市维护建设税。

综上，上诉人不是房产税、营业税、城市维护建设税的纳税主体，因此，被上诉人稽查局作出的温地税稽处〔2017〕63号税务处理决定书、温地税稽罚〔2017〕38号税务行政处罚决定书，事实认定不清、适用法律错误，应依法予以撤销。原审法院认为其适用法律正确、程序合法，属于事实认定不清，请求依法撤销原审判决，改判支持上诉人的诉讼请求。

被上诉人稽查局、地税局答辩称：

（1）原审法院认定事实清楚，证据充足，适用法律得当，程序合法。涉案房屋目前为止没有权属证书，从现有情况看涉案房屋投资人是上诉人和卢某某，房屋也是两人所建造，使用期间实际上所有权是归两人所有。从双方合同约定内容看，租赁期限届满后房屋所有权才无偿归良山村委会所有。退一步讲，即使目前还无法确定上诉人和卢某某享有真正的产权，也只能说目前房屋产权尚未确定。按照房产税的有关规定，产权确定的由产权人缴纳房产税，产权不明的由使用人来缴纳房产税，所以上诉人认为房屋是村委会所有的说法是片面的、不正确的。

（2）原审法院适用法律正确的。从有关条例、实施细则内容的规定可以看到，上诉人和卢某某将厂房出租给他人并收取租金就应该缴纳营业税等。

综上，请求驳回上诉，维持原判。

经审理，对原审法院查明的事实台州中院予以确认。

台州中院认为，根据《税收征管法》第五条第一款、第十四条、《税收征管法实施细则》第九条的规定，被上诉人稽查局具有对偷税案件进行查处的法定职权。根据《行政复议法》第三条、第十二条第二款、《税务行政复议规则》第十九条第一款第（二）项的规定，被上诉人地税局具有税务行政复议的法定职权。

《税收征管法》第二十五条规定："纳税人必须依照法律、行政法规规定或者税务机关依照法律、行政法规的规定确定的申报期限、申报内容如实办理纳税申报。"《房产税暂行条例》第二条规定："房产税由产权所有人缴纳。产权属于全民所有的，由经营管理的单位缴纳。产权出典的，由承典人缴纳。产权所有人、承典人不在房产所在地的，或者产权未确定及租典纠纷未解决的，由房产代管人或者使用人缴纳。上述列举的产权所有人、经营管理单位、承典人、房产代管人或者使用人，统称为纳税义务人。"《营业税暂行条例》第一条规定："在中华人民共和国境内提供本条例规定的劳务、转让无形资产或者销售不动产的单位和个人，为营业税的纳税人，应当依照本条例缴纳营业税。"《营业税暂行条例实施细则》第四条规定："条例第一条所称在中华人民共和国境内（以下简称'境内'）提供条例规定的劳务、转让无形资产或者销售不动产，是指……（三）所转让或者出租土地使用权的土地在境内；（四）所销售或者出租的不动产在境内。"《城市维护建设税暂行条例》第二条规定："凡缴纳消费税、增值税、营业税的单位和个人，都是城市维护建设税的纳税义务人，都应当依照本条例的规定缴纳城市维护建设税。"本案中，涉案房产虽无办理权属证书，但从卢某某与良山村委会签订的《土地使用权租赁协议书》看，租赁期满或者解除时，该地块的建筑物和管道设施等才无偿归良山村委会所有，结合上诉人和卢某某签订的《合作协议书》、上诉人及卢某某与高某某、赵某某、王某某、郑某签订的租赁厂房合同、卢某某与温岭市荣多电子、金某某签订的租赁合同及被上诉人稽查局向王某某、郑某、孙某某、高某某、赵某某、金某某调查取证等事实，可证实2012年10月至2016年4月，涉案房产的租金收入归上诉人与卢某某所有，故上诉人与卢某某为涉案房产的实际所有权人，依照上述法律规定理应为该房产的房产税、营业税、城市维护建设税的实际纳税义务人。综上，被上诉人稽查局作出的涉案温地税稽处〔2017〕63号《税务处理决定书》，温地税稽罚〔2017〕38号《税务行政处罚决定书》，认定事实清楚，适用法律正确，被上诉人地税局作出的行政复议决定书程序也合法，原审法院驳回上诉人的诉讼请求并无不当。上诉人的上诉理由不能成立，法院不予支持。

2018年7月18日，台州坊中院依照《行政诉讼法》第八十九条第一款第（一）项的规定，作出〔2018〕浙10行终150号行政判决书，判决驳回上诉，维持原判。二审案件受理费50元由上诉人谢某某负担。

十、河北省税务机关胜诉案

上诉人郭某某诉三河市地方税务局征税一案，上诉人郭某某不服河北省三河市人民法院〔2018〕冀1082行初36号行政判决，向河北省廊坊市中级人民法院（以下简称"廊坊中院"）提起上诉。廊坊中院依法组成合议庭，对本案进行了审理，现已审理终结。

原审判决认定，因原告办理了房屋转移登记手续，被告依据《不动产登记暂行条例实施细则》《契税暂行条例》《印花税暂行条例》规定，依法收取原告办理涉案房屋不动产权证书的契税、印花税，事实清楚，程序合法，适用法律正确。判决驳回原告郭某某的诉讼请求。郭某某不服一审判决，向廊坊中院提起上诉。

上诉人郭某某上诉称，上诉人提供的《协议书》清楚表明涉案房产系郭某某与徐某某共同出资购买，当时是以徐某某名义办理的贷款，无法在后来办理房产证时登记在上诉人名下，办理房产证时徐某某依法缴纳了契税、所得税，本次过户就是更名，既不是买卖，也不是赠与，还不是交换，不在契税征收范围；被上诉人让上诉人替徐某某缴纳个人所得税，再向徐某某追缴，明显违法；被上诉人未提供征收上诉人契税和所得税的法律依据和事实。故请撤销一审判决，依法改判。

经审理查明，上诉人郭某某与案外人徐某某确认房屋所有权纠纷一案经河北省三河市人民法院作出〔2017〕冀1082民初3090号民事判决书。该判决书确认双方争议房屋归上诉人郭某某所有，并判令案外人徐某某协助上诉人将涉案房屋过户登记至上诉人名下。2018年1月29日，三河市人民法院向被上诉人三河市地方税务局发出《协助执行通知书》（〔2017〕冀1082执2613号），要求被上诉人将登记在案外人徐某某名下位于三河市燕郊开发区行宫东大街南侧汉王路西侧中盛世纪的室房屋过户到上诉人郭某某名下，并附有三河市人民法院〔2017〕冀1082民初3090号民事判决书。上诉人于2018年3月12日依据三河市人民法院的上述协助执行通知书到廊坊三河市地税局燕郊二手房收税厅办理房产分割更名登记手续，被上诉人在上诉人办理房屋产权转移登记过程中征收其契税、印花税。上诉人不服，诉至法院。

廊坊中院认为，上诉人办理房屋转移登记手续，被上诉人依据《不动产登记暂行条例实施细则》《契税暂行条例》《印花税暂行条例》规定，依法收取上诉人办理该房屋不动产权证书的契税、印花税，事实清楚，程序合法，适用法律正确。上诉人称，该次过户属于更名，不在契税征收范围内，要求三河市地方税务局返还，没有法律和事实依据。上诉人称，被上诉人让上诉人替徐某某缴纳个人所得税，没有相关证据。故，一审法院判决驳回上诉人郭某某的诉讼请求并无不当。

2018年10月22日，廊坊中院根据《行政诉讼法》第八十九条第一款第（一）项的规定，作出〔2018〕冀10行终332号行政判决书，判决驳回上诉，维持原判。二审案件受理费50元由上诉人郭某某负担。

第二节　税务机关败诉案

一、湖南省税务机关败诉案

衡阳市甲房地产开发有限公司（以下简称"甲公司"）因与国家税务总局衡阳高新技术产业开发区税务局（以下简称"国税衡阳高新局"）税务行政处罚一案，于2018年9月18日向衡阳市蒸湘区人民法院提起行政诉讼，该院于2019年8月19日作出〔2018〕湘0408行初60号行政裁定，驳回甲公司的起诉。甲公司不服，向湖南省衡阳市中级人民法院（以下简称"衡阳中院"）提起上诉，衡阳中院于2020年3月9日作出〔2020〕湘04行终1号行政裁定，撤销一审裁定，指令衡阳铁路运输法院继续审理。国税衡阳高新局不服衡阳铁路运输法院作出的〔2020〕湘8602行初114号行政判决，向衡阳中院提起上诉。衡阳中院2020年11月3日立案受理后，依法组成合议庭对本案进行了审理。现已审理终结。

原审法院查明：2017年11月9日，高新区地税局对原告作出并送达了衡高税检通〔2017〕9001号《税务检查通知书》，自2017年11月13日起对原告2006年1月1日至2016年12月31日日鑫市场A区A1～A5栋项目涉税情况进行检查。

2017年12月18日，高新区地税局对原告作出并送达了衡高地税检责〔2017〕9001号《责成提供纳税资料通知书》，责成原告于2017年12月22日前提供房屋销售详细情况资料、财务资料、库存商品房详细清单及于欠税相关的其他资料提供给该局检查人员。

2017年12月19日，高新区地税局对原告作出衡高地税稽询〔2017〕9001号《询问通知书》，并于次日通知原告法定代表人或者法人授权人于当日下午3时到该局就涉税事宜接受询问。当日，高新区地税局对原告作出衡高地税限改〔2017〕9001号《责令限期改正通知书》，责令原告于2017年12月22日前来该局进行纳税申报和报送纳税资料。

2018年1月31日，高新区地税局对原告作出衡高地税限缴字〔2018〕第9002号《限期缴纳税款通知书》，限原告于2018年2月15日前到该局缴纳所属期为2006年至今的应纳税款4 201 340.07元，以及相应的滞纳金。计算过程：①普通住宅180套应缴税款＝33 032 094.85元（收入）×10.71%（综合税率）＝3 537 737.36元。②非普通住宅24套应缴税款＝5 666 974.44元（收入）×11.71%（综合税率）＝663 602.71元，③合计应缴税款＝3 537 737.36＋663 602.71＝4 201 340.07元。（说明：企业所得税不包含在以上应缴纳税款内，请按照规定在机构所在地税务机关衡阳市雁峰区地方税务局申报缴纳。）原告于2018年2月2日收到该通知书。

2018年4月9日，高新区地税局对原告作出衡高地税处〔2018〕9001号《税务处理决定书》。其内容为：该局通过纳税人提供的《日鑫市场A区A1～A5栋房屋销售情况表》汇总该项目销售总价款38 568 790.38元，查实原告在该项目少计收入130 278.90元，合计计税收入38 699 069.29元。其中：根据《土地增值税暂行条例》第一条、第二条、第三条和《关于加强土地增值税管理的公告》（湖南省地税局公告2015年第4号）第三条的规定，该项目应申报缴纳土地增值税（普通住宅）为1 651 604.74元（33 032 094.85×5%）；土地增值税（非普通住宅）为340 018.47元（5 666 974.44×6%）。决定：①根据《税收征管法》第六十四条第二款规定，追缴原告日鑫市场A区A1～A5栋项目2006年1月1日至2016年12月31日少申报缴纳营业税、城市维护建设税、教育费附加、地方教育费附加、印花税、土地增值税、企业所得税、水利建设基金合计5 362 312.14元。②加收滞纳金。根据《税收征管法》第三十二条的规定，对原告未按照规定申报缴纳的地方各税，从滞纳税款之日起，按日加收滞纳税款5‰的滞纳金，限原告自收到本决定书之日起15日内到高新区地税局将上述税款及滞纳金缴纳入库并进行相关账务调整；逾期未缴清的，将按照《税收征管法》第四十条规定强制执行。若在纳税上有争议，必须先按照本决定的期限缴纳税款及滞纳金或者提供相应的担保，然后可自上述款项缴清或者提供相应担保被税务机关确认之日起60日内依法向湖南省衡阳市地方税务局申请行政复议。当日，高新区地税局对原告作出衡高地税罚告〔2018〕9001号《税务行政处罚事项告知书》（以下简称"涉案处罚决定"），将作出税务行政处罚的事实依据、法律依据及拟作出的处罚决定对原告进行告知，并告知原告享有陈述、申辩及听证等权利。2018年4月12日，原告收到上述处理决定书和告知书。

2018年4月19日，高新区地税局对原告作出涉案处罚决定，载明：经对甲公司2006年1月1日至2016年12月31日的日鑫市场A区A1～A5栋项目的涉税情况进行检查，依据甲公司提供的《日鑫市场A区A1～A5栋房屋销售情况表》及相关的资料，查实该项目计税收入38 699 069.29元，应申报缴纳地方各税费合计5 362 312.14元，已申报缴纳地方各税费为0，欠缴税费合计5 362 312.14元。其中：

（1）根据《营业税暂行条例》第一条、第二条、第三条、第四条、第五条的规定，应申报缴纳营业税1 934 953.46元。

（2）根据《城市维护建设税暂行条例》第二条、第三条、第四条的规定，应申报缴纳城市维护建设税135 446.74元。

（3）根据《国务院关于修改〈征收教育费附加的暂行规定〉的决定》（国务院〔2005〕第448号）、财政部《关于统一地方教育附加政策有关问题的通知》（财税〔2010〕98号）和《湖南省财政厅湖南省地方税务局关于调整地方教育费附加征收标准的通知》（湘财综〔2011〕5号）的规定，应申报缴纳教育费附加58 048.6元；应申报缴纳地方教育附加38 699.07元。

（4）根据《印花税暂行条例》第一条、第二条、第三条的规定，应申报缴纳印花税19 349.53元。

（5）根据《土地增值税暂行条例》第一条、第二条、第三条和《关于加强土地增值税管理的公告》（湖南省地税及公告2015年第4号）第三条的规定，应申报缴纳土地增值税1 991 623.21元，其中：普通住宅为1 651 604.74元、非普通住宅为340 018.47元。

（6）根据《企业所得税法》《湖南省国家税务局、湖南省地方税务局公告》（2016年第4号）、《湖南省地方税务局公告》（2011年第1号）的规定，应申报缴纳企业所得税1 160 972.08元。

（7）根据《湖南省人民政府关于印发〈湖南省水利建设基金筹集和使用管理办法〉的通知》（湘政发〔2011〕27号）第三条第五项及第四条第一项的规定，应申报缴纳水利建设基金23 219.44元。根据《税收征管法》第六十四条第二款的规定，对原告未进行申报、缴纳的营业税、城市维护建设税、印花税、土地增值税、企业所得税合计5 242 345.03元处50%的罚款2 621 172.52元。

甲公司不服高新区作出的衡高地税处〔2018〕9001号《税务处理决定书》和涉案处罚决定，提起行政诉讼，理由为：①本案涉及的日鑫市场A区A1～A5栋住宅楼（以下简称"日鑫市场"）项目系经衡阳市人民政府（以下简称"市政府"）决定同意的以单位集资建房形式建设的项目，依法应当按照集资建房政策简化手续，减免税费，高新区地税局将该项目以普通住房开发项目对待没有事实依据。②甲公司不存在欠税行为，高新区地税局对甲公司作出涉案处罚决定不当。甲公司所建的日鑫市场项目系市政府为解决历史遗留问题、化解社会矛盾而要求甲公司按集资建房形式建设的项目，在市政府要求免除34户购房户大部分购房款的情况下应当享有集资建房的税务优惠政策，高新区地税局按普通建设开发项目向甲公司计收税款和作出涉案处罚决定没有事实和法律依据。请求：撤销高新区地税局作出的衡高地税处〔2018〕9001号《税务处理决定书》和涉案处罚决定。

2018年4月26日，原告对高新区地税局作出的衡高地税处〔2018〕9001号《税务处理决定书》向湖南省衡阳市地方税务局申请行政复议，该局于2018年5月4日作出衡地税复不受〔2018〕1号《行政复议不予受理决定书》。

另查明，国税衡阳高新局通告（2018年第1号）规定：根据国家税务总局国税地税征管体制改革工作总体部署，国税衡阳高新局于2018年7月20日挂牌成立。7月20日起，原高新区地税局税费征管的职责和工作由国税衡阳高新局承继。

经原审法院释明，甲公司将其诉讼请求明确为：撤销涉案处罚决定。诉讼中，原告对该项目销售的房屋数量（204套）和销售总价款均予以认可，但对地方教育附加、土地增值税、企业所得税没有分段计算税率以及税务追溯时效提出异议。

原审法院认为，按照《行政诉讼法》第六条的规定："人民法院审理行政案件，对行政行为是否合法进行审查"。人民法院审理行政案件，对行政机关作出的行政行为进行合法性审查，具体审查作出行政行为的行政机关及其工作人员是否具有职权依据以及被诉行政行为认定事实是否清楚、证据是否充分、适用法律是否正确、程序是否合法。

2008年11月17日起执行的《湖南省地方税务局关于进一步明确房地产市场若干税收政策的通知》（湘地税函〔2008〕135号）第一条规定："适当调整房地产企业土地增值税核定征收率。除批准建造销售并且能够单独核算土地增值额的经济适用房（含用于拆迁安置的住房）暂不征收外，其他各类商品房的核定征收率，普通标准住房由1%调整为0.5%，非普通标准住房由2%调整为1%，别墅、写字楼、营业用房仍为3%。为了简化征收手续，减少不必要的重复检查，房地产企业土地增值税按其转让房地产的收入和预收账款计征。"2010年6月22日发布的《湖南省地方税务局关于加强土地增值税征收管理工作的通知》（湘地税发〔2010〕25号）第五条第二款规定："本通知自2010年7月1日起执行。对于采取核定方式进行纳税的，可以实行分段征收，即2010年6月30日前按原核定征收率执行，2010年7月1日起按本通知规定执行。《湖南省地方税务局关于进一步明确房地产若干税收政策的通知》（湘地税发〔2008〕135号）第一条同时废止。"参照上述规范性文件的规定，湖南省在2008年11月17日至2010年6月30日对房地产企业土地增值税核定征收率，可以实行分段征收，即对普通标准住房适用0.5%、非普通标准住房适用1%的核定征收税率。本案中，被告没有提供证据证明对原告经税收检查需要补缴土地增值税不能实行分段征收的依据，而对原告2006年1月1日至2016年12月31日在日鑫市场A区A1～A5栋项目销售普通住宅总价款3 303 209.85元和非普通住宅总价款5 666 974.44元，分别适用5%和6%的核定征收税率，认为原告应申报缴纳土地增值税1 991 623.21元，并据此对该项纳税作出处50%罚款的决定，主要证据不足。

《中华人民共和国企业所得税法》第五十条第一款规定："除税收法律、行政法规另有规定外，居民企业以企业登记注册地为纳税地点；但登记注册地在境外的，以实际管理机构所在地为纳税地点。"本案中，原告企业登记注册地为衡阳市雁峰区黄白路140号滨江御景，被告作为涉案项目所在地，而非原告企业登记注册地的税务主管机关，在于2018年1月31日向原告发出的衡高地税限缴字〔2018〕第9002号《限期缴纳税款通知书》中已明确企业所得税请按照规定在机构所在地税务机关衡阳市雁峰区地方税务局申报缴纳的情况下，又将企业所得税作为罚款的依据，对原告作出处罚决定，构成超越职权。

综上，原告的诉讼请求成立，法院予以支持。被告作出9001号处罚决定，主要证据不足、超越职权，依法应当予以撤销。依照《行政诉讼法》第七十条第（一）项、第（四）项的规定，判决撤销湖南省衡阳市高新技术产业开发区地方税务局于2018年4月19日作出的衡开地罚〔2018〕9001号《税务行政处罚决定书》。本案案件受理费

50元由被告国家税务总局衡阳高新技术产业开发区税务局负担。

国税衡阳高新局不服一审判决，上诉请求：撤销一审判决，依法改判。事实与理由如下：

（1）《跨地区经营汇总纳税企业所得税征收管理办法》（国家税务总局公告2012年第57号）第二十一条规定："汇总纳税企业总机构和分支机构应依法办理税务登记，接受所在地主管税务机关的监督和检查。"其第二十四条第一款规定："以总机构名义进行生产经营的非法人分支机构，无法提供汇总纳税企业分支机构所得税分配表，也无法提供本办法第二十三条规定相关证据证明其二级及以下分支机构身份的，应视同独立纳税人计算并就地缴纳企业所得税，不执行本办法的相关规定。"日鑫市场住宅楼项目是以甲公司名义进行开发经营，未设立法人分支机构，也未提供总缴纳企业分支机构所得税分配表，国税衡阳高新局具有对甲公司作出涉案行政处罚的职权。一审判决确认国税衡阳高新局超越职权适用法律错误。

（2）甲公司在2017年上诉人对日鑫房地产开发项目进行纳税检查前，一直未按规定对该项目进行清算申报，该土地增值税在2017年之前仍属于预交税款阶段。《湖南省地方税务局关于加强土地增值税管理的公告》（2015年第4号）规定，核定征收率为：普通标准住宅5%；非普通标准住宅、别墅、写字楼、营业用房等6%。该法明确，2015年7月1日后实行土地增值税核定征收的房地产开发项目，一律适用该法公告规定的核定征收率，不再分段适用核定征收率。湘地税发〔2010〕25号文件中虽然提到"可以实行分段征收"，但仅适用于账簿资料健全且进行查账征收的房地产开发项目。甲公司账簿资料不健全不符合该文件规定的情形，且该文件已在2015年被废止。国税衡阳高新局对甲公司在2017年后实行土地增值税核定征收，符合法律规定。

（3）一审判决将使国税衡阳高新局已经作出的征税决定在未经合法程序进行撤销的情况下被否定效力，导致法律适用相互冲突。

甲公司答辩称：原判正确，请求驳回上诉，维持原判。

双方当事人在一审中提供的证据已随案移送衡阳中院，可以作为本案事实的认定依据。

衡阳中院经审理查明，日鑫市场项目（含商住楼与住宅楼）原为衡阳日鑫置业有限公司（以下简称"日鑫置业"）所有，日鑫置业在住宅楼部分项目未开工建设且未办理《商品房预售许可证》的情况下，对外销售了34套住房，甲公司职工定向集资100套（每户5万元）作为日鑫市场项目的建设资金。因甲公司起诉日鑫置业拖欠工程款，经调解，日鑫市场项目未建住宅部分的开发权、产权等一切权益交甲公司所有，以抵偿日鑫置业拖欠的250万元工程款。因34套购房户不断上访，衡阳市人民政府于2008年6月作出《衡阳市政府办公室专题会议纪要》：①责成日鑫置业及甲公司负责安置134户购房户入住，确保不再发生购房户上访事件。②基于历史原因，该项目按集资房予以办理分户产权证。③该项目在办理产权证的过程中，以日鑫置业和甲公司现有的手续为依据，简化程序。该项目购房户的房产权证已于2010年办理完毕（此后至2015年甲公司将日鑫市场住宅楼项目所建房屋陆续销售完毕）。

上述事实，有被上诉人在一审诉讼中提供的证据为证，上诉人对此无异议。

上诉人在二审诉讼中提供《跨地区经营汇总纳税企业所得税征收管理办法》（国家税务总局2012年2月27日发布，2013年1月1日起实施），以证明其具有对甲公司涉案偷税行为具有处罚职权。

衡阳中院认为，本案的争议焦点为：①上诉人国税衡阳高新局是否具有对涉案日鑫市场A区住宅楼项目征收企业所得税的职权。②涉案处罚决定是否具有事实及法律依据。分述如下：

（1）《跨地区经营汇总纳税企业所得税征收管理办法》第二十四条规定："以总机构名义进行生产经营的非法人分支机构，无法提供汇总纳税企业分支机构所得税分配表，也无法提供本办法第二十三条规定相关证据证明其二级及以下分支机构身份证明的，应视同独立纳税人计算并就地缴纳企业所得税，不执行本办法的相关规定。"《企业所得税法》第五十条第一款规定："除税收法律、行政法规另有规定外，居民企业以企业登记注册地为纳税地点；但登记注册地在境外的，以实际管理机构所在地为纳税地点。"甲公司虽登记的注册地点为衡阳市雁峰区，但其开发、销售涉案的日鑫市场A区住宅楼项目坐落于衡阳市高新技术产业开发区，且甲公司对该项目未设立法人分支机构，《跨地区经营汇总纳税企业所得税征收管理办法》属于税务行政法规，属于《企业所得税法》第五十条第一款规定的"居民企业以企业登记注册地为纳税地点"的例外情形。原审法院未将国税衡阳高新局是否具有对涉案日鑫市场A区住宅楼项目征收企业所得税的职权纳入审理范围，即直接适用《企业所得税法》第五十条第一款关于"居民企业以企业登记注册地为纳税地点"的规定，认定上诉人国税衡阳高新局对甲公司作出的涉案处罚决定超越职权，属适用法律不当，衡阳中院对此予以纠正。

（2）《湖南省地方税务局关于进一步明确房地产市场若干税收政策的通知》（湘地税函〔2008〕135号）第一条规定：适当调整房地产企业土地增值税核定征收率。除了批准建造销售并且能够单独核算土地增值额的经济适用房（含用于拆迁安置的住房）暂不征收，其他各类商品房的核定征收率，普通标准住房由1%调整为0.5%，非普通标准住房由2%调整为1%，别墅、写字楼、营业用房仍为3%。为了简化征收手续，减少不必要的重复检查，房地产企业土地增值税按其转让房地产的收入和预收账款计征。《湖南省地方税务局关于加强土地增值税征收管理工作的通知》（湘地税发〔2010〕25号）第五条第二款规定："本通知自2010年7月1日起执行。对于采取核定方式进行纳税的，可以实行分段征收，即2010年6月30日前按原核定征收率执行，2010年7月1日起按本通知规定执行。"《湖南省地方税务局关于进一步明确房地产若干税收政策的通知》（湘地税发〔2008〕135号）第一条同时废止。参照上述规范性文件的规定，湖南省在2008年11月17日至2010年6月30日对房地产企业土地增值税核定征收率，可以实行分段征收，即对普通标准住房适用0.5%、非普通标准住房适用1%的核定征收率。本案中，甲公司对日鑫市场住宅楼的房屋绝大部分销售是在2010年以前，上诉人对甲公司核定土地增值税征收率未实行分段征收，原审判决认定上诉人以甲公司2006年1月1日至2016年12月31日期间对日鑫市场项目销售普通住宅总价款3 303 209.85元和非普通住宅总价款5 666 974.44元，分别适用5%和6%的核定征收税率，认定甲公司应申报缴纳土地增值税1 991 623.21元，并据此对该项纳税作出处50%罚款的决定，主要证据不足，具有事实及法律依据。上诉人作出的涉案税务处理决定虽然对甲公司应申报缴纳土地增值税1 991 623.21元进行了认定，但上诉人作出的涉案处罚决定所认定的事实仍属于人民法院对涉案行政行为是否合法的审查范围，且本案并未涉及对涉案处理决定的审理。

综上所述，国税衡阳高新局的"我局具有对甲公司作出涉案行政处罚的职权"上诉理由成立，衡阳中院予以采纳；上诉人的其他上诉理由不能成立，衡阳中院不予支持。另需指出的是，原审判决既然认得认得国税衡阳高新局作出的涉案处罚决定主要证据不足，依法应予撤销，但却未适用《行政诉讼法》第七十条第（一）项的规定，适用法律不当，但鉴于原判撤销涉案处罚决定的结果并无不当，衡阳中院在此予以指正。

2020年12月10日，衡阳中院根据《行政诉讼法》第八十九条第一款第（一）项的规定，作出〔2020〕湘04行终129号行政判决书，判决驳回上诉，维持原判。二审案件受理费50元由上诉人国家税务总局衡阳高新技术产业开发区税务局负担。

二、广西壮族自治区税务机关败诉案

上诉人国家税务总局广西壮族自治区税务局第一稽查局（以下简称"广西税务局第一稽查局"）和上诉人国家税务总局广西壮族自治区税务局（以下简称"广西税务局"）因与被上诉人罗某某税务行政处罚及行政复议一案，不服南宁铁路运输法院〔2020〕桂7102行初41号行政判决，向南宁铁路运输中级法院（以下简称"南宁铁路中院"）提起上诉，南宁铁路中院受理后依法组成合议庭，于2020年11月23日公开开庭审理了本案。现已审理终结。

一审法院查明，罗某某系广西南宁朝华置业有限公司（以下简称"朝华公司"）的股东之一，其于2013年3月4日向公司另两名股东李某、王某发出《股权转让事项通知》，通知将其股权转让，转让价按公司财产及债权析产表中罗某某应分得份额2 583万元进行转让，在同等条件下，其他股东有优先购买权，并请股东书面答复。

2014年5月26日，罗某某与北海强远房地产有限公司（以下简称"强远公司"）签订了《股权转让协议书》，协议约定，罗某某以2 583万元的价格将其持有朝华公司49%的股权转让给强远公司，自本协议生效之日起3个月内，强远公司向罗某某支付第一笔1 000万元股权转让款，本协议生效之日起4个月内，强远公司向罗某某支付余下的1 583万元股权转让款；本协议生效后，强远公司按照受让的股权比例分享公司的红利，分担相应的风险和亏损等内容。协议签订后，强远公司依约于2014年8月26日、2014年8月27日、2014年9月3日、2014年9月5日、2014年9月9日、2014年9月17日向罗某某的银行账户支付股权款，共计2 583万元。

2014年10月31日，强远公司以朝华公司为被告，以罗某某、李某、王某为第三人向南宁市青秀区人民法院（以下简称"青秀区法院"）提起股东资格确认之诉。强远公司向青秀区法院提供了《股权转让协议书》及其向罗某某支付2 583万元股权转让款的转款凭证。青秀区法院于2015年1月12日作出〔2014〕青民二初字第2213号民事判决书，确认《股权转让协议书》合法有效，故判决确认强远公司为朝华公司持股49%的股东。朝华公司不服，上诉至南宁市中级人民法院（以下简称"南宁中院"），南宁中院于2015年4月29日作出〔2015〕南市民二终字第240号民事判决书，驳回朝华公司的上诉，维持原判。后在工商部门办理了股东变更登记，将罗某某名下的股份变更至强远公司名下。

2015年12月2日，广西壮族自治区地方税务局税务违法案件举报中心将朝华公司原股东罗某某转让股权涉税检举事项转给原广西壮族自治区地方税务局南宁稽查局（以下简称"原南宁稽查局"），并要求于2016年3月31日前将处理结果予以反馈。2015年12月16日，原南宁稽查局作出税务稽查任务通知书，决定对罗某某立案检查并通知检查二科负责实施。

2016年1月27日，原南宁稽查局向罗某某送达《税务检查通知书》，2016年1月27日、8月25日，原南宁稽查局工作人员对罗某某进行询问并制作了询问（调查）笔录，罗某某认可在2015年8月21日经南宁中院强制执行将其49%股份转让给强远公司，并办理了工商登记手续，股权转让获得了转让收入2 583万元，但强远公司未代扣股权转让的个人所得税，罗某某也未进行纳税申报。2016年2月2日，原南宁稽查局通知罗某某于2016年3月1日前提供2014年股权转让的相关成本资料。2016年3月20日，因罗某某未能按期提供相关成本资料，原南宁稽查局延长检查时限至2016年4月21日。

2016年4月20日，原南宁稽查局检查二科作出《关于罗某某涉税情况的稽查报告》，建议向罗某某追缴2014年少缴的印花税12 915元并加收滞纳金，同时罚款12 915元，追缴2014年少缴的个人所得税5 144 417元，同时说明罗某某未按责成的期限于2016年3月1日前提供2014年股权转让的相关成本资料。

2016年4月25日，罗某某向原南宁稽查局提交《关于罗某某在广西南宁朝华置业有限公司投资成本的情况说明》，请求原南宁稽查局到朝华公司审查账目，以便查清其投资数额。

2016年5月27日，原南宁稽查局审理科作出《罗某某涉税情况审理报告》，并提请原南宁稽查局和南宁市地方税务局税务案件集体审理委员会审理。2016年7月27日，检查小组对朝华公司2010—2014年缴纳地方税的情况进行检查，检查了所属年度企业提供的报表、账册及凭证，对公司相关人员做了询问笔录。2016年11月16日，原南宁稽查局和南宁市地方税务局税务案件集体审理委员会作出《审理意见书》，意见为：向罗某某追缴2014年少缴的印花税12 915元，并从税款滞纳金之日起，按日加收滞纳税款5‰的滞纳金，同时处少缴税款1倍的罚款，即罚款12 915元；向罗某某追缴未申报缴纳的2014年个人所得税5 144 417元，并从税款滞纳税款之日起，按日加收滞纳税款5‰的滞纳金；对罗某某未按照规定的期限办理个人所得税12万元自行申报的行为处5 000元的罚款。

2016年11月20日，罗某某向原南宁稽查局申请中止转让股权个人所得税的审理，并提交了青秀区法院〔2016〕桂0103民初5135号受理案件通知书和《关于罗某某转让朝华公司股权所得应缴个人所得税及成本抵减有关问题的汇报》。2016年11月23日，原南宁稽查局向检查二科发出《关于罗某某要求转让股权所得个人所得税成本抵减问题的函》，要求在12月30日前核实罗某某关于"待青秀区法院审理判决并对朝华公司进行清算，进而明确其在朝华公司的投资数额，确认其股权原值后，再根据股权原值及相关费用对税金依法进行抵减"的请求，明确是否允许其抵减。

2017年2月27日，朝华公司出具《情况说明》，大致内容为：朝华公司注册资本50万元，罗某某占49%，其余2名股东占51%，自公司成立以来，罗某某未向公司投入任何资金，朝华公司成立后通过拍卖公司竞得的资产包支付了1 185万元拍卖款，是公司成立后借入的资金，北海铁山港169.5亩土地不是朝华公司的资产。

2017年4月28日，检查小组作出《朝华公司检查情况汇报》，大致内容为：检查小组对朝华公司2010—2014年缴纳地方税的情况进行检查，检查了所属年度企业提供的报表、账册及凭证，对公司相关人员做了询问笔录，朝华公司成立后通过拍卖公司竞得的资产包支付了1 185万元拍卖款，都在公司账户支付，检查该公司相关账册，未发现该公司有北海铁山港169.5亩土地的证据，也未发现该公司占有、处分该地块的证据，公司经营活动是从其他单位及个人借款维持经营，未发现公司有向罗某某借款的证据。

2017年6月14日，原南宁稽查局作出桂地税南稽处〔2017〕1008号《税务处理决定书》（以下简称"1008号处理决定"），主要内容为："一、违法事实。（一）印花税。你于2014年5月26日与强远公司签订了股权转让协议书，协议约定你将朝华公司 49% 的股权转让给强远公司，强远公司支付 2 583 万元的转让款给你，根据《印花税暂行条例》第一条、第二条、第三条的规定，你应缴印花税 12 915 元，已缴 0 元，应补缴 12 915 元。（二）你将朝华公司 49% 的股权转让给强远公司，强远公司共支付 2 583 万元的转让款给你，但并未代扣代缴你的个人所得税。你转让的朝华公司 49% 的股权原值为 245 000 元，根据《税收征管法》第六十九条及《个人所得税法》第一条、第二条、第三条的规定，你 2014 年应缴财产转让所得个人所得税 5 114 417 元〔（25 830 000 － 245 000 － 12 915）×20%〕，已缴 0 元，应补缴 5 114 417 元。二、处理决定。（一）根据《税收征管法》第三十二条、第六十四条第二款规定，向你追缴 2014 年少缴的印花税 12 915 元，并从税款滞纳金之日起，按日加收滞纳税款万分之五的滞纳金。（二）根据《税收征管法》第三十二条、第六十九条的规定和《国家税务总局关于印发〈个人所得税自行纳税申报办法（试行）〉的通知》（国税发〔2016〕162 号）（以下简称《个税自行申报办法》）的第二条、第三条、第六条、第十五条的规定，向你追缴未申报缴纳的 2014 年个人所得税 5 114 417 元，并从税款滞纳之日起，按日加收滞纳税款 5‰的滞纳金。”罗某某于 2017 年 6 月 16 日收到 1008 号处理决定后，向广西税务局提起了行政复议。罗某某在复议阶段提供了《股权转让补充协议书》、银行转款凭证等材料。《股权转让补充协议书》显示签订日期为 2014 年 5 月 28 日。协议约定：《股权转让协议书》第二条中的“2 583 万元价格”由股权转让款和垫资两部分资金构成，其中，股权转让款为 1 080 万元，垫资为 1 503 万元。垫资 1 503 万元是罗某某在 2014 年 5 月 26 日前因公司事务已投入的资金，即罗某某向公司投入的垫资或者公司向罗某某的借资；罗某某因股权转让而退出公司，无法与公司结算垫资，因此，垫资 1 503 万元，罗某某以债权方式转移给强远公司后，协助强远公司与公司结算，具体包括：

（1）2010 年 8 月 16 日，由罗某某为公司支付购买资产包债权款 1 185 万元。

（2）2011 年 1 月 28 日至 12 月 16 日，罗某某为公司支付北海市三宗土地相关费用 197 万元。

（3）2011 年 10 月，由罗某某为公司支付北海市海城区人民法院诉讼费 121 万元；本补充协议对《股权转让协议书》约定的 49% 股权转让款 1 080 万元付款方式为自本协议生效之日起 5 日内，强远公司支付罗某某 300 万元，工商局办完股权变更登记手续后 3 个月内，强远公司支付罗某某 300 万元，余款 480 万元强远公司在 8 个月内支付给罗某某。

罗某某在复议阶段提供的银行转款凭证显示，强远公司的股东赵某某作为罗某某的代理人于 2014 年 8 月 27 日分两次从罗某某的建设银行账户取现金共计 1 000 万元。秦某某作为罗某某的代理人于 2014 年 9 月 4 日分两次从罗某某的建设银行账户转出 1 000 万元至罗某某的农村信用社账户，并于 2014 年 9 月 9 日将该 1 000 万元分别转给张某等三人。2014 年 9 月 10 日，秦某某作为罗某某的代理人从罗某某的农村信用社账户提取了现金 13 万元，并从该账户转款 300 万元给孙某某。

2019 年 8 月 23 日，广西税务局对罗某某的复议申请予以受理，并于 2019 年 8 月 30 日向罗某某的委托代理人邮寄了《受理复议通知书》，于 2019 年 9 月 2 日向广西税务局第一稽查局送达了《提出答复通知书》。广西税务局第一稽查局于 2019 年 9 月 3 日作出《行政复议答复书》。因案件情况复杂，广西税务局于 2019 年 10 月 22 日作出《行政复议延期审理通知书》，决定延期至 2019 年 11 月 21 日，并将该通知于 2019 年 10 月 29 日向罗某某的委托代理人邮寄送达。2019 年 11 月 4 日，广西税务局作出桂税复决字〔2019〕12 号《行政复议决定书》（以下简称“12 号复议决定"），主要内容为：①维持 1008 号处理决定第二条第（一）项关于印花税处理决定。②将 1008 号处理决定第二条第（二）项的内容"根据《税收征管法》第三十二条、第六十九条的规定和《个税自行申报办法》的第二条、第三条、第六条、第十五条的规定，向你追缴未申报缴纳的 2014 年个人所得税 5 114 417 元，并从税款滞纳之日起，按日加收滞纳税款万分之五的滞纳金"，变更为"根据《税收征管法》第六十九条的规定，向你追缴未申报缴纳的 2014 年个人所得税 5 114 417 元"。2019 年 11 月 8 日，广西税务局向罗某某的委托代理人邮寄了 12 号复议决定。罗某某不服，遂以广西税务局第一稽查局和广西税务局作为被告起诉至法院并请求：①撤销 12 号复议决定。②撤销 1008 号处理决定，并由广西税务局第一稽查局调查、核定、区分清楚本案转让的股权收入金额及债权金额后，重新作出处理决定。③案件诉讼费用由广西税务局第一稽查局和广西税务局承担。

一审法院认为，根据《税收征管法》第五条第一款、第十四条及《税收征管法实施细则》第九条第一款和《国家税务总局关于稽查局职责问题的通知》（国税函〔2003〕140 号）以及《关于全区地方税务稽查管理体制改革有关问题的批复》（桂编〔2014〕40 号）的规定，稽查局的职权范围不仅包括偷税、逃避追缴欠税、骗税、抗税案件的查处，还包括对纳税人、扣缴义务人进行账证检查或者调查取证，并对其税收违法行为进行税务行政处理（处罚）。根据《国家税务总局广西壮族自治区税务局关于挂牌成立国家税务总局广西壮族自治区税务局第一税务分局等机构的公告》（国家税务总局广西壮族自治区税务局公告 2018 年第 17 号）第二点、第六点的规定，广西税务局第一稽查局是本案适格的被告。

关于 1008 号处理决定是否合法的问题。根据《个人所得税法》第二条第（九）项和第六条第一款第（五）项规定，财产转让所得应纳个人所得税，财产转让所得，以转让财产的收入额减除财产原值和合理费用后的余额，为应纳税所得额。根据《股权转让所得个人所得税管理办法（试行）》（2014 年第 67 号）（以下简称《个税管理办法》）第四条第一款"个人转让股权，以股权转让收入减除股权原值和合理费用后的余额为应纳税所得额，按'财产转让所得'缴纳个人所得税"的规定，本案的关键在于股权转让收入额及财产原值的认定。根据《股权转让所得个人所得税管理实施办法》（桂地税公告 2015 年第 6 号）（以下简称《个税管理实施办法》）第八条、第九条第（一）项的规定，可知股权原值并不仅指注册资本。广西税务局第一稽查局在对罗某某征收个人所得税时，罗某某已提出其向朝华公司的投资不仅仅是注册资本，还有其他的投资以及存在其为朝华公司垫资的款项，但彼时罗某某已不是朝华公司的股东，且与朝华公司存在纠纷，罗某某无法向广西税务局第一稽查局提供朝华公司的会计报表、银行存款对账单、付款凭证等证据供广西税务局第一稽查局核实。广西税务局第一稽查局于 2016 年 11 月 23 日作出《关于罗某某要求转让股权所得个人所得税成本抵减问题的函》，要求检查二科于 12 月 30 日前核实罗某某在朝华公司的投资数额，确认股权原值，明确是否允许抵减，并要求将相关证据及书面报告一并移送。但从广西税务局第一稽查局向法院提交的《朝华公司检查情况汇报》看，是检查小组在 2016 年 7 月 27 日针对朝华公司被举报缴纳问题进行的检查报告，检查小组的建议是由于该公司绝大部分费用、成本以白条入账，应采取核定征收方式征收，朝华公司需补缴企业所得税，并没有针对《关于罗某某要求转让股权所得个人所得税成本抵减问题的函》作出回复，且也仅向广西税务局第一稽查局移送了朝华公司作出的否认罗某某有投入资本的《情况说明》，并无其他相关证据。根据《个税管理实施办法》第九条第（六）

项"自然人股东未能提供完整、准确的股权成本凭证，不能正确计算股权成本的，由主管地税机关按照避免重复征收个人所得税的原则，合理核定其股权原值"的规定，在罗某某不能提供完整、准确的股权成本凭证，且检查小组查实的朝华公司财务管理混乱的情况下，不能反映正确的股权成本，应由税务机关采取核定的方式合理核定其股权原值。广西税务局第一稽查局只核减了罗某某的注册资本，作出1008号处理决定，主要证据不足，依法应予撤销。

广西税务局在进行行政复议当中，罗某某提供了《股权转让补充协议书》、案件受理费收据等证据，可以证实罗某某确实存在为朝华公司垫资的情况。因广西税务局第一稽查局作出的1008号处理决定应予以撤销，故广西税务局作出的12号复议决定也应予以撤销。综上，依照《行政诉讼法》第七十条第（一）项、第七十九条的规定，判决：①撤销广西税务局第一稽查局作出的1008号处理决定，并重新作出处理决定。②撤销广西税务局作出的12号复议决定。③案件受理费50元由广西税务局第一稽查局和广西税务局各自负担25元。

上诉人广西税务局第一稽查局上诉称：

（1）广西税务局第一稽查局作出的1008号处理决定认定事实清楚，证据充分，适用法律依据正确，程序合法，内容适当。根据举报材料，罗某某于2014年将其所持有的朝华公司股权转让给强远公司未申报缴纳"个人股权转让所得个人所得税"，原南宁稽查局于2015年12月16日进行立案检查，并于同日向检查部门（检查二科）下发了《关于检查广西南宁朝华置业有限公司原股东罗某某转让股权的任务通知》。2016年1月6日，原南宁稽查局作出《税务检查通知书》，派出执法人员对罗某某2014年1月1日至2014年12月31日涉税情况进行检查。该《税务检查通知书》于2016年1月27日送达罗某某。2016年2月2日，原南宁稽查局作出《责成提供涉税资料通知书》，责成罗某某于2016年3月1日前提供2014年股权转让的相关成本资料。因本案涉及证据材料复杂，经局长批准，延长检查时间。后历经询问、调取相关账簿、记账凭证和报表等资料进行检查，并制作了税务稽查工作底稿，拟写了税务稽查报告并依程序进行了集体审理。2017年6月14日，原南宁稽查局作出1008号处理决定，并于2017年6月16日送达罗某某。罗某某不服，向广西税务局提出行政复议申请。广西税务局经复议作出12号复议决定，维持1008号处理决定中第二条第（一）项关于印花税的税务处理决定，并将1008号处理决定第二条第（二）项的内容"根据《税收征管法》第三十二条、第六十九条的规定和《个税自行申报办法》第二条、第三条、第六条、第十五条的规定，向你追缴未申报缴纳的2014年个人所得税5 114 417元，并从税款滞纳之日起，按日加收滞纳税款万分之五的滞纳金"变更为"根据《税收征管法》第六十九条的规定，向你追缴未申报缴纳的2014年个人所得税5 114 417元"。综上，原南宁稽查局作出的1008号处理决定认定事实清楚，证据充分，适用法律依据正确，程序合法。广西税务局复议后，对罗某某应缴纳的个人所得税滞纳金予以变更，内容适当。

（2）罗某某的一审诉请缺乏事实和法律依据。罗某某认为其转让朝华公司49%股权给强远公司的价格并非为2 583万元的主张不成立。根据《股权转让协议》中罗某某将其持有的朝华公司49%的股权按2 583万元的价格转让给强远公司的约定，已经生效的青秀区法院〔2014〕青民初字第2213号民事判决书以及南宁中院〔2015〕南市民二终字第240号民事判决书的判决及朝华公司出具的《情况说明》等证据材料可充分证实，罗某某与强远公司于2014年5月26日签订的《股权转让协议》真实有效，强远公司对股权转让的价款为 2 538 万元的意思表示并未提出异议且已向罗某某履行了全部支付义务，强远公司现已实际持有罗某某所转让的朝华公司 49% 股权，该股权转让交易已完全达成。罗某某将其持有的朝华公司 49% 股权转让给强远公司所获得的股权转让收入应为 2 583 万元。原南宁稽查局于 2016 年 2 月 2 日发出《责成提供涉税资料通知书》，要求罗某某提供 2014 年股权转让的相关成本资料，但其未能提供，罗某某的一审诉请缺乏事实和法律依据。

（3）一审判决撤销 1008 号处理决定和 12 号复议决定缺乏事实和法律依据。

其一，一审判决对罗某某股权转让收入额及股权原值的认定属于认定事实和适用法律依据错误，依法应予以撤销。《个人所得税法》第二条第（九）项和第六条第一款第（五）项规定，财产转让所得应纳个人所得税。财产转让所得，以转让财产的收入额减除财产原值和合理费用后的余额，为应纳税所得额。《股权转让所得个人所得税管理办法（试行）》（国家税务总局公告 2014 年第 67 号）第四条第一款规定：个人转让股权，以股权转让收入减除股权原值和合理费用后的余额为应纳税所得额，按"财产转让所得"缴纳个人所得税。《股权转让所得个人所得税管理实施办法》（广西壮族自治区地方税务局公告 2015 年第 6 号）第八条规定：股权原值是指自然人股东投资入股时按章程、合同、协议约定向被投资企业实际支付的出资金额，或者购买该项股权时受让方实际支付的股权转让价款及相关税费。首先，在本案中，广西税务局第一稽查局通过调查，根据《股权转让协议》、付款原始凭证、询问的笔录及〔2014〕青民初字第 2213 号和〔2015〕南市民二终字第 240 号民事判决书、《广西南宁朝华置业有限公司检查情况汇报》、朝华公司出具的《情况说明》等证据材料，确认罗某某的股权转让收入为 2 583 万元，根据《股权转让所得个人所得税管理实施办法》（广西壮族自治区地方税务局公告 2015 年第 6 号）第九条的规定，确认罗某某的股权原值为罗某某投资入股朝华公司时实际支付的出资金额 24.5 万元，除此之外，并无其他可扣除的股权成本，其应纳个人所得税的财产转让所得即为股权转让收入的 2 583 万元减除股权原值 24.5 万元，据此作出的 1008 号处理决定认定事实清楚。其次，罗某某没有证据证明其对朝华公司除了初始投资，存在《股权转让所得个人所得税管理实施办法》（广西壮族自治区地方税务局公告 2015 年第 6 号）第九条第（一）项规定的四种情形，也没有证据证明其对朝华公司存在垫资行为，即使其存在垫资行为，该垫资亦属于债权属性，不属于四种情形之一。一审法院将其投资及垫资一并认定为公司的股权原值，并据此作出一审判决属于认定事实和适用法律依据错误，依法应予以撤销。再次，广西税务局第一稽查局作出 1008 号处理决定所依据的事实清楚，本案不存在《股权转让所得个人所得税管理实施办法》（广西壮族自治区地方税务局公告 2015 年第 6 号）第九条第（六）项规定的情形。适用前述规定的前提条件是"自然人股东未能提供完整、准确的股权成本凭证"且"不能正确计算股权成本"。本案中，虽然罗某某不能提供完整、准确的股权成本凭证，但是广西税务局第一稽查局根据《股权转让协议》、付款原始凭证、询问笔录、〔2014〕青民初字第 2213 号和〔2015〕南市民二终字第 240 号民事判决书、《广西南宁朝华置业有限公司检查情况汇报》、朝华公司出具的《情况说明》等证据材料，可以准确地对朝华公司 49% 股权原值进行认定，证据确凿充分，不存在"不能正确计算股权成本"的情形。一审法院以罗某某"未能提供完整、准确的股权成本凭证，不能正确计算股权成本"为由，即认定广西税务局第一稽查局作出 1008 号处理决定主要证据不足，亦属于认定事实和适用法律依据错误。

其二，一审法院混淆了罗某某对朝华公司所享有的债权与公司增资、垫资的概念。一审法院将罗某某对朝华公司所享有的债权与公司增资、垫资的概念进行了混淆。罗某某向朝华公司出借资金的债权债务关系，属于另一法律关系，与罗某某持有朝华公司 49% 股权原值并无直接关系，亦与本案无任何关联性。《公司法》第四十三条、第一百七十八条第一款和第一百七十九条第二款规定了公司增资程序，但本案中朝华公司并无进行任何增资程序。因此一审法院将罗某某与朝华公司之间的债权债务关系与罗某某与强远公司之间的股权转让法律关系进行挂钩，属于认定事实错误。

综上，请求：①撤销〔2020〕桂 7102 行初 41 号行政判决，改判驳回罗某某的诉讼请求。②本案一、二审诉讼费用全部由罗某某承担。

上诉人广西税务局上诉称：

一审混淆了股东出资和股东借款等法律关系，也与税务稽查查明的客观情况不符。本案中，两个上诉人已注意到"股权原值"问题，并根据现有的证据资料进行了反复核实，在罗某某不配合税务稽查的情况下，税务机关仍对该问题进行了反复核实。一审判决在事实认定、法律适用和判决理由上存在错误，应被依法撤销并改判。

（1）本案中，罗某某自始至终都无法提交关于对朝华公司出资的证据资料，罗某某对朝华公司的出资，除了工商登记的注册资金，没有其他出资行为。罗某某为掩盖其确实没有出资的问题，将无法提交出资证据的责任归结于"因朝华公司及周某某、王某的不配合，本人在客观上无法查明本人在朝华公司的投资情况"。罗某某的说法不能成立。其一，罗某某作为朝华公司的股东，如果罗某某有过出资行为，相关资料理应有所保存、能够提交给税务机关；其二，罗某某在 2016 年 1 月 27 日《询问（调查）笔录》中也承认"有，回去整理后再提供给你局"，但罗某某事后以其他借口说相关资料不在他这里，说法前后矛盾。综上，罗某某要么没有出资，要么有出资但拒不提交证据，其后果应由罗某某自行承担。

（2）税务稽查程序合法得当，认定事实准确清楚。①在本案稽查过程中，广西税务局第一稽查局注意到了罗某某提出的股权原值问题，并已进行了针对性调查处理。在得到罗某某关于股权原值问题的反馈意见后，第一稽查局于 2016 年 11 月 23 日给检查二科明确指示并作出《关于罗某某要求转让股权所得个人所得税成本抵扣问题的函》，要求检查二科就罗某某所反映的"股权原值"问题进行核实，检查二科也就此问题检查了朝华公司所属年度提供的报表、账册及凭证，相关情况已核实清楚并以《广西南宁朝华置业有限公司检查情况汇报》的书面方式进行了回复。②就本案罗某某提出的股权原值问题，朝华公司已于 2017 年 2 月 27 日向广西税务局第一稽查局作出《情况说明》，证实朝华公司"注册资金 50 万元，至今没有变动，股东罗某某占 49%，其余两人占 51%，罗某某没有投入公司一分钱"，该说明与朝华公司的工商登记情况一致，从《情况说明》可以证实，本案罗某某对朝华公司不存在出资或者投资行为。

（3）一审判决违背客观事实，混淆了股东出资和股东借款之间的法律关系，属于事实认定和法律适用错误。

其一，在核实本案股权原值的过程中，广西税务局第一稽查局一方面从罗某某的调查、询问入手，要求罗某某提交相关资料，对罗某某涉案股权转让情况进行核实，另一方面还从朝华公司着手，检查罗某某对朝华公司的出资问题，对本案涉税问题进行全面核实，稽查方式合理合法，并未拘泥于注册资本，一审判决认为税务机关只认注册资本而不考虑股东实际出资与事实不符。

其二，从罗某某对朝华公司的实际出资来看，罗某某确实只有对公司原始出资 24.5 万元，并无后续增资行为。根据《公司法》第二十六条、第三十四条等的规定，有限责任公司的股东出资包括公司成立时的出资和后续增资，股东出资的核心是要有公司股东出资的合意，且出资一旦完成即属于公司资产股东不得抽回，特别是后续增资，应当根据公司章程的规定由股东会决议且各股东享有按比例优先增资的权利；而股东借款是股东与公司之间的合意且借款后公司是应当还本付息的，如股东未经其他股东同意向公司支付了款项不能认为是出资，股东可以依照借款或者不当得利要求公司返还。罗某某一直声称其对朝华公司有股权投资（即出资），但实际上罗某某的主张不仅与朝华公司出具的《情况说明》不符，罗某某也拿不出诸如出资协议、出资证明书等证明其款项具有出资性质，在朝华公司的章程中也无罗某某关于后续出资的相关记载，即使罗某某与朝华公司存在款项往来，充其量也是股东借款给公司以解决公司流动资金的不足，根据《公司法》的规定，罗某某的后续款项即使存在，也不具有股东出资的性质。

（4）如将罗某某对朝华公司的借款或者款项往来关系混同于出资关系，则罗某某实际持有朝华公司的股权比例不是49%，则与已生效判决自相矛盾。本案中，广西税务局第一稽查局依法调取了南宁中院的两份终审判决，分别是〔2015〕南市民二终字第240号《民事判决书》和〔2018〕桂01民终1353号《民事判决书》，在这两份终审民事判决书中，关于罗某某持朝华公司的出资及股权份额，均有详细记载。从两份判决书的内容来看，均肯定了罗某某持有朝华公司的股权比例为49%，如罗某某认为其对朝华公司有后续出资行为，则各股东持有朝华公司的股权比例必然也应做相应调整，但两份判决均只肯定罗某某49%的股权比例，该判决与本案《税务处理决定书》和《税务行政复议决定书》是一致的，具有逻辑上的一致性。

综上，广西税务局第一稽查局作出的1008号处理决定与广西税务局作出的12号复议决定均认定事实清楚、证据确凿充分、法律适用正确，请求法院撤销一审判决，驳回罗某某的全部诉讼请求。

被上诉人罗某某答辩称：

（1）上诉人违反法律规定，逾期缴纳上诉案件受理费，依法应按撤回上诉处理。①上诉人未在提交上诉状时预交上诉案件受理费。②上诉人虽在上诉期期内提交上诉状，但未依照《诉讼费缴纳办法》第二十二条的规定，在提交上诉状时预交上诉案件受理费，未在一审法院通知的"上诉期满7日内（2020年8月6日期满）"预交上诉案件受理费，直到2020年8月17日、19日才缴纳上诉案件受理费，严重超期了10多天，依法应按撤回上诉处理。

（2）本案交易的2 583万元转让价款，其构成包含有垫资款的客观事实。罗某某是在与朝华公司其他另外两个股东发生争执的情况下，将朝华公司49%股权转给强远公司的。在转让股权时，罗某某将此前在朝华公司的垫资一并转让给了强远公司，并分别向王某、周某某发出《股权转让事项通知》，与强远公司签订了《股权转让协议书》及《股权转让补充协议书》，其中《股权转让事项通知》明确表明"转让价按公司财产及债权析产表中本人应得份额人民币2 583万元进行转让"，而《股权转让补充协议书》亦明确表明"2 583万元转让价格由股权转让款和垫资两部分资金构成，股权转让价款为1 080万元，垫资为1 503万元"。为此，本案2 583万元转让价款由股权转让款和垫资两部分资金构成，这是转让双方的真实意思表示。上诉人也正是因为该垫资的客观存在，才认定本税务案件的复杂性，并多次延期进行调查。

（3）只要本案交易2 583万元转让价款包含有垫资的客观情况，不管该垫资定性为股权原值抑或债权，本案税务处理依法都应当确定该垫资部分的金额，否则就是不合法的。

第一，正如一审判决，根据《股权转让所得个人所得税管理实施办法》（广西壮族自治区地方税务局公告2015年第6号）第九条第（一）项第2点关于"自然人股东取得的股权原值，其中包括实际出资额大于约定份额而计入'资本公积——资本（股本）溢价'的金额"的规定，将该垫资部分列入了股权原值。再根据《股权转让所得个人所得税管理办法（试行）》（国家税务总局公告 2014 年 67 号）第四条第一款关于"个人转让股权，以股权转让收入减除股权原值和合理费用后的余额为应纳税所得额，按'财产转让所得'缴纳个人所得税"的规定，本案税务处理应依法确定该垫资金额作为股权原值（成本），并减除该成本后，计算应纳税所得额。然而，本案税务处理决定未依照上述法律法规规定确定该垫资部分的金额作为股权原值(成本)，为此一审判决认定本案税务处理决定不合法，是正确的。

第二，如果将该垫资部分定性为债权，那么根据《个人所得税法》第二条第（九）项和第六条第一款第（五）项"财产转让所得应纳个人所得税，财产转让所得，以转让财产的收入额减除财产原值和合理费用后的余额，为应纳税所得额"的规定，应确定该垫资部分的金额作为财产原值（即债权成本），并依法减除财产原值（债权成本）后计算应纳税所得额。由于本案交易 2 583 万元转让价款存在有垫资的客观情况，不管该垫资定性为股权原值或者债权，本案税务处理依法都应确定该垫资部分的金额，否则是不合法的。

（4）本案客观存在有"公司财务管理混乱，当事人又无法提供完整、准确成本凭证"等实际情况，应依法采取"核定方式"征收个人所得税。个人所得税征收方式，有"查账"和"核定"两种方式。然而，据广西税务局第一稽查局检查小组的 2017 年 4 月 28 日《广西南宁朝华置业有限公司检查情况汇报》，广西税务局第一稽查局既然在调查中发现"朝华公司人心涣散，股东之间矛盾突出，互相举报税务问题；2014 年后公司无法走上正轨，也未取得经营收入；公司财务混乱，成立后一直举债经营，绝大部分费用、成本以白条入账"，且"当事人又无法提供完整、准确成本凭证"等实际情况，无法通过"查账方式"进行个人所得税的征收，就应根据《个税管理实施办法》第九条第（六）项的规定，采取"核定方式"征收个人所得税。为此一审判决认定本案税务决定不合法是正确的。

（5）上诉人的上诉理由不成立。

其一，由于本案交易 2 583 万元转让价款存在有垫资的客观情况，不管该垫资定性为股权原值抑或债权，依法都应确定该垫资部分的金额。广西税务局第一稽查局以债权、增资等概念不清为由提出上诉，该上诉理由不成立。

其二，本案税务处理是一种行政行为。广西税务局第一稽查局专司行政税务稽查，其对相关税务处理决定，负有调查取证的职责，不应将举证不能的责任归责于当事人罗某某个人身上。更何况，广西税务局第一稽查局在调查，发现本案税务客观存有"当事人因股权争执互相举报税务、本案交易价款存有垫资成本、涉案公司账务管理混乱、当事人无法提供准确及完整账务凭证"等实际情况，依法应当采取"核定方式"进行征收个人所得税，而不将举证责任归责于当事人罗某某。为此，广西税务局第一稽查局以罗某某举证不能作为上诉理由，不符合行政处理举证归责，该上诉理由不成立。

其三，广西税务局上诉称"罗某某不配合税务稽查"，没有事实依据。在本案税务稽查过程中，罗某某一直配合税务稽查部门进行相关税务调查，接受了税务稽查部门的询问，并力所能及地提供相关材料，只因"由罗某某财务知识匮乏，资料保管不善，未能按期提供成本资料"，而从未见税务稽查部门认定"罗某某不配合税务稽查"，也未见"罗某某有不配合税务稽查被相关部门作出认定或者处罚"。因此，广西税务局上诉称"罗某某不配合税务稽查"，完全没有事实依据。

其四，本案税务是因朝华公司股东争执转让股权，而引发其股东王某举报罗某某未依法报税。王某、周某某作为朝华公司股东，两人共占有朝华公司51%股份，实际控制着公司。他们因股权之诉败诉，只向税务机关提供片面税务材料，却不依法全面提供公司的相关税务账目资料。广西税务局第一稽查局曾通知朝华公司提供本案相关税务账目资料，但遭到公司控制人王某、周某某的"拒绝"。而罗某某出资及投资朝华公司时，出于对法律对公司财务规范及股东王某、周某某的信任，疏忽保留相关出资及投资凭据。广西税务局不应以民事举证归责，推定罗某某理应掌握和控制对朝华公司的出资证据，就取代税务稽查的行政调查行为，推卸查清相关案件事实行政责任。

其五，广西税务局上诉称"一审行政判决与南宁市中级人民法院的两份终审民事判决自相矛盾"是错误的。广西税务局所述的南宁中院的两份终审民事判决，均是民事纠纷案件。其中南宁中院〔2015〕南市民二终字第240号《民事判决书》，案由为"股东资格确认纠纷"，从该案案由可见该案是以股东资格为法律关系基础进行案件事实的审查及认定，其侧重于对股东法律地位事实的审理，当事人只需证明"其已取得股东资格"即可，无需对整个交易中的价款构成进行过细的举证及说明，为此该判决亦没有针对整个交易的价款构成进行过细的评判。再者，该判决在查明实事部分，记载了"2013年3月4日罗某某分别向王某、周某某发出《股权转让事项通知》，转让价按公司财产及债权析产表中本人应得份额人民币2 583万元进行转让"，从中即表明了该案件事实"2 583万元转让价款由公司财产和债权两部分构成，其中价款构成不单是公司财产（股权）价款，还包含有债权价款"。而该债权价款就是本案税务应由广西税务局第一稽查局依法确定的垫资部分金额。为此，本案一审判决与南宁中院〔2015〕南市民二终字第240号《民事判决书》并不矛盾。此外，南宁中院桂01民终1353号《民事判决书》，案由为"公司解散纠纷"，该案丝毫未涉及交易价款及其价款构成，更谈不上与本案一审判决自相矛盾。据此，这两份民事判决所审理的基础法律关系与本案法律关系完全不同，不存在上诉人所述之矛盾。

综上，请求：①依法驳回两个上诉人全部诉讼请求。②本案诉讼费用由两个上诉人承担。

本案审理期间，被上诉人罗某某提供如下新证据：

（1）上诉事项及交纳诉讼费通知书，证明《上诉事项及缴纳诉讼费通知书》已经明确告知各方当事人预交上诉案件受理费的交费途径、期限、账号及逾期不交上诉案件受理费的后果等。

（2）法院专递邮件详情单及送达回证，证明两上诉人于2020年7月15日签收了一审法院的《行政判决书》及《上诉事项及缴纳诉讼费通知书》，15天上诉期至2020年7月30日期满。

（3）银行电子回单，证明两个上诉人向一审法院提交上诉状后，未依法在一审法院通知的"上诉期满7日内（2020年8月6日期满）"预交上诉案件受理费，直到2020年8月17日、19日才缴纳上诉案件受理费，严重超期10多天，依法应按撤回上诉处理。

（4）债权确认书，证明2011年4月20日经罗某某及本案税务举报人王某代表朝华公司确认：从2010年7月29日至2011年4月20日止，朝华公司尚欠有南宁市易欣固经贸有限责任公司的借款本息23 729 948元。

（5）吴某某关于北海市铁山港工业开发区土地的情况证明及身份证复印件，证明2011年罗某某个人实际控制及享有北海市铁山港工业开发区第21～第130号（国有土地登记证号为北国有〔2010〕第B 21394号）土地的使用权、收益、处分等权利。2011年，罗某某用该地代朝华公司抵偿上述所欠南宁市易欣固经贸有限责任公司的23 729 948元借款本息，罗某某个人有权向朝华公司主张所抵偿23 729 948元之债权，案涉转让款其中包含有该部分债权。

（6）〔2007〕海委执终字第2号执行裁定书、吴某某承诺书、罗某某交付土地拍卖保证金的银行单、土地转让合同、国有土地使用证，证明罗某某个人实际控制及享有北海市铁山港工业开发区第 21～第 130 号（国有土地登记证号为北国用〔2010〕第 B 21394 号）土地的使用权、收益、处分等权利。

（7）拍卖成交确认书、佣金收据及取款凭证，证明 2010 年 8 月份到 10 月份，朝华公司因购买中国人民银行汇达资产公司包向罗某某借资 35.55 万元，用于支付拍卖佣金，罗某某有权向朝华公司主张该 35.55 万元垫资的债权，本案转让其中只包含该部分债权（垫资）。

上诉人广西税务局第一稽查局对罗某某提交的上述证据质证意见如下：对证据（1）上诉事项及缴纳诉讼费通知书和证据（2）法院专递邮件详情单及送达回证的证明内容不认可，该缴费通知书不能证明是送达给了上诉人本人；对证据 3 银行电子回单的真实性认可，但不认可其证明目的；对证据（4）债权确认书，认为与本案无关，这是朝华公司和南宁市易欣固经贸有限责任公司两个公司之间的债权债务行为，与罗某某无关；对证据（5）吴某某关于北海市铁山港工业开发区土地的情况证明及身份证复印件，认为是吴某某本人出具的情况说明，且本人未出庭对质，对其情况说明的内容真实性不予认可，即使是真实的，也只说明罗某某个人与朝华公司存在债权债务关系；对证据（6）〔2007〕海委执终字第 2 号执行裁定书、吴某某承诺书、罗某某交付土地拍卖保证金的银行单、土地转让合同、国有土地使用证和证据（7）拍卖成交确认书、佣金收据及取款凭证，认为仅能说明罗某某与吴某某的债权债务关系，与罗某某的股权转让行为无关，本案涉及的是股权转让的税务征收问题，与罗某某的债权债务无关，吴某某与朝华公司存在的债权债务行为是民事关系与本案无关。综上，上诉人广西税务局第一稽查局认为，被上诉人罗某某二审所提交的证据均不能证明其证明目的。

上诉人广西税务局对罗某某提交的上述证据质证意见如下：对证据（1）～（3）的真实性无异议，但对合法性、关联性及证明内容均有异议，理由与上诉人广西税务局第一稽查局的质证意见一致；对证据（4）～（7），根据证据举证规则第七条第二款规定，属于二审无正当理由逾期提交的证据，因此对证据（4）～（7）应当作为非法证据予以排除，不予质证。

南宁铁路中院对罗某某提交的证据（1）～（3）的真实性无异议，对证据的关联性和证明目的，将结合本案查明的客观事实予以确认；对证据（4）～（7），因属二审无正当理由逾期提交的证据，不作为本案证据使用。

经审查，南宁铁路中院确认一审判决的证据合法有效，可以作为本案的定案证据，据此南宁铁路中院二审查明的主要事实与一审查明的基本事实一致。

另查明，上诉人广西税务局第一稽查局、广西税务局于 2020 年 7 月 15 日收到一审法院南宁铁路运输法院于 2020 年 7 月 13 日作出的〔2020〕桂 7102 行初 41 号行政判决书，广西税务局第一稽查局和广西税务局不服，先后于 2020 年 7 月 28 日、7 月 30 日向一审法院邮寄了书面上诉状，因咨询缴纳诉讼费用的问题，广西税务局第一稽查局于 2020 年 8 月 17 日通过电话知悉南宁铁路中院账号后即通过银行转账形式向南宁铁路中院缴纳了诉讼费用 50 元。广西税务局于 2020 年 8 月 19 日通过银行转账形式向南宁铁路中院缴纳了诉讼费用 50 元。

南宁铁路中院认为，广西税务局第一稽查局作为税收征收管理机构，在其管辖范围内具有作出征税的行政主体资格和行政职权。广西税务局作为广西税务局第一稽查局的上一级领导机关，具有对广西税务局第一稽查局所作具体行政行为作出复议决定的主体资格和行政职权。据此，对于广西税务局第一稽查局和广西税务局的诉讼主体资格，南宁铁路中院予以确认。

关于上诉人是否存在因逾期缴纳诉讼费而按撤诉处理的问题。根据《行政诉讼法》第一百零二条和《诉讼费用交纳办法》第二十二条的规定，人民法院审理行政案件，应当收取诉讼费用。对上诉人未按规定期限预交案件受理费，或者在人民法院指定的期限内预交，不能提出合理解释并获批准的，人民法院应按当事人自动申请撤诉处理。经查，本案中，一审判决书中并未列明诉讼费缴纳途径，根据习惯，一审法院在向当事人寄送判决文书同时会另附寄一份缴纳费用通知，因现有证据不具排他性，不足以确认两个上诉人已收到并知悉缴纳费用通知的内容，两个上诉人在上诉期内提交了书面上诉状，上诉意愿明显，且通过电话咨询方式向法院了解到上诉诉讼费用缴纳的方式后向法院缴纳了诉讼费用，法院立案部门亦在审查后予以立案受理，本案诉讼费用虽有延迟缴纳的情形，但两上诉人已作出合理解释，并经法院立案审查受理，从有利于保障当事人诉权出发，对被上诉人罗某某提出两上诉人无正当理由逾期缴纳诉讼费用应按撤诉处理的意见，南宁铁路中院不予采纳。

关于1008号处理决定是否合法的问题。根据《个人所得税法》第二条第（九）项和第六条第一款第（五）项的规定，财产转让所得应纳个人所得税，财产转让所得，以转让财产的收入额减除财产原值和合理费用后的余额，为应纳税所得额。根据《股权转让所得个人所得税管理办法（试行）》（国家税务总局公告2014年第67号）第四条第一款的规定，个人转让股权，以股权转让收入减除股权原值和合理费用后的余额为应纳税所得额，按"财产转让所得"缴纳个人所得税。本案中，1008号决定书的主要内容：①罗某某应补缴2014年少缴的印花税12 915元及滞纳金。②罗某某应补缴2014年财产转让所得个人所得税5 114 417元及滞纳金（滞纳金经行政复议变更）。追缴罗某某未申报缴纳的个人所得税的计算方法：（转让收入25 830 000 －股权原值245 000 －印花税12 915）×20% ＝ 5 114 417元。据此，本案应缴纳的个人所得税数额的关键在于股权转让收入额及财产原值的认定问题。关于股权转让收入额认定问题。本案罗某某以股权转让方式获得2 583万元转让款，但根据2013年3月4日的《股权转让事项通知》提"转让价按公司财产及债权析产表中本人应得份额人民币2583万元进行转让"和2014年5月28日《股权转让补充协议》中确认转让款分为股权和债权两部分构成。同时，《股权转让协议书》第二条"2 583万元价格"由股权转让款和垫资两部分资金构成，其中，股权转让款为1 080万元，对朝华公司垫资为1 503万元"，说明本案2 583万元转让款可能存在股权与债权混淆问题。关于股权原值认定问题。根据《股权转让所得个人所得税管理实施办法》（广西壮族自治区地方税务局公告2015年第6号）第八条的规定"股权原值是指自然人股东投资入股时按章程、合同、协议约定向被投资企业实际支付的出资金额，或者购买该项股权时受让方实际支付的股权转让价款及相关税费"及其第九条第（一）项的规定"自然人股东取得的股权原值，按照以下方法确定：（一）初始投资股权原值，是自然人股东按章程或者投资合同、协议约定向被投资企业实际支付的出资金额，包括：1.自然人股东在初始投资、增资扩股时，实际投入被投资企业计入'实收资本（股本）'的金额。2.实际出资额大于约定份额而计入'资本公积——资本（股本）溢价'的金额。3.债转股过程中债权人实际交换对价大于'实收资本''股本'而计入'资本公积'的金额。4.自然人股东未缴足资本的部分不得计入股权原值"。因此，股权原值并不仅指注册资本。

广西区税局第一稽查局在对罗某某征收个人所得税时，罗某某已提出其向朝华公司的投资不仅仅是注册资本，还有其他的投资以及存在其为朝华公司垫资的款项，但彼时罗某某已不是朝华公司的股东，且与朝华公司存在纠纷，罗某某无法向广西税务局第一稽查局提供朝华公司的会计报表、银行存款对账单、付款凭证等证据供广西税务局第一稽查局核实。广西税务局第一稽查局于 2016 年 11 月 23 日作出《关于罗某某要求转让股权所得个人所得税成本抵减问题的函》，要求检查二科于 12 月 30 日前核实罗某某在朝华公司的投资数额，确认股权原值，明确是否允许抵减，并要求将相关证据及书面报告一并移送。但从广西税务局第一稽查局向法院提交的《朝华公司检查情况汇报》看，是检查小组在 2016 年 7 月 27 日针对朝华公司被举报缴纳问题进行的检查报告，检查小组的建议是由于该公司绝大部分费用、成本以白条入账，应采取核定征收方式征收，朝华公司需补缴企业所得税，并没有针对《关于罗某某要求转让股权所得个人所得税成本抵减问题的函》作出回复，且也仅向广西税务局第一稽查局移送了朝华公司作出的否认罗某某有投入资本的《情况说明》，并无其他相关证据。根据《股权转让所得个人所得税管理实施办法》（广西壮族自治区地方税务局公告 2015 年第 6 号）第九条第（六）项"自然人股东未能提供完整、准确的股权成本凭证，不能正确计算股权成本的，由主管地税机关按照避免重复征收个人所得税的原则，合理核定其股权原值"的规定，在罗某某不能提供完整、准确的股权成本凭证，且检查小组查实的朝华公司财务管理混乱的情况下，不能反映正确的股权成本，应由税务机关采取核定的方式合理核定其股权原值。据此，一审法院以广西税务局第一稽查局作出的 1008 号处理决定主要证据不足为由，作出撤销 1008 号处理决定，责令广西税务局第一稽查局重新作出处理决定并不无当，本院予以支持。罗某某在行政复议期间提供《股权转让补充协议书》、案件受理费收据等证据，以证实其确存为朝华公司垫资情况，一审法院认为广西税务局所作 12 号复议决定书，亦未能对本案事实审查清楚，一并予以撤销的处理意见亦无不当，南宁铁路中院予以支持。

综上所述，一审判决认定事实清楚，适用法律、法规正确，审判程序合法，依法应予维持。上诉人广西税务局第一稽查局和上诉人广西税务局的上诉请求和理由无事实和法律依据而不能成立，南宁铁路中院不予采纳。

2020 年 11 月 25 日，南宁铁路中院依照《行政诉讼法》第八十九条第一款第（一）项的规定，作出〔2020〕桂 71 行终 345 号行政判决书，判决驳回上诉，维持原判。二审案件受理费 50 元由上诉人国家税务总局广西壮族自治区税务局第一稽查局和上诉人国家税务总局广西壮族自治区税务局各自负担 25 元。

三、辽宁省税务机关败诉案

上诉人国家税务总局建昌县税务局（以下简称"建昌县税务局"）因被上诉人赵某某诉其税务行政处罚决定一案，不服绥中县人民法院〔2018〕辽 1421 行初 14 号行政判决，向辽宁省葫芦岛市中级人民法院（以下简称"葫芦岛中院"）提起上诉。葫芦岛中院依法组成合议庭，公开开庭审理了本案。本案现已审理终结。

原审法院查明，2007 年 5 月 20 日，案外人刘某某受原告的委托，作为竞买人，通过挂牌的方式，购买了位于建昌县红旗街四段 65 号的国有土地使用权，并于 5 月 21 日与建昌县国土资源局签订了成交确认书。2011 年 8 月 3 日，原告与孙某某签订合同书一份，原告以 400 万元的价格将上述国有土地使用权转让给孙某某。合同书第六条约定"开发建筑等一切费用及土地、房屋交易契税、营业税、增值税等一切费用由乙方承担"，从 2011 年 8 月 3 日始至 2012 年 2 月 24 日止，原告分六次从孙某某处收取价款共计 360 万元。2016 年 7 月 5 日，葫芦岛市监察局向被告发出协查函，请被告协查原告在经营活动中的涉税问题，其中包括上述土地转让中的涉税问题。2016 年 7 月 7 日，被告向原告送达了税务检查通知书，并对相关当事人制作了询问笔录。2016 年 10 月 17 日，被告向原告送达了税务行政处罚事项告知书，告知书上载明"根据《税收征管法》第六十四条第二款的规定，处以应补税款 414 000 元的 0.5 倍罚款即 207 000 元"。2016 年 10 月 21 日，被告依据原告的申请，就被告对原告的处罚召开了听证会。听证会上，调查人员在陈述处罚决定时，处罚的结果也为"对少缴税款 414 000 元的 0.5 倍的罚款 207 000 元"。2016 年 11 月 9 日，被告作出建地税罚〔2016〕0003 号税务行政处罚决定书，决定书根据《税收征管法》第六十四条第二款的规定，决定对原告少缴的营业税、城市维护建设税、土地增值税、个人所得税、印花税共计 408 000 元，处以 0.5 倍的罚款 204 000 元。原告对该处罚决定不服，于 2017 年 4 月 24 日向法院提起行政诉讼，法院于 2017 年 7 月 6 日作出〔2017〕辽 1421 行初 16 号行政判决，认为被告对原告处以 204 000 元的罚款，应属《行政处罚法》第三十八条二款规定的"对重大违法行为给予较重的行政处罚"的情形，"行政机关的负责人应集体讨论决定"，但被告未向法院提供相关证据，不能证明被诉行政处罚是经行政机关负责人集体讨论决定，所以被告的处罚程序违法，依据《行政诉讼法》第七十条第（三）项，判决撤销被告建昌县地方税务局于 2016 年 11 月 9 日作出的建地税罚〔2016〕0003 号税务行政处罚决定书。被告于 2017 年 8 月 1 日经集体讨论，于 2017 年 8 月 2 日向原告送达了建地税罚告〔2017〕0001 号税务行政处罚事项告知书，要求原告补缴税款 408 000 元，对其罚款 204 000 元，并告知原告享有陈述、申辩、要求听证等权利。告知书送达后，原告未要求听证，被告于 2017 年 8 月 30 日向原告送达了建地税罚〔2017〕0001 号税务行政处罚决定书，要求原告补缴税款 408 000 元，并罚款 204 000 元。原告不服建地税罚〔2017〕0001 号税务行政处罚决定书，于 2018 年 2 月 1 日起诉至法院。

原审法院认为，被告建昌县地方税务局在其作出的〔2017〕0001 号税务行政处罚决定书中认定："赵某某于 2011 年 8 月 3 日与孙某某签订老法院地产转让合同书，地产定价为 400 万元，自合同签订日起，在 1 年零 6 个月内，孙某某一次交付赵某某楼房 10 户，每户平均为 80 平方米，楼层为平均层正楼，车库一个。赵某某至 2012 年 2 月共计收到转让款 360 万元，余下 40 万元未收到，另因该开发项目正在建设中，没有竣工结算，没交付使用，价格无法确定，确定转让收入 400 万元，800 平方米住宅和一个车库待开发项目竣工，产权交付时再确认收入。"而原告实际收到营业收入为 360 万元，该决定书中对原告未收到、并未实际发生的转让款 40 万元没有审慎考虑，故被告作出的建地税罚〔2017〕0001 号税务行政处罚决定书，依据的事实不清、证据不足，依照《行政诉讼法》第七十条第（一）项规定，判决如下：撤销被告建昌县地方税务局于 2017 年 8 月 14 日对原告赵某某作出的建地税罚〔2017〕0001 号税务行政处罚决定书。案件受理费 50 元，邮寄送达费 80 元（原告已预交），由被告负担。

上诉人建昌县税务局上诉称：

（1）由上诉人作出的建地税罚〔2017〕0001 号税务行政处罚决定书是按法定程序调查核实后依法作出的，是有充分的事实和法律依据的，且程序合法。具体事实和法律依据及相关的证据上诉人在一审举证期间已向一审法院提交。上诉人作出的行政处罚依法应当予以维持。

（2）一审判决以"原告实际收到营业收入为 360 万元，该决定书中对原告未收到、并未实际发生的转让款 40 万元没有审慎考虑"为由撤销上诉人作出的处罚决定书，这是明显的适用法律错误。

其一，一审判决对上诉人提交的 29 项证据及法律依据已经依法采信，又以上诉人没有审慎考虑为由撤销上诉人作出的行政处罚，是自相矛盾，是脱离事实及法律依据的主观臆断。

其二，应纳税额的计税依据是以权责发生制来确认收入而不是按收付实现制来确认收入的。核定应纳税额以收入和支出权责的发生时间为准，并不考虑是否已收到或者支付款项，即以应收应付确认收入支出，而非实收实付确认。一审判决错误是对税法原则不懂造成的。

其三，依据上诉人向法院提交的本案证据及相关法律依据，确认计税依据为400万元是有事实及法律依据的。而一审判决对上诉人提交的证据、法律依据虽然依法采信但却置若罔闻，这是明显的有法不依。

综上，上诉人作出的处罚决定证据确凿，适用法律、法规正确，符合法定程序，请求二审法院撤销一审错误判决，依法予以改判，并由被上诉人承担本案一、二审诉讼费用。

建昌县税务局向原审法院提供如下证据和法律依据：

（1）成交确认书。

（2）委托书。

（3）合同书。

（4）收条（6张）。

（5）协查函。

（6）建地税检通〔2016〕0003号税务检查通知书及送达回证。

（7）赵某某询问笔录。

（8）刘某某询问笔录。

（9）邓雪松询问笔录。

（10）建昌县地方税务局案件审理委员会审理记录。

（11）建地税罚告〔2017〕0001号税务行政处罚事项告知书及送达回证。

（12）建地税罚告〔2017〕0001号税务行政处罚决定书及送达回证。

（13）《营业税暂行条例》第一条、第二条、第四条、第五条、第十二条。

（14）《营业税暂行条例实施细则》第四条第四款、第二十四条、第二十五条。

（15）《城市维护建设税暂行条例》第二条、第三条、第四条。

（16）《征收教育费附加的暂行规定》第二条。

（17）《国务院关于教育费附加征收问题的紧急通知》第一条、第二条。

（18）《财政部关于辽宁省地方教育费等政府性基金有关问题的复函》第二条。

（19）辽政发〔2011〕4号。

（20）辽地税函〔2011〕35号。

（21）《土地增值税暂行条例》第二条、第三条、第四条。

（22）辽地税函〔2013〕145号。

（23）《转发辽宁省地方税务局关于进一步加强非住房转让土地增值税征管的通知》（葫税函〔2013〕29号）。

（24）《个人所得税法》第一条、第二条、第三条。

（25）《房地产一体化征收管理规定》。

（26）《印花税暂行条例》第一条、第二条、第三条。

（27）《税收征管法》第六十四条第二款。

（28）《行政处罚法》第五十一条第（一）项。

（29）《行政处罚法》第三十八条。

（30）《行政处罚法》第三十一条。

被上诉人赵某某辩称，原审判决认定事实清楚，适用法律正确，所做判决并无不当，上诉人的上诉请求不能成立，具体如下：

（1）上诉人称"应纳税款的计税依据是以权责发生制来确认收入而不是按收付实现来确认收入的，核定应纳税额以收入和支出权责的发生时间为准，并不考虑是否已收到或者支付款项……"该观点违反了税法的规定。《营业税暂行条例》第十二条规定"营业税纳税义务发生时间为纳税人提供应税劳务，转让无形资产或者销售不动产并收讫营业收入款项或者索取营业收入款项凭据的当天。"《营业税暂行条例实施细则》第二十四条规定："条例第十二条所称收讫营业收入款项，是指纳税人应税行为发生过程中或者完成后收取的款项。"上述规定明确说明营业税应纳税额的计税依据，是按收付实现来确认的，而不是上诉人所称的所谓"权责发生制"。就本案而言应纳税税额应该是 360 万元即收讫营业收入款项，而不是所谓"权责发生制"的 400 万元合同约定款。

（2）一审中上诉人提交的证据表明答辩人已经收到孙某某支付的转让款共 360 万，上诉人在一审答辩状中却引用了《营业税暂行条例》第十二条，按 400 万元计算显然违反了税法的规定。

综上，原审判决认定事实清楚，适用法律正确，请二审法院驳回上诉人的无理请求。赵某某向原审法院提交如下证据：①合同书。②民事判决书（〔2015〕葫民终字第 00033 号）。

葫芦岛中院经审理查明的事实与一审判决认定的事实基本一致。另查明，建昌县税务局作出本案税务行政处罚决定的主文部分表述如下："基于上述违法事实，拟对你作出如下处理：根据《税收征管法》第六十四条第二款之规定，对追缴的营业税、城市维护建设税、土地增值税、个人所得税、印花税共计 408 000 元，处以 0.5 倍的罚款 204 000 元。以上应缴款项共计 204 000 元。限你自本决定书送达之日起 15 日内到建昌县地方税务局缴纳入库。"原审判决查明"被告于 2017 年 8 月 30 日向原告送达了建地税罚〔2017〕0001 号税务行政处罚决定书，要求原告补缴税款 408 000 元，并罚款 204 000 元"应予纠正。

再查明，2018 年 7 月 20 日，国家税务总局葫芦岛市税务局发布了《关于所辖县区局税务机构改革有关事项的公告》（2018 年第 4 号），其中第六项内容明确，原辽宁省建昌县国家税务局、建昌县地方税务局合并，合并后名称为国家税务总局建昌县税务局。

葫芦岛中院认为，上诉人建昌县税务局作出本案税务行政处罚决定包括两部分，一是违法事实，二是处罚决定。在"违法事实"部分，建昌县税务局对被上诉人赵某某存在何种违法事实以及该事实对应的税务行政法律法规规定的相关事实要件，并未进行阐述和定性，即径行计算应缴税款和费款，并以此为基数计算罚款数额，属于认定事实不清；同时建昌县税务局在"处罚决定"部分，对赵某某作出的处理表述为"拟对你作出如下处理"，虽建昌县税务局在庭审中陈述此种表述系笔误，但作为行政法律文书，此种表述影响了处罚结果的效力和公文的权威性，欠缺妥当。综上，建昌县税务局作出的建地税罚〔2017〕0001 号税务行政处罚决定应予撤销，一审判决结果并无不当。建昌县税务局在上诉理由中陈述"应纳税额的计税依据是以权责发生制来确认收入而不是按收付实现制来确认收入的。核定应纳税额以收入和支出权责的发生时间为准，并不考虑是否已收到或者支付款项，即以应收应付确认收入支出，而非实收实付确认。"此种主张符合《营业税暂行条例》及实施细则的规定，一审判决理由不当，应予纠正。

2018年10月23日，葫芦岛中院依据《行政诉讼法》第八十九条第一款第（一）项的规定，作出〔2018〕辽14行终102号行政判决书，判决驳回上诉，维持原判。二审案件受理费50元由上诉人建昌县税务局负担。

四、宁夏回族自治区税务机关败诉案

上诉人吴忠甲塑料工业有限公司破产管理人（以下简称"甲管理人"）因与被上诉人吴忠市利通区地方税务局（以下简称"利通地税局"）税务行政强制一案，不服宁夏回族自治区吴忠市利通区人民法院〔2017〕宁0302行初13号行政判决，向宁夏回族自治区吴忠市中级人民法院（以下简称"吴忠中院"）提起上诉。吴忠中院依法组成合议庭，公开开庭审理了本案。本案现已审理终结。

原审审理查明：2010年3月5日，原审法院以〔2010〕吴利民破字第1号民事裁定书裁定受理吴忠甲塑料工业有限公司破产一案，并指定宁夏天纪律师事务所为破产管理人。2011年4月15日，原审法院又以〔2010〕吴利民破字第1-1号《民事裁定书》宣告该公司破产。2014年8月21日，甲管理人委托宁夏盛世开元拍卖行公开拍卖破产财产，宁夏正豪投资置业有限公司以2 050万元拍得破产财产26.2亩国有工业用地使用权及地上附着物，并于2015年9月28日办理了拍卖破产财产的移交手续。利通地税局于2016年11月23日前分三次以吴利地税通〔2016〕001、002、003号《税务事项通知书》向甲管理人发出通知，限期缴纳税款，甲管理人在限期内没有缴纳，利通地税局又于2016年11月28日给甲管理人发出《扣缴税收款通知书》，并于当日作出吴利地税强扣〔2016〕01号《税收强制执行决定书》，从甲管理人在中国银行吴忠分行的存款账户扣划税款4 542 309.83元，缴入国库。甲管理人不服，认为利通地税局强制扣缴税款的行政行为法律依据错误，程序违法，请求依法撤销该行政行为。

原审法院认为：

双方对强制扣缴税款4 542 309.83元的事实认可，本案争议的焦点是利通地税局作出的吴利地税强扣〔2016〕01号税收强制执行决定书行政行为的合法性。该税收强制执行决定书根据《税收征管法》第四十条的规定于2016年11月28日作出的，并于当日从甲管理人在银行的账户中扣缴税款4 542 309.83元。《税收征管法》第四十条规定："从事生产、经营的纳税人、扣缴义务人未按照规定的期限缴纳或者解缴税款，纳税担保人未按照规定的期限缴纳所担保的税款，由税务机关责令限期缴纳，逾期仍未缴纳的，经县以上税务局（分局）局长批准，税务机关可以采取下列强制执行措施：（一）书面通知其开户银行或者其他金融机构从其存款中扣缴税款……"本案扣缴税款的前提条件是甲管理人在处理破产企业吴忠甲塑料工业有限公司的破产财产26.2亩国有工业用地使用权及地上附着物时，通过拍卖程序由案外人宁夏正豪投资置业有限公司以2 050万元拍得，并办理了土地过户手续。利通地税局以甲管理人作为破产企业的管理人合法取得拍卖成交款，并办理了资产移交手续，应该向税务机关办理申报缴纳税款，但甲管理人没有申报缴纳，在此情况下，利通地税局根据《土地增值税暂行条例》第二条、第三条，《营业税暂行条例》第一条、第十二条，《城市维护建设税暂行条例》第二条、第三条、第四条,《印花税暂行条例》第一条、第二条、第三条,《财政部 国家税务总局关于营改增后契税 房产税 土地增值税 个人所得税计税依据问题的通知》(财税〔2016〕43号),国家税务总局发布的《纳税人转让不动产增值税征收管理办法》第三条,《宁夏回族自治区地方税务局教育附加费征收管理暂行办法》第二条、第三条,《宁夏回族自治区地方税务局水利建设基金征收管理暂行办法》第二条、第四条的规定,于2016年11月23日前分三次向甲管理人发出税务事项通知书,责令甲管理人限期申报缴纳税款,并告知依法享有陈述权和申辩权,但甲管理人均未申报和缴纳。2016年11月28日,利通地税局作出〔2016〕01号《税收强制执行决定书》,决定从甲管理人在银行的账户中扣缴税款4 542 309.83元,并将扣缴税收款项通知书送达甲管理人。

本案的关键是破产程序清算中甲管理人是否存在纳税的职责和义务。根据《中华人民共和国破产法》(以下简称《企业破产法》)第四十一条第(二)项规定,管理、变价和分配债务人财产的费用为破产费用。《企业破产法》第一百一十二条第一款规定,变价出售破产财产应当通过拍卖进行。《企业破产法》第一百一十三条规定,破产财产在优先清偿破产费用和共益债务后,按照下列顺序清偿:一是破产人所欠职工的工资和医疗、伤残补助、抚恤费用,所欠的应当划入职工个人账户的基本养老保险、基本医疗保险费用,以及法律、行政法规规定应当支付给职工的补偿金;二是破产人欠缴的除前项规定以外的社会保险费用和破产人所欠税款;三是普通破产债权。《国家税务总局关于人民法院强制执行被执行人财产有关税收问题的复函》(国税函〔2005〕869号)明确说明对拍卖财产的全部收入,纳税人均应依法申报缴纳税款,税收具有优先权,人民法院应协助税务机关依法优先从拍卖中征收税款。破产企业吴忠甲塑料工业有限公司在破产清算期间通过拍卖方式转让土地及其附着物,根据《土地增值税暂行条例》《印花税暂行条例》等上述税收的相关法律规定,破产程序清算拍卖中产生新的税款,属于《企业破产法》第四十一条规定的管理、变价的破产费用。破产费用应当随时清偿,优先支付。《企业破产法》第一百一十三条规定,破产财产所得在优先清偿破产费用和共益债务后,按照顺序清偿其他事项。因此,甲管理人作为破产企业吴忠甲塑料工业有限公司的破产管理人,系纳税主体,应依法缴纳土地增值税等税款。甲管理人在利通地税局三次催缴税款后,仍拒绝缴纳,利通地税局依据《税收征管法》第四十条的规定,作出强制扣缴税款执行决定的行政行为,有事实依据和法律依据,并无不当。甲管理人主张利通地税局依据《税收征管法》第四十条强制扣缴税款适用法律错误,认为该条规定适用对象仅是"从事生产、经营的纳税人",甲管理人系人民法院指定管理、处置破产企业的临时性机构,是法院的委托代理人,本身既不生产、也不经营,当然不是从事生产经营的纳税人,利通税务局适用对象错误。根据《企业破产法》第四十一条第(二)项、第一百一十二条、第一百一十三条的规定,甲管理人委托拍卖破产财产,取得拍卖所得价款,应以上述相关税法缴纳税款,该税款是在破产清算中变价处理破产财产而产生的,属于《企业破产法》中规定的破产费用,而破产费用应优先清偿。因此,破产财产缴纳的税款适用于所有纳税人,不是仅指从事生产经营的纳税人;同时,破产费用不受破产财产分配顺序的限制,也不会导致破产程序无法进行。另外,甲管理人认为依据《土地增值税暂行条例》第十一条、第十二条的规定,未缴纳土地增值税不得办理土地权属变更手续。原审认为,虽然甲管理人与宁夏正豪投资置业公司在竞拍协议书约定破产财产拍卖的税费由买受人承担,拍卖特别声明中也作了声明,属于拍卖财产的税费转嫁,尽管破产法及相关法律对此没有限制性规定,但买受人宁夏正豪投资置业有限公司没有按双方约定缴纳税款,税费转嫁没有实际履行,因而,甲管理人的纳税主体性质没有改变,仍为纳税义务人，应履行缴纳税款的义务。

综上，甲管理人在破产程序中通过拍卖方式处理破产财产土地及附着物，该破产财产已实际交付，依据上述税法及相关规定应当缴纳税费，该税费属于破产费用，应优先清偿，利通地税局强制扣缴破产财产税款的措施并无不当。利通地税局作出的〔2016〕01号税收强制执行决定书的行政行为事实清楚，证据充分，程序合法，适用法律正确，应予以维持。甲管理人主张利通地税局作出强制扣缴税款决定书的行政行为适用法律错误的理由不能成立，对其要求撤销利通地税局吴利地税强扣〔2016〕01号税收强制执行决定书的诉讼请求不予支持。依照《行政诉讼法》第六十九条的规定，判决驳回甲管理人的诉讼请求，案件受理费50元由甲管理人承担。

上诉人甲管理人不服，上诉请求依法撤销一审判决，支持上诉人的诉讼请求。事实与理由：

（1）被上诉人以《税收征管法》第四十条为依据对"非生产经营的纳税人"采取强制错误。破产管理人是依照《企业破产法》的规定，受人民法院指定，管理处置破产企业的临时性机构，法律意义上属于人民法院的委托代理人，不从事生产经营，不属于从事生产经营的纳税人，不属于税务机关可采取强制措施的对象范围。

（2）被上诉人的行为违反了《企业破产法》第一百一十三条规定。在破产程序中，《企业破产法》属于特别法，应予优先适用。原审认定处置破产财产产生的税款在"破产人所欠的税款"之外而成为破产费用错误。处置破产财产所产生的税款在法律没有明确规定的情况下，只能认定为破产人所欠的税款。即使将处置破产财产的税收列入破产费用，也仍然必须依照破产法规定列入《破产财产分配方案》，根据《企业破产法》第一百一十五条、第一百一十六条规定，经人民法院裁定认可后，由管理人执行。在破产财产分配方案没有获得通过、没有经过法院裁定认可而产生法律效力前仍然不能支付，除非是属于不支付就无法推进破产程序的或者是管理人提请债权人委员会通过或者报请法院认可。提起程序的权利在管理人，决定权在债权人委员会和人民法院，税收显然不具备上述条件。

（3）根据《土地增值税暂行条例》第十二条规定，未依法纳税就不能办理土地产权变更，被上诉人给吴忠市国土资源局出具的《未征收土地增值税情况说明》中明确表示，本次国有土地使用权转让行为未产生土地增值，无须缴纳土地增值税。被上诉人于2016年1月13日给上诉人出具《税务事项通知书》要求缴纳土地增值税4 523 093.31元；其后于2016年3月16日告知土地部门未产生土地增值，无须缴纳土地增值税；2016年4月13日又给上诉人出具通知书要求缴纳土地增值税及各种税款4 525 782.99元；2016年10月20日、11月23日再次分别要求上诉人缴纳4 542 309.83元；最后于2016年11月28日强制扣划4 542 309.83元。零纳税和纳税4 542 309.83元之间差距巨大，非被上诉人工作失误能解释。

（4）被上诉人的行为严重违反《税收征管法》第四十五条规定。本案被处置的破产财产早在2003年就抵押给中国工商银行宁夏吴忠分行，后该债权已转移给中国长城资产公司，均为担保债权，本息共计18 052 348.84元，涉案税收先于担保债权予以扣划于法无据。

（5）被上诉人的行为违反《企业破产法》第十九条有关债务人财产的保全措施应予解除的规定，且因本案系破产程序非民事执行程序，原审在判决中依据《国家税务总局关于人民法院强制执行被执行人财产有关税收问题的复函》（国税函〔2005〕869号）所作出的判决属于适用法律错误。综上，原判决适用法律错误，认定事实错误，请求二审依法裁判。

被上诉人利通地税局答辩称：

（1）被上诉人依法行政，有法可依。上诉人作为甲管理人，于2014年8月21日至2015年9月收取了吴忠甲塑料工业有限公司的国有土地26.2亩及该宗土地上的所有附着物7356平方米的合法拍卖款2050万元，并在2015年9月28日办理了资产移交手续。根据《财政部　国家税务总局关于全面推开营业税改征增值税试点的通知》（财税〔2016〕36号）、《营业税改征增值税试点实施办法》第一条、《土地增值税暂行条例》第二条、《印花税暂行条例》第一条、第八条的规定，应由上诉人履行纳税义务，但直至2016年11月28日，在被上诉人向上诉人三次下达《税务事项通知书》后，上诉人仍未履行其管理职责，被上诉人依据《税收征管法》强制执行，符合法律规定。

（2）上诉人在一审时称：宁夏盛世开元拍卖行与宁夏正豪投资置业有限公司签订的《拍卖手册》中特别声明第4项，《竞拍协议》的第四条第二项，"瑕疵告知函"第二条，《拍卖成交确认书》第七条第二项，均书面向竞买人特别提示声明并约定："拍卖成交后在办理房产及土地过户手续时所产生的相关税、费全部由买受人承担"的条款是双方达成的民事约定，系民事权益的自由处分。根据税收法定原则，法定的纳税义务不能因拍卖公告的约定条款而转移。参照《国家税务总局关于人民法院强制执行被执行人财产有关税收问题的复函》，无论财产的行为是纳税人自主的行为，还是人民法院实施的强制执行活动，对拍卖、变卖财产的全部收入，纳税人均应依法申报缴纳税款；人民法院应当协助税务机关依法优先从拍卖收入中征收税款。上诉人在履行管理职责时，对需要依法纳税的义务是明知的。

（3）被上诉人征收上诉人所管理财产中的土地增值税的行为，是基于其在管理破产企业期间因土地拍卖产生数额不菲的增值，属于新的税项，因而在催收多次无效的情况下，依法履行职责的具体体现。该部分是否属于破产费用并不当然要有人民法院的裁定认可，土地增值税不完税无法取得土地权属变更，因此缴纳增值税是该阶段资产管理人的义务之一。被上诉人根据《税收征管法》作出强制执行决定，是依据破产企业吴忠甲塑料工业有限公司取得拍卖其所有的土地及其附着物成为纳税义务人后，应当履行而未履行缴纳税款义务而采取的强制执行措施。上诉人作为其破产管理人，未及时履行法定职责，代为管理破产企业的财产不力，不仅危害了税收管理制度，而且影响了国家税款的及时足额入库。

（4）被上诉人未违反《土地增值税暂行条例》的强制性规定。被上诉人依据《自治区地税局关于明确执行国家税务总局2015年第67号公告有关问题的通知》（宁地税函〔2016〕24号）的规定，受理了拍卖行为买受方宁夏正豪投资置业有限公司缴纳契税事宜，买受方依法履行了缴纳契税和印花税义务。破产企业吴忠甲塑料工业有限公司拍卖行为应缴纳的所有税款，在税务部门没有依法减免的前提下上诉人均有义务主动缴纳。

（5）本案中所适用的《税收征管法》和《企业破产法》是同位阶的国家法律，被上诉人的行为不存在适用法律错误的情形。

综上，本案被上诉人对纳税主体的认定和适用法律准确。请求二审驳回上诉，维持原判。

本案二审中，双方当事人均未提交新证据。吴忠中院二审查明的事实与一审认定的事实一致，对一审认定的事实予以确认。

吴忠中院认为，首先，被上诉人利通地税局依据《税收征管法》《税收征管法实施细则》的相应规定，对依法应当缴纳的税款，逾期仍未缴纳的，具有强制执行的职权。被上诉人强制扣缴本案所涉税款主体合法。上诉人甲管理人接受吴忠市利通区人民法院的指定，成为该吴忠甲塑料工业有限公司的破产管理人。依据《企业破产法》第二十二条、第二十五条规定承担履行相应法定职责的权利和义务，其作为本案甲管理人提起针对被管理破产企业的行政诉讼，主体合法。其次，根据本案已查明并经双方当事人确认的事实，被上诉人已于 2016 年 11 月 28 日将 4 542 309.83 元税款予以扣缴并向上诉人送达了《税收强制执行决定书》，该行政行为已实施完毕。上诉人针对该行为在法定起诉期限内提起行政诉讼符合《中华人民共和国行政诉讼法》第十二条第一款第（二）项规定，本案的行政行为具有可诉性。根据被上诉人提交的证据及查明的事实，被上诉人扣缴的 4 542 309.83 元属于因企业在破产程序中通过对土地及附着物拍卖变价处理而产生的税费，而不是破产企业在破产前所欠缴的税费，对此认定双方均不持异议。根据《企业破产法》《税收征管法》的相关规定，破产人所欠税款除法律和行政法规另有规定的外，必须予以缴纳。因此，本案的争议焦点主要集中在：①上诉人是否应当承担履行缴纳因破产企业的财产变价处置而产生的税费。②被上诉人扣缴的税费是否属于法律所规定的破产费用。③应缴纳的国家税收应在破产清偿程序的何种环节予以扣缴。

针对第一个焦点问题，根据《企业破产法》第二十五条的规定，上诉人作为接受指定的破产企业管理人，依法必须承担履行缴纳破产人所欠税款的职责和义务。宁夏盛世开元拍卖行与宁夏正豪投资置业有限公司签订的有关拍卖成交后由竞买人承担相关税费的约定属民事权利义务约定，该约定超越法律法规所确定的权利义务，在纳税义务人尚未履行纳税义务前并不能必然导致上诉人丧失作为破产企业管理人应当承担的职责义务。

针对第二个焦点问题，根据《企业破产法》第四十一条第（二）项规定，管理、变价和分配债务人财产的费用属于破产费用。《企业破产法》规定人民法院受理启动破产程序后，债务人便丧失了对企业财产的管理和处分的权利，而是由人民法院指定的管理人接管债务人的财产，对其财产进行管理、变价和分配，必然要支出相应的费用，这些费用为破产费用。本案被上诉人所扣缴的税费属于破产企业管理人在对企业财产依法进行拍卖、变价后因财产增值而产生的增值税，并不是因变价行为本身而产生的费用，依法不属于《企业破产法》所规定的破产费用。原审将上述费用认定为破产费用不当，应予纠正。

针对第三个焦点问题，根据《企业破产法》第一百一十三条的规定，破产财产在优先清偿破产费用和共益债务后，依照下列顺序清偿：①破产人所欠职工的工资和医疗、伤残补助、抚恤费用，所欠的应当划入职工个人账户的基本养老保险金、基本医疗保险费用，以及法律、行政法规规定应当支付给职工的补偿金。②破产人欠缴的除前项规定以外的社会保险费用和破产人所欠税款。③普通破产债权。该规定明确了破产人所欠税款在破产清偿程序中的顺序。被上诉人所依据的《税收征管法》《营业税暂行条例》等法律、法规仅是对被上诉人履行扣缴职责的行为、确定纳税义务主体以及确定纳税数额等事项所提供的法律、法规依据。上述法律、法规虽不与《企业破产法》相冲突，但并不能作为认定所扣缴的税款属于破产费用并具有符合《企业破产法》第一百一十三条规定的优先清偿的依据。最高人民法院国税函〔2005〕869 号《关于人民法院强制执行被上诉人财产有关税收问题的复函》不适用本案，原审法院适用该函认定本案事实不当，本院予以纠正。现吴忠甲塑料工业有限公司申请破产案件尚未进入《企业破产法》第一百一十五条、第一百一十六条所规定的分配清偿程序，被上诉人即实施扣缴行为明显违反《企业破产法》第一百一十三条的规定，该税收强制执行行为违法，原审认定该行政行为合法错误，应予纠正。此外，被上诉人在履行征收行为过程中，在未明确土地权属变更登记前是否应优先确保税收入缴的情况下，向吴忠市国土资源局出具《税务事项通知书》，存在重大瑕疵，该瑕疵不能成为被上诉人转嫁责任承担主体及超越《企业破产法》第一百一十三条的规定实施扣缴行为的事由。

综上所述，原审判决认定事实不清，适用法律错误，应予以撤销。被上诉人利通地税局的税收强制扣缴行为虽然主体和程序合法，但该行为存在重大瑕疵，并且明显违反法律规定。

2017 年 12 月 25 日，吴忠中院依据《行政诉讼法》第八十九条，作出〔2017〕宁 03 行终 34 号行政判决书，判决撤销宁夏回族自治区吴忠市利通区人民法院〔2017〕宁 0302 行初 13 号行政判决；撤销被上诉人吴忠市利通区地方税务局作出的吴利地税强扣〔2016〕01 号税收强制执行决定。一审案件受理费 50 元由被上诉人吴忠市利通区地方税务局负担；二审案件受理费 50 元由被上诉人吴忠市利通区地方税务局负担。

五、海南省税务机关败诉案

上诉人海南省海口市地税局、海南万基威置业有限公司（以下简称"万基威公司"）因与被上诉人李某某税务行政管理一案，不服海口市龙华区人民法院（2016）琼 0106 行初 47 号行政判决，向海口市中级人民法院（以下简称"海口中院"）提起上诉。海口中院依法组成合议庭，公开开庭审理了本案。本案现已审理终结。

原审判决认定：2015 年 7 月 10 日，海口市国土资源局（以下简称"市国土局"）出具《缴税通知书》（编号 2015000245），确认受让方是万基威公司，出让（转让）方是李某某，办理业务为出让地转让，土地证号为海口市国用〔2010〕第 000102 号，使用权类型为出让，并要求双方接到该通知 30 天内到税务部门办理完税手续。2016 年 3 月 17 日，万基威公司前往市地税局华信路办税服务大厅办理海口市国用〔2010〕第 000102 号土地使用权投资入股缴税业务，并向市地税局提交了缴税通知书、土地投资入股协议、万基威公司股东会决议和公司章程、土地估价报告、海口市国用〔2010〕第 000102 号土地使用权证等材料。2016 年 3 月 18 日，市地税局分别向李某某及万基威公司出具《税收完税证明》，确认按土地使用权出资入股，李某某已缴纳印花税、土地增值税和滞纳金共 5 282 814.08 元，万基威公司缴纳印花税、契税和滞纳金共 2 138 368.62 元。2016 年 5 月 12 日，市国土局为万基威公司办理了海口市国用〔2016〕第 005195 号土地使用权证书，将涉案土地过户至万基威公司名下。2016 年 6 月 2 日，万基威公司向市地税局提交《授权委托书》，授权人为李某某，授权内容为"代替本人在法律框架内处理本人名下土地（土地证号：海口市国用〔2010〕第 000102 号）对外合作开发，施工等一系列的谈判及合同签订相关事宜"，授权日期为 2012 年 1 月 3 日。

另查，2014 年 11 月 30 日，案外人朱某与李某某签订《还款协议书》，协议约定李某某将土地使用权作为抵押向朱某借款 1 140 万元，截止到 2014 年 11 月 8 日，本金和利息及违约金共计 2 430 万元。2015 年 6 月 2 日，李某某和万基威公司共同向市国土局递交《土地使用权转受让申请书》，同日，市国土局对《土地估价报告备案表》进行登记备案；2015 年 6 月 12 日，李某某和万基威公司就李某某名下位于海口市

××区委会13 478.92平方米土地使用权（证号：海口市国用〔2010〕第000102号）的转让向海口市政府服务中心提交"出让土地转让登记"申请；2015年7月10日，市国土局出具《缴税通知书》，显示评估地价为4 706.1万元。2016年1月15日，朱某向海南仲裁委员会提出仲裁申请，同年2月2日，海口海事法院依海南仲裁委员会的提请和朱某的申请，查封了涉案土地的土地使用权。2016年3月30日，万基威公司向海口海事法院提出复议申请，以李某某已将被查封土地转让给万基威公司为由请求解除对李某某名下涉案土地的查封。2016年5月8日，海口海事法院作出〔2016〕琼72财保43号之一民事裁定，解除了对涉案土地的查封。

原审判决认为：根据市国土局出具的《缴税通知书》载明的内容以及海口海事法院〔2016〕琼72财保43号之一民事裁定所查明的事实，均证实李某某和万基威公司之间系土地使用权买卖合同关系。《营业税暂行条例》第一条、《个人所得税法》第二条、《土地增值税暂行条例》第二条、《印花税暂行条例》第一条和第二条规定，土地使用权的转让人（个人）在土地买卖过程中应当缴纳个人所得税、营业税及附加、土地增值税和印花税。而根据《财政部　国家税务总局关于股权转让有关营业税问题的通知》《国家税务总局关于个人非货币性资产投资有关个人所得税征管问题的公告》《财政部　国家税务总局关于个人非货币性资产投资有关个人所得税政策的通知》的规定，土地使用权的转让人（个人）在以土地投资入股过程中，不征营业税，个人所得税可以按不超过5个公历年度内（含）分期缴纳。本案中，市地税局在万基威公司尚未提供李某某授权委托书的情况下，允许万基威公司代李某某办理缴税手续的行为违反了《海南省地方税务局关于〈海南地税涉税事项办理一次性告知资料〉通告》的要求，且市地税局未与市国土局核实，仅以万基威公司提供的材料按土地使用权投资入股过户征税，没有依法向李某某征收转让土地使用权的营业税，并允许李某某分期缴纳个人所得税，违反了相关税收法律的规定。故市地税局对李某某与万基威公司之间土地使用权转让过户征收相应税款的具体行政行为存在认定事实不清，违反法定程序，适用法律错误的问题，依法应予以撤销。依照《行政诉讼法》第七十条的规定，判决撤销市地税局在办理海口市国用〔2010〕第000102号土地使用权过户中向李某某及万基威公司征收税款的税收征管行为。案件受理费50元由市地税局负担。

上诉人市地税局上诉称：

（1）原审判决程序严重违法。被上诉人李某某同税务机关在纳税上发生争议，要求撤销《税收完税证明》及以其名义进行的土地使用权交易税收征管行为。根据《税收征管法》第八十八条规定，纳税人、扣缴义务人、纳税担保人同税务机关在纳税上发生争议时，必须先依照税务机关的纳税决定缴纳或者解缴税款及滞纳金或者提供相应的担保，然后可以依法申请行政复议；对行政复议决定不服的，可以依法向人民法院起诉。本涉税案件未经行政复议程序，原审法院不应受理。原审法院在涉税案件未经行政复议程序的情况下，受理并作出判决，程序严重违法。

（2）上诉人市地税局根据李某某和万基威公司所提交材料征收海口市国用〔2010〕第000102号土地使用权投资入股过户相关税款并开具完税证明的具体行政行为合法。2016年3月17日，万基威公司前来我局华信路办税服务大厅办理海口市国用〔2010〕第000102号土地使用权投资入股缴税业务，并向市地税局提交了《缴税通知书》（编号：201500245）、《土地投资入股协议》《海南万基威置业有限公司股东会决议》《土地估价报告》《海口市国用〔2010〕第000102号土地使用权证》等资料。经市地税局形式审核，万基威公司提交材料符合土地投资入股过户缴税业务要求，于2016年3月

18 日在税款入库后出具了税收完税证明。上诉人市地税局的行政行为符合《税收征管法》第二十五条、第三十四条的规定。

（3）李某某关于万基威公司未取得其同意，虚构事实、冒用其名义向市地税局申报缴纳土地使用权过户税款的主张未提供任何证据证明，市地税局依据万基威公司所提供材料于 2016 年 3 月 18 日作出的具体征税行政行为并无不妥。①李某某将土地使用权过户至万基威公司的事实经市国土局确认。李某某对于其名下土地过户至万基威公司以及税款缴纳方式明确知晓。②万基威公司在代李某某缴纳土地使用权过户相关税款时未留存授权委托书但事后已补充提交。万基威公司代李某某缴纳土地过户相关税款实际已经过李某某授权，事后补交《授权委托书》，并不影响李某某对万基威公司授权的事实。

（4）李某某与万基威公司涉嫌以投资入股形式掩盖土地使用权买卖真相，其可能涉及的偷逃税款行为将由稽查局另行查处。市地税局根据其提供的相关材料予以办理并无不妥。经查阅海口市工商管理局、市国土局和海口海事法院相关档案资料，可以证实李某某与万基威公司之间的土地转让实为买卖而非土地投资入股。为此，对李某某与万基威公司可能涉嫌虚假申报偷逃税款的违法行为将由稽查局等有权税务机关另行处理。

（5）原审判决的错误。①《海南地税涉税事项办理一次性告知资料》是一个广而告之的资料，并随着为税款尽快入库及便民的需要随时调整，原审判决认为该资料是法律，属认定错误。②根据《行政诉讼法》第六条的规定，人民法院审理行政案件，是对被诉的具体行政行为是否合法进行审查。市地税局依据李某某及万基威公司申报的纳税材料为其办理纳税手续、征收税款，这一被诉的行政行为完全合法。而李某某与万基威公司将"土地使用权转让"虚假申报为"土地投资入股"，违反了法律规定，使国家少征收税款，这是另一法律行为。原审判决不应将纳税义务人的违法行为错误地认定为是税务机关违法。

（6）原审宣判后，李某某向市地税局发来申请，请求："将撤销相关完税证明的有关情况及时函告海口市国土资源局，并将申请人已缴纳的税款、滞纳金等 5 282 814.08 元退还给其本人"。该证据证明李某某实际对涉案土地办理过户缴费等行为是明确知晓的，其在一审审判过程中作出的陈述是虚假的。

综上所述，原审判决违反了《行政诉讼法》第六条、第四十四条第二款的规定，特请求二审法院撤销海口市龙华区人民法院〔2016〕琼 0106 行初 47 号《行政判决书》。

上诉人万基威公司上诉称：被上诉人李某某的起诉不属于人民法院受案范围，原审法院立案审理违反法律规定。李某某作为土地使用权转让方是法定纳税义务人，对市地税局作出的土地使用权过户征税行为有异议，应根据《税收征管法》第八十八条第一款的规定申请行政复议，对行政复议决定不服，可依法向人民法院起诉。被上诉人李某某未先申请行政复议，人民法院应不予受理。原审法院对李某某的起诉进行受理，违反了《行政诉讼法》第四十四条第（二）项、第四十九条第二款第（四）项的规定。综上，上诉人认为，原审法院受案违反法定程序，原审判决认定事实不清，适用法律错误。请求二审法院依法撤销海口市龙华区人民法院〔2016〕琼 0106 行初 47 号行政判决；依法驳回被上诉人李某某的起诉。

被上诉人李某某辩称：

（1）向市地税局申报纳税的行为人只有万基威公司，被上诉人从未参与，市地税局在答辩中亦承认系万基威公司及其委托人前往该局办理相关事务。本案中被上诉人至今并未取得所投资企业（万基威公司）的相应股权，并不具备申报纳税的法定条件。同时，《个人所得税备案表》依法应当由纳税人也即被上诉人自己填写，然而该表上被上诉人签名明显与实际不符，显然系伪造。本案税收业务由万基威公司前往市地税局办理缴税业务并提交材料，未提交有效委托手续。市地税局所谓"事后补交委托书"的解释既没有法律依据，也与事实不符。

（2）市地税局所称土地使用权过户的事实经市国土局确认，与事实不符。本案涉及的土地使用权是在市地税局出具了完税证明后，方为市国土局确认过户的，时间顺序是完税证明在前、过户确认在后，上诉人这一表述显然因果倒置。市国土局2015年7月10日出的《缴税通知书》，明确注明办理时限为接到通知30日内，但万基威公司在2016年3月17日无授权委托书、冒名向市地税局申报，市地税局未予任何核实，即作出涉案税款征收行为，因此该行政行为违法。

（3）市地税局在一审答辩状中明确认可，万基威公司在申报纳税过程中所提交的材料与市国土局的土地使用权过户事实不符，依法应当撤销其作出的行政行为。

（4）万基威公司持上诉人出具的完税证明、冒名欺诈办理土地使用权过户的行政行为已经被海口市中级人民法院一审认定为违法。虽然该判决因行政机关提起上诉而未生效，但在该案审理过程中，被诉土地行政机关、万基威公司均认可有关土地使用权转让行为均系万基威公司冒用被上诉人名义所为，万基威公司提交土地行政部门的合同文件均系其冒名伪造。

（5）本案万基威公司没有上诉权。《行政诉讼法》第二十九条第二款规定："人民法院判决第三人承担义务或者减损第三人权益的，第三人有权依法提起上诉。"本案原审判决并未判决万基威公司承担义务，也没有减损其权益，与万基威公司没有利害关系。万基威公司对于原审判决没有上诉权，不应当参与本案二审。

（6）万基威公司所称复议前置没有事实和法律根据。首先，被上诉人在提起行政诉讼之前，已经向市地税局提出书面复议申请，该申请被市地税局拒绝。有关复议事项被上诉人在一审程序中的起诉状、质证意见、辩论意见中也多次表述。其次，《税收征管法》第八十八条第一款规定的申请复议是"可以"而非"应当"，并非强制性条款。

综上，市地税局的行政行为违法，应当予以撤销。

上诉人市地税局在二审期间向海口中院提交了《撤销完税证明暨退还税款的申请书》和《海南省海口市地方税务局关于〈撤销完税证明暨退还税款的申请书〉的函》两份证据；证明：①李某某承认520余万元税款是其缴纳的，其主张的万基威公司未取得其同意，虚构事实、冒用其名义向市地税局申报缴纳土地使用权过户税款是不真实的。②以土地使用权出资入股的名义申报纳税，李某某与万基威公司存在偷税的共同故意。

上诉人万基威公司在二审期间向海口中院提交四份证据：①《督促函》，证明李某某与万基威公司名为土地入股，实为土地交易，李某某依法是纳税义务人。②《关于延期缴纳土地增值税的申请》，证明李某某是本案土增值税纳税义务人，向税务机关申请延期缴纳土地增税未获准，万基威公司垫缴土地增值税。③《关于个人所得税分期缴纳的申请》，证明李某某申请分期缴纳个人所得税是其真实意思表示。④《延期缴纳税款申请审批表》，证明李某某是本案土地增值税纳税义务人，向税务机构申请延期缴纳土增税未获准，万基威公司垫缴土地增值税。

被上诉人李某某在二审期间向海口中院提交一份证据：〔2016〕琼01行初253号行政判决书；证明：①万基威公司向市国土局提交的土地登记过户资料均是虚假的，

其中就包含市地税局出具的完税证明。②万基威公司在市国土局办理土地过户登记过程中，同样采取在市地税局处相同的欺诈手段。③万基威公司将被上诉人土地过户的行为违法。

经庭审质证，海口中院对各方当事人二审提交的证据认证如下：①上诉人市地税局提交的两份证据与本案没有关联性，对该两份证据不予认证。②上诉人万基威公司提交的四份证据不属于新证据的范畴，对该四份证据不予认证。③对被上诉人李某某提交的一份证据的真实性、合法性、关联性予以确认，但对其证明效力不予以确认。

海口中院二审经审理查明的事实与一审查明的事实基本一致。

海口中院认为：

首先，关于本案被上诉人李某某是否应当先申请行政复议的问题。《税收征管法》第八十八条规定，纳税人、扣缴义务人、纳税担保人同税务机关在纳税上发生争议时，必须先依照税务机关的纳税决定缴纳或者解缴税款及滞纳金或者提供相应的担保，然后可以依法申请行政复议；对行政复议决定不服的，可以依法向人民法院起诉。本案上诉人市地税局、万基威公司均认为，被上诉人李某某应当先申请行政复议，才能向法院起诉。但根据本院审查，被上诉人李某某提起本案诉讼是因万基威公司主动向市地税局申报纳税所产生的争议，并非对税务机关的纳税决定不服提起的诉讼，故本案不属于应当先申请行政复议的情形，对上诉人市地税局、万基威公司这一上诉理由法院不予以支持。

其次，2016年3月17日，万基威公司到市地税局申请办理海口市国用〔2010〕第000102号土地使用权投资入股缴税业务，并向市地税局提交了市国土局出具的缴税通知书，该通知书注明缴税业务为出让地转让。根据《税收征管法》第八十九条的规定，纳税人、扣缴义务人可以委托税务代理人代为办理税务事宜。在此次办理缴税业务时，被上诉人李某某未到场，万基威公司当场也未提供李某某的授权委托书，虽万基威公司事后补交，但其补交的委托书并未针对本案诉争事项进行委托，故市地税局在为万基威公司办理涉案缴税业务时认定事实不清、证据不足、程序违法，依法应予以撤销。至于被上诉人李某某原审诉讼请求中要求市地税局在网络上清除其相关完税记录的诉请，因网络上的完税记录存在的基础是市地税局的税收征管行为，该行为被撤销后，网络完税记录存在的基础已经消失，故对李某某的该项诉请本案不再另行处理。

综上，原审判决认定事实清楚，程序合法，适用法律正确，处理结果并无不当，应予维持。上诉人市地税局及万基威公司的上诉理由不能成立，应予驳回。

2017年4月28日，海口中院依照《行政诉讼法》第八十九条第一款第（一）项的规定，作出〔2017〕琼01行终11号行政判决书，判决驳回上诉，维持原判。二审案件受理费人民币50元由上诉人海南省海口市地方税务局和上诉人海南万基威置业有限公司共同负担。

六、广东省税务机关败诉案

上诉人赵某因与被上诉人韶关市地方税务局稽查局（以下简称"韶关稽查局"）税务行政处罚一案，不服韶关市浈江区人民法院于2016年4月8日作出的〔2015〕韶浈法行初字第46号行政判决，向广东省韶关市中级人民法院（以下简称"韶关中院"）提起上诉。韶关中院于2016年5月23日受理后，依法组成合议庭，于2016年7月21日进行了法庭询问。本案现已审理终结。

原审法院认为：

（1）本案行政行为系被告作出的税务行政处罚决定，应围绕该行政行为的合性审查。《税收征管法》第十四条规定："本法所称税务机关是指各级税务局、税务分局、税务所和按照国务院规定设立的并向社会公告的税务机构。"《税收征管法》第六十三条规定："纳税人伪造、变造……或者经税务机关通知申报而拒不申报或者进行虚假的纳税申报，不缴或者少缴应纳税款的，是偷税。对纳税人偷税的，由税务机关追缴不缴或者少缴的税款、滞纳金，并处不缴或者少缴的税款50%以上5倍以下的罚款；构成犯罪的，依法追究刑事责任。"《税收征管法实施细则》第九条第一款规定："税收征管法第十四条所称按照国务院规定设立的并向社会公告的税务机构，是指省以下税务局的稽查局。稽查局专司偷税、逃避追缴欠税、骗税、抗税案件的查处。"国家税务总局发布的《税务稽查工作规程》第二条第二款规定："税务稽查由税务局稽查局依法实施。稽查局主要职责，是依法对纳税人、扣缴义务人和其他涉税当事人履行纳税义务、扣缴义务情况及涉税事项进行检查处理，以及围绕检查处理开展的其他相关工作。"《税务稽查工作规程》第十三条规定："上级稽查局可以根据税收违法案件的案件性质、复杂程度、查处难度以及社会影响等情况，组织查处或者直接查处管辖区域内发生的税收违法案件。下级稽查局查处有困难的不重大税收违法案件，可以报请上级稽查局查处。"据此，韶关稽查局具有作出被诉的税务行政处罚决定的法定职权。韶关稽查局因接到群众举报围绕检查处理开展相关工作，由税务机关通知赵某申报纳税情况，由于赵某拒不申报，韶关稽查局依照法定程序进行核查，认定赵某少申报缴纳营业税、城建税、个人所得税、房产税、土地使用税、印花税、土地增值税并应补缴教育费附加 1 556.80 元、地方教育附加 965.53 元及滞纳税款滞纳金 140 202.05 元，合计 541 590.76 元，并于 2014 年 2 月 18 日作出韶地税稽处〔2013〕8 号《税务处理决定书》。该决定书写明："在纳税上有争议，必须先依照本决定缴纳税费及滞纳金，或者提供相应的担保，然后可自上述款项缴清或者提供相应担保被税务机关确认之日起 60 日内依法向韶关市地方税务申请行政复议。"2014 年 3 月 6 日，赵某签收了《税务处理决定书》后，虽向韶关稽查局提供了纳税担保，但韶关稽查局未予支持，经行政复议维持后，诉至法院，诉讼期间申请撤诉，法院裁定准许。2015 年 6 月 15 日、16 日，赵某缴清了地税稽处〔2013〕8 号《税务处理决定书》所涉的税费及滞纳金后，未在法定期限即 60 日内对《税务处理决定书》提出行政复议，据此该处理决定已发生法律效力。《税收征管法》第八十八条规定："纳税人、扣缴义务人、纳税担保人同税务机关在纳税上发生争议时，必须先依照税务机关的纳税决定缴纳或者解缴税款及滞纳金或者提供相应的担保，然后可以依法申请行政复议；对行政复议决定不服的，可以依法向人民法院起诉。当事人对税务机关的处罚决定、强制执行措施或者税收保全措施不服的，可以依法申请行政复议，也可以依法向人民法院起诉。"可见，纳税人同税收机关在纳税上发生争议时，且缴清税款后，必须经行政复议这一法定前置程序。纳税上发生争议包括纳税主体、对象、范围、税率、计算依据等。而对于行政处罚，赵某可选择行政复议或者行政诉讼，根据《税收征管法》第十四条的规定，本案是对不缴或者少缴的税款并处罚款。即本案处罚所列明的事实和少申报缴纳税款的数额已在生效的《税务处理决定书》中得以了确认。现赵某再重复提出已确认的内容，依法不能成立，属重复提出。

（2）韶关稽查局原行政处罚决定因程序违法经复议机关撤销后，韶关稽查局依法向赵某发出了《税务行政处罚事项告知书》《税务行政处罚听证通知书》，并进行了听证，赵某行使了享有的陈述、申辩、听证权利，韶关稽查局亦完善了其内部讨论评议、审批等程序，行政行为程序合法。韶关稽查局仅是对赵某少缴税款部分作出处罚，且罚款在法定幅度内，予以确认。

（3）赵某称曾对税务处理决定提出行政复议，因无证据证明，不予采纳。韶关稽查局作出的《解除税收保全措施决定》属另一行政行为，不属本案审查范围，至于公安机关的行为属刑事法律范畴，与本案不属同一法律关系。

（4）关于赵某诉讼中提供的仁化县国土部门出具的原为112.40平方米土地，应为93.9平方米土地的证明材料，直接涉及罚款数额，为体现行政处罚的正当性、合法性，对主要证据不足的该部分处罚予以撤销，由韶关稽查局根据行政处理决定的自行修正重新作出处理。

（5）关于赵某诉讼中提供的仁化县国土部门的地籍调查土地登记、转让审批表，虽列明赵某294.2平方米土地系由李某某于2005年3月转让147.1平方米，但韶关稽查局是依法针对赵某2009—2011年的土地使用税，《税务处理决定书》对此已予明确。赵某称其受仁化锦城物业发展公司委托收取租金，并非房屋产权人，但从查明资料显示，赵某作为该公司的出资人于2012年11月出具注销公司申请，表明公司债权已清理完毕，并经工商行政部门办理了注销，因此，韶关稽查局对赵某的处罚并无不当。况且生效的税务处理决定已予明确处理的对象和内容。

（6）韶关稽查局于2015年1月23日作出税务行政处罚决定；同年6月3日，仁化县公安局以赵某涉嫌逃税罪，对其刑事拘留，韶关稽查局的行政处罚虽经复议机关以程序不当撤销，而于2015年8月24日重新作出税务行政处罚决定，但该处罚决定是前处罚决定的延续，程序合法。

（7）关于商会大厦C栋1户790.51平方米房屋5层的纳税处罚，该房产由赵某以180万元转卖给黄某某，韶关稽查局的处罚是针对该所得转卖款未申报纳税所作的罚款，至于赵某与黄某某如何约定，不影响韶关稽查局的行政行为，赵某如认为因此利益受损，可通过民事法律途径主张权利。况且生效的《税务处理决定书》对未纳税事实已予明确。锦城公司已依法注销，不具有参与诉讼的主体资格，本判决对其主体不予确认。

综上所述，本案审查的行政行为并非纳税上的争议，即前置程序已生效的行政处理决定不在本案处理范围。依照《行政诉讼法》第七十条第（一）项的规定，判决撤销韶关稽查局韶地税稽罚〔2015〕502号《税务行政处罚决定书》中关于"112.40平方米土地"的罚款，并于本判决生效后60日内重新作出行政行为。驳回赵某的其他诉讼请求。

上诉人赵某不服原审判决向韶关中院上诉称：

原判认定事实不清，适用法律错误。

（1）韶关稽查局违背事实作出错误的《税务行政处罚决定书》，特别是认定赵某违法的第（5）项决定。赵某从申请复议到韶关稽查局重新作出《税务行政处罚决定书》前的听证会以及原审诉讼，重点强调韶关稽查局的《税务处理决定书》和《税务行政处罚决定书》认定赵某违法事实错误，特别是认为赵某2010年12月7日与仁化县富民实业有限公司黄某某签订《购房协议书》，协议将赵某所有权下的仁化县丹霞旅游开发区金霞小区商会大厦C栋第一户房屋共5层，建筑面积790.51平方米转让给黄某某，转让金额为180万元（款项在2011年1月10日付清），房产转让事实存在，未申报纳税，应补缴营业税46 126.60元、城市维护建设税2 306.33元、土地增值税9 900元、印花税900元、个人所得税154 378.53元的错误处罚决定。依据该处楼房转让证据，原所有权人是本案第三人仁化县甲物业有限公司（以下简称"甲公司"），赵某是该公司股东之一，赵某于2010年1月23日从甲公司分配认购该处房产，并签订了《仁化县甲物业有限公司股东物业分配认购书》。2010年12月7日，赵某与黄某某签订《购房协议书》，将从公司认购所得房产转让给黄某某。《购房协议书》第二条约定：赵某将C栋楼房转让给黄某某的3间门面共5层，按现有的建设条件卖给黄某某作办公住宅使用，双方商定为180万元，赵某办理房地产权证，双方需缴纳的税费由黄某某负责支付，建筑面积以房管部门办证为准。《购房协议书》第三条约定：经双方确认后在2010年12月10日前先交50万元给赵某作定金，余款130万元分别在2010年12月31日至2011年1月10日付清，以赵某出具收据为准。《购房协议书》签订后，黄某某分多次付款110万元。黄某某去办理房地产权证之前要求赵某出具一张证明称已付清购房款，目的是方便甲公司申报办理房地产权证和相关手续。原审庭审时黄某某说："只负责缴纳税款"。甲公司说："需要缴多少就缴多少，凭票缴纳"。赵某认为黄某某说法无错，是按《购房协议书》有关"双方商定为人民币180万元整，上诉人办理房地产权证双方需缴纳的税费由乙方负责支付"的约定履行。甲公司在原审庭审时称："公司是按股东认购价75万元申报纳税，是税务局先打单再缴款。"该说法不完全正确，问题在于赵某从甲公司认购价是87.75万元，而不是75万元，有2010年1月23日"仁化县甲物业有限公司股东物业分配认购书"为证，该证据在2013年1月4日已交给仁化县地方税务局稽查局，也只能先过户到赵某名下，之所以直接过户到黄某某名下，省略了应该由赵某到黄某某名下的程序，是韶关稽查局明知故犯的结果，因为有关税务部门在征收该房屋过户纳税时是要审核的，如果说是故意逃税，韶关稽查局事先就应当知道。由此可见，赵某没有逃税的必要。赵某与黄某某签订的《购房协议书》约定："双方商定为人民币180万元整，上诉人办理房产权证双方需交纳的税费由乙方（黄某某）负责支付"且仁化县地方税务局城区税务分局07998288号电子发票所缴纳的470 908.11元税费足以证明黄某某交清了全部过户的税费。甲公司在原审开庭时称："从甲公司直接过户到黄某某名下是县里某主要领导向税务部门打招呼办理的。"既然如此，韶关稽查局应当承担责任。如果甲公司所说的不是事实，韶关稽查局也应该承担对房屋过户纳税不审查，不按程序要求纳税过户的后果，不能将自己错误强加给赵某。甲公司在原审开庭时还称，公司只是申报，应该怎样纳税，纳多少税由税务部门核算，凭税务部门出单缴纳。因此，韶关稽查局认定赵某认购的房屋以180万元转让给黄某某逃避了纳税是错误的。

（2）韶关稽查局韶地税稽罚〔2015〕502号《税务行政处罚决定书》认定，赵某违法的其他四项也属于事实不清。原判虽然撤销韶关稽查局的《税务行政处罚决定书》有关"112.40平方米土地"的罚款，但其他处罚决定也是事实不清，详见原审起诉状中赵某对《税务行政处罚决定书》认定的违法事实提出的意见。

（3）赵某就韶关稽查局韶地税稽罚〔2015〕502号《税务行政处罚决定书》提出行政诉讼，没有超过诉讼时效。原判认为赵某诉求的事实和庭审辩论意见都是《税务处理决定书》的事实，该事实既没有申请复议，也没有提起行政诉讼，已经超过了诉讼时效，该观点是错误的，赵某就《税务行政行政处罚决定书》提起行政诉讼，赵某列举韶关稽查局处罚事实错误来源于《税务处理决定书》，这是韶关稽查局作出处罚决定的错误事实依据，也是作出错误处罚决定的罚款基数来源，人民法院审查《税务行政处罚决定书》是否错误先要审查基本事实，否则无法对本案作出正确处理。

（4）行政诉讼是促使行政机关有错必纠的救济途径，应当查清事实。本案是税务行政处罚案件，人民法院应当审查税务处罚所确定的处罚税款基数，确定处罚税款所涉及的违法事实，行政处罚与发生纳税争议征税行为有不可分割的关系。因此，人民法院审查本案应当就纳税直接证据进行审查。①2011年5月17日税务电子发票是否真实。②发票上所标明的纳税与赵某转让房屋的双方是否一致，纳税房屋地址是否清楚。③商会大厦C栋－1号790.51平方米楼房买卖究竟要纳多少税，直接证据是证据的真实性、合法性、关联性，能否证明事实，而不是超出证据外的解释。仁化县地方税务局城区税务分局07998288号电子发票所缴纳的470 908.11元税费足以证明黄某某交清了丹霞旅游开发区金霞小区商会大厦C栋第一户房屋两次过户应当缴纳的税费。上诉请求撤销原判，改判为撤销韶关稽查局的韶地税稽罚〔2015〕502号《税务行政处罚决定书》，判令韶关稽查局重新作出行政行为。本案一审、二审诉讼费用由韶关稽查局负担。

被上诉人韶关稽查局辩称：

（1）原判认定事实清楚，适用法律正确，应予维持。

（2）赵某上诉理由不充分，应予驳回。

其一，赵某要求在本案中审查税务处理的基数和基本事实理据不足。原判认定："本案处罚所列明的事实和少申报缴纳税款的数额已经在生效的《税务处理决定书》中得以了确认。现原告再重复提出已确认的内容，依法不能成立。属重复提出。"而赵某在行政上诉状中称："本案是税务罚款应当审查税务处理的基数和基本事实。"对此，韶关稽查局在原审提交的行政答辩状及庭审中多次明确：韶地税稽处〔2013〕8号《税务处理决定书》与本案所涉及的韶地税稽罚〔2015〕502号《税务行政处罚决定书》是两个不同的行政行为。根据《税收征管法》第八十八条的规定，韶地税稽处〔2013〕8号《税务处理决定书》所涉事项属于法定的复议前置情形。由于赵某未行使其权利，没有在法定的期限届满前就该《税务处理决定书》提起行政复议，上述行政行为的诉权已经灭失。现赵某反复提出本案中应对处罚的基本事实进行审理，韶关稽查局认为赵某刻意混淆两个行政行为，企图越过复议前置程序，直接提请法院处理，无视了法律的规定。

其二，赵某对房屋转让部分处理的上诉理由不能成立。赵某上诉对商会大厦C栋1户790.51平方米房屋转让的税务处罚提出异议，对此，韶关稽查局作简要说明：

首先，对商会大厦C栋1户709.51平方米房屋的税务处罚，是基于赵某的偷税行为进行处罚。对于此项税费缴纳的问题，原判确认："被告的处罚是针对该所得转卖款未申报纳税所作的罚款，至于原告与黄某某如何约定，不影响被告的行政行为"。该认定事实清楚。正如赵某在上诉状所称："上诉人赵某2010年1月23日从甲物业有限公司分配认购该处房产，并签订了《仁化县甲物业有限公司股东物业分配认购书》，2010年12月7日，上诉人与本案第三人黄某某签订《购房协议书》，将从公司认购所得房产转让给黄伟。""只能先过户到上诉人赵某名下，为什么直接过户到黄某某名下，是谁省略了应该由上诉人过户到黄某某名下这一程序，是谁在隐瞒认购价少申报纳税呢？"现有证据证明，省略了应该由赵某过户到黄某某名下的程序，隐瞒真实转让价、少申报纳税的，正是赵某本人。赵某未对其转卖该房屋所得依法申报纳税是事实，甲公司、黄某某均予以确认。

其次，赵某称"所缴纳的470 908.11元税费种足以证明黄某某交清了全部过户应该缴纳的税费"理据不足。该税款是甲公司转移6套房屋所有权所缴纳的税费，并非只转移商会大厦C栋1户790.51平方米房屋所有权所缴纳的税费。而甲公司、黄某某在一审开庭时也已承认，黄某某事实上缴纳的税费为103 816.10元。

（3）关于仁化县沿江路第405852号地块面积问题。赵某经韶关稽查局书面通知未在期限内提供相应的《国有土地使用权证》，韶关稽查局根据仁化县国土资源局出具的《地籍调查土地登记审批表》（仁国用〔2009〕0100124）确定该地块面积为112.4平方米从而作出处罚决定并无不妥。现既然赵某在一审时提供《国有土地使用权证》确认该地块实际面积为93.9平方米，原判亦认定上述差额直接涉及罚款数额，为体现行政处罚的正当性及合法性对该部分处罚予以撤销，韶关稽查局认同原判的处理结果。请求二审法院驳回上诉，维持原判。

原审第三人黄某某没有书面答辩，其委托代理人没有发表口头的答辩意见。

原审第三人甲公司没有书面答辩，其口头辩称：

（1）赵某认为不是75万元，意思是公司少报了，其实87万元、75万元是怎么计算的，赵某是很清楚的。

（2）87万元是甲公司在分配房产时按地段计价，赵某认购的房屋是每平方1 110元，共5层，750.51平方米，由此得出87万余元的房价。

（3）75万元的来源，即750.51平方乘以单价是75万元，甲公司按照此价格纳税，其他股东在申报和办证同样是两种数字，所以不存在偷税逃税。

（4）赵某申请给黄某某办证，有证据证明，如果赵某没有申请，甲公司不可能去办证。

韶关中院查明：2012年8月，韶关稽查局接到群众书面举报，内容为举报赵某在仁化县涉嫌多处土地、房屋偷税。

2012年10月30日，仁化地方税务局城区税务分局向赵某发出仁地税城区分局限改〔2012〕60号《责令限期改正通知书》，内容包括："你未按规定办理纳税申报，限于2012年11月5日前改正"。

2012年12月，因赵某未按期申报且案情复杂，韶关稽查局立案检查，并于同年12月19日向赵某发出《税务检查通知书》，对赵某2009年1月1日至2011年12月31日涉税情况进行检查，要求赵某如实反映情况，提供有关资料。

2013年6月19日，韶关稽查局根据检查情况，向赵某发出了《税务稽查情况核对表》，列举了发现的问题，并告知赵某对所列事实，数字予以核对及享有的陈述权。

2014年2月18日，韶关稽查局作出韶地税稽处〔2013〕8号《税务处理决定书》，认定：

（1）在检查所属期内赵某少申报缴纳土地使用税，依据《城镇土地使用税暂行条例》第一条、第二条、第三条、第四条和《关于执行新核定的城镇土地使用税土地等级及税额标准的通知》的规定，应补缴2009年、2010年、2011年土地使用税17 261.82元、18 862.82元、18 697.32元。

（2）在检查所属期内销售不动产赵某少申报缴纳营业税及附加、在检查所属期内商铺租金少申报缴纳营业税及附加，依据《营业税暂行条例》第一条、第二条、第四条、第十二条，《城镇土地使用税暂行条例实施细则》第二十四条，《财政部 国家税务总局关于营业税若干政策问题的通知》第三条第（20）项的规定，应补缴2009年、2010年、2011年营业税1 166.66元、2 450.00元、48 276.60元，城市维护建设税58.33元、122.50元、2 413.83元。

（3）在检查所属期内销售不动产赵某少申报缴纳个人所得税、在检查所属期内商铺租金少申报缴纳个人所得税，依据《个人所得税法》第一条、第二条、第三条的规定，应补缴2009年、2010年、2011年个人所得税4 946.66元、7 810.24元、

162 885.32 元。

（4）在检查所属期内赵某少申报缴纳产权转让合同及房屋出租合同的印花税，依据《印花税暂行条例》第一条、第二条、第三条的规定，应补缴 2009 年、2011 年印花税 211.30 元、863.00 元。

（5）在检查所属期内赵某少申报缴纳出租房屋房产税，依据《房产税暂行条例》第一条、第二条、第三条、第四条的规定，应补缴 2009 年、2010 年、2011 年房产税 2 799.98 元、5 880.00 元、5 160.00 元。

（6）在检查所属期内赵某少申报缴纳预征土地增值税，依据《土地增值税暂行条例》第二条、第五条、第十条的规定，应补缴土地增值税 99 000 元。

（7）依据《征收教育费附加的暂行规定》《印发广东省地方教育费附加征收使用管理暂行办法的通知》的规定，应补缴 2009 年、2010 年、2011 年教育费附加 35.00 元、73.50 元、965.53 元。

（8）依据《税收征管法》第三十二条的规定，对赵某少缴的税款，从滞纳税款之日起按日加收滞纳税款 5 ‰的滞纳金 140 202.05 元。

上述应缴纳款合计 541 590.76 元，限赵某在决定书送达之日起 15 日内缴纳。并告知若在纳税上有争议，必须先依照决定书缴纳税费及滞纳金，或者提供相应的担保，然后可自上述款项缴清或者提供相应担保被税务机关确认之日起 60 日内依法向韶关市地方税务申请行政复议。

2014 年 3 月 6 日，赵某签收了该《税务处理决定书》，并向韶关稽查局提供了《纳税担保书》《纳入担保财产清单》。其主要内容包括："赵某以位于仁化县丹霞山个人 8 层楼房一幢价值人民币约 200 万元作为纳税担保。"

2014 年 4 月 22 日，韶关稽查局针对赵某提交的纳税担保申请及材料，作出《关于仁化赵某税案纳税担保认定情况的意见》。该意见认为：赵某提供的作为纳税担保的资产产权不清晰，不予认定。赵某不服，向韶关市地方税务局申请行政复议，该局于 2014 年 5 月 27 日作出韶地税行复〔2014〕003 号《行政复议决定书》，维持了韶关稽查局作出的具体行政行为。赵某仍不服，诉至原审法院。诉讼期间，赵某申请撤回起诉，原审法院于 2014 年 9 月 5 日以〔2014〕韶浈法行初字第 34 号《行政裁定书》，裁定准予赵某撤回起诉。

2015 年 5 月 11 日，韶关稽查局以韶地税稽解保封〔2015〕1 号《解除税收保全措施决定书》，解除对赵某财物的查封（扣押）。

2015 年 6 月 3 日，仁化县公安局以赵某涉嫌逃税罪，对其刑事拘留。2015 年 6 月 15 日、16 日，赵某缴清地税稽处〔2013〕8 号《税务处理决定书》所涉的税费及滞纳金。同年 6 月 19 日，仁化县公安局对赵某取保候审。

2015 年 1 月 23 日，韶关稽查局作出韶地税稽罚〔2015〕1 号《税务行政处罚决定书》，对赵某少缴营业税、城市维护建设税、个人所得税、房产税、土地使用税、印花税、土地增值税合计 398 866.38 元处 0.6 倍罚款，计 239 319.83 元。

赵某不服，向韶关市地方税务局申请行政复议。2015 年 7 月 2 日，韶关市地方税务局作出韶地税行复〔2015〕1 号《行政复议决定书》，以处罚程序违法为由，决定撤销韶关稽查局作出的韶地税稽罚〔2015〕1 号《税务行政处罚决定书》，由韶关稽查局收到《行政复议决定书》之日起 60 日内重新作出行政行为。

2015 年 7 月 20 日，韶关稽查局向赵某送达了韶地税稽罚告〔2015〕3 号《税务行政处罚事项告知书》，告知了拟处罚的事实理由、依据及享有的陈述申辩、听证权利。

2015年7月27日，韶关稽查局向赵某送达了《税务行政处罚听证通知书》，于2015年8月3日举行了听证。

2015年8月24日，韶关稽查局作出韶地税稽罚〔2015〕502号《税务行政处罚决定书》，对赵某2009年1月1日至2011年12月31日期间的地方纳税情况进行了检查，违法违章事实及处罚决定如下：

（1）违法违章事实。

其一，依据仁化县国土资源局《地籍调查土地登记审批表》（仁国用〔2015〕02000346），赵某于2005年9月13日取得仁化县丹霞开发区金霞小区综合用地一块，面积4 012.58平方米，2009—2011年三年应申报缴纳土地使用税48 150.96元，已申报缴纳土地使用税950元，应补缴土地使用税47 200.96元。

其二，依据仁化县国土资源局《地籍调查土地登记审批表》（仁国用〔2015〕0100093），赵某于2005年3月3日取得的仁化县仁化镇沿江路综合用地一块，面积为294.20平方米，2009—2011年三年未申报缴纳土地使用税4 413元，应补缴土地使用税4 413元。

其三，依据仁化县国土资源局《地籍调查土地登记审批表》（仁国用〔2009〕0100124），《关于县城沿江路广播电视大楼东面土地出让的办理意见》，赵某于2009年9月22日取得仁化县城沿江路商住用地一块，面积为112.4平方米，2009年10月至2011年12月未申报缴纳土地使用税1 264.50元，应补缴土地使用税1 264.50元。

其四，依据仁化县国土资源局《地籍调查土地登记审批表》（仁国用〔2010〕0100047），赵某于2010年1月26日取得仁化县城建设路33号住宅用地一块，用地面积为202.80平方米，2010年2月至2011年12月未申报缴纳土地使用税1 943.50元，应补缴土地使用税1 943.50元。

其五，赵某于2010年12月7日与仁化县富民实业有限公司黄某某签订《购房协议书》，协议将你所有权下的仁化县丹霞旅游开发区金霞小区商会大厦C栋第一户房屋共5层，建筑面积790.51平方米转让给黄某某，转让金额为180万元（款项在2011年1月10日付清），房产转让事实存在，未申报纳税；应补缴营业税46 126.60元、城市维护建设税2 306.33元、土地增值税99 000元、印花税900元、个人所得税154 378.53元。

其六，依据租赁合同赵某于2009年5月至2012年4月30日，将位于仁化丹霞开发区丹霞小区楼房首层，面积约280平方米，租给王某某芹使用，每月租金为5 000元，从2009年5月至2011年12月，共计32个月，租金收入为160 000元、已申报缴纳各税费11 398.40元。

其七，依据租赁合同，赵某将位于仁化县丹霞开发区丹霞小区楼房首层，面积约25平方米，租给何云珍使用，每月租金为500元，2010年11月至2011年12月，共14个月，租金为7 000元，未申报纳税。

其八，依据租赁合同，赵某将位于仁化丹霞开发区丹霞小区楼房首层，面积43平方米，租给李细罗使用，每月租金为1 000元，从2011年11月至2011年12月，共2个月，租金为2 000元，未申报纳税。

上述第六至第八项租金收入共计169 000元，减去已申报缴纳的各项税费后，应补缴营业税5 766.66元、城市维护建设税288.33元、个人所得税21 263.69元、房产税13 839.98元、印花税174.30元。

（2）处罚依据及决定：2012年10月30日，仁化县地方税务局城区税务分局向赵某送达《责令限期改正通知书》，要求赵某根据《税收征管法》第六十二条规定，按照规定的期限办理纳税申报和报送纳税资料，并限赵某于 2012 年 11 月 5 日前改正；然而赵某在规定的期限内未提出行政复议，也并无按规定办理纳税申报和报送纳税资料，属于经税务机关通知申报而拒不申报。根据《税收征管法》第六十三条第一款的规定："纳税人经税务机关通知申报而拒不申报，不缴或者少缴应纳税款的，是偷税。"赵某 2009 年少申报缴纳的税款占地税应纳税款 87.82%；2010 年少申报缴纳的税款占地税款 93.45%；2011 年少申报缴纳的税款占地税应纳税款 98.49%。根据《税收征管法》第六十三条第一款，以及《广东省地方税务局规范税务行政处罚裁量权实施办法》的规定，基于赵某 2009—2011 年少申报缴纳的税款占地税应纳税款均达 10% 以上的事实，决定对赵某少缴的营业税、城市维护建设税、个人所得税、房产税、土地使用税、印花税、土地增值税共 398 866.38 元处以 0.6 倍罚款，共计 239 319.83 元。以上应缴罚款共计 239 319.83 元……限赵某自本决定书送达之日起 15 日内到韶关市仁化县地方税务局缴纳入库，到期不缴纳罚款，韶关稽查局将依照《行政处罚法》第五十一条第（一）项规定，每日按罚款数额的 3% 加处罚款。如对本决定不服，可以自本决定书送达之日起 60 日内依法向上一级税务机关申请行政复议，也可以在 3 个月内依法直接向人民法院起诉。如对处罚决定逾期不申请复议也不向人民法院起诉、又不履行的，韶关稽查局将采取《税收征管法》第四十条规定的强制执行措施，或者申请人民法院强制执行。

赵某对该行政处罚决定不服，于 2015 年 9 月 30 日向原审法院提起诉讼，请求依法判决撤销韶关稽查局韶地税籍罚〔2015〕502 号《税务行政处罚决定书》，判令韶关稽查局重新作出行政行为，诉讼费用由韶关稽查局负担。

2015 年 9 月 7 日，赵某将处罚决定书所涉罚款予以缴清。

在原审法院诉讼期间，赵某提供了仁化县国土资源局《关于提供赵某地籍资料信息的复函》的更正证明，注明："使用权人赵某，土地坐落仁化县沿江路，因仁化县公共资产管理中心向县政府申请出让土地面积为 112.40 平方米，而最终签订的《国有建设用地使用权出让合同》（合同编号：〔2009〕061），出让面积为 93.9 平方米，发证面积也是 93.9 平方米"。庭审中，赵某称，4 012.58 平方米土地是锦城物业发展公司向丹霞开发区购买，1995 年建房，产权人是该公司，因当时工商登记有新规定，只能将该地仁国用〔2005〕第 0200346 号土地使用证登记在赵某名下，赵某仅是挂名，并非真正权属人，房屋建筑面积为 1 783.03 平方米，小部分出租，自住一部分，闲置一部分，产权人是锦城物业发展公司，韶关稽查局处罚主体不当。仁国用〔2005〕第 0100093 号土地证记载的 294.2 平方米土地有 4 层楼房，通过拍卖所得，赵某与李某某各占 2 层，韶关稽查局处罚程序不当。仁化县沿江路实际土地面积为 93.9 平方米，所建房屋至今未出售，不存在纳税。拍卖所得 202.8 平方米土地，因报建不批，一直是空地闲置。仁化县丹霞开发区金霞小区商会大厦 C 栋 -1 号房建筑面积 790.51 平方米，是赵某作为甲物业有限公司股东从该公司分配认购所得，按赵某与黄某某签订的购房协议，过户税费由黄某某负担，销售额申报 758 889.60 元错误，实际为 180 万元，纳税额 470 908.11 元，是甲物业有限公司和黄某某逃避先过户赵某名下，办理了黄某某名下，韶关稽查局处罚对象错误。房屋租金是赵某代锦城物业发展公司收取租金，并出具了仁化锦城物业发展公司的收据，韶关稽查局将赵某作为处罚对象证据不足，程序违法。韶关稽查局解除财产保全后，通过公安机关强迫赵某缴纳税费，同时赵某已表示过对税务处理决定申请行政复议，韶关稽查局未告知赵某提交复议申请书。韶关稽查局认为，赵某所称的内容，生效的《税务处理决定书》在事实上已经确认，韶关稽查局作出的行政处罚就是依据生效的《税务处理决定书》认定的事实作出的，赵某混淆了税务处理决定与行政处罚决定的关系，税务处理决定与本案无关，赵某出售房产得款180万元，韶关稽查局依法对其未纳税行为予以处罚，理据充分，对于仁化县沿江路土地面积，在行政处理期间，赵某对认定的112.40平方米未提出异议，现国土部门出具变更为93.9平方米证明材料，与本案处罚无关，公安机关办案行为，亦与本案无关，赵某称其曾提出对《税务处理决定书》申请行政复议，无证据显示。

韶关中院认为，韶关稽查局的韶地税稽罚〔2015〕502号《税务行政处罚决定书》认定"112.40平方米土地"即认定"违法违章事实"第（3）项有误，导致该处罚决定书最后汇总的处罚总数有误，且具体数额未确定，应当撤销重新作出行政行为。

如韶关中院查明一节所列，韶关稽查局于2015年8月24日作出韶地税稽罚〔2015〕502号《税务行政处罚决定书》，分为两大部分：第一部分为违法违章事实；第二部分为处罚依据及决定。而本案韶关稽查局出现错误的地方，首先在《税务行政处罚决定书》的第一部分，即违法违章事实所列8项事实的第3项认定事实错误。而且，该认定事实错误，是面积方面的错误，该错误致使作为处罚基础的基数发生变化，从而导致第二部分处罚决定的罚款相应地也应作出更正，故韶地税稽罚〔2015〕502号《税务行政处罚决定书》的最终罚款数额不准确，亦应撤销重作；其次，韶地税稽罚〔2015〕502号《税务行政处罚决定书》的行政行为，最终的处罚决定是其结果，也是整个处罚决定的重点，原审法院仅撤销该处罚决定中关于"112.40平方米土地"的罚款，未撤销最终有误的结果，导致存在错误的总罚款数未被撤销，处理失当，亦不符合"有错必纠"原则；再次，在原审法院审理期间，韶关稽查局亦未将更正后的合法准确的罚款数额提供给原审法院，故人民法院也无法在总罚款数上直接给予更正。

综上所述，韶关稽查局韶地税稽罚〔2015〕502号《税务行政处罚决定书》不合法，应予撤销，并由该局重新作出行政行为；赵某上诉部分有理，有理部分予以支持；原判认定事实不清，适用法律法规错误，应予纠正。

2016年8月18日，韶关中院依照《行政诉讼法》第七十条第（一）项，第八十九条第一款第（二）项的规定，作出〔2016〕粤02行终67号行政判决书，判决撤销韶关市浈江区人民法院2016年4月8日作出的（2015）韶浈法行初字第46号行政判决，撤销韶关市地方税务局稽查局于2015年8月24日作出韶地税稽罚〔2015〕502号《税务行政处罚决定书》，限韶关市地方税务局稽查局于本判决书生效之日起60日内重新作出行政行为。上诉案件受理费50元由韶关市地方税务局稽查局负担。

七、四川省税务机关败诉案

上诉人杜某因诉被上诉人四川省武胜县地方税务局第三税务所（以下简称"武胜县第三税务所"）、四川省武胜县地方税务局（以下简称"武胜县地税局"）税务行政征收一案，不服广安市前锋区人民法院〔2015〕广法行初字第283号行政判决，向广安市中级人民法院（以下简称"广安中院"）提起上诉。广安中院受理后，依法组成合议庭，公开开庭审理了本案。本案现已审理终结。

原审法院经审理查明，2011年12月20日，杜某与谭某就位于武胜县沿口镇东街两间门市（武房权证2005字第061-25号和061-26号）签订了《房屋买卖合同》。合同约定杜某将上述门市以260万元出售给谭某。2012年1月6日，谭某以2012年1月4日自制的《房屋买卖合同》进行纳税申报，该合同载明门市总价为107万元。同日，谭某取得了盖有四川省武胜县地方税务局办税服务厅征税专用章的税收通用完税证。2012年1月18日，谭某向武胜县房产管理所提供日期为2012年1月4日的《房屋买卖合同》，并办理了房屋产权转移登记手续。谭某、陈某某分别取得了武房权证武胜县字第201200181-1号、201200181-2号、201200182-1号、201200182-2号《房屋所有权证》。2012年2月17日，谭某按照与杜某签订的《房屋买卖合同》向杜某付清了购房尾款及利息。随后，杜某与谭某发生纠纷，诉至法院。税务机关也介入调查。谭某分别于2012年3月5日、2012年9月12日补缴了交易双方应缴纳的各项税费以及滞纳金。其中，谭某代为杜某缴纳了土地增值税、印花税、个人所得税、营业税、城市维护建设税、教育费附加、地方教育费附加共计279 047.54元。谭某补缴税费后，将2011年12月20日签订的《房屋买卖合同》及补缴的税费凭据等递交给武胜县房产管理所。

因谭某向房管部门提供虚假材料，武胜县房产管理所于2013年9月9日作出武房管〔2013〕撤字第1号撤销房屋登记决定，决定撤销谭某、陈某某所有的武房权证字201200181号、武房权证字201200182号房屋产权证，并收回上述房屋产权证。谭某不服该决定，提起行政诉讼。经法院判决依法维持了武胜县房产管理所作出的撤销房屋登记决定。武胜县房产管理所撤销谭某的房屋登记后，争议房屋也未恢复登记在杜某名下。

2015年5月5日，杜某向税务机关申请退回2012年1月6日和2012年9月12日征收的土地增值税、印花税、个人所得税、营业税、城市维护建设税、教育费附加、地方教育费附加共计279 047.54元。武胜县第三税务所认为，杜某与谭某于2011年12月20日签订的《房屋买卖合同》真实有效，买卖双方缴纳的税费符合税收法律法规规定；武胜县第三税务所于2015年5月14日查询，买卖房屋的产权为谭某、陈某某所有，该产权属于查封状态。故武胜县第三税务所对杜某的退税申请决定不予受理，并制作《税务事项通知书》送达杜某。杜某不服，向武胜县地税局提起行政复议申请。武胜县地税局复议查明，杜某与谭某于2011年12月20日签订的《买卖房屋合同》是双方真实意思的表示，合同真实；经查询，行政复议时涉案房产权利人为谭某、陈某某，业务类型为查封登记业务，武胜县房产管理所未将该宗房产恢复到杜某名下；谭某以伪造的交易合同进行纳税申报，在稽查局介入调查后，谭某通过自查补税缴齐了自己应缴的全部税费及滞纳金，并代为杜某缴纳了全部税费及滞纳金；本案所涉税费已依法分批次征收并加收了滞纳金。复议机关认为，该案房产涉及的260万元交易合同是真实有效的，房屋交易行为并未被撤销，该房产已过户至买方谭某名下，该房产虽处于查封状态，但未过户回杜某名下，税务机关对杜某以及谭某房屋交易行为征税的依据存在。故武胜县地税局根据《行政复议法》《税务行政复议规则》的规定，作出行政复议决定，决定维持武胜县第三税务所作出的武地税三通〔2015〕30号退税申请不予受理的决定。杜某不服武胜县地税局的行政复议决定，遂提起诉讼，请求撤销武胜县地税局作出的《行政复议决定书》，并判决武胜县第三税务所受理杜某提出的退税申请，作出退回杜某缴纳税费279 047.57元的决定。

原审法院认为，纳税人具有依法纳税的义务，也有依法享有申请退税的权利。杜某作为退税申请人，于2015年5月5日提交了退税申请、退税申请表等材料，武胜县第三税务所作为《税收征管法》上所称的税务机关，对杜某提出的退税申请作出了不予受理的决定。杜某同税务机关在纳税上发生争议，依法提起了行政复议。武胜县地税局作为行政复议机关，受理了该复议申请，符合《税务行政复议规则》的规定。

关于是否应当征收契税的问题，根据《契税暂行条例》的规定，土地使用权转让，包括出售、赠与和交换以及房屋买卖行为属于转移土地、房屋权属的行为；契税的纳税义务发生时间，为纳税人签订土地、房屋权属转移合同的当天，或者纳税人取得其他具有土地、房屋权属转移合同性质凭证的当天。杜某与谭某签订了价款为260万元的《房屋买卖合同》，该合同约定了房屋等权属转移，故税务机关应当依照《契税暂行条例》的规定征收契税。本案中，谭某作为纳税义务人，向税务机关缴纳了契税。税务机关对谭某征收契税，对杜某的实际权益也并未产生实际影响。

关于征税依据是否存在的问题，谭某虽依据自制的《房屋买卖合同》进行纳税申报，该买卖合同也经人民法院确认不成立，但杜某与谭某于2011年12月20日就位于武胜县沿口镇东街两间门市（武房权证2005字第061-25号和061-26号）签订了《房屋买卖合同》，合同约定杜某将上述门市以260万元出售给第三人是实。该合同现未被有权机关撤销或者确认无效。武胜县房产管理所虽作出了撤销房屋登记行政决定，人民法院判决对该行政决定予以了维持，但该行政决定撤销的是行政机关依据谭某自制的《房屋买卖合同》而进行的房屋登记行政行为，并非撤销杜某与谭某之间约定产权转移的《房屋买卖合同》。按照《土地增值税暂行条例》《印花税暂行条例》《营业税暂行条例》等税收法规的规定，税务机关的征税依据仍然存在，杜某应当履行纳税义务。

关于是否应当退税的问题，虽谭某于2012年1月6日代为杜某缴纳了税费，但其未以与杜某签订的《房屋买卖合同》申报纳税，而以总价为107万元的自制《房屋买卖合同》申报。根据《税收征管法》的规定，因税务机关的责任，或者因纳税人、扣缴义务人计算错误等失误，或者偷税、骗税，造成未缴或者少缴税款的，税务机关追征其未缴或者少缴的税款。本案中，纳税义务人少缴税费并非税务机关的责任，嗣后税务机关也对少缴的税费进行了追征。杜某在未多缴税费的情况下申请退税并无法律依据，故杜某认为税务机关应当退税的理由不能成立。

综上，杜某与谭某签订的《房屋买卖合同》真实有效，杜某申请退税并无法律依据。杜某认为征收税费的依据已不存在，税务机关理应退税的理由不能成立，不予支持。杜某虽提出退税申请，同时提交了人民法院裁判文书以及《武胜县房产管理所撤销房屋登记决定书》等资料，但税务机关据以追征税费依据的是杜某与谭某签订的《房屋买卖合同》，该合同未被有权机关确认不成立，或者确认无效，或者撤销。杜某提交的材料均未达到证明其符合申请退税条件的目的。故武胜县第三税务所作出不予受理退税决定并无不妥。武胜县地税局根据《行政复议法》《税务行政复议规则》作出的《行政复议决定书》，认定事实清楚，证据确实充分，适用法律正确，程序合法。遂判决驳回杜某的诉讼请求。

上诉人杜某上诉称，一审主要证据认定有误，武胜县地方税务局第三税务所未提交作出具体行政行为的法律依据，房屋信息查询只能证明房屋处于查封，房屋产权性质已发生改变，不再属于谭某，完税凭证有手动修改，不能证明已补缴和已上缴国库。杜某与谭某签订的260万元的房屋买卖合同，不能作为税务机关作出行政行为的依据。谭某作为纳税义务人，其缴税依据的合同系虚假合同，实际取得的房屋产权已被房管部门撤销，征税依据已不存在，应当判决所征契税退给第三人。请求撤销一审判决，改判武胜县第三税务所受理杜某提出的退税申请。

被上诉人武胜县第三税务所答辩称，杜某与谭某签订交易价格为260万元的房屋买卖合同，谭某以伪造的107万元合同申报纳税，后经武胜县地方税务局稽查，谭某通过自查补税的方式缴齐该宗房屋交易所涉全部税款及滞纳金。杜某向税务机关申请退税，其提供的资料不能证明征税依据的260万元房屋买卖合同已被撤销，亦不能证明其符合退税条件，故不予受理其退税申请，故应驳回上诉，维持原判。

被上诉人武胜县地方税务局答辩称，本案税务机关征税依据是杜某与谭某的真实房屋交易行为，所涉全部税款已缴纳入库，依法不应受理退税。武胜县地方税务局维持第三税务所不予受理杜某退税申请的决定事实依据清楚、程序合法、适用法律正确，应予维持。请求驳回上诉，维持原判。

二审查明事实与原审查明一致，法院予以确认。

广安中院认为，根据《税收征管法》第三条、第四条、第八条的规定，税收的开征、停征以及减税、免税、退税、补税，应依照法律法规的规定执行，任何机关、单位或者个人不得违反法律法规规定，作出与法律法规相抵触的决定。公民有依法纳税的义务，亦享有申请退税的权利。本案中，杜某作为退税申请人，于2015年5月5日向武胜县第三税务所提交退税申请、退税申请表等材料，武胜县第三税务所5月25日作出武地税三所通〔2015〕30号税务事项通知书，对杜某的退税申请不予受理。根据《全国税务机关纳税服务规范》（2.0版，第3.39条款）退抵税（费）审批办理规范第一款"受理"中第3项"依法不属于本职权或者本业务受理范围的，制作《税务事项通知书》（不予受理通知）。告知纳税人不予受理的原因"的规定，税务机关对退税申请不予受理的有不属于税务职权范围以及退税业务受理范围的两类情形。但武胜县第三税务所作出的税务事项通知书上仅说明所适用法律法规及规范性文件名称，而未引用具体的条款内容，未说明不予受理杜某退税申请的具体事由，故武胜县第三税务所作出的税务事项通知书以及武胜县地税局作出维持的复议决定均属于适用法律错误，依法应当予以撤销。武胜县第三税务所以及武胜县地税局的辩称理由均涉及对杜某退税申请是否成立的实体审查处理，与其作出的不予受理的程序处理结果不相符，对其辩解理由广安中院不予支持。综上，原审法院判决驳回杜某的诉讼请求系适用法律错误，亦应依法予以撤销。

2016年7月22日，广安中院依照《行政诉讼法》第八十九条第一款第（二）项、第三款的规定，作出〔2016〕川16行终38号行政判决书，判决撤销广安市前锋区人民法院〔2015〕广法行初字第283号行政判决；撤销武胜县地税局第三税务所作出的武地税三所通〔2015〕30号税务事项通知书以及武胜县地税局作出的武地税复决字〔2015〕1号行政复议决定书；责令武胜县地税局第三税务所对杜某2015年5月5日提出的退税申请依法重新作出处理。一审、二审案件受理费各50元均由武胜县地方税务局第三税务所负担。

第三节　印花税民事纠纷案

一、吉林省印花税民事纠纷案

申诉人张某某、李某因与被申诉人吉林市甲实业有限责任公司（以下简称"甲公司"）买卖合同纠纷一案，不服吉林省吉林市中级人民法院〔2016〕吉02民再31号民事判决，向吉林省人民检察院申诉。吉林省人民检察院作出吉检民（行）监〔2018〕22000000076号民事抗诉书，向吉林省高级人民法院（以下简称"吉林高院"）提出抗诉。吉林高院作出〔2018〕吉民抗55号民事裁定，提审本案。本案现已审理终结。

吉林省人民检察院抗诉认为，吉林省吉林市中级人民法院〔2016〕吉02民再31

号民事判决适用法律确有错误。

张某某、李某称，二审法院作出的再审判决适用法律错误。二审法院查明双方未约定房屋产权变更登记税费由谁负担，应当依照《合同法》的规定，无约定按法定的原则处理。本案中，李某为甲公司出具的承诺中明确承诺了办理公司分立手续的费用由其承担，但没有承诺承担房屋产权变更登记税费。双方买卖案涉房屋时，张某某、李某支付的是正常的市场交易价格，之后案涉房屋价值大幅上涨不能作为买受人张某某、李某承担房屋产权变更登记税费的根据。房屋出让方甲公司是房屋产权变更登记税费的法定纳税主体，税务机关开具的完税发票上的纳税主体即是甲公司，因甲公司拒绝支付税费，张某某、李某为尽快办理产权变更登记，先行垫付房屋产权变更登记税费，甲公司应当给付张某某、李某垫付的税费。本案二审判决后，甲公司未申请再审，也未向检察机关申请抗诉，且二审判决未有损害国家利益和社会利益的情况，二审法院滥用职权，以院长发现形式启动再审程序，与法相悖。

甲公司辩称，二审法院作出的再审判决认定事实清楚，适用法律正确，审理程序合法，应予维持。在双方对房屋产权变更登记税费承担没有约定的情况下，根据房产交易习惯，结合李某在公司分立中出具的承诺内容，认定李某有明确的房屋产权变更登记税费承担的意思表示符合实际，符合公平原则。张某某、李某违反了诚实有信的基本原则，购买的案涉房屋完全低于当时的市场价格，甲公司不应承担房屋产权变更登记税费。同时，二审法院以院长发现形式启动再审程序符合法律规定，体现了法律的公平与正义。

张某某、李某向一审法院起诉请求：判令甲公司给付张某某、李某代甲公司垫付的房屋产权变更登记税费 4 986 200 元，诉讼费用由甲公司负担。一审法院认定事实：2006 年 9 月，张某某、李某与甲公司就甲公司所有的吉林市西甲商场、吉林市河南街新兴园饺子馆、吉林市新兴园食品有限责任公司的房屋和土地使用权以 4 280 万元达成转让协议。后双方因上述合同效力及合同标的物是否包含地下室和六楼等问题发生争议，于 2008 年 10 月 29 日诉至法院。吉林省吉林市昌邑区人民法院作出〔2008〕昌民二初字第 432 号民事判决：张某某、李某与甲公司关于西甲商场营业楼 1 ～ 5 层及地下室的买卖合同关系合法有效，驳回张某某、李某的其他诉讼请求。张某某、李某与甲公司均不服，提出上诉。2009 年 4 月 8 日，吉林省吉林市中级人民法院作出〔2009〕吉中民三终字第 41 号民事判决：撤销吉林省吉林市昌邑区人民法院〔2008〕昌民二初字第 432 号民事判决，张某某、李某与甲公司关于西甲商场营业楼的 1 ～ 6 楼及地下室的买卖合同关系合法有效。该判决生效后，甲公司向吉林省吉林市中级人民法院申请再审；2011 年 12 月 19 日，该院作出〔2011〕吉民申字第 713 号民事裁定，驳回甲公司的再审申请。2011 年，张某某、李某就上述房屋的所有权变更登记及违约金等问题提起诉讼。吉林省吉林市昌邑区人民法院作出〔2011〕昌民二初字第 176 号民事判决：张某某、李某与甲公司关于甲公司所有的由新兴园饺子馆和新兴园食品有限公司使用的四处房产的买卖合同关系合法有效，甲公司协助张某某、李某办理八处房产及五处土地使用权的转让和变更登记手续，甲公司向张某某、李某支付 448 万元违约金。甲公司不服，提起上诉。吉林省吉林市中级人民法院于 2012 年 2 月 10 日作出〔2012〕吉中民三终字第 411 号民事裁定，将案件发回重审。吉林省吉林市昌邑区人民法院于 2013 年 1 月 30 日作出〔2012〕昌民二初字第 222 号民事判决：张某某、李某与甲公司关于甲公司所有的由新兴园饺子馆和新兴园食品有限公司使用的四处房产的买卖合同关系合法有效，甲公司协助张某某、李某办理八处房产及五处土地使用权的转让和变更登记手续，甲公司向张某某、李某支付 448 万元违约金。甲公司不服，提出上诉。吉林省吉林市中级人民法院于 2013 年 4 月 26 日作出〔2013〕吉中民三终字第 131 号民事判决，驳回上诉，维持原判。上述判决已生效。张某某、李某依据生效的判决申请执行，办理房屋及土地使用权的变更登记手续。2013 年 7 月 2 日，张某某、李某向吉林市地方税务局第二直属税务局缴纳了相关税费，该局为张某某、李某开具了四份发票，纳税人名称为甲公司的完税证有两份，其中印花税（二手房卖方印花税）为 21 400 元，营业税（非住宅买卖）为 214 万元，城市维护建设税（市区城市维护建设税）为 149 800 元，教育费附加为 64 200 元，地方教育附加为 42 800 元，土地增值税为 2 568 000 元，合计 4 986 200 元。纳税人名称为张某某、李某的完税证有两份，其中契税（非住房买卖）为 214 万元，印花税（二手房买方印花税、证照）为 21 405 元，合计 2 161 405 元。2013 年 7 月 4 日，吉林市房产局向张某某、李某发放了新的房屋所有权证。2013 年 7 月 8 日，吉林市人民政府向张某某、李某发放了新的土地使用权证。尚有部分房屋所有权证及土地使用权证未办理完毕。上述变更登记的费用均由张某某、李某缴纳，因双方未就变更登记的税费承担进行约定，故张某某、李某依据法律规定向甲公司主张应由甲公司缴纳的相关费用合计 4 986 200 元。一审法院判决甲公司于判决生效之日起 3 日内向张某某、李某支付张某某、李某为其垫付的税费合计 4 986 200 元。案件受理费 46 690 元由甲公司负担。

甲公司不服一审判决，上诉请求：①撤销一审判决，依法改判。②驳回张某某、李某的诉讼请求。③责令张某某、李某返还甲公司出卖三处房屋以外的三处房屋的经营设备，停止经营，让甲公司进行设备拆除腾迁。④判决注销西甲商场、新兴园饺子馆和新兴园食品三个有限公司的公司分立登记。⑤本案一审和二审的诉讼费用由张某某、李某负担。二审法院认定的事实与一审法院认定的事实一致。

二审法院认为，甲公司关于生效判决依法不能作为更名过户的证据及"四个文件"不能代替法定的房屋买卖合同申请和强制执行房地产管理部门办理更名过户的上诉主张均与合同效力有关，因关于合同的效力等问题已由生效判决认定，不属于本案的审理范围。若甲公司仍对合同的效力等问题持有异议，可通过其他程序解决。关于甲公司应否承担本案讼争税费的问题。综观本案，张某某、李某依据生效的法律文书申请强制执行，办理房屋产权变更登记，并因此垫付了税费。因甲公司怠于履行生效判决，张某某、李某通过法律程序实现自己的权利，先行垫付全部税费的行为并无不当，因双方对本案讼争的税费的承担问题之前无明确约定，故应依照法律的相关规定负担。甲公司主张张某某、李某曾放弃更名过户税费，但未提供二人明确表示放弃上述权利的证据，故对其不承担讼争税费的主张不予支持。关于甲公司上诉请求中"责令张某某、李某返还甲公司出卖三处房屋以外的三处房屋的经营设备，停止经营，让甲公司进行设备拆除腾迁，注销西甲商场、新兴园饺子馆和新兴园食品三个有限公司的公司分立登记"部分，因该两项请求系在二审中新增加的诉讼请求，在一审中甲公司并未提出反诉，根据法律规定予以调解，但调解不成，故不属于二审的审理范畴，甲公司可另行主张权利。综上，一审判决认定事实清楚，适用法律正确，程序合法，应予维持。经审判委员会讨论决定，依照《民事诉讼法》第一百七十条第一款第（一）项的规定，二审法院判决驳回上诉，维持原判。二审案件受理费 46 690 元，由甲公司负担。

2016 年 2 月 25 日，二审法院以院长发现程序将本案再次提交审判委员会讨论，认为本案确有错误，二审法院作出〔2016〕吉 02 民监 3 号民事裁定，再审本案。

二审法院再审过程中，甲公司请求撤销原判决，改判驳回张某某、李某的诉讼请求，并负担诉讼费用。二审法院再审认定的事实与原判决认定的事实一致。二审法院再审认为，张某某、李某关于甲公司给付其垫付的房屋产权变更登记税费 4 986 200 元的诉讼请求与双方签订合同时的意思表示不符，且不符合法律规定，依法不应支持。

（1）本案争议事项为产权交易过户费用应如何负担。因双方均未提供充分的证据证明对此作了明确约定，故依据《合同法》第六十一条"合同生效后，当事人就质量、价款或者报酬、履行地点等内容没有约定或者约定不明确的，可以协议补充；不能达成补充协议的，按照合同有关条款或者交易习惯确定"的规定，双方对于争议事项应继续协商，由于双方未能协商一致，引发争议诉讼，故应依据法律规定按照合同有关条款或者交易习惯确定。

从双方签订的合同条款来看。在双方协商交易过程中，李某给甲公司出具的承诺书约定：公司分立手续由甲公司负责办理，费用由李某承担。同日，甲公司亦向张某某、李某出具一份承诺书。从两份承诺书的内容来看，对于双方交易所涉及的费用问题，只有在李某一方出具的承诺书中进行了约定，且约定由李某一方承担，而在甲公司出具的承诺书中，对于费用问题未予约定。应该说，双方当事人对于交易可能发生的费用是有预判的，虽然公司分立的费用显然要少于房屋买卖产权过户费用，但能够推断出张某某、李某一方对于交易行为所发生的费用有负担的意思表示，而甲公司一方没有负担费用的意思表示。

从生活实践中的房屋买卖交易习惯来看，卖方提出一口价，更名过户费用由买方承担更为多见。卖方在买卖成交后，其多数在配合买方办理过户更名时只提供证件等相应的手续，这种做法一方面有利于尽快达成交易，另一方面也能够提高办理过户登记的效率，被多数买卖双方接受。

（2）审理本案过程中注意到以下事实：2011 年，张某某、李某起诉甲公司，要求协助其办理涉案房产的更名过户手续，一并在该次起诉时主张了本案所涉的税费，后在该案中又撤回了关于税费部分的诉讼请求。在该案判决生效后，执行程序中，张某某、李某于 2013 年向税务机关缴纳了全部更名过户税费。此后，张某某、李某再次向法院提出诉讼，即本案，要求甲公司承担其公司名下应缴税款，返还张某某、李某垫付部分。从上述事实可以看出，张某某、李某在已经意识到双方对于更名过户税费的负担问题存在着意见分歧且对于争议事项未能达成补充协议的情况下，不及时向人民法院提出诉讼，请求人民法院对争议事项进行审理及裁判，而是撤回了对于税费负担的起诉，选择了缴纳全部费用，再于缴费后提起诉讼。张某某、李某先起诉，又撤诉，再缴税，最后起诉的行为明显有违民事行为应当遵守的诚实信用原则。张某某、李某为了积极促成合同履行，将买卖标的物更名过户到自己名下，最终实现物权，其缴纳税费的行为完全是为了实现自己利益的行为。张某某、李某作为继续履行合同的受益方，自行主动缴纳税费后请求判令甲公司分担，缺乏民事请求权基础，不应得到支持。不能否认的是，张某某、李某在交易完成后，其买受的房屋价值已经大幅上涨，作为获利一方，争议税费由张某某、李某一方全部承担亦符合民法的公平原则。如判令甲公司承担争议税费，则甲公司实得交易价款不足 3 800 万元，显然有失公平。同理，对于张某某、李某主张因甲公司未及时配合其办理过户更名，导致土地增值税率调整后其多缴纳了 214 万元的损失应由甲公司承担，法院亦不予支持。

（3）关于张某某、李某主张该院〔2015〕吉中民一终字第 534 号民事案件与本案案情一致，判决结果与原审相同的问题。经查，〔2015〕吉中民一终字第 534 号民事判决是基于人民法院在执行程序中作出以房抵债裁定后，申请执行人缴纳了全部更名过户费用，起诉要求被执行人承担其名下应缴纳的税费，该案件双方当事人之间并不存在合同关系。本案是基于平等民事主体之间在达成买卖合同时对于过户更名税费负担问题未作明确约定而产生的争议。两个案件的案情并不相同，该案件不能作为本案的审判依据。

综上，一审、二审判决虽认定事实清楚，但适用法律错误，该院再审依法予以纠正。经审判委员会讨论决定，依照《合同法》第五条、第六条、第六十一条，《民事诉讼法》第二百零七条、第一百七十条第一款第（二）项规定，二审法院判决：①撤销二审法院〔2014〕吉中民三终字第63号民事判决及吉林省吉林市昌邑区人民法院〔2013〕昌民二初字第656号民事判决。②驳回张某某、李某全部诉讼请求。一审案件受理费46 690元，二审案件受理费46 690元，合计93 380元，由张某某、李某共同负担。

吉林高院再审中，甲公司提交两份证据：①吉林市公安局经侦支队出具的受案回执一份，证明2019年1月10日，张某某等人合同诈骗案已被公安机关受理，合同诈骗案中的合同是指张某某与甲公司之间关于房屋买卖合同及本案所涉及的全部合同。②关于吉林省涉枪黑势力张某某、李某犯罪团伙及保护伞的实名举报材料一份，并附照片10张，证明经甲公司全体员工代表签字确认，联名举报张某某涉及的与本案有关的违法行为。

张某某、李某质证时对两份证据关联性有异议，认为不属于新证据，不能采信。受案回执、举报信不是正式立案材料，没有案号，无立案凭证。双方争议的是税费承担，不是合同纠纷。本案合同纠纷已经执行完毕，张某某办完过户更名一切手续，合法占有使用案涉房屋。

吉林高院认为，甲公司提交的两份证据与本案无关，不予采信。吉林高院再审认定的事实与原审认定的事实一致。

吉林高院再审认为，本案争议的焦点是甲公司是否应承担张某某、李某垫付的房屋产权变更登记税费4 986 200元的问题。《合同法》第六十一条规定："合同生效后，当事人就质量、价款或者报酬、履行地点等内容没有约定或者约定不明确的，可以协议补充；不能达成补充协议的，按照合同有关条款或者交易习惯确定。"本案中，双方对房屋产权变更登记税费承担问题约定不明，且没有相关补充协议，应按照《合同法》有关条款或者交易习惯确定。《最高人民法院关于适用〈中华人民共和国合同法〉若干问题的解释（二）》第七条规定："下列情形，不违反法律、行政法规强制性规定的，人民法院可以认定为合同法所称'交易习惯'：（一）在交易行为当地或者某一领域、某一行业通常采用并为交易对方订立合同时所知道或者应当知道的做法；（二）当事人双方经常使用的习惯做法。对于交易习惯，由提出主张的一方当事人承担举证责任。"该司法解释明确规定了对交易习惯的举证责任承担问题。甲公司虽主张按照交易习惯应由买受方张某某、李某承担房屋产权变更登记税费，但其未举证证明交易时双方均知道或者应当知道房屋产权变更登记税费为买受一方承担，其该项主张不予支持。《合同法》第六十二条："当事人就有关合同内容约定不明确，依照本法第六十一条的规定仍不能确定的，适用下列规定：（一）……（六）履行费用的负担不明确的，由履行义务的一方负担。"双方之间的房屋所有权及土地使用权买卖合同已经生效民事判决确认为合法有效，法院判令甲公司协助张某某、李某办理相关房屋所有权、土地使用权的变更登记手续。张某某、李某给付完房屋全部价款后，作为履行义务一方，甲公司一直拒绝履行协助义务，致使办理房屋产权交易的税率增加。在此情况下，张某某、李某申请法院强制执行，并垫付了房屋产权交易全部税费。《土地增值税暂行条例》第二条规定："转让国有土地使用权、地上的建筑物及其附着物（以下简称'转让房地产'）并取得收入的单位和个人，为土地增值税的纳税义务人（以下简称'纳税人'），应当依照本条例缴纳土地增值税。"《印花税暂行条例》第一条规定："在中华人民共和国境内书立、领受本条例所列举凭证的单位和个人，都是印花税的纳税义务人，应当按照本条例规定缴纳印花税。"《印花税暂行条例》第三条第一款规定："纳税人根据应纳税凭证的性质，分别按比例税率或者按件定额计算应纳税额。具体税率、税额的确定，依照本条例所附《印花税税目税率表》执行。"《营业税暂行条例》第一条规定："在中华人民共和国境内提供本条例规定的劳务、转让无形资产或者销售不动产的单位和个人，为营业税的纳税人，应当依照本条例缴纳营业税。"本案中，双方交易时并未就房屋产权变更登记税费由谁承担进行约定，依照有约定从约定、无约定从法定的原则，应由我国相关税种规定的纳税义务人缴纳其应承担的税费，税务机关开具的完税证显示，纳税人应为甲公司的税种有：印花税（二手房卖方印花税）21 400 元，营业税（非住宅买卖）214 万元，城市维护建设税（市区城市维护建设税）149 800 元，教育费附加 64 200 元，地方教育附加 42 800 元，土地增值税 2 568 000 元，合计 4 986 200 元，而甲公司作为纳税义务人并未缴纳该笔费用，系未完全履行房屋所有权和土地使用权买卖合同的附随义务，已构成违约，应承担相应责任。张某某、李某替甲公司承担该笔税费后要求甲公司给付于法有据，应予支持。甲公司虽主张李某在公司分立时出具的承诺内容中已认可税费负担，但公司分立行为被生效民事判决认定为无效，且李某认可公司分立税费的负担不能等同于认可房屋产权交易税费的承担，同时，甲公司未提交有效证据证明张某某、李某以低于市场价格购买案涉房屋，且事后案涉房屋价值增长亦不是甲公司拒付房屋产权交易税费的法定理由。因此，甲公司的主张不能成立，不予支持。

综上所述，张某某、李某的再审请求成立，其诉讼请求符合法律规定，予以支持。二审法院作出的再审判决认定事实清楚，但适用法律错误，予以纠正。

2019 年 3 月 28 日，吉林高院依照《合同法》第六十一条和第六十二条第（六）项、《土地增值税暂行条例》第二条、《印花税暂行条例》第一条和第三条、《营业税暂行条例》第一条、《民事诉讼法》第二百零七条第一款和第一百七十条第一款第（二）项、《最高人民法院关于适用〈中华人民共和国合同法〉若干问题的解释（二）》第七条的规定，作出〔2019〕吉民再 21 号民事判决书，判决撤销吉林省吉林市中级人民法院〔2016〕吉 02 民再 31 号民事判决；维持吉林省吉林市中级人民法院〔2014〕吉中民三终字第 63 号民事判决。一审案件受理费 46 690 元，二审案件受理费 46 690 元，合计 93 380 元，由吉林市甲实业有限责任公司负担。

二、安徽省印花税民事纠纷案

上诉人江苏甲建设集团有限公司（以下简称"江苏甲公司"）与上诉人滁州乙投资发展有限公司（以下简称"滁州乙公司"）、被上诉人滁州市国家丙工程开发建设中心（以下简称"滁州丙中心"）因建设工程施工合同纠纷一案，不服安徽省滁州市中级人民法院〔2017〕皖 11 民初 21 号民事判决，向安徽省高级人民法院（以下简称"安徽高院"）提起上诉。安徽高院受理后，依法组成合议庭，于 2018 年 3 月 23 日公开开庭进行了审理。本案现已审理终结。

江苏甲公司上诉请求：①改判滁州乙公司、滁州丙中心共同向江苏甲公司支付工程款及利息 58 352 729.32 元、返还保证金 500 万元。②本案的上诉费由滁州乙公司、滁州丙中心承担。

事实与理由：

（1）滁州丙中心是案涉房产项目的开发主体、建设单位、发包人，不具备履行监管职责的主体身份，其签订合同、签证、付款的行为就是在履行施工合同甲方的权利义务。

（2）施工许可证可以充分说明江苏甲公司与滁州丙中心之间的建设工程承包关系，而且施工许可证中所列明的主体身份关系具有最终的证据效力。

（3）江苏甲公司提交的《建设工程施工合同》系经过备案的合同，该合同具有优先的法律效力，且得到实际履行。

（4）一审法院认定滁州丙中心与江苏甲公司不存在承发包关系，进而判决滁州丙中心不应作为案涉工程的工程款支付主体的观点错误。

滁州乙公司答辩称：一审判决在事实认定和适用法律上均有明显错误，对此，滁州乙公司也提起上诉。江苏甲公司要求滁州乙公司和滁州丙中心共同向其支付工程款及利息缺乏事实及法律依据。因为，本案中存在两层法律关系：一是滁州乙公司与滁州丙中心之间 BT 项目法律关系；二是滁州乙公司与江苏甲公司之间建设施工合同法律关系。江苏甲公司将两种关系混为一谈，前后自相矛盾，因此得出的结论是错误的。恳请二审法院法查明本案事实，驳回江苏甲公司的全部上诉请求。

丙中心答辩称：江苏甲公司的上诉理由不能成立。

事实和理由：

（1）涉案项目投资建设权是通过 BT 合同方式交由合肥丁房地产投资有限公司（以下简称"合肥丁公司"）及其按照协议设立的滁州乙公司投资建设的，江苏甲公司对此非常清楚的。

（2）江苏甲公司是通过滁州乙公司签订合同约定而取得案涉工程施工权的，实际也是根据该合同约定履行的。

（3）江苏甲公司提供的在滁州市建设委员会备案的建设施工合同不应作为结算江苏甲公司施工工程价款的依据。滁州丙中心在工程建设过程中对施工等进行管理活动不能成为滁州丙中心与江苏甲公司存在合同关系的依据，更不能成为滁州丙中心向江苏甲公司支付工程款的依据和理由。

滁州乙公司上诉请求：①依法撤销一审判决第一项，改判滁州乙公司扣除各种应扣款后只应支付江苏甲公司合计 20 647 423 元（总价款 78 496 806.50 元－已付款 31 480 369.95 元－应扣款 27 449 383.75 元），且无须承担所欠工程款利息。②由江苏甲承担本案诉讼费用。

事实与理由：

（1）一审判决关于滁州乙公司与江苏甲公司之间基础法律关系的认定前后矛盾且逻辑混乱。

首先，一审判决认为按照《BT 项目内部转让协议》，滁州乙公司已将案涉 9#、16#、19# 楼安置房项目转让给江苏甲公司，那么江苏甲公司应当向滁州丙中心主张 BT 项目回购款，而不是向滁州乙公司主张工程款。对于案涉争议的到底是 BT 项目回购款还是工程款，一审判决前后矛盾，不能自圆其说。

其次，对于案涉工程总价款，一审判决根据滁州丙中心委托安徽人和项目管理有限公司作出的审计结果及双方在庭审中的确认，认定案涉工程总价款为 78 496 806.5 元，对于这一结果滁州乙公司与江苏甲公司在一审庭审中均无异议。然而，一审判决又想当然地以 BT 项目回购款的方式计算出滁州乙公司应付江苏甲公司工程款数额 82 682 574.32 元。一审判决在此是按 BT 项目回购款计算并计取了利息，但是在判决书又将其表述为滁州乙公司欠付工程款，再行计算欠付工程款利息。

（2）一审判决对于相关事实的认定存在错误。

一是关于应扣除款项部分。第一，一审判决认定双方之后签订的《BT 项目内部转让协议》中约定的 2.5% 管理费是对《工程建设总包框架协议》约定总造价下浮 9% 的变更没有任何事实根据。第二，一审判决对于滁州乙公司主张的应扣除非江苏甲公司施工的案涉工程土方挖运、深基坑支护、临时道路及围墙等工程款 8 760 875.04 元不予认定也是极其错误的。因为滁州乙公司提交的《江苏甲公司与滁州乙公司就清流人家工程 9#、16#、19# 楼的施工划界》、2010 年 12 月 13 日《通知》、滁州市中级人民法院〔2015〕滁民一初字第 00186 号民事判决书、滁州乙公司与实际施工人的结算资料和付款凭证等清楚证明案涉工程清流人家安置房 9#、16#、19# 楼基础土方挖运、深基坑支护、桩基工程临时道路及围墙等不属于江苏甲公司施工范围的事实。江苏甲公司在一审庭审中对此亦无异议。第三，对于一审判决不予认定的安全文明措施费 745 198.62 元，应代扣代缴的前期营业税 1 715 680.11 元，后期增值税 4 380 000.34 元，按规定应由江苏甲公司承担。第四，对于质保金，一审判决在计算总工程款后另外计算应付质保金明显错误。即使按照原审判决的认定，滁州乙公司有权从工程总价款中扣除 40% 的质保金 1 569 936.12 元（78 496 806.5×5%×40%）。

二是关于已付及垫付款争议。第一，关于技术服务费 547 907.7 元。根据《安徽省物价局、建设厅关于建筑活动综合技术服务费有关问题的通知》（皖价服〔2008〕94 号），技术服务费是建设行政主管部门向施工单位收取的费用，滁州乙公司没有义务替江苏甲公司承担该部分费用。第二，关于滁州乙公司向滁州市人力资源和社会保障监察支队支付的 183 347.6 元。按照《建设领域农民工工资支付管理暂行办法》的规定，施工单位应支付农民工工资保证金，江苏甲公司未支付，由滁州丙中心代付，但是其付款系接受滁州乙公司的委托而支付。一审判决不予认定毫无根据。第三，关于滁州乙公司代江苏甲公司支付的沈某某土方款 12 000 元，付张某某 8 370 元。滁州乙公司在一审中已提交了相应的证据，一审判决不予认定显属错误。

三是关于欠付工程款利息。根据双方签订的《BT 项目内部转让协议》约定，滁州乙公司已将案涉项目与政府有关部门签订的相关文件及合同中的权利与义务同时转让给了江苏甲公司，江苏甲公司也多次向滁州乙公司和滁州丙中心提出要求就案涉项目直接与滁州丙中心结算，因此，江苏甲公司不应向滁州乙公司主张工程利息。

江苏甲公司答辩称：①滁州乙公司对一审判决的逻辑关系的理解是错误的，滁州乙公司该项上诉意见不能成立。②关于应扣除款项的意见，该部分事实在一审中已经充分细致的核对，所以一审法院对该部分款项是否应当扣除的处理意见是正确的。滁州乙公司的上诉意见不能成立。

滁州丙中心答辩称：①对滁州乙公司根据事实及证据主张的案涉合同的关系分别为滁州丙中心与滁州乙公司之间是 BT 合同关系，江苏甲公司与滁州乙公司之间是施工合同关系，没有意见。②滁州乙公司上诉请求是与江苏甲公司之间的结算问题，与滁州丙中心无关。

江苏甲公司向一审法院提出诉讼请求：①判令滁州乙公司、滁州丙中心支付工程款 59 470 420.14 元及利息 4 982 845 元（按中国人民银行同期贷款利率计算至滁州乙公司、滁州丙中心履行之日止），以上合计 64 453 265.58 元。②诉讼费、保全费由滁州乙公司、滁州丙中心承担。本案诉讼过程中江苏甲公司将第一项诉讼请求变更为：判令滁州乙公司、滁州丙中心向江苏甲公司支付工程款 54 470 420.14 元及利息 3 882 309.18 元（暂计算至 2017 年 2 月 7 日，之后按中国人民银行同期贷款利率计算至工程款实际付清之日止），合计 58 352 729.32 元；返还保证金 500 万元。

一审查明：2010 年 6 月 2 日，滁州丙中心、滁州市同创建设投资有限责任公司、琅琊山风景名胜区管理委员会（三方为共同甲方）与合肥丁公司（乙方）签订一份《滁州市政府融资采购项目协议书》，约定甲方将清流人家安置房项目及部分道路工程以 BT（建设—转让）方式交由乙方建设，乙方就上述建设项目在滁州市成立具有法人资格的项目公司负责建设，项目建设所需监理公司由甲方公开招标择优确定。

相关条款如下：

第 4.3.1 条款 回购基数包括：甲方使用乙方的不超过建筑安装工程总造价 10% 的前期费用（由甲方使用的征地、拆迁、规划设计、监理等费用）、建筑安装工程费（扣除按建筑安装工程费的 5% 预留的质量保证金）、投资回报收益（含融资费用、管理费）。造价审核前，回购基数暂按合同价执行，造价审核后，以造价审核结论进行调整。

第 4.3.2 条款 建筑安装工程费：为完成工程范围内的全部建筑安装工程所发生的所有施工费用，以有相应资质的造价机构审核为准。

第 4.3.3 条款 双方约定：投资回报收益在工程验收合格后，一次性计入回购总价款，分期支付。投资回报收益为甲方使用乙方的不超过建筑安装工程总造价的 10% 的前期费用和建筑安装工程费（扣除质保金）之和乘以总投资回报率。总投资回报率经双方协商确定为 10%。

第 4.4.1 条款 本项目全部回购价款的支付包括：回购基数、质量保证金、回购期的利息。

第 4.4.2 条款 安置房项目的回购期为 3 年，自接到分区域项目合格的竣工验收报告之日起开始进入回购期（具体情况在双方签订的施工合同中约定），计算投资回报收益及利息，甲方分四次按回购基数的 25%、25%、25%、25% 进行回购。自接到分区域项目合格的竣工验收报告之日起 7 日内，甲方向乙方支付第一笔回购款，第一笔回购款为回购基数的 25%；相隔 12 个月后的当日支付第二笔回购款，第二笔回购款为回购基数的 25% 及其利息（利息＝回购基数 ×25%× 中国人民银行同期贷款基准利率 × 计息时间）；相隔 24 个月后的当日支付第三笔回购款，第三笔回购款为回购基数的 25% 及利息（利息＝回购基数 ×25%× 中国人民银行同期贷款基准利率 × 计息时间）；相隔 36 个月后的当日支付第四笔回购款；第四笔回购款为回购基数的 25% 及利息（利息＝回购基数 ×25%× 中国人民银行同期贷款基准利率 × 计息时间）。各方当事人还对双方的其他权利义务进行了约定。

第 6.2.8 条款 在发出中标通知书后 10 日内，乙方必须向甲方指定的账户缴纳履约保证金 1 000 万元。

第 7.1 条款 甲方同意乙方可以将正式合同项下已竣工验收合格工程的政府采购款或者合同权益转让给第三方，但转让协议内容不损害甲方利益并经甲方书面确认。

第 7.3 条款 乙方及乙方在滁州市设立的项目公司对本协议约定的乙方责任负连带责任。

2010 年 8 月 26 日，滁州丙中心与合肥丁公司为履行《滁州市政府融资采购项目协议书》而设立的项目公司，即滁州乙公司签订《清流人家安置房工程建设合同》一份，该合同约定由滁州乙公司具体负责清流人家安置房工程的开发建设。该合同其中约定：本工程约定的工程质量保修金为建筑安装工程总价款的5%。保修费用由造成质量缺陷的责任方承担。保修费用的返还：①保修期自竣工验收合格之日起计算。②工程竣工满2年，发包人退还质保金60%。③工程竣工满5年，发包人在扣除该保修期间的应由承包人承担的有关费用支出后，一次性结清全部保修金。

2010年10月26日，滁州乙公司经过开标及评标等工作，确定江苏甲公司为滁州市清流人家安置房及城东徽州路、城西南览山路排道工程中标人。

2010年10月，滁州丙中心、滁州乙公司（共同作为发包人）与江苏甲公司（承包人）签订一份《建设工程施工合同》，该合同第三部分专用条款47、补充条款处注明"此合同仅用于办理施工许可证"滁州丙中心在该处加盖印章。

2010年11月1日，滁州丙中心、滁州市同创建设投资有限责任公司、琅琊山风景名胜区管理委员会（三方为共同甲方）与合肥丁公司（乙方）签订一份《滁州市政府融资采购项目协议书（补充协议）》。该协议载明，双方经过平等协商，于2010年11月1日签订本补充协议，对2010年6月2日双方签订的《滁州市政府融资采购项目协议书》进行如下修改：①原协议第4.3.3条款修改为：投资回报收益在工程验收合格后，一次性计入回购价款，分期支付。投资回报收益为甲方使用乙方的不超过建筑安装工程总造价的10%的前期费用和建筑安装工程费（扣除质保金）之和乘以总投资回报率。总投资回报率经双方协商确定为5%。②原协议第4.4.2条款修改为：安置房项目的回购期为2年，自接到分区域项目合格的竣工验收报告之日起7日内，甲方向乙方支付第一笔回购款，第一笔回购款为回购基数的35%；相隔12个月后的当日支付第二笔回购款，第二笔回购款为回购基数的35%及其利息（利息＝回购基数×35%×中国人民银行同期贷款基准利率×计息时间）；相隔24个月后的当日支付第三笔回购款，第三笔回购款为回购基数的30%及利息（利息＝回购基数×30%×中国人民银行同期贷款基准利率×计息时间）。

2010年12月1日，滁州乙公司（甲方）与江苏甲公司（乙方）签订一份《总包框架协议》，该协议载明："一、合作规模和合作方式，1.建设内容分两个标段。第二标段是：清流人家安置房9#、16#、19#楼，总投资约1亿元。二、工程合同价计算原则，2.1工程合同价计价方式为工程量清单方式（以滁州市审计部门认定为准）。三、工程款支付方式，（一）关于第二标段清流人家9#、16#、19#楼，1.乙方按工程总造价（滁州市政府决算价）下浮9%与甲方结算。"

2011年2月18日，滁州乙公司（甲方）与江苏甲公司（乙方）签订一份《BT项目内部转让协议》。该协议其中载明："1.经双方协商，甲方同意将清流人家9#、16#、19#楼安置房项目转让给乙方……3.甲方与滁州市政府有关部门就清流人家9#、16#、19#安置房项目签订的相关文件与合同中明确的权利与义务同时转让给乙方。4.乙方愿意按9#、16#、19#楼工程总价（经政府最终审定的价格）的2.5%作为管理费上缴甲方……6.乙方愿意缴纳保证金500万元。该保证金的退还时间根据甲方与滁州市有关部门签订的相关文件执行。7.甲方协调滁州市相关部门将9#、16#、19#楼的政府回购款直接汇至乙方指定账户，甲方出具相关手续……9.甲方与滁州市政府有关部门签订的相关该项目的合同文件作为本转让协议的附件，一并生效。"协议签订后，江苏甲公司将500万元保证金交付滁州乙公司。

另查明：2013年4月28日，案涉9#、16#、19#楼竣工。2015年12月25日，安徽人和项目管理有限公司对包括案涉工程在内的滁州市清流人家拆迁安置房项目作出的审计结果，审计结果显示：9#、16#、19#楼的工程价款分别为 26 820 473.65 元、25 564 974.84 元、25 809 160.47 元，9#、16#、19#楼的土建签证部分合计为 209 410.79 元。2017 年 7 月 24 日，安徽人和项目管理有限公司出具的情况说明及建设工程造价书确认案涉 9#、16#、19#楼高层安装签证金额为 92 786.75 元。

再查明：2016 年 9 月 2 日，滁州市中级人民法院作出〔2015〕滁民一初字第 00186 号民事判决，该生效民事判决认定，由刘某某施工完成的 9#、16#、19#楼基础部分，因存在与江苏甲公司的施工交叉，审计价为 2 257 646.42 元，由于江苏甲公司不配合，双方同意暂按 200 万元计算（以后经江苏甲公司确认，如多出此款的部分刘某某可另行主张）。

江苏甲公司于 2013 年 1 月 25 日、2013 年 9 月 29 日、2014 年 1 月 26 日、2015 年 2 月 16 日分别收到工程款 2 250 万元（1 750＋500）、30 万元、660 万元、100 万元。以上款项合计 3 040 万元。

一审法院认为，综合各方当事人的举证、质证及诉辩意见，本案争议焦点为：①滁州丙中心是否应与滁州乙公司共同作为案涉工程的工程款支付主体。②江苏甲公司主张支付工程款及利息的诉讼请求能否成立。

对于争议焦点①，江苏甲公司主张其公司与滁州丙中心、滁州乙公司存在建设工程施工合同关系，并举证三方于 2010 年 10 月签订的《建设工程施工合同》予以证明，一审法院认为，该合同不能作为江苏甲公司主张滁州丙中心支付工程款的依据，理由如下：

首先，从该合同签订的目的看，该合同明确载明"此合同仅用于办理施工许可证"，已经排除了该合同的其他用途。

其次，从 BT 项目的一般操作流程看，因清流人家安置房项目系通过 BT 方式建设，滁州丙中心作为案涉 BT 项目的发起人，该中心与 BT 项目投资人合肥丁公司及合肥丁公司所设立的项目公司滁州乙公司存在合同关系，而滁州乙公司为进行案涉 BT 工程的建设与江苏甲公司（承包人）签订有《总包框架协议》《BT 项目内部转让协议》，滁州丙中心无须直接与江苏甲公司发生合同关系，故根据合同相对性，本案滁州丙中心并非江苏甲公司的合同相对方。

再次，从保护国家利益上看，滁州丙中心作为案涉 BT 工程的发起人，其代表政府进行安置房统筹规划及回购事宜，并在案涉工程竣工后，由该中心将案涉工程的房地产初始登记办理至自身名下才能为安置户办理过户手续，故在此情形下，若由滁州乙公司作为建设方来办理施工许可证，将为办理案涉安置房的房地产初始登记手续带来程序上的困难，且易使国家利益面临重大风险。滁州丙中心在案涉 BT 工程施工过程中为避免国家利益受损与该中心聘请的监理单位对案涉工程一并履行监督职责，在相关工作联系单及签证上审核及签署意见，亦符合滁州丙中心与滁州乙公司《清流人家安置房工程建设合同》上的约定，亦无不妥。

最后，从合同效力上看，我国法律并未规定 BT 项目的投资人必须具备建设工程总承包资质，故江苏甲公司以滁州乙公司不具备建设工程施工资质，进而认为滁州丙中心与滁州乙公司签订的《清流人家安置房工程建设合同》无效的理由亦不能成立。江苏甲公司主张滁州丙中心给付工程款及利息的诉讼请求不能成立，依法予以驳回。现案涉工程已竣工，滁州乙公司应向江苏甲公司支付相应的工程款。

对于争议焦点②，根据查明的案件事实，滁州乙公司与江苏甲公司先后签订两份合同，分别为 2010 年 12 月 1 日签订的《总包框架协议》及 2011 年 2 月 18 日签订的《BT 项目内部转让协议》。滁州乙公司认为，应以两份合同共同作为双方结算的依据。一审认为，双方签订《总包框架协议》后，双方又在之后另行签订《BT 项目内部转让协议》，该协议虽未经过滁州丙中心同意，不能约束滁州丙中心，但系滁州乙公司与江苏甲公司的真实意思的表示，《BT 项目内部转让协议》实际是滁州乙公司将其公司享有滁州丙中心支付给其公司的案涉 9#、16#、19# 楼安置房项目的回购款及投资回报收益等权利转让给江苏甲公司，故即使滁州丙中心不同意回购款直接支付给江苏甲公司，滁州乙公司亦应参照 BT 安置房项目的投资人合肥丁公司与三个业主单位签订的《滁州市政府融资采购项目协议书》《滁州市政府融资采购项目协议书（补充协议）》以及滁州丙中心与滁州乙公司签订的《清流人家安置房工程建设合同》上的约定向江苏甲公司支付工程款。

（1）案涉工程总价款（不含质保金）。本案中，江苏甲公司对安徽人和项目管理有限公司作出的 9#、16#、19# 楼的审计价 26 820 473.65 元、25 564 974.84 元、25 809 160.47 元，9#、16#、19# 楼的土建签证 209 410.79 元，9#、16#、19# 楼安装签证部分 92 786.75 元均予以认可，故案涉 9#、16#、19# 楼的建筑安装费用为 78 496 806.50元（26 820 473.65 ＋ 25 564 974.84 ＋ 25 809 160.47 ＋ 209 410.79 ＋ 92 786.75）。

滁州乙公司认为，建设工程安装费用中扣除：①根据《总包框架协议》《BT 项目内部转让协议》约定，江苏甲公司应按审计价下浮 9% 并向滁州乙公司支付 2.5% 的管理费。②扣除不属江苏甲公司施工的基础土方挖运、深基坑支护、桩基工程临时道路及围墙工程等价款 8 760 875.04 元。③江苏甲公司应承担的安全、文明措施费 745 198.62 元。④江苏甲公司应承担的税收，税收由滁州乙公司代扣代缴，前期的营业税为 1 715 680.16 元（31 480 369.95×5.45%），后期应承担的增值税为 4 383 100 元（53 000 000×8.27%）。⑤江苏甲公司应分摊审计费 187 229.95 元。一审法院对滁州乙公司的以上扣除主张分析如下：

其一，滁州乙公司主张江苏甲公司应按审计价下浮 9% 并向滁州乙公司支付 2.5% 的管理费。一审法院认为，《BT 项目内部转让协议》中约定的 2.5% 的管理费及相关权利义务转让的内容实际上已经对《总包框架协议》中下浮 9% 的约定进行了变更。故对滁州乙公司主张扣除 2.5% 管理费的辩解理由予以采纳。管理费应扣除数额为 1 962 420.16元（78 496 806.50×2.5%）。

其二，滁州乙公司主张扣除非江苏甲公司施工的基础土方挖运、深基坑支护、桩基工程临时道路及围墙等工程款 8 760 875.04 元。一审法院认为，〔2015〕滁民一初字第 00186 号民事判决已认定，由刘某某施工完成的 9#、16#、19# 楼基础部分，因存在与江苏甲公司的施工交叉，审计价为 2 257 646.42 元，双方同意暂按 200 万元计算刘某某的工程款。故该款可从本案总工程款中扣除，但临时道路及围墙等工程并非案涉9#、16#、19# 楼工程范围，故对滁州乙公司的该主张不予支持。

其三，滁州乙公司主张扣除江苏甲公司应承担的安全、文明措施费 745 198.62 元。一审法院认为，安全、文明施工措施费系指按照国家现行的建筑施工安全、施工现场环境与卫生标准和有关规定，购置和更新施工安全防护用具及设施、改善安全生产条件和作业环境所需要的费用，该费用系工程造价之组成部分，系应由滁州乙公司支付江苏甲公司，不存在再行扣除的问题，故对滁州乙公司的该辩解理由亦不予采纳。

其四，滁州乙公司主张扣除江苏甲公司应承担的税收，前期营业税为 1 715 680.16 元（31 480 369.95×5.45%），后期应承担的增值税为 4 383 100 元（53 000 000×8.27%）。一审法院认为，双方《总包框架协议》《BT 项目内部转让协议》并未约定江苏甲公司应缴纳的税费由滁州乙公司代扣代缴，故滁州乙公司主张代扣代缴相应的税费无合同依据，若滁州乙公司支付相应工程款后，江苏甲公司未开具相应的税票，滁州乙公司可向税务机关反映解决。

其五，滁州乙公司主张江苏甲公司应分摊审计费 187 229.95 元。一审法院认为，对于审计费的负担双方未在《总包框架协议》《BT 项目内部转让协议》中进行约定，而根据建设工程的审计惯例，审计费用应由委托方负担，本案江苏甲公司并非委托方，故滁州乙公司主张江苏甲公司分摊审计费的理由亦不能成立。故案涉工程的建设工程安装费用为 74 534 386.34 元（78 496 806.5 − 2 000 000 − 1 962 420.16）。

参照三个业主单位与合肥丁公司签订的《滁州市政府融资采购项目协议书》第 4.3.1 条款的约定，回购基数包括：①甲方使用乙方的不超过建筑安装工程总造价 10% 的前期费用。②建筑安装工程费（扣除按建筑安装工程费的 5% 预留的质量保证金）。3. 投资回报收益（含融资费用、管理费）。《滁州市政府融资采购项目协议书（补充协议）》第一条的约定："一、原协议第 4.3.3 条款修改为：投资回报收益在工程验收合格后，一次性计入回购价款，分期支付。投资回报收益为甲方使用乙方的不超过建筑安装工程总造价的 10% 的前期费用和建筑安装工程费（扣除质保金）之和乘以总投资回报率。总投资回报率经双方协商确定为 5%。"因上述约定甲方使用乙方的不超过建筑安装工程总造价 10% 的前期费用，滁州乙公司已先行垫付，江苏甲公司实际交纳金额为 500 万元履约保证金，故此处的前期费用应依法认定为 500 万元。案涉 9#、16#、19# 楼工程的投资回报收益为 3 790 383.35 元｛[5 000 000 ＋ 74 534 386.34×（1 − 5%）]×5%｝。案涉工程的回购基数应为 79 598 050.37 元 [5 000 000 ＋ 74 534 386.34×（1 − 5%）＋ 3 790 383.35]。参照《滁州市政府融资采购项目协议书（补充协议）》第二条的约定，安置房项目的回购期为 2 年，自接到分区域项目合格的竣工验收报告之日起 7 日内，甲方向乙方支付第一笔回购款，第一笔回购款为回购基数的 35%；相隔 12 个月后的当日支付第二笔回购款，第二笔回购款为回购基数的 35% 及其利息（利息＝回购基数 ×35%× 中国人民银行同期贷款基准利率 × 计息时间）；相隔 24 个月后的当日支付第三笔回购款，第三笔回购款为回购基数的 30% 及利息（利息＝回购基数 ×30%× 中国人民银行同期贷款基准利率 × 计息时间）。故第一笔回购款到期支付日为 2013 年 5 月 5 日（在 2013 年 4 月 28 日之后的 7 日），即在该日滁州乙公司应支付江苏甲公司 27 859 317.63 元（79 598 050.37×35%）；至 2014 年 5 月 5 日，滁州乙公司应支付江苏甲公司第二笔回购款 29 549 449.57 元（79 598 050.37×35% ＋ 79 598 050.37×35%× 中国人民银行同期贷款基准利率×365）；至 2015 年 5 月 5 日，滁州乙公司应支付江苏甲公司第三笔回购款为 25 273 807.12 元（79 598 050.37×30% ＋ 79 598 050.37×30%× 中国人民银行同期贷款基准利率×365）。

故滁州乙公司应付江苏甲公司的工程款总额（不含质保金）为 82 682 574.32 元（27 859 317.63 ＋ 29 549 449.57 ＋ 25 273 807.12）。

（2）滁州乙公司已付工程款。江苏甲公司已经领取工程款为 30 400 000 元。但滁州乙公司认为，其公司已经支付 31 480 369.95 元，两者差额部分为 1 080 369.95 元，分别为：①2012 年 8 月 31 日，代付技术服务费 547907.70 元。②2012 年 8 月 31 日，代付印花税 54 790.80 元。③2012 年 8 月 31 日，代付工伤保险金 273 953.85 元。④2012 年 8 月 31 日付人力资源和社会保障监察支队的 183 347.60 元。⑤2013 年 2 月 6 日，代江苏甲公司支付沈某某土方款 12 000 元。⑥2014 年 1 月 2 日，代江苏甲公司付张某某工程费用 8 370 元。一审法院对以上款项分析如下：

其一，2012 年 8 月 31 日，代付技术服务费 547 907.70 元。一审法院认为，该款虽载明系江苏甲公司支付，但滁州乙公司与江苏甲公司在《总包框架协议》《BT项目内部转让协议》中均未对该费用的负担方进行约定，且滁州乙公司并未对此举证江苏甲公司同意承担该费用的证据，江苏甲公司在本案中对此亦不认可，故对滁州乙公司主张在应付工程款中扣除该费用的辩解理由不予采纳。

其二，2012年8月31日，代付印花税54 790.80元。一审法院认为，根据《印花税暂行条例》的规定，签订建设工程承包合同应缴纳印花税，纳税义务主体为合同双方，现滁州乙公司已提供其公司为江苏甲公司代付印花税的完税凭证，而江苏甲公司并未举证证明其已对案涉9#、16#、19#楼缴纳了印花税，故54 790.80元印花税应由江苏甲公司负担。

其三，2012年8月31日，代付工伤保险金273 953.85元。一审法院认为，根据《工伤保险条例》第二条的规定，中华人民共和国境内的企业、事业单位、社会团体、民办非企业单位、基金会、律师事务所、会计师事务所等组织和有雇工的个体工商户应当依照该条例规定参加工伤保险，为本单位全部职工或者雇工缴纳工伤保险费。本案中，江苏甲公司系缴纳工伤保险费的主体，现滁州乙公司已代缴工伤保险费，江苏甲公司并未举证证明其公司已缴纳该费用，故该费用应从滁州乙公司应付工程款中进行扣除。

其四，2012年8月31日，付人力资源和社会保障监察支队的183 347.60元。一审法院认为，该款的支付单位为滁州丙中心，且江苏甲公司对此不认可，故滁州乙公司主张从应付工程款中扣除的辩解理由不予采纳。

其五，2013年2月6日，代江苏甲公司支付沈某某土方款12 000元；2014年1月2日，代江苏甲公司付张某某工程费用8 370元。一审法院认为，滁州乙公司代付上述款项并无江苏甲公司的委托代付手续，亦未经江苏甲公司认可，故该款不应视为有效付款，对滁州乙公司主张该款计入已付款的辩解理由不予采纳。

故滁州乙公司已付工程款为30 728 744.65元（30 400 000＋54 790.80＋273 953.85）。

（3）滁州乙公司欠付江苏甲公司的工程款及利息。本案中，滁州乙公司与江苏甲公司在《总包框架协议》中未对质保金的返还时间进行约定，但根据《BT项目内部转让协议》的约定，滁州乙公司已将其公司对9#、16#、19#与政府之间签订合同的权利义务全部转让给江苏甲公司，故滁州乙公司与滁州丙中心签订的《清流人家安置房工程建设合同》中有关质保金返还的约定对双方均具有约束力，因案涉9#、16#、19#工程已于2013年4月28日竣工，至2015年4月28日，滁州乙公司应返还江苏甲公司质保金的60%，即2 354 904.20元（78 496 806.50×5%×60%）。本案滁州乙公司共计欠付江苏甲公司（含到期质保金2 354 904.20元）的工程款为54 308 733.87元（82 682 574.32－30 728 744.65＋2 354 904.20）。

对于滁州乙公司欠付工程款的利息，一审法院认为，根据《最高人民法院关于审理建设工程施工合同纠纷案件适用法律问题的解释》第十七条的规定，当事人对欠付工程价款利息计付标准有约定的，按照约定处理；没有约定的，按照中国人民银行发布的同期同类贷款利率计息。现江苏甲公司主张按照上述规定计算逾期付款的利息具有事实及法律依据，予以支持。至2013年5月5日，滁州乙公司应付27 859 317.63元，但滁州乙公司实际支付22 828 744.65元（17 500 000＋5 000 000＋54 790.8＋273 953.85），其公司应对欠付工程款5 030 572.98元（27 859 317.63－22 828 744.65），自2013年5月6日起至2017年2月7日止，向江苏甲公司支付相应的利息，该期间利息经计算为1 003 291.89元。至2014年5月5日，滁州乙公司应支付江苏甲公司29 549 449.57元，但该公司仅支付

6 900 000 元（300 000 ＋ 6 600 000），其公司应对欠付工程款 22 649 449.57 元（29 549 449.57 － 6 900 000），自 2014 年 5 月 6 日起至 2017 年 2 月 7 日止，向江苏甲公司支付相应的利息，该期间利息经计算为 3 139 339.54 元。至 2015 年 4 月 28 日，滁州乙公司应支付江苏甲公司到期质保金 2 354 904.20 元，但其公司并未支付，故滁州乙公司应自 2015 年 4 月 29 日起至 2017 年 2 月 7 日止，向江苏甲公司支付相应的利息，该期间利息经计算为 190 992.54 元。至 2015 年 5 月 5 日，滁州乙公司应支付江苏甲公司的工程款数额为 25 273 807.12 元，但滁州乙公司该期间仅支付工程款 1 000 000 元，滁州乙公司应对欠付工程款 24 273 807.12 元（25 273 807.12 － 1 000 000），滁州乙公司应自 2015 年 5 月 6 日起至 2017 年 2 月 7 日止，向江苏甲公司支付相应的利息，该期间利息经计算为 1 943 455.40 元。以上利息合计 6 277 079.37 元（1 003 291.89 ＋ 3 139 339.54 ＋ 190 992.54 ＋ 1 943 455.40）。自 2017 年 2 月 8 日起，滁州乙公司应以 54 308 733.87 元为基数，按照中国人民银行同期贷款利率为标准，向江苏甲公司支付至实际付清之日止的利息。

故滁州乙公司在 2017 年 2 月 7 日前应支付江苏甲公司的工程款及利息总额为 60 585 813.24 元（54 308 733.87 ＋ 6 277 079.37），但其公司仅主张 58 352 729.32 元（54 470 420.14 ＋ 3 882 309.18），应系其公司对自身权益的处分，与法不悖，应予支持。

此外，滁州乙公司认可江苏甲公司交纳的 500 万元保证金未予返还，故对江苏甲公司主张滁州乙公司返还 500 万元保证金的诉讼请求予以支持。

综上，一审法院依照《中华人民共和国民法通则》第四条和第五条、《中华人民共和国合同法》第六十条、《最高人民法院关于审理建设工程施工合同纠纷案件适用法律问题的解释》第十七条、第十八条的规定，判决滁州乙投资发展有限公司于判决生效之日起 30 日内支付江苏甲建设集团有限公司工程款及利息 58 352 729.32 元（以上利息计算至 2017 年 2 月 7 日止，此后利息应以 54 308 733.87 为基数，自 2017 年 2 月 8 日起，按照中国人民银行同期贷款利率为标准，计算至工程款实际付清之日止）；滁州乙投资发展有限公司于判决生效之日起 30 日内返还江苏甲建设集团有限公司保证金 500 万元；驳回江苏甲建设集团有限公司其他诉讼请求。一审案件受理费 358 563.65 元、保全费 5 000 元由滁州乙投资发展有限公司负担。

二审庭审中，江苏甲公司提交以下新证据：①《丙中心企业法人申请开业登记注册书》。②《房地产开发企业资质证书》。③《丙中心营业执照》。证明：滁州丙中心从设立开始法人性质为企业，并不具备任何的行政管理及行政权限，滁州丙中心与江苏甲公司签订建设工程施工合同、签订签证单、支付工程款的行为均属于履行发包人的权利和义务的行为。

滁州乙公司质证意见：对证据的三性不清楚，滁州丙中心作为国有企业承担政府相应的管理及职能也是符合法律规定的。

滁州丙中心质证意见：①江苏甲公司提供的证据不是新证据。②对真实性无异议，但与本案无关联。滁州丙中心有国有企业与事业单位之分，本案应诉的滁州丙中心是事业单位。③证明目的不能成立，因为滁州丙中心作为建设单位行使工程施工中的管理职权，都是履行 BT 合同的约定，不是行使行政管理责任。

安徽高院认证意见：对上述证据的真实性予以确认，滁州丙中心经营范围主营房地产开发建设、销售，经济性质为全民所有制。

各方在二审中所举其他证据及相对方的质证意见同一审，对一审查明的事实本院予以确认。

二审另查明：2010 年 8 月 26 日，滁州丙中心与滁州乙公司签订一份《清流人家安置房工程建设合同》，约定工程款支付采用项目回购方式，回购基数、回购价款的支付方式及时间与《滁州市政府融资采购项目协议书》约定的内容一致。

安徽高院认为：综合各方当事人的诉辩意见，本案的争议焦点为：①江苏甲公司提交的《建设工程施工合同》能否作为认定江苏甲公司与滁州丙中心之间存在建设工程施工合同法律关系，滁州丙中心应否向江苏甲公司支付工程款及利息。②江苏甲公司主张的案涉工程价款为多少。③滁州乙公司尚欠款项是多少，其是否承担工程款的利息。

（1）关于江苏甲公司提交的《建设工程施工合同》能否作为认定江苏甲公司与滁州丙中心之间存在建设工程施工合同法律关系，滁州丙中心应否向江苏甲公司支付工程款及利息。

其一，江苏甲公司提交的一份其与滁州丙中心、滁州乙公司签订《建设工程施工合同》，合同载明"此合同仅用于办理施工许可证"，该合同系江苏甲公司提交的拟证明其与滁州丙中心之间存在建设工程施工合同法律关系的证据，在江苏甲公司不能证明存在不同于该份合同的第二份《建设工程施工合同》情况下，其上诉提出"此合同仅用于办理施工许可证"是滁州丙中心擅自添加的，没有事实依据，法院不予采信。故一审认定江苏甲公司提交的《建设工程施工合同》仅用于办理施工许可证，已经排除了该合同的其他用途正确。

其二，从查明的事实看，涉案项目工程是由合肥丁公司采取 BT 方式投资建设，具体由滁州乙公司负责实施。在合同履行中，滁州乙公司向江苏甲公司发中标通知书，并与江苏甲公司签订有《总包框架协议》《BT 项目内部转让协议》，将案涉工程发包给江苏甲公司施工。江苏甲公司给合肥丁公司《函告》，以及向滁州市人民政府《关于请求与滁州丙中心直接结算清流人家安置房工程余款的报告》均证明江苏甲公司与合肥丁公司、滁州乙公司进行工程款结算，滁州丙中心向江苏甲公司支付的工程款均有滁州乙公司的委托授权。上述事实证明滁州丙中心与江苏甲公司之间没有形成建设工程施工合同法律关系。

其三，江苏甲公司提交的《建筑工程施工许可证》《工程联系单》上所记载建设单位为滁州丙中心仅反映滁州丙中心作为案涉 BT 工程的业主地位，由此并不能得出滁州丙中心与江苏甲公司之间直接形成发包与承包工程关系。综上，江苏甲公司没有证据证明江苏甲公司与滁州丙中心之间存在建设工程施工合同法律关系，其主张滁州丙中心给付工程款及利息的诉讼请求，没有事实和法律依据，应予以驳回。

（2）关于江苏甲公司主张的案涉工程价款应为多少。

其一，滁州乙公司与江苏甲公司分别于 2010 年 12 月 1 日签订《总包框架协议》及 2011 年 2 月 18 日签订《BT 项目内部转让协议》。《总包框架协议》约定由江苏甲公司承包案涉工程，江苏甲公司按工程造价下浮 9% 与滁州乙公司结算工程款。《BT 项目内部转让协议》约定滁州乙公司将案涉 9#、16#、19# 楼安置房 BT 项目转让给江苏甲公司，滁州乙公司与滁州市政府有关部门就案涉项目签订的相关合同中明确的权利与义务同时转让给江苏甲公司。江苏甲公司向滁州乙公司交纳工程总价的 2.5% 的管理费，滁州乙公司协调滁州市相关部门将 9#、16#、19# 楼的回购款直接汇至江苏甲指定账户。可见，对江苏甲公司施工的案涉工程价款的结算，按照《BT 项目内部转让协议》约定江苏甲公司交纳工程总价的 2.5% 的管理费后，将滁州丙中心支付给滁州乙公司案涉 9#、16#、19# 楼安置房项目的回购款（包括案涉工程价款和投资回报收益）转让给江苏甲公司，是对前一份《总包框架协议》工程款结算的变更。由于滁州丙中心未参与签订《BT 项目内部转让协议》，其不同意将回购款直接支付给江苏甲公司，滁州乙公司又未主张就案涉 9#、16#、19# 楼安置房项目对滁州丙中心享有债权，因此，在江苏甲公司履行案涉工程施工义务后，滁州乙公司应承担支付回购款的义务。滁州丙中心与滁州乙公司签订《清流人家安置房工程建设合同》，约定工程款的支付采用项目回购的方式。江苏甲公司向一审法院提出的诉讼请求及所附工程回购款计算明细反映，其主张工程价款实质为项目回购款。滁州乙公司提出其应支付工程价款，不应承担支付回购款义务的上诉理由不能成立。

江苏甲公司施工的工程价款（建筑安装工程费）问题。一审判决认定江苏甲公司施工的案涉 9#、16#、19# 楼建设工程安装费用为 74 534 386.34 元，对滁州乙公司提出的异议安徽高院审查如下：

首先，滁州乙公司主张工程价款应按《总包框架协议》约定下浮 9%。由于滁州乙公司与江苏甲公司签订的《BT 项目内部转让协议》约定江苏甲公司向滁州乙公司交纳工程总价的 2.5% 的管理费，滁州乙公司将案涉 9#、16#、19# 楼安置房 BT 项目转让给江苏甲公司，即江苏甲公司除工程总价的 2.5% 的管理费外，享有案涉 9#、16#、19# 楼安置房项目的回购款权利，已变更《总包框架协议》约定工程价款下浮 9% 的结算方式，故滁州乙公司该项上诉理由不予采信。

其次，滁州乙公司主张扣除非江苏甲公司施工的基础土方挖运、深基坑支护、桩基工程临时道路及围墙等工程款 8 760 875.04 元。二审庭审后，滁州乙公司提供了 9#、16#、19# 楼基础部分工程明细表，其中工程直接费为 2 047 688.91 元，应计取的安全文明措施费、规费、税金等为 485 075.49 元，基础部分费用实际为 2 532 764.4 元，江苏甲公司对明细表表示不能确定，认为在刘某某案件中，三方已经同意按照 200 万元计算，且一审判决已扣除该 200 万元，滁州乙公司要求基础部分按照 2 532 764.4 元计算没有依据。安徽高院认为，根据江苏甲公司与滁州乙公司签订的《江苏甲公司与滁州乙公司就清流人家工程 9#、16#、19# 楼的施工划界》约定：在江苏甲公司进场施工前，滁州乙公司已经开始施工，施工界面为基础中的桩顶标高以下部分，挖基础土方及基坑的部分支护，该部分由滁州乙公司获利。清流人家工程 9#、16#、19# 楼基础部分工程价款归滁州乙所有，并非〔2015〕滁民一初字第 00186 号民事判决已认定，由刘某某施工完成的 9#、16#、19# 楼基础部分，滁州乙公司与刘某某同意暂按 200 万元计算。鉴于江苏甲公司对提供的明细表上记载的价款没有提出具体的异议，也没有提供该部分价款的依据，其仅要求按 200 万元扣除，与双方签订《江苏甲公司与滁州乙公司就清流人家工程 9#、16#、19# 楼的施工划界》约定不符。安徽高院认为，江苏甲公司未施工基础部分工程款为 2 532 764.4 元，应从本案工程价款中扣除，一审判决少计 532 764.4 元（2 532 764.4 − 2 000 000），安徽高院予以纠正。滁州乙公司该部分上诉理由予以采纳。

最后，滁州乙公司主张扣除江苏甲公司应承担的安全、文明措施费 745 198.62 元。因安全、文明施工措施费系工程造价的组成部分，滁州乙公司要求扣除该项费用，没有依据，其该项上诉理由亦不予采纳。

综上，一审认定江苏甲公司施工的案涉 9#、16#、19# 楼工程款为 74 534 386.34 元，少扣除基础部分工程款 532 764.40 元，案涉工程价款应为 74 001 621.94 元（74 534 386.34 − 532 764.40）。

其二，根据双方签订《BT 项目内部转让协议》约定滁州乙公司将案涉 9#、16#、19# 楼安置房 BT 项目转让给江苏甲公司，滁州乙公司与滁州市政府有关部门就案涉项目签订的相关合同中明确的权利与义务同时转让给江苏甲公司。参照《滁州市政府融资采购项目协议书（补充协议）》第二条的约定，安置房项目的回购期为2年，自接到分区域项目合格的竣工验收报告之日起7日内，甲方向乙方支付第一笔回购款，第一笔回购款为回购基数的35%；相隔12个月后的当日支付第二笔回购款，第二笔回购款为回购基数的35%及其利息（利息＝回购基数×35%×中国人民银行同期贷款基准利率×计息时间）；相隔24个月后的当日支付第三笔回购款，第三笔回购款为回购基数的30%及利息（利息＝回购基数×30%×中国人民银行同期贷款基准利率×计息时间）。案涉9#、16#、19#楼工程的投资回报收益为3 765 077.04元{［5 000 000＋74 001 621.94×（1－5%）］×5%}。案涉工程的回购基数应为79 066 617.88元［5 000 000＋74 001 621.94×（1－5%）＋3 765 077.04］。故第一笔回购款到期支付日为2013年5月5日（2013年4月28日之后的7日），即在该日滁州乙公司应支付江苏甲公司27 673 316.26元（79 066 617.88×35%）；至2014年5月5日，滁州乙公司应支付江苏甲公司第二笔回购款29 333 715.23元（79 066 617.88×35%＋79 066 617.88×35%×中国人民银行同期贷款基准利率×365天）；至2015年5月5日，滁州乙公司应支付江苏甲公司第三笔回购款为25 168 057.52元（79 066 617.88×30%＋79 066 617.88×30%×中国人民银行同期贷款基准利率×365天）。故滁州乙公司应付江苏甲公司的工程款总额（不含质保金）为82 175 089.01元（27 673 316.26＋29 333 715.23＋25 168 057.52）。

因滁州乙公司应付江苏甲公司款82 175 089.01元不含质保金，案涉9#、16#、19#工程已于2013年4月28日竣工，故至2015年4月28日，滁州乙公司还应返还江苏甲公司施工部分质保金的60%，即2 220 048.66元（74 001 621.94元×5%×60%）。江苏甲公司施工的工程价款为74 001 621.94元，一审判决按78 496 806.5元为基数计算回购款和返还质保金有误，安徽高院予以纠正。滁州乙公司提出不应支付质保金的上诉理由，没有合同依据，不予支持。

综上，滁州乙公司应支付江苏甲公司款项84 395 137.67元（82 175 089.01＋2 220 048.66）。

（3）关于滁州乙公司尚欠工程款是多少，其是否承担工程款的利息。

其一，一审判决认定滁州乙公司已付工程款为30 728 744.65元，滁州乙公司认为少认定了已付款项，安徽高院审查如下：

首先，滁州乙公司认为，2012年8月，滁州丙中心支付技术服务费547 907.70元，应当由江苏甲公司承担，该款应视为已付款。因滁州丙中心支付的该项费用是否用于案涉工程，应否由江苏甲公司负担，滁州乙公司并没有证据证明，江苏甲公司对此亦不认可，故对滁州乙公司主张该费用应认定已付款的上诉理由不予采纳。

其次，2012年8月滁州丙中心付人力资源和社会保障监察支队的183 347.60元，滁州乙公司认为，该款系滁州丙中心接受其委托而支付的农民工工资保证金，因银行支付凭证上不能反映该款为代江苏甲公司支付的农民工工资保证金，江苏甲公司对此亦不认可。如滁州丙中心确系代付了183 347.60元农民工工资保证金，可由滁州丙中心向人力资源和社会保障监察支队主张返还。滁州乙公司主张该款应认定为已付款的上诉理由不予采纳。

再次，滁州乙公司认为，2013年2月6日、2014年1月2日支付沈某某土方款12 000元、张某某工程费用8 370元应计入已付款，因滁州乙公司代付上述款项并无江苏甲公司的委托代付手续，亦未经江苏甲公司认可，故该款不能认定为代付款，对滁州乙公司主张该款应认定已付款的上诉理由不予采纳。

最后，滁州乙公司主张扣除其代扣代缴相应的税费，前期营业税为1 715 680.11元（31 480 369.95×5.45%），后期应承担的增值税为4 380 000.34元（53 000 000×8.27%）。

因双方签订《BT项目内部转让协议》未约定江苏甲公司应缴纳的税费由滁州乙公司代扣代缴，故滁州乙公司主张其代扣代缴相应的税费无合同依据，对滁州乙公司已开具的工程款税票，双方可另行解决。

综上，一审认定滁州乙公司已付工程款为30 728 744.65元正确。

其二，滁州乙公司欠付江苏甲公司款项及利息问题。滁州乙公司应支付江苏甲公司款项84 395 137.67元，扣除已付工程款为30 728 744.65元，尚欠53 666 393.02元（84 395 137.67 － 30 728 744.65）。因滁州乙公司未按期以回购方式支付工程款，应承担相应的利息，滁州乙公司提出不应当承担利息的上诉理由，于法无据，不予采纳。至2013年5月5日，滁州乙公司应付27 673 316.26元，但实际支付22 828 744.65元，欠付工程款4 844 571.61元（27 673 316.26 － 22 828 744.65）。至2014年5月5日，滁州乙公司应支付江苏甲公司29 333 715.23元，但实际支付6 900 000元，欠付工程款22 433 715.23元（29 333 715.23 － 6 900 000）。至2015年4月28日，滁州乙公司应支付江苏甲公司到期质保金2 220 048.66元。至2015年5月5日，滁州乙公司应支付江苏甲公司的工程款25 168 057.52元，但实际支付工程款1 000 000元，欠付工程款24 168 057.52元（25 168 057.52 － 1 000 000），经分段计算的应付利息（截至2017年2月7日）已超出江苏甲公司主张利息3 882 309.18元。鉴于江苏甲公司主张利息3 882 309.18元是对其自身权利的处分，不违反法律规定，安徽高院确认，滁州乙公司应支付利息3 882 309.18元。

综上，滁州乙公司部分上诉理由成立，江苏甲公司的上诉理由不能成立。一审判决认定工程款的金额有误，应予纠正。

2018年5月17日，安徽高院依照《民事诉讼法》第一百七十条第一款第二项之规定，作出〔2018〕皖民终81号民事判决书，判决维持安徽省滁州市中级人民法院〔2017〕皖11民初21号民事判决第二、第三项，即"滁州乙投资发展有限公司于判决生效之日起三十日内返还江苏甲建设集团有限公司保证金500万元""驳回江苏甲建设集团有限公司其他诉讼请求"；变更安徽省滁州市中级人民法院〔2017〕皖11民初21号民事判决第一项"滁州乙投资发展有限公司于判决生效之日起三十日内支付江苏甲建设集团有限公司工程款及利息58 352 729.32元（以上利息计算至2017年2月7日止，此后利息应以54 308 733.87元为基数，自2017年2月8日起，按照中国人民银行同期贷款利率为标准，计算至工程款实际付清之日止）"为：滁州乙投资发展有限公司于判决生效之日起30日内支付江苏甲建设集团有限公司工程款53 666 393.02元及利息3 882 309.18元（以上利息计算至2017年2月7日止，此后利息应以53 666 393.02元为基数，自2017年2月8日起，按照中国人民银行同期贷款利率为标准，计算至工程款实际付清之日止）。如果滁州乙投资发展有限公司未按判决指定的期间履行给付金钱义务，依照《民事诉讼法》第二百五十三条的规定，应当加倍支付迟延履行期间的债务利息。一审案件受理费358 563.65元、保全费5 000元，由滁州乙投资发展有限公司负担；二审案件受理费603 054.30元，由滁州乙投资发展有限公司负担244 490.65元，由江苏甲建设集团有限公司负担358 563.65元。

三、新疆维吾尔自治区印花税民事纠纷案

上诉人张某某、李某某、赵某1、赵某2因与上诉人新疆甲现代农业股份有限公司（以下简称"甲公司"）股权转让纠纷一案，不服昌吉回族自治州中级人民法院〔2017〕新

23 民初 11 号民事判决，向新疆维吾尔自治区高级人民法院（以下简称"新疆高院"）提起上诉。新疆高院于 2018 年 1 月 22 日立案后，依法组成合议庭，公开开庭进行了审理。本案现已审理终结。

张某某、李某某、赵某 1、赵某 2 上诉请求：①改判甲公司向其支付股权转让款 940 万元。②改判甲公司向其支付自 2012 年 11 月 5 日至判决生效期间股权转让款的利息 2 697 800 元。③改判甲公司向其支付违约金 388 万元，由甲公司承担诉讼费用。

事实与理由：

（1）原判决认定事实不清，扣减赵某某股权转让款 940 万元中 1 644 857.22 元款项没有事实和法律依据。赵某某、陈某某与甲公司于 2012 年 4 月 25 日签订了《股权转让协议书》（以下简称"4 月 25 日协议"）。协议签订后，2012 年 11 月，赵某某将玛纳斯乙畜产品有限责任公司（以下简称"乙公司"）的债务清理完毕，所有资产移交完毕。为了防止甲公司变更股权后拒绝支付剩余股权转让款，赵某某与甲公司于 2012 年 11 月 5 日再次签订实质变更 4 月 25 日协议内容的《股权转让协议》（以下简称"11 月 5 日协议"），将赵某某个人持有的乙公司 97% 的股权以 1 940 万元转让给甲公司。2012 年 11 月 8 日，乙公司全部股权变更到甲公司名下，赵某某履行完两份《股权转让协议》约定的全部义务，甲公司再无理由不支付股权转让款。4 月 25 日协议签订后 1 年内，甲公司未向人民法院提出变更股权转让价款的诉讼。合同履行完毕 5 年，未经甲公司行使变更股权转让价款权利的诉讼程序，人民法院不得私自变更双方约定的合同价款，原审在股权转让款中扣减 1 644 857.22 元没有事实和法律依据。原审从立案到判决，甲公司未就扣减该款项提出反诉，原审予以扣减违反法定程序。原判决认定甲公司与赵某某实际履行的是 4 月 25 日协议，却不顾该协议中双方对披露债务由甲公司承担的约定，依据 2012 年 8 月 15 日华盛评报字〔2012〕0081 号股东权益报告，乙公司股东全部权益评估价值 2 586.26 万元，该价值系扣减乙公司与山东恒台棉机厂等涉诉案件发生的案款及其他应付款、应缴税金等债务之后披露的，1 644 857.22 元款项不应在股权转让款中扣减。

（2）原审驳回张某某等四人向甲公司主张的 940 万元股权转让款自 2012 年 11 月 5 日至判决生效期间的利息 2 697 800 元没有法律依据。甲公司未按约定及时向赵某某支付股权转让款，直到起诉之日，其仍未支付股权转让款 940 万元，其行为应当承担相应的法律责任。

（3）涉案两份《股权转让协议》对股权转让款的付款期限均有明确约定，甲公司至今未支付剩余 940 万元股权转让款，其书面承诺违约将承担 20% 的违约金，原审驳回张某某等四人主张的 388 万元违约金有失公正。

甲公司辩称：

（1）1 644 857.22 万元涉案款是乙公司在其与山东恒台福鑫机械厂等七个诉讼案件中应当承担的款项。案件所涉债务均发生在 4 月 25 日协议签订之前。协议第 3.3 条、第 4.2 条约定，在股权转让之前无论是否已经披露的债务均应由转让方负担，原审扣除该款项并无不当。甲公司在张某某等四人起诉请求中，提出抵扣该款项的抗辩并非主张独立的诉讼请求，无须另行提起反诉，原审符合法定程序，并无不当。

（2）甲公司之所以未支付剩余股权转让款，是因为赵某某未按约定清偿乙公司的对外债务，甲公司合理行使合同抗辩权。经最高人民法院〔2015〕民申字第 1068 号民事裁定书认定，甲公司不构成违约，双方对甲公司未支付剩余股权转让款的事实均有责任，过错程度相当，要求甲公司承担逾期利息及违约金不符合公平原则，原审驳回张某某等四人主张逾期利息和违约金的诉讼请求，并无不当。

甲公司上诉请求：撤销原判决第一项，驳回张某某等四人的诉讼请求；由张某某等四人承担诉讼费用。

事实和理由：

（1）甲公司代赵某某缴纳的 3 944 093.76 元土地出让金等费用应由赵某某负担，并在股权转让款中扣除。原审以赵某某在该院〔2013〕昌中民二初字第 71 号案件中出示的《受让方承诺书》为依据，认为甲公司承诺：所有证、照办理，过户产生的税、费，遗留纠纷由受让方承担，对甲公司主张扣除土地出让金 3 944 093.76 元的请求未予支持。因原审法院〔2013〕昌中民二初字第 71 号民事判决书所列的证据并没有《受让方承诺书》，亦未对其认证，原审采信该证据不当。根据 4 月 25 日协议第 10.2 条的约定，《受让方承诺书》内容与 4 月 25 日协议冲突，应适用 4 月 25 日协议。根据协议第 3.1 条的约定，双方虽然签订股权转让协议，但实质转让乙公司的净资产，当然不包括土地出让金等应付账款，结合协议第 3.3 条、第 5.1 条的约定，土地出让金应由出让方承担，并从股权转让款中扣除。本案土地出让金并非证、照过户费用，土地使用权仍在乙公司名下，不存在过户情形，也非过户产生的税费，《受让承诺书》不能作为甲公司承担土地出让金的依据。

（2）根据 4 月 25 日协议第 3.1 条，甲公司购买乙公司净资产，协议生效后，股权出让方无权处分乙公司的净资产，赵某某于 2012 年 8 月利用控制公司公章的便利，擅自将乙公司 400 万元借给刘某和黄某，减损公司资产，且该款项至今未清偿，应从剩余股权转让款中扣减。

（3）甲公司代赵某某支付的股权转让过户产生的印花税和罚款 10 100 元，办理安评、环评手续费用 82 668 元应从股权转让款中扣除。对《受让方承诺书》的真实性和效力问题前文已作说明。同时，按照我国法律规定，购买资产的纳税义务人是出售资产的人，甲公司仅有代扣代缴税金的义务，最终税款应由赵某某承担。根据 4 月 25 日协议第 3.1 和第 3.3 条的约定，安评、环评手续属于债务范畴，应由赵某某负担。

（4）根据 4 月 25 日协议第 3.1 条约定，甲公司购买乙公司的净资产，不应包括办理各项证照等应付账款，甲公司主张的预计办理房产证的费用 30 万元虽未实际发生，但实属必然。原审根据《受让方承诺书》，并以该费用未实际发生为由，认定该费用不应从剩余股权转让款中扣除错误。

（5）原审未扣减甲公司为本案承担的案件款 50 871.87 元错误。

张某某、李某某、赵某 1、赵某 2 辩称：

（1）甲公司主张从股权转让款中扣减 3 944 093.76 元土地出让金等费用没有事实和法律依据。甲公司原审提交的《国有建设用地使用权出让合同》第 6 条约定，乙公司名下土地从 2012 年 5 月 6 日起至 2062 年 5 月 6 日计算土地使用费。2012 年 4 月 25 日，赵某某与甲公司签订股权转让协议。2012 年 7 月 3 日，赵某某将企业移交，其实际使用土地不到 56 天，不应让其承担 50 年的土地使用费。甲公司缴纳的土地出让金，是其接手乙公司后 50 年的土地出让金，并非赵某某拖欠的股权转让之前的土地出让金。依据甲公司出具的《受让承诺书》，所有证、照办理过户产生税费和遗留问题全部由甲公司承担。从合同签订履行的先后顺序看，双方通过后期履行合同已经实际废止了 4 月 25 日协议第 3.3 条和第 5.1 条的约定，甲公司明知企业现状，仍继续履行合同。交易结束后，其再以协议第 3.3 条、第 5.1 条的约定拒付转让款，不应得到支持。

（2）4月25日协议签订时，乙公司注册资本只有600万元，经甲公司同意乙公司将注册资本600万元溢价转让为2 000万元，赵某某、陈某某要缴溢价1 400万元的20%的个人所得税，甲公司也要缴25%的企业所得税和0.05%的印花税。为了达到平价交易规避税款的目的，赵某某以债转股增加乙公司注册资本1 000万元，又于2012年8月22日从第三人处拆借400万元，打入乙公司账户完成验资，验资后赵某某又于2012年8月22日将400万元以外借的形式支出。该400万元验资款属于赵某某个人款项，一进一出对股权转让并未产生实质影响。赵某某已将乙公司移交，该400万元并非甲公司自有资金，有权行使抵销权的主体是乙公司，甲公司无权行使抵销权，两者不属于同一法律关系。

（3）依据甲公司出具的《受让承诺书》，所有证照过户产生的税、费，遗留问题由受让方承担，甲公司上诉提出安评、环评手续费82 668元、印花税、滞纳金10 100元、办理房产证费用30万元不属于应当抵扣的范围。

（4）甲公司二审主张的50 871.87元案件受理费是原审法院按照胜诉比例合理分摊的诉讼费用，不属于其上诉的范畴。

张某某、李某某、赵某1、赵某2向一审法院诉讼请求：①甲公司支付其股权转让款940万元。②甲公司支付其违约金388万元。③甲公司支付其股权转让款2012年11月5日至判决书生效之日期间的逾期付款利息2 697 800元，由甲公司承担诉讼费用。

一审法院认定事实：2012年4月25日，甲公司（甲方）与赵某某（乙方）、陈某某（丙方）签订《股权转让协议书》约定："一、本协议之标的企业及标的：1.1标的企业为乙公司；1.2甲方拟通过本协议约定方式收购乙、丙各方持有的标的企业之全部股权，总计出资600万元。转让各方出资及持有股权为乙方出资550万元，占标的企业股权比例97%，丙方出资50万元，股权比例3%。二、转让各方陈述与保证：2.4除了在本协议或者财务审计、资产评估文件中已揭示或者明示的资产抵押，标的企业不存在诉讼、仲裁、行政处罚案件，不存在对外担保、财务审计和资产评估明细以外的债务，否则标的企业因此引致的损失，由本次转让前的原股东（乙丙方）承担全额的赔偿责任；2.5标的企业评估基准日至本次转让完成后之间，因任何情况引起的财务、资产变化对公司造成损失的，由本次转让前的公司原股东承担。三、转让价款及转让款的支付：3.1甲、乙、丙各方同意聘请具有证券从业资格的中介机构对企业截至2012年12月31日前的全部净资产进行评估并出具《资产评估报告》，作为本次股权转让确定股权转让款的定价依据；3.2根据上述定价原则，本协议项下股权转让价为2 000万元整，其中乙方1 940万元，丙方60万元；3.3本协议价款中，乙丙各方同意按照上述评估报告所确定的标的企业债务（应付账款）由其承担，并从上述转让价款中支付；3.4付款方式为：1.本协议签署生效后10日内甲方支付1 000万元；2.甲方在乙、丙方办理完毕工商变更登记及其相关手续，进行90%的股权转让后7日内支付800万元，并将法定代表人变更；3.2013年1月前乙、丙方将剩余10%的个人股权全部变更为甲公司持有，并将股权转让公示90天后，甲方将剩余股权转让款200万元扣除实际接受日乙公司债权、债务变化额后的金额支付给乙、丙方的银行账户；该款项支付完毕，甲方的付款义务即履行完毕。四、协议各方的权利、义务：4.1本次转让前的标的企业原股东权益，在本次转让后由新股东享有。4.2本次转让前，标的企业如存在未披露的债务或者其他或者有负债事项（审计及评估报告之外所存在的），由本次转让前的原股东承担由此产生的损失，标的企业及甲方不承担由此产生的损失。五、本次协议后期事项：5.1在本协议签署后30日内，乙丙各方保证办理标的企业涉及的土地、房产以及建设项目所需要的环境保护、安全生产等方面的手续，取得相应的产权证照及审批文件；5.2 因履行本协议书引致的纳税事宜及税收负担，依国家有关税收的法律法规处理；5.3 本协议生效后 10 日内，本协议各完成对标的企业的支付，办理资产及业务等转移手续，其后标的企业的生产经营等权利归由甲方，并承担相应的后果；5.4 本协议生效后 5 日内，标的企业进行工商局股东变更登记事宜，乙丙各方有义务按照规定履行变更登记的各项手续，签署相关变更登记所需要的文件；5.5 本协议生效后 30 日内，乙丙各方完成本协议约定的标的企业债务的清偿，或者取得债权人同意债务转让给乙丙各方的有效法律文件。七、违约责任：7.1 本协议任何一方违反本协议的规定，应依法向守约方负赔偿责任、违约方应向守约方支付违约金，违约金为本次转让额的 10%。八、争议解决：8.1 本协议适用中国法律。因本协议而发生的任何争议，各方应本着友好协商的原则通过协商解决。协商不成的甲、乙、丙方均可在当地有管辖权的人民法院提起诉讼。九、本协议书的变更、终止和解除：9.1 本协议书的任何变更与解除均需由转让各方协商一致方可做出。未经对方同意，任何一方不得对本协议书的内容任意添加、删除及变更。任何单方的意思表示均为无效并不得对抗对方。未经对方同意，不得将本协议书中的权利与义务全部或者部分转让给第三方，该行为无效。9.6 乙丙各方未能按照本协议第五条约定及时办理相关手续时，甲方有权解除本协议并返还转让款及承担甲方因此发生的损失。十、附则：10.1 协议各方同意在本协议签署履行后，由乙公司向有关工商行政管理部门申报，按政府有关规定办理工商变更手续；10.2 本协议书未尽事宜，协议各方可以协商签署书面补充协议，补充协议与本协议书具有同等法律效力。在此前或者此后就本次股权转让事宜所涉及的转让协议或者合同，如由于本协议不同或者不一致的包括但不限于向有关部门报备（如需）文件，均以本协议为准。本协议的任何修改需经各方同意并签署书面文件，任何修改和补充是本协议不可分割的部分。"

《股权转让协议书》签订后，甲公司于 2012 年 5 月 10 日向赵某某支付股权转让款 100 万元，于 2012 年 6 月 24 日支付 500 万元，于 2012 年 7 月 25 日支付 400 万元，共计支付 1 000 万元。2012 年 7 月，赵某某将乙公司的固定资产和生产设备向甲公司进行了移交。

2012 年 11 月 1 日，甲公司出具《受让方承诺书》一份，其中载明，受让方承诺剩余 1 000 万元 5 日内付清，否则受让方承担转让款总额 20% 的违约金。8 月 30 日账上有的债权债务由转让方承担，受让方不能代扣代收，其他一切（所有证、照办理，过户产生的税、费，遗留纠纷）由受让方承担，特此承诺，承诺单位盖章生效。

2012 年 11 月 5 日，赵某某与甲公司签订《股权转让协议》（以下简称"11 月 5 日协议"），约定："一、赵某某将其在乙公司出资 1 940 万元的股权（占公司注册资本 97%），以 1 940 万元依法转让给甲公司，甲公司同意接受赵某某 1 940 万元股权。双方同意废除原股权转让协议书；二、受让方于 2012 年 11 月 5 日前，向转让方支付股权转让款 1 940 万元；三、赵某某与甲公司股权的变动不影响乙公司注册资本的变动；四、自本协议生效之日起，双方在乙公司的股东身份发生置换，即转让方不再享有股东权利，不再履行股东义务，受让方以其持股比例享有股东权利并履行股东义务；五、本协议自转让方，受让方签字后生效；六、如双方因履行本协议发生争议，一方可向乙公司的工商登记机关所在地法院起诉解决。七、本协议一式四份，转让方，受让方各持一份，公司保留一份，玛纳斯县工商局备案一份，每份具有相同的法律效力。"

2012 年 11 月 8 日，乙公司完成股权变更登记，法定代表人由赵某某变更为谢某某，股东由赵某某、陈某某变更为甲公司。2012 年 11 月 18 日，赵某某与甲公司将乙公司的财务资料交接完毕。

2013 年 4 月 18 日，陈某某向玛纳斯县人民法院提起诉讼，请求判令甲公司返还其乙公司 3% 的股权并即刻办理工商变更手续。该院于 2014 年 8 月 19 日作出〔2013〕玛民二初字第 216 号民事判决书，判决甲公司向陈某某返还乙公司 3% 的股权。甲公司不服，向原审法院提起上诉，该院于 2014 年 12 月 22 日作出〔2014〕昌中民二终字第 404 号民事判决书，驳回上诉，维持原判。2013 年 8 月 30 日，赵某某向原审法院提起诉讼，请求判令甲公司返还其乙公司 97% 的股权并即刻办理工商变更手续。该院于 2014 年 6 月 27 日作出〔2013〕昌中民二初字第 71 号民事判决书，判决甲公司向赵某某返还乙公司 97% 的股权。甲公司不服，向新疆高院提起上诉，新疆高院于 2015 年 3 月 30 日作出〔2015〕乙一终字第 9 号民事判决书，撤销原审法院〔2013〕昌中民二初字第 71 号民事判决，驳回赵某某的诉讼请求。该判决认为，赵某某与甲公司就案涉股权及资产转让订立的 4 月 25 日协议完整表达了双方当事人转让股权及企业资产的真实意愿，且双方已依该协议约定履行了大部分内容。而 11 月 5 日协议内容并不完整，只有股权转让的内容，没有企业资产转让的约定，转让方与受让方除了收取转让款与支付转让款的权利义务，没有其他权利义务的约定，仅依该协议，双方当事人无法实现转让股权及企业资产的目的。对甲公司称 11 月 5 日协议是为办理乙公司的工商变更登记，便于备案而订立，双方实际履行 4 月 25 日协议的主张予以采信。从而确认赵某某与甲公司实际履行的是 4 月 25 日协议。赵某某不服，向最高人民法院申请再审，该院于 2015 年 6 月 8 日作出〔2015〕民申字第 1068 号民事裁定书，驳回赵某某的再审申请。裁定认为，11 月 5 日协议内容，不能改变 4 月 25 日协议中关于赵某某应当履行"其他义务"的约定。且在 11 月 5 日协议签订前，甲公司在前期已经支付给赵某某 1 000 万元，在 2012 年 11 月 18 日双方还在进行财务账册的移交，二审认为赵某某与甲公司实际履行的是 4 月 25 日协议并无不当。甲公司未支付剩余转让价款的理由是赵某某未清偿债务，未办妥相关手续，该行为系其合理行使合同抗辩权，甲公司未支付剩余转让价款的行为不构成违约。

另查，2012 年 7 月 25 日，山东桓台福鑫机械厂向山东省桓台县人民法院提起诉讼，请求判令乙公司向其支付 2010 年购货款 655 500 元及支付经济损失 79 839.90 元。该院于 2012 年 10 月 30 日作出〔2012〕桓商初字第 454 号民事调解书，确认乙公司向山东桓台福鑫机械厂支付欠款 420 000 元。乙公司未按期履行付款义务，2012 年 12 月 5 日，该院从乙公司账户扣划案款 430 000 元。

2012 年 8 月 21 日，乌鲁木齐汇众通达商贸有限公司向原审法院提起诉讼，请求判令乙公司赔偿 2010 年其因双方签订棉花购销合同所造成的损失 2 177 360.70 元。该院于 2013 年 1 月 4 日作出〔2012〕昌中民二初字第 45 号民事判决书，判决乙公司赔偿乌鲁木齐汇众通达商贸有限公司损失 637 168.8 元，负担案件受理费 7 265.67 元。乙公司未按期履行付款义务，2014 年 10 月 14 日，该院从乙公司账户扣划案款 744 753.19 元。

2015 年 6 月 5 日，孙某某向玛纳斯县人民法院提起诉讼，请求判令乙公司向其偿还 2010 年借款 189 000 元，支付利息 104 704 元。该院于 2015 年 8 月 5 日作出〔2015〕玛民一初字第 471 号民事判决书，判决乙公司向孙某某偿还借款 189 000 元、支付逾期利息 50 274 元，承担一审案件受理费 2324 元。乙公司不服，上诉至原审法院。该院于 2015 年 11 月 18 日作出〔2015〕昌中民一终字第 1065 号民事判决书，驳回上诉，维持原判。二审案件受理费 4 889 元由乙公司负担。乙公司未按期履行付款义务。2016 年 2 月 17 日，玛纳斯县人民法院从乙公司账户扣划案款 245 122 元，乙公司支出律师代理费 1 000 元。

2016 年 1 月 25 日，玛纳斯县银光棉机工贸有限公司向玛纳斯县人民法院提起诉讼，请求判令乙公司支付截至 2012 年 1 月拖欠其棉机材料款 93 248.73 元及利息 33 000 元。该院于 2016 年 4 月 28 日作出〔2016〕新 2324 民初 204 号民事判决书，判决乙公司向玛纳斯县银光棉机工贸有限公司支付棉机配件款 93 248.73 元及利息 18 086.37 元，承担案件受理费和司法鉴定费 3 112 元。2016 年 1 月 26 日，钱某某向玛纳斯县人民法院提起诉讼，请求判令乙公司偿还 2010 年借款 30 000 元及利息 31 500 元。该院于 2016 年 3 月 10 日作出〔2016〕新 2324 民初 209 号民事判决书，判决乙公司向钱某某偿还借款 30 000 元，并支付借款利息 31 500 元，承担案件受理费 675 元。2016 年 2 月 2 日，玛纳斯恒悦纸塑制品有限公司向玛纳斯县人民法院提起诉讼，请求判令乙公司支付 2010 年购货拖欠货款 23 200 元及利息 8 000 元。该院于 2016 年 4 月 28 日作出〔2016〕新 2324 民初 254 号民事判决书，判决乙公司向玛纳斯恒悦纸塑制品有限公司支付货款 23 200 元及利息 4 628.34 元，承担案件受理费和司法鉴定费 1 990 元。2016 年 2 月 26 日，玛纳斯县人民电器机电有限公司向玛纳斯县人民法院提起诉讼，请求判令乙公司支付其 2010 年赊欠电器材料款 46 800.23 元及利息 20 000 元。该院于 2016 年 7 月 5 日作出〔2016〕新 2324 民初 336 号民事判决书，判决乙公司向玛纳斯县人民电器机电有限公司支付电器材料款 46 800.23 元及利息 7 675.24 元、鉴定费 1 500 元，承担案件受理费、邮寄送达费 687 元。乙公司均未按期履行上述案件的付款义务，玛纳斯县人民法院于 2016 年 9 月 5 日、2016 年 11 月 21 日、2016 年 12 月 9 日从乙公司账户扣划案款 265 964.91 元，乙公司在上述案件中共支出律师代理费 4 000 元。

2013 年 12 月 6 日，乙公司为办理环评手续支出环评费 20 000 元。2014 年 5 月 14 日，乙公司因赵某某缴纳转让股权支出印花税 9 700 元及逾期申报罚款 50 元。2014 年 10 月 16 日、2014 年 10 月 17 日、2015 年 5 月 21 日，乙公司为办理安全生产手续支付安全认证费合计 62 668 元。

再查，2015 年 4 月 24 日，赵某某因病去世。其法定继承人为母亲张某某、妻子李某某、长女赵某 1 和次女赵某 2。

一审法院认为，关于本案所涉的股权转让，甲公司与赵某某、陈某某先后签订了 4 月 25 日协议、11 月 5 日协议。张某某等四人认为双方同时履行上述两份协议；甲公司认为其与赵某某履行的是 4 月 25 日协议。该院〔2015〕乙一终字第 9 号民事判决书已经作出认定，甲公司与赵某某实际履行的是 4 月 25 日协议，张某某等四人亦未提供充分证据证实其主张，故该院对其该主张不予支持，确认甲公司与赵某某实际履行的是 4 月 25 日协议，该协议是双方真实意思表示，且不违反法律、行政法规的强制性规定，合法有效。双方均应遵照履行。

关于甲公司应支付的股权转让款数额如何确定的问题。根据 4 月 25 日协议约定，甲公司应向赵某某支付的股权转让总价款为 1 940 万元，双方当事人均认可甲公司已向赵某某支付股权转让款 1 000 万元。对于剩余股权转让款 940 万元，甲公司认为其支付的土地出让金等费用 3 944 093.76 元，乙公司在其与山东桓台福鑫机械厂、乌鲁木齐汇众通达商贸有限公司两个诉讼案件中承担的案款合计 1 174 753.19 元，乙公司在其与孙某某、钱某某、玛纳斯县银光棉机工贸有限公司、玛纳斯恒悦纸塑制品有限公司、玛纳斯县人民电器机电有限公司等五个诉讼案件中承担的案款合计 520 975.91 元，赵某某向刘某、黄某出借的乙公司资金 400 万元，乙公司代赵某某支付的股权转让印花税及滞纳金 10 100 元，乙公司办理安评、环评手续支付的费用 82 668 元以及预计办理房产证的费用 30 万元均应从剩余 940 万元股权转让款中扣除。

关于甲公司主张扣除的土地出让金等费用 3 944 093.76 元。因甲公司在其于 2012 年 11 月 1 日出具的《受让方承诺书》中承诺："其他一切（所有证、照办理，过户产生的税、费，遗留纠纷）由受让方承担"。对于该承诺书，甲公司虽以张某某等四人提供的系复印件对其真实性不予认可，但在该院〔2013〕昌中民二初字第 71 号案件中，赵某某出示了该承诺书原件，甲公司虽不认可该承诺书的真实性，但该承诺书中加盖有甲公司的公章，且在该院〔2013〕昌中民二初字第 71 号案件中，已经对该承诺书中加盖的甲公司的印章进行了鉴定，经鉴定该印章确系甲公司印章，该院对该承诺书的真实性予以确认。同时，根据 4 月 25 日协议第 10.2 条的约定："本协议的任何修改需经各方同意并签署书面文件，任何修改和补充是本协议不可分割的部分"。故根据承诺书所载内容，乙公司为取得土地使用权、办理土地使用权证所支付的该项费用应由甲公司负担，该院对甲公司的该项主张不予支持。

关于乙公司在其与山东桓台福鑫机械厂、乌鲁木齐汇众通达商贸有限公司两个诉讼案件中承担的案款合计 1 174 753.19 元，以及乙公司在其与孙某某、钱某某、玛纳斯县银光棉机工贸有限公司、玛纳斯恒悦纸塑制品有限公司、玛纳斯县人民电器机电有限公司等五个诉讼案件中承担的案款合计 520 975.91 元。上述案件所涉债务均发生在 4 月 25 日协议签订之前。该协议第 3.3 条约定："本协议价款中，乙丙各方同意按照上述评估报告所确定的标的企业债务（应付账款）由其承担，并从上述转让价款中支付。"该协议第 4.2 条约定："本次转让前，标的企业如存在未披露的债务或者其他或者有负债事项（审计及评估报告之外所存在的），由本次转让前的原股东承担由此产生的损失，标的企业及甲方不承担由此产生的损失。"从上述约定看，在股权转让时无论是否已经披露的债务均应由转让方负担。且甲公司于 2012 年 11 月 1 日出具的《受让方承诺书》中也载明："8 月 30 日账上有的债权债务由转让方承担"，故对上述案件中应由赵某某负担的部分，应在剩余股权转让款 940 万元中扣除。乙公司在其与山东桓台福鑫机械厂、乌鲁木齐汇众通达商贸有限公司两个诉讼案件中承担的案款合计 1 174 753.19 元，按赵某某持股比例，其应承担 1 139 510.59 元（1 174 753.19×97%）。乙公司因与孙某某一案被扣划案款 245 122 元、应承担二审案件受理费 4 889 元、支出律师代理费 1 000 元，合计 251 011 元，赵某某应承担 243 480.67 元（251 011×97%）；乙公司与钱某某、玛纳斯县银光棉机工贸有限公司、玛纳斯恒悦纸塑制品有限公司、玛纳斯县人民电器机电有限公司等四个诉讼案件共被扣划案款 265 964.91 元、支出律师代理费 4 000 元，合计 269 964.91 元，赵某某应承担 261 865.96 元（269 964.91×97%）。以上赵某某总共应承担 1 644 857.22 元（1 139 510.59＋243 480.67＋261 865.96），该款项应在剩余股权转让款 940 万元中扣除。

关于赵某某向刘某、黄某出借的乙公司资金 400 万元。从本案中双方提供的证据可以看出，2012 年 8 月 22 日，赵某某将 400 万元汇入乙公司账户，在当日和次日又以借款的形式从乙公司向刘某和黄某汇出 400 万元。根据 4 月 25 日协议第 1.2 条的约定："甲方拟通过本协议约定方式收购乙、丙各方所持有的标的企业之全部股权，总计出资 600 万元整。"虽然赵某某、陈某某在乙公司的出资额为 600 万元，但从协议内容及履行情况可以反映，双方转让的标的还包括乙公司的厂房、生产设备等企业资产，所以甲公司及赵某某、陈某某约定股权转让价款为 2 000 万元。从 2012 年 8 月 22 日宏昌天圆验字〔2012〕70027 号《验资报告》可以看出，赵某某、陈某某前期出资 600 万元后，赵某某又以债转股的形式投入 1 000 万元，加上赵某某缴至乙公司账户 400 万元，合计 2 000 万元。4 月 25 日协议中并未约定赵某某、陈某某有增资扩股的义务，该院对甲公司所称赵某某将该 400 万元缴至乙公司是为了达到 2 000 万元股权转让对价的理由不予支持，对张某某等四人称赵某某系为避税的理由予以采信。且即使该400万元系赵某某将乙公司资金出借给了案外人，该借款也是以乙公司名义出借，并转为乙公司的对外债权，该款项不应在剩余股权转让款940万元中扣除。

关于甲公司主张代赵某某支付的股权转让印花税和罚款10 100元，以及乙公司办理安评、环评手续支付的费用82 668元。从甲公司提供的证据可以看出，乙公司代赵某某支付的股权转让印花税为9 700元，代为支付的逾期申报罚款为50元，合计9 750元。因上述费用均系在赵某某与甲公司签订《股权转让协议书》以及甲公司出具《受让方承诺书》之后发生，甲公司出具的《受让方承诺书》中明确载明"8月30日账上有的债权债务由转让方承担，受让方不能代扣代收，其他一切（所有证、照办理，过户产生的税、费，遗留纠纷）由受让方承担"，故上述费用不应在剩余股权转让款940万元中扣除。

关于甲公司主张的预计办理房产证的费用30万元，因甲公司在其出具的《受让方承诺书》中承诺："其他一切（所有证、照办理，过户产生的税、费，遗留纠纷）由受让方承担"，且该费用也尚未实际发生，故甲公司主张的该款项不应从剩余股权转让款940万元中扣除。

综上，从剩余股权转让款940万元中扣除上述赵某某应承担的款项，甲公司应向张某某等四人支付的股权转让款为7 755 142.78元（9 400 000 － 1 644 857.22）。

关于张某某等四人主张由甲公司承担违约金388万元及逾期付款利息2 697 800元的诉讼请求能否成立的问题。本案中，赵某某未按照其与甲公司的约定清偿乙公司的对外债务，甲公司未支付剩余转让价款系合理行使合同抗辩权，其行为不构成违约。对于甲公司未支付剩余股权转让款是否构成违约，最高人民法院〔2015〕民申字第1068号民事裁定书中已经作出甲公司不构成违约的认定，张某某等四人也未提供证据证实甲公司存在其他违约行为。由于甲公司未支付剩余股权转让款的行为不构成违约，该院对张某某等四人主张由甲公司承担违约金388万元及逾期付款利息2 697 800元的诉讼请求不予支持。判决甲公司于判决生效后10日内向张某某、李某某、赵某1、赵某2支付股权转让款7 755 142.78元；驳回张某某、李某某、赵某1、赵某2的其他诉讼请求。

新疆高院二审期间，张某某等四人提交甲公司作为申请人向昌吉回族自治州中级人民法院提交的《委托鉴定申请》、新疆金剑司法鉴定所新金鉴文字〔2014〕第027号《司法鉴定意见书》，以证明原审法院〔2013〕昌中民二初字第71号案件中，经甲公司申请，对其出具的《受让方承诺书》中加盖的该公司印章的真伪鉴定，经鉴定机构确认，该承诺书中加盖的甲公司的印章真实。甲公司质证时认为，即使《受让方承诺书》中加盖的该公司的印章真实，也不能证明涉案土地出让金应由甲公司承担，因为《受让方承诺书》中的约定仅指证、照办理过户产生的税费由甲公司承担，而土地出让金并非税费，是应付账款，该费用不应由其承担。

新疆高院二审查明，2008年10月22日，玛纳斯县城乡规划管理局向乙公司出具《规划设计条件通知书》，同意该公司拟建的年产5 000吨皮棉轧花厂项目选址在玛纳斯县北五岔镇油坊庄村，按下列规划设计条件设计："3.建设用地面积44 782平方米（约67.17亩）"。2012年，玛纳斯县国土资源局向乙公司出具《关于限期签订〈国有建设用地使用权出让合同〉的通知》，通知乙公司，其向该局申请使用的位于玛纳斯县北五岔镇境内编号为2009-11，面积为44 782平方米，用于新建年产5 000吨皮棉轧花厂项目建设的工业用地，到该局签订《国有建设用地使用权出让合同》。2012年4月27日，乙公司和玛纳斯县国土地资源局签订《国有建设用地使用权出让合同》。2013年5月15日，乙公司取得国有土地使用权证书。

另查，2012 年 11 月 26 日，赵某某向原审法院提起诉讼，请求甲公司支付其股权转让款 1 000 万元及逾期利息 40 416 元。2013 年 4 月 19 日，赵某某向原审法院申请撤回起诉。同年 4 月 22 日，该院作出〔2013〕昌中民二初字第 2-1 号民事裁定，准许赵某某撤回起诉。2013 年 4 月 9 日，赵某某以公证的方式向甲公司送达了《解除合同通知书》。2013 年 8 月 30 日，赵某某向原审法院提起诉讼，请求：①确认其与甲公司于 2012 年 11 月 5 日签订的《股权转让协议》已于 2013 年 4 月 9 日解除。②甲公司返还其乙公司 97% 的股权并立即办理工商变更手续。③甲公司将乙公司营业执照、组织机构代码证、税务登记证变更其名下。④甲公司向其返还实际占用的轧花厂所有整体资产。⑤甲公司支付其违约金 388 万元。2012 年 10 月 21 日，该案开庭审理时，赵某某提交甲公司于 2012 年 11 月 1 日出具的《受让承诺书》作为其主张违约金的依据。该证据原件的上部分被撕去，根据其提交的复印件显示，甲公司于 2012 年 11 月 1 日出具《承诺书》，内容为：转让方垫付的 50 万元民工死亡赔偿金，受让方于 2012 年 12 月 30 日全部支付给转让方，否则每日给转让方支付 5‰ 的违约金。轧花厂西南角的 2 亩地和新打的水井不在这次转让之内，如果受让方强行收回，由水井给后面 300 亩地造成一切的损失，由受让方承担。在该《承诺书》的主文与甲公司落款及盖印日期之间的空白处，打印了《受让承诺书》。经原审当庭询问，赵某某称该证据另一半被甲公司撕走。甲公司遂向原审法院提出对《受让方承诺书》中加盖的该公司印章的真伪进行鉴定的申请，之后又提出对其内容是否存在套打、伪造的事实进行补充鉴定的申请。2013 年 2 月 19 日，原审法院委托鉴定前，询问赵某某，两份内容不一致的承诺书打印在同一张纸上的原因。赵某某称，其将两份承诺打印在一起，经甲公司的谢某某确认后撕掉了上半部分，有谢某某的录音为证。之后赵某某以其撤回要求甲公司支付违约金的主张为由，提出不提交该录音证据。原审法院对《受让方承诺书》中的印章进行了鉴定，经鉴定机构确认，《受让方承诺书》上甲公司的印章真实。该案审理过程中，赵某某向原审法院申请撤回其第①项、第③项、第④项、第⑤项请求，原审法院予以准许。

新疆高院二审查明的其他事实与一审法院查明的事实一致。

新疆高院认为，甲公司尚欠赵某某 940 万元股权转让款未支付的事实经本案双方当事人均予确认。本案的主要争议在于该 940 万元股权转让款中是否应当扣除相关款项的问题。

甲公司与赵某某实际履行 4 月 25 日协议的事实已经生效法律文书确认。协议第 2.4 条、第 2.5 条、第 3.3 条、第 4.2 条均明确了乙公司股权转让之前存在的债务，由转让前的原股东承担。甲公司在原审提交的法律文书及支付凭证等证据证明，赵某某转让乙公司股权之前，乙公司存在债务，经人民法院生效法律文书确认，由甲公司受让乙公司股权之后实际履行。原审按赵某某的持股比例，认定 4 月 25 日协议签订之前，乙公司所涉及七个诉讼案件合计债务的 97% 为 1 644 857.22 元，该款项应由赵某某承担，在赵某某应得的股权转让款中扣减有合同依据和事实依据。甲公司关于其欠付赵某某的股权转让款中，应扣除赵某某应当承担的债务的抗辩无须另行反诉，原审程序合法，新疆高院予以确认。

根据玛纳斯县城乡规划管理局向乙公司出具的《规划设计条件通知书》及玛纳斯县国土资源局向乙公司出具的《关于限期签订〈国有建设用地使用权出让合同〉的通知》，可以证明赵某某与甲公司股权转让之前，乙公司申请使用的面积 44 782 平方米（约 67.17 亩）的建设用地已经在相关部门规划审批办理之中。结合甲公司已经支付 1 000 万元股权转让款，赵某某已将乙公司的固定资产和生产设备向甲公司移交的双方履行合同情况可以反映，双方最终确认的2 000万元股权转让价款，应当包含赵某某、陈某某在乙公司投入的货币出资，作为股东享有的乙公司的厂房、生产设备等所有者权益，还包括乙公司正在申请之中即将获得的土地使用权以及建设项目等企业的预期利益。基于此，4月25日协议第5.1条约定："在本协议签署后30日内，乙丙各方保证办理标的企业涉及的土地、房产以及建设项目所需要的环境保护、安全生产等方面的手续，取得相应的产权证照及审批文件"。根据该约定，赵某某、陈某某应当办理乙公司作为权利人的土地权属证书，而缴纳土地出让金是获得土地使用权的先行和初始义务，其性质与转让、过户过程中发生的税、费有本质区别，缴纳义务主体应为赵某某、陈某某。4月25日协议第10.2条约定："协议后未尽事宜，协议各方可以协商签署书面补充协议，补充协议与本协议书具有同等法律效力。在此前或者此后，就本次股权转让事宜所涉及的转让协议，如有与本协议不一致的，包括但不限于向有关政府部门报备文件，均以本协议为准"。虽然《受让承诺书》上的公章经鉴定为甲公司的真实公章，但该承诺书对4月25日协议第5.1条约定办理证照的责任主体进行了实质变更，而非对协议未尽事宜的补充。故依据协议第10.2条的约定，其不具有变更4月25日协议的效力，本院对该证据不予采信。原审以《受证承诺书》为依据，确认乙公司名下建设用地所缴纳的土地出让金等费用3 944 093.76元款项的承担主体为甲公司，采信证据不当，导致处理结果不当，新疆高院予以纠正。将甲公司为办理乙公司名下国有土地使用权属证书所缴纳的土地出让金等费用3 944 093.76元，按赵某某持股比例，从其股权转让款940万元中扣减3 825 770.95元（3 944 093.76×97%）。

承前析理，根据4月25日协议第5.1条的约定，赵某某、陈某某亦应当负责办理乙公司的环评、安全认证手续，而缴纳环评、安全认证手续费是办理环评及安全认证的必要支出，该缴纳义务主体亦应当为赵某某、陈某某。甲公司在原审中出示乙公司办理环评、安全认证费用票据共计9张，合计金额为82 668元。其中：伊犁哈萨克自治州水利电力勘测设计研究院出具的载明环评费的增值税发票，能够证实乙公司实际支出了20 000元环评费，新疆高院予以确认；昌吉回族自治州亿安注册安全工程师事务所出具的票面金额为11 500元、23 500元的两张咨询费专用发票，能够证实乙公司为办理安全认证手续，实际支出该两笔咨询费用，新疆高院予以确认；其他六张票据分别为：不动产修缮和维修费7 668元、防护栏费用1 600元、李根旺劳务费1 500元、彩钢夹芯板费用8 200元、刘满意劳务费7 800元、货物及劳务和应税服务费900元，因甲公司未能提交其他证据与该六张票据相互印证，足以证实六张票据载明的费用与乙公司办理安全认证手续存在必然的联系，故其主张该六张票据系乙公司办理安全认证手续发生的费用，依据不足，不予采信。综上，新疆高院按赵某某持股比例，从其股权转让款940万元中扣减乙公司支出的环评费19 400元（20 000×97%）及办理安全认证手续费33 950元［（11 500＋23 500）×97%］。

4月25日协议第5.2条约定："因履行本协议书引致的纳税事宜及税收负担，依国家有关税收的法律、法规处理。"对于甲公司主张的股权转让印花税及滞纳金10 100元。《印花税暂行条例》所附的印花税税目税率表规定，转移财产所有权，纳税义务人为立据人，按所载金额5‰贴花。经原审查明，乙公司支付其与赵某某股权转让过程中的印花税9 700元及逾期申报罚款50元，合计9 750元。甲公司和赵某某同为股权转让合同的立据人，在合同没有明确约定的情形下，均应负担股权转让产生的税款。原审采信《受让承诺书》，判令该印花税及逾期申报罚款由甲公司承担依据不足，予以纠正。确认赵某某应负担税金及罚款的50%，即4 875元（9 750×50%），该款项应从赵某某应得的股权转让款中扣减。

2012年8月22日，赵某某将400万元款项汇入乙公司账户，在当日和次日又以借款的形式从乙公司账户向刘某和黄某合计支付400万元。该400万元款项以乙公司的名义向刘某、黄某出借，主张的权利主体应为乙公司，甲公司受让乙公司的股权之后，作为乙公司的股东，在其应支付的剩余股权转让款940万元中主张抵扣该款项没有事实和法律依据，不予支持。

对于甲公司主张在股权转让款中扣除的预计办理房屋产权费用30万元的款项，因尚未实际发生，甲公司主张在本案的股权转让款中扣除，依据不足。对于甲公司上诉提出其在本案中为赵某某承担的50 871.87元案件款，不属于人民法院二审审理范围，不予审理。

综上，甲公司应向张某某等四人支付的股权转让款为3 871 146.83元〔9 400 000（股权转让款）－1 644 857.22（乙公司涉案款）－3 825 770.95（土地出让金等费用）－19 400（环评费）－33 950（安全认证手续费）－4 875（印花税及逾期申报罚款）〕。

《合同法》第一百二十条规定："当事人双方都违反合同的，应当各自承担相应的责任。"根据本案已经查明的事实，甲公司与赵某某之间股权转让合同履行过程中，甲公司存在未及时支付股权转让款的事实，赵某某亦存在未按照约定清偿乙公司债务、未及时办妥相关手续的行为，其应当承担相应的责任。原审对张某某、李某某、赵某1、赵某2向甲公司主张的违约金及利息损失予以驳回，有法律依据且符合公平原则，应予维持。

综上，甲公司的上诉请求，部分成立，法院予以支持。

2018年5月10日，新疆高院依照《民事诉讼法》第一百七十条第一款第二项之规定，作出〔2018〕乙终40号民事判决书，判决撤销昌吉回族自治州中级人民法院〔2017〕新23民初11号民事判决第二项；变更昌吉回族自治州中级人民法院〔2017〕新23民初11号民事判决第一项为新疆甲现代农业股份有限公司于本判决生效后10日内向张某某、李某某、赵某1、赵某2支付股权转让款3 871 146.83元；驳回张某某、李某某、赵某1、赵某2的其他诉讼请求。一审案件受理费117 666.80元，由张某某、李某某、赵某1、赵某2负担88 250.10元，由新疆甲现代农业股份有限公司负担294 16.70元；二审案件受理费135 444.60元，由张某某、李某某、赵某1、赵某2负担101 583.45元，由新疆甲现代农业股份有限公司负担33 861.15元。

四、宁夏回族自治区印花税民事纠纷案

上诉人姚某1、姚某2因与被上诉人张某1房屋买卖合同纠纷一案，不服宁夏回族自治区平罗县人民法院〔2020〕宁0221民初3322号民事判决，向石嘴山市中级人民法院（以下简称"石嘴山中院"）提起上诉。石嘴山中院于2021年2月19日立案后，依法组成合议庭进行了审理。本案现已审理终结。

姚某1、姚某2的上诉请求：①撤销平罗县人民法院〔2020〕宁0221民初3322号民事判决第一项。②发回重审本案或者改判驳回张某1的该项诉讼请求。③一审诉讼费、二审上诉费由张某1承担。事实和理由：本案应为民间借贷，双方之间是民间借贷纠纷。姚某1将房屋转让给张某1是以物抵债偿还借款的行为，不是真正的房屋买卖行为，姚某1、姚某2以物抵债的法律义务的范围仅限于债权债务的本金或者利息、违约金，要求姚某1、姚某2承担超出此范围的额外费用没有法律依据，姚某1、姚某2只应配合张某1办理房屋产权过户登记手续，不应承担过户的相关税费。张某1主张的案涉

房屋相关税费的诉讼请求已经超过法律规定的诉讼时效期间，已丧失胜诉权，一审未审核姚某1、姚某2的抗辩意见错误。张某2车祸去世后，张某1称其有借款未还，但无证据，姚某1为免于骚扰和姚某2刚上初一，姚某1迫于压力私自以案涉房屋抵顶47万借款，划去协议中房产过户的税费约定是协商的结果。姚某1考虑张某1不会反悔将房产证交给张某1，等姚某2成年后协商过户，没想到张某1起诉了。姚某2成年后姚某1告知此事，姚某2一直反对这份协议，父女间产生隔阂。

张某1辩称，姚某1、姚某2与张某1之间房屋买卖合同纠纷经平罗县人民法院〔2019〕宁0221民初3169号民事判决，姚某1、姚某2应当给张某1办理不动产登记证，申请强制执行后姚某1、姚某2拒不按照国家相关法律规定向税务局缴纳房屋出售方应承担的契税及相关费用，导致强制执行程序不能继续，张某1针对办理不动产登记时双方各自应交纳的契税又向法院再次提起诉讼，双方在签订《关于债务认定及房屋买卖的协定》时约定房屋过户手续办理时产生的契税、工本费等费用均由姚某1承担，但不知为何这一约定被划掉，按照交易习惯和国家相关规定，房屋的出售方应依法纳税，购买方也应当依法纳税。一审判决认定事实清楚，适用法律得当，请求法院依法驳回上诉，维持原判。

张某1向一审法院提出诉讼请求：①判令姚某1、姚某2依法协助张某1办理位于××小区大门南侧33号门面房的不动产登记证书，并依据不动产交易相关法律规定承担出让方应当承担的契税（以涉案房屋评估价为依据，出售方承担15.05%的契税：增值税及附征5.5%、个人所得税1.5%、印花税0.05%、土地增值税8%），并承担过户相关费用。②本案诉讼费由姚某1、姚某2承担。

一审法院认定的事实：张某1与案外人张某2（系姚某1妻子、姚某2母亲）系亲姐妹关系。2010年9月23日，案外人张某2因车祸身亡。2010年12月24日，就案外人张某2欠张某1借款47万元，姚某1与张某1签订《关于债务认定及房屋买卖的协定》一份，协议约定所欠张某1借款47万元，由姚某1将张某2名下的位于××小区大门南侧33号门面房一套以65万元的价格出卖给张某1，抵顶欠张某147万元借款，再由张某1向姚某1支付购房款18万元。协议签订后，姚某1给张某1出具55万元（借款47万元、购房款8万元）购房款收条一份，另外10万元由张某1直接支付给其母亲苗某某（协议约定由苗某某继承遗产10万元），姚某1也将涉案房屋交付给张某1使用。2012年5月30日，姚某1、姚某2将涉案房屋过户至自己名下，因姚某2尚未成年，涉案房屋一直未能过户至张某1名下。2019年7月31日，张某1向平罗县人民法院起诉，要求姚某1、姚某2将其名下案涉房屋过户给张某1，并立即办理不动产登记证过户手续。平罗县人民法院于2019年10月22日作出〔2019〕宁0221民初3169号民事判决书，判令姚某1、姚某2协助张某1办理案涉房屋的不动产权登记证书。对于双方争议的案涉房屋过户产生的契税及费用承担问题，因张某1诉讼时未提出该项诉讼请求，故未处理。因案涉房屋至今仍在姚某1、姚某2名下，故张某1提起诉讼，要求姚某1、姚某2履行房屋过户义务并承担部分税费。

一审法院认为，根据已生效的〔2019〕宁0221民初3169号民事判决书所确认的事实，案涉房屋系姚某1与张某1自愿签订《关于债务认定及房屋买卖的协定》用于抵顶借款，该协定合法有效，且已实际履行。该民事判决书已判决姚某1、姚某2协助张某1办理位于××小区大门南侧33号门面房的不动产权登记证书，现张某1再次主张姚某1、姚某2协助办理案涉房屋的不动产登记证书属于重复诉讼，不予处理。关于张某1主张姚某1、姚某2承担案涉房屋过户时产生的增值税及附征5.5%、个人所得税1.5%、印花税0.05%、土地增值税8%的税费问题，根据张某1与姚某

1 签订的《关于债务认定及房屋买卖的协定》，其中关于过户时税费由谁承担的约定被删除，故视为双方未明确约定，但根据房屋交易政策及税收法律、行政法规的规定，姚某 1、姚某 2 作为房屋出让人应当缴纳增值税及附征、个人所得税、印花税及土地增值税，具体应适用的税率按照国家规定税率及宁夏回族自治区人民政府按照本地区的实际情况确定幅度内税率计算。对张某 1 要求姚某 1、姚某 2 承担其他过户相关费用的诉讼请求，因无事实和法律依据，不予支持。对姚某 1、姚某 2 关于张某 1 主张协助过户的请求属于重复诉讼的意见，予以采纳，姚某 1、姚某 2 的其他辩解意见不符合法律规定，不予采纳。一审法院依照《合同法》第六十条第一款和第一百零七条、《增值税暂行条例》第一条、《土地增值税暂行条例》第二条、《个人所得税法》第二条第一款第（八）项、《印花税暂行条例》第二条和第八条、《最高人民法院关于适用〈中华人民共和国民事诉讼法〉的解释》第二百四十七条的规定，判决姚某 1、姚某 2 承担位于 ×× 小区大门南侧 33 号门面房过户登记至张某 1 名下时产生的增值税及其附加、个人所得税、印花税及土地增值税（适用税率按照国家规定税率及宁夏回族自治区人民政府按照本地区的实际情况确定幅度内税率计算）；驳回张某 1 的其他诉讼请求。案件受理费 100 元由姚某 1、姚某 2 负担。

石嘴山中院二审期间，当事人均未提交新的证据。石嘴山中院查明的事实同一审法院查明事实一致。

石嘴山中院认为，已发生法律效力的〔2019〕宁 0221 民初 3169 号民事判决书认定案涉房屋系姚某 1 与张某 1 自愿签订《关于债务认定及房屋买卖的协定》用于抵顶借款并判决姚某 1、姚某 2 协助张某 1 办理位于 ×× 小区大门南侧 33 号门面房的不动产权登记证书，故双方之间系房屋买卖合同关系，姚某 1、姚某 2 上诉主张系民间借贷纠纷不能成立；张某 1 与姚某 1 签订的《关于债务认定及房屋买卖的协定》中未明确过户时间，在〔2019〕宁 0221 民初 3169 号一案审理中张某 1 虽无关于案涉房屋过户的契税和费用的诉讼请求，但在该案中对房屋过户的契税及费用由谁承担是双方争议的焦点，故张某 1 要求姚某 1、姚某 2 承担出让方应当承担的契税未超过法定的诉讼时效期间；《关于债务认定及房屋买卖的协定》中关于过户时税费由谁承担的约定被删除，视为双方未明确约定，根据房屋交易政策及税收法律、行政法规的规定，姚某 1、姚某 2 作为房屋出让人应当缴纳增值税及其附加、个人所得税、印花税及土地增值税，具体应适用的税率按照国家规定税率及宁夏回族自治区人民政府按照本地区的实际情况确定幅度内税率计算。

综上所述，姚某 1、姚某 2 的上诉请求不能成立，一审判决认定事实清楚，适用法律正确，应予维持。

2021 年 5 月 7 日，石嘴山中院依照《民事诉讼法》第一百六十九条第一款、第一百七十条第一款第（一）项规定，作出〔2021〕宁 02 民终 321 号民事判决书，判决驳回上诉，维持原判。二审案件受理费 100 元由上诉人姚某 1、姚某 2 负担。

五、山东省印花税民事纠纷案

上诉人山东甲汉源绿色能源有限公司（以下简称"甲公司"）因与被上诉人赵某 1、赵某 2 及原审被告乙众兴集团有限公司（以下简称"乙公司"）合同纠纷一案，不服济南市槐荫区人民法院〔2020〕鲁 0104 民初 5965 号民事判决，向山东省济南市中级人民法院（以下简称"济南中院"）提起上诉。济南中院于 2021 年 2 月 20 日立案后，依法组成合议庭进行了审理。本案现已审理终结。

甲公司上诉请求：①撤销一审判决第一项，改判驳回赵某1、赵某2的诉讼请求。②赵某1、赵某2承担一审、二审的诉讼费及保全费等。事实和理由：

（1）一审判决适用法律错误，赵某1、赵某2的诉讼请求不具备支付条件，应依法被驳回。根据《山东甲汉源绿色能源有限公司股权转让协议》（以下简称《股权转让协议》）第5.4条的约定，甲公司如收到2016年及2017年1～4月的电价补贴（治霾补贴），该补贴将作为整个协议的履约担保，担保期为3个月，到期后扣除相应税费返还给深圳汉源绿色能源有限公司（以下简称"深圳汉源公司"），截至上诉日，《股权转让协议》约定的相关义务履行期限未届满、未履行完毕，例如：《股权转让协议》第5.3条约定了3年的收入对赌期限，深圳汉源公司保证甲公司年发电利用小时数不低于为7 200小时、年采暖量不低于52万吉焦、年供蒸汽量不低于12.38万吨的收入。截至上诉日，2018年、2019年的保证收入均未完成，具体情况如下：

3年的对赌期限，前2年的对赌保证收入未完成、第三年的对赌期限未届满，电价补贴作为《股权转让协议》的履行担保，在相关义务履行期限未届满、且义务未完成的情况下，依法不具备返还条件。一审法院以"《股权转让协议》的整体履约期限为3年，有效期限自2017年12月25日起至2020年12月24日止，合同约定的担保期为3个月，故电价补贴最迟于2021年3月24日支付"没有法律依据，请求依法撤销一审判决第一条，驳回赵某1、赵某2的诉讼请求。

（2）一审判决认定事实不清，假设具备返还条件，则应支付的2017年1～4月的电价补贴金额为696 708.74元。

其一，根据鲁价格一发〔2018〕71号《山东省物价局关于下达2018年农林生物质直燃发电项目"价格治霾"临时电价补贴的通知》（以下简称"补贴文件"）"二、补贴标准"及"附件——2018年农林生物质直燃发电项目'价格治霾'临时电价补贴表"，装机容量1万千瓦以上的，每千瓦时补贴0.03元；甲公司2017年整年度的治霾电价补贴金额为1 044 668元。

其二，甲公司2017年1～4月的上网电量合计为27 388 020千瓦时，治霾补贴单价为0.03元/千瓦时，1～4月的治霾补贴为821 640.60元（27 388 020×0.03），故1～4月的含税治霾补贴金额为821 640.60元。上述含税治霾补贴821 640.60元，甲公司已缴纳对应的税金124 931.86元（包含增值税113 329.74元，城市建设维护税5 666.49元，教育费附加3 399.89元，地方教育费附加2 266.59元，地方水利建设基金56.66元，印花税212.49元），故根据《山东甲汉源绿色能源有限公司股权转让协议》第5.4条约定，治霾补贴作为协议的履约担保，到期后扣除相应税费返还，因此，假设具备了返还条件，那么应返还金额也应扣除已交税金，即扣税后的补贴金额为696 708.74元。《股权转让协议》约定的是2016年及2017年1～4月的电价补贴，2016年度未发放过补贴：根据补贴文件，2017年一整年度的补贴金额为1 044 668元，2017年1～4月扣除税后的补贴款应为696 708.74元。一审庭审过程中，甲公司与赵某1、赵某2均认可1 044 668元为2017年一整年度的补贴款项，一审法院判决返还补贴款1 044 668元属于事实认定错误。

综上，甲公司认为，《股权转让协议》约定的相关义务履行期限未届满，且前2年的对赌保证收入未完成，电价补贴作为《股权转让协议》的履行担保，在相关义务履行期限未届满、且义务未完成的情况下，依法不具备支付条件；假设具备了支付条件，一审判决的1 044 668元也不正确，应是696 708.74元。本案诉争债权属于未到期的担保债权，其作为整个协议的履约担保，合同相关方尚未依据《股权转让协议》约定进行结算，其返还条件尚不具备。依据《股权转让协议》第 5.3 条约定，诉争款项是为整个协议提供的履约担保，系为防止股权转让方在合同执行过程中违反合同规定或者未完成合同义务，弥补股权受让方遭受的经济损失而作的特别约定。《股权转让协议》第 5.3 条约定赵某 1、赵某 2 对甲公司承诺的 2018—2020 年 3 年的业绩承诺，截至上诉日，2018 年、2019 年的业绩承诺均未完成，双方未就业绩补偿进行结算，债权为未到期、不确定、且需要双方结算的债权，故补贴款作为担保款项的交付条件尚未成就。如具备返还条件，还应在上诉状第二条基础上扣除 2017 年 1～4 月补贴款应代扣代缴的个人所得税，扣除税款后的补贴款为 557 366.99 元。如具备返还条件，甲公司应返还赵某 1、赵某 2 补贴款，根据《股权转让协议》第 5.4 条应扣除补贴款对应的税费。除了扣除 2017 年 1～4 月补贴款已交税款 124 931.86 元，赵某 1、赵某 2 为自然人，根据《个人所得税代扣代缴管理办法》的规定，甲公司有义务代扣代缴个人所得税，应代扣代缴的个人所得税＝应纳税所得额 × 个人所得税税率＝（821 640.60 － 124 931.86）×20%＝139 341.75 元，2017 年 1～4 月补贴款扣除上述税后的金额＝含税治霾补贴－已交税金－应代扣代缴个人所得税＝ 821 640.60 － 124 931.86 － 139 341.75 ＝ 557 366.99 元。

赵某 1、赵某 2 辩称，一审法院事实认定清楚，适用法律正确，请求依法驳回甲公司上诉请求。一审中赵某 1、赵某 2 提供的证据及甲公司在庭审中的认可表明，政府补贴款 1 044 668 元已经收到，且甲公司对赵某 1、赵某 2 诉讼的数额并无异议，在一审中也未提供证据予以证明，根据《股权转让协议》，约定电价补偿款不能作为 5.3 条的履约担保，在 2018 年甲公司就免除了赵某 1、赵某 2 的职务，赵某 1、赵某 2 无法参与到甲公司的经营管理。即使甲公司认为深圳汉源公司未达到协议约定的内容，也应按照股权转让协议的约定经甲乙双方约定确认数额后才能在甲方的分红中补偿，在 3 年期限内并未收到甲公司的任何通知。一审认定的数额无误，政府补贴款项不应缴纳政府税费，甲公司并无代扣个人所得税的权利。综上所述，请求依法驳回甲公司的诉讼请求。

乙公司述称，一审判决对与乙公司相关事实及判决，认定事实清楚、适用法律正确，应依法予以维持。赵某 1、赵某 2 因本案申请查封乙公司账户存款，一审判决乙公司不承担责任，赵某 1、赵某 2 未提起上诉，但至今未申请解除对乙公司账户的查封，给乙公司造成重大损失。请赵某 1、赵某 2 尽快提交解封乙公司账户申请，对因赵某 1、赵某 2 保全错误给乙公司造成损失，乙公司将保留追究损失的权利。

赵某 1、赵某 2 向一审法院起诉请求：①判决甲公司、乙公司将电价补贴款 1 044 668 元支付给赵某 1、赵某 2，并承担利息（利息以 1 044 668 元为基数，按中国人民银行的同期贷款利息计算，自 2018 年 7 月 17 日起至实际给付之日止）。②本案诉讼费、保全费由甲公司、乙公司承担。

一审法院认定事实：2017 年 12 月 25 日，甲方（转让方）深圳汉源公司、乙方乙公司、标的公司甲公司签订《股权转让协议》，协议中约定："5.3 并购后三年期内，除了不可抗力和政策性因素，甲方保证标的公司发电利用小时数不低于……5.4 标的公司如收到 2016 年度和 2017 年 1～4 月份山东省对生物质能发电上网电量每度 0.03 元的电价补贴，归甲方所有。收到后作为本协议的履约担保，担保期为 3 个月，到期后扣除相应税费后返还给甲方。"合同还约定其他事项。2018 年 8 月 2 日，甲方（转让方）深圳汉源公司与乙方（受让方）赵某 1、赵某 2 签订《债权转让协议》，主要约定甲方将其持有的对债务人甲公司尚未支付的 2016 年度和 2017 年 1～4 月电费补贴款的到期债权及其附属的一切权利全部转让给乙方。后深圳汉源公司向甲公司、乙公司发送债权转让通知书。2018 年 6 月 15 日，山东省物价局发布补贴文件，明确了补贴金额。庭审中，甲公司、乙公司认可补贴的价款 1 044 668 元已经到账。

一审法院认为，本案系合同纠纷。涉案《股权转让协议》，系当事人真实意思表示，不违反法律规定，为有效合同。赵某 1、赵某 2 与深圳汉源公司签订《债权转让协议》，并向甲公司、乙公司发送了通知，依法取得涉案债权，该事实应予认定。赵某 1、赵某 2 请求甲公司支付电价补贴款 1 044 668 元，甲公司辩称合同中 3 年的收入对赌期限尚未到期，条件尚未达成。甲公司收到的电价补贴款 1 044 668 元，依照《股权转让协议》中的约定，"标的公司如收到 2016 年度和 2017 年 1～4 月份山东省对生物质能发电上网电量每度 0.03 元的电价补贴，归甲方所有。收到后作为本协议的履约担保，担保期 3 个月，到期后扣除相应税费后返还给甲方"，《股权转让协议》整体履约期限为 3 年，且协议约定自双方签字盖章之日起生效，故上述协议的有效期，应当自 2017 年 12 月 25 日起，至 2020 年 12 月 24 日止，合同中约定担保期为 3 个月，故甲公司应当最迟于 2021 年 3 月 24 日将电价补贴款 1 044 668 元支付给赵某 1、赵某 2，赵某 1、赵某 2 的诉讼请求有事实和法律依据，一审法院予以支持，但对支付时间应当作出调整。因甲公司尚未构成违约，对利息不予支持。甲公司的辩称部分成立，一审法院部分采纳。乙公司辩称其并非本案适格主体，因《股权转让协议》中没有约定乙公司承担付款义务，故乙公司辩称成立，赵某 1、赵某 2 请求乙公司承担付款义务，不予支持。综上所述，依照《合同法》第四十四条、第四十六条、第六十条，以及《民事诉讼法》第六十四条的规定，判决：甲公司于 2021 年 3 月 24 日前向赵某 1、赵某 2 支付电价补贴款 1 044 668 元；驳回赵某 1、赵某 2 的其他诉讼请求。如果未按判决指定的期间履行给付义务，甲公司应当依照《民事诉讼法》第二百五十三条的规定，加倍支付迟延履行期间的债务利息。案件受理费 7 101 元和保全费 5 000 元均由甲公司负担。

济南中院二审期间，当事人围绕上诉请求依法提交了证据。法院组织当事人进行了证据交换和质证。

甲公司提交如下新证据：

（1）甲公司补充协议。该补充协议约定，乙公司与赵某 1、赵某 2 签订，协议约定深圳汉源公司在《股权转让协议》中所承担的所有责任和义务，由受让方赵某 1、赵某 2 承担。

（2）2017 年 1～4 月份向山东电力集团公司德州供电公司开具的增值税发票原件一宗。该证据拟证明 2017 年甲公司 1～4 月份上网电量共计 27 388 020 千瓦时。根据赵某 1、赵某 2 一审提供的补贴文件，装机容量 1 万千瓦时以上的，每千瓦时补贴 0.03 元，补贴金额按照甲公司 2017 年度上网电量计算。2017 年 1～4 月份电价补贴（含税）应为 821 640.6 元（27 388 020×0.03）。

（3）2017 年 11 月～12 月向山东电力集团公司德州供电公司开具的增值税发票原件一宗。该证据拟证明甲公司 2017 年 11～12 月份上网发电量为 7 434 240 千瓦时，根据补贴文件，2017 年 11～12 月份补贴款共计为 223 027.2 元（7 434 240×0.03）。根据《股权转让协议》第 5.4 条，2017 年 11～12 月份补贴款不属于涉案《股权转让协议》约定的归属于赵某 1、赵某 2 的权益。

（4）2018 年补贴款发票、甲公司 2017 年 1～4 月份电价补偿款计算清单，均为原件。该证据拟证明根据《股权转让协议》第 5.4 条，已缴纳的税费应当予以扣除；2018 年 6 月 27 日，甲公司共收到 2017 年度一整年的含税补贴款 1 044 667.78 元，税率为 16%，上网电量为 34 822 260 千瓦时；结合证据（2），甲公司 2017 年 1～4 月份的含税治霾补贴款为 821 640.60 元，应扣减甲公司已缴纳的 16% 增值税款 113 329.74 元。因已缴纳增值税，根据《城市维护建设税暂行条例》《征收教育费附加的暂行规定》《山东省地方水利建设基金筹集和使用管理办法》《印花税暂行条例》，甲公司还缴纳了以增值税为计税基础的城市维护建设税 5 666.49 元、教育费附加 3 399.89 元、地方教育附加 2 266.59 元、地方水利建设基金 56.66 元，缴纳了印花税 212.49 元，甲公司共缴纳 2017 年 1～4 月治霾补贴对应的已交税金 124 931.86 元，根据《股权转让协议》第 5.4 条的约定应予以扣除；根据《个人所得税代扣代缴管理办法》，甲公司有义务代扣代缴个人所得税，应代扣代缴的个人所得税 = 应纳税所得额 × 个人所得税税率 = 696 708.74×20% = 139 341.75 元，2017 年 1～4 月电价补贴扣除上述税费后的金额 = 含税补贴款 − 已交税金 − 应代扣代缴个人所得税 = 821 640.60 − 124 931.86 − 139 341.75 = 557 366.99 元。

（5）2018—2019 年甲公司供电、供热、供蒸汽开具的发票（其中供蒸汽有发票原件）及来往银行回单复印件一宗；甲县人民政府集中供热三方协议、甲县东开发区集中供热三方协议、蒸汽供应协议，均为原件；2018—2019 年业绩对赌完成对比表，系甲公司自行统计；2018 年及 2019 年审计报告原件。该证据拟证明：根据《股权转让协议》第 5.3 条，深圳汉源公司向甲公司承诺了 2018—2020 年 3 年的业绩承诺，根据《股权转让协议》第 5.4 条，2017 年 1～4 月的补贴款为履行协议的担保，深圳汉源公司未完成《股权转让协议》约定的相关义务，主债权未结算的情况下，补贴款不应予以返还。根据审计报告、发票及协议，赵某 1、赵某 2 未完成 2018 年度、2019 年度的业绩补偿，补贴款不具备支付条件，且业绩补偿款至今尚未支付，补贴款作为主债权的担保，不应在主债权未结清时单独予以返还。

赵某 1、赵某 2 经质证认为：

对证据（1）补充协议的真实性、合法性不认可，补充协议上并无甲公司盖章，补充协议中约定甲公司、乙公司及赵某 1、赵某 2 各保留一份，但赵某 1、赵某 2 并没有该协议。《股权转让协议》第 5.4 条明确约定了电价补偿款归甲方所有，在甲公司收到电价补偿款后，应当及时支付赵某 1、赵某 2，《股权转让协议》第 5.3 条不能挂钩 5.4 条的约定，且第 5.3 条也明确约定了发电的具体小时、具体吨、吉焦，应以甲公司销出的电暖蒸汽及公司字号为准，而在此期间赵某 1、赵某 2 未收到甲公司告知有未完成约定义务，甲公司明显是拖延赵某 1、赵某 2 的行为，根据国家法律规定，政府补贴款是不应缴纳税费的，如甲公司认为缴纳税费补贴款应提供相应法律支持。

对证据（2）的真实性认可，对证明内容有异议，在一审庭审中，甲公司对赵某 1、赵某 2 的诉讼数额并无异议，也未提供相应证据证明，应当以补贴文件确定的具体数额为准。甲公司提供的该宗证据赵某 1、赵某 2 并未核对数额，也并不代表甲公司在 2017 年 1～4 月的用电量，政府补贴款项不应缴纳税费，甲公司提供的该宗证据上显示的服务名称为购电款，与本案的政府补贴款没有关联。

对证据（3）真实性无异议，对证明内容有异议，甲公司提供的 2017 年 11 月、12 月并不代表甲公司 2 个月的发电量，结合证据（2）看，单价不一致，显示的服务名称为购电款，与本案无关联。

对证据（4）发票的真实性无异议，与本案没有关联，对计算清单有异议，结合补贴文件及 2018 年 7 月 16 日山东电力集团公司德州供电公司向甲公司的转账凭证，转账金额为 7 917 325.75 元，结合甲公司的记账凭证，记账凭证号为 0070 号，摘要上记载为收到山东电力集团公司德州供电公司 2017 年补贴款应收 1 044 667.80 元，与政府文件相吻合。且根据甲公司提供的补贴款发票，服务名称为供电。对计算过程的真实性、合法性、关联性均有异议，政府补贴款是不应纳税的，甲公司针对政府的购电款衡量补贴款只是判断错误，且合同中明确约定了政府补贴款为赵某 1、赵某 2 的债权，甲公司无权扣除赵某 1、赵某 2 的个人所得税。

对证据（5）中发票及银行回单只有复印件的部分真实性有异议，对有原件的部分的真实性无异议，但对该证据的证明内容均有异议，2018—2019 年的电、热、汽发票及银行回单与本案无关，也不能证明甲公司一年来所用的电、热、汽，根据《股权转让协议》第 5.4 条，甲公司收到政府补贴款后应及时支付赵某 1、赵某 2，甲公司所言的对赌协议在 2020 年年中赵某 1、赵某 2 向甲公司及乙公司发送律师函，要求对方将收到的政府补贴款项及时归还赵某 1、赵某 2，乙公司及甲公司的负责人与赵某 1、赵某 2 代理人电话联系，确定了该政府补贴款项的问题，也回答了及时给付赵某 1、赵某 2，只是由于乙公司机制改革问题无法签字，所以无法及时给付，而在此将近几个月的协商时间，甲公司及乙公司从未向赵某 1、赵某 2 提过对赌协议的问题，赵某 1、赵某 2 既是甲公司的股东，在此期间召开所有的会议也未告知赵某 1、赵某 2 未完成协议内容，在一审庭审中针对甲公司企业管理及记账凭证可以随时提供而不提供，甲公司也应承担举证不能的责任，况且本案的补贴款与 5.3 条没有关联。据赵某 1、赵某 2 告知代理人，甲公司股权转让后，甲公司将赵某 1、赵某 2 解除公司职务，赵某 1、赵某 2 无从得知甲公司的经营管理问题。对赌协议只是约定的量，并不能单单依据甲公司提供的收入问题予以证明。结合甲公司提供的证据，发票上写的单价明显不一致，如以收入进行谈量，违反股权转让协议的根本性约定。对甲县人民政府集中供热三方协议、甲县东开发区集中供热三方协议、蒸汽供应协议的真实性、合法性、关联性均不认可，赵某 1、赵某 2 作为甲公司的股东从不知道该协议的存在，且与本案没有关联。对 2018－2019业绩对赌完成对比表真实性有异议，与本案无关，根据股权转让协议只是约定的量，并未约定收入，针对为什么谈论保证收入的问题，只有甲公司自己知道。对 2018 年及 2019 年审计报告的真实性、合法性、关联性有异议，与本案无关，不予质证，且该审计报告中阐述的只是收入问题。

根据当事人的上述举证质证，对甲公司提交的 2017 年 1～4 月份、11～12 月份向山东电力集团公司德州供电公司开具的增值税发票、2018 年补贴款发票、2018—2019 年甲公司供电、供热、供蒸汽开具的发票及来往银行回单的真实性，法院予以确认。甲公司提交的甲县人民政府集中供热三方协议、甲县东开发区集中供热三方协议、蒸汽供应协议，因涉及案外人利益，对其真实性，法院不予确认。2018－2019 年业绩对赌完成对比表，系甲公司自行统计，对其真实性本院不予确认。2018 年及 2019 年审计报告系甲公司单方提供，对其真实性，法院亦不予确认。

对当事人二审争议的事实，济南中院认定如下：

补贴文件中载明，"二、补贴标准。补贴额按照企业 2017 年上网电量计算（补贴项目、金额详见附表）"，该文件附件 2018 年农业生物质直燃发电项目"价格治霾"临时电价补贴表中显示甲公司上网电量为 34 822 260 千瓦时，补贴金额为 1 044 668 元。据此计算可得，补贴款为 0.03 元/千瓦时。

2018 年 6 月 27 日，甲公司向山东电力集团公司德州供电公司开具两张发票，价税合计金额均为 522 333.89 元，税率为 16%，税额均为 72 046.05 元。

2018 年 7 月 16 日，山东电力集团公司德州供电公司向甲公司转入 7 917 325.75 元，其中包含上述补贴款 1 044 667.80 元。

甲公司 2017 年上网总电量为 34 822 260 千瓦时，其中 1 月份上网电量为 9 423 480千瓦时，2 月份上网电量为 8 958 840 千瓦时，3 月份上网电量为 5 233 800 千瓦时，4月份上网电量为 3 771 900 千瓦时，11 月份上网电量为 2 357 520 千瓦时，12 月份上网电量为 5 076 720 千瓦时。1～4 月份上网总电量共计 27 388 020 千瓦时。

二审中，甲公司提交的审计报告显示 2018 年度甲公司供电收入为 96 931 079 元，供热收入为 8 690 053.69 元，供气收入为 10 880 504.55 元；2019 年度甲公司供电收入为 138 366 135.10 元，供热收入为 10 361 415.90 元，供气收入为 10 871 704.26 元。其提交的 2018—2019 年供电、供热、供气开具的发票，显示 2018 年甲公司销售电量为 147 696 120 千瓦时，销售收入为 58 325 197.79 元；供热总量为 316 280.21 吉焦，销售收入为 7 026 808.92 元；供气总量为 67 523 吨，销售收入为 11 943 535 元。2019 年甲公司销售电量为 202 779 720 千瓦时，销售收入为 80 077 711.44 元；供热总量为 429 974.19 吉焦，销售收入为 9 525 631.57 元；供气总量为 65 829 吨，销售收入为 11 849 220 元。

法院另查明，《股权转让协议》第 5.3 条约定，并购后 3 年内，除不可抗力和政策性因素外，甲方保证标的公司年发电利用小时数不低于为 7 200 小时、年采暖量不低于 52 万吉焦、年供蒸汽量不低于 12.38 万吨的总收入。3 年期内，当年实现的收入小于上述保证数量应实现的收入时，乙方除按股权比例享有的分红外，乙方还享有收入不足逾期的差额补偿［当年实现的净利润 × (保证收入 ÷ 实际收入 − 1) × 80%］，从甲方按股权比例计算的分红中补偿。第 6.8 条约定，甲乙双方在办理完成股权工商变更手续之日起 3 日内，甲方将标的公司的资产、控制权、管理权移交给乙方，由乙方对标的公司实施管理和控制。

工商登记信息显示，2018 年 1 月 17 日，甲公司股东由深圳汉源公司 (认缴出资 11 670 万元)，变更为乙公司 (认缴出资 9 336 万元)，赵某 2 (认缴出资 1 167 万元)，赵某 1 (认缴出资 1 167 万元)。

上述事实有补贴文件、中国工商银行网上银行电子回单、山东增值税专用发票、《股权转让协议》及企业信用信息报告在卷佐证。

济南中院认为，《股权转让协议》第 5.3 条约定深圳汉源公司在并购后 3 年期内有保证实现收入的义务，故第 5.4 条约定的履约担保应系就第 5.3 条中深圳汉源公司应履行义务所作的担保。依据 2018—2019 年甲公司供电、供热、供蒸汽开具的发票所计算的销售收入，与 2018、2019 年度审计报告中所载的相应收入均不一致，甲公司提交的证据不能形成完整的证据链，且均系其提供的单方证据，不能证实甲公司 2018 年、2019 年度发电量、采暖量及供蒸汽量不符合《股权转让协议》第 5.3 条的约定。甲公司应按照《股权转让协议》第 5.4 条约定，在担保期届满后，将电价补贴扣除相应税费返还给深圳汉源公司，因深圳汉源公司已将该部分债权转让给赵某 1、赵某 2，故甲公司应将上述款项返还给赵某 1、赵某 2。

根据补贴文件及其附件，甲公司收到电价补贴 1 044 668 元 (2017 年度全年度上网总电量 34 822 260 千瓦时 × 0.03 元／千瓦时)，其中 2017 年 1～4 月份上网总电量共计 27 388 020 千瓦时，相应补贴款应为 821 640.6 元。根据《股权转让协议》第 5.4 条的约定，赵某 1、赵某 2 有权向甲公司主张 2016 年度和 2017 年 1～4 月份的电价补贴，现赵某 1、赵某 2 并无证据证实甲公司已经收到了 2016 年度的电价补贴，故仅能支持赵某 1、赵某 2 2017 年 1～4 月份的电价补贴。

甲公司主张 2017 年 1～4 月电价补贴中应扣除已缴纳税金 124 931.86 元 (其中增值税 113 329.74 元，城市建设维护税 5 666.49 元，教育费附加 3 399.89 元，地方教育附加 2 266.59 元，地方水利建设基金 56.66 元，印花税 212.49 元)。根据《增值税暂行条例》第五条、第六条以及《国家税务总局关于取消增值税扣税凭证认证确认期限等增值税征管问题的公告》第七条的规定，电价补贴不属于不征收增值税的范围，甲公司二审中提交的其于 2018 年 6 月 27 日向山东电力集团公司德州供电公司开具的两张发票，可知甲公司收到电价补贴 1 044 668 元应缴纳相应增值税，税率为 16%。

因 1 044 668 元系 2017 年全年的电价补贴，其中 1～4 月电价补贴仅为 821 640.6 元，故 1～4 月电价补贴应缴纳的增值税金额为 113 329.74 元〔821 640.6÷（1＋16%）×16%〕。根据《城市维护建设税暂行条例》第一条、第四条的规定，相应的城市维护建设税为 5 666.49 元（113 329.74×5%）；根据《征收教育费附加的暂行规定》第二条、第三条的规定，相应的教育费附加为 3 399.89 元（113 329.74×3%）；根据《财政部关于统一地方教育附加政策有关问题的通知》，相应的地方教育附加为 2 266.59 元（113 329.74×2%）；根据《山东省人民政府办公厅关于进一步清理规范政府性基金和行政事业性收费的通知》第二条的规定，相应的地方水利建设基金为 566.65 元（113 329.74×0.5%）；根据《印花税暂行条例》印花税税目税率表，相应的印花税为 212.49 元（2017 年 1～4 月不含税电价补贴 708 310.86×0.3‰）。综上，2017 年 1～4 月电价补贴应缴纳的税费合计 125 441.85 元，应在电价补贴款中予扣除，扣除后为 696 198.75 元（821 640.6－125 441.85）。赵某1、赵某2虽主张电价补贴不应缴纳增值税，但并未提供证据予以证实，法院不予采信。甲公司主张若将电价补贴返还赵某1、赵某2，应扣除代扣代缴个人所得税 139 341.75 元，鉴于该笔税费尚未发生，法院不予支持。

《股权转让协议》第5.4条约定的担保期3个月应系并购3年期满后3个月。根据《股权转让协议》第6.8条约定，并购完成应以股权工商变更登记为准，故担保期应自工商变更登记之日即2018年1月17日起算，于2021年4月16日届满。一审判决认定自合同签订之日2017年12月25日起算，认定错误，应予纠正。鉴于担保期已届满，赵某1、赵某2主张的利息损失，济南中院亦应支持，以696 198.75元为基数，自2021年4月17日起至实际清偿之日，按同期全国银行间同业拆借中心公布的贷款市场报价利率计算。

综上所述，甲公司的上诉请求部分成立，应予支持。因二审中甲公司提交了新证据，导致认定事实发生改变，法院予以纠正。

2021年4月27日，济南中院依照《民事诉讼法》第一百七十条第一款第（二）项规定，作出〔2021〕鲁01民终2207号民事判决书，判决撤销济南市槐荫区人民法院〔2020〕鲁0104民初5965号民事判决；山东甲汉源绿色能源有限公司于本判决生效之日起10日内向赵某1、赵某2支付电费补贴款696 198.75元及利息（以696 198.75元为基数，自2021年4月17日起至实际清偿之日，按同期全国银行间同业拆借中心公布的贷款市场报价利率计算）；驳回赵某1、赵某2的其他诉讼请求。如果未按判决指定的期间履行给付义务，应当依照《民事诉讼法》第二百五十三条之规定，加倍支付迟延履行期间的债务利息。一审案件受理费7 101元和保全费5 000元均由山东甲汉源绿色能源有限公司负担；二审案件受理费14 202元，由山东甲汉源绿色能源有限公司负担9 472元，赵某1、赵某2负担4 730元。

六、浙江省印花税民事纠纷案

上诉人傅某某、甲集团有限公司（以下简称"甲集团"）因合同纠纷一案，均不服杭州市西湖区人民法院〔2019〕浙0106民初8461号民事判决，向浙江省杭州市中级人民法院（以下简称"杭州中院"）提起上诉。杭州中院于2020年10月21日立案受理后，依法组成合议庭进行了审理。本案现已审理终结。

傅某某上诉请求：①撤销一审判决第一项，改判甲集团立即返还傅某某钱款102 333 015.12元。②撤销一审判决第二项，改判甲集团向傅某某支付上述款项自2019年2月28日开始按银行贷款基准利率（2019年8月20日后按LPR）计算的利息。

③由甲集团承担一审、二审全部诉讼费用。

事实与理由：

（1）一审判决由傅某某承担甲集团名下的浙数股份股票过户产生的自2011年6月1日至2019年2月28日的企业所得税滞纳金21 550 819.24元，没有法律依据，结果显失公平。在本案中，之所以产生巨额的企业所得税滞纳金，其根本原因在于甲集团没有按照法律规定履行纳税申报的义务，使税务部门无法核定应纳税额，最终导致傅某某无法履行先给付税款的义务。

（2）一审判决因甲集团此前年度存在亏损致使在计算股票转让所得税时因弥补亏损而少缴企业所得税，判决傅某某向其酌情支付450万元，没有法律依据，判决理由显然是错误的。①企业所得税的纳税义务人是甲集团。在办理白猫股份股票转让过程中，为了尽快办理股权变更手续，傅某某做出让步，双方在《补充协议（二）》中约定，因白猫股份股票过户过程中产生的企业所得税、个人所得税及其他与股权过户相关的税费由傅某某承担。根据这一约定，所谓的弥补亏损导致的甲集团利益受损不在协议约定的傅某某应承担的税收范围内。②《企业所得税法》第十八条规定，企业纳税年度发生的亏损，准予向以后年度结转，用以后年度的所得弥补，但结转年限最长不得超过5年。根据这一规定，本案股票过户产生的企业所得税是在2010年度，汇算清缴期于2011年5月31日结束，甲集团可用于弥补亏损的年度在2011—2014年。甲集团是在2019年的8月份才就股票转让产生的企业所得税进行纳税申报和汇算清缴。因此，案涉股票转让产生的企业利润不会导致此后的年度因存在盈利而不能弥补亏损导致其企业所得税增加。③甲集团没有举证证明其在2011—2014年度存在盈利，更没有举证证明股票所得导致其此后的盈利不能用于弥补亏损，以致产生损失。④一审判决一方面认为"按照亏损数额乘以企业所得税税率计算该部分利益价值没有任何依据"，而另一方面又判决傅某某补偿甲集团450万元，本身就自相矛盾。

（3）500万元补偿金之所以产生滞纳金，是由于甲集团没有及时履行纳税申报及代扣代缴义务产生的，应由甲集团承担。

（4）《终止合作及权益分割协议》产生的印花税是因财产分割产生的税收，应当按照法律规定各自承担。按照《补充协议（二）》中约定，傅某某承担的仅仅是股票过户产生的印花税，且在办理股权过户过程中已经由傅某某承担。退一步说，即使认定傅某某有义务代甲集团支付印花税，但因甲集团未就印花税及时申报纳税造成的滞纳金，也是其自身的过错造成，不应由傅某某承担。

（5）哈尔滨市道里区人民法院（以下简称"道里区法院"）相关案件执行回转的主体和款项的权利人是甲集团，在执行回转案件执行的过程中，不能认定其为傅某某垫付的款项为到期债务，双方应在执行回转案件执行完毕或者在程序上终结后才能进行结算。

（6）一审判决甲集团自2019年8月28日起按LPR计算资金占用利息是错误的。傅某某在2019年2月25日将代缴的预付税款15450万元支付给甲集团，考虑3天的合理期间，应从2019年2月28日开始计算资金占用利息。

综上，请求二审予以改判。

针对傅某某的上诉，甲集团答辩称：

（1）是傅某某还是甲集团违约，生效判决早有定论。①杭州中院〔2014〕浙杭商再字第4号生效民事判决书认定，甲集团已经履行《终止合作及权益分割协议》及相关协议中的约定，傅某某所主张的甲集团违约造成其损失之诉讼请求缺乏证据证明，再审不予支持。对此，傅某某并未提起上诉。②杭州中院〔2014〕浙杭商再字第4号、浙江省高级人民法院（以下简称"浙江高院"）〔2015〕浙民再终字第1号民事判决书均作出了傅某某负有先履行义务的判决认定。同时，傅某某本次上诉时，并未对一审认定的事实提出异议。

（2）无论是生效判决认定，还是傅某某在再审及执行过程中主张，也均为本次案涉税款在交易完成后税务机关才确定缴税金额。傅某某本次起诉，系对其无数次承诺的又一次出尔反尔。

（3）本案滞纳金的产生，除了傅某某不遵守终止合作及权益分割协议约定外，另一个重要原因系傅某某"打官司成瘾"、判决后又不履行判决义务所致。

（4）国家税务总局杭州市西湖区税务局（以下简称"西湖区国税局"）《复函》系确认甲集团获得收入，即甲集团获得了傅某某按《终止合作及权益分割协议》分得资产权益的该部分转让收入，税务机关在计算企业所得税时对亏损进行了抵扣，该利益系专属于甲集团的自身利益。甲集团以其转让案涉股票所得弥补企业亏损后，导致少缴企业所得税26 185 267.22元，对此少缴税款利益，傅某某显然不应当享受。根据《企业所得税法》第五条的规定，西湖区国税局在计算本案2020年度应缴纳的企业所得税金额时，将甲集团2007—2010年度到期亏损予以弥补，显然是正确的。甲集团以其股票转让的净利润用以弥补企业亏损，产生少缴税款2618余万元利益，而傅某某还获得少缴滞纳金39 343 364元的利益。一审判决在认为此对甲集团不公平的同时，却仅酌情判令傅某某返还450万元，明显不当。

（5）西湖区国税局《复函》确认500万元现金补偿款纳税义务发生的时间是2010年6月12日，而此时，本案《终止合作及权益分割协议》第六条明确约定："任何一方处置分配给自己的物业及其权益以及转移物业权属时所产生的税费自行承担"，傅某某应当在取得500万元补偿金后自行办理纳税申报，"逾期不申报造成的滞纳金后果应当由其承担"，一审判决此认定正确。况且，根据《个人所得税法》第八条、《个人所得税法实施条例》第三十六条规定，作为"年所得12万元以上的纳税人"，向税务机关办理案涉个人所得税纳税申报的义务人显然是傅某某，故逾期申报纳税产生的滞纳金，一审判决判令由其承担正确。

（6）关于甲集团垫付的执行款859 645.73元抵销问题，一审判决正确。2017年6月30日，傅某某致函甲集团，要求甲集团垫付该执行款时，明确承诺："汇出的执行款均由本人承担，汇款后无论产生何种结果，均不需要贵司承担任何费用及经济责任"。2019年8月22日，傅某某再次致函重申此承诺。因此，案涉执行款系甲集团应傅某某要求为其垫付，垫付后傅某某也应及时予以归还，在双方互负到期债务的情况下，一审判决判令该执行款与本案款项抵销，显无不当。

（7）关于资金占用利息问题，甲集团在收到傅某某先行支付的税款后，并无任何懈怠、过错，一审判决认定本案资金占用利息自2019年8月28日开始计算，甲集团认为自2019年11月8日税款缴纳完成之次日起计算即11月9日起开始计算利息较为合理。

甲集团上诉请求：①改判一审判决第一项为甲集团返还傅某某钱款37 465 613.44元。②本案一、二审案件受理费由傅某某依法负担。

事实和理由：

（1）甲集团申报纳税行为并不存在过错。

其一，在税务机关未核定具体应纳税种、税额及专为本次纳税打开纳税申报系统之前，甲集团显然是无法申报并缴清税款的。甲集团支付15 450万元款项时，本案当事人双方、杭州中院、税务机关对双方分割资产涉税情况，比如具体应纳税的种类、纳税义务人、应纳税款的具体金额等，均不清楚、明确。浙江高院生效判决认为："本案中只有在甲集团将股票实际过户至傅某某名下完成整个交易行为后，国家税收主管部门才依法以年度为单位确定甲集团应缴纳的企业所得税。"2019年2月27日，傅某某致函甲集团也明确"请你司在股票过户后，尽快请税务部门确定税款"，个人所得税"本人目前没有纳税义务"，现金红利所涉税款"如果将来需要缴纳其他税款……请税务部门核定"。3月8日，杭州中院致函税务机关，征询案涉股票转移等所涉税费缴纳相关规定，要求税务机关明确具体应纳税额；7月25日，西湖区国税局作出《复函》文本；8月14日，杭州中院向甲集团送达《复函》复印件。同时，《复函》出具时，《复函》也载明案涉股票过户并未全部完成、股票现金分红也未支付、远东债权权属尚存争议，此相关资产所涉税种、税率、应纳税额等，《复函》均未予核定。

其二，甲集团收到15 450万元款项后，并未怠于办理申报纳税。甲集团2019年2月27日至3月1日连续四次致函傅某某，要求提供和积极协助办理股票过户相关手续，3月14日、4月11日，甲集团两次就杭州中院司法划转案涉股票涉税问题，向西湖区国税局书面请示，并同时多次派人到税务机关咨询，试图在4月18日前完成纳税申报和税款缴纳，但因西湖区国税局回复税款尚未核定正在请示而未果。后来，甲集团也多次与杭州市税务局、省税务局联系纳税事宜。8月15日，杭州中院将剩余3 000万股案涉股票划转至傅某某名下。8月16日，甲集团即致函傅某某，要求其确认纳税申报税款金额，办理纳税申报工作。8月19日，甲集团致函傅某某并将16份个人所得税申报表送达傅某某签字确认。8月22日，傅某某回函称不需要其签字确认，并告知股票现金红利个人所得税由其本人自行申报纳税。在税务机关专为本次纳税打开纳税申报系统并在税务人员的具体指导下，甲集团即于8月22日、27日完成本案所涉税款（2010年12月29日纳税义务）申报及税款缴纳。

其三，鉴于甲集团无任何过错，杭州中院执行时，执行所涉费用由傅某某全额承担。

（2）弥补亏损争议部分，一审判决酌情确定甲集团不返还傅某某仅450万元，损害了甲集团权益。根据税务机关《复函》，甲集团"应纳税所得额为165 662 112.68元""2007—2010年度累计亏损104 741 068.87元"，甲集团应缴纳企业所得税金额为41 415 528.17元，经甲集团申报税务核准弥补企业亏损的所得税税款为26 185 267.22元，弥补亏损后实际缴纳企业所得税15 230 260.95元；并以15 230 260.95元为基数，缴纳滞纳金22 883 467.08元。若以未经抵扣的41 415 528.17元为基数，则应缴纳滞纳金为62 226 831.08元。正是鉴于甲集团合法权益的行使，傅某某减少承担企业所得税税款26 185 267.22元及相应的滞纳金39 343 364元。浙江瑞信会计师事务所《专项咨询报告》明确：根据税法规定和双方《终止合作及权益分割协议》的约定，白猫股份"股票归属傅某某所有，该笔转让收益业务应计企业所得税额为41 415 528.17元（165 662 112.68×25%）（考虑弥补以前年度亏损）"。

（3）一审判决认为甲集团逾期代扣代缴股票所涉个人所得税税款造成的滞纳金，"系甲集团自身原因所致，故应由甲集团自行承担"，此认定也是错误的。在税务机关未核定个人所得税额及专为本次纳税打开纳税申报系统之前，甲集团是无法进行个人所得税的代扣代缴并办理相关纳税手续的。况且，傅某某支付15 450万元之时，案涉股票等哪些资产所涉个人所得税、如何缴纳尚不清楚。8月19日，傅某某《回复函》才明确告知，股票现金红利所涉个人所得税，其个人自行申报缴纳；其余资产所涉个人所得税由甲集团从15 450万元款项中代扣代缴。代扣代缴部分个人所得税，甲集团于8月27日即缴纳完毕，而傅某某自行申报缴纳的股票现金红利个人所得税，则在11月8日才申报、完成纳税。

（4）一审判决对保险理赔金税款未在本案中处理系不当。

其一，根据《企业所得税法实施条例》第三十二条规定，企业发生损失收到的责任人和保险公司的赔款，应计入应纳税所得额，计算缴纳企业所得税。

其二，本案当事人双方对保险理赔款应纳税种的争议，实际是双方站在各自角度、基于各自获取保险理赔款的时间导致的，但傅某某也认可对此税额予以扣减，且在本案判决返还时，对此应纳税款数额完全可以予以确认，并予以抵销。根据仲裁裁决书、生效判决以及一审判决认定事实，本案保险理赔款及仲裁费合计 60 434 660.61 元款项，中国出口信用保险公司于 2015 年 12 月支付给甲集团，甲集团再依据终止合作及权益分割协议将其中 50% 款项转付给傅某某的。对甲集团而言，在收到全部保险理赔款等款项后，按照《企业所得税法》及其实施条例的规定，应作为当期收入按 25% 税率计算缴纳企业所得税。而对傅某某而言，其收到甲集团转付的款项性质是依据终止合作及权益分割协议约定所分得的财产，傅某某是需要按 20% 税率缴纳个人所得税的。

其三，《终止合作及权益分割协议》第七条第 3 项第（7）目、《补充协议（二）》第 6 条、第 7 条等，对保险理赔款所涉税费均约定由傅某某负担。甲集团在将 50% 保险理赔款转付傅某某之前应依法缴纳 8 543 615.80 元的企业所得税，傅某某理应依约负担此笔税款，并支付给甲集团。

（5）根据西湖区国税局《复函》和双方所签订的《终止合作及权益分割协议》的约定，俄罗斯远东债权打包作价 21 549 309.16 元，双方当事人对此价值认定无任何争议，傅某某就该项资产转移获得权益应缴纳个人所得税 3 244 120.43 元是明确的。并且，分割给傅某某所有的俄罗斯远东债权，早在 2009 年终止合作及权益分割协议签订后即全部交由傅某某独立经营管理，仅是股权过户登记手续未办理完成而已。

（6）根据西湖区国税局《复函》，税务机关核定的印花税应纳税额是以终止合作及权益分割协议所载金额 266 904 221.84 元（协议签订时甲集团物业总权益 1 334 521 109.19 元 × 傅某某所持股份比例 20%），按 5‰ 的税率计算得出的，对于 133 452.11 元应纳印花税税额，本案当事人均无异议，且甲集团也已经缴清此税款。现一审判决仅就 52 887 702 股股票转移过户应纳印花税和滞纳金，判令傅某某按比例承担，不仅违背税务机关核定，也违背双方就涉案资产税费均由傅某某承担的约定和判决认定。

（7）傅某某分得资产所涉税款，若以后发生税务等法律风险，概由傅某某全部承担，判决应对此予以确认。

综上所述，傅某某应承担甲集团根据税务机关《复函》已及时缴纳的税款、滞纳金等 78 201 737.38 元（即企业所得税款 15 230 260.95 元及滞纳金 22 883 467.08 元、案涉股票的个人所得税款 36 184 003.66 元及滞纳金 1 522 471.90 元、500 万元补偿款的个人所得税 752 720.28 元及滞纳金 1 253 279.27 元、印花税 133 452.11 元及滞纳金 242 082.13 元），以及弥补亏损扣减的税款 26 185 267.22 元、50% 保险理赔款的企业所得税 8 543 615.80 元、俄罗斯远东市场和远东房产资产转让所涉个人所得税 3 244 120.43 元、道里区法院案件执行款 859 645.73 元，合计 117 034 386.56 元。

针对甲集团的上诉，傅某某答辩称：

（1）傅某某承担的企业所得税款应以甲集团实际缴纳的企业所得税金额（15 230 260.95 元）为限，甲集团不应从傅某某承担税费的约定中额外获利。①甲集团是案涉企业所得税的法定纳税义务人。②根据《终止合作及权益分割协议》的约定，结合真实交易背景，傅某某的退出价格公平合理，并未高估。后双方约定由傅某某承担股份转让及过户过程中的各项税收，是傅某某为尽快完成股票过户而不得已做出的让步，直接导致了其应得对价的减少，甲集团不应从这一约定中再获得额外利益。甲集团现上诉要求傅某某承担汇算清缴前的全部应缴金额 41 415 528.17 元，不仅缺乏法律依据，而且也违背了基本的公平合理原则。

（2）甲集团是企业所得税的纳税义务人，且当时其应纳税金额即可以确定。故甲集团未按照相关法律法规的规定，及时报送企业所得税纳税申报表并汇算清缴，系其自身过错，故所产生的滞纳金应当由其自己承担。

（3）甲集团系个人所得税的扣缴义务人，故甲集团没有及时履行代扣代缴税款的义务，系其自身过错，所造成的滞纳金应当由其自身承担。

（4）根据约定，傅某某应当承担的仅仅是就白猫股份股票的"股份转让及过户过程中，双方所发生的各项税收和费用"，并不包括其他税款。故双方签订《终止合作及权益分割协议》所产生的印花税应各自缴纳，不应由傅某某承担。

（5）俄罗斯远东债权的股权过户手续尚未办理完毕，纳税义务尚未发生，故个人所得税的支付条件还没有成就，目前不宜在傅某某已缴纳税款中直接抵扣。由于双方对应缴纳税种等关键问题尚存在争议，故保险理赔款的税种及金额均应待主管税务机关核实后再行处理，目前也不宜直接抵扣。

（6）道里区法院案件执行款在一审判决中已经从应返还给傅某某的款项中扣除，傅某某认为不应扣除。

傅某某向一审法院起诉请求：①判令甲集团返还多支付的代甲集团缴纳的税款 95 951 042 元，并支付资金占用利息 2 202 876 元（自 2019 年 2 月 25 日暂算至 2019 年 9 月 5 日，此后按照同期银行贷款利率计算至甲集团实际支付之日止）。②由甲集团承担本案的全部诉讼费用。

一审法院认定事实如下：

2003 年 3 月，林某某和傅某某共同创立甲集团，初始注册资本为 1 亿元，后增至 3.3 亿元，林某某和傅某某分别拥有甲集团 80% 和 20% 的股份。2009 年 8 月 26 日，林某某和傅某某签订《终止合作及权益分割协议》。该协议约定：经双方协商同意终止合作，并对甲集团现有的权益进行分割；本次权益评估由甲集团委托两家会计师事务所进行，根据二家会计师事务所的评估结果，取其平均值，双方共同确认：截至 2008 年 9 月 30 日，甲集团所有的物业总权益为 1 334 521 109.19 元；甲集团持有的 41 943 851 股白猫股份（证券代码 600633）的股票分配给傅某某；傅某某同意在确认取得相应权益后，将其名下甲集团的股份及其权益无偿转归林某某所有；林某某及甲集团保证配合傅某某办理白猫股份的股票过户事宜；任何一方处置分配给自己的物业及其权益以及转移物业权属时所产生的税费自行承担。除此之外，因履行本协议而发生税费根据国家法律的规定负担。根据浙江东方资产评估有限公司 2009 年 5 月 15 日出具的甲集团物业价值口径净资产价值咨询报告《资产评估咨询报告书》（浙东评咨〔2009〕4 号）显示，资产评估基准日为 2008 年 9 月 30 日，甲集团持有上海白猫股份有限公司 41 943 851 股的市场价值评估值为 248 695 414 元。浙江耀信资产评估有限公司 2009 年 6 月 29 日出具的甲集团物业价值口径净资产价值《咨询报告复核意见书》（浙耀评核字〔2009〕第 1 号）显示，甲集团所持有的上海白猫股份有限公司 41 943 851 股的评估价值为 232 014 411.35 元。

2009 年 9 月 4 日，甲集团作为出让方与作为受让方的傅某某签订《股份转让协议》，明确：甲集团拟将其持有的 41 943 851 股白猫股份股票出让给傅某某，目标股份处于禁售禁转期（股改承诺），全流通日为 2011 年 6 月 13 日；本次股份转让所发生的税收、费用由双方根据国家税法的规定各自承担。同日，甲集团与傅某某又签订《股份转让协议之补充协议》，明确：股份转让的实质是甲集团将傅某某所有的白猫股份的 41 943 851 股通过股份转让的方式归还给傅某某，为保证股份过户的顺利完成，双方同意根据办理股份过户手续时的政策要求另行协商股份过户的具体方式；对税费承担修改为：因本次股份转让及过户过程中双方所发生的各项税收、费用均由傅某某承担。同时，傅某某向甲集团、林某某出具《股份及权益所有权确认书》，明确其名下持有的甲集团出资 14 850 万元（占甲集团注册资本的 45%）归林某某所有。

2009 年 9 月 11 日，林某某与傅某某签订《终止合作及权益分割协议之补充协议》，其中明确：受制于白猫股份股改承诺的限制，暂无法办理股票过户手续，经双方协商，傅某某同意由甲集团代持 41 943 851 股白猫股份的股票。

2010 年 12 月 16 日，林某某、傅某某、甲集团签订《补充协议（二）》，其中约定：傅某某指定甲集团将白猫股份股票转让给浙江永恒实业有限公司（以下简称"永恒公司"），由此而产生的企业所得税（暂按白猫股票评估价值减去 7 500 万元后的余额 ×25%）和个人所得税（暂按白猫股票评估价值减去 6 600 万元后的余额 ×20%）及其他与股权转让过户相关的税费由傅某某承担。若税务部门今后对白猫股票的评估价值不认同而导致税费增加，增加的税费由傅某某承担，永恒公司对增加的税费承担连带支付责任。傅某某应在林某某、甲集团按本协议第 4 条约定出具白猫股票转让所需的全部文件前一天内，将永恒公司受让白猫股权的评估报告正本提供给甲集团两份，同时将由甲集团代扣代缴的企业所得税和个人所得税在扣除股权质押费用后打入甲集团账户。同日，傅某某、甲集团与杭州顺悦房产代理有限公司签订《税款支付协议》，约定白猫股票过户中傅某某应承担 230 万元税款，傅某某同意在 2010 年 12 月 20 日前将此款项打入甲集团账户，由甲集团代付，傅某某并应承担双方在 2010 年 12 月 16 日签订的《补充协议（二）》中的相应义务。2010 年 12 月 26 日，永恒公司汇入甲集团账户 200 万元，2011 年 1 月 25 日，甲集团将该款返还给永恒公司。2010 年 12 月 18 日，甲集团董事会、股东会形成决议，同意将甲集团持有的白猫股份转让给永恒公司，并同意与永恒公司签署股份转让协议。12 月 19 日，甲集团与永恒公司签订《关于上海白猫股份有限公司股份转让协议》，但该协议实际未履行。

2010 年 12 月 25 日，傅某某与林某某签订《股权转让协议》，傅某某将 45%（含傅某某实际拥有的 20%）甲集团股权转让给林某某。傅某某就此转让办理工商变更登记，傅某某在甲集团的工商登记上不再是股东。

2011 年 10 月 8 日，甲集团向浙报传媒集团股份有限公司（以下简称"浙报传媒集团"）发出《关于解除限售的申请报告》。2011 年 10 月 31 日，浙报传媒集团董事会发布《关于限售股解禁上市流通的提示性公告》：本次有限售条件的流通股上市数量为 41 943 851 股，上市流通日为 2011 年 10 月 31 日。该公告的附件保荐机构核查意见书亦载明：甲集团持有浙报传媒集团股票的上市流通时间由 2011 年 6 月 13 日推迟到 2011 年 10 月 31 日。

2012 年 3 月 7 日，傅某某到杭州中院提起股票过户诉讼，诉讼请求为：①依法确认傅某某与林某某签订的《终止合作及权益分割协议》及相关补充协议有效。②判令按照《终止合作及权益分割协议》由林某某实际控股的在甲集团名下的浙报传媒（证券代码 600633）41 943 851 股股票归傅某某所有（股价按 2008 年 9 月 30 日基准日评估价 2.4 亿元计）。③判令甲集团、林某某赔偿因不自动履约而造成傅某某的损失 2 311 万元。④判令黄某因未履行合同担保责任而应承担与林某某、甲集团责任的相应连带责任。2012 年 5 月 29 日，傅某某增加诉讼请求，请求确认浙报传媒 2012 年 5 月 22 日分配给甲集团的股票现金红利 8 388 770.20 元归其所有。

经杭州中院主持调解，傅某某、甲集团、林某某、黄某于 2013 年 6 月 13 日自愿达成调解协议如下：

（1）各方一致确认原由甲集团代持的 41 943 851 股浙报传媒（证券代码 600633）股票及相应收益归傅某某所有。各方一致确认 2009 年 8 月 26 日订立的《终止合作及权益分割协议》及相关补充协议有效。

（2）上述浙报传媒股票按上海证券交易所、中国证券登记结算有限责任公司的有关规定办理过户手续，过户至傅某某指定的公司账户名下，过户产生的全部税、费均由傅某某承担。

（3）为确保甲集团在股票过户中没有税务风险，股票过户按以下方案进行：

其一，傅某某在本调解书生效之日起 20 个工作日内向甲集团提交办理 3 000 万股浙报传媒股票过户需要的材料清单，甲集团收到上述清单后 10 个工作日内向傅某某提交办理过户需要的全部材料。若相关主管部门要求提交补充材料的，甲集团在傅某某通知之后 7 个工作日内提交相应材料给傅某某。

其二，因股票变更产生的个人所得税由傅某某依法向税务机关自行缴纳。

其三，因股票变更产生的企业所得税由甲集团依法向税务机关缴纳。傅某某同意在 3 000 万股股票过户后的当季季末次月 5 日前将按以下公式计算的企业所得税额支付至甲集团账户：企业所得税＝（上述股票过户时上海证券交易所认可的上市公司公告的每股价格 ×41 943 851 股－7 500 万元）×25%。

其四，甲集团在收到上述税款的 3 个工作日内，根据傅某某提供的剩余 11 943 851 股股票过户所需要的材料清单，在 5 个工作日内把应由甲集团提供的材料提供给傅某某。因过户价格变动产生的企业所得税的增减，增加部分由傅某某在股票过户 10 个工作日内付清，减少部分由甲集团在 10 个工作日内退还给傅某某。

其五，若傅某某不能在上述规定时间内将全部的税款支付到甲集团账户的，甲集团有权在傅某某逾期付款 5 个工作日后通过向二级市场转让的方式处置剩余的由甲集团代持的浙报传媒股票以抵缴税款。在抵缴税款之日后 3 个工作日内，若有剩余款项的，甲集团将剩余的款项支付给傅某某指定的公司。

其六，傅某某以其全部个人资产对股票过户产生的纳税事宜提供担保。如因纳税问题给甲集团造成损失的，甲集团可就实际欠款和罚款向傅某某追偿，傅某某自愿放弃抗辩权。

（4）各方一致确认 2011 年浙报传媒股票分红款 8 388 770.2 元，2012 年浙报传媒股票分红款 10 485 962.75 元，共计 18 874 732.95 元，可用于抵扣前述第（3）条第三项载明的税费。

（5）甲集团或者傅某某未按上述规定履行义务的，应向对方支付违约金 1 000 万元。

（6）各方放弃原案关于浙报传媒股票讼争的事项。原案案件受理费 3 662 564 元，减半收取 1 831 282 元，由傅某某负担。各方当事人同意调解协议经签名后即具有法律效力。杭州中院于 2013 年 6 月 14 日作出〔2012〕浙杭商初字第 17 号民事调解书对上述调解协议予以确认。

2013 年 6 月 13 日，傅某某、甲集团签订《补充协议》。该协议约定：根据双方于 2013 年 6 月 13 日在杭州中院签订的《民事调解书》，就《民事调解书》履行过程中相关事宜补充约定如下：

（1）双方同意于 2013 年甲集团企业所得税汇缴清算后 1 个月内，甲集团将按以下公式计算的款项支付给傅某某或者傅某某指定的企业：应支付款项＝（傅某某依据《民事调解书》第三条傅某某实际支付给甲集团的全部税款－甲集团 2013 年汇缴清算实际缴纳的企业所得税）×35%。上述款项超过 1 750 万元的部分应凭发票支付。税务机关要求补缴企业所得税的，按甲集团 65%、傅某某 35% 的比例补缴。

（2）傅某某承诺所有因俄罗斯木兴林场引发的针对甲集团、黑龙江材源木业有限责任公司以及其他人的诉讼纠纷均由其按《终止合作及权益分割协议》及其补充协议的约定处理。

（3）傅某某保证要求受让《民事调解书》约定的浙报传媒（证券代码600633）股票的公司提供保证担保，即傅某某违反《民事调解书》相关规定时，受让股票的公司应承担连带保证责任。受让股票的公司应在甲集团根据《民事调解书》第三条第一项提交材料清单的同时确定，并与甲集团签订《保证协议》或者出具《担保函》。

（4）任何一方违反约定的，应当支付违约金1 000万元。

（5）本补充协议与《民事调解书》同时生效。

2013年12月11日，浙报传媒集团董事会发布《关于公司5%以上股东股份过户的提示性公告》："公司收到傅某某提交的杭州中院〔2012〕浙杭商初字第17号《民事调解书》，内容涉及公司第二大股东甲集团所持本公司41 943 851股股份过户事宜。根据调解书内容，上述股份将分两次（分别为3 000万股和11 943 851股）过户至傅某某指定公司名下，过户产生的全部税、费由傅某某承担。经咨询甲集团，截至目前，双方对上述股份过户的具体履行方式尚未达成一致，相关股份过户尚未进行。"12月19日，浙报传媒集团董事会发布《关于甲集团代持公司股份的说明公告》。该公告称，2013年12月13日收到上海证券交易所出具的问询函，涉及民事调解书中所称的股票"代持"行为。该公告对股票"代持"情况作出了说明。2014年6月13日，上海证券交易所作出〔2014〕21号《关于对浙报传媒集团股份有限公司原控股股东甲集团有限公司及信息披露义务人傅某某、林某某予以公开谴责的决定》，该决定认定甲集团、傅某某、林某某在信息披露方面存在违规行为，对甲集团、傅某某和林某某予以公开谴责。

2014年6月24日，西湖区国税局根据甲集团的询问给甲集团《政策回复》，就甲集团关于如何确认股权转让收入缴纳企业所得税的问题进行回复。该回复载明：①根据现行企业所得税法规定，甲集团是上述股票转让所得的企业所得税纳税人。②根据《国家税务总局关于贯彻落实企业所得税法若干税收问题的通知》（国税函〔2010〕79号）相关规定，上述股票不过户不纳税，甲集团何时过户办结，企业所得税的纳税义务便随之产生。在上述股票未过户前，该局不行使征税权。③根据《国家税务总局关于贯彻落实企业所得税法若干税收问题的通知》及6月10日省局专题会议意见，甲集团划转浙报传媒股票（原白猫股票）给原股东即傅某某所指定的公司，可按2009年白猫股票评估价约2.4亿元扣除该股票所持成本约7 500万元后计算缴纳企业所得税。傅某某所持有的公司如按上交所规定分批出售股票后，再按出售的实际股票价格减去2.4亿元成本后计算缴纳企业所得税。2014年7月10日，西湖区国税局给予傅某某《咨询回复》，告知其所咨询的企业所得税政策业务问题，已函复甲集团。

此后，傅某某未按上述调解书自觉履行，于2013年7月8日向杭州中院申请执行，该院于2014年7月8日以〔2014〕浙杭执民字第353号案件立案执行。在执行过程中，傅某某要求按西湖区国税局的《政策回复》履行。浙江高院于2014年9月24日作出〔2014〕浙执他字第3号函件，认为杭州中院〔2012〕浙杭商初字第17号民事调解书存在确有错误的情形，应按照《民事诉讼法》第一百九十八条第一款的规定，予以再审。杭州中院于2014年10月20日作出〔2014〕浙杭民监字第10号民事裁定，予以再审。因浙报传媒股票转增，争议股票股数41 943 851股变更为83 887 702股。再审时，傅某某坚持原审诉讼请求，将股票数量以转增为由变更为83 887 702股。甲集团则主张案涉《终止合作及权益分割协议》违反公司法人财产独立原则，甲集团持有的股票真实有效，要求驳回傅某某诉讼请求。

2015 年 11 月 13 日，杭州中院作出〔2014〕浙杭商再字第 4 号民事判决书，认定：

（1）《终止合作及权益分割协议》《终止合作及权益分割协议之补充协议》及《补充协议（二）》中除了企业所得税和个人所得税计缴数额的其余部分应认定有效。

（2）原调解协议中各方确认甲集团"代持"案涉股票，与法律规定不符，确有错误，再审予以纠正。傅某某已依据协议履行 20% 股权过户义务，故甲集团收到傅某某依《补充协议（二）》中约定支付分款项后，亦应履行案涉股票的协助过户义务。

（3）对傅某某要求确认股价按 2008 年 9 月 30 日基准日评估价 2.4 亿元计以及其在原调解书执行中，要求按照西湖区国税局《政策回复》的"可按 2009 年白猫股票评估价约 2.4 亿元扣除该股票所持成本约 7 500 万元后计算缴纳企业所得税"意见支付案涉股票权属变动后所涉的企业所得税，法院认为既不符合国家法律法规的规定，也不符合双方在案涉相关协议中的约定，故不能支持。

（4）傅某某、甲集团对案涉股票权属变动所产生的企业所得税、个人所得税对应的款项由傅某某承担并无争议，也不违反法律禁止性规定，故傅某某应在案涉股票权属变更手续完成之前按照股票的市场公允价格计算相应的款项支付至甲集团。为便于履行，根据《企业所得税法》及《企业所得税法实施条例》的相关规定，法院确定傅某某依约向甲集团支付的相应款项＝（付款之日前 20 个交易日浙报传媒股票平均收盘价格 ×83 887 702 股－7 500 万元）×25%，对傅某某要求案涉股票股价按照 2.4 亿元计，不予支持。

（5）对傅某某的违约金请求和黄某的法律责任的请求均不予支持；对案涉股票 2011 年度现金红利 8 388 770.20 元的请求予以支持。

综上所述，原调解书确认甲集团"代持"案涉股票，与法律规定不符，且原调解书确认傅某某、甲集团自行约定企业所得税的计缴数额，违反《企业所得税法》和《企业所得税法实施条例》所确定的"税收法定"原则，确有错误，故再审予以撤销。判决：

（1）撤销〔2012〕浙杭商初字第 17 号民事调解书。

（2）确认《终止合作及权益分割协议》和《终止合作及权益分割协议之补充协议》合法有效。

（3）确认《补充协议（二）》中对企业所得税和个人所得税计缴数额约定无效，其余部分有效。

（4）甲集团收到傅某某应支付款项后，3 个工作日内协助办理过户手续，将浙报传媒股票 83 887 702 股过户至傅某某名下，归傅某某所有。

（5）2011 年度现金红利 8 388 770.20 元由甲集团在履行上述第四项过户案涉股票时支付傅某某。

（6）驳回傅某某的其他诉请。

傅某某、甲集团均不服上述判决上诉至浙江高院。

傅某某认为：

（1）《补充协议（二）》关于企业所得税的约定有效，双方只是暂时对税费问题作出约定，最终金额仍以税务部门确定为准，并未违反"税收法定"原则。

（2）一审判决确定傅某某向甲集团支付相应款项的计算公式超越权限，缺乏依据。根据《国家税务总局关于贯彻落实企业所得税若干问题的通知》第三条的规定，西湖区国税局出具的《政策回复》合法有效，法院应按此意见判决。一审判决直接否定《政策回复》，以"付款之日前 20 个交易日浙报传媒股票平均收盘价格"确定计税价格系主观臆断，违反"税由法定"原则。

（3）案涉股票符合"代持"的法律特征，而双方对税费负担的约定，应视为完成股权变更登记而非取得所有权的前置程序。

（4）一审判决对甲集团协助过户方式语焉不详。

甲集团认为：

（1）终止合作及权益分割协议违反公司法规定的公司财产独立性原则，损害甲集团和债权人利益，应无效。

（2）《政策回复》针对的是仅限于国有企业间的资产"划转"，不能适用原案。

2017年3月30日，浙江高院作出〔2015〕浙民再终字第1号民事判决书，认为：

（1）除了《补充协议（二）》中关于企业所得税和个人所得税计缴数额约定内容，《终止合作及权益分割协议》《终止合作及权益分割协议之补充协议》《补充协议（二）》的其余部分应认定有效。

（2）根据《企业所得税法》第二十条、《企业所得税法实施条例》第十三条、《国家税务总局关于贯彻落实企业所得税法若干税收问题的通知》（国税函〔2010〕79号）第三条、《国家税务总局关于企业转让上市公司限售股有关所得税问题的公告》（2011年第39号）第三条的规定，甲集团在计算因案涉股票变动产生企业收入时，应按减持在证券登记结算机构登记的限售股取得的全部收入作为其公允价值，计入企业当年度应税收入计算纳税。《补充协议（二）》自行约定以订立《终止合作及权益分割协议》时案涉股票的评估价值作为缴纳企业所得税、个人所得税的计缴数额，违反"税收法定"原则。

（3）傅某某不直接对案涉股票享有所有权，仅享有要求合同相对人甲集团办理股票过户的债权请求权，傅某某应受《补充协议（二）》的约束，先行将相关款项汇至甲集团账户。因其并未履行该项先行付款的义务，甲集团有权拒绝将案涉股票过户至傅某某名下。

（4）《政策回复》不属于具体行政行为，不能作为确定原案所涉税款的依据。原案中只有在甲集团将股票实际过户至傅某某名下完成整个交易行为后，国家税收主管部门才依法以年度为单位确定甲集团应缴纳的企业所得税金额，而《补充协议（二）》又约定傅某某应先行将税款汇入甲集团账户，甲集团才应将案涉股票过户至其名下，基于这一实际，为避免履行时发生矛盾，方便执行并保证当事人权益，傅某某可按一审判决方式、数额先行向甲集团支付本次交易产生的企业所得税款，如国家税收主管部门事后确定税款与此不符，双方可另行结算。

最后判决驳回上诉，维持一审判决。

傅某某、甲集团均不服浙江高院的上述判决，向最高人民法院申请再审。2017年12月12日，最高人民法院作出〔2017〕最高法民申2747民事裁定书，认为傅某某、甲集团申请再审的浙江高院〔2015〕浙民再终字第1号民事判决，是再审程序启动后的第二审判决，属于再审判决。故裁定终结审查傅某某、甲集团的再审申请。

2019年2月25日，浙江永恒能源开发有限公司受傅某某委托，以代缴企业所得税款项向甲集团账户打款15 450万元，傅某某申请杭州中院立案执行，该院经审查后立案执行，于2019年3月4日作出〔2019〕浙01执188号执行裁定。在执行中，傅某某承诺用其中3 000万股作担保保证税收。甲集团则认为按照生效判决确定的计缴方式，企业所得税尚差6 436万元，且还有增值税及其附加4 405万元、个人所得税16 902万元，共计还要缴纳27 743万元（即甲集团主张傅某某应缴纳税费4亿余元），以傅某某并未完整完成判决确定的在先履行义务、其履行判决义务条件尚未成就、傅某某不具备申请执行条件为由对杭州中院执行立案行为提出异议。杭州中院于2019年3月22日作出〔2019〕浙01执异16号执行裁定书，驳回甲集团的异议。2019年3月12日，杭州中院执行过户了 53 887 702 股股票。2019 年 4 月，甲集团提起复议。浙江高院于 2019 年 6 月 20 日作出〔2019〕浙执复 30 号执行裁定书，驳回复议，维持〔2019〕浙 01 执异 16 号裁定。

2019 年 3 月 8 日，杭州中院执行局致函给西湖区国税局征询争议的税费缴纳相关规定。2019 年 7 月 25 日，西湖区国税局给予《复函》。该《复函》载明：①企业所得税以权责发生原则，属于当期的收入和费用，不论款项是否收付，均作为当期收入和费用；不属于当期的收入和费用，即使款项已经在当期收付，均不作为当期的收入和费用。②企业转让股权收入，应于转让协议生效，且完成股权变更手续时，确认收入的实现。股权转让收入扣除为取得该股权所发生的成本后，为股权转让所得。企业在计算股权转让所得时，不得扣除被投资企业未分配利润等股东留存收益中按该项股权所可能分配的金额。③该股权划转事项获得的收益确认在 2010 年 12 月 29 日（工商登记变更即傅某某股权退出日），转让协议约定的公允价值减去购入成本后，应纳税所得额为 165 662 112.68 元，甲集团 2007—2010 年度累计亏损 104 741 068.87 元，故企业实际应缴所得税金额为 15 230 260.95 元〔（165 662 112.68 － 104 741 068.87）×25%〕。④纳税义务发生时间 2010 年 12 月 29 日，2010 年度企业所得税汇算清缴期于 2011 年 5 月 31 日结束，从滞纳税款之日起按日加收 5‰滞纳金。⑤个人所得税纳税义务人为傅某某、扣缴义务人为甲集团；傅某某已取得股票 53 887 702 股个人所得税为 23 243 845.76 元；傅某某已取得 500 万元补偿款的个人所得税 752 720.28 元；纳税义务发生时间各项权益实际取得时间，其中已取得股票为 2019 年 3 月 11 日，补偿款为双方一系列资产及费用完成结算时间（2010 年 6 月 12 日）。⑥印花税：甲集团应纳税额 133 452.11 元；傅某某应纳税额 133 452.11 元。纳税义务发生时间《股权转让协议》签订时（2009 年 8 月 26 日）。

2019 年 8 月 15 日，杭州中院将剩余股票 3 000 万股执行过户。上述两次股票执行过户过程中产生的印花税和手续费共计 1 049 318 元，均由傅某某支付。

2019 年 8 月 22 日，甲集团向西湖区国税局申报缴税，根据税务局出具的税款缴款书显示，甲集团缴纳了企业所得税 15 230 260.95 元，该税款所属时期 2010 年度，限缴日期 2011 年 5 月 31 日。甲集团在申报缴纳该笔企业所得税时，按照税法规定，弥补 2007—2010 年可结转以后年度弥补的亏损额合计 104 741 068.87 元。该笔企业所得税产生滞纳金 22 883 467.08 元。甲集团还补缴案涉《终止合作及权益分割协议》的印花税 133 452.11 元及滞纳金 242 082.13 元。2019 年 8 月 27 日，甲集团代扣代缴第一次执行过户的 53 887 702 股股票产生的傅某某应缴纳的个人所得税 23 243 845.76 元及滞纳金 1 522 471.9 元；第二次执行过户的 3 000 万股股票产生的傅某某应缴纳的个人所得税 12 940 157.9 元。同日，甲集团还代扣代缴 500 万元补偿款的傅某某应缴纳的个人所得税 752 720.28 元及滞纳金 1 253 279.27 元。

2019 年 9 月 9 日，傅某某自行申报缴纳 2019 年 8 月所得股票分红的个人所得税 838 877.02 元，补缴案涉《终止合作及权益分割协议》的印花税 133 452.10 元及滞纳金 243 283.18 元。2019 年 11 月 8 日，傅某某就 2015 年度、2016 年度、2017 年度、2019 年 10 月股票现金分红的个人所得税自行纳税申报，其中 2015—2017 年度免税，2019 年 10 月缴纳个人所得税 2 181 080.25 元。另查明：2017 年 10 月，傅某某起诉甲集团，要求甲集团支付中信保的保险理赔款、逾期利息及仲裁费。法院于 2018 年 3 月作出〔2017〕浙 0106 民初 10024 号民事判决书，判令：①甲集团向傅某某支付保险理赔款 27 811 912.8 元及自 2016 年 1 月 9 日起按年利率 6% 计算至款清之日的逾期利息。②甲集团支付仲裁费 231 635 元及利息 328.57 元。③驳回傅某某的其他诉讼请求。甲集团不服上诉至杭州中院，杭州中院于2018年6月作出〔2018〕浙01民终3613号民事判决书，判决驳回上诉，维持一审判决。2018年6月22日，甲集团按照生效判决将所有款项共计32 191 498.19元汇入傅某某账户。2019年6月14日，甲集团发函给傅某某，就该笔款项让其交付8 543 615.80元税款。傅某某于6月18日，回函表示由其本人自行向税务部门申报纳税。9月1日，傅某某发函又同意甲集团在15 450万元中代扣代缴。目前双方均未缴纳。

2019年3月，傅某某起诉林某某和甲集团，要求将俄罗斯萨哈林甲有限公司95%的股权变更至傅某某名下。法院于2019年9月3日作出〔2019〕浙0106民初3322号民事判决书，判令林某某、甲集团在判决生效之日起6个月内协助傅某某将俄罗斯萨哈林甲有限公司95%的股权变更至傅某某名下；驳回傅某某的其他诉讼请求。该判决现已生效，但傅某某尚未取得上述股权。

一审法院认为：根据傅某某、甲集团的诉辩主张，本案存在以下八个争议焦点，现分别分析如下：

（1）傅某某应当承担的企业所得税及是否应承担滞纳金。傅某某应承担的企业所得税数额是15 230 260.95元，还应承担一定的滞纳金。理由是：双方约定企业所得税由傅某某承担，在双方对企业所得税缴纳金额产生争议，即使甲集团对《终止合作及权益分割协议》《补充协议》等一系列股票转移过户协议的效力主张无效，都不改变傅某某负有先给付税款的义务，傅某某未给付税款是客观事实，法律上将致使甲集团未收到税款而无法缴纳争议税款，相应的税款滞纳金便由此产生，该滞纳金属于傅某某违约产生的损失范围，故傅某某的违约行为导致滞纳金该项损失的产生。但是2019年2月25日傅某某将税款交付甲集团，甲集团不能申报缴纳税款的障碍已经消除，故甲集团仍未申报缴纳企业所得税导致的滞纳金系甲集团不当行为所致，应当由甲集团自行承担。考虑到必要合理的申报纳税时间，故酌情由甲集团承担自2019年2月28日之后的滞纳金。根据西湖区国税局2019年7月25日的复函，2010年度企业所得税（即本案争议的企业所得税）汇算清缴期于2011年5月31日结束，从滞纳税款之日起，按日加收滞纳税款5‰的滞纳金。综上，傅某某应承担的滞纳金应为21 550 819.24元。弥补亏损确实不产生企业所得税，但是弥补亏损确实有少缴税款的利益存在，且弥补后可能导致甲集团之后周期的企业所得税缴纳不能实现弥补，故该利益确实产生一定的经济价值，但按照亏损数额乘以企业所得税税率计算该部分利益价值没有任何法律依据，但是考虑到傅某某单方享有该项利益于甲集团而言并不公平，故酌情确定甲集团就此利益可不返还傅某某款项450万元。

（2）傅某某应承担的股票个人所得税及是否应承担滞纳金。傅某某应承担的个人所得税数额是为36 184 003.66元，该金额由税收完税证明为凭，且双方均无异议，故予以确认。《个人所得税法》第八条规定，个人所得税以所得人为纳税义务人，以支付所得的单位或者个人为扣缴义务人。《个人所得税法实施条例》第三十五条规定，扣缴义务人在向个人支付应税款项时，应当依照税法规定代扣代税款，按时缴库，并专项记载备案。个人所得税纳税义务发生时间为各项权益实际取得时间。傅某某于2019年3月12日、2019年8月15日分两次取得案涉股票，甲集团于2019年8月27日为上述股票交付代扣代缴个人所得税，而傅某某早已于2019年2月25日交付甲集团代缴税款15 450万元，故甲集团逾期代扣代缴税款造成滞纳金，该滞纳金系甲集团自身原因所致，故应由甲集团自行承担。

（3）傅某某应承担的500万元补偿金的个人所得税及是否应承担滞纳金。傅某某应承担的该项个人所得税752 720.28元，该金额由税收完税证明为凭，且双方均无异议，故予以确认。该笔补偿金是双方一系列资产及费用的结算，于2010年6月已经结清。傅某某是该笔税款的纳税义务人，而且纳税义务发生时傅某某并无代缴税款交付甲集团，故对于该笔早已取得的收入，傅某某应当按照国家规定办理纳税申报，逾期不申报造成滞纳金的后果应当由其承担。甲集团在傅某某因企业所得税争议而支付给其15450万元后为了傅某某利益，减少该部分款项的滞纳金数额为其补缴个人所得税和滞纳金，该行为有利于傅某某，由此缴纳的滞纳金1253279.27元亦应当由傅某某承担。

（4）傅某某主张的保险理赔金的税款数额。傅某某主张该笔保险理赔金应缴纳个人所得税，甲集团于2018年6月22日支付给其的32191498.19元中281635元是仲裁费，故应纳税额为6381972.60元［（32191498.19－281635）×20%］，该笔税款可在15450万元中由甲集团代扣代缴。甲集团则主张该笔款项不涉及个人所得税，而是企业所得税，要求按照企业所得税计税税率25%抵扣。关于该项财产的税费负担双方并无民事约定，故应当依照国家税法的规定依法纳税。因目前双方均未向税务部门申报纳税，双方对缴纳税种亦存在争议，故按照"税由法定"原则，法院对此应纳数额不予确定，亦不予在本案中处理，由纳税义务人自行向税务机构申报。

（5）关于甲集团主张的《终止合作及权益分割协议》约定的俄罗斯的资产远东市场和远东房产，傅某某应当就其该项所有获得的权益缴纳个人所得税问题。《终止合作及权益分割协议》涉及的俄罗斯资产，实际是公司股权，该股权争议虽经生效判决处理，但尚未办理股权过户手续，而个人所得税纳税义务发生时间为各项权益实际取得时间，故该部分如涉及个人所得税则纳税义务尚未发生。况且甲集团亦未就此权益申报纳税，没有履行代扣代缴义务，故其主张要扣除相应税款并没有证据可以证明，因此对甲集团该项辩称不予采纳。

（6）甲集团主张的上述俄罗斯资产债权总的印花税都应由傅某某缴纳。该笔印花税的负担，根据《印花税暂行条例》第一条、第二条规定以及税务部门的《复函》，该笔印花税应纳税额是案涉《终止合作及权益分割协议》约定的分割给傅某某的财产价值（白猫股份240354912.68元、远东债权打包作价21549309.16元、补偿款500万元），由合同双方当事人各自缴纳该合同产权转移的印花税，金额各为133452.11元。双方约定股票转移过户过程中所有税费都由傅某某承担，该笔印花税应纳税额包含有股票，故该笔印花税中股票对应部分金额和滞纳金应由傅某某按比例承担。经计算，傅某某应承担的印花税是120177.46元，滞纳金是219083.49元。

（7）关于甲集团主张的傅某某2011—2017年度现金红利的个人所得税。傅某某已经于2019年11月8日缴纳该部分个人所得税共计3019957.27元，故无须甲集团代扣代缴该项个人所得税。

（8）关于甲集团主张其替傅某某垫付的道里区法院案件的执行款859645.73元。岑俊等四人诉黑龙江甲材源木业有限责任公司、甲集团有限公司劳务合同纠纷四个案件，经道里区法院一审、哈尔滨中级人民法院二审终审，判令甲集团对黑龙江甲材源木业有限责任公司的债务承担连带责任。据此，法院执行了甲集团执行款859645.73元。傅某某向甲集团承诺该笔款项由其本人承担。虽然目前上述判决被黑龙江省高级人民法院再审予以撤销一审判决，改判甲集团无须承担连带责任。甲集团也已经申请执行回转，但目前都尚未执行回转到位。根据合同法规定，当事人互负到期债务，该债务的标的物种类、品质相同的，任何一方可以将自己的债务与对方的债务抵销。傅某某对甲集团负有上述到期债务事实清楚，故甲集团主张抵销成立。但是执行回转后的上述债权的权利归属傅某某，甲集团应当对傅某某取得上述执行回转款项予以配合。

综上所述，傅某某在甲集团处款项15450万元，扣除企业所得税款15230260.95

元及滞纳金 21 550 819.24 元及可不返还傅某某款项 450 万元、股票的个人所得税款 36 184 003.66 元、500 万元补偿款的个人所得税 752 720.28 元及滞纳金 1 253 279.27 元、印花税 120 177.46 元及滞纳金 219 083.49 元、道里区法院案件的执行款 859 645.73 元，甲集团尚需返还傅某某钱款 73 830 009.92 元。关于该笔款项资金占用利息问题。因该笔款项的支付是基于生效判决确定的傅某某的先履行义务所为，款项目的亦是代为支付税款，故甲集团在案涉股票全面划转后的纳税期限内完成纳税后则理应将多余款项返还傅某某。甲集团最后完成纳税时间是 2019 年 8 月 27 日，故傅某某有权要求甲集团支付自 2019 年 8 月 28 日起的资金占用利息。

综上，依照《民法总则》第一百一十八条、《民事诉讼法》第六十四条第一款规定，一审法院于 2020 年 9 月 16 日作出判决："（一）甲集团于判决生效之日起十日内返还傅某某钱款 73 830 009.92 元；（二）甲集团于判决生效之日起十日内支付傅某某自 2019 年 8 月 28 日起至上述第一项款项付清之日止的利息，以 73 830 009.92 元为基础、按照同期全国银行间同业拆借中心公布的贷款市场报价利率（LPR）计付；（三）驳回傅某某的其他诉讼请求。如果未按判决书指定的期间履行给付金钱义务，应当依照《民事诉讼法》第二百五十三条的规定，加倍支付迟延履行期间的债务利息。案件受理费 532 570 元，财产保全申请费 5 000 元，合计 537 570 元，由傅某某负担 121 620 元，甲集团负担 415 950 元。"

双方当事人在二审中均未提交新的证据。

杭州中院经审理查明的事实与一审判决认定的事实一致。

杭州中院认为，根据傅某某和甲集团的上诉理由和请求，双方对一审以下判项存在争议，现逐一进行分析和评判：

（1）案涉股票过户所产生的企业所得税及滞纳金的承担。由傅某某承担该项企业所得税，双方不持异议，亦由生效判决予以确定。傅某某负有先给付税款的义务，且傅某某在执行案件中并未对滞纳金的承担明确予以否定，其未向甲集团交付税款，客观上造成甲集团不能及时向税务机关申报纳税，傅某某理应承担款项交付给甲集团前产生的税款滞纳金。而甲集团系企业所得税纳税义务人，应依法履行纳税义务，但其在 2019 年 2 月 25 日收到傅某某交付的税款后仍未积极申报和缴纳税款，且甲集团要求傅某某承担的企业所得税数额远超税务部门实际征缴数额，故 2019 年 2 月 25 日之后的滞纳金系甲集团未及时履行纳税义务所致，一审判令甲集团承担 2019 年 2 月 28 日之后的滞纳金合理有据。西湖区国税局 2019 年 7 月 25 日《复函》中载明：应纳税所得额为 165 662 112.68 元，甲集团 2007—2010 年度累计亏损 104 741 068.87 元，故企业实际应缴所得税金额为 15 230 260.95 元［（165 662 112.68 － 104 741 068.87）×25%］。企业所得税应缴金额的构成为基本纳税常识，双方约定傅某某承担企业所得税，就理应知晓企业所得税系以收入总额减除不征税收入、免税收入、各项扣除以及允许弥补的以前年度亏损后的余额作为应纳税所得额，且弥补亏损并不直接产生经济利益，甲集团主张按应纳税所得额（165 662 112.68 元）全额计算傅某某应承担的税款与其实际缴纳的税额不符，甲集团可能因此获益的后果显然与双方合同约定、税法规定相悖。但基于弥补亏损导致傅某某应承担的企业所得税金额减少，傅某某单方受益的事实存在，一审酌情确定甲集团就该项利益可不返还傅某某 450 万元并无不当。

（2）股票过户产生的傅某某个人所得税之滞纳金。傅某某在 2019 年 2 月 25 日已经交付给甲集团代缴税款 15 450 万元，而傅某某实际于 2019 年 3 月 12 日、8 月 15 日分两次取得案涉股票，甲集团未在股票过户后及时向税务机关交付代扣代缴税款，由此产生的滞纳金理应由甲集团承担。

（3）傅某某取得500万元补偿金的个人所得税之滞纳金。双方结算在2010年6月已经完成，傅某某作为纳税义务人，对于该笔早已取得的500万元收入逾期不申报个人所得税，由此而产生的滞纳金应由傅某某自行承担。

（4）保险理赔金的税款。因傅某某与甲集团对保险理赔款应缴纳的税种存在争议，且双方至今未向税务部门申报，应纳税额尚不能确定，甲集团主张在本案中扣除缺乏依据。

（5）傅某某取得俄罗斯远东资产所涉个人所得税。因相关公司股权尚未完成过户手续，且甲集团亦未就此权益履行代扣代缴义务，甲集团主张在本案中扣除相应税款缺乏依据。

（6）《终止合作及权益分割协议》项下资产转移的印花税。因双方约定股票转移过户过程中所有税费都由傅某某承担，故对于税务部门核定的该笔印花税中，一审认定股票对应部分金额和滞纳金应由傅某某按比例承担理据充分。

（7）道里区法院案件的执行款。傅某某向甲集团明确承诺相关案件执行款由其本人承担，故傅某某在甲集团汇款后即负有偿还义务，甲集团主张在本案抵销该笔债务，于法有据。该笔执行款执行回转后的权利归属于傅某某。

另外，对于资金占用利息的起算时间，因傅某某支付该笔款项目的是由甲集团代为交纳税款，而傅某某实际于2019年8月15日才全部取得案涉股票，甲集团最后完成纳税时间是2019年8月27日，傅某某要求自2019年2月28日起计算资金占用利息的主张不能成立。

综上所述，一审判决认定事实清楚，适用法律正确，实体处理得当。傅某某、甲集团的上诉理由和请求，法院均不予支持。

2021年3月19日，杭州中院依照《民事诉讼法》第一百七十条第一款第（一）项之规定，作出〔2020〕浙01民终9337号民事判决书，判决驳回上诉，维持原判。二审案件受理费407 947元，由上诉人傅某某负担184 315元，由甲集团有限公司负担223 632元。

七、湖北省印花税民事纠纷案

上诉人麻城市城市建设综合开发公司因与被上诉人刘某某、陈某合同纠纷一案，不服湖北省麻城市人民法院作出的〔2020〕鄂1181民初83号民事判决，向湖北省黄冈市中级人民法院（以下简称"黄冈中院"）提出上诉。黄冈中院立案受理后，依法组成合议庭进行了审理。本案现已审理终结。

麻城市城市建设综合开发公司向黄冈中院提出的上诉请求：撤销一审判决，依法改判驳回刘某某的全部诉讼请求。事实和理由：①刘某某的诉讼请求已超过了诉讼时效。②双方签订的《亚贸商厦建设工程合同》只约定了公司承担办证费用，并未约定承担税费，一审判令麻城市城市建设综合开发公司承担办证税款错误。

刘某某答辩称，一审认定刘某某的诉讼请求未超过了诉讼时效及由麻城市城市建设综合开发公司承担税费正确，请求驳回麻城市城市建设综合开发公司的上诉，支持其全部诉讼请求。

刘某某向一审法院提出的诉讼请求：①请求判令陈某及麻城市城市建设综合开发公司支付其代替缴纳房屋的办证费用968 925.5元。②由陈某及麻城市城市建设综合开发公司承担本案诉讼费。

一审法院认定事实如下，麻城市金桥大道渡槽旁一块商住综合用地的土地使用权由刘某某与案外人罗某某、胡某某、李某某共同所有，土地总面积为2 741.3平方米，其中刘某某拥有土地使用权的土地面积为614.6平方米。2009年12月20日，麻城市城市建设综合开发公司委任陈某为麻城市亚贸商厦房产开发项目部项目经理。2010年5月20日，麻城市城市建设综合开发公司（乙方）与刘某某、案外人罗某某、胡某某、李某某（甲方）签订了《亚贸商厦建设工程合同》。该合同约定：甲方向乙方转让项目所需土地的土地使用权（上述2 741.3平方米的一块商住综合用地），工程建设由乙方总承包并全额垫资；项目竣工验收合格后，甲方除了享有一、二层（含门店）整体（以规划设计图及实际建筑面积为准）及三楼靠渡槽边700平方米面积房屋，其余建筑面积的产权归属于乙方，由此折抵乙方工程垫资总价款。该合同还特别约定：甲方（罗某某、胡某某、李某某、刘某某）享有的一楼、二楼以及三楼700平方米的土地使用证、房屋所有权证的办证费用由乙方（麻城市城市建设综合开发公司）承担。2010年5月20日，刘某某与案外人罗某某、胡某某、李某某签订了《亚贸商厦股东房屋分配协议》。该协议约定：亚贸商厦一楼、二楼及三楼700平方米面积的房屋按照协议方各自土地权属面积的比重确定股份，在协议方之间分割。麻城市城市建设综合开发公司指派陈某为亚贸商厦房产开发项目部经理负责项目建设及房屋销售，上述项目主体完工后，麻城市城市建设综合开发公司对合同约定的办证义务迟迟不能履行，在刘某某多次催促二被告支付办证费用无果后，刘某某于2013年11月12日和2013年12月10日垫付税费等办证费用四笔，共计968 727.70元，分别为：纳税人麻城市城市建设综合开发公司，税种为营业税、企业所得税、城市维护建设税、印花税、土地增值税、地方教育附加和教育费附加，缴纳的税费有两笔，金额877 572.34元和30 533.92元，共计908 106.26元；纳税人刘某某，税种为印花税、契税，缴纳的税费有两笔，金额为55 977.5元和4 643.94元，共计60 621.44元。其后刘某某办理了相应的土地使用证、房权证并实际占有使用上述房屋。

一审法院认为，刘某某与麻城市城市建设综合开发公司签订的《亚贸商厦建设工程合同》是双方真实意思表示，刘某某已履行提供土地使用权的义务，麻城市城市建设综合开发公司应按照合同约定交付刘某某依据上述合同及《亚贸商厦股东房屋分配协议》约定应得的相应的房屋及土地使用权证、房屋产权证。上述项目主体完工后，麻城市城市建设综合开发公司一直未按合同履行交付相应房屋的土地使用权证和房权证，刘某某多次催促麻城市城市建设综合开发公司办证无果，刘某某于2013年11月12日和2013年12月10日垫付税费等办证费用968 727.7元，并办理了相应的土地使用权证、房权证，麻城市城市建设综合开发公司应依据合同约定支付刘某某所垫付的办证费用。麻城市城市建设综合开发公司辩称该特别约定条款只约定交纳办证费用，没有涉及负担税款内容，刘某某所垫付的税费中部分税费应由刘某某自行承担的理由成立，法院予以支持。《契税暂行条例》第一条的规定："在中华人民共和国境内转移土地、房屋权属，承受的单位和个人为契税的纳税人，应当依照本条例的规定缴纳契税。"《契税暂行条例》第二条规定："本条例所称转移土地、房屋权属是指下列行为：（一）国有土地使用权出让；（二）土地使用权转让，包括出售、赠予和交换……"《印花税暂行条例》第一条规定："在中华人民共和国境内书立、领受本条例所列举凭证的单位和个人（以下简称'纳税人'），都是印花税的纳税人，应当按照本条例规定缴纳印花税。"根据上述法律规定，刘某某是涉案土地使用权转让行为以及房屋权属转让的承受方契税和印花税的纳税人，应当按照上述条例的规定由刘某某个人缴纳印花税和契税，两笔税费共计60 621.44元。《营业税暂行条例》第一条规定，在中华人民共和国境内提供该条例规定的劳务、转让无形资产或者销售不动产的单位和个人，为营业税的纳税人，应当依照该条例缴纳营业税。《城市维护建设税暂行条例》第二条规定，凡缴纳产品税、增值税、营业税的单位和个人，都是城市维护建设税的纳税人，都应当依照该条例的规定缴纳城市维护建设税。《企业所得税法》第一条规定，在中华人民共和国境内，企业和其他取得收入的组织为企业所得税的纳税人，依照该法的规定缴纳企业所得税。《土地增值税暂行条例》第二条规定，转让国有土地使用权、地上的建筑物及其附着物并取得收入的单位和个人，为土地增值税的纳税人，应当依照该条例缴纳土地增值税。根据上述法律规定，麻城市城市建设综合开发公司是涉案土地使用权转让行为营业税、企业所得税、城建税、印花税、土地增值税、地方教育附加和教育费附加的纳税义务人，应当按照该条例的规定由麻城市城市建设综合开发公司缴纳税种为营业税、企业所得税、城市维护建设税、印花税、土地增值税、地方教育附加和教育费附加等税费共计 908 106.26 元。故刘某某要求麻城市城市建设综合开发公司支付其代替麻城市城市建设综合开发公司缴纳税费等办证费用人民币 968 727.70 元中应由麻城市城市建设综合开发公司负担的 908 106.26 元的请求符合法律规定，依法予以支持。

刘某某与陈某、麻城市城市建设综合开发公司之间的法律关系，根据合同相对性原则，除了法律、合同另有规定，只有合同当事人才能享有合同规定的权利，并承担该合同规定的义务。涉案合同的当事人为刘某某与麻城市城市建设综合开发公司，陈某与麻城市城市建设综合开发公司之间的内部权利义务关系依据双方签订的协议调整，故刘某某要求陈某支付代替麻城市城市建设综合开发公司缴纳的办证费用 968 925.50 元并承担诉讼费用的请求，法院依法不予支持。

麻城市城市建设综合开发公司辩称刘某某向其主张追偿权利已超过诉讼时效，因刘某某与麻城市城市建设综合开发公司签订的《亚贸商厦建设工程合同》中没有约定关于向刘某某交付相应房屋的土地使用权证、房产证的履行期限，刘某某垫付税费等办证费用 968 727.70 元办理了相应的土地使用权证、房产证，故刘某某可以随时要求麻城市城市建设综合开发公司应支付所花办证费用。麻城市城市建设综合开发公司辩称刘某某向其公司主张追偿权利已超过诉讼时效的理由不能成立，法院不予支持。遂判决麻城市城市建设综合开发公司于判决生效后 10 日内支付刘某某垫付的税费等办证费用 908 106.26 元，驳回刘某某的其他诉讼请求。案件受理费 13 489 元，由刘某某负担 608 元，由麻城市城市建设综合开发公司负担 12 881 元。

黄冈中院二审审理过程中，双方当事人均未在法院确定的期限内向法院递交新的证据。黄冈中院二审查明事实与一审一致。

黄冈中院认为，《最高人民法院关于民事诉讼证据的若干规定》第八十五条第二款规定："审判人员应当依照法定程序，全面、客观地审核证据，依据法律的规定，遵循法官职业道德，运用逻辑推理和日常生活经验，对证据有无证明力和证明力大小独立进行判断，并公开判断的理由和结果"。依据上述法律规定，该院围绕双方当事人诉辩并结合一审及该院查明的相关事实作如下阐述：

首先，本案中刘某某在要求麻城市城市建设综合开发公司向其交付相关土地使用权证、房产证得到拒绝后，自行垫付办证费用 968 727.70 元为麻城市城市建设综合开发公司履行了涉案合同中由麻城市城市建设综合开发公司应履行的相关义务，将涉案合同约定的属于其相应的土地、房产办理了相关至自己名下。经一审及二审查明的事实可知，刘某某与麻城市城市建设综合开发公司签订的《亚贸商厦建设工程合同》中未约定关于向刘某某交付相应房屋的土地使用权证、房产证的履行期限，一审据此认为，刘某某可随时要求麻城市城市建设综合开发公司支付该笔应由麻城市城市建设综合开发公司支付而刘某某垫付的办证费用，对麻城市城市建设综合开发公司辩称刘某某向其公司主张追偿权已超过诉讼时效的理由不予采信是正确的，法院予以支持。

其次，麻城市城市建设综合开发公司上诉认为双方签订的《亚贸商厦建设工程合同》只约定了麻城市城市建设综合开发公司承担办证费用，并未约定承担所有的税费，故不应由麻城市城市建设综合开发公司承担全部的办证费用，经查明的相关事实可知，刘某某与麻城市城市建设综合开发公司签订的《亚贸商厦建设工程合同》特别约定："甲方（罗某某、胡某某、李某某、刘某某）享有的一楼、二楼以及三楼700平方米的土地使用证、房屋所有权证的办证费用由乙方（麻城市城市建设综合开发公司）承担"。现刘某某为此而垫付税费等办证费用，麻城市城市建设综合开发公司应依据上述合同约定支付刘某某所垫付的办证费用。虽涉案合同约定只约定土地使用证、房屋所有权证的办证费用由乙方（麻城市城市建设综合开发公司）承担，没有涉及由谁来负担税款的内容，一审依据《契税暂行条例》《印花税暂行条例》《营业税暂行条例》《城市维护建设税暂行条例》《土地增值税暂行条例》等相关规定，在剔除应由刘某某个人缴纳的印花税、契税共计60 621.44元后，确定上述条例的规定的营业税、企业所得税、城市维护建设税、印花税、土地增值税、地方教育附加和教育费附加等税费共计908 106.26元由麻城市城市建设综合开发公司缴纳并无不当，予以支持。

综上所述，麻城市城市建设综合开发公司的上诉理由不能成立，应予驳回；一审判决认定事实清楚，适用法律正确，处置适当，应予维持。

2021年3月26日，黄冈中院依照《民事诉讼法》第一百七十条第一款第一项规定，作出〔2021〕鄂11民终254号民事判决书，判决驳回上诉，维持原判。二审案件受理费13 489元由麻城市城市建设综合开发公司负担。

八、辽宁省印花税民事纠纷案

上诉人沈阳甲酒店有限公司（以下简称"甲公司"）因与被上诉人周某房屋租赁合同纠纷一案，不服沈阳市沈河区人民法院〔2020〕辽0103民初7941号民事判决，向辽宁省沈阳市中级人民法院（以下简称"沈阳中院"）提起上诉。沈阳中院依法组成合议庭对本案进行了审理。本案现已审理终结。

甲公司上诉请求：①请求撤销一审判决，发回重审或者依法改判支持上诉人的一审的诉讼请求。②本案一、二审全部诉讼费用由被上诉人承担。

事实与理由：

（1）一审法院认定事实不清，上诉人不存在欠付被上诉人房租的情况，而且上诉人在房租中仅扣除了被上诉人的个人所得税。

（2）一审判决遗漏重要证据，部分税票没有在一审判决中参与计算，属于遗漏重要事实。①2010年之前（含2010年度）的税票，所有出租方的缴税开在一张税票中，一审法院没有对该税票证据予采纳。②一审法院遗漏上诉人2019年5月24日、6月4日替被上诉人代扣代缴的税款。综上所述，一审法院对事实认定不清，请求二审法院予以纠正。

周某辩称："上诉人替我缴费的，有发票的我承认，没有发票的我不承认。"一审法院认定事实清楚，适用法律正确，请求维持原判。

甲公司向一审法院起诉请求：①判令被告返还原告替被告缴纳的税款29 740.1元。

②判令被告承担全部诉讼费用。

一审法院审理查明：2011年6月30日，被告周某作为出租人（甲方）与原告沈阳甲酒店有限公司作为承租人（乙方），沈阳唐州房产开发有限公司作为利益相关人（丙方）签订《房屋租赁合同》一份。该合同约定：根据甲方和丙方签订的《商品房买卖合同》，甲方获得丙方开发的"甲7号"818室商品房，甲方自愿将位于沈阳市沈河区建筑面积44.62平方米（以测绘部门实测为准）房屋租赁给乙方用于酒店经营。租赁期限从2008年7月1日至2018年12月31日。租赁期间乙方每年按甲方与丙方签署的《商品房买卖合同》中约定的购买该租赁房屋总价的8%支付甲方租金，该租金并包括人民币20元/平方米的物业费（暂定）、水电、空调及电梯等费用（另计），即每年人民币25 996元。个人所得税甲方自理。合同签订后，被告交付了房屋，原告使用该房屋。按房屋所有权证登记的面积计算，被告房屋租金每年为25 680.84元。原告自2008年7月1日至2019年1月31日共支付被告房屋租金244 283.5元，该租金已扣除原告代被告缴纳期间的个人所得税款共计24 317.91元及办理租赁证费用635.20元。期间，原告于2011年6月27日代被告缴纳2011年5月1日至2011年5月31日期间的印花税25.68元、土地使用税200.10元，2011年6月1日至2011年6月30日期间的个人所得税2 554.72元、房产税和城市房地产税3 081.72元。原告于2012年3月30日代被告缴纳2012年2月1日至2012年2月29日的印花税25.68元、土地使用税200.10元，2012年3月1日至2012年3月31日的个人所得税2 554.72元、房产税和城市房地产税3 081.72元。原告于2018年2月27日代被告缴纳2018年2月1日至2018年2月28日的个人所得税2 582.52元、印花税25.68元、房产税3 081.70元、城镇土地使用税60.85元。原告于2018年2月28日缴纳2018年2月1日至2018年2月28日的城镇土地使用税111.50元。

一审法院认为，《房产税暂行条例》第二条规定，房产税由产权所有人缴纳。《城镇土地使用税暂行条例》第二条规定，在城市、县城、建制镇、工矿区范围内使用土地的单位和个人，为城镇土地使用税的纳税人，应当按照该条例的规定缴纳土地使用税。《印花税暂行条例》第一条规定，在中华人民共和国境内书立、领受该条例所列举凭证的单位和个人，都是印花税的纳税义务人，应当按照该条例规定缴纳印花税。本案原、被告签订的房屋租赁合同中虽未对房产税、土地使用税、印花税的承担主体进行约定，但依据法律的相关规定，上述税款均应由被告承担，且税务机关出具的税收通用缴款书注明缴款单位亦为被告周某，故对原告代被告缴纳的税费均应由被告承担。根据原告提供的税收通用缴款书及完税证明，法院认定原告代被告缴纳了承租期间的印花税、房产税及城镇土地使用税共计9 894.73元。另外，原告租赁期间应向被告支付房屋租金269 648.82元（25 680.84×10.50），原告实际向被告支付租金244 283.50元，扣除原告代缴的个人所得税24 317.91元及办理租赁证费用635.20元，尚有412.21元（269 648.84−244 283.5−24 317.91−635.2）的差额，应在代缴税款中扣除，综上，被告应向原告支付代缴税款9 482.52元（9 894.73−412.21）。因原告未提供相关的税收通用缴款书或者完税证明，故其主张的其余代缴税款，因证据不足，法院不予支持。

综上，依据《国合同法》第七条、第八条、第一百零七条，《房产税暂行条例》第二条，《城镇土地使用税暂行条例》第二条，《印花税暂行条例》第一条的规定，一审法院判决如下："（一）被告周某于本判决发生法律效力后15日内一次性给付原告沈阳甲酒店有限公司代缴税款9 482.52元；（二）驳回原告沈阳甲酒店有限公司的其他诉讼请求。如果未按本判决指定的期间履行给付金钱义务，应当依照《民事诉讼法》

第二百五十三条的规定，加倍支付迟延履行期间的债务利息。案件受理费 271 元，由原告沈阳甲酒店有限公司负担 246 元，被告周某负担 25 元。"

二审中，当事人未提供新证据。沈阳中院对一审查明的事实予以确认。

沈阳中院认为，《房产税暂行条例》第二条规定，房产税由产权所有人缴纳。《城镇土地使用税暂行条例》第二条规定，在城市、县城、建制镇、工矿区范围内使用土地的单位和个人，为城镇土地使用税的纳税人，应当按照本条例的规定缴纳土地使用税。《印花税暂行条例》第一条规定，在中华人民共和国境内书立、领受该条例所列举凭证的单位和个人，都是印花税的纳税义务人，应当按照该条例规定缴纳印花税。

本案中，上诉人主张返还替被上诉人缴纳的税款 29 740.10 元，其应承担相应的举证责任。因一审中，上诉人已向法庭提供税务机关出具的税收通用缴款书、税收完税证明等证据材料，用以证明上诉人在承租期间替被上诉人代扣代缴个税、土地税、房产税、印花税等费用情况，上述证据虽经一审法院进行质证，但一审法院对 2013—2015 年的税费 9 922.73 元和 2018 年下半年的税费 1 653.89 元并未予以审查和计算，且二审中，被上诉人对上述税费亦予以认可，故被上诉人此次向上诉人返还的代缴税款数额应为 21 059.14 元（11 576.62 ＋ 9 482.52），一审法院对此数额认定有误，应予以纠正。至于上诉人主张的 2010 年之前的税费，因其未提供相应证据加以证明，故其该项主张法院无法予以支持。

2021 年 3 月 11 日，沈阳中院依照《民事诉讼法》第一百七十条第一款第（二）项的规定，作出〔2021〕辽 01 民终 1247 号民事判决书，判决撤销沈阳市沈河区人民法院〔2020〕辽 0103 民初 7941 号民事判决第二项，即"二、驳回原告沈阳甲酒店有限公司的其他诉讼请求"；变更沈阳市沈河区人民法院〔2020〕辽 0103 民初 7941 号民事判决第一项，即"一、被告周某于本判决发生法律效力后 15 日内一次性给付原告沈阳甲酒店有限公司代缴税款 9 482.52 元"；为"一、被上诉人周某于本判决发生法律效力后 15 日内一次性给付上诉人沈阳甲酒店有限公司代缴税款 21 059.14 元"；如果未按本判决指定的期间履行给付金钱义务，应当依照《民事诉讼法》第二百五十三条规定，加倍支付迟延履行期间的债务利息。驳回双方当事人的其他诉讼请求。一审案件受理费 271 元，由上诉人沈阳甲酒店有限公司承担 81 元，由被上诉人周某承担 190 元；二审案件受理费 542 元，由上诉人沈阳甲酒店有限公司承担 162 元，由被上诉人周某承担 380 元。

附　录

财政部、国家税务总局关于《中华人民共和国印花税法（征求意见稿）》向社会公开征求意见的通知

　　为了贯彻落实税收法定原则，提高立法公众参与度，广泛凝聚社会共识，推进科学立法、民主立法、开门立法，我们起草了《中华人民共和国印花税法（征求意见稿）》，现向社会公开征求意见。公众可以在 2018 年 11 月 30 日前，通过以下途径和方式提出意见：

　　1. 通过中华人民共和国财政部网站（网址是：http：//www.mof.gov.cn）首页《财政法规意见征集信息管理系统》（网址是：http：//lisms.mof.gov.cn/lisms/action/loginAction.do？ loginCookie ＝ loginCookie）提出意见。

　　2. 通过信函方式将意见寄至：北京市西城区三里河南三巷 3 号财政部条法司（邮政编码 100820），并在信封上注明"印花税法征求意见"字样。

财政部

国家税务总局

2018 年 11 月 1 日

中华人民共和国印花税法（征求意见稿）

第一条 订立、领受在中华人民共和国境内具有法律效力的应税凭证，或者在中华人民共和国境内进行证券交易的单位和个人，为印花税的纳税人，应当依照本法规定缴纳印花税。

第二条 本法所称应税凭证，是指本法所附《印花税税目税率表》规定的书面形式的合同、产权转移书据、营业账簿和权利、许可证照。

第三条 本法所称证券交易，是指在依法设立的证券交易所上市交易或者在国务院批准的其他证券交易场所转让公司股票和以股票为基础发行的存托凭证。

第四条 印花税的税目、税率，依照本法所附《印花税税目税率表》执行。

第五条 印花税的计税依据，按照下列方法确定：

（一）应税合同的计税依据，为合同列明的价款或者报酬，不包括增值税税款；合同中价款或者报酬与增值税税款未分开列明的，按照合计金额确定。

（二）应税产权转移书据的计税依据，为产权转移书据列明的价款，不包括增值税税款；产权转移书据中价款与增值税税款未分开列明的，按照合计金额确定。

（三）应税营业账簿的计税依据，为营业账簿记载的实收资本（股本）、资本公积合计金额。

（四）应税权利、许可证照的计税依据，按件确定。

（五）证券交易的计税依据，为成交金额。

第六条 应税合同、产权转移书据未列明价款或者报酬的，按照下列方法确定计税依据：

（一）按照订立合同、产权转移书据时市场价格确定；依法应当执行政府定价的，按照其规定确定。

（二）不能按照本条第一项规定的方法确定的，按照实际结算的价款或者报酬确定。

第七条 以非集中交易方式转让证券时无转让价格的，按照办理过户登记手续前一个交易日收盘价计算确定计税依据；办理过户登记手续前一个交易日无收盘价的，按照证券面值计算确定计税依据。

第八条 印花税应纳税额按照下列方法计算：

（一）应税合同的应纳税额为价款或者报酬乘以适用税率；

（二）应税产权转移书据的应纳税额为价款乘以适用税率；

（三）应税营业账簿的应纳税额为实收资本（股本）、资本公积合计金额乘以适用税率；

（四）应税权利、许可证照的应纳税额为适用税额；

（五）证券交易的应纳税额为成交金额或者按照本法第七条的规定计算确定的计税依据乘以适用税率。

第九条 同一应税凭证载有两个或者两个以上经济事项并分别列明价款或者报酬的，按照各自适用税目税率计算应纳税额；未分别列明价款或者报酬的，按税率高的计算应纳税额。

第十条　同一应税凭证由两方或者两方以上当事人订立的，应当按照各自涉及的价款或者报酬分别计算应纳税额。

第十一条　下列情形，免征或者减征印花税：

（一）应税凭证的副本或者抄本，免征印花税；

（二）农民、农民专业合作社、农村集体经济组织、村民委员会购买农业生产资料或者销售自产农产品订立的买卖合同和农业保险合同，免征印花税；

（三）无息或者贴息借款合同、国际金融组织向我国提供优惠贷款订立的借款合同、金融机构与小型微型企业订立的借款合同，免征印花税；

（四）财产所有权人将财产赠与政府、学校、社会福利机构订立的产权转移书据，免征印花税；

（五）军队、武警部队订立、领受的应税凭证，免征印花税；

（六）转让、租赁住房订立的应税凭证，免征个人（不包括个体工商户）应当缴纳的印花税；

（七）国务院规定免征或者减征印花税的其他情形。

前款第七项免征或者减征印花税的规定，由国务院报全国人民代表大会常务委员会备案。

第十二条　印花税由税务机关依照本法和《中华人民共和国税收征收管理法》的有关规定征收管理。

第十三条　证券登记结算机构为证券交易印花税的扣缴义务人。

第十四条　印花税纳税义务发生时间为纳税人订立、领受应税凭证或者完成证券交易的当日。

证券交易印花税扣缴义务发生时间为证券交易完成的当日。

第十五条　单位纳税人应当向其机构所在地的主管税务机关申报缴纳印花税；个人纳税人应当向应税凭证订立、领受地或者居住地的税务机关申报缴纳印花税。

纳税人出让或者转让不动产产权的，应当向不动产所在地的税务机关申报缴纳印花税。

证券交易印花税的扣缴义务人应当向其机构所在地的主管税务机关申报缴纳扣缴的税款。

第十六条　印花税按季、按年或者按次计征。实行按季、按年计征的，纳税人应当于季度、年度终了之日起十五日内申报并缴纳税款。实行按次计征的，纳税人应当于纳税义务发生之日起十五日内申报并缴纳税款。

证券交易印花税按周解缴。证券交易印花税的扣缴义务人应当于每周终了之日起五日内申报解缴税款及孳息。

第十七条　已缴纳印花税的凭证所载价款或者报酬增加的，纳税人应当补缴印花税；已缴纳印花税的凭证所载价款或者报酬减少的，纳税人可以向主管税务机关申请退还印花税税款。

第十八条　证券交易印花税的纳税人或者税率调整，由国务院决定，并报全国人民代表大会常务委员会备案。

第十九条　纳税人、证券交易印花税的扣缴义务人和税务机关及其工作人员违反本法规定的，依照《中华人民共和国税收征收管理法》和有关法律法规的规定追究法律责任。

第二十条　本法自　　年　月　日起施行。1988年8月6日国务院公布的《印花税暂行条例》同时废止。

附：印花税税目税率表

税目		税率	备注
合同	买卖合同	支付价款的万分之三	指动产买卖合同
	借款合同	借款金额的万分之零点五	指银行业金融机构和借款人（不包括银行同业拆借）订立的借款合同
	融资租赁合同	租金的万分之零点五	
	租赁合同	租金的千分之一	
	承揽合同	支付报酬的万分之三	
	建设工程合同	支付价款的万分之三	
	运输合同	运输费用的万分之三	指货运合同和多式联运合同（不包括管道运输合同）
	技术合同	支付价款、报酬或者使用费的万分之三	
	保管合同	保管费的千分之一	
	仓储合同	仓储费的千分之一	
	财产保险合同	保险费的千分之一	不包括再保险合同
产权转移书据	土地使用权出让和转让书据；房屋等建筑物、构筑物所有权、股权（不包括上市和挂牌公司股票）、商标专用权、著作权、专利权、专有技术使用权转让书据	支付价款的万分之五	
权利、许可证照	不动产权证书、营业执照、商标注册证、专利证书	每件五元	
营业账簿		实收资本（股本）、资本公积合计金额的万分之二点五	
证券交易		成交金额的千分之一	对证券交易的出让方征收，不对证券交易的受让方征收

关于《中华人民共和国印花税法（征求意见稿）》的说明

为落实税收法定原则，按照党中央、国务院决策部署，财政部、税务总局会同有关部门起草了《中华人民共和国印花税法（征求意见稿）》（以下简称《征求意见稿》）。现说明如下：

一、制定本法的必要性

1988 年 8 月，国务院公布《中华人民共和国印花税暂行条例》（以下简称《暂行条例》），规定自 1988 年 10 月 1 日起，对书立、领受合同、产权转移书据等应税凭证的单位和个人征收印花税。根据应税凭证的性质，印花税分别按比例税率或者按件定额计征。1992 年，国家统一规定对沪深两市证券交易征收印花税，经过多次政策调整，目前证券交易印花税按 1‰ 的税率对出让方征收。1988 年至 2017 年，全国累计征收印花税 21 450 亿元，年均增长 19.1%，其中 2017 年征收印花税 2 206 亿元。

《中共中央关于全面深化改革若干重大问题的决定》提出"落实税收法定原则"，制定印花税法是重要任务之一，已列入全国人大常委会和国务院立法工作计划。制定印花税法，有利于完善印花税法律制度，增强其科学性、稳定性和权威性，有利于构建适应社会主义市场经济需要的现代财税制度，有利于深化改革开放和推进国家治理体系和治理能力现代化。

二、制定本法的总体考虑

从实际情况看，印花税税制要素基本合理，运行比较平稳，可基本保持现行税制框架和税负水平总体不变，将《暂行条例》上升为法律。同时，根据情况发展变化和税收征管实际，对部分税目、税率和纳税方式等作相应调整。

三、《征求意见稿》的主要内容

（一）关于纳税人。

与《暂行条例》及相关规定保持一致，《征求意见稿》规定：订立、领受在中华人民共和国境内具有法律效力的应税凭证，或者在中华人民共和国境内进行证券交易的单位和个人，为印花税的纳税人（第一条）。

（二）关于征税对象。

与《暂行条例》及相关规定保持一致，《征求意见稿》规定，印花税的征税对象为书面形式的合同、产权转移书据、营业账簿和权利、许可证照，以及上市交易或者挂牌转让的公司股票和以股票为基础发行的存托凭证（第二条、第三条），具体税目、税率依照本法所附《印花税税目税率表》执行（第四条）。

《征求意见稿》将以股票为基础发行的存托凭证纳入证券交易印花税的征收范围。主要考虑是：国务院已明确开展创新企业境内发行存托凭证试点，存托凭证以境外股票为基础在中国境内发行，并在境内证券交易所上市交易，将其纳入印花税征收范围，适用与股票相同的政策，有利于保持税制统一和税负公平。

（三）关于税率。

《征求意见稿》除对少部分税目的税率适当调整外，基本维持了现行税率水平。

根据应税凭证的性质，分别实行比例税率或者定额税率。其中：应税合同按不同类型，税率分别为合同列明价款或者报酬的万分之三、万分之零点五和千分之一；应税产权转移书据税率为支付价款的万分之五；应税权利、许可证照税率为每件五元；应税营业账簿税率为实收资本（股本）、资本公积合计金额的万分之二点五；证券交易税率为成交金额的千分之一。

与《暂行条例》相比，《征求意见稿》作出调整的税率包括：一是为简并税率、公平税负，减少因合同类型界定不清在适用税率上引发的争议，将《暂行条例》中原加工承揽合同、建设工程勘察设计合同、货物运输合同的适用税率由万分之五降为万分之三。二是考虑到国务院已决定自 2018 年 5 月起对资金账簿和其他账簿分别减征和免征印花税，为了与现行政策保持一致，将营业账簿适用税率由实收资本（股本）、资本公积合计金额的万分之五降为万分之二点五。

（四）关于计税依据。

《征求意见稿》分别规定了应税合同、产权转移书据、营业账簿和权利、许可证照以及证券交易计税依据的确定方法（第五条），并针对应税合同、产权转移书据中未列明价款或者报酬以及转让证券无转让价格等特殊情形，规定了其计税依据的确定方法（第六条、第七条）。

（五）关于税收减免。

《征求意见稿》规定了六种免税情形：一是为避免重复征税，对应税凭证的副本或者抄本免税；二是为支持农业发展，对农民、农民专业合作社、农村集体经济组织、村民委员会购买农业生产资料或者销售自产农产品订立的买卖合同和农业保险合同免税；三是为支持特定主体融资，对无息或者贴息借款合同、国际金融组织向我国提供优惠贷款订立的借款合同、金融机构与小型微型企业订立的借款合同免税；四是为支持公共事业发展，对财产所有权人将财产赠与政府、学校、社会福利机构订立的产权转移书据免税；五是为支持国防建设，对军队、武警部队订立、领受的应税凭证免税；六是为减轻个人住房负担，对转让、租赁住房订立的应税凭证，免征个人应当缴纳的印花税。为更好适应实际需要、便于相机调控，同时体现税收法定原则的要求，《征求意见稿》规定，国务院可以规定其他免征或者减征印花税的情形，但应当报全国人大常委会备案。（第十一条）

（六）关于纳税方式。

《暂行条例》规定，印花税实行纳税人购买并在应税凭证上粘贴印花税票的缴纳办法，应纳税额较大或者贴花次数频繁的，纳税人可以采取按期申报纳税方式。在实际执行中，由于印花税票保管成本高，贴花纳税不方便，纳税人大多选择汇总申报纳税，较少采用贴花纳税。同时，随着现代信息技术发展，出现了大量电子凭证，难以再采用贴花的纳税方式。为降低征管成本、提升纳税便利度，并适应电子凭证发展需要，《征求意见稿》规定，印花税统一实行申报纳税方式，不再采用贴花的纳税方式（第十五条、第十六条）。证券交易印花税仍按现行规定，采取由证券登记结算机构代扣代缴方式（第十三条、第十五条）。

（七）关于证券交易印花税政策调整问题。

为灵活主动、便于相机调控，更好适应实际需要，《征求意见稿》规定，证券交易印花税的纳税人和税率调整由国务院决定，并报全国人大常委会备案（第十八条）。

此外，《征求意见稿》还对印花税应纳税额的计算方法，纳税义务发生时间、纳税期限和申报纳税地点，以及税款补缴和退还等事项作了规定。

关于《中华人民共和国印花税法（草案）》的说明

——2021 年 2 月 27 日在第十三届全国人民代表大会常务委员会第二十六次会议上
财政部部长　刘　昆

委员长、各位副委员长、秘书长、各位委员：

我受国务院委托，现对《中华人民共和国印花税法（草案）》作说明。

1988 年 8 月，国务院发布《印花税暂行条例》（以下简称《暂行条例》），规定在中华人民共和国境内书立或者领受合同、产权转移书据、营业账簿和权利、许可证照等应税凭证的单位和个人应当缴纳印花税。1992 年，国家统一对上海证券交易所、深圳证券交易所的股票交易征收印花税。2018 年，国务院同意对存托凭证的出让方征收印花税。《暂行条例》施行以来，印花税运行平稳。1988 年至 2020 年，全国累计征收印花税 29 199 亿元。其中，一般印花税收入 12 131 亿元，占比 41.55%；证券交易印花税收入 17 068 亿元，占比 58.45%；2020 年，全国印花税收入为 3 087 亿元。

《中共中央关于全面深化改革若干重大问题的决定》提出"落实税收法定原则"。为贯彻落实党中央、国务院决策部署，推动完善税收法律制度，提高印花税规范化、法治化水平，减少自由裁量权，使税收征管更加科学规范，财政部、税务总局在广泛调研、听取各有关方面意见并向社会公开征求意见的基础上，起草了《中华人民共和国印花税法（送审稿）》。司法部充分征求各方面意见，会同财政部、税务总局对送审稿作了修改完善，形成了《中华人民共和国印花税法（草案）》（以下简称草案）。草案已经国务院常务会议讨论通过。现说明如下：

一、立法的总体思路

从实际执行情况看，印花税税制要素基本合理，运行比较平稳。制定印花税法，总体上按照税制平移的思路，保持现行税制框架和税负水平基本不变，将《暂行条例》和证券交易印花税有关规定上升为法律。同时，根据实际情况对部分内容作了必要调整，适当简并税目、降低部分税率。

二、草案的主要内容

草案共 20 条，主要规定了以下内容：

（一）纳税人。在中华人民共和国境内书立应税凭证或者进行证券交易的单位和个人为印花税的纳税人。证券交易印花税对证券交易的出让方征收，不对受让方征收。（第一条、第三条）

（二）征税范围。草案所附《印花税税目税率表》列明的合同、产权转移书据、营业账簿和证券交易为印花税的征税范围，应当依法缴纳印花税。（第二条、第三条）

（三）税目税率。基本维持现行税率水平，适当简并税目税率、减轻税负。一是借款合同、买卖合同、技术合同、证券交易等税目维持现行税率不变；二是将加工承揽合同、建设工程勘察设计合同、货物运输合同的税率由万分之五降为万分之三；三是将营业账簿的税率由万分之五降为万分之二点五；四是取消对权利、许可证照每件

征收 5 元印花税的规定。（《印花税税目税率表》）

（四）计税依据和应纳税额。应税凭证的计税依据为合同和产权转移书据所列的金额、营业账簿记载的金额，证券交易的计税依据为证券交易成交金额。（第五条）印花税的应纳税额按照计税依据乘以适用税率计算。（第八条）

（五）税收优惠。总体维持现行税收优惠政策不变，在保留《暂行条例》中免税规定的同时，将现行有关文件规定的部分税收优惠政策上升为法律。同时规定，根据国民经济和社会发展的需要，国务院可以规定减征或者免征印花税的情形，报全国人民代表大会常务委员会备案。（第十二条）

此外，草案还对印花税的纳税地点、扣缴义务人、计征方式、印花税票的使用管理等税收征管事项作了规定。

草案和以上说明是否妥当，请审议。

全国人民代表大会宪法和法律委员会关于《中华人民共和国印花税法（草案）》审议结果的报告

全国人民代表大会常务委员会：

　　常委会第二十六次会议对印花税法草案进行了初次审议。会后，法制工作委员会将草案印发各省、自治区、直辖市、基层立法联系点和中央有关部门以及部分高等院校、研究机构征求意见，在中国人大网全文公布草案征求社会公众意见。宪法和法律委员会、财政经济委员会、法制工作委员会和预算工作委员会联合召开座谈会，听取部分全国人大代表、中央有关部门、行业协会、企业和专家学者对草案的意见；宪法和法律委员会、法制工作委员会还到重庆、广西进行调研，听取意见；并就草案的有关问题与有关部门交换意见，共同研究。宪法和法律委员会于5月17日召开会议，根据常委会组成人员的审议意见和各方面的意见，对草案进行了逐条审议。财政经济委员会、预算工作委员会、司法部、财政部、国家税务总局有关负责同志列席了会议。5月27日，宪法和法律委员会召开会议，再次进行了审议。宪法和法律委员会认为，草案经过审议修改，已经比较成熟。同时，提出以下主要修改意见：

　　一、有的常委会组成人员和地方、部门、专家建议，按照减税降费的要求，支持创新发展，鼓励知识产权实施应用，建议降低知识产权转让税目的税率。宪法和法律委员会经研究，建议将草案所附税目税率表中"商标专用权、著作权、专利权、专有技术使用权转让书据"的税率由万分之五降低至万分之三。

　　二、有的常委会组成人员提出，税目税率表将"买卖合同"税目界定为"动产买卖合同"，超出了印花税暂行条例"购销合同"税目中纳税人仅限于生产经营者的限定，实际上扩大了纳税人范围。宪法和法律委员会经研究，建议在税目税率表中明确，"动产买卖合同"不包括个人书立的动产买卖合同。

　　三、有的常委委员提出，草案第三条第一款将应税证券交易界定为在依法设立的证券交易场所转让相关证券，在表述上不够周延，不能涵盖继承、赠与等不在证券交易场所内转让证券的情况。宪法和法律委员会经研究，建议将相关规定修改为：本法所称证券交易，是指转让在依法设立的证券交易所、国务院批准的其他全国性证券交易场所交易的股票和以股票为基础的存托凭证。

　　四、有的常委会组成人员和地方、部门提出，草案第十二条中规定对"电子商务经营者与用户订立的电子订单"免征印花税，可能导致线上和线下交易活动税负不公平，建议进一步细化区分；有的提出，个人线下交易活动通常不需要缴纳印花税，可以对个人用户与电子商务经营者订立的电子订单实行免税，保持个人线上线下税负一致。宪法和法律委员会经研究，建议将草案上述免税规定限定为"个人与电子商务经营者订立的电子订单"。

　　五、有的常委会组成人员提出，草案第十二条第二款授权国务院根据国民经济和社会发展需要规定其他减免税情形，但未明确相关范围和要求，建议增加。宪法和法律委员会经研究，建议将相关规定修改为：根据国民经济和社会发展的需要，国务院对居民住房需求保障、企业改制重组、支持小型微型企业发展等情形可以规定减征或者免征印花税，报全国人民代表大会常务委员会备案。

六、草案第十四条规定，纳税人为境外单位或者个人，在境内没有代理人的，按照国务院税务主管部门的规定办理。有的常委委员提出，上述境外纳税人如何办理纳税，应当在本法中作出原则性规定，不宜笼统授权。宪法和法律委员会经研究，建议将相关规定修改为：纳税人为境外单位或者个人，在境内没有代理人的，由纳税人自行申报缴纳印花税，具体办法由国务院税务主管部门规定。

此外，还对草案作了一些文字修改。

草案二次审议稿已按上述意见作了修改，宪法和法律委员会建议提请本次常委会会议审议通过。

草案二次审议稿和以上报告是否妥当，请审议。

全国人民代表大会宪法和法律委员会
2021 年 6 月 7 日

全国人民代表大会宪法和法律委员会关于《中华人民共和国印花税法（草案二次审议稿）》修改意见的报告

全国人民代表大会常务委员会：

本次常委会会议于 6 月 8 日上午对印花税法草案二次审议稿进行了分组审议。普遍认为，草案已经比较成熟，建议进一步修改后，提请本次常委会会议表决通过。同时，有些常委会组成人员还提出了一些修改意见和建议。宪法和法律委员会于 6 月 8 日下午召开会议，逐条研究了常委会组成人员的审议意见，对草案进行了审议。财政经济委员会、预算工作委员会、司法部、财政部、国家税务总局的有关负责同志列席了会议。宪法和法律委员会认为，草案是可行的，同时，提出以下修改意见：

草案二次审议稿第十二条第二款规定，根据国民经济和社会发展的需要，国务院对居民住房需求保障、企业改制重组、支持小型微型企业发展等情形可以规定减征或者免征印花税，报全国人民代表大会常务委员会备案。有的意见建议在上述减免税情形中增加"破产"的情形。宪法和法律委员会经研究，建议采纳这一意见。

有的常委会组成人员在审议中还对印花税的一些具体制度安排提出了意见和建议。宪法和法律委员会经同有关部门研究后认为，此次立法主要是将国务院相关税收暂行条例的规定平移上升为法律，对于涉及税制调整的建议，可由国务院及其有关部门在下一步按照党中央的要求深化税收制度改革中予以统筹考虑，建议此次对相关内容不作修改；对于涉及法律执行的意见，建议国务院有关部门在依法征收印花税的过程中认真研究采纳，完善税款征收相关程序。

经与有关部门研究，建议将本法的施行时间确定为 2022 年 7 月 1 日。

此外，根据常委会组成人员的审议意见，还对草案二次审议稿作了个别文字修改。

草案修改稿已按上述意见作了修改，宪法和法律委员会建议本次常委会会议审议通过。

草案修改稿和以上报告是否妥当，请审议。

全国人民代表大会宪法和法律委员会
2021 年 6 月 10 日

中华人民共和国印花税法

（2021 年 6 月 10 日第十三届全国人民代表大会常务委员会第二十九次会议通过）

第一条 在中华人民共和国境内书立应税凭证、进行证券交易的单位和个人，为印花税的纳税人，应当依照本法规定缴纳印花税。

在中华人民共和国境外书立在境内使用的应税凭证的单位和个人，应当依照本法规定缴纳印花税。

第二条 本法所称应税凭证，是指本法所附《印花税税目税率表》列明的合同、产权转移书据和营业账簿。

第三条 本法所称证券交易，是指转让在依法设立的证券交易所、国务院批准的其他全国性证券交易场所交易的股票和以股票为基础的存托凭证。

证券交易印花税对证券交易的出让方征收，不对受让方征收。

第四条 印花税的税目、税率，依照本法所附《印花税税目税率表》执行。

第五条 印花税的计税依据如下：

（一）应税合同的计税依据，为合同所列的金额，不包括列明的增值税税款；

（二）应税产权转移书据的计税依据，为产权转移书据所列的金额，不包括列明的增值税税款；

（三）应税营业账簿的计税依据，为账簿记载的实收资本（股本）、资本公积合计金额；

（四）证券交易的计税依据，为成交金额。

第六条 应税合同、产权转移书据未列明金额的，印花税的计税依据按照实际结算的金额确定。

计税依据按照前款规定仍不能确定的，按照书立合同、产权转移书据时的市场价格确定；依法应当执行政府定价或者政府指导价的，按照国家有关规定确定。

第七条 证券交易无转让价格的，按照办理过户登记手续时该证券前一个交易日收盘价计算确定计税依据；无收盘价的，按照证券面值计算确定计税依据。

第八条 印花税的应纳税额按照计税依据乘以适用税率计算。

第九条 同一应税凭证载有两个以上税目事项并分别列明金额的，按照各自适用的税目税率分别计算应纳税额；未分别列明金额的，从高适用税率。

第十条 同一应税凭证由两方以上当事人书立的，按照各自涉及的金额分别计算应纳税额。

第十一条 已缴纳印花税的营业账簿，以后年度记载的实收资本（股本）、资本公积合计金额比已缴纳印花税的实收资本（股本）、资本公积合计金额增加的，按照增加部分计算应纳税额。

第十二条 下列凭证免征印花税：

（一）应税凭证的副本或者抄本；

（二）依照法律规定应当予以免税的外国驻华使馆、领事馆和国际组织驻华代表机构为获得馆舍书立的应税凭证；

（三）中国人民解放军、中国人民武装警察部队书立的应税凭证；

（四）农民、家庭农场、农民专业合作社、农村集体经济组织、村民委员会购买农业生产资料或者销售农产品书立的买卖合同和农业保险合同；

（五）无息或者贴息借款合同、国际金融组织向中国提供优惠贷款书立的借款合同；

（六）财产所有权人将财产赠与政府、学校、社会福利机构、慈善组织书立的产权转移书据；

（七）非营利性医疗卫生机构采购药品或者卫生材料书立的买卖合同；

（八）个人与电子商务经营者订立的电子订单。

根据国民经济和社会发展的需要，国务院对居民住房需求保障、企业改制重组、破产、支持小型微型企业发展等情形可以规定减征或者免征印花税，报全国人民代表大会常务委员会备案。

第十三条　纳税人为单位的，应当向其机构所在地的主管税务机关申报缴纳印花税；纳税人为个人的，应当向应税凭证书立地或者纳税人居住地的主管税务机关申报缴纳印花税。

不动产产权发生转移的，纳税人应当向不动产所在地的主管税务机关申报缴纳印花税。

第十四条　纳税人为境外单位或者个人，在境内有代理人的，以其境内代理人为扣缴义务人；在境内没有代理人的，由纳税人自行申报缴纳印花税，具体办法由国务院税务主管部门规定。

证券登记结算机构为证券交易印花税的扣缴义务人，应当向其机构所在地的主管税务机关申报解缴税款以及银行结算的利息。

第十五条　印花税的纳税义务发生时间为纳税人书立应税凭证或者完成证券交易的当日。

证券交易印花税扣缴义务发生时间为证券交易完成的当日。

第十六条　印花税按季、按年或者按次计征。实行按季、按年计征的，纳税人应当自季度、年度终了之日起十五日内申报缴纳税款；实行按次计征的，纳税人应当自纳税义务发生之日起十五日内申报缴纳税款。

证券交易印花税按周解缴。证券交易印花税扣缴义务人应当自每周终了之日起五日内申报解缴税款以及银行结算的利息。

第十七条　印花税可以采用粘贴印花税票或者由税务机关依法开具其他完税凭证的方式缴纳。

印花税票粘贴在应税凭证上的，由纳税人在每枚税票的骑缝处盖戳注销或者画销。

印花税票由国务院税务主管部门监制。

第十八条　印花税由税务机关依照本法和《中华人民共和国税收征收管理法》的规定征收管理。

第十九条　纳税人、扣缴义务人和税务机关及其工作人员违反本法规定的，依照《中华人民共和国税收征收管理法》和有关法律、行政法规的规定追究法律责任。

第二十条　本法自 2022 年 7 月 1 日起施行。1988 年 8 月 6 日国务院发布的《印花税暂行条例》同时废止。

附：

印花税税目税率表

税目		税率	备注
合同（指书面合同）	借款合同	借款金额的万分之零点五	指银行业金融机构、经国务院银行业监督管理机构批准设立的其他金融机构与借款人（不包括同业拆借）的借款合同
	融资租赁合同	租金的万分之零点五	
	买卖合同	价款的万分之三	指动产买卖合同（不包括个人书立的动产买卖合同）
	承揽合同	报酬的万分之三	
	建设工程合同	价款的万分之三	
	运输合同	运输费用的万分之三	指货运合同和多式联运合同（不包括管道运输合同）
	技术合同	价款、报酬或者使用费的万分之三	不包括专利权、专有技术使用权转让书据
	租赁合同	租金的千分之一	
	保管合同	保管费的千分之一	
	仓储合同	仓储费的千分之一	
	财产保险合同	保险费的千分之一	不包括再保险合同
产权转移书据	土地使用权出让书据	价款的万分之五	转让包括买卖（出售）、继承、赠与、互换、分割
	土地使用权、房屋等建筑物和构筑物所有权转让书据（不包括土地承包经营权和土地经营权转移）	价款的万分之五	
	商标专用权、著作权、专利权、专有技术使用权转让书据	价款的万分之三	
营业账簿		实收资本（股本）、资本公积合计金额的万分之二点五	
证券交易		成交金额的千分之一	